# DICCIOI SIGMAR

# Sinónimos
# Antónimos
# Parónimos

**16.500** vocablos de la lengua española
con sus respectivos
sinónimos, antónimos y parónimos

## EDITORIAL SIGMAR

# A NUESTROS LECTORES

Este diccionario pone a disposición del lector el rico caudal léxico de nuestra lengua en constante evolución, a fin de que la utilice en toda su plenitud y pueda incrementar las posibilidades de expresarse con mayor propiedad y eficacia.

La persona que maneja un lenguaje "eficaz" es aquella que logra comunicar, cada vez y en cada situación, lo que se propone comunicar; la que logra estructurar el lenguaje adecuado que cada situación requiere. Para ello es preciso romper un orden recibido y proponer órdenes propios, recrear e integrar modalidades personales inéditas, apelando a ejercitar el uso del lenguaje en toda su vastedad.

Es habitual que la comunicación oral estandarizada por los medios masivos de difusión se valga de expresiones comunes, de unas pocas voces repetidas hasta el cansancio. Pero esta pobreza de lenguaje no condice con las potencialidades del idioma español, cuya característica, entre otras, es la enorme riqueza léxica que permite expresar de múltiples formas una misma idea.

La variación, expansión o sustitución de unos vocablos por otros favorecen sin duda el enriquecimiento del lenguaje y por tanto la precisión del pensamiento y sus diferentes matices.

Por eso, además de los sinónimos más usuales, se incluyen en este diccionario también los antónimos y parónimos.

En cuanto a los antónimos, hemos incluido los más comunes, pretendiendo no forzar el sentido de oposición, ya que no siempre se presenta de manera total. Se observará, entonces, que si bien todos los vocablos tienen su o sus correspondientes sinónimos, no sucede lo mismo con los antónimos.

Respecto de los parónimos, recurrimos a esta palabra en forma genérica, ya que específicamente hablando, algunas voces son parónimas y otras paronomásticas. Se llaman parónimos, aquellos vocablos de igual pronunciación, pero de escritura y significación diferentes (acervo-acerbo). Mientras que los paronomásticos son aquéllos cuya pronunciación, si bien parecida, no es igual (adaptar-adoptar).

# OBSERVACIÓN

A cada vocablo del léxico siguen, en letra redonda, los sinónimos y a éstos, en *bastardilla*, los correspondientes antónimos. Precedidos por un asterisco, y en **negra**, figuran luego los parónimos.

Las barras separan los sinónimos de acuerdo a las diferentes acepciones que tiene la palabra principal.

**ABACERÍA** Almacén, despensa.

**ABACIAL** Abadengo, monacal.

**ÁBACO** Numerador, tanteador, contador.

**ABAD** Cura, superior.

**ABADEJO** Bacalao.

**ABADÍA** Convento.

**ABAJAR** Bajar. *Elevar.* // Humillar. *Enaltecer.*

**ABAJO** Bajo, debajo. *Arriba, encima, sobre.*

**ABALANZAR** Equilibrar, igualar.

**ABALANZARSE** Arrojarse, lanzarse, tirarse. *Retroceder.* // Acometer, arremeter, embestir, precipitarse. *Contenerse, reprimirse.*

**ABALAR** Agitar, ahuecar, esponjar. *\*Avalar.*

**ABALDONAR** Envilecer, ofender, denigrar, avergonzar. *Ennoblecer, dignificar.*

**ABALEAR** Separar, seleccionar, escoger.

**ABALORIO** Lentejuela, cuenta. // Oropel, quincalla.

**ABANDERADO** Portaestandarte.

**ABANDERAR** Proteger, cobijar, acoger.

**ABANDONADO** Desamparado, desvalido. *Amparado.* // Abúlico, dejado, descuidado, desidioso. *Diligente.* // Desaliñado, desaseado, sucio. *Aseado.*

**ABANDONAR** Dejar, despoblar. *Habitar, poblar.* // Desatender. *Cuidar.*

**ABANDONO** Aislamiento, desamparo, desvalimiento, soledad. *Abrigo, amparo.* // Cesión, renuncia. // Dejadez, descuido, incuria, indolencia, negligencia. *Atención, cuidado. esmero.* // Defección, deserción, huida.

**ABANICO** Abano, flabelo, abanillo, ventable, soplillo.

**ABANO** Abanico. *\*Habano.*

**ABARATAMIENTO** Rebaja, depreciación, desvalorización. *Encarecimiento.*

**ABARATAR** Depreciar, rebajar.

**ABARCAR** Ceñir, rodear. // Comprender, contener, englobar, incluir. *Excluir.*

**ABARRAGANARSE** Amancebarse, amontonarse, juntarse, entenderse.

**ABARRANCADERO** Atolladero, escollera, atascadero.

**ABARRANCAR** Embarrancar, encallar.

**ABARROTAR** Atestar, atiborrar, colmar, llenar. *Aflojar, vaciar.*

**ABASTAR** Abastecer.

**ABASTECER** Aprovisionar, avituallar, equipar, proveer, suministrar, surtir. *Privar.*

**ABASTECIMIENTO** Abasto, provisión, suministro.

**ABASTO** Provisión.

**ABATANAR** Golpear, batir, tundir, maltratar, machacar.

**ABATATAR** Asustar, azorar. *Animar.*

**ABATE** Eclesiástico, tonsurado, presbítero, clérigo.

**ABATIDO** Decaído, desalentado, desanimado, desfallecido, humillado, postrado. *Animado.* // Abyecto, despreciable. *Noble.*

**ABATIMIENTO** Agobio, anonadamiento, aplanamiento, debilidad, desánimo, desconsuelo, descorazonamiento, desfallecimiento, languidez, postración. *Ánimo, energía.* // Abyección, humillación, vileza. *Ensalzamiento.*

**ABATIR** Arruinar, derribar, derrocar, desbaratar, desmantelar, tumbar. *Levantar.* // Avergonzar, humillar, rebajar. *Encomiar.* // Debilitar, desalentar, desanimar, postrar. *Animar.*

**ABDICACIÓN** Abandono, cesión, renuncia, resignación.

**ABDICAR** Abandonar, ceder, dimitir, renunciar, resignar. *Asumir, reasumir.*

**ABDOMEN** Barriga, panza, vientre. // Andorga, mondongo.

**ABECEDARIO** Abecé, alfabeto, cartilla, silabario.

**ABEJAR** Colmenar.

**ABEJÓN** Abejorro, zángano.

**ABELLACADO** Agranujado, perverso, sinvergüenza.

**ABELLACARSE** Encanallarse, enviciarse, envilecerse, pervertirse, rebajarse. *Ennoblecerse.*

**ABERRACIÓN** Descarrío, desvío, engaño, equivocación, error. *Acierto.*

**ABERRAR** Desviarse, descarriarse, extraviarse, desencaminarse. *Acertar, encaminarse.*

**ABERTURA** Apertura, inauguración. // Agujero, boquete, brecha, grieta, hendidura, ranura, raja, rendija, resquebrajadura, resquicio. // Ensenada. // Franqueza, sencillez. *Reserva.* *Apertura, obertura.*

**ABETUNADO** Embetunado.

**ABIERTAMENTE** Claramente, paladinamente, sinceramente, sin reservas. *Ocultamente.*

**ABIERTO** Desembarazado, llano, raso. *Cerrado.* // Claro, franco, ingenuo, sincero. // Patente. *Oscuro.* // Agrietado, cortado, hendido, rajado, resquebrajado.

**ABIGARRADO** Confuso, mezclado, heterogéneo. *Homogéneo.*

**ABIGARRAMIENTO** Confusión, embrollo, enredo, lío, maraña.

**ABIGARRAR** Confundir, intrincar, descomponer, enmarañar, entremezclar.

**ABIGEATO** Cuatrerismo.

**ABISMADO** Absorto, ensimismado, meditabundo, pensante, silencioso.

**ABISMAR** Embebecerse, ensimismar. // Abatir, hundir, sumergir, sumir. *Elevar.*

**ABISMO** Barranco, precipicio, sima. *Cima, cumbre.* // Vacío. // Averno, infierno.

**ABJURACIÓN** Apostasía, desdecimiento, retractación.

**ABJURAR** Apostatar, desdecirse, renegar, retractarse. *Adjurar.*

**ABLACIÓN** Amputación, extirpación, supresión. *Oblación.*

**ABLANDAR** Molificar, laxar, reblandecer, suavizar. // Aplacar, calmar, desenfadar, desenojar, templar. *Enfadar.* // Enternecer. *Endurecer.*

**ABLUCIÓN** Lavatorio, purificación.

**ABNEGACIÓN** Altruismo, celo, desinterés, renunciamiento, sacrificio, renuncia. *Egoísmo.*

**ABOBAR** Atontar, alelar, perturbar, entorpecer. *Despabilar.*

**ABOCARDADO** Abocinado.

**ABOCARSE** Acercarse, avistarse, conferenciar. *Alejarse.*

**ABOCETADO** Bosquejado, esbozado, insinuado.

**ABOCETAR** Bosquejar, esbozar.

**ABOCHORNADO** Confuso, corrido, acalorado.

**ABOCHORNAR** Avergonzar, ruborizar, sofocar, sonrojar.

**ABOFETEAR** Moquetear, sopapear.

**ABOGADO** Asesor jurídico, defensor, intercesor, jurista, legista, letrado. // Picapleitos.

**ABOGAR** Apoyar, asesorar, defender, hablar en favor, interceder, proteger.

**ABOLENGO** Alcurnia, ascendencia, linaje, casta, estirpe. // Patrimonio.

**ABOLIR** Abrogar, anular, derogar, eliminar, extinguir, prohibir, quitar, retirar, revocar. *Instituir.*

**ABOLLADURA** Bollo, depresión.

**ABOMBAR** Combar, curvar. // Asordar, aturdir, ensordecer. // Atolondrar, turbar. // Corromper.

**ABOMINABLE** Aborrecible, atroz, detestable, execrable, incalificable, odioso, vitando. *Admirable, adorable.*

**ABOMINACIÓN** Horror, espanto, execración, repulsión, asco, aversión. *Veneración, amor, admiración.*

**ABOMINAR** Condenar, detestar, execrar, odiar. *Amar.*

**ABONADO** Avalado, garantizado, honorable, respaldado, fiable. // Suscrito, suscritor.

**ABONANZARSE** Aclararse, apaciguarse, calmarse, despejarse, serenarse. *Aborrascarse.*

**ABONAR** Pagar, satisfacer. // Estercolar, fertilizar. // Acreditar, respaldar, responder.

**ABONARÉ** Pagaré.

**ABONO** Estiércol, fertilizante. // Aval, fianza, garantía. // Suscripción.

**ABOQUILLADO** Abocardado.

**ABORDAR** Atracar, chocar. // Aproximarse, tocarse. // Acometer.

**ABORIGEN** Indígena, nativo, natural, vernáculo. *Forastero, extraño.*

**ABORRASCARSE** Cubrirse, encapotarse, nublarse, oscurecerse. *Abonanzarse.*

**ABORRECER** Abominar, despreciar, detestar, odiar. *Amar, admirar, apreciar, querer.*

**ABORRECIMIENTO** Aversión, desprecio, inquina, malquerencia, odio, rabia, rencor, repulsión, saña. *Cariño, estima.*

**ABORTAR** Malparir. // Fracasar, frustrar, malograrse. *Realizar.*

**ABORTO** Frustración, malogro, engendro, monstruo.

**ABOTAGARSE** Hincharse, inflarse.

**ABOTONAR** Abrochar.

**ABOVEDADO** Arqueado, combado, curvado.

**ABRA** Ensenada. // Grieta, hendidura. *Abra (abrir), **habrá** (haber).

**ABRASADOR** Agostador, ardiente, candente. *Glacial. **Abrazador.***

**ABRASAR** Agostar, incendiar, quemar, tostar. ***Abrazar.***

**ABRAZAR** Ceñir, envolver. // Abarcar, estrechar, rodear. // Aceptar, adoptar, enrolarse, seguir. ***Abrasar.***

**ABRAZO** Apretón, estrujón, lazo, saludo, estrechón. ***Abraso*** (abrasar).

**ABREVADERO** Aguadero, aguaje.

**ABREVAR** Beber. ***Abreviar.***

**ABREVIADO** Compendiado, resumido, simplificado, sintetizado.

**ABREVIAR** Acortar, compendiar, resumir, sintetizar. *Alargar, aumentar.* // Acelerar, apresurar. ***Abrevar.***

**ABREVIATURA** Cifra, sigla.

**ABRIBOCA** Bobalicón, papanatas.

**ABRIGAR** Arropar, cubrir, embozar, resguardar, tapar. *Desabrigar.* // Amparar, auxiliar, proteger.

**ABRIGO** Refugio. // Gabán, sobretodo, tapado. // Amparo, auxilio, cobijo, defensa, patrocinio, protección, reparo, resguardo. *Desamparo.*

**ABRILLANTAR** Bruñir, lustrar, pulimentar, pulir. *Deslucir.*

**ABRIR** Agrietar, agujerear, cascar, hender, horadar, rasgar. *Cerrar, obstruir, tapiar.* // Descubrir, destapar. // Comenzar, empezar, iniciar. *Clausurar.* // Abonanzar, aclarar.

**ABRIRSE** Apartarse, desistir.

**ABROCHAR** Abotonar, cerrar, sujetar.

**ABROGAR** Abolir, derogar, revocar. ***Arrogar.***

**ABROQUELARSE** Defenderse, escudarse, parapetarse.

**ABRUMAR** Aburrir, agobiar, apesadumbrar, incordiar, fastidiar, hastiar, molestar, oprimir. *Entretener. **Arrumar.***

**ABRUPTO** Áspero, escabroso, escarpado, fragoso, intrincado, quebrado. *Llano, liso, suave.*

**ABSCESO** Apostema, flemón, furúnculo, tumor. ***Acceso.***

**ABSENTA** Ajenjo.

**ABSOLUCIÓN** Condonación, gracia, indulgencia, liberación, perdón, remisión. *Condena.*

**ABSOLUTISMO** Autocracia, despotismo, dictadura, tiranía. *Democracia.* // Arbitrariedad.

**ABSOLUTO** Categórico, dogmático, ilimitado, independiente, tajante. *Relati-*

*vo, dependiente.* // Arbitrario, autoritario, despótico, imperioso. *Comprensivo, democrático.*

**ABSOLVER** Liberar, perdonar, remitir. *Condenar.* \***Absorber.**

**ABSORBER** Chupar, embeber, sorber, tragar. *Exhalar, emanar, rezumar.* // Consumir, dilapidar. // Atraer, cautivar. *Irradiar, repeler.* \***Absolver.**

**ABSORCIÓN** Embebimiento, filtración, impregnación. \***Adsorción.**

**ABSORTO** Abismado, abstraído, atónito, cautivado, encantado, ensimismado, extático, maravillado, meditabundo, pasmado, pensativo, petrificado, suspenso. *Distraído.*

**ABSTEMIO** Enófobo, sobrio, frugal. *Bebedor.*

**ABSTENCIÓN** Contención, dieta, privación. // Renuncia.

**ABSTENERSE** Callar, contenerse, inhibirse, privarse. *Participar, intervenir.*

**ABSTERGER** Lavar, limpiar, purificar.

**ABSTERSIÓN** Desinfección, limpieza, purificación, lavado, riego.

**ABSTINENCIA** Ayuno, continencia, dieta, privación.

**ABSTINENTE** Sobrio, moderado, frugal. *Desenfrenado.*

**ABSTRACCIÓN** Enfrascamiento, ensimismamiento.

**ABSTRACTO** Complejo, ideal, indeterminado, vago, impreciso. *Definido, concreto, preciso.*

**ABSTRAER** Separar.

**ABSTRAERSE** Absorberse, enfrascarse, ensimismarse, meditar. *Distraerse.*

**ABSTRAÍDO** Absorto, apartado, enfrascado, ensimismado, meditabundo, preocupado. *Distraído.*

**ABSTRUSO** Abstracto, incomprensible, profundo, recóndito. *Claro.*

**ABSUELTO** Condonado, perdonado, remitido. *Condenado.*

**ABSURDO** Incoherencia, inconsecuencia. // Ilógico, incoherente, inconsecuente, irracional, desatinado. *Comprensivo, racional, sensato.*

**ABUCHEO** Rechifla, siseo. *Aplauso, aprobación, ovación.*

**ABUELO** Anciano, antecesor, antepasado, ascendiente.

**ABULIA** Inacción, desinterés, indiferencia, pasividad, desgana, aburrimiento. *Interés, actividad, gana.*

**ABÚLICO** Apático, indolente. *Activo, enérgico.*

**ABULTADO** Desmesurado, exagerado, grueso, voluminoso. *Enjuto, liso.*

**ABULTAR** Agrandar, dilatar, ensanchar. *Deshinchar.* // Acrecentar, encarecer, exagerar, ponderar. *Disminuir.*

**ABUNDANCIA** Caudal, copia, exuberancia, muchedumbre, plétora, profusión, raudal, riqueza. *Carestía, escasez, exigüidad, miseria.*

**ABUNDAR** Colmar, rebozar, hormiguear, pulular. *Escasear.*

**ABUR** Adiós, agur, chau. \***Albur.**

**ABURRARSE** Embrutecerse.

**ABURRIDO** Desganado, harto, hastiado. *Animado, entretenido.*

**ABURRIMIENTO** Cansancio, esplín, hastío, fastidio, tedio. *Distracción.*

**ABURRIR** Cansar, fastidiar, hartar, hastiar, incomodar, incordiar, molestar, secar. *Divertir, entretener, solazar.*

**ABUSAR** Aprovecharse, atropellar, engañar, excederse, forzar, propasarse, seducir, violar. *Contenerse, reprimirse.*

**ABUSIVO** Desmedido, excesivo.

**ABUSO** Atropello, exageración, exceso, extralimitación, injusticia, tropelía. *Uso, utilización.*

**ABYECCIÓN** Abatimiento, bajeza, degradación, envilecimiento, servilismo. *Nobleza.*

**ABYECTO** Abatido, bajo, despreciable, ignominioso, rastrero, servil, vil.

**ACÁ** Aquí, al lado. *Allá.*

**ACABADO** Agotado, destruido, consumido, gastado, usado, viejo. // Concluido, consumado, esmerado, perfecto, pulido, terminado. *Incompleto, incluso, fragmentario.*

**ACABAR** Agotar, concluir, consumar,

consumir, dar fin, finalizar, rematar, terminar. *Comenzar, iniciar.* // Perfeccionar, pulir. // Morir.

**ACABÓSE** Colmo, desenlace. // Desastre.

**ACADEMIA** Colegio, escuela.

**ACADÉMICO** Universitario. // Atildado, elegante.

**ACAECER** Acontecer, ocurrir, pasar, sobrevenir, suceder.

**ACAECIMIENTO** Acontecimiento, advenimiento, caso, hecho, sucedido, suceso, evento.

**ACALORADO** Agitado, animado, embalado, enardecido, entusiasmado, exaltado, violento. *Sereno.*

**ACALORAMIENTO** Ardor, arrebato, encendimiento, entusiasmo, exaltación, excitación. *Frialdad.*

**ACALORAR** Alentar, animar, enardecer, encender, entusiasmar, estimular, excitar, fomentar. *Enfriar.*

**ACALLAR** Aplacar, aquietar, calmar, sosegar, tranquilizar. *Excitar.*

**ACAMAR** Tender, tumbar, recostar.

**ACAMPANADO** Abocardado.

**ACAMPAR** Campar, vivaquear.

**ACANALAR** Estriar, rayar. *Alisar.*

**ACANALLADO** Encanallado, pervertido, despreciable, soez. *Ennoblecido.*

**ACANTILADO** Escarpadura.

**ACANTONAMIENTO** Puesto, posición, emplazamiento, plaza.

**ACANTONAR** Acampar, emplazar, abarracar, localizar.

**ACAPARAMIENTO** Acopio, monopolio. *Entrega.* // Agio.

**ACAPARAR** Retener, acopiar, acumular, almacenar, monopolizar. *Entregar, soltar, distribuir.*

**ACARAMELADO** Enamorado, melifluo, obsequioso.

**ACARICIAR** Halagar, mimar. // Abrazar, besar, rozar. *Maltratar.*

**ACARREAR** Conducir, llevar, transportar. // Causar, ocasionar, proporcionar.

**ACARREO** Conducción, transporte, traslado.

**ACARTONARSE** Amojamarse, aperga-

minarse, momificarse.

**ACASO** Azar, casualidad, imprevisto, hado. // Quizá. ***Ocaso.***

**ACATAMIENTO** Obediencia, respeto, sometimiento, sumisión, veneración. *Desobediencia.*

**ACATARRARSE** Constiparse, resfriarse, engriparse.

**ACATO** Obediencia, observancia, acatamiento. *Desacato, desobediencia.*

**ACAUDALADO** Adinerado, millonario, opulento, potentado, pudiente, rico. *Menesteroso, pobre.*

**ACAUDALAR** Atesorar, enriquecerse.

**ACAUDILLAR** Capitanear, dirigir, encabezar, mandar. *Obedecer, seguir.*

**ACCEDER** Autorizar, ceder, condescender, conformarse, consentir, permitir, transigir. *Disentir, negar, rechazar.*

**ACCESIBLE** Abordable, alcanzable, asequible. // Comprensible, inteligible. // Franco, sencillo. *Inaccesible, impenetrable, arrogante.*

**ACCESIÓN** Acceso.

**ACCESO** Acogida, camino, entrada. *Salida.* // Ataque, indisposición, trastorno. ***Absceso.***

**ACCESORIO** Accidental, circunstancial, secundario. *Básico, capital, esencial, primordial.* // Repuesto.

**ACCIDENTADO** Agitado, borrascoso. // Abrupto, desigual, escabroso, fragoso. *Liso, llano.*

**ACCIDENTAL** Casual, eventual, fortuito, impensado, provisional, contingente. *Esencial, intrínseco, permanente, previsto.*

**ACCIDENTARSE** Dañarse, lastimarse, herirse.

**ACCIDENTE** Suceso, incidente. // Desmayo, indisposición, patatús, síncope, vértigo. // Contratiempo, desgracia, percance. // Choque, peripecia. ***Incidente.***

**ACCIÓN** Acto, función, gesto, hecho, intervención, labor, movimiento, obra, operación, suceso. // Batalla, combate. ***Ación.***

ACCIONAR Gesticular, mover.
ACCIONISTA Socio, asociado, capitalista, rentista, interesado.
ACECHANZA Acecho, espionaje. *Asechanza.
ACECHAR Aguaitar, aguardar, atalayar, atisbar, avizorar, espiar, observar, vigilar. *Asechar.
ACECHO Atisbo, espionaje. *Asecho.
ACECINADO Acartonado, amojamado, apergaminado, momificado, magro, seco. *Asesinado.
ACECINAR Ahumar, curar. *Asesinar.
ACEDAR Acidular, agriar. // Desazonar, disgustar, molestar. *Asedar.
ACEDO Ácido, agrio, avinagrado. // Áspero, ceñudo. *Asedo (asedar).
ACÉFALO Decapitado, descabezado, guillotinado.
ACEITAR Lubricar.
ACEITE Lubricante, óleo.
ACEITOSO Craso, graso, oleaginoso.
ACEITUNA Oliva.
ACEITUNADO Verdoso.
ACELERACIÓN Celeridad, rapidez.
ACELERAR Activar, aligerar, apresurar, precipitar. *Atrasar, dilatar, retardar, retrasar.*
ACENDRADO Delicado, depurado, entrañable, exquisito, puro. *Impuro.*
ACENDRAR Depurar, limpiar, purificar. *Impurificar.*
ACENTO Dejo, entonación, tonillo.
ACENTUAR Destacar, hacer hincapié, insistir, marcar, recalcar. // Realzar, subrayar. *Atenuar, disimular.*
ACEÑA Molino, azud.
ACEPCIÓN Sentido, significación, significado.
ACEPILLAR Alisar, cepillar.
ACEPTABLE Admisible, pasable, pasadero, tolerable, suficiente, común, apto. *Inaceptable.*
ACEPTACIÓN Admisión, aprobación. *Rechazo.* // Boga, éxito. *Fracaso.*
ACEPTAR Admitir, aprobar, confesar, consentir, recibir, tomar. *Declinar, rehusar, repudiar, rechazar.* // Comprometerse, obligarse. *Rehuir.*

ACEPTO Bienquisto. *Malquisto.*
ACEQUIA Canal, zanja.
ACERA Vereda.
ACERADO Afilado, duro, punzante. // Incisivo, mordaz, ofensivo, penetrante.
ACERAR Afilar, endurecer, templar.
ACERBO Áspero, cruel, desabrido, desapacible, doloroso, riguroso, rudo. *Dulce, suave.* *Acervo.
ACERCA (DE) Con respecto a. // En lo tocante a, en relación a, referente a, sobre.
ACERCAR Aproximar, arrimar, juntar, unir. *Alejar, apartar.*
ACERO Espada, hoja, tizona. // Ánimo, brío, denuedo, resolución.
ACÉRRIMO Implacable, tenaz.
ACERTADO Adecuado, apropiado, conveniente, oportuno. *Desatinado, erróneo, desacertado.*
ACERTAR Adivinar, atinar, descifrar, enfocar. // Encontrar, hallar, topar. *Equivocarse, extraviarse, fallar, pifiar.*
ACERTIJO Adivinanza, charada, enigma, jeroglífico.
ACERVO Caudal. *Acerbo.
ACEZAR Jadear. *Asesar.
ACHACAR Atribuir, endosar, imputar. *Defender, disculpar.*
ACHACOSO Enclenque, enfermizo, doliente, mórbido. *Sano.*
ACHANTARSE Acobardarse, agazaparse, aguantarse, esconderse, conformarse. *Envalentonarse.*
ACHAPARRADO Rechoncho. *Esbelto, alto, enjuto.*
ACHAQUE Enfermedad, alifafe, dolencia, indisposición. // Disculpa, excusa, pretexto. // Asunto, materia, tema.
ACHICAR Abreviar, acortar, disminuir, menguar, mermar, reducir. *Agrandar, aumentar.* // Desaguar.
ACHICHARRAR Asar, quemar, tostar, chamuscar. // Molestar, importunar.
ACHISPADO Borracho. *Sobrio.*
ACHISPARSE Emborracharse.
ACHUCHAR Azuzar, empujar. // Aplastar, estrujar.

**11**

**ACHURAR** Matar, destripar.

**ACIAGO** Desdichado, desgraciado, funesto, infausto, infeliz, malhadado, nefasto. *Fausto, feliz.*

**ACÍBAR** Áloe. // Amargura.

**ACIBARAR** Amargar, atormentar, turbar, entristecer.

**ACICALADO** Adornado, aseado, ataviado, atildado, limpio, perfilado, peripuesto, pulcro, pulido, terso.

**ACICALAR** Adornar, alisar, ataviar, pulir, bruñir, componer, limpiar, maquillar. *Descuidar.* **\*Acicular.**

**ACICATE** Aguijón, espuela. // Aliciente, estímulo, incentivo.

**ACIDEZ** Acritud, agrura.

**ACIDIA** Desidia, negligencia, pereza, flojedad, desgana, laxitud. *Diligencia, gana, rapidez.*

**ÁCIDO** Acedo, acre, agrio. **\*Asido** (asir).

**ACIERTO** Destreza, habilidad. *Torpeza.* // Puntería. // Cordura, prudencia, tacto, tiento, tino. *Imprudencia.* // Éxito, suerte. *Fracaso.*

**ACLAMACIÓN** Aplauso, ovación, homenaje, glorificación, aprobación. *Rechifla, protesta.*

**ACLAMAR** Aplaudir, ovacionar, vitorear. *Abuchear, silbar.* // Proclamar.

**ACLARACIÓN** Elucidación, explicación, justificación, puntualización.

**ACLARAR** Amanecer. *Oscurecer.* // Espaciar, regletear. *Apretar.* // Clarificar, descifrar, desembrollar, dilucidar, elucidar, explicar, poner en claro. *Embrollar, ocultar.* // Abonanzar, calmar, escampar. *Aborrascarse.*

**ACLIMATACIÓN** Acomodo, arraigo, adaptación, connaturalización, costumbre, hábito, habituación.

**ACLIMATAR** Acostumbrarse, adaptarse, connaturalizarse, habituar.

**ACLOCAR** Arrellanarse, repantigarse.

**ACOBARDAR** Abatir, acoquinar, achicar, amedrentar, amilanar, apocar, arredrar, atemorizar, desalentar, desanimar, intimidar. *Alentar, animar, envalentonar.*

**ACODAR** Sostener, apoyar, aguantar, apuntalar.

**ACODARSE** Sostenerse, apoyarse, apuntalarse, acodalarse.

**ACOGER** Amparar, asilar, favorecer, guarecer, proteger. *Desamparar.* // Admitir, recibir, recoger. *Rechazar.* // Refugiarse.

**ACOGIDA** Hospitalidad, recepción. *Despido, expulsión.*

**ACOGOTAR** Derribar, domeñar, dominar, sujetar. *Liberar.*

**ACOLCHADO** Enguatado, mullido.

**ACÓLITO** Monacillo, monaguillo. // Ayudante, compinche, cómplice.

**ACOLLARAR** Uncir, enjaezar, guarnecer.

**ACOMETEDOR** Agresivo, violento, emprendedor, impetuoso. *Apocado.*

**ACOMETER** Abalanzarse, agredir, arremeter, atacar. *Huir.* // Emprender, intentar. *Evitar.*

**ACOMETIDA** Agresión, asalto, ataque, arremetida, embate, embestida, hostigamiento, acometimiento.

**ACOMETIMIENTO** Irrupción, ofensiva, invasión, agresión.

**ACOMODACIÓN** Arreglo, ajuste, compostura. *Desarreglo.*

**ACOMODADIZO** Acomodaticio.

**ACOMODADO** Pudiente, rico. // Adecuado, apropiado, apto, conveniente, oportuno.

**ACOMODAMIENTO** Acuerdo, ajuste, arreglo, convenio, transacción. *Desacuerdo.* // Comodidad, conveniencia. *Inconveniencia.*

**ACOMODAR** Ajustar, convenir, ordenar. *Desacomodar.* // Adaptar, adecuar, aplicar, apropiar. // Atemperar, concertar, conciliar. // Colocarse, emplearse. // Avenirse, conformarse. *Rebelarse.*

**ACOMODATICIO** Acomodadizo, complaciente, contemporizador, dúctil, sociable. *Intransigente.*

**ACOMODO** Cargo, colocación, destino, empleo, ocupación, puesto. // Arreglo, conveniencia, enjuague.

**ACOMPAÑAMIENTO** Comitiva, compañía, cortejo, escolta, séquito.

**ACOMPAÑANTE** Lazarillo, acólito, edecán.

**ACOMPAÑAR** Conducir, escoltar, seguir. *Abandonar.* // Añadir. *Quitar, separar.*

**ACOMPASADO** Isócrono, medido, rítmico. *Arrítmico, irregular.*

**ACONDICIONADO** Adaptado, arreglado, adecuado.

**ACONDICIONAR** Adaptar, adecuar, amoldar, arreglar, disponer.

**ACONGOJADO** Afligido, aquejado, dolorido, gimiente, tembloroso, turbado. *Alegre.*

**ACONGOJAR** Afligir, apenar, apesadumbrar, atribular, contristar, entristecer, desconsolar. *Confortar.*

**ACONSEJAR** Advertir, asesorar, avisar, sugerir, influir, alentar. // Amonestar, sermonear.

**ACONTECER** Acaecer, ocurrir, pasar, sobrevenir, suceder.

**ACONTECIMIENTO** Acaecimiento, caso, evento, ocurrencia, suceso.

**ACOPIAR** Acumular, aglomerar, allegar, amontonar, juntar, reunir. *Desperdigar.*

**ACOPIO** Abundancia, acaparamiento, depósito, provisión.

**ACOPLAMIENTO** Conexión, enganche, enlace, ensambladura.

**ACOPLAR** Adosar, aparear, conectar, ensamblar, juntar, unir, encajar. *Desunir, separar.*

**ACOQUINAR** Acobardar, amedrentar. *Alentar.*

**ACORAZAR** Blindar, fortalecer.

**ACORCHARSE** Embotarse, secarse.

**ACORDAR** Concordar, convenir, decidir, determinar, quedar, resolver, pactar. // Componer, conciliar, reconciliar. // Afinar, armonizar. *Desacordar.*

**ACORDARSE** Evocar, recordar, rememorar. *Olvidar.*

**ACORDE** Concorde, conforme, conteste. *Discorde, disconforme.*

**ACORDELAR** Señalar, medir, circunscribir, acotar.

**ACORDONAR** Cercar, rodear, encerrar. // Ajustar, sujetar, ceñir.

**ACORRALAR** Aislar, arrinconar, cercar. // Acobardar, intimidar.

**ACORRER** Acudir, socorrer, amparar, auxiliar, ayudar. *Desamparar.*

**ACORTAMIENTO** Reducción, merma, disminución, aminoración, encogida, achique, encogimiento, abreviación. *Alargamiento.*

**ACORTAR** Abreviar, achicar, disminuir, encoger, reducir. *Alargar.*

**ACOSAMIENTO** Persecución, importunación, hostigamiento, acoso, molestia, acometimiento.

**ACOSAR** Hostigar, perseguir. *Defender.* // Fatigar, molestar.

**ACOSO** Acosamiento.

**ACOSTAR** Echar, encamar, extender, tender. *Levantar.* // Adherir, inclinar, ladear. // Acercar, aproximar.

**ACOSTUMBRADO** Corriente, habitual, normal, tradicional, usual. *Desacostumbrado, inusitado.* // Avezado.

**ACOSTUMBRAR** Avezar, familiarizar, habituar. *Asombrar, desacostumbrar.*

**ACOTACIÓN** Apuntamiento, nota, señal, aclaración.

**ACOTAR** Fijar, señalar, referir. // Amojonar, jalonar. // Elegir, aceptar, admitir. // Atestiguar, asegurar, testificar.

**ACOYUNDAR** Uncir. *Acoyuntar.

**ÁCRATA** Anarquista, libertario, nihilista.

**ACRE** Áspero, incisivo, irritante, picante. *Suave.* // Desabrido.

**ACRECENTAMIENTO** Acrecimiento, crecimiento, aumento, acrecencia, desarrollo, incremento. *Disminución.*

**ACRECENTAR** Acrecer, aumentar. *Menguar, reducir.*

**ACRECER** Agrandar, aumentar, engrandecer, ensanchar, extender. *Disminuir.*

**ACREDITADO** Afamado, celebrado, conocido, famoso, renombrado, reputado. *Desconceptuado, desprestigiado.*

**ACREDITAR** Afirmar, justificar, probar, reputar. *Desacreditar, infamar.* // Abonar, asegurar. *Cargar.*

ACREEDOR Merecedor, digno. *Deudor.*
ÁCREMENTE Ásperamente, agriamente, acerbamente, secamente. *Suavemente, dulcemente.*
ACRIBILLAR Agujerear, herir, taladrar. // Molestar.
ACRIMINAR Acusar, imputar, inculpar. *Defender.*
ACRIMONIA Acritud, aspereza, causticidad, desabrimiento, mordacidad. *Dulzura, suavidad.*
ACRISOLAR Aquilatar, depurar, purificar. *Impurificar.*
ACRITUD Acrimonia. *Suavidad.*
ACROBACIA Equilibrismo.
ACRÓBATA Equilibrista, saltimbanqui, trapecista, volatinero.
ACTA Memoria, relación, relato, certificación. *Apta, afta.*
ACTITUD Compostura, postura, porte, ademán, posición, gesto, aspecto, talante. // Disposición. *Aptitud.*
ACTIVAMENTE Prontamente, vivamente, rápidamente, aceleradamente. *Pasivamente.*
ACTIVAR Acelerar, apresurar, excitar, mover. *Parar.*
ACTIVIDAD Agilidad, diligencia, dinamismo, eficacia, presteza, prontitud. *Inactividad, pasividad, quietud.*
ACTIVISTA Provocador.
ACTIVO Ágil, diligente, dinámico, eficaz, enérgico, laborioso, ligero, poderoso, rápido. *Inactivo, pasivo, apático.*
ACTO Acción, hecho, suceso. // Reunión. *Apto.*
ACTOR Artista, comediante, cómico, ejecutante, histrión, intérprete. // Acusador, demandante, litigante, querellante. *Autor.*
ACTUACIÓN Desempeño, intervención. // Diligencia.
ACTUAL Presente, vigente, efectivo, existente, contemporáneo. *Antiguo, inactual, futuro, pasado, potencial.*
ACTUALIDAD Moda, novedad. // Ahora, todavía, aún.
ACTUALMENTE Ahora, hoy.

ACTUAR Conducirse, portarse, proceder, representar. *Abstenerse, inhibirse.* // Elaborar, hacer, trabajar.
ACTUARIO Escribano.
ACUARIO Pecera.
ACUARTELAR Alojar, recluir, acantonar, instalar, estacionar.
ACUATIZAR Amarar.
ACUCHILLAR Apuñalar.
ACUCIA Deseo, vehemencia, solicitud, diligencia, anhelo.
ACUCIAR Aguijonear, espolear, estimular, pinchar. *Aplacar, tranquilizar.*
ACUCIOSO Activo, diligente. *Desidioso, perezoso.*
ACUDIR Asistir, ir, llegar. *Ausentarse.* // Auxiliar, socorrer. *Desamparar.* // Apelar, recurrir.
ACUEDUCTO Conducto.
ACUERDO Armonía, avenencia, concordancia, concordia, conformidad, convenio, pacto. *Desacuerdo, discrepancia.* // Determinación, dictamen, parecer, resolución. // Madurez, reflexión.
ACUIDAD Agudeza, penetración, sutileza, finura, intensidad.
ACUITAR Acongojar, afligir, apenar, apesadumbrar, apurar, atribular, contristar. *Consolar.*
ACUMULACIÓN Acopio, montón, amontonamiento, hacinamiento, acervo. *Disgregación.*
ACUMULAR Acopiar, aglomerar, amontonar, apilar, hacinar, juntar, reunir. *Disgregar, esparcir.*
ACUNAR Cunear, mecer.
ACUÑAR Embutir, estampar, troquelar.
ACURRUCARSE Doblarse, encogerse, ovillarse. *Erguirse.*
ACUSACIÓN Delación, denuncia, imputación, inculpación, reproche. *Defensa, disculpa.*
ACUSADO Procesado, reo.
ACUSADOR Delator, denunciante, soplón. // Fiscal.
ACUSAR Achacar, delatar, imputar, reprochar. *Disculpar, excusar.*
ACUSÓN Soplón.

**ACÚSTICA** Sonido, vibración, propagación, intensidad.

**ACÚSTICO** Auditivo, sonoro.

**ADAGIO** Máxima, proverbio, refrán, sentencia.

**ADALID** Cabecilla, caudillo, guía, jefe. *Secuaz, seguidor.*

**ADAMADO** Afeminado, amadamado, maricón.

**ADÁN** Dejado, desaliñado, desaseado, harapiento, sucio. *Elegante, limpio.*

**ADAPTACIÓN** Acomodación, ajuste, aplicación, apropiación, conformación. *Inadaptación.*

**ADAPTAR** Acomodar, ajustar. *Adoptar.

**ADARGA** Broquel, escudo.

**ADECUADO** Apropiado, apto, conveniente, oportuno. *Impropio, inadecuado, inconveniente.*

**ADECUAR** Acomodar, apropiar, igualar. *Desarreglar, desigualar.*

**ADEFESIO** Espantajo, esperpento. // Disparate, extravagancia.

**ADELANTADO** Precoz. *Atrasado.* // Excelente. // Audaz, imprudente, osado.

**ADELANTAMIENTO** Anticipo, medro, mejora, mejoramiento, progreso. *Retraso, retroceso.*

**ADELANTAR** Anticipar, avanzar, aventajar, exceder, sobrepasar. *Atrasar, retardar, retrasar, aplazar, demorar.* // Aumentar, mejorar, perfeccionarse, progresar, prosperar. *Retrogradar.*

**ADELANTO** Adelantamiento, anticipo, mejora. *Atraso, retroceso.*

**ADELGAZAR** Enflaquecer. *Engordar.* // Depurar, purificar. // Sutilizar.

**ADEMÁN** Actitud, gesto, seña, manera, modales, accionamiento, afectación.

**ADEMÁS** Aparte de, asimismo, igualmente, también.

**ADENTRARSE** Entrar, meterse, penetrar. *Salir.*

**ADENTRO** Dentro. *Afuera, fuera.*

**ADEPTO** Adicto, afiliado, asociado, iniciado, partidario, secuaz, seguidor. *Contrario, opositor.*

**ADEREZAR** Acicalar, adornar, ataviar, hermosear. // Adobar, aliñar, condimentar, guisar, sazonar. // Componer, remendar, reparar. *Romper.* // Disponer, preparar, aprestar.

**ADEREZO** Adorno, atavío. // Adobo, condimento. // Disposición, prevención.

**ADEUDAR** Deber, endeudarse. *Cargar.*

**ADHERENCIA** Adhesión, cohesión, unión. *Rotura, separación.* // Viscosidad, pegajosidad.

**ADHERENTE** Adjunto, anexo, unido. // Adepto. *Enemigo.*

**ADHERIR** Pegar, unir. *Arrancar, despegar, desprender, separar.*

**ADHESIÓN** Afección, apego, devoción, fidelidad, solidaridad, unión. *Disconformidad, discrepancia.*

**ADICIÓN** Aditamento, agregación, añadidura, aumento, suma. *Disminución, rebaja, sustracción.*

**ADICIONAR** Agregar, añadir, aumentar, sumar. *Cercenar, restar.*

**ADICTO** Adepto, dedicado, parcial, partidario, secuaz, seguidor. *Desleal, enemigo, contrario.*

**ADIESTRAR** Aleccionar, amaestrar, ejercitar, entrenar, instruir.

**ADINERADO** Acaudalado. *Necesitado, pobre.*

**ADIÓS** Abur, agur, chau.

**ADIPOSO** Gordo, obeso. *Enjuto, flaco.*

**ADITAMENTO** Añadidura, apéndice.

**ADIVINACIÓN** Augurio, adivinanza, vaticinio, pronóstico, oráculo, acertijo.

**ADIVINANZA** Acertijo.

**ADIVINAR** Anunciar, predecir, presentir, pronosticar, vaticinar. // Acertar, descifrar, descubrir.

**ADIVINO** Adivinador, augur, vaticinador, vidente, nigromante, hechicero.

**ADJETIVO** Calificativo, epíteto, atributo, agregado.

**ADJUDICAR** Atribuir, ceder, dar. // Retener. *Expropiar, quitar.*

**ADJUNCIÓN** Añadidura, agregación, complemento. *Resta, disminución.*

**ADJUNTO** Agregado, junto, unido. *Se-*

*parado, despegado.* // Aditamento.
**ADJUTOR** Coadjutor, auxiliar, ayudante.
**AD LÍBITUM** A gusto, a voluntad.
**ADMINÍCULO** Objeto, utensilio.
**ADMINISTRACIÓN** Dirección, gerencia, gestión, gobierno, régimen.
**ADMINISTRADOR** Gerente, mayordomo, regente, intendente, rector, gobernador, apoderado.
**ADMINISTRAR** Conducir, cuidar, dirigir, gobernar, regir. // Aplicar, conferir, dar, propinar. *Negar.* // Suministrar.
**ADMIRABLE** Asombroso, estupendo, extraordinario, maravilloso, notable, pasmoso, sorprendente. *Despreciable.*
**ADMIRACIÓN** Asombro, estupor, fascinación, maravilla, pasmo, sorpresa. *Desdén, desprecio, indiferencia.*
**ADMIRADO** Pasmado, suspenso, fascinado, estupefacto.
**ADMIRAR** Asombrar, embobar, encantar, extasiar, fascinar, maravillar, pasmar. // Aprobar, elogiar, ensalzar.
**ADMISIBLE** Aceptable, verosímil.
**ADMISIÓN** Aceptación, recepción. *Despido, expulsión, rechazo.*
**ADMITIR** Aceptar, acoger, recibir, tomar. *Excluir, rechazar.* // Aprobar, conceder, consentir, permitir, suponer, tolerar. *Desaprobar, prohibir.*
**ADMONICIÓN** Advertencia, amonestación, reconvención, regaño, reprimenda, sermón.
**ADOBAR** Aderezar, aliñar, condimentar, guisar, salpimentar, sazonar. // Arreglar, componer, remendar.
**ADOBE** Ladrillo. *Adobo.
**ADOBO** Aderezo, aliño, salsa. *Adobe.
**ADOCENADO** Común, ordinario, trivial, vulgar. *Destacado, distinguido.*
**ADOLECER** Padecer, sufrir.
**ADOLESCENCIA** Juventud, mocedad. *Madurez.*
**ADOPCIÓN** Prohijamiento.
**ADOPTAR** Aceptar, amparar, aprobar, favorecer, prohijar, proteger, tomar. *Repudiar.* // Abrazar, seguir. *Adaptar.
**ADOPTIVO** Prohijado, protegido, amparado, favorecido, afiliado, aprobado.
**ADOQUÍN** Piedra. // Ignorante, rudo, torpe, zote. *Sagaz.*
**ADOQUINAR** Empedrar, pavimentar.
**ADORABLE** Amable, encantador, delicioso, exquisito. *Despreciable.*
**ADORACIÓN** Amor, devoción, pasión, apasionamiento, fervor, éxtasis, idolatría, exaltación.
**ADORADOR** Admirador, devoto, fiel.
**ADORAR** Amar, orar, querer, reverenciar, rezar, venerar. *Despreciar.*
**ADORMECER** Acallar, aletargar, amodorrar, anestesiar, calmar, sosegar. *Excitar, despertarse.* // Entumecerse.
**ADORNADO** Acicalado, emperifollado, emperejilado, peripuesto.
**ADORNAR** Acicalar, aderezar, ataviar, componer, embellecer, engalanar, ornar. *Afear, desaliñar, deslucir, despojar.*
**ADORNO** Aderezo, atavío, guarnición, ornamento, ornato.
**ADOSAR** Apoyar, arrimar, juntar, respaldar, pegar.
**ADQUIRIR** Alcanzar, comprar, conseguir, ganar, lograr, obtener. *Perder, vender.*
**ADQUISICIÓN** Compra, conquista, ganancia, hallazgo, ventaja. *Pérdida.*
**ADREDE** Deliberadamente, intencionadamente. *Involuntariamente.*
**ADUCIR** Alegar, argumentar.
**ADUEÑARSE** Apoderarse, apropiarse, conquistar, enseñorearse, ocupar.
**ADULACIÓN** Halago, lisonja, zalamería. *Difamación, crítica, murmuración.*
**ADULADOR** Adulón, lisonjeador, lisonjero, mimoso, zalamero. *Difamador, denigrador.*
**ADULAR** Halagar, incensar, lisonjear, mimar.
**ADULTERACIÓN** Falsificación, mistificación.
**ADULTERAR** Falsear, falsificar, sofisticar. *Purificar.*
**ADULTERINO** Falsificado, falso.
**ADUNAR** Juntar, unir. *Separar.*
**ADUNCO** Curvo, corvo, combado, arqueado, alabeado.

**ADUSTO** Austero, esquivo, hosco, huraño, rígido, seco, serio, severo, arisco, melancólico. *Afable, campechano, tratable.* // Quemado, tostado.

**ADVENEDIZO** Extranjero, forastero, intruso.

**ADVENIMIENTO** Aparición, arribo, llegada, venida. *\*Avenimiento.*

**ADVENIR** Acontecer, llegar, ocurrir. *\*Avenir.*

**ADVERAR** Certificar, testificar, avalar, testimoniar, atestiguar, confirmar.

**ADVERSARIO** Antagonista, competidor, contrario, contrincante, enemigo, rival. *Aliado, amigo, auxiliar, defensor, simpatizante.*

**ADVERSIDAD** Desdicha, desgracia, desventura, infortunio, fatalidad, infelicidad. *Dicha, prosperidad.*

**ADVERSO** Contrario, desfavorable, desgraciado, hostil. *Favorable.*

**ADVERTENCIA** Aviso, consejo, indicación, observación, precaución, prevención, apercibimiento.

**ADVERTIDO** Avisado, despabilado, despierto, ducho, listo, prevenido, sermoneado. *Ignorante, inadvertido.*

**ADVERTIR** Aconsejar, amonestar, avisar, enseñar, indicar, informar, notar, observar, prevenir, reparar, reprender, señalar. *Engañar, ocultar.*

**ADYACENTE** Contiguo, inmediato, lindante, lindero, medianero, próximo. *Distante, lejano, mediato.*

**AERACIÓN** Ventilación.

**AÉREO** Leve, sutil, volátil, vaporoso.

**AERONAUTA** Aviador.

**AERONÁUTICA** Aerostación, aviación, navegación aérea.

**AERONAVE** Avión, aeroplano, bimotor, trimotor, helicóptero.

**AEROPLANO** Avión.

**AERÓSTATO** Globo.

**AFABILIDAD** Afecto, amabilidad, benevolencia, campechanía, cordialidad, dulzura. *Adustez, brusquedad, hosquedad, aspereza.*

**AFABLE** Acogedor, afectivo, amable,

atento, benigno, cordial, cortés. *Áspero, ceñudo, hosco, huraño, intratable, seco.*

**AFAMADO** Admirado, célebre, conocido, famoso, prestigioso, nombrado, reputado. *Desacreditado, desconocido, impopular.*

**AFÁN** Anhelo, ansia, aspiración, deseo, vehemencia. *Desaliento.* // Actividad, voluntad. *Desgano, desgana.*

**AFANARSE** Bregar, empeñarse, esforzarse. *Holgar, holgazanear.*

**AFANOSO** Trabajador, diligente, vehemente, esforzado, voluntarioso. *Apático, desganado.*

**AFEAR** Desfavorecer, deformar. *Embellecer.* // Vituperar.

**AFECCIÓN** Afecto, afición, apego, aprecio, cariño, inclinación, simpatía, tendencia, ternura. *Antipatía, odio.* // Enfermedad.

**AFECCIONARSE** Aficionarse, simpatizar, interesarse, querer, apetecer.

**AFECTACIÓN** Amaneramiento, disimulo, empaque, fingimiento, presunción, pedantería, doblez, extravagancia, ostentación. *Espontaneidad, llaneza, naturalidad.*

**AFECTADO** Amanerado, estudiado, presuntuoso, rebuscado, relamido. *Natural, sencillo.* // Aquejado, inquieto, molestado, dolorido. // Destinado.

**AFECTAR** Fingir, interesar. // Anexar, vincular. *Desvincular.* // Afligir, herir, impresionar.

**AFECTIVO** Afectuoso, sensible.

**AFECTO** Afección, afición, amor, apego, cariño, inclinación, simpatía. *Antipatía, indiferencia, rencor.* // Agregado, unido.

**AFECTUOSO** Afable, amable, amistoso, amoroso, cariñoso. *Arisco, hosco.*

**AFEITAR** Rapar, rasurar. // Acicalar, componer, hermosear.

**AFEITE** Colorete, cosmético, polvos.

**AFELPADO** Aterciopelado, peludo, velloso, lanoso.

**AFEMINADO** Marica, maricón, adamado, amaricado, amujerado, barbilindo, blando. *Macho, varonil, viril.*

**17**

**AFÉRESIS** Sinalefa, supresión, metaplasmo, elisión.

**AFERRAR** Agarrar, asir, atrapar, afianzar, amarrar, asegurar. *Soltar.*

**AFIANZAR** Aferrar, afirmar, amarrar, apuntalar, consolidar. *Aflojar, debilitar, desasirse.* // Garantizar.

**AFICIÓN** Afecto, cariño, gusto, inclinación. *Aversión, desapego, desvío, repulsión.* // Afán, ahínco, empeño.

**AFICIONARSE** Enamorarse, engolosinarse, prendarse, simpatizar. // Habituarse. *Desinteresarse.*

**AFIJO** Prefijo, sufijo.

**AFILADO** Cortante, punzante.

**AFILAR** Adelgazar, aguzar. // Cortejar, enamorar.

**AFILIADO** Adepto, adicto, correligionario, iniciado, partidario. *Intruso.*

**AFILIAR** Asociar, iniciar, prohijar.

**AFILIGRANAR** Acicalar, hermosear, pulir.

**AFÍN** Adyacente, análogo, contiguo, parecido, próximo, semejante, similar. *Dispar, distinto.* // Allegado, deudor, pariente.

**AFINACIÓN** Tiento, punto, entonación, temple, ajuste, consonancia.

**AFINAR** Acordar, mejorar, perfeccionar, purificar. *Desafinar.*

**AFINCARSE** Establecerse, fijarse, radicarse.

**AFINIDAD** Analogía, atracción, semejanza, simpatía. *Disparidad, repelencia.*

**AFIRMACIÓN** Aserción, aseveración. *Negación, negativa, denegación.*

**AFIRMADO** Firme, pavimento.

**AFIRMAR** Afianzar, consolidar, fortificar, sostener. *Debilitar.* // Asegurar, asentir, aseverar, atestiguar, reiterar. *Negar, rectificar.*

**AFLICCIÓN** Amargura, angustia, congoja, cuita, desconsuelo, dolor, pena, pesadumbre, pesar, sinsabor, tribulación, tristeza. *Alegría, consuelo, dicha, felicidad, júbilo, placer.*

**AFLIGIDO** Apesadumbrado, triste, desolado, apenado, angustiado. *Alegre.*

**AFLIGIR** Acongojar, amargar, angustiar, apenar, apesadumbrar, apesarar, atribular, consternar, contrariar, contristar, desconsolar. *Alegrar, consolar.*

**AFLOJAMIENTO** Decaimiento, flojera, laxitud, flaccidez.

**AFLOJAR** Desceñir, soltar. *Apretar, comprimir, ceñir.* // Ceder, debilitar, flaquear. *Aumentar.*

**AFLORAR** Asomar, brotar, manar, surgir, salir.

**AFLUENCIA** Abundancia, concurso, aglomeración, concurrencia, copia. *Escasez, insuficiencia.* // Facundia.

**AFLUENTE** Confluente, tributario.

**AFLUIR** Acudir, aglomerarse, concurrir. // Desaguar, desembocar, verter.

**AFONÍA** Ronquera. *Sonoridad.*

**AFÓNICO** Áfono, mudo, ronco.

**AFORAR** Apreciar, calcular, tasar, valuar.

**AFORISMO** Apotegma, axioma, máxima, refrán, sentencia.

**AFORTUNADAMENTE** Venturosamente, felizmente, dichosamente, prósperamente. *Desgraciadamente.*

**AFORTUNADO** Dichoso, fausto, feliz, próspero, rico, venturoso. *Desafortunado, desdichado, infeliz.*

**AFRENTA** Agravio, deshonor, deshonra, escarnio, injuria, insulto, ofensa, oprobio, ultraje, vilipendio. *Homenaje, pleitesía.*

**AFRENTAR** Agraviar, denostar, deshonrar, escarnecer, infamar, injuriar, ultrajar, vejar. *Elogiar, honrar.* *Afrontar.

**AFRENTOSO** Avergonzante, infamante. *Honroso.*

**AFRODISÍACO** Estimulante, excitante. *Atenuante, mitigante.*

**AFRONTAR** Arrostrar, carear, desafiar, enfrentar. // Dar la cara. *Huir, esquivar.* *Afrentar, aprontar.

**AFUERA** Fuera. *Adentro, dentro.*

**AFUERAS** Alrededores, arrabal, contornos, suburbio.

**AFUSIÓN** Baño, ducha, remojón.

**AGACHADA** Ardid, treta.

**AGACHAR** Agazaparse, bajar, encogerse, humillarse, inclinar. *Erguirse, levantarse, alzarse.*

**AGALLA** Branquia.

**AGALLAS** Ánimo, audacia, coraje, valor. *Cobardía, miedo, temor.*

**ÁGAPE** Banquete, comida.

**AGARENO** Árabe, ismaelita, mahometano, moro, musulmán, sarraceno.

**AGARRADA** Altercado, contienda, disputa, pelea, pendencia, porfía, riña.

**AGARRADERO** Asa, asidero, mango. // Arbitrio, recurso.

**AGARRADO** Asido a. // Amarrete, avaro, mezquino, miserable, roñoso, tacaño.

**AGARRAR** Aferrar, asir, atrapar, coger, conseguir, pillar, sujetar. *Dejar, soltar.* // Apoderarse. *Largar.*

**AGARROTAR** Apretar, inmovilizar, oprimir. // Entumecerse.

**AGASAJAR** Festejar, halagar, homenajear, lisonjear. *Ofender.* // Obsequiar, regalar.

**AGASAJO** Halago, homenaje, obsequio, presente. *Desdén.*

**AGAVE** Pita.

**AGAVILLAR** Atar, juntar, liar, ligar.

**AGAZAPARSE** Acurrucarse, agacharse. *Enderezarse.* // Esconderse, ocultarse. *Mostrarse.*

**AGENCIA** Delegación, sucursal.

**AGENCIAR** Diligenciar, gestionar, procurar, solicitar. // Adquirir, alcanzar, conseguir, lograr, obtener.

**AGENDA** Memorándum.

**AGENTE** Policía, vigilante, comisionista, apoderado, intermediario.

**AGIGANTADO** Agrandado, descomunal, enorme. *Empequeñecido.*

**ÁGIL** Activo, desembarazado, diligente, ligero, listo, pronto. *Pesado, tardo, torpe.*

**AGILIDAD** Actividad, diligencia, ligereza, prontitud, rapidez, soltura, viveza.

**AGIO** Agiotaje, especulación.

**AGITACIÓN** Conmoción, inquietud, intranquilidad, perturbación, revuelo, turbación. *Calma, quietud, sosiego.*

**AGITADO** Conmovido, convulso, desasosegado, inquieto, intranquilo, tembloroso, trémulo.

**AGITADOR** Amotinador, instigador, perturbador, provocador, revolucionario, rebelde.

**AGITAR** Alterar, conmover, inquietar, intranquilizar, perturbar, turbar. *Apaciguar, aquietar.* // Rebullir. // Mover, remover, sacudir.

**AGLOMERACIÓN** Acumulación, amontonamiento, muchedumbre.

**AGLOMERADO** Conglomerado.

**AGLOMERAR** Acumular, amontonar, conglomerar, juntar, reunir, unir. *Disgregar, dispersar, separar.*

**AGLUTINACIÓN** Reunión, unión, masa, conglutinación.

**AGLUTINADO** Juntado, unido, amasado, ligado, pegado, fijado.

**AGLUTINAR** Encolar, juntar, pegar, unir.

**AGNACIÓN** Parentesco, afinidad, consanguinidad.

**AGOBIAR** Abrumar, aburrir, cansar, fastidiar, molestar, oprimir. *Despreocupar.*

**AGOBIO** Angustia, cansancio, molestia, opresión, pesadumbre, pesar, peso, sofocación, sufrimiento.

**AGOLPAR** Amontonar, apretujar, hacinar.

**AGONÍA** Aflicción, angustia, ansia, congoja, dolor. *Alegría.* // Desenlace, fin.

**AGONIZAR** Extinguirse, morir.

**ÁGORA** Plaza, asamblea.

**AGORAR** Predecir, pronosticar, vaticinar.

**AGORERO** Adivino, augur, pronosticador, profeta.

**AGOSTADOR** Abrasador.

**AGOSTAR** Abrasar, marchitar, secar.

**AGOTADO** Débil, flaco, cansado, exhausto. *Fuerte.* // Vacío. *Lleno.*

**AGOTAMIENTO** Cansancio, consunción, debilidad, extenuación, postración. *Vigor.*

**AGOTAR** Acabar, consumir, debilitar, extenuar, extinguir, fatigar, gastar, secar, terminar. *Fortalecer, llenar.*

**AGRACIADO** Agradable, gracioso, hermoso. *Feo.* // Favorecido, premiado. *Castigado, sancionado.*

**AGRADABLE** Amable, afable, ameno, deleitable, deleitoso, delicado, delicioso, grato, lisonjero, placentero, sabroso. *Antipático, ingrato, odioso.*

**AGRADAR** Alegrar, atraer, complacer, contentar, deleitar, encantar, interesar, placer, satisfacer, simpatizar. *Desagradar, disgustar, enfadar, asquear.*

**AGRADECIDO** Reconocido, obligado. *Desagradecido, ingrato, olvidadizo.*

**AGRADECIMIENTO** Gratitud, reconocimiento. *Ingratitud.*

**AGRADO** Alegría, amenidad, complacencia, contentamiento, encanto, gracia, placer, satisfacción, simpatía.

**AGRANDAR** Acrecentar, ampliar, aumentar, dilatar, engrandecer, ensanchar, extender, multiplicar. *Achicar, disminuir, empequeñecer.*

**AGRANUJADO** Abellacado, bellaco, granuja, truhán.

**AGRARIO** Campesino, rural.

**AGRAVAR** Acrecentar, aumentar, cargar, gravar. // Empeorar, oprimir. *Atenuar.*

**AGRAVIAR** Afrentar, calumniar, denostar, deshonrar, injuriar, insultar, ofender, ultrajar. *Desagraviar, satisfacer.*

**AGRAVIO** Afrenta, calumnia, denuesto, deshonra, injuria, insulto, ofensa, ultraje. *Elogio.* // Daño, perjuicio. *Favor.*

**AGRAZ** Amargura, sinsabor, disgusto, desazón.

**AGREDIR** Arremeter, asaltar, atacar, golpear, herir. *Huir, esquivar.*

**AGREGADO** Adherido, adjunto, anexo, añadido, apéndice.

**AGREGAR** Adicionar, anexar, añadir, aumentar, sumar. *Disminuir, quitar, sacar.* // Asociar, incorporar, juntar, unir. *Separar.*

**AGRESIÓN** Acometida, asalto, ataque.

**AGRESIVO** Cáustico, insultante, mordaz, provocador. *Cariñoso.*

**AGRESOR** Atacante. *Víctima.*

**AGRESTE** Áspero, campesino, grosero, inculto, rudo, rústico, salvaje, silvestre, tosco.

**AGRIADO** Ácido, descompuesto, alterado, deteriorado, cortado.

**AGRIAR** Acedar, acidular. *Endulzar.* // Exacerbar, exasperar. *Suavizar.*

**AGRICULTOR** Cultivador, labrador.

**AGRICULTURA** Agronomía, cultivo, siembra, labranza.

**AGRIETADO** Rajado, fisurado, resquebrajado.

**AGRIETAR** Hender, rajar, resquebrajar. *Pegar, unir.*

**AGRIMENSOR** Topógrafo.

**AGRIO** Acedo, acerbo, ácido, acre, áspero, avinagrado, desabrido. *Dulce, suave.*

**AGRIPNIA** Desvelo, nerviosismo, insomnio, inquietud.

**AGRO** Campo.

**AGRUPAR** Aglutinar, apiñar, congregar, reunir. *Desunir, disgregar, separar.*

**AGRURA** Hiel. // Acritud, acrimonia, resentimiento.

**AGUACERO** Chaparrón, chubasco, nubada.

**AGUADA** Abrevadero.

**AGUADO** Mojado, empapado, calado, húmedo. *Seco.*

**AGUAFIESTAS** Cascarrabias, pesimista.

**AGUAITAR** Acechar.

**AGUAMANIL** Palangana, lavamanos, lavabo, jofaina, jarro.

**AGUAMARINA** Berilo.

**AGUANTABLE** Llevadero, pasadero, soportable, tolerable, sufrible. *Insufrible, intolerable.*

**AGUANTAR** Pasar, resistir, sobrellevar, soportar, sostener, sufrir, tolerar. *Reaccionar.*

**AGUANTE** Paciencia, resistencia, sufrimiento, tolerancia, vigor. *Flojedad, intolerancia.*

**AGUAR** Entorpecer, frustrar, interrumpir, perturbar. *****Ajuar.**

**AGUARDAR** Esperar. *Desesperar, irse, largarse, marcharse.*

**AGUARDIENTE** Caña.

**AGUDEZA** Ingenio, ocurrencia, penetración, perspicacia, sagacidad, sutileza, viveza. *Ingenuidad, simpleza.* // Chiste, gracia. *Necedad.*

AGUDO Aguzado, puntiagudo, punzante, delgado, afilado. *Romo.* // Ingenioso, ocurrente, oportuno, penetrante, perspicaz, sagaz, sutil. *Simple, torpe.*

AGÜERO Augurio, presagio, pronóstico. // Premonición, señal, vaticinio.

AGUERRIDO Avezado, baqueteado, experimentado, fogueado, veterano. *Bisoño, novato.*

AGUIJADA Picana.

AGUIJAR Espolear, incitar, pinchar. *Desalentar.*

AGUIJÓN Pincho, púa. // Acicate, aliciente, estímulo, incentivo, incitación.

AGUIJONEAR Alentar, espolear, estimular, incitar, picanear, picar, pinchar, punzar.

AGUILEÑO Corvo, ganchudo. *Romo.*

AGUINALDO Gratificación. *Retención.*

AGUJA Manecilla, minutero. // Obelisco.

AGUJEREAR Acribillar, horadar, perforar, taladrar. *Obturar, tapar.*

AGUJERO Abertura, brecha, boquete, hoyo, orificio.

AGUR Adiós, chau.

AGUZADO Agudo, penetrante, puntiagudo. *Chato, romo.*

AGUZAR Aguijar, avivar, despabilar. *Adormecer.* // Afilar, agudizar.

AHERROJAR Encadenar, poner grillos. // Avasallar, esclavizar, oprimir, subyugar. *Arrojar.*

AHERRUMBRARSE Enmohecerse, herrumbrarse, oxidarse.

AHIJAR Adoptar, prohijar. // Achacar, atribuir.

AHINCADO Vehemente, esforzado, insistente, voluntarioso, empeñado, eficaz.

AHÍNCO Diligencia, empeño, esfuerzo, tesón. *Apatía, desgano.*

AHITARSE Atiborrarse, empacharse, hartarse. *Ayunar.*

AHÍTO Harto, lleno, repleto, saciado. *Hambriento.* // Aburrido, fastidiado.

AHOGAR Ahorcar, asfixiar, estrangular. // Amortiguar, extinguir, sofocar. *Avivar.* // Acongojar, fatigar, oprimir. *Animar, entretener.* // Frustrar, malograr.

AHOGO Angustia, aprieto, apuro, congoja. // Estrechez, necesidad, penuria. *Bienestar, desahogo.*

AHONDAR Cavar, penetrar, profundizar, sondar, sondear. // Escudriñar.

AHORA Actualmente, hoy, ya, hoy en día.

AHORCADO Endeudado.

AHORCAR Colgar, estrangular. // Oprimir, suspender.

AHORMAR Conformar, amoldar.

AHORRAR Economizar, guardar, reservar. *Derrochar, gastar, malgastar.* // Evitar, excusar.

AHORRO Economía, reserva.

AHUECAR Esponjar, mullir, inflar. *Ceñir, deshinchar.* // Socavar, ahondar. // Irse, largarse, marcharse. // Engreírse, pavonearse.

AHUMAR Zahumar, acecinar, ennegrecer, oscurecer.

AHUYENTAR Alejar, espantar, asustar. *Atraer.*

AIRADO Encolerizado, enfurecido, enojado, furioso, iracundo, rabioso. *Apacible, tranquilo.*

AIRAR Enojar, rabiar, irritar, encolerizar, enfurecer, exasperar, violentar. *Tranquilizar.* *Airear.*

AIRE Atmósfera, viento. // Apostura, aspecto, gallardía, garbo, porte. // Engreimiento, vanidad. *Modestia.* // Canción, melodía, tonada. *Aíre* (airar).

AIREAR Orear, ventilar. *Airar.*

AIRÓN Penacho.

AIROSO Apuesto, arrogante, elegante, esbelto, gallardo, garboso. // Vencedor. *Fracasado.*

AISLADO Desierto, incomunicado, retirado, solitario, solo. *Acompañado.*

AISLAMIENTO Incomunicación, reclusión, retiro, retraimiento, soledad.

AISLAR Apartar, arrinconar, confinar, encerrar, hacer el vacío, incomunicar, acordonar. *Comunicar, relacionar, reunir.* // Retirarse, retraerse. *Concurrir.*

AJAR Deslucir, maltratar, manosear, mustiar, percudir, sobar. *Acariciar, re-*

*juvenecer, remozar.* // Humillar.

**AJENJO** Absintio.

**AJENO** Extraño, impropio. *Personal, propio.* // Diverso, indiferente. // Ignorante. // Exento, libre.

**AJETREARSE** Cansarse, fatigarse.

**AJETREO** Agitación, idas y venidas, movimiento, trajín. *Descanso, sosiego.*

**AJÍ** Chile, pimiento.

**AJORCA** Brazalete, pulsera.

**AJUAR** Equipo, menaje, mobiliario, moblaje. *\*Aguar.*

**AJUMARSE** Achisparse, emborracharse.

**AJUSTADO** Ceñido, justo, preciso. *Holgado.* // Arreglado, convenido.

**AJUSTAR** Acordar, amoldar, arreglar, concertar, concordar, conformar, convenir, encajar, pactar. *Desacoplar, desarmar, dislocar.* // Liquidar. // Avenirse, entenderse. *Desavenirse.*

**AJUSTE** Arreglo, convenio, trato. // Exactitud, precisión. *Irregularidad.*

**AJUSTICIAR** Ejecutar.

**ALA** Costado, fila, flanco, hilera, lado. *\*¡Hala!*

**ALABANCIOSO** Jactancioso.

**ALABANZA** Apología, cumplido, elogio, encomio, lisonja, loa, loor. *Censura, vituperio.*

**ALABAR** Aplaudir, celebrar, elogiar, encomiar, enaltecer, encarecer, ensalzar. *Criticar, difamar.* // Loar, magnificar. // Alardear, gloriarse, jactarse, preciarse, vanagloriarse. *Reprochar.*

**ALABARDA** Lanza, pica.

**ALABASTRINO** Transparente, traslúcido.

**ALABEADO** Arqueado, combado, curvado.

**ALABEO** Curva, arqueamiento, comba, pandeo.

**ALACENA** Armario.

**ALACRÁN** Escorpión.

**ALADO** Alígero, raudo. *Áptero.* *\*Halado* (halar).

**ALAMAR** Adorno, fleco, cairel.

**ALAMBICADO** Afectado, rebuscado, sutil.

**ALAMBICAR** Destilar, sutilizar.

**ALAMBRE** Alambrado, cable, hilo.

**ALAMEDA** Arboleda, parque.

**ÁLAMO** Chopo.

**ALANCEAR** Lancear.

**ALARDE** Gala, jactancia, ostentación. *Modestia.*

**ALARDEAR** Alabarse, compadrear, jactarse, preciarse, ufanarse, vanagloriarse. *Reprocharse.*

**ALARGAR** Aumentar, dilatar, estirar, extender, prolongar. *Acortar.* // Dar largas, retardar. *Apresurar.* // Alejarse, apartarse, desviarse.

**ALARIDO** Grito, chillido, bramido, clamor, rugido, clamoreo.

**ALARMA** Inquietud, intranquilidad, sobresalto, susto, temor.

**ALARMAR** Atemorizar, inquietar, intranquilizar, sobresaltar. *Tranquilizar.*

**ALAZÁN** Anaranjado, rojizo, canela. // Potro, yegua, caballo.

**ALBA** Amanecer, aurora, madrugada. *Crepúsculo.*

**ALBACEA** Testamentario.

**ALBAÑAL** Alcantarilla, cloaca.

**ALBARDA** Aparejo, cincha, carga.

**ALBEDRÍO** Antojo, arbitrio, gusto, voluntad, elección.

**ALBEDRÍO (LIBRE)** Autodeterminación, independencia, libertad. *Fatalismo.*

**ALBERCA** Acequia, charca, estanque, pozo.

**ALBERGAR** Alojar, cobijar, hospedar. *Desalojar.*

**ALBERGUE** Cobijo, hospitalidad, refugio, hospedaje.

**ALBINO** Blanquecino. *\*Alvino.*

**ALBO** Blanco

**ALBOR** Albura, blancura, pureza. // Alba, alborada. // Inicio, principio. *Fin, final.* // Infancia, niñez.

**ALBORADA** Alba, aurora, amanecer.

**ALBOREAR** Amanecer, apuntar el alba, clarear. *Anochecer, oscurecer.*

**ALBORNOZ** Capa, capote.

**ALBOROTADO** Atolondrado, aturdido, irreflexivo, precipitado.

**ALBOROTAR** Alterar, excitar, gritar,

perturbar, revolver. *Apaciguar, calmar.* // Amotinar. *Someter.* // Encolerizarse, encresparse. *Sosegarse.*

**ALBOROTO** Barahúnda, batahola, bochinche, desorden, disturbio, estrépito, jaleo, pelotera, trifulca, vocinglería. *Calma, quietud, silencio.* // Asonada, motín. // Sobresalto, zozobra.

**ALBOROZO** Alegría, gozo, placer, regocijo. *Aflicción, consternación.*

**ALBRICIAS** Felicitación, parabién. // Obsequio, regalo.

**ALBUR** Azar, contingencia. *\*Abur.

**ALBURA** Albor. *Suciedad.*

**ALCACHOFA** Alcaucil.

**ALCAHUETA** Celestina, encubridora, proxeneta.

**ALCAHUETE** Chismoso, soplón. *Discreto.* // Proxeneta.

**ALCAHUETERÍA** Chisme. // Lenocinio.

**ALCAIDE** Carcelero, guardián.

**ALCALDE** Corregidor, juez, magistrado.

**ALCANCE** Efecto, importancia, trascendencia. // Persecución, seguimiento. // Distancia.

**ALCANCES** Capacidad, inteligencia, talento, luces.

**ALCANCÍA** Cepillo, hucha.

**ALCANTARILLA** Sumidero, cloaca, albañal.

**ALCANZABLE** Posible, asequible, factible, lograble.

**ALCANZADO** Empeñado. // Necesitado. // Sobrepasado.

**ALCANZAR** Dar alcance, llegar, tocar. *Desistir.* // Conseguir, lograr, obtener. *Perder.* // Comprender, entender.

**ALCAUCIL** Alcachofa.

**ALCÁZAR** Castillo, fortaleza, palacio.

**ALCOBA** Aposento, dormitorio.

**ALCORÁN** Corán.

**ALCORNOQUE** Bruto, ignorante, zopenco. *Inteligente, sagaz.*

**ALCURNIA** Abolengo, ascendencia, estirpe, linaje, prosapia.

**ALDABA** Llamador.

**ALDEA** Pueblo, villorio.

**ALDEANO** Lugareño, rústico, inculto.

*Educado, fino, culto, urbano.*

**ALEACIÓN** Amalgama, liga, mezcla.

**ALEAR** Amalgamar, ligar, mezclar. *Desintegrar, separar.* // Aletear.

**ALEATORIO** Casual, eventual, incierto.

**ALECCIONAR** Aconsejar, enseñar, instruir, adiestrar.

**ALEDAÑO** Colindante, contiguo, inmediato, ladero, limítrofe, lindante, vecino. *Alejado, lejano.*

**ALEDAÑOS** Confín, límite, término.

**ALEGACIÓN** Aducción, cita, discurso, disculpa, exposición, pretexto.

**ALEGAR** Aducir, argüir, citar, exponer, fundamentar, pretextar.

**ALEGATO** Defensa, disculpa, fundamento, apoyatura.

**ALEGORÍA** Apólogo, ficción, parábola, símbolo.

**ALEGRAR** Alborozar, divertir, holgar, regocijar, solazar. *Entristecer.* // Complacer, satisfacer. *Disgustar.* // Achisparse, embriagarse

**ALEGRE** Alborozado, animado, contento, chistoso, divertido, entretenido, festivo, gozoso, gracioso, juguetón, regocijado, risueño. *Apenado, melancólico, triste.* // Achispado. *Sobrio.*

**ALEGRÍA** Alborozo, contento, dicha, diversión, felicidad, gozo, júbilo, placer, regocijo, satisfacción. *Aflicción, congoja, nostalgia.*

**ALEJAR** Apartar, desviar, evitar, retirar, separar. // Distanciarse, irse, marcharse. *Acercar, aproximar.*

**ALELADO** Atontado, aturdido, confundido, desconcertado, embobado.

**ALELUYA** Júbilo, alegría, regocijo.

**ALENTADO** Animoso, bravo, esforzado, valiente, valeroso. *Pusilánime.*

**ALENTAR** Animar, confortar, excitar, reanimar, estimular. *Desalentar, disuadir.* // Respirar.

**ALERTA** Atento, listo, preparado, prevenido. *Desprevenido, distraído.*

**ALERTO** Cuidadoso, vigilante, rápido. *Descuidado.*

**ALETARGAR** Adormecer, amodorrar,

narcotizar. *Despertar, avivar.*

**ALETEAR** Alear.

**ALEVE** Alevoso, traidor, desleal, infiel, pérfido, ingrato. *Fiel, leal.* **\*Leve.**

**ALEVOSÍA** Felonía, infidelidad, perfidia, traición, deslealtad, ingratitud. *Fidelidad, lealtad.*

**ALEVOSO** Aleve, desleal, felón, infiel, pérfido, traidor. *Leal.*

**ALFABETO** Abecé, abecedario, silabario.

**ALFALFA** Mielga.

**ALFANJE** Sable, cimitarra, espadón.

**ALFARERO** Ceramista, ollero.

**ALFEÑIQUE** Delicado, enclenque, raquítico. *Robusto.*

**ALFILER** Aguja, espetón, imperdible, broche, fíbula, prendedor.

**ALFILERAZO** Indirecta, pinchazo.

**ALFILETERO** Agujetero.

**ALFOMBRA** Moqueta, tapiz, tapete.

**ALFORJA** Bolso, talega. **\*Alforza.**

**ALFORZA** Dobladillo, pliegue. // Cicatriz, costurón. **\*Alforja.**

**ALGARABÍA** Algazara, confusión, gritería, jaleo.

**ALGARADA** Alboroto, asonada, motín, revuelta, tumulto. *Quietud.*

**ALGAZARA** Alboroto, bulla, bullicio, gritería, jolgorio, tumulto. *Silencio.*

**ÁLGIDO** Frígido, glacial. *Caliente.*

**ALGUACIL** Corchete, esbirro, polizonte, policía, funcionario.

**ALGUIEN** Alguno. *Nadie.*

**ALGUNOS** Ciertos, determinados, varios.

**ALHAJA** Aderezo, joya, presea. // Buena persona.

**ALHAJAR** Adornar, amueblar.

**ALIADO** Amigo, socio. *Enemigo.* **\*Hallado** (hallar).

**ALIANZA** Casamiento, coalición, conferencia, liga, pacto, unión. *Discordia, rivalidad.* // Anillo.

**ALIARSE** Asociarse, coligarse, confederarse, unirse. *Separarse.* **\*Hallarse.**

**ALIAS** Apodo, mote, sobrenombre. **\*Hallas** (hallar), **hayas** (haber).

**ALICAÍDO** Decaído, deprimido, desalentado, desanimado, entristecido, triste.

*Animado, contento, alegre.*

**ALICATE** Tenacilla.

**ALICIENTE** Acicate, aguijón, atractivo, estímulo, incentivo. *Freno.*

**ALIENADO** Chiflado, demente, loco, orate. *Cuerdo.*

**ALIENAR** Enajenar, vender. *Comprar, guardar.*

**ALIENTO** Ánimo, denuedo, esfuerzo, valor. *Cobardía, temor.* // Hálito, respiración, resuello.

**ALIFAFE** Achaque, dolencia.

**ALIGACIÓN** Liga, ligazón, trabazón, unión. *Desintegración, desunión.*

**ALIGERAR** Aliviar, atenuar, descargar, disminuir, moderar, suavizar, templar. *Agravar, recargar.* // Abreviar, acelerar, activar, apresurar, apurar. *Diferir, tardar, retardar.*

**ALÍGERO** Alado, veloz. **\*Aligero** (aligerar).

**ALIJAR** Aligerar, descargar.

**ALIJO** Contrabando.

**ALIMAÑA** Bicho, sabandija.

**ALIMENTAR** Mantener, nutrir, sustentar, sostener. *Ayunar, desnutrir.* // Avivar, fomentar. *Ahogar, apagar.* // Aprovisionar. *Desabastecer.*

**ALIMENTICIO** Nutritivo.

**ALIMENTO** Comestible, comida, vianda, fomento, pábulo, sostén, subsistencia, sustento.

**ALINEACIÓN** Alineamiento, formación.

**ALIÑAR** Acicalar, adornar, limpiar. // Aderezar, adobar, condimentar, sazonar. **\*Alinear.**

**ALIÑO** Arreglo, aseo, limpieza. *Desaliño, desaseo.* // Aderezo, adobo, condimento.

**ALISAR** Allanar, aplanar, pulimentar, pulir. *Abultar, arrugar.*

**ALISTAR** Enrolar, inscribir, matricular. // Aparejar, aprontar, preparar, prevenir.

**ALIVIAR** Aligerar, alivianar, aminorar, calmar, descargar, disminuir, mitigar, moderar, templar. *Apesadumbrar, reforzar.* // Mejorar, reponerse. *Agravar.*

**ALIVIO** Aplacamiento, consuelo, descanso, lenitivo, mejoría, confortación, des-

ahogo. *Empeoramiento.*
**ALJABA** Carcaj.
**ALJIBE** Cisterna, pozo.
**ALLÁ** Allí. *Acá.*
**ALLANAR** Aplanar, igualar, nivelar. *Desigualar.* // Superar, zanjar. // Aquietar, pacificar. *Sublevar.* // Abatir, derribar. *Elevar.*
**ALLANARSE** Amoldarse, avenirse, conformarse, prestarse, resignarse, someterse. *Resistirse.*
**ALLEGADO** Cercano, inmediato. *Lejano.* // Deudo, familiar, pariente. *Extraño.*
**ALLENDE** Al otro lado. *Aquende.* // Además.
**ALLÍ** Allá, acullá, ahí, acá, aquí. // Entonces.
**ALMA** Ánima, espíritu, principio vital, sustancia. *Cuerpo, materia.* // Aliento, ánimo, energía, viveza. // Habitante, individuo, persona, ser.
**ALMACÉN** Abacería, depósito, tienda.
**ALMACENAR** Acaparar, acopiar, acumular, guardar, juntar, reunir. *Distribuir, repartir.*
**ALMÁCIGA** Mástique. // Semillero.
**ALMADÍA** Balsa, jangada.
**ALMADREÑA** Zueco.
**ALMANAQUE** Calendario.
**ALMIBARADO** Dulce, dulzón, empalagoso, meloso. *Agrio.*
**ALMINAR** Minarete.
**ALMIREZ** Mortero.
**ALMIZCLAR** Perfumar, aromatizar, odorizar.
**ALMO** Alimentador, criador, vivificador. // Excelente, santo, benéfico.
**ALMOHADA** Almohadilla, almohadón, cabezal.
**ALMOHADILLADO** Acolchado.
**ALMOHADÓN** Cojín.
**ALMONEDA** Subasta.
**ALMORRANAS** Hemorroides.
**ALMORZAR** Comer.
**ALNADO** Entenado, hijastro.
**ALOCADO** Atropellado, impulsivo. *Cuerdo, juicioso, prudente.*
**ALOCUCIÓN** Arenga, discurso, coloquio,

demostración. *Elocución.
**ALODIO** Heredad, patrimonio, donación, legado.
**ÁLOE** Acíbar.
**ALOJAMIENTO** Albergue, hospedaje, posada, vivienda.
**ALOJAR** Albergar, aposentar, habitar, hospedar. // Posar, vivir, residir. *Desalojar, echar, expulsar.*
**ALÓN** Ala. // Aludo.
**ALOPECIA** Calvicie.
**ALOQUE** Rojo, tinto, encarnado.
**ALPINISTA** Andinista, montañista, escalador, excursionista.
**ALQUERÍA** Finca, cortijo, granja.
**ALQUILAR** Arrendar, subarrendar. *Desalquilar.*
**ALQUILER** Arrendamiento, arriendo, locación.
**ALQUITARA** Alambique.
**ALQUITRÁN** Brea.
**ALREDEDOR** Cerca de, en redor, en torno a.
**ALREDEDORES** Afueras, cercanías, contornos, inmediaciones, periferia, proximidades.
**ALTA** Ingreso. *Baja.*
**ALTANERÍA** Altivez, arrogancia, desdén, desprecio, envanecimiento, orgullo, soberbia, vanidad. *Humildad, modestia, sencillez.*
**ALTANERO** Altivo, arrogante, desdeñoso, despreciativo, engreído, soberbio.
**ALTAR** Ara.
**ALTERACIÓN** Cambio, falsificación, modificación, variación. *Permanencia.* // Conmoción, excitación, inquietud, perturbación, trastorno. *Sosiego.* // Motín, tumulto. *Paz.*
**ALTERADO** Descompuesto, desfigurado, enojado. *Sosegado.*
**ALTERAR** Agitarse, encresparse, sofocarse. *Tranquilizar.* // Cambiar, falsificar.
**ALTERCADO** Agarrada, contienda, disputa, gresca, pendencia, querella, reyerta, riña. *Fiesta.*
**ALTERCAR** Discutir, reñir. *Departir.*

**ALTERNACIÓN** Alternativa, periodicidad, ritmo, rotación, turno, vez, vicisitud, vuelta.

**ALTERNANCIA** Sucesión, superposición.

**ALTERNAR** Relevarse, sucederse, turnarse. // Codearse, convivir.

**ALTERNATIVA** Azares, opción.

**ALTEZA** Altura, elevación, excelencia.

**ALTILLO** Desván. *Sótano.* // Montículo, otero.

**ALTIPLANICIE** Puna, meseta. *Depresión.*

**ALTISONANTE** Altísono, campanudo, enfático, hinchado, pomposo, rimbombante. *Preciso, sobrio.*

**ALTITUD** Altura, elevación, eminencia. *Bajo.*

**ALTIVEZ** Altanería, arrogancia, desdén, imperio, orgullo, soberbia. *Humildad, modestia.*

**ALTIVO** Altanero, arrogante, desdeñoso, despreciativo, imperioso, orgulloso, soberbio.

**ALTO** Elevado, crecido, espigado. *Bajo, desmedrado, pequeño.* // Dominante, eminente, encumbrado, levantado, prominente. // Excelente, superior. // Arduo, difícil. // Profundo, sólido. // Caro, costoso. *Barato.* // Agudo, penetrante. *Sordo.* // Avanzado, tardío. *Tempranero.* // Altura, cúspide, otero. *Depresión, valle.* // Descanso, escala, etapa, parada. *¡Arre!*

**ALTOZANO** Cerro, otero.

**ALTRUISMO** Abnegación, caridad, filantropía, humanidad. *Egoísmo.*

**ALTURA** Alteza, altitud, alto, elevación. *Bajeza, profundidad.* // Alzada, tala. // Cima, cúspide, pináculo. *Abismo.*

**ALUBIA** Frijol, habichuela, poroto.

**ALUCINACIÓN** Ceguera, ofuscación. // Engaño, ilusión, visión. *Clarividencia, realidad.*

**ALUCINAR** Cegar, deslumbrar, engañar, ofuscar, seducir. // Confundirse. *Ilusionar.

**ALUD** Avalancha.

**ALUDIR** Citar, insinuar, mencionar, ocu-

parse, personalizar, nombrar, referirse. *Callar, omitir.*

**ALUMBRADO** Luz, luminotecnia, iluminación, luminarias, faro, llama.

**ALUMBRAR** Dar luz, encender, iluminar. *Apagar, oscurecer.* // Enseñar, ilustrar, instruir. // Dar a luz, parir. // Emborracharse.

**ALUMNO** Discípulo, educando, escolar, estudiante.

**ALUNADO** Lunático. *Alumnado.

**ALUSIÓN** Cita, indirecta, insinuación, mención, referencia.

**ALUSIVO** Referente.

**ALUVIÓN** Inundación. // Muchedumbre, multitud.

**ÁLVEO** Cauce, lecho.

**ALVÉOLO** Cavidad, celdilla.

**ALVO** Vientre, abdomen.

**ALZA** Aumento, elevación, encarecimiento, puja, subida. *Baja.*

**ALZADO** Encelado.

**ALZAMIENTO** Levantamiento, pronunciamiento, rebelión, revolución, sedición. *Sujeción, sumisión.*

**ALZAR** Elevar, empinar, encaramar, encumbrar, levantar, sobresalir. *Bajar, descender.* // Construir, edificar, erigir. *Destruir.* // Escamotear, hurtar, llevarse. *Devolver.*

**ALZARSE** Amotinarse, insurreccionarse, rebelarse. *Someterse.*

**AMA** Dueña, patrona, propietaria, señora. *Criada, empleada.*

**AMABILIDAD** Afabilidad, afecto, atención, cordialidad, cortesía, gentileza, sencillez, simpatía, urbanidad. *Aspereza, brutalidad.*

**AMABLE** Afable, afectuoso, agradable, benévolo, cordial, simpático. *Áspero, descortés, intratable.*

**AMADAMADO** Afeminado. *Viril.*

**AMADO** Adorado, dilecto, idolatrado, querido. *Odiado.*

**AMADOR** Adorador, amante, galán.

**AMAESTRAR** Adiestrar, enseñar, entrenar, instruir.

**AMAGAR** Amenazar.

**AMAGO** Amenaza. *Caricia.* // Indicio, señal, síntoma. *Hámago.

**AMAINAR** Aflojar, calmar, ceder, disminuir. *Embravecerse, encresparse.*

**AMAITINAR** Acechar, atisbar, espiar.

**AMALGAMA** Mezcla, unión. *Desunión, separación.*

**AMALGAMAR** Unir, mezclar, amasar, combinar. *Separar, desunir.*

**AMAMANTAR** Criar, dar el pecho, lactar.

**AMANCEBARSE** Abarraganarse, cohabitar, enredarse, juntarse.

**AMANECER** Aclarar, alborear, clarear, despuntar el día. *Anochecer, atardecer, oscurecer.* // Alba. *Crepúsculo.*

**AMANERADO** Afectado, afeminado, estudiado, rebuscado. *Natural, sencillo.*

**AMANERAMIENTO** Afectación, remilgo, rebuscamiento. *Naturalidad, sencillez, simplicidad.*

**AMANSAR** Desbravar, domar, domesticar. // Aplacar, tranquilizar. *Embravecer, excitar.*

**AMANTAR** Abrigar, arropar, tapar. *Descubrir, destapar.*

**AMANTE** Adorador, amador, apasionado, querido. // Manceba, querida.

**AMANUENSE** Copista, escribiente.

**AMAÑARSE** Arreglarse. // Darse maña.

**AMAÑO** Ardid, artificio, astucia, estratagema, habilidad, treta, triquiñuela, trampa, truco. // Tejemaneje.

**AMAR** Querer, adorar, estimar, idolatrar, bienquerer, apreciar, apasionarse, enamorarse, estimar. *Aborrecer, odiar, abominar.*

**AMARAR** Acuatizar. *Amarrar.

**AMARGAR** Acibarar, afligir, apesadumbrar, atormentar, entristecer. *Consolar, endulzar.*

**AMARGO** Acerbo, acibarado, áspero, desabrido. *Dulce, melifluo.* // Doloroso, penoso. // Cimarrón. *Azucarado.*

**AMARGOR** Amargura.

**AMARGURA** Aflicción, disgusto, pena, pesadumbre, pesar, sufrimiento, tristeza. *Alegría, dulzura.*

**AMARICADO** Afeminado, amadamado.

**AMARILLO** Ambarino, azafranado, jalde, dorado, rubio, pajizo.

**AMARRA** Cable, cuerda, maroma.

**AMARRAR** Asegurar, atar, encadenar, ligar, sujetar. *Desatar, soltar.* *Amarar.

**AMARTELADO** Enamorado.

**AMARTELAR** Enamorar, cortejar, galantear, arrullar.

**AMASAR** Amalgamar, mezclar.

**AMASIJO** Masa. // Obra, tarea. // Embrollo, enredo.

**AMAZACOTADO** Indigesto, pesado. *Ligero.* // Informe.

**AMAZONA** Guerrera, cazadora.

**AMBAGES** Circunloquios, rodeos.

**AMBICIÓN** Ansia, aspiración, codicia, deseo. *Apatía, conformismo, modestia.*

**AMBICIONAR** Anhelar, ansiar, aspirar, codiciar, desear, perseguir. *Desdeñar, renunciar.*

**AMBICIOSO** Ansioso, avaricioso, codicioso. *Humilde, modesto.*

**AMBIENTE** Atmósfera, clima. // Habitación. // Medio.

**AMBIGÜEDAD** Anfibología, doble sentido, equívoco. *Claridad, precisión.*

**AMBIGUO** Anfibológico, confuso, equívoco, oscuro. *Claro, neto, preciso.*

**ÁMBITO** Contorno, espacio, perímetro.

**AMBOS** Los dos, uno y otro.

**AMBROSÍA** Néctar. *Ambrosia.

**AMBULANTE** Andarín, errante. *Sedentario.* // Pasajero. *Permanente.*

**AMEDRENTAR** Acobardar, amilanar, arredrar, asustar, atemorizar, espantar, intimidar. *Envalentonar.*

**AMÉN** Así sea. // Además, a más. *Amen (amar).

**AMENAZA** Amago, conminación, intimidación, ultimátum.

**AMENAZAR** Amagar, conminar, intimidar. *Eximir, liberar.*

**AMENGUAR** Deshonrar, disminuir, infamar, menoscabar, mermar. *Aumentar.*

**AMENIDAD** Atractivo, deleite, encanto, gracia. *Fastidio, tedio.*

**AMENIZAR** Deleitar, divertir, encantar. *Aburrir, hastiar.*

**AMENO** Atractivo, deleitable, encantador, entretenido, grato, placentero. *Aburrido, soso.*

**AMETRALLAR** Disparar, acribillar.

**AMIANTO** Asbesto.

**AMIGA** Compañera, camarada, querida. *Enemiga.*

**AMIGABLE** Amistoso.

**AMIGAR** Amistar, reconciliar, unir. *Enemistar.*

**AMIGO** Adicto, afecto, aficionado, amante, amigazo, amigote, apegado, camarada, compañero, devoto, encariñado, inclinado, partidario. *Enemigo.*

**AMILANAR** Acobardar, acoquinar, amedrentar, apocar, asustar, atemorizar, intimidar. *Alentar, animar.*

**AMINORAR** Amortiguar, acortar, achicar, atenuar, disminuir, mermar, minorar, mitigar, reducir. *Acrecer, acrecentar, agrandar.* // Paliar. *Agravar.*

**AMISTAD** Afecto, apego, aprecio, camaradería, cariño, devoción, inclinación, simpatía. *Enemistad, rivalidad.*

**AMISTAR** Aficionarse, amigar, intimar, reconciliarse, simpatizar. *Enemistar, regañar.*

**AMISTOSO** Amigable.

**AMNISTÍA** Indulto.

**AMO** Dueño, señor, patrón, propietario. *Criado, súbdito.*

**AMOBLAR** Amueblar.

**AMODORRAMIENTO** Adormecimiento, modorra, somnolencia, sopor.

**AMODORRARSE** Adormecerse, adormilarse, aletargarse. *Despabilarse, desvelarse.*

**AMOJAMARSE** Acartonarse, adelgazar. *Afofarse, engordar.*

**AMOJONAR** Delimitar, deslindar.

**AMOLAR** Afilar. // Aburrir, cansar, fastidiar, molestar.

**AMOLDADO** Acabado, exacto, perfilado, preciso.

**AMOLDAR** Adaptar, acomodar, ajustar, conformar. *Desacomodar.* // Avenirse. *Rebelarse.*

**AMONESTACIÓN** Admonición, advertencia, aviso, censura, regaño, reprimenda, reproche. *Elogio.*

**AMONESTAR** Aconsejar, advertir, apercibir, regañar, reprender, sermonear.

**AMONTONAR** Acumular, apilar, hacinar. *Esparcir.*

**AMOR** Adoración, afecto, afición, apego, caridad, cariño, dilección, querer. *Aborrecimiento, animadversión, aversión, ojeriza, odio, rencor.* // Erotismo. // Blandura, delicadeza, suavidad. // Cuidado, esmero.

**AMORATADO** Cárdeno, lívido.

**AMORFO** Informe.

**AMORÍO** Devaneo, enamoramiento.

**AMOROSAMENTE** Afectuosamente, cariñosamente, entrañablemente, tiernamente. *Bruscamente.*

**AMOROSO** Afectuoso, apacible, cariñoso, suave, tierno. *Hostil, odioso.*

**AMORTIGUAR** Amenguar, aminorar, apaciguar, aplacar, atemperar, atenuar, moderar, mitigar, paliar, suavizar. *Atizar, avivar, exagerar.*

**AMORTIZAR** Cancelar, liquidar, redimir, pagar.

**AMOSCARSE** Amostazarse, enfadarse, escamarse, picarse.

**AMOSTAZARSE** Enojarse, escamarse, irritarse.

**AMOTINADO** Rebelde, revoltoso, alzado, sublevado.

**AMOTINADOR** Agitador, activista, rebelde, provocador.

**AMOTINARSE** Alzar, insurreccionar, levantar, revolucionar, sublevar. *Aquietar, obedecer.*

**AMOVIBLE** Inestable. *Fijo, inamovible.*

**AMPARAR** Apadrinar, apoyar, defender, patrocinar, proteger. *Desatender.* // Cobijarse, guarecerse, resguardarse. *Desamparar.*

**AMPARO** Apoyo, auxilio, égida, favor, patrocinio, protección, socorro. *Abandono, desamparo.* // Refugio.

**AMPLIACIÓN** Amplificación, aumento. *Reducción.*

**AMPLIAMENTE** Considerablemente,

cumplidamente, generosamente, grandemente. // En abundancia, sin restricciones.
**AMPLIAR** Agrandar, alargar, amplificar, aumentar, desarrollar, dilatar, ensanchar, extender, profundizar. *Achicar, reducir, sintetizar.*
**AMPLIFICACIÓN** Aumento, desarrollo.
**AMPLIFICAR** Ampliar.
**AMPLIO** Ancho, capaz, dilatado, espacioso, extenso, lato, vasto. *Estrecho, pequeño.*
**AMPLITUD** Anchura, capacidad, dilatación, extensión, profundidad, vastedad.
**AMPO** Blancura.
**AMPOLLA** Vejiga, vesícula.
**AMPULOSO** Enfático, hinchado, pomposo, redundante. *Escueto, natural, sencillo.*
**AMPUTACIÓN** Ablación, cercenamiento, mutilación.
**AMPUTAR** Cercenar, cortar, mutilar, seccionar.
**AMUEBLAR** Alhajar, amoblar, ornamentar. *Desamueblar.*
**AMULETO** Fetiche, mascota, talismán.
**AMURALLADO** Defendido, cercado, fortificado, atrincherado.
**AMURALLAR** Cercar, murar.
**ANACORETA** Cenobita, eremita, ermitaño, solitario.
**ÁNADE** Pato.
**ANAGRAMA** Trasposción, cambio, inversión.
**ANALES** Crónica, fastos.
**ANALFABETO** Ignorante, inculto, iletrado. *Culto.*
**ANÁLISIS** Examen, descomposición. *Reconstrucción.*
**ANALIZAR** Examinar, descomponer. *Sintetizar.*
**ANALOGÍA** Afinidad, correspondencia, parecido, semejanza, similitud. *Antítesis, contraste, diferencia.*
**ANÁLOGO** Correspondiente, equivalente, parecido, similar, sinónimo. *Antitético, dispar, disímil.*
**ANAQUEL** Estante, tabla, vasar.

**ANARQUÍA** Confusión, desconcierto, desorden. *Disciplina, gobierno, orden.*
**ANATEMA** Excomunión, execración, maldición, reprobación, censura.
**ANATOMÍA** Disección.
**ANATÓMICO** Cirujano, disector.
**ANCA** Cadera, cuadril, grupa.
**ANCESTRAL** Atávico.
**ANCHO** Amplio, espacioso, extenso, vasto. *Estrecho, reducido.* // Holgado. *Apretado.* // Desembarazado.
**ANCHOA** Boquerón.
**ANCHURA** Amplitud, ancho, desahogo, espacio, extensión, holgura, soltura. *Angostura, estrechez.*
**ANCIANIDAD** Senectud, vejez, vetustez, longevidad, senilidad. // *Infancia, juventud, niñez.*
**ANCIANO** Abuelo, longevo, vejete, viejo. *Niño, joven, criatura, muchacho.* // Vetusto.
**ANCLA** Áncora.
**ANCLAR** Echar anclas, fondear.
**ÁNCORA** Ancla.
**ANDADA** Hábito.
**ANDADOR** Andante, andariego, andarín. // Andaderas.
**ANDAMIAJE** Andamiada.
**ANDAMIO** Andamiaje, tablado.
**ANDANADA** Reconvención, reprimenda.
**ANDANZA** Aventura, correría, viaje.
**ANDAR** Caminar, ir, marchar, pasar, recorrer, transitar, trasladarse, vagar. // Funcionar, moverse. *Detener, parar.*
**ANDARIEGO** Caminante. *Sedentario.*
**ANDARÍN** Andariego, trotamundos.
**ANDAS** Angarillas, camilla, parihuelas.
**ANDÉN** Apeadero, muelle, plataforma.
***Anden** (andar).
**ANDINISMO** Montañismo.
**ANDINISTA** Montañista.
**ANDORGA** Vientre.
**ANDRAJO** Colgajo, guiñapo, harapo, pingo. *Adorno, atavío, gala.*
**ANDRAJOSO** Desharrapado, harapiento, zarrapastroso. *Atildado, flamante.*
**ANDURRIAL** Paraje, sitio, lugar.
**ANÉCDOTA** Cuento, hecho, historieta,

suceso, historia, relato.

**ANEGAR** Encharcar, inundar, sumergir. // Hundirse, naufragar, zozobrar.

**ANEJO** Anexo.

**ANESTESIA** Hipnosis, insensibilización, narcosis, analgesia.

**ANESTESIAR** Insensibilizar. *Excitar.*

**ANEURISMA** Tumor, dilatación.

**ANEXAR** Agregar, anexionar, incorporar, juntar, unir.

**ANEXIÓN** Acoplamiento, agregación, incorporación, unión, acompañamiento. *Secesión, separación.*

**ANEXIONAR** Anexar.

**ANEXO** Accesorio, adjunto, adscripto, agregado, anejo, unido. // Apéndice, dependencia, sucursal.

**ANFIBOLOGÍA** Ambigüedad, equívoco.

**ANFITEATRO** Circo, hemiciclo.

**ANFITRIÓN** Huésped.

**ÁNFORA** Cántaro, jarrón.

**ANFRACTUOSIDAD** Sinuosidad, depresión, desigualdad, fragosidad.

**ANFRACTUOSO** Sinuoso, desigual, fragoso, quebrado, tortuoso.

**ANGARILLAS** Andas, camilla.

**ÁNGEL** Querubín, serafín, querube, arcángel. *Demonio, diablo.* // Atractivo, encanto, gracia.

**ANGELICAL** Candoroso, casto, inocente, puro. *Diabólico.*

**ANGOSTARSE** Estrecharse, reducirse, encajonarse. *Ensancharse, abrirse.*

**ANGOSTO** Acañonado, apretado, estrecho. *Amplio, holgado.*

**ANGOSTURA** Desfiladero, estrechez, estrechura, garganta.

**ANGULAR** Básico, fundamental.

**ÁNGULO** Arista, codo, esquina, recodo, rincón.

**ANGURRIA** Voracidad, avidez, codicia.

**ANGURRIENTO** Amarrete, voraz. *Generoso, desprendido.*

**ANGUSTIA** Aflicción, ansiedad, congoja, desconsuelo, inquietud, pena, tristeza, zozobra. *Alegría, serenidad.*

**ANGUSTIAR** Acongojar, afligir, apenar, entristecer, apesadumbrar. *Tranquilizar,*

*consolar, animar, reconfortar.*

**ANGUSTIOSO** Apremiante, penoso, triste. *Consolador, tranquilizante.*

**ANHELAR** Ambicionar, ansiar, apetecer, aspirar, codiciar, desvivirse, pretender, querer, suspirar. *Conformarse, desdeñar.* // Respirar.

**ANHELO** Ansia, aspiración, codicia, deseo, gana. *Decepción.* // Respiración.

**ANIDAR** Alojarse, habitar, morar, residir.

**ANILLA** Argolla.

**ANILLO** Aro, sortija. // Argolla.

**ÁNIMA** Alma. \*Anima (animar).

**ANIMACIÓN** Actividad, agitación, alegría, calor, excitación, movimiento, vivacidad. *Calma, tranquilidad.* // Viveza. *Abatimiento.* // Bulla, vida.

**ANIMADO** Animoso, decidido, dispuesto, esforzado, resuelto. *Decaído, desanimado.* // Alegre, concurrido, movido. *Tranquilo.*

**ANIMADVERSIÓN** Animosidad, antipatía, enemistad, malquerencia, ojeriza, tirria. *Atracción, simpatía.*

**ANIMAL** Bestia, bruto, fiera. // Ignorante, torpe.

**ANIMALADA** Bestialidad, estupidez, grosería, brutalidad.

**ANIMAR** Aguijonear, alentar, confortar, excitar, exhortar. // Arriesgar, atreverse, decidirse. *Desalentar, desanimar, descorazonar.*

**ÁNIMO** Alma, espíritu. // Acometividad, aliento, ardor, brío, denuedo, resolución, valor. *Cobardía.* // Designio, intención, propósito, voluntad. \*Animo (animar).

**ANIMOSIDAD** Animadversión, aversión, mala voluntad, malquerencia, rencor. *Afecto, amistad.*

**ANIMOSO** Alentado, bravo, denodado, decidido, enérgico, esforzado, intrépido, resuelto, valiente. *Cobarde, miedoso, temeroso.*

**ANIQUILAR** Anonadar, arrasar, arruinar, derrotar, desbaratar, destruir, humillar. *Crear, generar, producir.*

**ANIVERSARIO** Cumpleaños.

**ANO** Culo.

**ANOCHECER** Crepúsculo, ocaso. // Oscurecer. *Amanecer.*

**ANODINO** Ineficaz, insignificante, insustancial, nimio. *Atractivo, enjundioso, violento.*

**ANOMALÍA** Anormalidad, irregularidad, rareza.

**ANÓMALO** Extraño, irregular, raro, singular. *Normal, regular, vulgar.*

**ANONADAR** Aniquilar. // Abatir.

**ANÓNIMO** Desconocido, ignorado. *Antónimo.

**ANORMAL** Anómalo, irregular. *Normal.* // Defectuoso, deforme, monstruoso. // Loco.

**ANORMALIDAD** Irregularidad, perturbación. *Normalidad, regularidad, tranquilidad.*

**ANOTACIÓN** Acotación, apunte, llamada, nota, observación.

**ANOTAR** Apuntar, asentar, inscribir. // Aclarar, comentar, glosar. // Matricular. // Empadronar.

**ANQUILOSADO** Atrofiado, impedido, paralítico.

**ANQUILOSARSE** Atrofiarse, paralizarse, estancarse.

**ÁNSAR** Ganso.

**ANSIA** Ansiedad, congoja, inquietud. *Despreocupación, paz, tranquilidad.* // Afán, anhelo, codicia, deseo, gana. *Inapetencia.*

**ANSIAR** Anhelar, apetecer, codiciar, desear, querer, suspirar, aspirar. *Desdeñar, despreciar.*

**ANSIEDAD** Ansia, impaciencia, desasosiego. *Paciencia.*

**ANSIOSO** Ávido, deseoso, ganoso. *Indiferente.*

**ANTA** Alce, ante. // Menhir.

**ANTAGONISMO** Contraposición, contrariedad, oposición, rivalidad, conflicto. *Concordia.*

**ANTAGONISTA** Adversario, competidor, contrario, contrincante, enemigo, opositor, rival. *Partidario.*

**ANTAÑO** Antiguamente. *Hogaño.*

**ANTÁRTICO** Austral, meridional, sur.

*Ártico, septentrional, norte.*

**ANTE** Anta. // Delante. *Detrás.*

**ANTECÁMARA** Antesala, recibidor. *Recámara, trastienda.*

**ANTECEDENTE** Anterior, precedente. *Consecuente.* // Dato, referencia.

**ANTECEDER** Preceder. *Seguir.*

**ANTECESOR** Antepasado, ascendiente, predecesor. *Descendiente, sucesor.*

**ANTEDILUVIANO** Remoto, primitivo, prehistórico, inmemorial, antiquísimo.

**ANTELACIÓN** Anterioridad, anticipación, prioridad. *Retraso.*

**ANTEMANO (DE)** Anticipadamente, por adelantado.

**ANTEOJO** Catalejo, telescopio, lente. *Antojo.

**ANTEOJOS** Antiparras, espejuelos, gafas, gemelos, lentes, quevedos.

**ANTEPASADO** Antecesor, predecesor. *Descendiente.*

**ANTEPECHO** Baranda, parapeto, pretil.

**ANTEPONER** Adelantar, preferir, preponer. *Posponer.*

**ANTERIOR** Antecedente, precedente, previo, antedicho. *Posterior, ulterior.*

**ANTERIORIDAD** Antelación, anticipación. *Demora.*

**ANTERIORMENTE** Antes, precedentemente, primeramente. *Posteriormente, después.* // Antaño.

**ANTESALA** Antecámara.

**ANTICIPACIÓN** Adelanto, antelación, anterioridad, anticipo.

**ANTICIPAR** Adelantar. *Diferir, retrasar.*

**ANTICIPO** Anticipación.

**ANTICUADO** Anacrónico, antiguo. *Futurista.*

**ANTÍDOTO** Antitóxico, contraveneno. *Veneno.*

**ANTIESTÉTICO** Deforme, feo, monstruoso. *Estético.*

**ANTIFAZ** Careta, máscara.

**ANTIGUAMENTE** Antaño, en otro tiempo, otrora. *Actualmente.*

**ANTIGÜEDAD** Pasado. *Futuro.* // Vetustez. *Novedad.*

**ANTIGUO** Añejo, inveterado, pasado,

primitivo, prístino, remoto. *Moderno, nuevo, reciente.* // Desusado, viejo.

**ANTINOMIA** Contradicción, oposición.

**ANTIPARRAS** Anteojos, lentes, gafas. *Antipara.

**ANTIPATÍA** Animadversión, incompatibilidad, repugnancia, repulsión, tirria. *Atracción, simpatía.*

**ANTÍPODA** Antitético.

**ANTISÉPTICO** Desinfectante.

**ANTÍTESIS** Contraste, oposición. *Similitud, concordancia.*

**ANTITÉTICO** Adversario, contrario, incompatible, opuesto. *Compatible, semejante, concorde.*

**ANTITÓXICO** Antídoto.

**ANTOJADIZO** Caprichoso, mudable, veleidoso, versátil, voluble.

**ANTOJARSE** Encapricharse. // Figurarse, imaginarse, pensar, sospechar.

**ANTOJO** Berretín, capricho. // Lunar. *Anteojo.

**ANTOLOGÍA** Colección, florilegio, selección.

**ANTÓNIMO** Contrario. *Sinónimo.* *Anónimo.

**ANTONOMASIA (POR)** Por excelencia.

**ANTORCHA** Hacha, hachón, tea.

**ANTRO** Caverna, cueva, gruta.

**ANTROPÓFAGO** Caníbal.

**ANUAL** Anuo, añal.

**ANUALIDAD** Importe, renta, interés, pensión, honorarios.

**ANUBARRADO** Encapotado, nublado, nubloso.

**ANUDAR** Enlazar, añudar, atar, juntar, unir. *Desatar, desanudar, desligar.*

**ANUENCIA** Consentimiento, permiso, venia. *Denegación, oposición.*

**ANULAR** Abrogar, borrar, derogar, inutilizar, invalidar, revocar, suprimir. *Autorizar, convalidar.* // Inhabilitar. *Confirmar.* // Compensar, contrarrestar, neutralizar. // Humillar, postergar.

**ANUNCIANTE** Avisador.

**ANUNCIAR** Avisar, comunicar, dar a conocer, divulgar, informar, noticiar, notificar, participar, proclamar, publi-

car. *Callar, ocultar, tapar.*

**ANUNCIO** Aviso, bando, cartel, noticia, notificación, proclama, reclamo. // Publicidad. // Presagio, vaticinio.

**ANVERSO** Cara, faz, haz. *Dorso, envés, reverso.*

**ANZUELO** Arponcillo. // Aliciente, atractivo, incentivo. // Añagaza, cebo.

**AÑADIDO** Agregado, postizo.

**AÑADIDURA** Aditamento, agregación.

**AÑADIR** Agregar, aumentar, incorporar, juntar, sumar. *Quitar, restar.*

**AÑAGAZA** Ardid, argucia, artificio, artimaña, engaño, señuelo, treta.

**AÑAL** Anual.

**AÑEJO** Antiguo. *Nuevo, reciente.*

**AÑICOS** Fragmentos, pedazos, trizas.

**AÑIL** Índigo.

**AÑORANZA** Melancolía, morriña, nostalgia. *Olvido.*

**AÑOS** Abriles, primaveras.

**AÑOSO** Longevo, viejo.

**APABULLAR** Aplastar, humillar.

**APACENTAR** Pacer, pastar, pastorear. // Enseñar, instruir.

**APACIBILIDAD** Bondad, dulzura, suavidad, mansedumbre, afabilidad. // Calma, bonanza, tranquilidad, serenidad.

**APACIBLE** Afable, bonachón, dulce, manso, placentero, pacífico, plácido, reposado, sosegado, suave, tranquilo. *Desapacible, iracundo.*

**APACIGUAR** Aplacar, aquietar, calmar, pacificar, sosegar, serenar, suavizar. *Alborotar, enfurecer, inquietar.*

**APADRINAR** Avalar, proteger, patrocinar, prohijar.

**APAGADO** Amortiguado, bajo, débil, extinto. *Ardiente, vivo.*

**APAGAMIENTO** Apagón, extinción.

**APAGAR** Ahogar, amortiguar, extinguir, matar, reprimir, sofocar. *Encender, inflamar, prender.*

**APALABRAR** Arreglar, concertar, convenir, comprometer.

**APALANCAR** Palanquear.

**APALEAR** Aporrear, vapulear, varear.

**APAÑAR** Agarrar, coger, tomar. *Soltar.*

// Hurtar. // Aderezar, arreglar, asear, ataviar. // Componer, remendar. // Abrigar. // Encubrir.

**APAÑÁRSELAS** Agenciárselas, componérselas, arreglarse, industriarse.

**APARADOR** Armario. // Escaparate.

**APARAR** Aparejar, disponer, preparar.

**APARATO** Instrumento, máquina, mecanismo. // Atuendo, lujo, magnificencia, pompa, solemnidad.

**APARCAR** Colocar, estacionar.

**APARCERO** Compañero, medianero, socio.

**APAREAR** Equiparar, igualar. *Descabalar.* // Juntar, unir.

**APARECER** Encontrarse, hallarse, manifestarse, mostrarse, surgir. *Desaparecer, esconderse, ocultarse.*

**APARECIDO** Espectro, fantasma.

**APAREJADO** Apto, dispuesto, idóneo. *Inepto.*

**APAREJAR** Aprestar, aviar, disponer, preparar, prevenir.

**APAREJO** Avío, preparación. // Arneses, arreo. // Polea.

**APARENTAR** Fingir, parecer, simular.

**APARENTE** Engañoso, fingido, simulado. *Real.* // Conveniente, oportuno. *Inconveniente.*

**APARICIÓN** Aparecido, visión. // Presentación. *Desaparición.*

**APARIENCIA** Aire, aspecto, cariz, figura, forma, tipo, traza. *Realidad.* // Probabilidad, verosimilitud. *Verdad.*

**APARTADERO** Desvío.

**APARTADO** Aislado, distante, lejano, remoto. *Cercano.*

**APARTAR** Aislar, alejar, correrse, desechar, desunir, desviar, evitar, quitar, rehuir, retirar, separar. *Acercar, poner, reunir.*

**APARTE** Separadamente.

**APASIONADO** Amante, ardoroso, entusiasta, fanático, vehemente. *Desamorado, frío.*

**APASIONANTE** Emocionante, excitante. *Aburrido.*

**APASIONARSE** Aficionarse, entusiasmarse, prendarse.

**APATÍA** Abulia, desgano, desidia, dejadez, impasibilidad, indiferencia, indolencia. *Anhelo, fervor, interés, vivacidad, entusiasmo.*

**APÁTICO** Abúlico, impasible, indiferente, indolente, insensible. *Animado, enérgico, vehemente.*

**APEARSE** Bajar, descender, desmontar. *Montar, subir.*

**APECHUGAR** Aceptar, aguantar, conformarse, admitir.

**APEDREAR** Lapidar. // Granizar.

**APEGO** Afecto, afición, amistad, cariño, inclinación, simpatía. *Antipatía, desapego, desinterés.*

**APELACIÓN** Consulta, reclamación, recurso, interposición.

**APELAR** Recurrir, suplicar. *Desistir.*

**APELMAZAR** Apretar, tupir, compactar, comprimir.

**APELOTONARSE** Amontonarse.

**APELLIDAR** Llamar, nombrar.

**APENADO** Contrito, dolorido, melancólico, triste. *Contento, feliz.*

**APENAR** Acongojar, afligir, apesadumbrar, angustiar, atormentar, atribular, contristar, entristecer. *Alegrar, consolar, regocijar.*

**APENAS** Casi no, escasamente, penosamente. // Tan pronto como.

**APÉNDICE** Adjunto, agregado, anexo, prolongación, suplemento. // Cola, extremidad, rabo.

**APEÑUSCAR** Apiñar, juntar. *Desperdigar, esparcir.*

**APERCIBIMIENTO** Advertencia, amonestación, aviso, emplazamiento.

**APERCIBIR** Advertir, amonestar, avisar, emplazar. // Aprestar, disponer, preparar, prevenir. *Descuidar.* // Observar, percibir. *Ocultar.*

**APERGAMINADO** Acartonado, amojamado, enjuto.

**APERGAMINARSE** Acartonarse, acecinarse, amojamarse.

**APERO** Recado.

**APERREADO** Cansado, fatigado, trabajado. *Descansado.* **\*Aporreado.**

**APERTURA** Comienzo, inauguración. *Clausura, terminación.* **\*Abertura.**

**APESADUMBRAR** Apenar, apesarar. *Consolar.*

**APESTAR** Heder. *Aromatizar.* // Contagiar, corromper, infectar, inficionar, viciar. *Curar, sanar.* // Fastidiar, hastiar. *Agradar.*

**APESTOSO** Fétido, hediondo, maloliente, pestilente. *Aromático.* // Fastidioso, inoportuno, insufrible. *Agradable.*

**APETECER** Agradar. *Desagradar.* // Ambicionar, codiciar, desear, querer. *Rechazar, desentenderse.*

**APETITO** Apetencia, deseo, gana, hambre, necesidad. *Desgana, hartura, saciedad, inapetencia.*

**APETITOSO** Apetecible, delicioso, rico, sabroso. *Desabrido.*

**APIADARSE** Compadecerse, condolerse, dolerse. *Ensañarse.*

**ÁPICE** Cima, cumbre, punta. // Minucia, nonada, pizca.

**APILAR** Amontonar. *Esparcir.*

**APIÑARSE** Amontonarse, apelotonarse, apretujarse. *Dispersarse.*

**APIOLAR** Prender, sujetar. // Asesinar.

**APIPARSE** Atiborrarse, hartarse.

**APISONAR** Pisonear, aplastar, apretar, planchar.

**APLACADO** Calmado, aliviado. *Irritado, nervioso.*

**APLACAR** Ablandar, amansar, amortiguar, apagar, calmar, mitigar, moderar, suavizar. // Sosegar. *Excitar, irritar.*

**APLANAR** Abatir, aniquilar, debilitar, desalentar, extenuar, postrar. *Vigorizar.* // Allanar, igualar. *Amontonar.*

**APLASTADO** Achatado, apabullado, aplanado.

**APLASTAR** Achatar, apisonar, aplanar, asentar, comprimir, prensar. *Mullir.* // Anonadar, apabullar, avergonzar, humillar, reventar. *Consolar.*

**APLAUDIR** Aprobar, encomiar, felicitar, palmotear, ponderar. *Criticar, patear, silbar, sisear.*

**APLAUSO** Alabanza, aprobación, elogio, palmoteo, ponderación. *Rechifla, reprobación.*

**APLAZAMIENTO** Demora, dilación, retraso, suspensión.

**APLAZAR** Demorar, diferir, posponer, retrasar, suspender, postergar. *Anticipar.* **\*Emplazar.**

**APLICACIÓN** Atención, cuidado, diligencia, esmero. *Negligencia.* // Adaptación, superposición.

**APLICADO** Atento, concentrado, cuidadoso, diligente, esmerado, estudioso. *Desaplicado, perezoso.*

**APLICAR** Acomodar, adaptar, arrimar, sobreponer. // Achacar, asignar, atribuir, destinar, imputar, referir. // Esmerarse. *Descuidar.*

**APLOMADO** Ecuánime, juicioso, objetivo, ponderado, prudente, reflexivo, sereno. *Turbado, vacilante.*

**APOCADO** Cobarde, corto, pusilánime, tímido. *Animoso, esforzado, resuelto.*

**APOCALÍPTICO** Espantoso, terrorífico.

**APOCAMIENTO** Timidez, cortedad, temor, desaliento, flaqueza, abatimiento, vergüenza. *Atrevimiento, resolución.*

**APOCAR** Achicarse, asustarse, humillarse. *Agrandarse, envalentonarse.* // Acortar, achicar, aminorar, menguar, reducir. *Aumentar.*

**APÓCOPE** Supresión. *Añadido.*

**APÓCRIFO** Falso, falsificado, fingido, amañado, supuesto, quimérico. *Auténtico, genuino.*

**APODERADO** Administrador, representante, encargado, delegado, mandatario, poderhabiente. *Poderdante, comitente.*

**APODERAR** Conferir, facultar.

**APODERARSE** Adueñarse, apropiarse, enseñorearse, ocupar, quitar, tomar, usurpar. *Ceder, dejar, desocupar.*

**APODÍCTICO** Convincente, demostrativo, incontrovertible. *Dudoso.*

**APODO** Alias, mote, sobrenombre. **\*Ápodo.**

**APOGEO** Auge, culminación, cumbre, esplendor. *Perigeo, decadencia, ruina.*

**APOLILLADO** Carcomido, roído.

**APOLOGÍA** Alabanza, elogio, encomio, defensa, justificación, panegírico, ponderación. *Crítica, denigración, diatriba.*

**APÓLOGO** Alegoría, cuento, fábula, ficción, parábola.

**APOLTRONARSE** Abandonarse, emperezarse. // Repantigarse.

**APORREAR** Apalear, vapulear, zurrar. *Acariciar.*

**APORTAR** Causar, contribuir, dar, ocasionar. // Aducir, alegar.

**APOSENTAR** Albergar, alojar. // Residir.

**APOSENTO** Cuarto, habitación, morada, domicilio.

**APÓSITO** Venda, vendaje, cataplasma, compresa.

**APOSTA** Adrede, deliberadamente, intencionadamente. *Involuntariamente.*

**APOSTAR** Arriesgar, jugar. // Colocar, emboscar, poner.

**APOSTASÍA** Retractación, abandono, abjuración, deserción, renuncia. *Fidelidad, ortodoxia.*

**APÓSTATA** Desertor, perjuro, renegado. *Ortodoxo.*

**APOSTATAR** Abjurar, renegar.

**APOSTILLA** Comentario, glosa, nota.

**APÓSTOL** Evangelizador, misionero, propagandista.

**APOSTROFAR** Acusar, denunciar, enrostrar. *Alabar, encarecer.*

**APÓSTROFE** Invectiva. *Elogio, loa.*

**APOSTURA** Gallardía, garbo, porte.

**APOTEGMA** Adagio, aforismo, dicho, sentencia. *Apotema.

**APOTEOSIS** Deificación, ensalzamiento, exaltación. *Envilecimiento.*

**APOYAR** Basar, arrimar, asentar, descansar, descargar, estribar, fundar, gravitar, recostar. *Separar.* // Conformar, corroborar, respaldar. *Desaprobar.* // Ayudar, defender, favorecer, secundar. *Atacar.*

**APOYO** Soporte, sostén, sostenimiento, sustentáculo. // Auxilio, defensa, favor, protección.

**APRECIABLE** Considerable, estimable, notable, ponderable. *Inapreciable.*

**APRECIACIÓN** Dictamen, evaluación, juicio, opinión.

**APRECIADO** Estimado, considerado, reputado. *Despreciado.*

**APRECIAR** Estimar, calificar, considerar, justipreciar, tasar, valorar, valuar. *Despreciar, menospreciar, repudiar.*

**APRECIO** Apreciación, bienquerencia, consideración, estima, estimación. *Descrédito, desestimación.* // Evaluación, tasación, valoración.

**APREHENDER** Asimilar, concebir. // Asir, atrapar, capturar, prender. *Desasir, soltar.* *Aprender.

**APREHENSIÓN** Percepción. // Captura. *Aprensión.

**APREMIANTE** Perentorio, urgente.

**APREMIAR** Aprestar, apurar, oprimir, urgir. *Tranquilizar.*

**APREMIO** Aprieto, apuro, necesidad, premura, urgencia.

**APRENDER** Estudiar, cultivarse, educarse, ilustrarse, instruirse. *Ignorar, olvidar.* *Aprehender.

**APRENDIZ** Novicio, practicante, principiante. *Idóneo, perito.*

**APRENDIZAJE** Amaestramiento, instrucción, práctica.

**APRENSIÓN** Recelo, sospecha, temor. *Aprehensión.

**APRENSIVO** Delicado, receloso, temeroso. *Animoso.*

**APRESADO** Capturado, prisionero, prendido, sujeto. *Libre, suelto.*

**APRESAR** Aprehender, arrestar, asir, capturar, detener, echar mano, prender. *Libertar, soltar.*

**APRESTAR** Aparejar, disponer, preparar, prevenir. // Aderezar.

**APRESTO** Preparación, preparativo, prevención. *Imprevisión.*

**APRESURAMIENTO** Ligereza, prisa, prontitud.

**APRESURAR** Acelerar, activar. *Diferir.* // Darse prisa, moverse. *Retardar, tardar.*

**APRETADAMENTE** Miserablemente, pobremente. *Holgadamente.*

**APRETADO** Miserable, roñoso. *Genero-so.* // Agarrado. *Suelto.* // Arduo, peligroso. // Constreñido, forzado.

**APRETAR** Abrazar, apretujar, comprimir, estrechar, estrujar, oprimir, prensar. *Aflojar, soltar.* // Afligir, ahogar, angustiar. // Apremiar, constreñir, forzar, instar, obligar. *Ayudar.*

**APRETÓN** Apretujón, opresión.

**APRIETO** Ahogo, apretura, apuro, brete, necesidad, prisa. *Holgura.*

**APRISCO** Corral, redil.

**APRISIONAR** Encadenar, encarcelar, encerrar, esposar, prender. *Desatar, libertar, liberar.*

**APROBACIÓN** Asenso, asentimiento, autorización, beneplácito, conformidad, consentimiento. *Denegación.*

**APROBAR** Aceptar, admitir, aplaudir, autorizar, consentir, dar por bueno, reconocer. *Desaprobar, desautorizar, rechazar.* // Pasar.

**APRONTAR** Disponer, preparar. // Entregar. *Afrontar.*

**APROPIADO** Adecuado, conveniente, oportuno, pertinente, propio. *Inapropiado, inadecuado.*

**APROPIAR** Acomodar, adaptar, adecuar, ajustar.

**APROPIARSE** Adjudicarse, adueñarse, apoderarse, arramblar, incautarse, quitar, tomar, usurpar. *Ceder, dejar.*

**APROVECHABLE** Servible, útil, utilizable. *Inservible, inútil.*

**APROVECHADO** Aprovechador. // Estudioso, diligente, laborioso.

**APROVECHADOR** Interesado.

**APROVECHAR** Explotar, utilizar. *Desaprovechar, despreciar.*

**APROVECHARSE** Beneficiarse, servirse, valerse, usar.

**APROVISIONAR** Abastecer, proveer. *Desabastecer.*

**APROXIMACIÓN** Acercamiento. *Alejamiento, exactitud.*

**APROXIMADAMENTE** Casi. *Lejos.*

**APROXIMAR** Acercar, allegar. *Alejar.*

**APTITUD** Capacidad, competencia, ha-

bilidad, idoneidad. *Incapacidad, ineptitud.* *Actitud.*

**APTO** Capacitado, capaz, competente, hábil, idóneo. *Incompetente, inepto.* *Acto.*

**APUESTA** Envite, jugada, postura.

**APUESTO** Airoso, galán, gallardo, garboso. *Desgarbado.* // Engalanado.

**APUNTACIÓN** Anotación, apunte, inscripción, registro.

**APUNTADOR** Anotador, traspunte. // Soplón.

**APUNTALAR** Afirmar, asegurar, consolidar, entibar, sostener. *Derribar.*

**APUNTAR** Anotar, asentar, indicar, inscribir, matricular, señalar. // Asestar, encañonar. // Apostar, juzgar. // Insinuar, sugerir. // Aparecer, asomar, nacer, salir.

**APUNTE** Borrador, croquis, diseño, esbozo, nota.

**APUÑALAR** Acuchillar, apuñalear.

**APURADO** Necesitado, pobre. *Acomodado, rico.* // Arduo, difícil, dificultoso, peliagudo, peligroso. *Fácil.* // Esmerado, exacto, preciso. // Apresurado.

**APURAR** Acelerar, apremiar, apresurar, urgir. *Detener, retener.* // Beber. // Depurar, purificar. *Impurificar.* // Averiguar, investigar. // Acongojar, atribular, molestar. *Consolar.*

**APURO** Ahogo, angustia, apremio, aprieto, compromiso, conflicto, dificultad, necesidad, urgencia. *Holgura.* // Prisa.

**AQUEJAR** Acongojar, afligir. *Consolar, confortar.*

**AQUERENCIARSE** Aficionarse, encariñarse. *Alejarse, desapegarse.*

**AQUÍ** Acá. *Allí.* // Ahora.

**AQUIESCENCIA** Anuencia, asenso, autorización, consentimiento, conformidad. *Denegación.*

**AQUIETAR** Apaciguar, serenar, sosegar, tranquilizar. *Excitar, inquietar.*

**AQUILATAR** Apreciar, tasar, valorar. // Apurar, purificar.

**AQUILINO** Aguileño.

**AQUILÓN** Bóreas, cierzo.

**ARA** Altar. *Ara* (arar), **hará** (hacer).

**ÁRABE** Agareno, arábigo, islamita, muslime, musulmán.

**ARADA** Aradura.

**ARADO** Yugo, reja.

**ARANA** Embuste, estafa, trampa.

**ARANCEL** Tarifa, tasa, valoración.

**ARAÑAR** Rasguñar, rasgar, raspar, escarbar, rascar.

**ARAÑAZO** Escarbadura, rasguño. // Indirecta.

**ARAR** Labrar, roturar.

**ARBITRAJE** Arbitrio, decisión, dictamen, laudo, peritaje, veredicto.

**ARBITRAR** Laudar. // Ingeniarse, procurar, proponer.

**ARBITRARIEDAD** Atropello, capricho, ilegalidad, injusticia, irracionalidad. *Derecho, legalidad.*

**ARBITRARIO** Abusivo, autoritario, caprichoso, despótico, injustificado, injusto, ilegal, tiránico. *Justo, legal.*

**ARBITRIO** Autoridad, facultad. // Expediente, medio, recurso.

**ÁRBITRO** Juez. // Mediador.

**ÁRBOL** Asta, eje, palo.

**ARBOLAR** Blandir, enarbolar, izar.

**ARCA** Arcón, arquilla, baúl, caja, cofre.

**ARCADA** Náusea.

**ARCADUZ** Caño, tubo, conducto.

**ARCAICO** Antiguo, añejo, desusado, pasado, vetusto. *Moderno, reciente.*

**ARCAÍSMO** Antiquismo. *Modernismo, neologismo.*

**ARCANO** Misterioso, recóndito. // Enigma, misterio, secreto.

**ARCHIVAR** Guardar.

**ARCO** Aro, bóveda, curva, meta, valla.

**ARDER** Abrasarse, consumirse, chispear, quemarse.

**ARDID** Añagaza, artimaña, astucia, engaño, maña, treta. *Ardite.

**ARDIENTE** Abrasador, ardoroso, candente, comburente, quemante. *Frío.* // Activo, fervoroso, fogoso, vehemente, vivo. *Apagado.*

**ARDIMIENTO** Ardor, brío, denuedo, intrepidez, valor. *Cobardía.*

**ARDITE** Bledo, comino, pito. *Ardid.

**ARDOR** Arrojo, denuedo, entusiasmo, fogosidad, pasión, valor, viveza. // Afán, anhelo, ansia. // Brillo, resplandor. // Calor, hervor. *Frialdad.*

**ARDOROSO** Apasionado, ardiente, fervoroso, fogoso, impetuoso, vehemente.

**ARDUO** Difícil, espinoso, peliagudo, penoso. *Fácil, sencillo.* // Fragoso. *Desembarazado, llano.*

**ÁREA** Superficie.

**ARENA** Cancha, liza, plaza.

**ARENGA** Alocución, discurso.

**ARENILLA** Cálculo.

**ARENOSO** Polvoroso, polvoriento, pedregoso, granuloso.

**ARETE** Arillo, aro, pendiente, zarcillo.

**ARGAMASA** Cemento, mortero.

**ARGENTEADO** Plateado.

**ARGENTO** Plata.

**ARGOLLA** Ajorca, anilla, aro.

**ARGUCIA** Sofisma, sutileza. *Raciocinio, razonamiento.*

**ARGÜIR** Explicar, mostrar, probar, razonar. // Argumentar, contradecir, discutir, objetar, refutar, replicar.

**ARGUMENTACIÓN** Razonamiento.

**ARGUMENTAR** Argüir, analizar, discutir, replicar.

**ARGUMENTO** Argumentación, razonamiento. // Indicio, señal. // Guión. // Asunto, materia.

**ARIA** Aire, canción, solo.

**ARIDEZ** Esterilidad, sequedad. *Fecundidad, humedad.*

**ÁRIDO** Estéril, seco, yermo. *Fértil.* // Aburrido, fastidioso. *Entretenido.*

**ARIO** Indoeuropeo, jafético.

**ARISCO** Áspero, cerril, esquivo, indócil, insociable, intratable, montaraz. *Afable, amable, sociable, tratable.*

**ARISTA** Ángulo, borde. *Bisel, chaflán, ochava.*

**ARISTARCO** Crítico. *Panegirista.*

**ARISTOCRACIA** Nobleza. *Democracia.*

**ARISTÓCRATA** Noble, señor, hidalgo, patricio. *Plebeyo.*

**ARISTOCRÁTICO** Noble, señoril, distinguido. *Democrático, vulgar.*

**ARMADA** Escuadra, flota.

**ARMADÍA** Almadía.

**ARMADURA** Arnés. // Armazón, esqueleto, montura. // Cornamenta.

**ARMAR** Amartillar. // Aviar, causar, formar, fraguar, mover, promover. // Prepararse. // Empuñar las armas. *Desarmar.* // Concertar, montar, organizar. *Desacoplar.*

**ARMARIO** Alacena, aparador, ropero. // Escaparate, vitrina.

**ARMATOSTE** Artefacto, armazón. // Cachivache, trasto.

**ARMAZÓN** Andamio, armadura, entramado, esqueleto, montura.

**ARMISTICIO** Suspensión de hostilidades, tregua. *Lucha.*

**ARMONÍA** Acuerdo, concordia, paz. *Desacuerdo.* // Simetría. // Acorde, cadencia. *Disonancia.*

**ARMONIOSO** Agradable, cadencioso, melodioso. *Desafinado.*

**ARMONIZAR** Acordar, amigar, avenir, concertar, concordar. *Discordar, desavenir, enemistar.*

**ARNÉS** Armadura, guarnición.

**ARO** Argolla, anilla, anillo, arete, sortija. // Zuncho.

**AROMA** Fragancia, perfume.

**AROMÁTICO** Fragante, odorífero, oloroso, perfumado. *Fétido.*

**AROMATIZAR** Perfumar.

**ARPÍA** Basilisco, bruja, euménide, furia. *Hada.*

**ARQUEAR** Alabear, cimbrarse, combar, curvar, doblar, encorvar. *Enderezar.* // Fiscalizar.

**ARQUEO** Constatación, recuento, tonelaje, reconocimiento.

**ARQUERO** Guardavalla.

**ARQUETIPO** Dechado, ejemplar, modelo, prototipo.

**ARRABAL** Afueras, alrededores, barrio, suburbio. *Centro.*

**ARRACADAS** Arete, pendiente, zarcillo.

**ARRACIMARSE** Aglomerarse, apretujarse, juntarse.

**ARRAIGAR** Enraizar, prender, radicar.

*Desarraigar, desprender, extirpar.* // Establecerse, hacendarse.

**ARRAMBLAR** Apoderarse, saquear.

**ARRANCAR** Arrebatar, desclavar, despegar, depilar, erradicar, extirpar, extraer, quitar, sacar de raíz. *Enraizar, plantar.* // Comenzar, iniciar. *Detener, finalizar.* // Marchar, partir. *Llegar.*

**ARRANQUE** Arrebato, brío, ímpetu, impulso, pronto, rapto. // Comienzo, inicio. *Fin, final.* // Dicho, ocurrencia, salida.

**ARRAPIEZO** Chico, chicuelo, mocoso, muchacho, niño.

**ARRAS** Garantía, prenda, señal. // Dote. *Arrás.

**ARRASADO** Devastado. // Satinado.

**ARRASAR** Allanar, aplanar, igualar, nivelar, rasar. // Arruinar, asolar, derruir, desmantelar, destruir, devastar, talar. *Construir, edificar, plantar.*

**ARRASTRADO** Miserable, pobre. // Bribón, pillo, tunante.

**ARRASTRAR** Acarrear, atoar, remolcar, sirgar, tirar. // Atraer, persuadir, // Envilecerse, humillarse, rebajarse, reptar. *Elevarse, volar.*

**ARRASTRE** Acarreo, transporte.

**ARRATONADO** Roído, carcomido.

**ARREAR** Atizar, dar, fustigar, pegar. // Ataviar, engalanar. *Arriar.

**ARREBATADO** Colérico, iracundo. *Manso, tranquilo.* // Impetuoso, precipitado, violento. // Arrebolado, colorado, encendido.

**ARREBATADOR** Agradable, seductor, encantador.

**ARREBATAR** Alzarse con, arramblar, arrancar, desposeer, quitar. *Devolver, ceder.* // Atraer, cautivar, enajenar, encantar, seducir, sugestionar, suspender. *Repugnar.* // Enfurecerse, exaltarse, irritarse. *Apaciguarse.*

**ARREBATO** Arranque, éxtasis, rapto.

**ARREBOL** Colorete.

**ARREBUJARSE** Abrigarse, cubrirse, taparse. *Destaparse.*

**ARRECHUCHO** Arranque, flechazo.

**ARRECIAR** Aumentar, crecer, empeorar, recrudecer. *Amainar.*

**ARRECIFE** Bajo, banco, escollo.

**ARRECIRSE** Entumecerse, helarse. *Abrasarse, calentarse.*

**ARREDRAR** Amedrentar. *Enardecer, envalentonar.* // Apartar, retraer.

**ARREGLAR** Acomodar, aderezar, amañar, componer, concertar, conciliar, disponer, ordenar, organizar, preparar, regular, regularizar. *Desarreglar, descomponer, desordenar.* // Concretar, desembrollar, desenredar, zanjar. // Arreglárselas, contentarse.

**ARREGLO** Acomodo, avenencia, contrato, convenio, pacto. *Ruptura.* // Ajuste, compostura, remiendo. *Desarreglo, descompostura.*

**ARRELLANARSE** Acomodarse, repantigarse, extenderse.

**ARREMETER** Acometer, agredir, atacar, embestir. *Huir.* // Chocar, estrellarse. *Detenerse, evitar.*

**ARREMETIDA** Acometida, ataque, choque, embestida. *Frenada.*

**ARREMOLINARSE** Amontonarse, apiñarse. *Dispersarse.*

**ARRENDAMIENTO** Alquiler, arriendo, locación.

**ARRENDAR** Alquilar. *Desalquilar.*

**ARRENDATARIO** Casero, inquilino, locatario.

**ARREOS** Atavío. // Atalaje, guarnición.

**ARREPENTIDO** Apenado, compungido, contrito, pesaroso. *Impenitente.*

**ARREPENTIMIENTO** Contrición, dolor, pesar, sentimiento. *Contumacia.*

**ARREPENTIRSE** Compungirse, deplorar, dolerse, lamentar, sentir. *Insistir, persistir.*

**ARRESTADO** Detenido. *Liberado.* // Audaz, intrépido. *Cobarde, pusilánime.*

**ARRESTAR** Apresar, detener, prender. *Liberar, soltar.*

**ARRESTO** Captura, detención, prisión. *Liberación.*

**ARRESTOS** Arrojo, coraje, intrepidez, valentía.

**ARRIAR** Bajar. *Arrear.

**ARRIBA** Encima, en lo alto. *Abajo, debajo.* // Antes.

**ARRIBAR** Llegar, venir. *Irse, marcharse.*

**ARRIBO** Llegada. *Partida, salida.*

**ARRIENDO** Arrendamiento.

**ARRIESGADO** Arriscado, peligroso. // Imprudente. *Cauto, prudente.*

**ARRIESGAR** Afrontar, arriscar, aventurar, exponer. *Desistir, temer.*

**ARRIESGARSE** Atreverse, osar.

**ARRIMAR** Acercar, aproximar. *Alejar.* // Dar, asestar, aplicar.

**ARRIMO** Apoyo, sostén. // Amparo, favor, patrocinio, protección. *Desamparo.*

**ARRINCONADO** Aislado, apartado, olvidado, retirado.

**ARRINCONAR** Acorralar, acosar, postergar. *Liberar.*

**ARRINCONARSE** Aislarse, esconderse, retraerse. *Exhibirse.*

**ARRISCADO** Arrojado, atrevido, audaz, osado, resuelto, temerario. *Apocado.* // Abrupto, escarpado.

**ARRISCAR** Arriesgar, aventurar. // Encresparse, enfurecerse.

**ARROBAMIENTO** Enajenamiento, éxtasis, rapto.

**ARROBARSE** Embelesarse, enajenarse, extasiarse, transportarse.

**ARRODILLARSE** Hincarse, postrarse, prosternarse. *Erguirse.*

**ARROGAMIENTO** Usurpación.

**ARROGANCIA** Altanería, altivez, desdén, desprecio, orgullo, presunción, soberbia. *Humildad, modestia.* // Bizarría, gallardía.

**ARROGANTE** Altanero, altivo, desdeñoso, despreciativo, imperioso, orgulloso. *Afable, cortés.* // Airoso, bizarro, gallardo.

**ARROGARSE** Apropiarse, atribuirse.

**ARROJADO** Arriesgado, arriscado, intrépido, osado, resuelto, valiente. *Cobarde, medroso.*

**ARROJAMIENTO** Expulsión, lanzamiento, precipitación.

**ARROJAR** Devolver, echar, exhalar, expulsar, impeler, lanzar, precipitar, proyectar, tirar. *Recibir, recoger.* // Expeler, vomitar. // Abalanzarse, acometer, agredir, atacar, saltar. *Retroceder.*

**ARROJO** Arrestos, audacia, coraje, intrepidez, osadía, resolución, valentía. *Cobardía, pusilanimidad.*

**ARROLLAR** Enrollar. // Destrozar, vencer. // Topar. *Arroyar, arrullar.*

**ARROPAR** Abrigar, cubrir. *Desabrigar, destapar.*

**ARROSTRAR** Afrontar, aguantar, desafiar, resistir, retar. *Desistir.*

**ARROYADA** Crecida, inundación.

**ARROYO** Arroyuelo, riacho, riachuelo. // Calle. *Arrollo (arrollar).*

**ARRUGA** Pliegue, rugosidad, surco. *Lisura.*

**ARRUGADO** Rugoso, estriado, ajado.

**ARRUGAR** Plegar, doblar, fruncir, marchitar, estriar, ajar. *Estirar, alisar.*

**ARRUINADO** Empobrecido, fundido, indigente. *Enriquecido, próspero.* // Destruido, devastado, talado, aniquilado. *Refaccionado.*

**ARRUINAR** Aniquilar, destruir, devastar. *Construir.* // Empobrecer. *Enriquecer.*

**ARRULLAR** Enamorar, zurear. // Adormecer. *Arrollar, arroyar.*

**ARRUMACO** Carantoña.

**ARRUMBAR** Alejar, arrinconar, desechar.

**ARTE** Destreza, habilidad, maestría, maña. *Desmaña.* // Astucia, cautela. *Harte (hartar).*

**ARTEFACTO** Artilugio.

**ARTEJO** Nudillo.

**ARTERIA** Conducto, vaso. // Avenida, calle, vía.

**ARTERÍA** Amaño, astucia, engaño, falsía.

**ARTERO** Astuto, falso, ladino, mañoso, taimado, traidor, tramposo. *Leal.*

**ARTESA** Amasadera.

**ARTESANO** Artífice, obrero. *Artesiano.*

**ÁRTICO** Boreal, norte, norteño, septentrional. *Antártico.*

**ARTICULACIÓN** Coyuntura, enlace, junta, juntura, unión.

**ARTICULAR** Hablar, pronunciar. *Callar.* // Enlazar, juntar, unir. *Separar.*

**ARTÍCULO** Mercancía.

**ARTÍFICE** Artista, autor, creador.

**ARTIFICIAL** Compuesto, ficticio, innatural, postizo. *Natural, instintivo.*

**ARTIFICIO** Arte, destreza, habilidad, industria, ingenio. // Artería, artimaña, astucia, cautela, engaño, falsedad, fingimiento, truco.

**ARTIFICIOSO** Artero, disimulado, engañoso, taimado. *Espontáneo, natural.* // Industrioso.

**ARTILUGIO** Aparato, artefacto, artificio, ingenio, máquina, mecanismo.

**ARTIMAÑA** Amaño, ardid, artificio, astucia, engaño, intriga, trampa.

**ARTISTA** Artesano, artífice. // Creador. // Actor, comediante. // Ejecutante.

**ARÚSPICE** Adivino.

**ARVEJA** Guisante.

**AS** Campeón. *Has (haber), haz.*

**ASA** Agarradero, asidero, empuñadura, mango.

**ASADO** Churrasco.

**ASADOR** Espetón, varilla.

**ASADURAS** Menudos, vísceras.

**ASAETEAR** Acribillar, tirar. // Molestar, disgustar, importunar.

**ASALARIADO** Empleado, obrero. *Patrón, empleador.*

**ASALARIAR** Conchabar, contratar.

**ASALTAR** Abordar, acometer, atracar. // Sobrevenir, sorprender.

**ASALTO** Abordaje, acometida, atraco, irrupción.

**ASAMBLEA** Concilio, conferencia, congreso, convención, junta, mitín.

**ASAR** Abrasar, achicharrar, quemar. *Azar, azahar.*

**ASAZ** Bastante, harto, mucho, suficiente. *Poco, demasiado.* *Asas, hazas.*

**ASCENDENCIA** Alcurnia, estirpe, linaje, prosapia. *Descendencia.* // Influencia, predominio.

**ASCENDER** Elevarse, subir. *Bajar, descender.* // Mejorar, progresar, promover.

**ASCENDIENTE** Abuelo, antecesor, padre. *Descendiente.* // Autoridad, influen-

cia, predominio, prestigio, valimiento.
**ASCENSIÓN** Ascenso, asunción, elevación, exaltación, subida. *Bajada, descenso.* **\*Asunción.**
**ASCENSO** Promoción. *Degradación.* // Mejora. // Subida. **\*Asenso.**
**ASCENSOR** Montacargas.
**ASCETA** Anacoreta.
**ASCO** Repugnancia, repulsión. *Agrado, placer.* // Asquerosidad, inmundicia, porquería.
**ASCUA** Brasa.
**ASEADO** Limpio, pulcro. *Desaseado.*
**ASEAR** Lavar, limpiar. *Ensuciar, manchar.* // Acicalar, componer.
**ASECHANZA** Celada, emboscada, engaño, insidia, lazo, perfidia. **\*Acechanza.**
**ASEDAR** Suavizar.
**ASEDIAR** Acosar, cansar, importunar. // Bloquear, cercar, sitiar.
**ASEDIO** Bloqueo, cerco, sitio. *Liberación.* // Acoso, molestia.
**ASEGURAR** Afianzar, apuntalar, consolidar, fijar, sostener. *Derrumbar.* // Afirmar, aseverar, garantizar, testificar. *Dudar, negar.* // Cerciorarse.
**ASEMEJARSE** Parecerse, semejar. *Diferenciarse.* // Salir a.
**ASENDEREADO** Acosado, agobiado, cansado, fatigado.
**ASENSO** Asentimiento, visto bueno. *Negativa.* **\*Ascenso.**
**ASENTADERAS** Nalgas, posaderas, trasero, culo.
**ASENTADO** Asegurado, establecido, fijo. *Móvil, voluble.*
**ASENTAR** Colocar, sentar. *Descolocar.* // Basar, establecer, fundamentar, fundar, situar. *Quitar.* // Apisonar. // Anotar, inscribir. // Posarse, reposar, tomar asiento. *Marcharse.*
**ASENTIMIENTO** Anuencia, aprobación, asenso, confirmación, consentimiento, permiso. *Denegación, desaprobación.*
**ASENTIR** Admitir, afirmar, aprobar, conformarse, consentir. *Disentir, negar.*
**ASEO** Compostura, esmero, limpieza, pulcritud. *Desaseo.*

**ASÉPTICO** Antiséptico, desinfectante. *Infecto, infeccioso.*
**ASEQUIBLE** Accesible, alcanzable, factible. *Inasequible, imposible.*
**ASERCIÓN** Afirmación, aserto, aseveración. *Negación.*
**ASESINAR** Matar, eliminar. **\*Acecinar.**
**ASESINATO** Homicidio.
**ASESINO** Criminal, homicida. **\*Acecino** (acecinar).
**ASESOR** Consejero.
**ASESORAR** Aconsejar.
**ASESTAR** Dar, descargar. // Apuntar, dirigir.
**ASEVERACIÓN** Afirmación, aserción. *Negación.*
**ASEVERAR** Afirmar, asegurar, confirmar, ratificar. *Rectificar.*
**ASFIXIA** Ahogo, estrangulación, sofocación. *Alivio, tregua.*
**ASFIXIAR** Ahogar, estrangular, sofocar.
**ASÍ** De esta manera.
**ASIDERO** Asa. // Ocasión, pretexto. **\*Hacedero.**
**ASIDUAMENTE** Continuamente, con asiduidad.
**ASIDUO** Constante, frecuente, habitual, puntual. *Discontinuo, ocasional.*
**ASIENTO** Banco, banqueta, butaca, silla, sitial, taburete. // Anotación, apuntamiento. // Estabilidad, permanencia. // Cordura, sensatez. // Domicilio, residencia, sede, sitio. // Base, fundamento.
**ASIGNACIÓN** Honorarios, retribución, salario, sueldo. **\*Hacinación.**
**ASIGNAR** Conceder, dar, pensionar. // Destinar, fijar, señalar. **\*Hacinar.**
**ASIGNATURA** Disciplina, materia.
**ASILAR** Albergar, recluir, recoger. *Despedir, rechazar.*
**ASILO** Albergue, orfanato, orfelinato, refugio, amparo.
**ASIMÉTRICO** Irregular. *Simétrico, análogo, equilibrado.*
**ASIMILACIÓN** Aprovechamiento, nutrición. *Desnutrición.*
**ASIMILARSE** Asemejarse, compararse, parecerse, semejarse. *Diferenciarse.* //

Nutrirse. *Segregar, eliminar, desnutrirse.*

**ASIMISMO** También.

**ASIR** Agarrar, apresar, atrapar, coger, prender, tomar. *Desprender, soltar.*

**ASISTENCIA** Auxilio, ayuda, socorro. *Abandono.* // Concurrencia.

**ASISTENTE** Ayudante, auxiliar.

**ASISTENTES** Circunstantes, concurrentes, espectadores, público.

**ASISTIR** Apoyar, auxiliar, ayudar, socorrer. *Abandonar.* // Colaborar, contribuir, secundar. // Cuidar. // Concurrir. *Faltar.*

**ASNO** Borrico, burro, jumento, pollino, rucio. // Necio.

**ASOCIACIÓN** Compañía, comunidad, consorcio, corporación, institución, sociedad, agrupación.

**ASOCIADO** Afiliado, consorcio, miembro, socio.

**ASOCIAR** Unir, juntar. *Separar.* // Afiliar, agremiar.

**ASOLAR** Arrasar, arruinar, devastar, talar. *Reconstruir.* **\*Azolar.**

**ASOLEARSE** Broncearse, curtirse, tostarse, acalorarse.

**ASOMBRADIZO** Asustadizo, espantadizo, temeroso.

**ASOMBRAR** Admirar, fascinar, maravillar, pasmar.

**ASOMBRO** Admiración, estupefacción, extrañeza, fascinación, pasmo, sorpresa. *Impasibilidad, indiferencia.*

**ASOMBROSO** Estupendo, maravilloso, pasmoso, portentoso, prodigioso, sorprendente, extraordinario. *Común, intrascendente, vulgar.*

**ASOMO** Amago, indicio, presunción, señal, sospecha.

**ASONADA** Alboroto, motín, pronunciamiento, revuelta, sedición, sublevación.

**ASORDAR** Ensordecer.

**ASPAVIENTO** Ademán, alharaca, gesto.

**ASPECTO** Aire, apariencia, catadura, facha, pinta, presencia, porte, traza.

**ASPEREZA** Acritud, brusquedad, desabrimiento, rudeza. *Amabilidad, blandura.* // Escabrosidad.

**ASPERJAR** Rociar, salpicar.

**ÁSPERO** Basto, rasposo, rugoso. *Satinado, suave, sedoso.* // Abrupto, desigual, escabroso. *Liso, llano.* // Desabrido, hosco, insociable. *Afable.*

**ÁSPID** Víbora.

**ASPIRACIÓN** Ambición, anhelo, deseo, pretensión. // Absorción. *Espiración.*

**ASPIRANTE** Candidato, pretendiente, solicitante.

**ASPIRAR** Ambicionar, anhelar, desear, pretender, querer. *Desistir, renunciar.* // Inhalar, respirar. *Espirar, soplar.*

**ASQUEROSIDAD** Ascosidad.

**ASQUEROSO** Inmundo, nauseabundo, repugnante, repulsivo, sucio. *Atractivo.*

**ASTA** Lanza, pico. // Cuerno. **\*Hasta.**

**ASTENIA** Decaimiento. **\*Abstemia.**

**ASTERISCO** Estrellita, señal.

**ASTIL** Asa, mango.

**ASTILLA** Espina, fragmento.

**ASTILLAR** Fragmentar.

**ASTRÁGALO** Taba.

**ASTROSO** Andrajoso, desaliñado, desaseado, harapiento, sucio, zarrapastroso. *Aseado, cuidadoso.*

**ASTUCIA** Ardid, artimaña, sagacidad, sutileza. *Ingenuidad.*

**ASTUTO** Artero, diablo, hábil, ladino, pícaro, púa, sagaz, sutil, taimado, tortuoso. *Cándido, ingenuo, simple.*

**ASUETO** Descanso, fiesta, vacación.

**ASUMIR** Ocupar, tomar. *Dejar, delegar, renunciar.*

**ASUNCIÓN** Elevación, exaltación. // Ocupación. **\*Ascensión.**

**ASUNTO** Argumento, cuestión, materia, tema. // Negocio, proyecto, trato.

**ASUSTADIZO** Asombradizo, espantadizo, medroso, pusilánime. *Impávido.*

**ASUSTAR** Alarmar, amedrentar, amilanar, aterrorizar, intimidar, sobresaltar. *Animar, envalentonar, tranquilizar.*

**ATABAL** Tambor.

**ATACAR** Acometer, arremeter, asaltar, embestir. *Desistir, retroceder.* // Censurar, criticar, impugnar. *Defender.* // Apretar, atestar. *Aflojar.*

**ATADO** Bulto, paquete.

**ATADURA** Lazo, ligadura, sujeción. *Desenlace.*

**ATAGUÍA** Dique.

**ATAJAR** Acortar. *Alargar.* // Contener, detener, interrumpir, paralizar, parar. *Excitar, largar, mover.*

**ATALAJE** Arreos, equipo, guarniciones.

**ATALAYA** Eminencia, torre. // Centinela, observador, vigía.

**ATAÑER** Concernir, corresponder, importar, incumbir, pertenecer, tocar.

**ATAQUE** Acometida, acometimiento, agresión, arremetida, asalto. *Defensa.* // Acceso, accidente, patatús. // Altercado, disputa, pendencia.

**ATAR** Amarrar, ceñir, encadenar, enlazar, ligar, maniatar, pialar, trabar, uncir. *Desatar, desligar, desunir, soltar.* // Embarazar.

**ATARDECER** Anochecer, crepúsculo. *Aclarar, amanecer.*

**ATAREADO** Ocupado. *Ocioso.*

**ATAREARSE** Afanarse, ajetrearse, ocuparse. *Desocuparse, ociar, vaguear.*

**ATARJEA** Canalón, conducto.

**ATASCADERO** Dificultad. // Lodazal.

**ATASCAMIENTO** Dificultad, obstrucción, impedimento.

**ATASCAR** Atorar, cegar, obstruir. *Desatascar, destapar.* // Detener, empantanar, impedir. *Desembarazar.* // Embotellarse, estancarse.

**ATASCO** Dificultad, obstrucción.

**ATAÚD** Caja, cajón, féretro.

**ATAVIAR** Acicalar, aderezar, adornar, emperifollar, engalanar. *Desarreglar.*

**ATÁVICO** Ancestral.

**ATAVÍO** Aderezo, adorno, gala. // Atuendo, vestido.

**ATEMORIZAR** Acobardar, alarmar, amedrentar, asustar, intimidar. *Envalentonar.*

**ATEMPERAR** Dulcificar, moderar, suavizar, templar. *Recrudecer.* // Acomodar, amoldar, contemporizar.

**ATENACEAR** Afligir, martirizar, torturar. *Acariciar.*

**ATENCIÓN** Curiosidad. *Indiferencia.* // Consideración, cuidado, miramiento, solicitud, vigilancia. *Descuido, distracción, olvido.* // Cortesía, deferencia, obsequio. *Desatención.*

**ATENCIONES** Asuntos, negocios, obligaciones, ocupaciones.

**ATENDER** Escuchar, fijarse, mirar, observar. // Cuidar, velar, vigilar. *Desatender.* // Aguardar, esperar. // Acoger, agasajar, satisfacer. *Ofender.*

**ATENERSE** Ajustarse, amoldarse, ceñirse, limitarse, remitirse, sujetarse.

**ATENTADO** Asesinato, delito, golpe. // Cuerdo, discreto, prudente. *Desatentado.*

**ATENTAMENTE** Alerta. *Descuidadamente.* // Respetuosamente, amablemente. *Descortésmente.*

**ATENTAR** Atacar.

**ATENTO** Amable, considerado, cortés, fino, respetuoso, servicial. *Desatento, descortés.* // Cuidadoso. *Distraído.*

**ATENUAR** Aminorar, amortiguar, disminuir, mitigar, paliar, menguar. *Aumentar, fortalecer.*

**ATEO** Incrédulo, irreligioso. *Deísta.*

**ATERCIOPELADO** Afelpado.

**ATERRADOR** Espantoso, espeluznante, horrible, horripilante, pavoroso, terrorífico. *Agradable, deleitoso.*

**ATERRAR** Aterrorizar.

**ATERRIZAR** Bajar, descender, planear.

**ATERRORIZAR** Atemorizar.

**ATESORAR** Acumular, ahorrar, economizar, guardar. *Dilapidar, malgastar.*

**ATESTADO** Testimonio. // Terco, testarudo, tozudo. *Dócil.* // Abarrotado, colmado, repleto. *Vacío.*

**ATESTAR** Atestiguar. // Abarrotar, atiborrar, colmar, llenar. *Vaciar.*

**ATESTIGUAR** Atestar, declarar, deponer, testificar.

**ATETAR** Amamantar.

**ATEZADO** Quemado, tostado.

**ATIBORRAR** Atestar, colmar. // Hartarse. *Ayunar.*

**ATILDADO** Elegante, impecable, pulcro. *Desastrado, sucio.*

**ATINAR** Acertar. *Errar.*

**ATINENTE** Pertinente, referente, relativo a, tocante.

**ATISBAR** Acechar, aguaitar, espiar.

**ATISBO** Barrunto, indicio, presunción, vislumbre. *Certidumbre.*

**ATIZAR** Aplicar, dar, propinar. // Avivar, despabilar, fomentar. *Sofocar.*

**ATLETA** Luchador, púgil.

**ATMÓSFERA** Aire, cielo, clima.

**ATOAR** Arrastrar, remolcar, sirgar.

**ATOLONDRADO** Aturdido. *Juicioso, prudente.*

**ATOLLADERO** Atascadero, barrizal, fangal, lodazal. // Dificultad.

**ÁTOMO** Partícula.

**ATÓNITO** Asombrado, espantado, estupefacto, maravillado, pasmado. *Impertérrito.*

**ATONTAR** Aturdir. // Entontecer.

**ATORAR** Atarugar, atascar, atragantar, atollar, obstruir. *Desatascar.*

**ATORMENTAR** Martirizar, torturar. *Acariciar.* // Acongojar, afligir, dolerse. *Confortar, consolar.*

**ATORTOLAR** Acobardar, aturdir, confundir, atemorizar.

**ATOSIGAR** Fatigar, importunar, molestar. *Aliviar.* // Envenenar. *Desintoxicar.*

**ATRABILIARIO** Cascarrabias, colérico, irascible.

**ATRACADOR** Asaltante, pistolero.

**ATRACAR** Agredir, asaltar, atacar, saltear. // Arrimar. // Atiborrarse, empacharse, hartarse, llenarse. *Hambrear.*

**ATRACCIÓN** Afinidad, simpatía, gracia. *Antipatía, repulsión.* // Diversión, espectáculo.

**ATRACO** Asalto, despojo.

**ATRACÓN** Hartazgo, panzada. *Hambruna, privación.*

**ATRACTIVO** Atracción, encanto, fascinación, gracia, hechizo, reclamo. // Aliciente, cebo, incentivo. // Atrayente, encantador, llamativo, seductor, interesante. *Repelente.*

**ATRAER** Cautivar, encantar, seducir. *Desagradar.* // Causar, motivar, provo-

car. // Captar, conquistar, ganarse, granjearse. *Repeler, repugnar.*

**ATRAGANTARSE** Atascarse, atorarse. // Cortarse, turbarse. *Animarse.*

**ATRANCARSE** Asegurar, cerrar. // Encerrarse.

**ATRAPAR** Agarrar, conseguir, pillar. *Liberar.* // Engatusar.

**ATRÁS** Detrás. *Delante.* // A la zaga, en pos. *Adelante.*

**ATRASADO** Rezagado. // Ignorante. *Docto.* // Anticuado, retrógrado. *Avanzado.* // Empeñado.

**ATRASAR** Retrasar, retroceder, rezagarse. *Adelantar.* // Demorar, dilatar, posponer, postergar, relegar, retardar. *Anteponer, anticipar.*

**ATRASO** Demora, dilación, retardo, retraso. // Deuda. // Ignorancia, incultura. *Cultura.*

**ATRAVESADO** Avieso, malo, perverso. *Derecho, noble.*

**ATRAVESAR** Cruzar, pasar, trasponer, traspasar. // Ensartar, espetar, perforar. // Interponerse.

**ATREVERSE** Arriesgarse, aventurarse, decidirse, resolverse, osar. *Acobardarse.* // Insolentarse.

**ATREVIDO** Arriesgado, audaz, bragado, denodado, resuelto, temerario, determinado, arrojado, intrépido. *Pusilánime, timorato.* // Descarado, desvergonzado, insolente. *Correcto, prudente.*

**ATREVIMIENTO** Arrojo, audacia, determinación, intrepidez, osadía. *Cobardía.* // Avilantez, descaro, desfachatez, desvergüenza, insolencia. *Cortesía, educación, miramiento.*

**ATRIBUCIÓN** Facultad, poder.

**ATRIBUIR** Achacar, asignar. // Apropiarse, arrogarse. *Ceder.*

**ATRIBULAR** Afligir, apenar. *Confortar, consolar.*

**ATRIBUTO** Cualidad. // Propiedad. // Emblema, símbolo.

**ATRICIÓN** Arrepentimiento.

**ATRIL** Facistol.

**ATRINCHERARSE** Defenderse, para--

petarse, cubrirse, protegerse. *Exponerse.*

**ATRIO** Porche, portal, pórtico, vestíbulo, zaguán.

**ATRITO** Dolido, arrepentido, temeroso, apesarado.

**ATROCIDAD** Barbaridad, crueldad, enormidad, demasía, salvajada.

**ATROFIA** Consunción. *Hipertrofia.*

**ATROFIARSE** Anquilosarse, estropearse, paralizarse.

**ATRONAR** Asordar, retumbar.

**ATROPELLADAMENTE** Atolondradamente, irreflexivamente. // En tropel.

**ATROPELLADO** Atolondrado, distraído, irreflexivo, precipitado. *Pausado, tranquilo.* // Derribado, empujado.

**ATROPELLAR** Embestir, empujar, derribar. // Agraviar, ofender, vejar, ultrajar. // Conculcar. *Cumplir.*

**ATROZ** Bárbaro, bestial, cruel, fiero, inhumano. *Humanitario.* // Feo, repelente.//Enorme, inaudito.*Insignificante.*

**ATUENDO** Aparato, atavío, vestido. // Ostentación.

**ATUFARSE** Disgustarse, enfadarse, incomodarse. *Contentarse.*

**ATUFO** Enojo, disgusto, enfado, molestia, irritación.

**ATURAR** Atorar, atascar, obstruir, obturar. // Tapar.

**ATURDIDO** Abombado, atolondrado, botarate, distraído, irreflexivo. *Juicioso, sensato, sereno.*

**ATURDIMIENTO** Atontamiento, azoramiento, desconcierto, desorientación, distracción, irreflexión, precipitación, torpeza, turbación, atropellamiento, consternación. *Reflexión, serenidad.*

**ATURDIR** Atolondrar, atontar, azorar, confundir, conturbar, desorientar, trastornar, asombrar, admirar, apocar, ofuscar. *Despabilar, serenar.*

**ATURRULLAR** Aturdir.

**ATUSAR** Recortar, igualar. // Adornarse, componerse, acicalarse.

**AUDACIA** Arrojo, coraje, intrepidez, osadía, temeridad, valor. *Pusilanimidad.* // Atrevimiento, descaro. *Comedimiento.*

**AUDAZ** Arrojado, intrépido, osado, temerario, valiente. *Apocado, corto, tímido.* // Descarado, desvergonzado, sinvergüenza. *Educado, prudente.*

**AUDICIÓN** Auscultación. // Concierto, lectura, recital.

**AUDIENCIA** Audición, recepción. // Tribunal, sala.

**AUDITOR** Oyente. // Juez, informante.

**AUDITORIO** Concurrencia, oyentes, público.

**AUGE** Apogeo, elevación. *Decadencia, ocaso, ruina.*

**AUGUR** Adivino, agorero, pronosticador, mago, sacerdote.

**AUGURAR** Adivinar, predecir, presagiar, profetizar, pronosticar, vaticinar.

**AUGURIO** Agüero, predicción, presagio, profecía, vaticinio.

**AUGUSTO** Majestuoso, reverenciable, venerable, honorable.

**AULA** Clase, cátedra.

**ÁULICO** Cortesano, palaciego. *Rústico.*

**AULLAR** Bramar, rugir, gruñir, ladrar, baladrear.

**AULLIDO** Rugido, bramido, ladrido, gruñido.

**AUMENTAR** Acentuarse, acrecer, adicionar, agrandar, agregar, alargar, alzar, ampliar, amplificar, crecer, cundir, elevar, engrosar, exagerar, incrementar, intensificar, reforzar, sumar. *Disminuir.*

**AUMENTO** Acrecentamiento, adición, ampliación, ascenso, creces, crecimiento, extensión, multiplicación, medra, mejora. *Disminución, rebaja.* // Adelanto, avance. *Retroceso.*

**AÚN** Todavía. // También.

**AUNAR** Aliar, coligar, concertar, juntar, mezclar, unir. *Desunir, dividir, separar.*

**AUNQUE** No obstante, si bien.

**AUPAR** Alzar, levantar.

**AURA** Brisa, céfiro. *Ciclón, huracán, vendaval.* // Aplauso, favor.

**ÁUREO** Dorado.

**AUREOLA** Aréola, corona, halo, nimbo. // Fama, gloria, renombre.

**AUREOLAR** Nimbar.

**AURIGA** Cochero.

**AURORA** Alba, amanecer. *Anochecer.*

**AURÚSPICE** Adivino, agorero, mago, vidente, arúspide.

**AUSCULTAR** Reconocer, escuchar, observar.

**AUSENCIA** Alejamiento, desaparición, separación. *Presencia.* // Carencia, falta, nostalgia, privación.

**AUSENTARSE** Alejarse, apartarse, expatriarse, irse. *Aparecer, frecuentar.*

**AUSENTE** Ausentado, desertor, desterrado. *Presente.*

**AUSPICIO** Agüero. // Protección.

**AUSPICIOSO** Favorable.

**AUSTERIDAD** Rigor, severidad, sobriedad. *Blandura, suavidad.* // Ascetismo. *Sibaritismo.*

**AUSTERO** Rígido, severo, serio, riguroso. // Áspero.

**AUSTRAL** Antártico, meridional, sur. *Boreal.* *Astral.*

**AUTARQUÍA** Autonomía.

**AUTÉNTICO** Cierto, fidedigno, genuino, legítimo, original, puro, real, verdadero. *Apócrifo, falso, fingido.* // Autorizado, legalizado.

**AUTO** Acta, causa, expediente. // Acto, hecho. // Automóvil, coche.

**AUTOBIOGRAFÍA** Diario, memorias, confesiones.

**AUTÓCRATA** Dictador, tirano, autarca. *Demócrata.*

**AUTÓCTONO** Aborigen, indígena, natural, originario.

**AUTÓGRAFO** Firma.

**AUTÓMATA** Muñeco, robot.

**AUTOMÁTICO** Involuntario, maquinal. *Consciente.*

**AUTOMÓVIL** Auto, coche.

**AUTONOMÍA** Independencia, libertad. *Dependencia.*

**AUTOPSIA** Necropsia.

**AUTOR** Creador, escritor, inventor, padre. // Causante. *Actor.*

**AUTORIDAD** Agente, delegado, representante. // Dominio, facultad, imperio, jurisdicción, mando, poder, policía, potestad. // Ascendiente, influencia, prestigio, influjo.

**AUTORITARIO** Arbitrario, despótico, imperioso, mandón. *Dócil.*

**AUTORIZACIÓN** Consentimiento, licencia, permiso, venia.

**AUTORIZAR** Acceder, aprobar, conceder, facultar, permitir. *Denegar.* // Apoderar, comisionar. *Desautorizar.* // Legalizar, homologar.

**AUTUMNAL** Otoñal.

**AUXILIAR** Agregado, ayudante, discípulo, edecán. // Amparar, asistir, ayudar, secundar, socorrer, subvencionar. *Desamparar, entorpecer, estorbar.*

**AUXILIO** Amparo, asistencia, ayuda, colaboración, concurso, cooperación, favor, mediación, protección, reciprocidad. // Limosna, subsidio, subvención.

**AVAL** Firmeza, garantía.

**AVALANTE** Garantizador, responsable.

**AVALAR** Garantir. *Abalar.*

**AVALÚO** Tasa, valuación.

**AVANCE** Adelanto, anticipo. // Progreso. *Retroceso.*

**AVANZADA** Vanguardia. *Retaguardia.*

**AVANZAR** Adelantar, progresar, prosperar. *Retroceder.* // Acometer. *Cejar.*

**AVARICIA** Avidez, ambición, cicatería, codicia, mezquindad, ruindad, sordidez, tacañería. *Generosidad, largueza, esplendidez.*

**AVARIENTO** Avaro. *Liberal, manirroto.*

**AVARO** Agarrado, avaricioso, avariento, ávido, cicatero, codicioso, mezquino, miserable, ruin, roñoso, sórdido, tacaño. *Desprendido, liberal.*

**AVASALLAR** Dominar, esclavizar, rendir, sojuzgar, someter, sujetar, tiranizar, atropellar, humillar. *Emancipar, independizar, libertar.*

**AVECHUCHO** Pajarraco.

**AVECINARSE** Acercarse, avecindarse, domiciliarse, residir. *Emigrar.*

**AVECINDAR** Avecinar.

**AVEJENTAR** Aviejar, envejecer, marchitarse. *Rejuvenecer.*

**AVENAR** Canalizar.

**AVENENCIA** Acuerdo, arreglo, concierto. *Desacuerdo, desavenencia.* // Transacción, unión.

**AVENIDA** Aluvión, crecida, inundación, riada. // Bulevar, calle.

**AVENIRSE** Amoldarse, arreglarse, concordar, conformarse, prestarse. *Desarreglarse.* // Congeniar, simpatizar. *Enemistarse, malquistar.*

**AVENTADOR** Abanico.

**AVENTAJAR** Adelantar, superar. *Achicarse, rebajarse, sobresalir.* // Anteponer, preferir. *Retrasar.*

**AVENTAR** Airear, orear. // Expulsar.

**AVENTURA** Andanza, empresa, hazaña, episodio, lance, suceso. // Azar, peligro, riesgo.

**AVENTURADO** Arriesgado, azaroso, expuesto, peligroso. *Seguro.*

**AVENTURAR** Arriesgar, atreverse, exponer, osar, probar.

**AVENTURERO** Bohemio, trotamundos, inquieto, maleante.

**AVERGONZAR** Abochornar, afrentar, ruborizarse, sonrojarse, encenderse. *Alardear, enorgullecer.*

**AVERÍA** Daño, desperfecto, deterioro, menoscabo, perjuicio.

**AVERIGUACIÓN** Indagación, investigación, pesquisa. // Búsqueda, encuesta, escrutinio, información, reconocimiento, sondeo. *Ocultación.*

**AVERIGUAR** Indagar, inquirir, investigar. // Buscar, curiosear, escrutar, escudriñar, explorar.

**AVERNO** Antro, infierno. *Cielo, paraíso.*

**AVERSIÓN** Aborrecimiento, animosidad, antipatía, hostilidad, odio, repugnancia. *Afecto, simpatía.*

**AVEZADO** Curtido, ducho, experimentado. *Aprendiz, novato, neófito.*

**AVEZAR** Acostumbrar, curtir, habituar.

**AVIACIÓN** Aeronáutica, aeronavegación.

**AVIADOR** Aeronauta, piloto.

**AVIAR** Alistar, aprestar, disponer, preparar. *Desarreglar.*

**AVIDEZ** Ansia, codicia, glotonería, voracidad. *Desinterés, saciedad.*

**ÁVIDO** Anheloso, ansioso, codicioso, insaciable. *Desprendido, indiferente.*

**AVIEJAR** Avejentar.

**AVIESO** Atravesado, malintencionado, perverso. *Bienintencionado.*

**AVILANTEZ** Atrevimiento, desfachatez, desvergüenza, insolencia. *Mesura.*

**AVINAGRADO** Ácido, agrio, acedo, acre. *Dulce.*

**AVINAGRARSE** Acedarse, agriarse.

**AVÍO** Apresto, prevención. // Provisión.

**AVIÓN** Aeronave, aeroplano, aparato.

**AVÍOS** Menesteres, trastos, trebejos, utensilios, víveres.

**AVISADO** Despierto, discreto, listo, prudente, sagaz. *Bobo, lerdo, tonto.*

**AVISAR** Aconsejar, advertir, amonestar, apercibir, intimar, prevenir. *Engañar.* // Comunicar, informar, notificar, participar, publicar. *Ocultar.*

**AVISO** Advertencia, amonestación, consejo, indicación, indicio, observación, señal. // Anuncio, comunicación, informe, parte, noticia. // Atención, cuidado, precaución, prudencia.

**AVISPADO** Agudo, astuto, despabilado, listo, perspicaz, sagaz, sutil, vivo. *Aturdido, bobo.* *Obispado.

**AVISPARSE** Avivarse, despabilarse, ingeniarse. *Aturdirse.*

**AVISPERO** Trampa, maraña, celada, emboscada.

**AVISTAR** Descubrir, ver, divisar, percibir, advertir, avizorar.

**AVITUALLAR** Abastecer, aprovisionar, proveer. *Desabastecer.*

**AVIVAR** Animar, atizar, enardecer, excitar, reanimar, vivificar. *Apagar, enfriar.* // Activar, apresurar. *Detener.*

**AVIZORAR** Acechar, atisbar.

**AXILA** Sobaco. // Concavidad, enjuta.

**AXIOMA** Principio, proposición, sentencia, verdad.

**AXIOMÁTICO** Evidente, incontrovertible, indiscutible, irrebatible. *Discutible, problemático.*

**AYA** Institutriz. *Haya (haber), **allá, halla** (hallar).

**AYO** Preceptor. *Hallo (hallar).

**AYUDA** Apoyo, asistencia, auxilio, colaboración, favor, socorro, amparo, refuerzo, defensa. // Lavativa.

**AYUDANTE** Asistente, auxiliar, colaborador, cooperador, agregado, subalterno, practicante.

**AYUDAR** Apoyar, asistir, auxiliar, colaborar, contribuir, secundar, reforzar, acompañar. Entorpecer, estorbar, obstar. // Amparar, favorecer, proteger, socorrer, subvenir. Hundir.

**AYUNAR** Abstenerse, privarse. Alimentarse, comer, sustentarse.

**AYUNO** Abstinencia, dieta, privación. Hartazgo. // Desconocedor, ignorante. Conocedor, sabedor.

**AYUNTAMIENTO** Cabildo, municipio, municipalidad. // Asamblea, reunión, congreso, junta. // Cópula, unión.

**AYUNTAR** Aparear.

**AZADA** Azadón, zapapico, escarda, cavadera.

**AZAFATA** Camarera, criada. *Azafate.

**AZAFATE** Bandeja, canastillo, batea. *Azafata.

**AZAGAYA** Dardo, jabalina, lanza.

**AZAR** Acaso, casualidad, contingencia, fatalidad, ventura, albur, eventualidad. Seguridad. *Asar, azahar.

**AZARARSE** Asustarse, aturdirse, malograrse. Serenarse.

**AZARBE** Acequia, canal, cauce.

**AZAROSO** Arriesgado, aventurado, peligroso, riesgoso. Protegido, resguardado. // Aciago, fatal, funesto, infausto, nefasto. Fausto. // Aturdido, temeroso, turbado.

**ÁZOE** Nitrógeno.

**AZÓFAR** Latón.

**AZOGAR** Amalgamar.

**AZOGUE** Mercurio.

**AZOICO** Nítrico.

**AZOLVAR** Atascar, atorar, obstruir.

**AZONZADO** Atontado.

**AZORAR** Abatatar, asustar, aturdir. Tranquilizar. *Azarar.

**AZOTACALLES** Callejero, vagabundo.

**AZOTAINA** Paliza, vapuleo, zurra.

**AZOTAR** Flagelar, fustigar, golpear, sacudir, vapulear, zurrar.

**AZOTE** Golpe, latigazo. Caricia, mimo. // Látigo. // Calamidad, castigo, epidemia, flagelo, plaga.

**AZOTEA** Terrado, terraza, ajarafe, mirador, solana.

**AZUCARADO** Dulce, meloso, acaramelado, almibarado. Amargo. // Afectado, afable.

**AZUCARAR** Almibarar, dulcificar, endulzar, melar. Amargar.

**AZUELA** Hacha.

**AZUFRADO** Sulfuroso.

**AZUL** Azur, añil, índigo, cobalto.

**AZULEJO** Mosaico.

**AZUZAR** Aguijar, espolear, estimular, excitar, incitar, instigar, pinchar, avivar. Refrenar.

**AZUZÓN** Cizañero, enredador, instigador, intrigante. Conciliador.

# B

**BABA** Saliva.

**BABEAR** Salivar, babosear, insalivar, escupir.

**BABEL** Barahúnda, confusión.

**BABERO** Babador.

**BABIECA** Bobo, papanatas. *Inteligente.*

**BABOSA** Limaza.

**BABOSO** Tierno, dulzón, obsequioso, enamoradizo.

**BACALAO** Abadejo.

**BACANAL** Francachela, orgía. *Dieta, privación.*

**BACHE** Depresión, hoyo, pozo, agujero. *Montículo.*

**BACÍA** Vasija. *Vacía.*

**BACILO** Bacteria, microbio, virus. *Vacilo* (vacilar).

**BACÍN** Orinal, bacinilla.

**BACTERIA** Bacilo.

**BACTERIOLOGÍA** Microbiología.

**BÁCULO** Bastón, cayado, bordón. // Apoyo, ayuda.

**BADANA** Piel, cuero.

**BADÉN** Zanja.

**BADULAQUE** Babieca.

**BAGAJE** Acervo, equipaje, impedimenta. *Vacaje.*

**BAGATELA** Chuchería, friolera, futesa, insignificancia, minucia, nadería. *Joya.*

**BAGAZO** Cáscara, residuo, corteza.

**BAGUAL** Indómito.

**BAHÍA** Abra, ensenada, golfo, rada. *Cabo, península.*

**BAILAR** Danzar.

**BAILARÍN** Danzante, danzarín.

**BAILARINA** Danzarina, danzadora.

**BAILE** Danza, ballet, bailoteo, coreografía, cabriola.

**BAILÍA** Municipio, diputación, demarcación, territorio.

**BAJA** Caída, depreciación, descenso, disminución, quebranto. *Alza, suba.* *Bajá.*

**BAJADA** Declive, cuesta, pendiente, descenso, ocaso. *Subida.*

**BAJAMAR** Reflujo. *Flujo.*

**BAJAR** Abatir, apearse, descender, desmontar. *Ascender, levantar, subir.* // Declinar, decrecer, disminuir, menguar. *Aumentar, crecer.* // Depreciar, rebajar, reducir. *Elevar.* // Agacharse, inclinarse. *Erguirse.*

**BAJEL** Barco.

**BAJEZA** Indignidad, vileza. *Dignidad, nobleza.*

**BAJO** Pequeño, petiso. *Alto.* // Despreciable, indigno, innoble, plebeyo, rastrero, ruin, vil. *Digno, elevado, noble.* // Apagado, descolorido. *Vivo.* // Grave. // Humilde. *Enérgico.* // Inferior. // Arrecife, banco, rompiente.

**BAJUNO** Soez, ruin, vil, servil. *Digno.*

**BALA** Proyectil. // Bulto, fardo.

**BALADA** Poema, evocación, canción.

**BALADÍ** Insignificante, insustancial, trivial. *Importante, sustancial.*

**BALADRO** Brama, aullido, alarido, grito, chillido.

**BALADRÓN** Bravucón, fanfarrón, matón, jactancioso.

**BALADRONADA** Bravata.

**BÁLAGO** Paja.

**BALANCE** Arqueo, cómputo. // Balanceo, oscilación, mecimiento, movimiento, meneo.

**BALANCEAR** Columpiar, mecer. // Compensar, equilibrar. *Desigualar.*

**BALANCEO** Contoneo, mecimiento, vaivén, movimiento, equilibrio, oscilación, balance.

**BALANCÍN** Báscula, balanza. // Columpio, mecedora.

**BALANZA** Báscula, romana, balancín.

**BALASTO** Grava.

**BALAUSTRADA** Balcón, baranda, barandal. // Pretil.

**BALAZO** Tiro.

**BALBUCEAR** Balbucir. *Chillar, gritar.*

**BALBUCIR** Balbucear, farfullar, tartamudear, mascullar.

**BALCÓN** Balaustrada, miranda.

**BALDADO** Impedido, inválido, paralítico, tullido.

**BALDAQUÍN** Dosel, pabellón, palio.

**BALDE** Cubo, barreño, jofaina.

**BALDE (DE)** Gratis.

**BALDE (EN)** En vano.

**BALDEAR** Fregar, regar, limpiar.

**BALDÍO** Inculto, yermo. *Fértil.* // Vano. // Vago, vagabundo.

**BALDÓN** Afrenta, deshonor, estigma, injuria, oprobio. *Elogio, mérito.*

**BALDONAR** Insultar, injuriar, degradar, infamar, deshonrar, afrentar. *Alabar.*

**BALDOSA** Azulejo, mosaico, tesela.

**BALEAR** Tirotear.

**BALIZA** Boya, señal.

**BALÓN** Pelota. // Fardo, recipiente.

**BALSA** Almadía, jangada.

**BÁLSAMO** Gomorresina, resina. // Alivio, consuelo, remedio.

**BALUARTE** Fortificación. // Amparo, defensa.

**BALUMBA** Confusión, desorden. *Orden.*

**BAMBALINA** Colgadura.

**BAMBOLEARSE** Balancearse, oscilar, tambalearse. *Equilibrar.*

**BAMBOLLA** Boato, fausto, ostentación, pompa.

**BAMBÚ** Caña, carrizo.

**BANAL** Insustancial, trivial, anodino.

*Importante, sustancial.*

**BANANA** Plátano.

**BANASTA** Canasto, cesto, canastillo, canastilla.

**BANCA** Banco, asiento. // Bolsa, valores.

**BANCARROTA** Quiebra, desastre, ruina. *Éxito, triunfo.*

**BANCO** Asiento, escaño. // Bajo, escollo. // Cardumen. // Banca.

**BANDA** Cinta, faja, lista, zona. // Cuadrilla, gavilla, pandilla. // Costado, lado, margen. *Centro.*

**BANDADA** Grupo, tropel.

**BANDAZO** Tumbo.

**BANDEARSE** Mecerse, balancearse. // Ingeniarse.

**BANDEJA** Azafate, fuente.

**BANDERA** Enseña, estandarte, insignia, pabellón, pendón.

**BANDERÍA** Bando, facción, parcialidad.

**BANDEROLA** Montante.

**BANDIDO** Bandolero, malhechor, salteador.

**BANDO** Edicto. // Bandería, partido.

**BANDOLERA** Correaje, tahalí.

**BANDOLERO** Bandido.

**BANDULLO** Barriga, panza, vientre.

**BANQUERO** Cambista, accionista.

**BANQUETA** Escaño, taburete.

**BANQUETE** Ágape, comilona, festín.

**BANQUILLO** Asiento, banco, taburete.

**BAÑAR** Duchar, mojar, sumergir, remojar, lavar, inundar.

**BAÑERA** Bañadera, baño, pila, tina.

**BAÑO** Ablución, ducha, remojón, inmersión, natación. // Bañera.

**BAQUEANO** Baquiano, práctico.

**BAQUETEADO** Aguerrido, avezado, ducho, entrenado, experimentado, habituado. *Bisoño.*

**BAQUETEAR** Avezar. // Castigar, fastidiar, golpear, incomodar, molestar.

**BAQUÍA** Destreza, experiencia, práctica, conocimiento. *Torpeza.*

**BAQUIANO** Avezado, ducho, experimentado, experto, perito, práctico, rastreador, versado, entrenado.

**BAR** Taberna, café.

**BARAHÚNDA** Alboroto, confusión, desorden, ruido, algarabía, jolgorio, batahola. *Calma, tranquilidad.*

**BARAJA** Naipes.

**BARAJAR** Confundir, mezclar, revolver, trastornar. *Ordenar.*

**BARANDA** Barandal, barandilla, barra, borde, pasamanos.

**BARANDILLA** Antepecho, baranda.

**BARATIJA** Chuchería, fruslería. *Alhaja, joya.*

**BARATO** Económico, módico. *Caro, costoso.*

**BÁRATRO** Averno, infierno.

**BARAÚNDA** Barahúnda.

**BARBA** Chiva, perilla.

**BÁRBARAMENTE** Brutalmente, salvajemente, ferozmente, bestialmente, cruelmente. *Suavemente, humanamente.*

**BARBARIDAD** Atrocidad, brutalidad, crueldad, desatino, salvajada. *Conmiseración, compasión.*

**BARBARIE** Crueldad, ferocidad, fiereza, inhumanidad, salvajismo. *Civilización.* // Ignorancia, incultura. *Cultura.*

**BARBARISMO** Barbaridad, barbarie. // Solecismo.

**BÁRBARO** Cruel, fiero, inhumano, sanguinario. *Compasivo.* // Salvaje. *Civilizado.* // Arrojado, temerario. // Grosero, inculto, tosco. *Culto.*

**BARBERO** Fígaro, peluquero, rapabarbas.

**BARBIJO** Chirlo.

**BARBILAMPIÑO** Imberbe, desbarbado. *Peludo, velludo.*

**BARBILLA** Papada, perilla, mentón.

**BARBOTAR** Mascullar.

**BARCA** Barcaza, batel, lancha, bote.

**BARCAZA** Lanchón, gabarra.

**BARCO** Buque, bajel, embarcación, nao, navío.

**BARDO** Aedo, poeta, rapsoda, vate.

**BARNIZ** Capa, tinte, laca.

**BARNIZAR** Esmaltar, encerar, pavonar.

**BARQUINAZO** Tumbo, caída, vuelco.

**BARRA** Barreta, palanca, varilla. // Barandilla. // Bajo. // Banco.

**BARRABASADA** Barbaridad, desatino, travesura, atropello, despropósito.

**BARRACA** Caseta, casilla, refugio, albergue, depósito.

**BARRAGANA** Concubina.

**BARRANCO** Barranca, despeñadero, precipicio, quebrada. // Dificultad, embarazo.

**BARRENA** Broca, fresa, taladro.

**BARRENAR** Agujerear, fresar, horadar, taladrar, trepanar.

**BARREÑO** Taladro. // Vanidad.

**BARREÑO** Artesa, vasija, tinaja, jofaina.

**BARRER** Arrollar, desembarazar, despejar, expulsar, limpiar. *Ensuciar.*

**BARRERA** Valla. // Impedimento, obstáculo.

**BARRIAL** Barrizal.

**BARRICA** Barril.

**BARRIGA** Abdomen, panza, vientre.

**BARRIGUDO** Barrigón.

**BARRIL** Barrica, casco, cuba, pipa, tonel.

**BARRILETE** Cometa.

**BARRIO** Distrito, suburbio.

**BARRIZAL** Cenagal, fangal, lodazal.

**BARRO** Cieno, fango, légamo, limo, lodo. // Terracota, tiesto.

**BARROTE** Travesaño.

**BARRUNTAR** Conjeturar, oler, presentir, prever, sospechar, inducir. *Desconocer, ignorar.*

**BARRUNTO** Anuncio, conjetura, indicio, pálpito, presentimiento, sospecha. *Certeza, certidumbre.*

**BÁRTULOS** Enseres, equipaje, maletas, trebejos, utensilios.

**BARULLO** Alboroto, confusión, desorden, ruido. *Orden, silencio.*

**BASA** Basamento, base, fundamento, pedestal. **\*Baza.**

**BASALTO** Roca.

**BASAMENTO** Basa.

**BASAR** Apoyar, asentar, cimentar, fundamentar, fundar. **\*Bazar, vasar.**

**BASCA** Arcada, náusea. **\*Vasca.**

**BASCOSIDAD** Inmundicia, suciedad.

**BÁSCULA** Balanza, romana, balancín.

**BASE** Apoyo, asiento, basa, cimiento, peana, pedestal, pie, soporte. *Cima,* *cúspide.* // Origen, principio, raíz. *Consecuencia.*

**BÁSICO** Fundamental, necesario. *Accidental, superfluo.*

**BASILISCO** Arpía, bruja.

**BASTA** Hilván. *Vasta.

**BASTANTE** Asaz, harto, suficiente. *Escaso, insuficiente.*

**BASTAR** Alcanzar, llegar. *Faltar.*

**BASTARDEAR** Adulterar, degenerar, desnaturalizar.

**BASTARDILLA** Cursiva.

**BASTARDO** Espurio, ilegítimo, natural.

**BASTEZA** Ordinariez, tosquedad, rusticidad. *Fineza, delicadeza.*

**BASTIDOR** Armazón, chasis.

**BASTIMENTO** Abastecimiento.

**BASTIÓN** Baluarte.

**BASTO** Burdo, grosero, ordinario, rústico, tosco. *Pulido.* *Vasto.

**BASTÓN** Báculo, cayado, bordón, vara, muleta, palo, apoyo.

**BASTONAZO** Garrotazo.

**BASURA** Desechos, desperdicios, inmundicias, suciedad.

**BASURERO** Basural, muladar, albañal.

**BATACAZO** Caída, costalada, porrazo.

**BATAHOLA** Barahúnda, bulla, jaleo, ruido. *Calma, paz, silencio.* *Batayola.

**BATALLA** Acción, combate, contienda, choque, encuentro, lucha, pelea.

**BATALLADOR** Guerrero, belicoso, combatiente. *Pacífico.*

**BATALLAR** Batirse, combatir, contender, guerrear, lidiar, luchar, pelear.

**BATANEAR** Sacudir, pegar, golpear.

**BATATA** Camote, boniato. // Cortedad, timidez.

**BATEA** Azafate, bandeja. // Artesa.

**BATEL** Bote, lancha, piragua.

**BATELERO** Barquero, lanchero.

**BATIBORRILLO** Fárrago, revoltijo.

**BATIDA** Acoso, búsqueda, persecución, seguimiento.

**BATIDO** Derrotado. // Frecuentado, transitado, trillado.

**BATIFONDO** Bochinche, tumulto. *Tranquilidad.*

**BATINTÍN** Tantán, gong.

**BATIR** Acuñar. // Golpear, martillar, sacudir. // Agitar, menear. // Derrotar, vencer. // Explorar, registrar.

**BATIRSE** Luchar, pelear.

**BATRACIO** Anfibio.

**BATUQUE** Batifondo.

**BATURRILLO** Batiborrillo, desorden, fárrago, revoltijo.

**BATUTA** Dirección.

**BAÚL** Arca, cofre, arcón, valija, equipaje, bulto. // Barriga.

**BAUTISMO** Bautizo, sacramento.

**BAUTIZAR** Cristianar. // Apodar.

**BAUTIZO** Bautismo, cristianización.

**BAUZA** Madero, leña.

**BAYADERA** Bailarina, danzarina.

**BAYETA** Lanilla, trapo.

**BAZA** Tanto, partida. *Basa (basar).

**BAZAR** Tienda, mercado, comercio. *Basar, vasar.

**BAZO** Moreno. // Glándula, víscera. *Baso (basar), vaso.

**BAZOFIA** Desechos, sobras. // Guisote. // Suciedad.

**BEATA** Devota, santurrona. *Impía.* // Venerable, santa.

**BEATIFICACIÓN** Canonización, santificación.

**BEATIFICAR** Venerar, reverenciar. // Canonizar, santificar.

**BEATÍFICO** Beato, bienaventurado, santo, venerable.

**BEATITUD** Bienaventuranza, santidad. *Maldad, pecado.* // Bienestar, felicidad, satisfacción. *Infelicidad.*

**BEATO** Dichoso, feliz, satisfecho. // Devoto, piadoso. // Santurrón.

**BEBÉ** Nene, niño, rorro.

**BEBEDERO** Abrevadero.

**BEBEDIZO** Filtro, medicina, narcótico. // Potable.

**BEBEDOR** Borrachín, borracho, alcohólico. *Abstemio.*

**BEBER** Absorber, tomar, brindar, chupar, emborracharse, libar, sorber, gustar, saborear, refrescar.

**BEBIDA** Líquido, agua, brebaje, zumo,

jugo, copetín, licor, refresco, trago, vino. *Comida, comestible.*

**BEBIDO** Borracho, achispado, alegre, beodo. *Lúcido, sereno.*

**BECERRADA** Corrida, lidia.

**BECERRO** Novillo.

**BEDEL** Celador, ordenanza.

**BEDELÍA** Portería, conserjería.

**BEDUINO** Árabe.

**BEFA** Burla, desprecio, escarnio, irrisión, mofa. *Alabanza.*

**BEFAR** Burlar, despreciar, mofar, insultar, desdeñar. *Alabar.*

**BEJUCO** Liana.

**BELCEBÚ** Diablo, Satanás.

**BELDAD** Belleza, hermosura, guapeza. *Fealdad.*

**BELÉN** Confusión, desorden, embrollo, enredo, tumulto. *\*Velen (velar).*

**BELFO** Labio.

**BÉLICO** Belicoso, guerrero.

**BELICOSO** Batallador, guerrero, marcial. // Acometedor, agresivo, peleador, pendenciero. *Pacífico.*

**BELIGERANCIA** Importancia. *Neutralidad.*

**BELIGERANTE** Contendiente. *Neutral.*

**BÉLITRE** Ruin, pícaro, vil.

**BELLA** Hermosa. *Fea.*

**BELLACO** Astuto, bribón, perverso, pícaro, ruin, taimado, tunante, villano. *Cándido, bueno.*

**BELLAQUERÍA** Maldad, perversidad, pillería, ruindad, tunantería.

**BELLEZA** Beldad, hermosura, preciosidad. *Fealdad.* // Atractivo, encanto, gracia.

**BELLO** Agraciado, bonito, guapo, hermoso, lindo, precioso. // Agradable, delicado, fino, gentil. *Feo. \*Vello.*

**BENCINA** Benceno, esencia, gasolina.

**BENDECIR** Alabar, ensalzar, magnificar. *Execrar, maldecir.*

**BENDICIÓN** Aprobación. // Abundancia, prosperidad. *Escasez, infortunio.*

**BENDITO** Bienaventurado. // Dichoso, feliz. // Humilde, sencillo.

**BENEFACTOR** Bienhechor.

**BENEFICENCIA** Caridad. *Egoísmo.* // Filantropía.

**BENEFICIAR** Favorecer, hacer bien. *Perjudicar.* // Aprovechar, mejorar, utilizar. *Desaprovechar.*

**BENEFICIO** Bien, donación, favor, merced, socorro. *Daño, mal.* // Fruto, ganancia, producto, provecho, rendimiento, utilidad. *Pérdida.*

**BENEFICIOSO** Fructuoso, lucrativo, productivo, provechoso, útil. *Dañoso, lesivo, perjudicial, nocivo.*

**BENEMÉRITO** Merecedor, meritorio. *Desacreditado, indigno.*

**BENEPLÁCITO** Aceptación, aprobación, asentimiento, autorización, consentimiento, permiso, venia. *Disconformidad, negativa.*

**BENEVOLENCIA** Bondad, buena voluntad, clemencia, indulgencia, generosidad, magnanimidad. *Animosidad, malevolencia, malquerencia.*

**BENÉVOLO** Afable, benigno, bondadoso, complaciente, indulgente, magnánimo. *Malévolo.*

**BENIGNIDAD** Benevolencia, bondad, clemencia, complacencia, generosidad, indulgencia, liberalidad, magnanimidad, afabilidad. *Dureza, inclemencia, maldad, perversidad.*

**BENIGNO** Afable, clemente, compasivo, complaciente, generoso, fraternal, liberal, magnánimo, manso, propicio. *Intolerante, maligno.* // Apacible, dulce, suave, templado, tranquilo. *Desfavorable, riguroso.*

**BENJAMÍN** Menor.

**BEOCIO** Bobo, estúpido, mentecato, tonto. *Sagaz.*

**BEODEZ** Borrachera.

**BEODO** Borracho.

**BERBERISCO** Bereber.

**BERBIQUÍ** Taladro.

**BEREBER** Beréber, berberisco, moro.

**BERENJENAL** Confusión, desorden, enredo, lío, maraña.

**BERGANTE** Bellaco.

**BERILO** Esmeralda, aguamarina.

BERMEJO Rojizo.

BERMELLÓN Rojo.

BERREAR Chillar, gritar, vociferar.

BERRETÍN Capricho.

BERRINCHE Enfado, enojo, rabieta, disgusto.

BERZA Col, repollo. *Versa (versar).

BESAR Besuquear, tocar, rozar.

BESO Ósculo, caricia. *Bezo.

BESTIA Animal, bruto, irracional. // Bárbaro, cruel. // Bobo, ignorante, tonto. *Inteligente.*

BESTIAL Bárbaro, brutal, cruel, irracional. *Humano, racional.*

BESTIALIDAD Animalada, barbaridad, brutalidad, crueldad, ferocidad. *Bondad, benignidad.*

BESUQUEAR Besar.

BETÚN Alquitrán, asfalto, brea, mástique. // Pomada.

BEZO Labio, belfo. *Beso.

BIABA Paliza.

BÍBLICO Evangélico, edénico.

BICÉFALO Bicípite.

BICHERO Gancho.

BICHO Alimaña. // Pillo.

BICOCA Ganga. *Carga, engorro.* // Bagatela.

BIEN Beneficio, favor, merced, regalo, utilidad. *Mal, daño, perjuicio.* // Bastante. *Escaso.* // Felizmente. // Justamente, perfectamente. *Malamente.*

BIENANDANTE Afortunado, dichoso, feliz, satisfecho, alegre, optimista. *Desdichado, infeliz.*

BIENANDANZA Dicha, felicidad, fortuna. *Malandanza.*

BIENAVENTURADO Santo, venerable. *Réprobo.* // Afortunado, dichoso, feliz. *Desdichado.* // Cándido, ingenuo. *Malicioso, perverso.*

BIENAVENTURANZA Bienandanza, bienestar, prosperidad, dicha, felicidad, tranquilidad, paz, serenidad. *Penuria, pobreza.*

BIENES Capital, caudal, fortuna, hacienda, rentas, riqueza, dinero, fondos, tesoro, intereses, recursos, beneficio, ganancia. *Vienes (venir),* vienés.

BIENESTAR Dicha, tranquilidad, comodidad, conveniencia, ventura, felicidad, paz, serenidad. *Desventura, malestar.* // Fortuna, riqueza. *Infortunio, miseria, pobreza.*

BIENHECHOR Filántropo, auxiliador, benefactor, favorecedor, amparador, tutelar. *Malhechor.*

BIENMANDADO Dócil, obediente, sumiso. *Rebelde.*

BIENOLIENTE Perfumado, fragante, aromático. *Maloliente.*

BIENQUISTO Apreciado, estimado, querido. *Malquisto.*

BIENVENIDA Parabién, saludo.

BIFE Bistec. // Bofeteada. *Caricia, mimo.*

BÍFIDO Bipartido, hendido, dividido, partido, rasgado.

BIFURCACIÓN Ramificación, derivación, desvío. *Unión.*

BIFURCARSE Dividirse, ramificarse. *Unirse, juntarse.*

BIGARDO Vago, holgazán, desenvuelto.

BIGOTE Bozo, mostacho. *Vigota.

BILATERAL Doble.

BILIOSO Atrabiliario, ictérico.

BILIS Hiel, atrabilis. // Acrimonia, amargura, aspereza, desabrimiento, enojo, tristeza. *Dulzura.*

BILLETE Carta, esquela, tarjeta. // Boleto, bono, ticket.

BILLETERA Cartera.

BIMBA Sombrero, chistera.

BINÓCULO Anteojos, prismáticos.

BINZA Fárfara, película, telilla.

BIOGRAFÍA Carrera, hazañas, hechos, historia, vida.

BIOMBO Mampara, pantalla, bastidor, antipara. // Persiana.

BIRLAR Escamotear, hurtar, quitar, robar. *Devolver, restituir.*

BIRRETE Bonete, gorro.

BIRRIA Adefesio, mamarracho.

BIS Dos, segundo, repetición.

BISAGRA Charnela, gozne.

BISAR Reiterar, repetir. *Visar.

BISBISEAR Farfullar, mascullar, murmurar, musitar, balbucir, susurrar.

**BISECAR** Partir, dividir.

**BISEL** Corte, chaflán, ochava, ángulo, filo, borde.

**BISEXUAL** Hermafrodita.

**BISOJO** Bizco.

**BISOÑÉ** Peluca.

**BISOÑO** Inexperto, novato, novel, nuevo, aprendiz. *Diestro, ducho, fogueado, veterano.*

**BISTURÍ** Cuchillo.

**BISUNTO** Sucio, ajado.

**BITUMINOSO** Abetunado.

**BIZANTINISMO** Corrupción, decadencia, depravación.

**BIZARRÍA** Gallardía, garbo, intrepidez, valor. *Cobardía.* // Esplendor, generosidad, esplendidez.

**BIZARRO** Esforzado, espléndido, gallardo, generoso, valiente, arrogante, bravo, intrépido. *Cobarde.*

**BIZCO** Bisojo. // Asombrado. *\*Visco.*

**BIZCOCHO** Bollo, galleta, torta, galletita, pastel.

**BIZMA** Emplasto.

**BIZQUERA** Estrabismo.

**BLANCA** Dinero.

**BLANCO** Albo, cándido, cano, níveo. *Negro, oscuro.* // Pálido. // Limpio. *Sucio.* // Hito. // Fin, objetivo, objeto. // Intermedio.

**BLANCURA** Albura, ampo, candor. *Malicia, negrura.*

**BLANDAMENTE** Suavemente, tiernamente. *Rudamente.*

**BLANDEAR** Ceder, aflojar, reblandecerse. // Complacer, contemporizar. *Endurecerse, resistirse.*

**BLANDICIA** Delicadeza, molicie.

**BLANDIR** Agitar, mover, enarbolar, amenazar, alzar, levantar.

**BLANDO** Dúctil, esponjoso, mollar, suave, tierno. *Áspero, duro, fuerte, tenaz.* // Apacible, benigno, sereno. // Elástico, maleable. *Consistente, resistente.* // Cobarde, flojo. *Valiente.*

**BLANDURA** Deleite, molicie, regalo. *Ascetismo.* // Ductilidad, elasticidad,

flaccidez. // Benignidad, mansedumbre, ternura. *Dureza, rigor.* // Debilidad, flojedad, lenidad. *Fortaleza.*

**BLANQUEAR** Encalar, enjalbegar, emblanquecer. *Ennegrecer.* // Lavar, limpiar, jabonar. *Ensuciar.*

**BLANQUECINO** Blancuzco, cano, plateado, nacarado. *Negruzco.*

**BLASFEMAR** Execrar, jurar, maldecir, renegar, vituperar. *Alabar, bendecir, orar, ensalzar..*

**BLASFEMIA** Execración, juramento, maldición, palabrota, reniego, terno. *Plegaria, oración.*

**BLASFEMO** Blasfemante, imprecador, malhablado, irreverente, execrador, maldiciente.

**BLASÓN** Gloria, honor. // Emblema, escudo, armas. // Divisa, insignia, leyenda, mote.

**BLASONAR** Alabarse, alardear, jactarse, pavonearse, presumir, vanagloriarse, fanfarronear, baladronear. *Abochornarse, avergonzarse.*

**BLEDO** Ardite, comino, pito. *Oro, tesoro*

**BLINDAJE** Coraza. // Protección.

**BLINDAR** Acorazar. // Proteger.

**BLOCAO** Fortín, reducto.

**BLONDA** Encaje.

**BLONDO** Rubio.

**BLOQUE** Agrupación, conjunto, pila, montón. // Masa, cantidad.

**BLOQUEAR** Aislar, asediar, cercar, incomunicar, sitiar. *Fugarse.*

**BLOQUEO** Aislamiento, cerco, sitio. // Asalto. *Evasión.*

**BOA** Serpiente. // Piel, plumas.

**BOARDILLA** Buhardilla.

**BOATO** Fausto, lujo, ostentación, rumbo, pompa, suntuosidad. *Pobreza, sencillez, humildad.*

**BOBADA** Bobería, simpleza. *Chispazo, ingeniosidad.*

**BOBALICÓN** Bobo.

**BOBERÍA** Bobada, idiotez, majadería, necedad, sandez, tontería, tontada. *Agudeza, ingenio, sagacidad.*

**BOBINA** Carrete. *\*Bovina.*

**BOBO** Alelado, babieca, badulaque, ganso, gaznápiro, ignorante, idiota, lelo, majadero, mentecato, necio, papanatas, simple, tonto. *Despierto, inteligente, sagaz.*

**BOCA** Abertura, agujero, desembocadura, entrada, salida.

**BOCADILLO** Canapé, emparedado.

**BOCADO** Dentellada, mordisco, tarazón. // Freno, embocadura.

**BOCANADA** Boqueada, bocado, mordedura. // Fumarada.

**BOCEL** Moldura.

**BOCETO** Apunte, bosquejo, croquis, esbozo, idea, proyecto.

**BOCHA** Bola. // Cabeza.

**BOCHINCHE** Alboroto, barullo, tumulto. *Calma, tranquilidad.*

**BOCHORNO** Calor. *Frío, helada.* // Sofocación. *Languidez.* // Sonrojo, vergüenza. *Desfachatez.*

**BOCINA** Altavoz, caracola, cuerno, trompeta, trompa.

**BOCÓN** Fanfarrón.

**BOCOY** Barril.

**BODA** Casamiento, enlace, matrimonio, nupcias, unión. *Divorcio.*

**BODEGA** Depósito, despensa. // Granero, silo, troj.

**BODEGÓN** Taberna, figón.

**BODRIO** Bazofia. // Lío. // Mamarracho.

**BOFE** Pulmón.

**BOFETADA** Bife, bofetón, cachete, galleta, mamporro, moquete, revés, sopapo, soplamocos, torta, trompada, trompazo. *Caricia.*

**BOGA** Fama, moda, popularidad, reputación.

**BOGAR** Navegar, remar. *Anclar.*

**BOHARDILLA** Buhardilla.

**BOHEMIO** Gitano, húngaro. // Desordenado, libre, despreocupado, vagabundo, errante.

**BOHÍO** Cabaña, choza, rancho. *Mansión, palacio.*

**BOHORDO** Lanza, dardo, venablo, jabalina.

**BOICOTEAR** Aislar, coaccionar. *Apo-*

*yar, ayudar, beneficiar.*

**BOINA** Gorra, casquete.

**BOL** Ponchera, tazón.

**BOLA** Balón, esfera, globo. // Embuste, mentira.

**BOLADA** Oportunidad, casualidad, chiripa. *\*Volada.*

**BOLAZO** Disparate, embuste.

**BOLEAR** Abatatar, enredar, equivocarse. *\*Volear.*

**BOLETA** Cédula, papeleta, volante. // Factura, recibo, comprobante, vale, multa.

**BOLETERÍA** Taquilla.

**BOLETERO** Embustero, macaneador.

**BOLETÍN** Boleta. // Noticiero, periódico, revista, circular.

**BOLETO** Billete.

**BOLICHE** Cambalache, tenducho.

**BÓLIDO** Meteorito. *\*Volido.*

**BOLLO** Torta, bizcocho, panecillo. // Abolladura. // Puñetazo.

**BOLO** Mentira, píldora. *\*Voló* (volar).

**BOLSA** Bolso, cartera, escarcela, faltriquera, saco, talega. // Lonja. // Caudal, dinero.

**BOLSILLO** Faltriquera, fondillo.

**BOLSISTA** Cambista, banquero, accionista, corredor.

**BOMBA** Burbuja, pompa. // Explosivo, proyectil.

**BOMBARDEAR** Cañonear, hostigar, destruir, hostilizar.

**BOMBARDEO** Fuego, cañoneo.

**BOMBAZO** Estallido, explosión, estruendo, voladura.

**BOMBEO** Comba, pandeo, convexidad.

**BOMBILLA** Lámpara. // Canuto.

**BOMBO** Tambor, tamboril, atabal. // Adulación, elogio, encomio, exageración, lisonja.

**BOMBÓN** Chocolatín, chocolate.

**BOMBONA** Garrafa.

**BOMBONERA** Cajita, estuche, confitera, caramelera, cofrecito.

**BONACHÓN** Bondadoso, buenazo, crédulo, manso, pacífico, cándido, blando, dócil. *Pillo, tunante.*

**BONANCIBLE** Sereno, suave, tranquilo. *Tormentoso.*

**BONANZA** Calma, serenidad. *Tempestad.* // Felicidad, prosperidad. *Desdicha, infortunio.*

**BONDAD** Abnegación, afabilidad, benevolencia, benignidad, caridad, clemencia, compasión, dulzura, indulgencia, mansedumbre, misericordia, piedad, sensibilidad, ternura, apacibilidad, cordialidad. *Egoísmo, inclemencia, insensibilidad, maldad.*

**BONDADOSO** Abnegado, benévolo, benigno, caritativo, compasivo, filántropo, generoso, humanitario, indulgente, misericordioso, sensible, tierno. *Malvado, cruel.*

**BONETE** Gorro.

**BONIFICACIÓN** Beneficio, descuento, rebaja. *Recargo.*

**BONIFICAR** Beneficiar, descontar, mejorar, rebajar. *Recargar.*

**BONITO** Agraciado, airoso, lindo, bello, hermoso. *Feo.*

**BOQUEAR** Acabarse, agonizar, expirar, morir.

**BOQUERA** Abertura.

**BOQUERÓN** Anchoa.

**BOQUETE** Abertura, brecha.

**BOQUIABIERTO** Asombrado, pasmado. *Indiferente, frío.*

**BOQUILLA** Abertura, orificio, agujero, ranura, embocadura.

**BORBOLLAR** Borbotear, borbotar, borboritar, hervir.

**BORBOTÓN** Borbollón, burbuja, hervor.

**BORCEGUÍ** Bota.

**BORDADO** Labor, labrado, recamado, adornado. // Encaje, pasamanería.

**BORDAR** Recamar, labrar, festonear, ribetear. // Adornar.

**BORDE** Arista, canto, extremo, linde, margen, orilla, reborde, vivo, franja, filete, marco. *Centro.*

**BORDEAR** Orillar, orlar, rodear, circunvalar. // Virar.

**BORDO** Borde, costado, lado.

**BORDÓN** Bastón. // Muletilla.

**BOREAL** Nórdico, septentrional. *Austral.*

**BORLA** Cairel, alamar, borlón, pompón, madroño.

**BORNE** Extremo, límite, linde, final, horizonte.

**BORRA** Hez, poso, sedimento. // Pelusa, vello.

**BORRACHERA** Curda, ebriedad, embriaguez, merluza, mona, peludo, pítima, tranca. *Sobriedad.*

**BORRACHO** Achispado, alcoholizado, alcohólico, alumbrado, bebido, beodo, borrachín, curda, chispo, dipsomaníaco, ebrio, embriagado, mamado. *Abstemio, sereno.*

**BORRADOR** Boceto.

**BORRADURA** Tachón, tachadura, dele, trazo.

**BORRAJEAR** Garabatear, borronear, emborronar, garrapatear.

**BORRAR** Tachar, testar, tildar. // Desvanecer, esfumar, evaporar, quitar, suprimir. // Despintarse.

**BORRASCA** Huracán, tempestad, temporal, tormenta. // Riesgo, aventura, peligro. *Calma.*

**BORRASCOSO** Agitado, deshecho, inclemente, tempestuoso, tormentoso. *Apacible, plácido.* // Desenfrenado, licencioso, orgiástico.

**BORREGO** Cordero. // Niño.

**BORRICO** Asno, borriquillo, burro, jumento. // Necio.

**BORRÓN** Defecto, imperfección, mancha, tacha.

**BORRONEAR** Emborronar.

**BORROSO** Confuso, desdibujado, ilegible, ininteligible, nebuloso. *Claro, lógico, preciso, visible.*

**BOSCOSIDAD** Espesura, selvatiquez, fragosidad.

**BOSCOSO** Selvático, selvoso.

**BOSQUE** Boscaje, floresta, selva, espesura, frondosidad.

**BOSQUEJAR** Abocetar, esbozar, delinear, proyectar.

**BOSQUEJO** Boceto.

**BOSTA** Boñiga, estiércol.

**BOSTEZO** Oscitación, casmodia, inspiración, espiración.

**BOTA** Zapato, borceguí, botín. // Cuba, tonel. *Vota (votar).

**BOTÁNICA** Fitología, fitografía, fito-geografía, flora.

**BOTAR** Rebotar, saltar. // Arrojar, tirar. *Votar.

**BOTARATE** Alocado, atolondrado, aturdido, irreflexivo, precipitado. Reflexivo, sereno.

**BOTE** Brinco, rebote, salto. // Canoa, chalupa, esquife, lancha, barca, batel. *Vote (votar).

**BOTELLA** Frasco, garrafa.

**BOTICA** Droguería, farmacia.

**BOTICARIO** Farmacéutico.

**BOTIJA** Botijo, vasija.

**BOTIJO** Botija, vasija, piporro, cántaro, porrón.

**BOTÍN** Despojos, presa. // Zapato.

**BOTO** Torpe, rudo, necio.

**BOTÓN** Botonadura, broche. // Brote, capullo, yema, renuevo.

**BÓVEDA** Cripta. // Cúpula.

**BOVINO** Bóvido, boyal, vacuno. *Bobino (bobinar).

**BOXEADOR** Púgil.

**BOXEO** Pugilato. *Voseo.

**BOYA** Baliza.

**BOYANTE** Afortunado, feliz, próspero. Desafortunado, mísero, pobre.

**BOYERA** Corral, establo.

**BOZAL** Negro. // Bisoño, idiota, necio. // Mordaza.

**BOZO** Pelusa, vello.

**BRACEAR** Nadar. // Esforzarse.

**BRACERO** Jornalero, obrero, peón, trabajador. *Brasero.

**BRACO** Desnarigado, romo.

**BRAGA** Calzón, pantalón.

**BRAGADO** Animoso, valiente. Cobarde, pusilánime.

**BRAGADURA** Entrepiernas.

**BRAGAZAS** Calzonazos, indolente. Trabajador, activo.

**BRAMA** Grito, gamitido.

**BRAMANTE** Cordel, cordón, hilo, piolín.

**BRAMAR** Aullar, mugir, rugir, gritar, vociferar.

**BRAMIDO** Aullido, mugido, rugido. // Fragor.

**BRANQUIA** Agalla.

**BRASA** Ascua, rescoldo. *Braza.

**BRASERO** Calentador, fuego, hogar, salamandra, calientapiés. *Bracero.

**BRAVAMENTE** Ferozmente, valientemente, esforzadamente, fieramente, valerosamente, intrépidamente. Cobardemente, tímidamente.

**BRAVATA** Bravuconada. // Baladronada, fanfarronada.

**BRAVEAR** Provocar, amenazar, desafiar.

**BRAVEZA** Fiereza, valentía, bravura, audacia, temeridad. Cobardía.

**BRAVÍO** Bagual, cimarrón, feroz, indómito, montaraz, salvaje. Manso, doméstico. // Áspero, fragoso. Llano.

**BRAVO** Audaz, atrevido, decidido, esforzado, intrépido. Cobarde. // Áspero, fragoso. Llano. // Alborotado, embravecido, tumultuoso. Calmo. // Bravucón, enojado, guapo, matón, violento. Afable, manso.

**BRAVUCÓN** Fanfarrón, matón, matasiete, perdonavidas. Apocado.

**BRAVURA** Audacia, bizarría, coraje, fiereza, intrepidez, valor, valentía, ánimo, atrevimiento. Cobardía, miedo, mansedumbre, temor.

**BRAZALETE** Argolla, ajorca, brazal, esclava, pulsera.

**BRAZO** Rama, ramal. // Apoyo, protección, ayuda.

**BREA** Alquitrán.

**BREBAJE** Menjunje, pócima.

**BRECHA** Abertura, agujero, boquete, fisura.

**BREGA** Lucha, pendencia, riña, contienda. // Ajetreo, trabajo, trajín, afán. Descanso, ocio.

**BREGAR** Afanarse, ajetrearse, esforzarse, trabajar. Aquietarse, descansar, ociar. // Forcejear, luchar, reñir, batallar. Ceder.

**BREÑA** Fragosidad, quebradura. // Maleza, matorral, zarzal.

**BRETE** Cepo. // Encierro, toril. // Aprieto, apuro, compromiso, trance.

**BREVA** Higo. // Bicoca, ganga.

**BREVE** Conciso, corto, limitado, pequeño, reducido, instantáneo, sucinto. *Extenso, largo, prolijo.* // Efímero, pasajero. *Duradero, perenne.*

**BREVEDAD** Concisión. *Prolijidad.* // Ligereza, prontitud. *Lentitud.*

**BREVEMENTE** Fugazmente, rápidamente, momentáneamente, prestamente. *Extensamente.*

**BREVIARIO** Compendio, libro, memorial.

**BRIBÓN** Bellaco, pícaro. *Honrado, respetable.*

**BRIBONADA** Bellaquería, canallada, pillería, trastada.

**BRIDA** Rienda.

**BRIGADA** Cuadrilla.

**BRILLANTE** Centelleante, deslumbrante, esplendente, esplendoroso, fulgente, fulgurante, luminoso, radiante, reluciente, resplandeciente, rutilante. *Mate, oscuro, pálido.* // Admirable, sobresaliente. *Común.*

**BRILLANTEZ** Brillo. *Brillantes.*

**BRILLAR** Centellear, chispear, deslumbrar, fosforescer, fulgurar, irradiar, lucir, reflejar, refulgir, relumbrar, relucir, rielar, titilar. *Apagarse, deslucirse.* // Descollar, figurar, sobresalir.

**BRILLO** Centelleo, chispeo, esplendor, fulgor, lustre, resplandor, viveza. *Oscuridad, opacidad.* // Lucimiento, realce. *Desmerecimiento.*

**BRINCAR** Saltar, botar, triscar, retozar. // Omitir.

**BRINCO** Cabriola, salto, pirueta, gambeta, rebote, bote.

**BRINDAR** Convidar, dedicar, invitar, ofrecer.

**BRINDIS** Ofrecimiento, dedicación, convite, invitación.

**BRÍO** Ánimo, decisión, empuje, esfuerzo, espíritu, ímpetu, pujanza, resolución, valor. *Cobardía, flojera, indecisión.* //

Gallardía, garbo. *Desgarbo.*

**BRIOSAMENTE** Impetuosamente, re sueltamente. *Débilmente.*

**BRISA** Aura, céfiro. *Briza.*

**BRIZNA** Filamento, partícula.

**BROCA** Barrena.

**BROCADO** Bordado, brocatel, brocalado, guadamecí.

**BROCAL** Antepecho, boca, borde *Broquel.*

**BROCHA** Escobilla, pincel.

**BROCHE** Prendedor, hebilla, pasador imperdible, fíbula, botón, corchete.

**BROMA** Burla, chasco, chiste, chacota chunga, guasa, inocentada. *Veras.* / Complicación, fastidio.

**BROMEAR** Burlarse, chacotear, chancearse, divertirse, reírse.

**BROMISTA** Burlón, chancero, guasón jaranero. *Formal, serio.*

**BRONCA** Alboroto, disputa, gresca, pelotera, trifulca, fastidio, zipizape. *Calma, paz, tranquilidad.*

**BRONCO** Áspero, brusco, desapacible duro. *Blando, suave.*

**BROQUEL** Adarga, égida, escudo, rodela. // Amparo, defensa, protección. *Brocal.*

**BROTAR** Aparecer, emerger, germinar manar, nacer, salir, surgir. *Desaparecer morir.* // Arrojar, originar.

**BROTE** Botón, pimpollo, renuevo, yema retoño, rama.

**BROZA** Desecho, desperdicio, hojarasca maleza.

**BRUCES (DE)** Boca abajo.

**BRUJA** Arpía, hechicera.

**BRUJERÍA** Encantamiento, hechizo maleficio.

**BRUJO** Adivino, embaucador, hechicero nigromántico.

**BRÚJULA** Calamita, bitácora, cuadrante // Mira, acecho.

**BRUJULEAR** Acechar, adivinar, conjeturar, descubrir.

**BRUMA** Neblina, niebla.

**BRUMOSO** Neblinoso, nebuloso. *Despejado.* // Confuso, incomprensible, oscuro. *Comprensible, claro.*

**BRUNO** Negro, oscuro.

**BRUÑIR** Abrillantar, lustrar, pulir, enlucir. *Opacar.*

**BRUSCAMENTE** Repentinamente, rudamente, duramente. *Apaciblemente, suavemente.*

**BRUSCO** Áspero, descortés, desapacible, rudo, violento. *Apacible, suave.* // Repentino. *Lento.*

**BRUTAL** Atroz, grosero, inhumano, violento. *Amable, humano.*

**BRUTALIDAD** Animalada, barbaridad, crueldad, desenfreno, ferocidad, rudeza, salvajismo, irracionalidad. *Bondad, caridad, cultura, humanidad.*

**BRUTO** Incapaz. // Necio, torpe, tosco, zafio, grosero, rudo. // Bestial, irracional, brutal.

**BRUZA** Cepillo.

**BUBA** Bubón.

**BUBÓN** Tumor.

**BUCANERO** Corsario, filibustero, pirata. // Contrabandista.

**BÚCARO** Florero, jarrón.

**BUCEAR** Nadar, sumergirse. // Explorar, investigar.

**BUCHE** Estómago.

**BUCLE** Rizo, tirabuzón.

**BUCÓLICO** Campestre, pastoril.

**BUEN** Bueno.

**BUENAMENTE** Cómodamente, fácilmente. // Voluntariamente.

**BUENAVENTURA** Adivinación. // Dicha, suerte.

**BUENO** Afable, benévolo, bondadoso, bienhechor, caritativo, comprensivo, excelente, favorable, honesto, justo, servicial, humano, piadoso, indulgente. *Malo.* // Bonachón, crédulo, inocente. *Pícaro.* // Conveniente, útil, utilizable, ventajoso. *Dañoso, inservible, perjudicial.* // Agradable, divertido, sabroso. // Hábil. *Rudo, torpe.*

**BUFANDA** Chalina, chal, tapabocas.

**BUFAR** Gruñir, refunfuñar, rezongar. // Resoplar, soplar.

**BUFETE** Despacho, estudio, oficina.

**BUFIDO** Gruñido, resoplido, rugido, aullido. // Regaño, rabieta.

**BUFO** Animador, bufón, cómico, histrión, payaso. // Burlesco, gracioso, grotesco, jocoso, ridículo, risible, extravagante. *Grave, serio.*

**BUFÓN** Burlón, chocarrero, chunguero, farsante, gracioso, hazmerreír, truhán, jocoso, caradura.

**BUFONADA** Burla, chocarrería, farsa, jocosidad.

**BUHARDILLA** Boardilla, desván, guardilla. *Bodega, sótano.*

**BÚHO** Lechuza, lechuzón, mochuelo.

**BUHONERO** Mercachifle.

**BUIDO** Afilado, aguzado, punzante. *Romo.* // Acanalado, estriado.

**BUITRE** Usurero.

**BUJARRÓN** Sodomita.

**BUJÍA** Vela.

**BULA** Encíclica. // Privilegio, gracia, beneficio. // Documento.

**BULBO** Cebolla, tubérculo.

**BULEVAR** Avenida, paseo.

**BULLA** Algazara, barahúnda, barullo, bochinche, bullicio, desorden, escándalo, estrépito, estruendo, gritería, grita, jaleo, jarana, ruido, tumulto, vocerío. *Calma, quietud, silencio.*

**BULLICIO** Alboroto, animación, bulla, ruido. *Silencio.*

**BULLICIOSO** Alborotador, estrepitoso, festivo, jaranero, revoltoso, ruidoso, vivaz, juguetón, inquieto. *Pacífico, silencioso, tranquilo.*

**BULLIR** Agitarse, menearse, moverse, revolverse. *Aquietarse, pararse.* // Hervir, hormiguear, pulular.

**BULO** Camelo, chisme, infundio, mentira, patraña. *Verdad.*

**BULTO** Tamaño, volumen. // Busto, estatua. // Chichón, hinchazón, tumor. // Baúl, fardo, maleta, paquete, valija.

**BUQUE** Barco, embarcación, nave, navío, nao, bajel.

**BURBUJA** Ampolla, pompa, espumarajo, jabonadura.

**BURBUJEAR** Espumar, gorgotear, hervir, borboritar, borbotear.

**BURDEL** Mancebía, prostíbulo, lupanar.

**BURDO** Basto, grosero, tosco. *Fino, delicado, exquisito.*

**BURGO** Aldea, pueblo.

**BURGUÉS** Patrón. *Proletario.* // Propietario, rentista, pudiente. // Ciudadano, funcionario, burócrata.

**BURGUESÍA** Mesocracia. *Plebe, vulgo, proletariado.*

**BURIEL** Leonado, rojizo.

**BURIL** Punzón, cincel.

**BURILAR** Cincelar, esculpir, grabar, tallar, inscribir.

**BURLA** Befa, broma, cachada, coba, chacota, chanza, chasco, engaño, guasa, imitación, irrisión, mofa, pitorreo, remedo. *Respeto, seriedad.* // Morisqueta, mueca.

**BURLADO** Engañado.

**BURLADOR** Burlón, guasón. // Seductor.

**BURLAR** Eludir, escapar. // Frustrar, malograr.

**BURLARSE** Embromar, ironizar, cachar, chancearse, chasquear, escarnecer, mofarse, pitorrearse, reírse, ridiculizar. // Embaucar, engañar.

**BURLESCO** Cómico, festivo, jocoso. *Grave, serio.*

**BURLÓN** Bromista, burlador, sarcástico, irónico. *Grave, serio.*

**BURRA** Asna, borrica, pollina.

**BURRADA** Desatino, necedad, tontería. *Agudeza.*

**BURRO** Asno, borrico, jumento, pollino. // Ignorante, necio.

**BUSCA** Averiguación, búsqueda, exploración, indagación, investigación, pesquisa, rastreo, registro, rebusca, examen, demanda, batida.

**BUSCADOR** Buscón, examinador, explorador, perseguidor.

**BUSCAR** Averiguar, escudriñar, examinar, explorar, indagar, investigar, perseguir, rastrear, rebuscar, registrar, pesquisar, demandar. *Abandonar, desistir, encontrar, tropezar.*

**BUSCAVIDAS** Activo, diligente, trabajador. *Cansado.*

**BUSILIS** Quid, nudo, secreto, intríngulis, duda, incógnita.

**BÚSQUEDA** Busca.

**BUTACA** Asiento, luneta, sillón.

**BUTIFARRA** Embutido.

# C

**CABAL** Acabado, ajustado, completo, entero, exacto, justo, honrado, íntegro, recto. *Equivocado, erróneo, incompleto, informal.*

**CÁBALA** Conjetura. // Superstición.

**CABALGADA** Galopada. *Cabalgata.

**CABALGADURA** Bestia, caballería.

**CABALGAR** Montar.

**CABALGATA** Desfile. *Cabalgada.

**CABALMENTE** Justamente, precisamente, perfectamente.

**CABALLADA** Tropilla.

**CABALLAR** Equino, hípico, caballuno, ecuestre.

**CABALLERESCO** Noble, valeroso, valiente, cumplido, galante.

**CABALLERETE** Lechuguino, mozalbete, pisaverde, petimetre.

**CABALLERÍA** Bestia, cabalgadura, caballo, montura.

**CABALLERIZA** Cuadra, establo.

**CABALLERO** Jinete, cabalgador. // Señor, noble, hidalgo. *Plebeyo.* // Digno, leal, distinguido, honorable. *Canalla.*

**CABALLEROSIDAD** Generosidad, hidalguía, nobleza, señorío. *Bellaquería, deslealtad.*

**CABALLEROSO** Desinteresado, generoso, noble. *Innoble, interesado.*

**CABALLITOS** Calesita, tiovivo.

**CABALLO** Bridón, corcel, flete, jamelgo, mancarrón, matalón, pinto, potro, rocín, sotreta. *Potranca, yegua.*

**CABAÑA** Barraca, bohío, rancho, choza. *Mansión, palacio.*

**CABECEAR** Inclinarse, moverse. // Negar, asentir. // Adormilarse, amodorrarse, adormecerse.

**CABECEO** Balanceo, oscilación, vaivén.

**CABECERA** Almohada, cabezal. // Cabeza, principio, título. // Presidencia.

**CABECILLA** Jefe. *Subordinado.*

**CABELLERA** Cabello, pelambrera.

**CABELLO** Cabellera, greñas, melena, pelo.

**CABER** Entrar, tener lugar. *Sobrar.* // Corresponder, tocar.

**CABESTRILLO** Cabestro.

**CABESTRO** Bozal, brida, camal, cuerda, ramal, ronzal.

**CABEZA** Cacumen, caletre, cráneo, inteligencia, mollera, sesera, talento, testa. // Cabecera, capital. // Individuo, persona, res. // Director, jefe, superior. *Inferior.* // Manantial, origen. // Cima, cumbre. *Cola, rabo.*

**CABEZAL** Almohada. // Larguero, travesaño, viga.

**CABEZAZO** Cabezada, topetazo, topetada, golpe.

**CABEZO** Cerro, colina, cumbre.

**CABEZOTA** Cabezón, cabezudo, obstinado, porfiado, testarudo, tozudo. *Condescendiente.*

**CABIDA** Capacidad.

**CABILDEAR** Gestionar, tramar.

**CABILDEO** Gestión. // Conspiración.

**CABILDO** Ayuntamiento, concejo, municipalidad.

**CABIZBAJO** Abatido, triste. *Alegre, orondo, ufano.*

**CABLE** Cablegrama. // Cabo, cuerda,

maroma, cordón, soga.

**CABO** Calabrote, cuerda. // Extremidad, extremo, fin, punta. *Bahía, ensenada.* // Mango. // Lugar, parte, sitio. *Cavo (cavar).

**CABOTAJE** Navegación, tráfico, travesía, crucero.

**CABREARSE** Enojarse, irritarse. *Soportar, tranquilizarse.*

**CABRERO** Cabrerizo. // Enojado, furioso. *Calmado.*

**CABRESTANTE** Malacate, torno.

**CABRIA** Cabrestante, grúa, molinete. *Cabría (caber).

**CABRÍO** Caprino.

**CABRIOLA** Brinco, corveta, pirueta, salto, voltereta.

**CABRIOLÉ** Birlocho.

**CABRITO** Chivito, chivo.

**CABRÓN** Chivo. // Cornudo.

**CABRONADA** Canallada.

**CABRUNO** Caprino, cabrerizo, cabrío.

**CACA** Excremento. // Suciedad.

**CACAHUETE** Maní.

**CACAO** Chocolate.

**CACAREAR** Cloquear. // Exagerar, jactarse, ponderar, vanagloriarse.

**CACAREO** Cloqueo. // Charlatanería, palabrería.

**CACERÍA** Caza. // Persecución. *Casería.

**CACEROLA** Olla.

**CACHA** Chapa.

**CACHADA** Broma, burla. *Agasajo.*

**CACHAFAZ** Pillo.

**CACHAR** Rajar, partir, cortar. // Burlar.

**CACHARRO** Utensilio.

**CACHAZA** Calma, flema, lentitud, pachorra, parsimonia. *Celeridad, nerviosidad, prontitud.*

**CACHAZUDO** Calmoso, lento, parsimonioso, flemático. *Rápido, nervioso.*

**CACHEAR** Registrar.

**CACHETE** Carrillo. // Bofetada.

**CACHIMBA** Cachimbo, pipa.

**CACHIPORRA** Porra.

**CACHIPORRAZO** Estacazo, porrazo.

**CACHIVACHE** Cacharro, trasto, trebejo.

**CACHO** Fragmento, pedazo, trozo.

**CACHONDO** Lujurioso, libidinoso, sensual. *Flemático, frío.*

**CACHORRO** Cría, hijo. // Perrito.

**CACIQUE** Señor, amo, dueño, jefe. // Tirano.

**CACIQUISMO** Tiranía, despotismo.

**CACO** Ladrón, ratero.

**CACOFONÍA** Disonancia, discordancia. *Armonía, eufonía.*

**CACOFÓNICO** Disonante, discordante. *Armonioso, eufónico.*

**CACTO** Chumbera, nopal, tuna, airampo. // Cardón.

**CÁCUMEN** Agudeza, ingenio, perspicacia. *Simpleza.*

**CADALSO** Horca, patíbulo.

**CADAÑERO** Cadañal, anual, añal.

**CADÁVER** Difunto, fallecido, muerto, restos.

**CADAVÉRICO** Demudado, pálido.

**CADENA** Retahíla, serie, sucesión. // Cautiverio, dependencia, esclavitud, sujeción. // Cordillera.

**CADENCIA** Ritmo. *Candencia.

**CADERA** Anca, cuadril.

**CADUCAR** Extinguirse, prescribir. *Empezar, rejuvenecer, revivir, subsistir.*

**CADUCIDAD** Extinción, prescripción, término.

**CADUCO** Chocho, decrépito, perecedero, agotado, arruinado, decadente. *Joven, robusto, perenne, persistente.*

**CADUQUEZ** Decrepitud, ancianidad, vejez, decadencia, chochez, caducidad. *Juventud, lozanía.*

**CAER** Abatirse, derrumbarse, descender, desmoronarse, despeñarse, desplomarse, desprenderse. *Ascender, elevar, levantar, subir.* // Incidir. // Llegar, presentarse, sobrevenir. // Desaparecer, morir, sucumbir. // Debilitarse, descaecer. *Fortalecer.* // Perder, rebajarse. // Incurrir. // Sentar. // Corresponder.

**CAFÉ** Cafeto. // Cafetín. // Reprensión, reto.

**CÁFILA** Caravana, muchedumbre, multitud, tropel.

**CAFRE** Bárbaro, cruel.

CAGADA Desacierto, error. *Acierto.*
CAÍDA Batacazo, porrazo, revolcón. // Decadencia, declinación, fracaso, ocaso, ruina. // Derrumbamiento, desmoronamiento, despeñamiento, desprendimiento. // Desliz, falta, pecado.
CAÍDO Abandonado, abatido, amilanado, débil, desfallecido, fracasado, postrado, rendido, vencido. *Animoso, empinado, erguido, firme.*
CAIMIENTO Desfallecimiento, descaecimiento, amilanamiento, caída. *Fortaleza, firmeza.*
CAIREL Fleco, guarnición. // Peluca, casquete.
CAJA Baúl, cajón. // Espacio, hueco. // Ataúd, féretro. // Tambor.
CAJERO Pagador, tesorero.
CAJÓN Caja, gaveta.
CAL Tiza, creta, calcio, puzol, caliza.
CALA Sonda, tienta. // Ensenada.
CALABAZA Zapallo.
CALABOZO Celda, mazmorra, cárcel, prisión.
CALADO Perforado. // Profundidad.
CALAFATEAR Obstruir, taponar.
CALAMBRE Contracción, espasmo.
CALAMIDAD Desastre, desgracia, infortunio, plaga. *Fortuna, ventura.*
CALAMITOSO Aciago, funesto. *Afortunado.* // Desdichado, desgraciado. *Dichoso, feliz.*
CÁLAMO Caña. // Flauta. // Pluma.
CALAMOCANO Borracho. *Sobrio.* // Caduco.
CALANDRAJO Calandraco, harapo, trapo. *Adorno, atavío.*
CALAÑA Modelo, muestra. // Calidad, categoría, especie, índole, laya, naturaleza, ralea.
CALAR Agujerear, atravesar, perforar. // Hender, rajar. // Adivinar, conocer, descubrir. // Encasquetarse. *Descubrirse.* // Empaparse, mojarse.
CALAVERA Cráneo. // Libertino, vicioso. *Virtuoso.* *Carabela.*
CALCAR Copiar, reproducir. // Imitar, plagiar.

CALCE Cuña. // Coyuntura, oportunidad.
CALCINAR Carbonizar, incinerar, quemar, torrar, asar.
CALCO Copia, imitación, plagio, reproducción. *Original.*
CALCULAR Computar, evaluar. // Conjeturar, suponer.
CÁLCULO Cómputo, cuenta. // Conjetura, suposición. // Egoísmo, interés. *Desinterés.* // Concreción, piedra.
CALDAS Baños, termas, balneario.
CALDEAR Calentar. *Enfriar, congelar.*
CALDERA Caldero, tina. // Fogón, generador, bomba, termo.
CALDERO Perol.
CALDO Jugo, sopa.
CALDOSO Caldudo. *Seco.*
CALEFACCIÓN Calor. // Estufa, radiador, calorífero, brasero, hogar, chimenea. *Refrigeración.*
CALENDARIO Almanaque, anuario, agenda, efemérides.
CALENTADOR Calefactor, calorífero. *Heladera, refrigerador.*
CALENTAMIENTO Caldeamiento, caldeo, fomento, calda, calefacción. *Enfriamiento.*
CALENTAR Caldear, entibiar, templar. *Enfriar, refrescar.* // Avivar, enardecer, exaltar, excitar, irritar. *Calmar.*
CALENTURA Fiebre, temperatura. *Escalofrío.* // Celo. // Enardecimiento.
CALENTURIENTO Febricitante, febril.
CALERA Cantera. // Barca, chalupa. // Horno.
CALESA Carruaje.
CALETRE Cacumen, meollo, talento.
CALIBRE Diámetro, tamaño, anchura, talla, dimensión. // Importancia.
CALIDAD Clase, importancia. // Nobleza. // Calaña, condición. // Carácter, genio, índole, naturaleza, ralea. *Cualidad.*
CALIDEZ Ardor, calor. *Frialdad, indiferencia.*
CÁLIDO Caliente, tropical. // Caluroso, entusiasta. *Frío.*
CALIENTE Ardiente, caldeado, cálido, tórrido. *Glacial, gélido, polar.* // Aca-

lorado, fogoso, furioso. *Calmo.*
**CALIFICACIÓN** Cualidad, epíteto, nota. ***Clasificación.**
**CALIFICADO** Acreditado, capaz, competente, entendido.
**CALIFICAR** Apreciar, atribuir, conceptuar. *Descalificar, desconceptuar.* // Acreditar, ennoblecer, ilustrar. *Desacreditar.* ***Clasificar.**
**CALIFICATIVO** Adjetivo, dictado, epíteto, nombre, título.
**CALÍGINE** Niebla, oscuridad, nebulosidad. *Diafanidad.*
**CALIGINOSO** Brumoso, nebuloso, oscuro. *Claro, diáfano.*
**CALINA** Calígine, bruma, fosca, calima, niebla. // Canícula, bochorno.
**CALINOSO** Brumoso, neblinoso, calimoso. // Bochornoso, canicular.
**CÁLIZ** Copa, vaso.
**CALLADA** Silencio.
**CALLADAMENTE** Sigilosamente, silenciosamente.
**CALLADO** Discreto, reservado. *Hablador, locuaz.* ***Cayado.**
**CALLAR** Enmudecer. *Hablar.* // Aguantarse. // Ocultar, tapar. *Delatar, descubrir.* // Olvidar, omitir.
**CALLE** Arteria, arroyo, avenida, bulevar, pasaje.
**CALLEJA** Calle, callejuela, callejón.
**CALLEJEAR** Deambular, caminar, pasear. // Vagabundear, vagar.
**CALLEJÓN** Callejuela, pasaje.
**CALLISTA** Pedicuro.
**CALLO** Callosidad, dureza. ***Cayo.**
**CALMA** Bonanza, inmovilidad, quietud, paz, reposo. *Agitación, tempestad, tumulto.* // Cachaza, flema, pachorra. *Actividad, energía, rapidez.* // Serenidad. *Turbación.*
**CALMANTE** Analgésico, narcótico, paliativo, sedativo, sedante. *Excitante.*
**CALMAR** Abonanzar, apaciguar. // Aplacar, enfriar, moderar, pacificar, serenar, suavizar, templar, tranquilizar. *Agitar, excitar, irritar.*
**CALMO** Reposado, tranquilo, apacible,

sosegado, sereno. *Intranquilo.*
**CALMOSO** Cachazudo, flemático, indolente, lento, parsimonioso, perezoso. *Activo, nervioso, rápido.*
**CALÓ** Germanía, jerga.
**CALOR** Bochorno, vergüenza. // Actividad, energía, entusiasmo, fervor, vehemencia, vivacidad, viveza. *Frío.*
**CALORÍFERO** Estufa. *Refrigerador.*
**CALUMNIA** Difamación, falsedad, impostura, maledicencia. *Alabanza, elogio, verdad.*
**CALUMNIADOR** Difamador, infamador, maldiciente. // Impostor, mentiroso.
**CALUMNIAR** Desacreditar, deshonrar, difamar, infamar. *Honrar.*
**CALUMNIOSO** Infamante, infamatorio, oprobioso. *Honroso.*
**CALUROSO** Ardiente, cálido. *Frío.* // Entusiasta, vehemente. *Moderado.*
**CALVA** Calvicie, pelada.
**CALVARIO** Adversidad, penas, trabajos, viacrucis.
**CALVERO** Claro.
**CALVICIE** Alopecia, calva, pelada.
**CALVO** Pelado.
**CALZA** Calce, cuña. // Media.
**CALZADA** Calle. // Pista.
**CALZADO** Zapato, zapatilla, pantufla, chinela, bota, borceguí, sandalia.
**CALZAR** Afianzar, asegurar, trabar. *Descalzar.*
**CALZÓN** Pantalón.
**CALZONAZOS** Condescendiente.
**CAMA** Camastro, catre, lecho, tálamo, yacija, litera.
**CAMADA** Cría, lechigada. // Conjunto, serie. // Banda, cuadrilla, pandilla.
**CAMÁNDULA** Astucia, bellaquería. // Hipocresía.
**CAMANDULERO** Astuto, bellaco, embaucador, embustero, truhán, zorro. *Honrado, veraz.*
**CÁMARA** Aposento, habitación, sala. // Neumático. // Parlamento.
**CAMARADA** Colega, compañero, amigo, cofrade, igual. *Enemigo.*
**CAMARANCHÓN** Buhardilla, desván.

**CAMARERA** Azafata, criada, doncella, muchacha, moza, servidora.

**CAMARERO** Criado, mozo, sirviente.

**CAMARÍN** Capilla. // Tocador.

**CAMBALACHE** Cambio, permuta, trueque, canje. // Boliche, tienducha.

**CAMBIABLE** Mudable, cambiadizo, modificable, alterable, variable. *Inmutable, permanente, fijo.*

**CAMBIANTE** Indeciso, inestable, mudable, tornadizo, variable, versátil. // Viso.

**CAMBIAR** Canjear, conmutar, intercambiar, metamorfosear, modificar, mudar, permutar, reemplazar, reformar, renovar, transformar, transfigurar, transmutar, trocar, variar. *Conservar, permanecer, subsistir.* // Virar. *Seguir.*

**CAMBIO** Alteración, cambiazo, canje, conmutación, corrección, evolución, innovación, inversión, muda, mudanza, permuta, reforma, renovación, transformación, transición, transustanciación, trueque, variación. *Fijeza, permanencia.* // Vicisitud.

**CAMBISTA** Banquero, bolsista.

**CAMELAR** Engañar, requebrar, seducir.

**CAMILLA** Angarillas.

**CAMINANTE** Andarín, peatón, transeúnte, paseandero.

**CAMINAR** Andar, moverse, marchar.

**CAMINERO** Vial.

**CAMINO** Atajo, calle, carretera, pasaje, ruta, senda, sendero, trocha, vereda, vía. // Manera, medio, método, procedimiento, modo.

**CAMISA** Cubierta, forro, funda. // Revestimiento. // Camisón, camisola, camisolín, túnica.

**CAMORRA** Disputa, pelea, pelotera, pendencia, refriega, riña, trifulca. *Acuerdo, conciliación.*

**CAMORRISTA** Pendenciero, provocador. *Bonachón, pacífico.*

**CAMOTE** Batata. // Enamoramiento.

**CAMPAMENTO** Acantonamiento, campo, vivaque.

**CAMPANA** Bronce, cencerro, esquila.

**CAMPANADA** Campaneo, talán, tintineo, retintín.

**CAMPANARIO** Campanil, espadaña, torre.

**CAMPANEAR** Repicar, tintinear, campanillear, repiquetear. // Espiar.

**CAMPANILLA** Timbre.

**CAMPANTE** Contento, satisfecho, ufano. *Descontento, triste.*

**CAMPANUDO** Altisonante, hinchado, rimbombante.

**CAMPAÑA** Campo, llanura. *Montaña, sierra.* // Cruzada, empresa, expedición.

**CAMPAR** Sobresalir.

**CAMPECHANO** Alegre, franco, jovial, llano, sencillo, simpático. *Hosco, huraño.*

**CAMPEÓN** As, defensor, paladín, sostenedor.

**CAMPEONATO** Certamen.

**CAMPERO** Rural.

**CAMPESINO** Agrario, campestre. *Ciudadano.* // Agricultor, labrador, labriego, granjero.

**CAMPIÑA** Campaña, campo.

**CAMPO** Afueras. // Campiña, prado, terreno. // Asunto, tema.

**CAMPOSANTO** Cementerio, necrópolis, fosal, sacramental.

**CAN** Perro. *\*Kan.*

**CANAL** Canaleta, canalón, caño, conducto, reguera, tubo. // Acequia, zanja. // Estría. // Estrecho, brazo de mar. *Istmo.*

**CANALIZAR** Encanalar, encañonar, acequiar, regar.

**CANALÓN** Canal, caño, desagüe.

**CANALLA** Chusma, gentualla, populacho, gentuza. // Bribón, malvado, pícaro, pillo. *Honorable, honrado.*

**CANAPÉ** Diván, sofá. // Bocadito.

**CANASTA** Canasto, cesta, cesto.

**CANASTILLO** Azafate.

**CANASTO** Canasta.

**CANCEL** Biombo, contrapuerta, mampara. *\*Cáncer, cárcel.*

**CANCELACIÓN** Anulación, supresión, derogación, abolición, liquidación.

**CANCELAR** Liquidar, saldar. *Deber.* // Abolir, anular. *Implantar, promulgar.*

**CANCHA** Hipódromo, pista. // Sendero. // Habilidad. *Torpeza.*

**CANCIÓN** Aria, cantar, cantinela, copla, endecha, tonada, balada, cantiga, canto.

**CANDADO** Cerradura, cierre.

**CANDELA** Lumbre.

**CANDELERO** Palmatoria.

**CANDENTE** Caliente, incandescente, al rojo. *Frío.* *Cadente.*

**CANDIDATO** Aspirante, pretendiente.

**CANDIDEZ** Candor, ingenuidad, inocencia, sinceridad. *Astucia, picardía.*

**CÁNDIDO** Blanco, candoroso, crédulo, ingenuo, inocente, sencillo, simple. *Astuto, receloso, suspicaz.*

**CANDIL** Lámpara, candileja, linterna, farol, fanal.

**CANDOR** Candidez, pureza, sencillez. *Astucia, hipocresía, malicia.* // Blancura. *Suciedad.*

**CANÍBAL** Antropófago. // Cruel, inhumano, salvaje.

**CANÍCULA** Calor, bochorno. *Frío.*

**CANIJO** Débil, enfermizo, raquítico. *Fuerte, robusto, sano.*

**CANILLA** Espita, grifo.

**CANINO** Perruno.

**CANJE** Cambio, permuta, trueque.

**CANJEAR** Cambiar, permutar, trocar.

**CANO** Blanco, canoso, blanquecino, entrécano, pelicano, rucio.

**CANOA** Bote.

**CANON** Impuesto. // Catálogo. // Precepto, regla.

**CANÓNICO** Regular, conforme. // Beneficial, penitenciario. *Irregular.*

**CANONIZAR** Santificar.

**CANONJÍA** Beneficio, ganga, prebenda.

**CANORO** Armonioso, melodioso.

**CANOSO** Cano.

**CANSADO** Fatigado, harto, molesto. *Descansado, fresco.*

**CANSANCIO** Fatiga, hastío, molestia. *Animación, fortaleza.*

**CANSAR** Aburrir, ajetrear, fastidiar, fatigar, hastiar, importunar, incomodar, molestar. *Descansar, reposar.*

**CANTANTE** Cantatriz, cantor, diva, divo.

**CANTAR** Canción, canto. // Celebrar, elogiar, encomiar, loar. // Confesar, delatar, descubrir, espetar, revelar. *Callar, negar.*

**CÁNTARO** Ánfora, botijo.

**CANTAZO** Pedrada.

**CANTERA** Pedregal, pedriscal, cantizal, cascajar, guijarral.

**CÁNTICO** Canto, salmo.

**CANTIDAD** Abundancia, cuantía, importe, monto, número, parte, porción, caudal. *Escasez.*

**CANTILENA** Cantar, cantinela. // Tabarra.

**CANTIMPLORA** Chifle. // Garrafa.

**CANTINA** Bar, taberna.

**CANTO** Canturreo, vocalización. // Canción, copla, tonada. // Borde, margen, orilla. // Guijarro, piedra.

**CANTÓN** Esquina. // Región, territorio.

**CANTOR** Cancionista, cantante, payador.

**CANTURREAR** Tararear.

**CÁNULA** Tubo.

**CAÑA** Aguardiente. // Cánula. // Fuste.

**CAÑADA** Vaguada, valle, hoya. *Colina, meseta.*

**CAÑAVERAL** Cañal, carrizal, cañavera, cañizar, cañedo, cañizal, cañamelar.

**CAÑERÍA** Tubería.

**CAÑO** Conducto, tubo.

**CAÑÓN** Obús, mortero, lombarda. // Tubo. // Pluma.

**CAÑUTO** Canuto.

**CAOS** Confusión, desorden, desorganización, lío, anarquía. *Disciplina, orden, organización.*

**CAPA** Manteo, manto. // Pretexto. // Baño, mano. // Estrato, vena, veta.

**CAPACHO** Cesto, espuerta, cesta, canasta, serón.

**CAPACIDAD** Cabida, espacio, extensión, volumen, tonelaje. // Aptitud, competencia, inteligencia, saber, suficiencia. *Ineptitud, torpeza.*

**CAPACITAR** Habilitar.

**CAPAR** Castrar. // Cercenar, disminuir, mutilar.

**CAPARAZÓN** Concha, cubierta, carapacho, corteza.

**CAPATAZ** Caporal, encargado.

**CAPAZ** Amplio, espacioso, grande, vasto. *Pequeño.* // Apto, competente, hábil, idóneo. *Incapaz, incompetente.* // Avezado, conocedor, entendido, experto, práctico. *Inexperto.*

**CAPCIOSO** Artificioso, engañoso. *Franco, sincero, verdadero.*

**CAPEAR** Torear, defenderse.

**CAPELLÁN** Clérigo, cura, sacerdote.

**CAPERUZA** Bonete, gorra.

**CAPILLA** Oratorio.

**CAPITAL** Bienes, caudal, dinero, fortuna, hacienda. // Patrimonio, peculio. // Cabecera. // Esencial, fundamental, principal. *Secundario.*

**CAPITÁN** Jefe, caudillo.

**CAPITANEAR** Acaudillar, comandar, conducir, dirigir, guiar, mandar. *Obedecer, seguir.*

**CAPITULACIÓN** Rendición, cesión, entrega. // Convenio, pacto.

**CAPITULAR** Ceder, rendirse. *Batirse, luchar, resistir.* // Convenir, pactar.

**CAPÍTULO** División, apartado.

**CAPOLAR** Partir, dividir, cortar, despedazar.

**CAPÓN** Castrado.

**CAPORAL** Capataz, encargado.

**CAPOTA** Sombrero, tocado, cubierta.

**CAPOTE** Gabán, poncho, redingote, sarape, capisayo.

**CAPRICHO** Arbitrariedad, obstinación. *Condescendencia, justicia.* // Exigencia, pretensión. *Concesión.* // Extravagancia, fantasía, humorada, ocurrencia, tontería. // Antojo, deseo, manía, voluntad. *Necesidad.*

**CAPRICHOSO** Antojadizo, arbitrario, caprichudo, improcedente, inmotivado, tornadizo, voluble, variable. *Consecuente, constante.*

**CÁPSULA** Estuche, envoltura. // Píldora.

**CAPTACIÓN** Atracción, persuasión. *Disconformidad, repulsión.*

**CAPTAR** Atraer, cautivar, conseguir, ganar, lograr, seducir, sugestionar. *Rechazar, repeler.* \*Catar.

**CAPTURA** Aprehensión, detención, prendimiento. *Liberación.*

**CAPTURAR** Aprehender, apresar, detener, prender. *Excarcelar.*

**CAPUCHA** Capillo, capuchón.

**CAPULLO** Botón, pimpollo.

**CARA** Rostro, faz, jeta, semblante. // Anverso, fachada, frente. *Cruz, reverso, nuca.*

**CARABINA** Fusil.

**CARÁCTER** Genio, idiosincrasia, índole, natural, personalidad, temperamento, temple. *Impersonalidad.* // Estilo, tipo. // Energía, entereza, firmeza, voluntad. *Abulia, apatía.*

**CARACTERÍSTICO** Congénito, innato. // Inconfundible, peculiar, propio, típico. *Genérico.*

**CARACTERIZADO** Distinguido.

**CARACTERIZAR** Determinar, personalizar, significar. *Indeterminar.*

**CARACÚ** Médula, tuétano.

**CARAMBOLA** Casualidad, chiripa, suerte. // Enredo, trampa.

**CARANTOÑA** Caricia, halago, zalamería. *Insulto.*

**CARAPACHO** Caparazón, concha.

**CARÁTULA** Careta, máscara, mascarilla.

**CARAVANA** Multitud, tropel.

**CARBÓN** Antracita, coque, hulla, lignito, turba, tizón.

**CARBUNCO** Ántrax. \***Carbunclo.**

**CARBURANTE** Combustible.

**CARCAJ** Aljaba.

**CARCAJADA** Risotada. *Lamento.*

**CARCAMAL** Vejestorio. \***Carcamán.**

**CÁRCEL** Correccional, penal, penitenciaría, prisión. \***Cancel, cáncer.**

**CARCELERO** Guardián, guardia, guarda, alcaide, celador.

**CARCOMA** Polilla.

**CARCOMER** Consumir, roer.

**CARDENAL** Contusión, equimosis, moretón. \***Cardinal.**

**CARDENILLO** Verdín.

**CÁRDENO** Amoratado, lívido.

**CARDINAL** Capital, esencial, fundamental, importante, primordial. *Accesorio, secundario.* *Cardenal.

**CARDIZAL** Cardal, cardonal.

**CARDO** Cardón.

**CARDUMEN** Banco.

**CAREAR** Confrontar, enfrentar. *Cariar.

**CARECER** Escasear, faltar. *Abundar, sobrar, tener.*

**CARENCIA** Ausencia, escasez, falta, penuria, privación. *Abundancia, posesión, sobra.*

**CARENTE** Desprovisto, falto, huérfano, necesitado, privado, incompleto, careciente. *Copioso, cuantioso.*

**CARESTÍA** Carencia, escasez. *Abundancia, baratura, sobra.*

**CARETA** Antifaz, carátula.

**CARGA** Cargamento, lastre, peso. // Gabela, gravamen, impuesto, tributo. // Acometida, ataque. // Cuidado, molestia, obligación.

**CARGADO** Abarrotado, agobiado, repleto. *Desembarazado, vacío.* // Espeso, fuerte, saturado. *Liviano.* // Bochornoso, tempestuoso. *Despejado.*

**CARGANTE** Chinche, escorchón, fastidioso, importuno, molesto, pesado. *Soportable, tolerable.*

**CARGAR** Abarrotar, agobiar, embarcar, estibar, llenar. *Descargar, vaciar.* // Agravar, aumentar, imponer. *Aligerar, quitar.* // Achacar, atribuir, imputar. *Disculpar.* // Fastidiar, importunar, irritar, molestar. // Arremeter, atacar, embestir. *Huir.* // Apoyarse, descansar, estribar.

**CARGO** Cuidado, dignidad, empleo, oficio, plaza, puesto. // Imputación, peso. *Descargo.* // Custodia, dirección, gobierno.

**CARGOSO** Cargante.

**CARIACONTECIDO** Triste, turbado, apenado, sobresaltado, asustado. *Alegre, tranquilo.*

**CARIARSE** Picarse, corroerse.

**CARICATURA** Ridiculización, exageración, parodia, deformación.

**CARICATURIZAR** Deformar, exagerar, desfigurar, ridiculizar.

**CARICIA** Cariño, mimo. *Cachete, golpe.*

**CARIDAD** Altruismo, filantropía, generosidad, humanidad. *Egoísmo, envidia.* // Auxilio, ayuda, limosna, socorro. *Desamparo, tacañería.*

**CARIES** Corroedura, picadura, ulceración.

**CARILLA** Cara, página, plana.

**CARIÑO** Afecto, amor, apego, benevolencia, dilección, esmero, inclinación, ternura, simpatía. *Desamor, aversión, desapego, odio.* // Caricia, halago, mimo. *Desatención.*

**CARIÑOSAMENTE** Afectuosamente, tiernamente, cordialmente.

**CARIÑOSO** Afectuoso, amoroso, benévolo, cordial, mimoso, zalamero. *Desamorado, descariñado, descastado.*

**CARITATIVO** Compasivo, generoso, humano, misericordioso, altruista. *Egoísta, interesado.*

**CARIZ** Aspecto, pinta, traza.

**CARMENAR** Desenredar, desenmarañar, escarmenar.

**CARMESÍ** Escarlata, grana, rojo.

**CARNADA** Cebo, señuelo.

**CARNADURA** Encarnadura, robustez.

**CARNAL** Lascivo, libidinoso, lujurioso, sensual. *Casto, espiritual.* // Terrenal.

**CARNALMENTE** Carnosamente. // Lujuriosamente, sensualmente. // Terrenalmente. *Espiritualmente, castamente.*

**CARNAVAL** Carnestolendas.

**CARNEAR** Matar, sacrificar.

**CARNECERÍA** Carnicería.

**CARNERO** Morueco.

**CARNESTOLENDAS** Carnaval.

**CARNICERÍA** Carnecería. // Degollina, matanza, mortandad.

**CARNICERO** Carnívoro. // Cruel, inhumano, sanguinario. // Matarife.

**CARNÍVORO** Carnicero.

**CARNOSIDAD** Excrecencia.

**CARNOSO** Carnudo, pulposo.

**CARO** Alto, costoso, salado, subido. *Barato, económico, módico.* // Adorado, amado, apreciado, querido. *Odiado,*

*odioso, despreciado, aborrecido.*
**CAROZO** Hueso, pepita.
**CARPA** Pabellón, tienda.
**CARPETA** Cartera. // Cubierta.
**CARPINTERÍA** Ebanistería, marquetería, taller.
**CARRADA** Carretada.
**CARRERA** Corrida. // Curso, recorrido, trayecto, trayectoria. // Carretera. // Hilera. // Raya. // Estudio, profesión.
**CARRERISTA** Burrero.
**CARRERO** Carretero.
**CARRETA** Carro, carromato.
**CARRETADA** Carrada.
**CARRETE** Bobina, carretel.
**CARRETERA** Camino, estrada, pista.
**CARRETERO** Carrero.
**CARRETILLA** Carretón, volquete.
**CARRIL** Riel, vía. // Huella, surco.
**CARRILLO** Cachete, mejilla, pómulo.
**CARRO** Carreta, carretón, carromato, carruaje. // Carrada.
**CARROMATO** Carro.
**CARROÑA** Cadáver, podredumbre.
**CARROZA** Coche.
**CARRUAJE** Vehículo.
**CARTA** Billete, correspondencia, despacho, epístola, esquela, mensaje, misiva, pliego. // Constitución, estatuto. // Naipe. // Mapa. // Menú.
**CARTA BLANCA** Facultad, poder.
**CARTABÓN** Regla, escuadra.
**CARTAPACIO** Carpeta, cuaderno, pliego. // Portapliegos.
**CARTEL** Cartelón, pancarta, rótulo, título. // Anuncio, bando, edicto, proclama. // Fama, reputación.
**CARTEO** Correspondencia, correo, mensajería, epistolario.
**CARTERA** Billetera, bolsa, bolso, monedero, mochila. // Carpeta, portapapeles. // Ministerio.
**CARTERISTA** Ladrón, ratero.
**CARTILLA** Abecedario, silabario. // Libreta, cuaderno.
**CARTUCHERA** Canana.
**CARTUCHO** Envoltura, tubo. // Carga.
**CASA** Edificio. // Domicilio, hogar, man-

sión, morada, residencia, vivienda, habitación, aposento. // Familia, linaje, estirpe. //Establecimiento, firma. *****Caza.**
**CASAL** Pareja.
**CASAMIENTO** Boda, enlace, nupcias. *Divorcio, separación.*
**CASAR** Desposarse. *Divorciarse.* // Juntar, unir. *Desunir.* *****Cazar.**
**CASCABEL** Campanilla, sonajero, sonajas, cencerro.
**CASCADA** Catarata, salto. *Géiser.*
**CASCADO** Achacoso. // Rajado, roto. // Trémulo.
**CASCAJO** Cascote, guijo.
**CASCANUECES** Rompenueces.
**CASCAR** Escachar, quebrantar, rajar. // Azotar, pegar. *Acariciar.*
**CÁSCARA** Cascarón, corteza, cubierta, vaina.
**CASCARRABIAS** Colérico, irritable, quisquilloso. *Flemático, manso.*
**CASCO** Pezuña, vaso. // Pipa, tonel. // Yelmo. // Cabeza, cráneo.
**CASCOTE** Escombro. // Guijo, ripio.
**CASERÍA** Caserío, villorrio.
**CASERO** Encargado, propietario. // Hogareño. *Callejero.*
**CASETA** Casilla, garita.
**CASI** Aproximadamente, cerca de, por poco.
**CASILLA** Caseta. // Compartimiento, encasillado. // Escaque. // Retrete.
**CASINO** Club.
**CASO** Acontecimiento, asunto, circunstancia, coyuntura, ocasión. // Tema. *****Cazo.**
**CASQUETE** Casco, gorro, solideo.
**CASQUIJO** Grava.
**CASQUILLO** Cápsula, cartucho, vaina.
**CASQUIVANO** Alocado, ligero, aturdido, irreflexivo. *Grave, formal, reflexivo, serio.*
**CASTA** Alcurnia, linaje, progenie, ralea, raza. // Calidad, especie.
**CASTAÑETEAR** Tiritar. *Calentarse.*
**CASTAÑUELA** Crótalo.
**CASTICISMO** Purismo.
**CASTIDAD** Continencia, honestidad,

pureza, virginidad. *Impureza, lujuria, sensualidad.*

CASTIGAR Afligir, escarmentar, golpear, mortificar, reprimir. *Consolar, galardonar, premiar.* // Corregir, enmendar. *Excusar, justificar.*

CASTIGO Correctivo, pena, penalidad, penitencia, punición, represión, sanción. *Galardón, recompensa.*

CASTIZO Correcto, puro. *Exótico, extraño, modernista.*

CASTO Continente, honesto, púdico, puro, virtuoso. *Impuro, sensual.*

CASTRADO Capón, eunuco.

CASTRAR Capar, esterilizar. *Fertilizar.*

CASTRENSE Militar. *Pacifista.*

CASUAL Contingente, fortuito, impensado, inopinado, ocasional. *Esencial, pensado, premeditado, provocado.* *Causal.*

CASUALIDAD Acaso, accidente, azar, chiripa, eventualidad, suerte, ventura. *Seguridad, previsión.* *Causalidad.*

CASUALMENTE Accidentalmente, fortuitamente, impensadamente, eventualmente. *Pensadamente, previsiblemente.*

CATA Prueba.

CATACLISMO Catástrofe, desastre, diluvio, terremoto.

CATADOR Degustador.

CATADURA Degustación. // Aspecto, facha.

CATAFALCO Túmulo.

CATALOGAR Clasificar, inventariar, registrar.

CATÁLOGO Inventario, lista, registro.

CATAPLASMA Emplasto, tópico. // Importuno, pelmazo. *Entretenido.*

CATAR Degustar, probar. // Examinar, mirar, observar, registrar, ver. *Captar.*

CATARATA Cascada, torrente.

CATARRO Constipado, resfriado, tos. *Cotarro.*

CATASTRO Censo, padrón.

CATÁSTROFE Cataclismo.

CÁTEDRA Aula, clase. // Púlpito.

CATEDRÁTICO Maestro, profesor. *Alumno.*

CATEGORÍA Clase, condición, esfera,

jerarquía, rango, autoridad.

CATEGÓRICO Claro, decisivo, preciso, rotundo, terminante. *Dubitativo, equívoco, evasivo.*

CATEQUIZAR Adoctrinar, enseñar, instruir. // Convencer, persuadir.

CATERVA Banda, cáfila, montón, multitud, pandilla, turba.

CATILINARIA Invectiva. *Desagravio.*

CATÓLICO Universal.

CAUCE Álveo. // Lecho, canal, arroyo. *Cause* (causar).

CAUCHO Goma.

CAUCIÓN Fianza, garantía, prevención.

CAUDAL Abundancia, cantidad, copia. *Escasez.* // Bienes, fortuna, hacienda, patrimonio, riqueza. *Penuria.*

CAUDALOSO Abundante, acaudalado, copioso. *Insignificante, pobre.*

CAUDILLAJE Caciquismo.

CAUDILLO Adalid, jefe.

CAUSA Base, fuente, fundamento, génesis, germen, motivo, móvil, origen, principio, razón. *Consecuencia, efecto, resultado.* // Doctrina, interés, partido. // Litigio, pleito, proceso, sumario.

CAUSALIDAD Causa, origen, motivo. *Casualidad, eventualidad, contingencia, azar.* *Casualidad.*

CAUSAR Acarrear, engendrar, irrogar, motivar, ocasionar, originar, promover, redundar, suscitar, dar lugar, dar pie.

CAUSTICIDAD Acidez, malignidad, mordacidad. *Broma, chiste.*

CÁUSTICO Corrosivo, quemante. // Vejigatorio. // Agresivo, incisivo, irónico, mordaz, picante, punzante.

CAUTELA Astucia, maña, sutileza. *Ingenuidad, sinceridad.* // Precaución, tacto. *Imprudencia, temeridad.*

CAUTELOSO Astuto, callado, reservado, prudente, cauto. *Temerario.*

CAUTERIO Cauterización.

CAUTERIZAR Restañar. // Corregir.

CAUTIVADOR Seductor.

CAUTIVAR Apresar, capturar, domar, esclavizar, someter. *Libertar.* // Atraer, encantar, seducir. *Aburrir, desencantar, repeler, repugnar, rechazar.*

CAUTIVERIO Cautividad, esclavitud, prisión, encarcelamiento. *Libertad.*

CAUTIVO Encadenado, esclavizado, esclavo, preso, prisionero, sometido, sojuzgado. *Libre.*

CAUTO Astuto, precavido, sagaz. *Imprudente, ingenuo.*

CAVA Bodega. // Foso.

CAVAR Ahondar, profundizar.

CAVERNA Antro, cueva, gruta. // Concavidad, subterráneo.

CAVERNOSO Lúgubre, profundo. // Bronco, sordo. *Agudo.*

CAVIDAD Concavidad, excavación, hoyo, hueco, nicho, seno.

CAVILACIÓN Meditación, reflexión. *Irreflexión.*

CAVILAR Discurrir, meditar, pensar, preocuparse, reflexionar, rumiar. *Despreocuparse.*

CAYADO Bastón. *Callado.*

CAZA Cacería, cinegética. *Casa.*

CAZAR Acosar, perseguir. *Casar.*

CAZO Cucharón.//Perol, puchero. *Caso.*

CAZOLETA Receptáculo, depósito.

CAZUELA Cacerola. // Galería, paraíso.

CAZURRO Astuto, callado.

CEBAR Alimentar, engordar, engrosar. *Adelgazar.* // Fomentar. // Atraer, engolosinar, halagar. // Preparar. // Encarnizarse, ensañarse.

CEBO Aliciente, anzuelo, carnada, señuelo.//Fomento, incentivo, pábulo. *Sebo.*

CECINA Charqui, tasajo, chacina.

CEDA Ceta, zeta. *Seda.*

CEDAZO Cernidor, criba, harnero, tamiz, zaranda.

CEDER Dar, dejar, endosar, entregar, transferir, trasladar, traspasar. *Quitar, tomar.* // Acceder, condescender, consentir, transigir. *Denegar, rechazar.* // Rendirse, replegarse, retirarse, someterse. *Combatir, pelear.* // Aflojar, aminorarse, cejar, cesar, disminuir, flaquear, mitigarse. *Mantenerse, porfiar.*

CÉDULA Documento, escrito, ficha, papeleta. *Célula.*

CÉFIRO Aura, brisa. *Huracán.* *Zafiro.*

CEGAR Deslumbrar, exasperarse, obcecarse, ofuscarse. *Distinguir, reconocer.* // Cerrar, obstruir, tapar, taponar. *Desatascar.* *Segar.*

CEGATO Corto de vista.

CEGUEDAD Ceguera. *Visión.*//Deslumbramiento, exasperación, obcecamiento. *Comprensión, percepción.*

CEGUERA Ceguedad.

CEJAR Abandonar, ceder, desistir, flaquear, replegarse, retroceder. *Avanzar, insistir, machacar, rechazar.*

CELADA Yelmo. // Asechanza, emboscada, engaño, fraude, trampa.

CELADOR Vigilante, guardián.

CELAR Atender, cuidar, observar, velar, vigilar. *Confiar.* // Disimular, encubrir, ocultar. *Descubrir.*

CELDA Calabozo. // Celdilla.

CELEBRACIÓN Conmemoración. // Aclamación, aplauso, apoteosis, ovación.

CELEBRAR Conmemorar, festejar, oficiar, solemnizar. // Alabar, aplaudir, elogiar, enaltecer, encomiar. *Execrar, maldecir.* // Reverenciar.

CÉLEBRE Afamado, famoso, glorioso, ilustre, insigne, popular, renombrado. *Desconocido, ignorado.*

CELEBRIDAD Fama, nombradía, nombre, notoriedad, popularidad, renombre, reputación. *Anonimato, desprestigio, impopularidad.* *Celeridad.*

CELERIDAD Actividad, diligencia, prontitud, rapidez, velocidad. *Lentitud.* *Celebridad.*

CELESTE Celestial.

CELESTIAL Celeste, divino, glorioso, paradisíaco. *Infernal, terrenal.* // Delicioso, perfecto.

CELESTINA Alcahueta, encubridora, proxeneta.

CELIBATO Soltería.

CÉLIBE Mozo, soltero. *Casado.*

CELO Actividad, afán, ahínco, ardor, asiduidad, cuidado, diligencia, intrepidez, pasión. *Apatía, indolencia, negligencia.*

**CELOS** Antagonismo, duda, emulación, envidia, rivalidad. *Indiferencia.* // Inquietud, recelo, sospecha. *Confianza.*

**CELOSÍA** Enrejado, persiana.

**CELOSO** Encelado. // Envidioso, receloso, suspicaz. *Confiado.* // Activo, cuidadoso, diligente. *Dejado, desidioso.*

**CÉLULA** Cavidad, celda, seno. *Cédula.

**CEMENTERIO** Camposanto, necrópolis, fosal, sacramental.

**CEMENTO** Argamasa, pegamento. *Cimiento, segmento.

**CENA** Comida. *Sena.

**CENADOR** Quiosco, glorieta, emparrado, veranda.

**CENAGAL** Barrizal, ciénaga, fangal, lodazal, pantano.

**CENAR** Comer.

**CENCEÑO** Enjuto, flaco.

**CENCERRO** Campanilla, esquila.

**CENDAL** Velo, manto.

**CENIZA** Escoria, pavesa, residuo.

**CENIZAS** Escombros, restos.

**CENOBITA** Ermitaño, monje.

**CENOTAFIO** Mausoleo, sepulcro.

**CENSO** Carga, contribución, gravamen, impuesto, tributo. // Empadronamiento, registro.

**CENSOR** Crítico, interventor, examinador, corrector. *Sensor.

**CENSUAL** Censal. *Sensual.

**CENSURA** Condena, crítica, diatriba, objeción, reparo, reproche. *Aprobación, elogio.* // Murmuración, tacha, vituperio. // Dictamen, examen, juicio.

**CENSURABLE** Incalificable, vituperable, reprobable. *Elogiable.*

**CENSURAR** Corregir, criticar, murmurar, reprochar, vituperar. *Alabar, aprobar.* // Tachar, suprimir. *Dejar, permitir.*

**CENTELLA** Chispa, rayo.

**CENTELLEANTE** Brillante, luminoso, llameante, resplandeciente, rutilante. *Apagado, opaco.*

**CENTELLEAR** Brillar, chispear, fulgurar, lucir, relucir, resplandecer, fulgurar. *Apagarse.*

**CENTELLEO** Brillo, fulgor, llama, resplandor, relampagueo. *Opacidad.*

**CENTENARIO** Longevo. // Siglo.

**CENTINELA** Guardia, vigilante.

**CENTRADO** Medio, equidistante. *Descentrado.* // Correcto, sensato. *Insensato, alocado.*

**CENTRAL** Céntrico. // Matriz, principal.

**CENTRALIZACIÓN** Concentración.

**CENTRALIZAR** Centrar. *Dispersar, esparcir.*

**CENTRAR** Centralizar, concentrar. *Descentrar, separar.*

**CÉNTRICO** Central. *Periférico.*

**CENTRO** Corazón, foco, medio. *Contorno, periferia; barrio, suburbio.* // Club, sociedad. // Fin, meta, objeto.

**CEÑIDOR** Cinto, cinturón, faja.

**CEÑIR** Ajustar, apretar, oprimir, cercar, encerrar, rodear. *Aflojar, desatar, desceñir.* // Abreviar, compendiar. *Ampliar.* // Atenerse, concretarse, circunscribirse, limitarse. *Explayarse.*

**CEÑO** Cerco. // Entrecejo, expresión, gesto. // Cariz, aspecto.

**CEÑUDO** Cejijunto. *Amable.*

**CEPA** Parra. // Casta, familia, linaje, origen, raza, tronco. *Sepa (saber).

**CEPILLAR** Limpiar. // Desbastar.

**CEPILLO** Escobilla. // Alcancía.

**CEPO** Trampa.

**CERÁMICA** Arcilla, barro, terracota. // Alfarería.

**CERAMISTA** Alfarero.

**CERBERO** Cancerbero, guardián, vigilante, vigía.

**CERCA** Próximo. *Lejos.* // Barrera, empalizada, tapia, valla, vallado.

**CERCADO** Cerca.

**CERCANÍA** Inmediación, proximidad, vecindad. *Lejanía.* // Alrededores, contornos. // Acercamiento.

**CERCANO** Contiguo, inmediato, limítrofe, próximo, vecino. *Distante, lejano, remoto.*

**CERCAR** Circuir, circundar, circunvalar, encerrar, rodear, tapiar. *Abrir.* // Asediar, sitiar. *Liberar.*

**CERCENAR** Cortar, mutilar, recortar. //

Acortar, disminuir, reducir, suprimir. *Ampliar, aumentar, prolongar.*

**CERCIORARSE** Asegurarse, comprobar, convencerse. *Desmentir.*

**CERCO** Aro, marco. // Asedio. // Corrillo.

**CERDA** Chancha. // Crin, pelo.

**CERDO** Cochino, chancho, marrano, puerco. // Desaseado, sucio.

**CEREALES** Granos, mies.

**CEREBRO** Encéfalo, sesos, meollo. // Mente. // Inteligencia, juicio, talento, capacidad, ingenio.

**CEREMONIA** Aparato, pompa, solemnidad, rito.

**CEREMONIAL** Etiqueta, protocolo, rito, ritual.

**CEREMONIOSO** Ritual, solemne. // Afectado, amanerado. *Natural, sencillo.*

**CERILLA** Fósforo.

**CERNER** Cernir, colar, cribar, tamizar, zarandar, filtrar.

**CERNERSE** Amenazar. // Elevarse, remontarse.

**CERNÍCALO** Rudo, ignorante, zoquete.

**CERO** Nada. // Inútil, nulidad.

**CEROTE** Cerumen. // Miedo.

**CERRADO** Atrancado, clausurado, tapiado. *Abierto, destapado.* // Incomprensible, oculto, oscuro. *Claro, evidente, franco.* // Negado, obtuso, torpe. *Sagaz.* // Cubierto, encapotado, nublado. *Despejado.* *Serrado.

**CERRADURA** Candado, pestillo, cerrojo, picaporte, pasador, aldaba, falleba.

**CERRAMIENTO** Cerradura, cierre, oclusión.

**CERRAR** Atrancar, clausurar, encerrar, obstruir, obturar, tapiar, amurallar. *Abrir, comunicar, destapar.* // Cercar, enclaustrar, rodear. // Acabar, concluir, terminar. // Acometer, arremeter, atacar, embestir. *Huir.* // Cicatrizarse. // Obstinarse. *Serrar.

**CERRAZÓN** Oscuridad. *Claridad.*

**CERRIL** Arisco, bravío, indómito, montaraz, salvaje. *Manso.* // Rústico, tosco. // Áspero, escabroso. *Llano.*

**CERRO** Colina, collado, loma, monte. *Llano, llanura, planicie.*

**CERROJO** Pasador, pestillo, candado.

**CERTAMEN** Concurso.

**CERTERO** Acertado, cierto, diestro, seguro. *Errado.*

**CERTEZA** Certidumbre, convencimiento, convicción, seguridad. *Duda, indecisión.*

**CERTIDUMBRE** Certeza.

**CERTIFICABLE** Testimoniable, atestiguable, legalizable, autentificable.

**CERTIFICAR** Afirmar, asegurar, aseverar, dar por cierto, responder. *Desmentir, negar.*

**CERÚLEO** Azul.

**CERVIZ** Cogote, nuca. *Servís* (servir).

**CESACIÓN** Suspensión, terminación, prescripción, interrupción, desuso, paro, tregua, conclusión, fin. *Iniciación, principio.*

**CESANTÍA** Despido, suspensión, cese. *Empleo.*

**CESAR** Acabarse, concluir, finalizar, terminar. *Continuar, proseguir.*

**CESARISMO** Despotismo. *Democracia.*

**CESE** Cesantía. // Huelga, interrupción, pausa. *Prosecución.*

**CESIÓN** Abandono, donación, entrega, paso, transmisión, traspaso. *Retención.* *Sesión, sección.

**CESTA** Canasta, cesto, espuerta. *Sexta, secta.

**CESTO** Cesta. *Sexto, seto.

**CESURA** Corte, pausa. *Cisura.

**CETRINO** Amarillento, verdoso.

**CETRO** Gobierno, mando. // Preeminencia, superioridad.

**CHABACANERÍA** Ordinariez, ramplonería, vulgaridad. *Delicadeza, refinamiento, distinción.*

**CHABACANO** Grosero, ordinario, pedestre, ramplón, vulgar. *Delicado, fino.*

**CHACHA** Nodriza, niñera.

**CHÁCHARA** Charla, charlatanería, palabrería, picoteo.

**CHACOLOTEAR** Chapalear.

**CHACOTA** Broma, burla. // Diversión. *Desánimo.*

CHACOTEAR Bromear, chancearse.
CHACOTERO Burlón, bromista, chancero, guasón. *Serio.*
CHAFALONÍA Baratija.
CHAFAR Ajar, aplastar, arrugar, deslucir. *Estirar, planchar.*
CHAFARRINADA Borrón, mancha.
CHAFLÁN Bisel, borde, ochava.
CHAIRA Cuchilla, trinchete.
CHAL Pañoleta, mantón.
CHALADO Chiflado, ido. // Enamorado.
CHALANA Barca, barcaza, chata.
CHALANEAR Cambalachear, negociar, traficar.
CHALARSE Enloquecer. // Enamorarse.
CHALINA Corbata.
CHALUPA Bote, canoa, lancha.
CHAMBA Suerte, fortuna, azar, casualidad. *Seguridad, certeza.*
CHAMBERGO Sombrero.
CHAMBÓN Chapucero, torpe. *Hábil, práctico.*
CHAMBONADA Desacierto, error, torpeza. *Habilidad, tino.*
CHAMIZO Choza, barracón, refugio. // Tugurio.
CHAMORRO Esquilado, trasquilado.
CHAMUSCAR Quemar.
CHAMUSQUINA Alboroto, riña, trifulca.
CHANCEAR Bromear, burlarse.
CHANCHADA Bajeza, porquería, ruindad. // Suciedad.
CHANCHO Cerdo, cochino, puerco. // Sucio, roñoso.
CHANCHULLO Componenda, enjuague, trampa.
CHANCLETA Pantufla, zapatilla. // Hembra, mujer, niña.
CHANCLO Zueco, zapato. *Chancro.
CHANFLE Chaflán.
CHANGÜÍ Ventaja.
CHANTAJE Extorsión, amenaza, timo.
CHANTAR Decir, cantar, espetar, largar. // Vestir, poner.
CHANZA Broma, burla, chiste.
CHAPA Hoja, lámina, plancha.
CHAPADO Chapeado, laminado. // Acostumbrado, habituado, apegado.

CHAPALEAR Chapotear.
CHAPAR Chapear. // Agarrar, apoderarse. *Soltar.* // Asentar, encajar.
CHAPARRÓN Aguacero, chubasco.
CHAPEAR Blindar, enchapar, laminar.
CHAPÍN Zapato, chanclo, zueco.
CHAPOTEAR Chapalear, salpicar.
CHAPUCERÍA Remiendo, pegote. // Embuste, engaño.
CHAPUCERO Chambón, frangollón. *Cuidadoso, esmerado.*
CHAPURRAR Chapurrear, farfullar.
CHAPUZÓN Inmersión, zambullida.
CHAQUETA Saco, cazadora, americana.
CHARADA Acertijo, enigma.
CHARANGA Banda, murga.
CHARCO Bache, charca, hoyo, laguna, charcal.
CHARLA Conversación, labia, parloteo. *Silencio.*
CHARLAR Conversar, departir, hablar, parlotear. *Callarse.*
CHARLATÁN Embustero, farsante, parlanchín. *Parco, veraz.*
CHARLATANERÍA Charlatanismo, habladuría, locuacidad, palabrería. *Parquedad.*
CHARNELA Bisagra, gozne.
CHARQUE Cecina, tasajo.
CHARRANADA Canallada.
CHARRASCA Machete, sable.
CHARRETERA Galón, hombrera.
CHARRO Cursi, chabacano, ramplón, vulgar.
CHASCAR Chasquear. // Restallar, crujir, triturar.
CHASCARRILLO Anécdota, cuento, chiste.
CHASCO Broma, burla. // Decepción, desencanto, desengaño. *Éxito, triunfo.*
CHASIS Armazón, bastidor.
CHASQUEADO Burlado. // Decepcionado, desairado, desilusionado.
CHASQUEAR Burlar, chascar.
CHASQUIDO Crujido, estallido.
CHATA Bacín. // Carro. // Chalana.
CHATARRA Escoria, desecho.
CHATO Aplanado, aplastado. // Ñato,

romo. *Narigón, agudo.*

CHAVAL Joven, muchacho.

CHAVETA Clavija, pasador. // Juicio, seso.

CHEPA Giba, corcova, joroba.

CHICANA Embrollo, enredo.

CHICHARRA Cigarra. // Cotorra, charlatán. // Timbre.

CHICHE Juguete. // Pequeño, bonito.

CHICHÓN Hinchazón, bollo, bulto, burujón.

CHICHONERA Gorro.

CHICO Chiquilín, niño, pibe. // Bajo, corto, estrecho, pequeño, reducido.

CHICUELO Chico, niño.

CHIFLA Silva, pitidos.

CHIFLADO Loco, trastornado.

CHIFLADURA Capricho, locura, manía, rareza.

CHIFLAR Silbar. // Burlarse, mofarse. // Enamorarse, trastornarse.

CHIFLO Pito, silbato.

CHILLAR Aullar, gritar. // Chirriar.

CHILLIDO Alarido, grito.

CHILLÓN Berreador, gritón. // Agudo, penetrante. *Suave.* // Charro, recargado. *Elegante.*

CHIMENEA Fogón, hogar.

CHINCHARSE Incomodarse, fastidiarse.

CHINCHORRO Barquilla, bote.

CHINELA Chancleta, pantufla, zapatilla.

CHINGAR Errar, fallar.

CHIQUERO Pocilga.

CHIQUILICUATRO Mequetrefe.

CHIQUILLADA Niñada, niñería, travesura, chiquilinada.

CHIQUILLO Chico, niño.

CHIRIBITIL Buhardilla, cuartucho, cuchitril, zahúrda.

CHIRIGOTA Broma, burla, cachada, cuchufleta, chanza.

CHIRIMBOLO Trasto, trebejo.

CHIRIPA Azar, casualidad, coincidencia, potra, suerte. *Previsión.* **\*Chiripá.**

CHIRLE Aguanoso, insípido, insulso, insustancial.

CHIRLO Azote. // Barbijo, cicatriz, corte, cuchillada, herida, tajo.

CHIROLA Moneda.

CHIRONA Calabozo, cárcel, prisión.

CHISGARABÍS Botarate, chiquilicuatro.

CHISME Cuento, chismografía, habladuría, murmuración, chismorreo, cotilleo, comadreo. // Cachivache, trasto.

CHISMOSO Cizañero, cuentero, enredador, murmurador. *Verídico, veraz.*

CHISPA Centella, rayo. // Agudeza, gracia, ingenio.

CHISPAZO Destello. *Eclipse.*

CHISPEANTE Centelleante. // Agudo, gracioso, ingenioso, ocurrente.

CHISPEAR Chisporrotear. // Lloviznar.

CHISPO Achispado, borracho, curda. *Sobrio.*

CHISTE Agudeza. // Cachada, chanza, chasco. *Seriedad.*

CHISTOSO Agudo, gracioso, ingenioso, ocurrente. *Serio.*

CHITA Astrágalo, taba.

CHIVO Cabrito, chivato.

CHOCANTE Extraño, original, raro, sorprendente. *Conocido, normal.* // Ridículo, absurdo.

CHOCAR Topar, tropezar. // Extrañar, sorprender. // Disputar, pelear, reñir.

CHOCARRERÍA Bufonada.

CHOCARRERO Bufón, burlón, guasón.

CHOCHO Encariñado. // Decrépito.

CHOCLO Mazorca, maíz.

CHOCOLATÍN Bombón.

CHOQUE Colisión, encontronazo, topetazo, tropezón. // Combate, disputa, pelea, pendencia, riña.

CHORLITO Cándido, crédulo. *Avisado, sagaz.*

CHORREAR Brotar, caer, fluir, rociar, salpicar. // Robar.

CHORRO Manantial, surtidor. // Ladrón, ratero.

CHOTO Cabrito, chivo.

CHOZA Bohío, cabaña, casucha, tapera. *Mansión, palacio.*

CHUBASCO Aguacero, chaparrón.

CHÚCARO Arisco, montaraz.

CHUCHERÍA Baratija, fruslería.

CHUCHO Miedo, temor. // Escalofrío.

// Cuzco, perro, cachorro.

**CHULETA** Costilla.

**CHULO** Presumido, valentón.

**CHUMBERA** Cacto.//Nopal,tunal,tuna.

**CHUNGA** Broma, burla, cachada, guasa.

**CHUPADO** Consumido, extenuado, flaco. // Ebrio.

**CHUPAR** Absorber, mamar, sorber, succionar.// Embeber, empapar.// Consumir. // Adelgazar.

**CHURRE** Pringue.

**CHURRIGUERESCO** Barroco, recargado, pomposo.

**CHUSCO** Bromista, chistoso, gracioso, picaresco. *Serio, soso.*

**CHUSMA** Gentuza.

**CIAR** Aflojar, cejar. *Apretar.* // Retroceder. *Avanzar.*

**CICATERÍA** Avaricia, mezquindad, miseria, roña, roñosería, ruindad, tacañería. *Generosidad, largueza.*

**CICATERO** Avaro, mezquino, miserable, roñoso, ruin, tacaño. *Dadivoso, liberal.*

**CICATRIZ** Costurón, chirlo. // Huella, señal.

**CICATRIZANTE** Hemostático.

**CICATRIZAR** Cerrarse, curarse, cauterizar. // Olvidar.

**CICERONE** Baquiano, guía.

**CICLISMO** Velocipedismo.

**CICLO** Época, período. *Siclo.*

**CICLÓN** Huracán, tormenta.

**CÍCLOPE** Gigante, titán. *Enano, pigmeo.*

**CICLÓPEO** Colosal, enorme, gigantesco.

**CIDRA** Limón. *Sidra.*

**CIEGO** Alucinado, deslumbrado, ofuscado. *Vidente.* // Cegado, obstruido, taponado. *Destapado.* *Siego* (segar).

**CIELO** Bienaventuranza, edén, empíreo, gloria, paraíso, salvación. *Averno, infierno.* // Atmósfera. // Bóveda celeste, firmamento.

**CIÉNAGA** Barrizal, cenagal, fangal, lodazal, pantano.

**CIENCIA** Conocimiento, erudición, saber. *Ignorancia.* // Habilidad, maestría. *Torpeza.*

**CIENO** Barro, fango, légamo, limo, lodo.

**CIENTÍFICO** Sabio, maestro, teórico, docto, facultativo.

**CIERRE** Clausura. *Apertura, inauguración.* *Sierre* (serrar).

**CIERTAMENTE** Cierto, indudablemente. *Dudosamente.*

**CIERTO** Auténtico, inconcuso, incontestable, incuestionable, indiscutible, indubitable, innegable, irrefutable, patente, positivo, seguro. *Discutible, dudoso, erróneo, incierto, inexacto, problemático.*

**CIFRA** Guarismo, número, signo, símbolo. // Abreviatura, sigla. // Compendio, suma.

**CIFRADO** Criptográfico, en clave. // Misterioso, oscuro. *Claro, comprensible.*

**CIFRAR** Abreviar, compendiar, resumir. // Reducir.

**CIGARRA** Chicharra.

**CIGARRERA** Petaca, pitillera.

**CIGARRILLO** Pitillo.

**CIGARRO** Habano, puro.

**CIGOÑAL** Cigüeñal.

**CILICIO** Suplicio, tormento, mortificación, penitencia.

**CILINDRO** Rodillo, rulo.

**CIMA** Cumbre, cúspide, pico, pináculo. *Abismo, profundidad, sima.* // Fin, culminación, término. *Inicio, comienzo.* *Sima, sigma.*

**CIMBEL** Señuelo.

**CIMBRA** Curvatura, arco, vuelta.

**CIMBRAR** Cimbrear, torcerse, vibrar, flexionarse.

**CIMBREANTE** Flexible. *Rígido.*

**CIMENTAR** Asentar, fundamentar, fundar. *Demoler.*

**CIMERO** Superior, alto, culminante. *Inferior, bajo.*

**CIMIENTO** Base, fundamento, origen, principio. *Culminación.* *Cemento.*

**CINC** Zinc, calamina.

**CINCEL** Escoplo, buril, cortafrío.

**CINCELAR** Esculpir, grabar, labrar.

**CINCHAR** Ceñir, fajar. *Aflojar, soltar.* // Esforzarse. *Desistir.*

**CINE** Cinematógrafo.

**CINEMATOGRAFIAR** Filmar.

**CINEMATÓGRAFO** Cine, cinema.

**CÍNICO** Caradura, descarado, desfachatado, fresco, impúdico, insolente, procaz. *Considerado, decente, respetuoso.* **\*Sínico.**

**CINISMO** Descomedimiento, desfachatez, tupé. *Respeto.* // Desvergüenza, impudor, procacidad. *Decencia, pudor, vergüenza.*

**CINTA** Banda, tira. // Filme, película.

**CINTO** Cinturón. // Ceñidor.

**CINTURA** Cinto, talle.

**CINTURÓN** Ceñidor, cinto, correa.

**CIRCO** Anfiteatro, arena, estadio.

**CIRCUIR** Cercar, circunvalar, rodear.

**CIRCUITO** Círculo, contorno, perímetro, recinto, vuelta.

**CIRCULABLE** Transitable, libre, franqueable. *Intransitable.*

**CIRCULACIÓN** Desplazamiento, difusión, movimiento, paso, tráfico, tránsito, transporte. *Paro.*

**CIRCULAR** Curvo, redondo, curvado. // Carta, notificación. // Andar, caminar, moverse, pasar. *Detenerse.* // Correr, difundirse, divulgarse, propagarse, expandirse. *Ocultar.*

**CÍRCULO** Circunferencia, redondel. // Cerco, disco, rueda. // Centro, club, sociedad.

**CIRCUNDAR** Cercar, rodear, circunvalar, circuir.

**CIRCUNFERENCIA** Círculo.

**CIRCUNLOQUIO** Rodeo, giro, perífrasis, alusión, ambages, insinuación, evasiva. *Concisión.*

**CIRCUNNAVEGACIÓN** Periplo.

**CIRCUNSCRIBIR** Ajustar, ceñir, concretar, limitar, reducir, restringir. *Ampliar, dilatar, extenderse.*

**CIRCUNSCRIPCIÓN** Barrio, demarcación, distrito.

**CIRCUNSPECCIÓN** Atención, cordura, gravedad, prudencia, sensatez, seriedad. *Inconsciencia, insensatez, irreflexión, ligereza.*

**CIRCUNSPECTO** Mesurado, prudente, serio, reservado, cauteloso. *Alocado, aturdido, indiscreto.*

**CIRCUNSTANCIA** Caso, coincidencia, coyuntura, eventualidad, particularidad, situación, suceso. // Condición, modo, requisito.

**CIRCUNSTANCIAL** Accidental, casual. *Esencial, deliberado.*

**CIRCUNSTANTES** Asistentes, concurrentes, espectadores.

**CIRCUNVALAR** Circundar.

**CIRCUNVECINO** Cercano, colindante, contiguo, inmediato, próximo, vecino, lindante.

**CIRIO** Vela. **\*Sirio.**

**CISCO** Carbonilla. // Alboroto, riña, trifulca. *Paz.*

**CISMA** Desavenencia, discordia, disensión, división, escisión, separación. *Acuerdo, concordia, unión.*

**CISTERNA** Aljibe, pozo, tanque.

**CISURA** Abertura, hendidura, rotura. **\*Cesura.**

**CITA** Encuentro, entrevista. // Ejemplo, testimonio. **\*Sita.**

**CITACIÓN** Emplazamiento, intimación, llamamiento, notificación, orden, requerimiento.

**CITADO** Antedicho, dicho, nombrado, susodicho. // Convocado, llamado, requerido.

**CITAR** Avisar, convocar. // Mencionar, transcribir.

**CIUDAD** Urbe, metrópoli, capital, localidad, población. *Campaña, campo.*

**CIUDADANO** Natural, vecino. // Elector.

**CIUDADELA** Fortaleza, fuerte.

**CÍVICO** Civil, patriótico.

**CIVIL** Ciudadano, cívico. // Paisano. // Cortés, sociable. *Grosero, incivil.* **\*Sibil.**

**CIVILIDAD** Ciudadanía, sociabilidad, urbanidad.

**CIVILIZACIÓN** Cultura, educación, ilustración, instrucción, progreso, refinamiento, adelanto. *Barbarie, incultura, salvajismo, atraso.*

**CIVILIZADO** Culto, educado, cultivado.

*Salvaje, inculto, ignorante.*

**CIVILIZAR** Educar, ilustrar, instruir, refinar.

**CIVISMO** Patriotismo.

**CIZAÑA** Discordia, enemistad, hostilidad, odio. *Concordia, unión.* // Broza.

**CLAMAR** Lamentarse, quejarse. *Resignarse.* // Gritar, implorar, protestar, reclamar, rogar, suplicar. *Calmarse.*

**CLAMOR** Gritería, lamentación, vocerío. *Silencio.*

**CLAMOROSO** Gritón, vocinglero.

**CLAN** Familia, tribu. // Pandilla.

**CLANDESTINO** Furtivo, ilegal, secreto. *Legal, manifiesto, patente, público.*

**CLARAMENTE** Notoriamente, claro, manifiestamente, patentemente, abiertamente. *Oscuramente, confusamente.*

**CLAREAR** Alborear, amanecer.

**CLARIDAD** Luminosidad, luz, resplandor. *Oscuridad, tinieblas.* // Franqueza, sinceridad. *Confusión.*

**CLARIFICAR** Iluminar. *Oscurecer.* // Aclarar, depurar, esclarecer, limpiar, purificar.

**CLARÍN** Trompeta.

**CLARIVIDENCIA** Penetración, perspicacia, sagacidad. *Ceguera, ofuscación.*

**CLARO** Alumbrado, iluminado. *Oscuro, sombrío.* // Diáfano, limpio, puro, transparente. *Borroso, confuso, nebuloso, turbio.* // Desembarazado, despejado, ralo. *Enmarañado, intrincado.* // Cierto, evidente, notorio, preciso, redondo, rotundo, seguro, terminante. *Ambiguo, equívoco.* // Agudo, perspicaz. // Ilustre, insigne. // Abertura, espacio, hueco, intermedio, intervalo.

**CLASE** Aula, curso, lección. // Carácter, categoría, condición, cualidad, suerte. // Especie, variedad.

**CLÁSICO** Corriente, usual. *Moderno, novedoso.*

**CLASIFICACIÓN** Orden, ordenación. *Calificación.

**CLASIFICAR** Catalogar, ordenar, encasillar, archivar. *Confundir, mezclar, revolver.* *Calificar.

**CLAUDICAR** Ceder, someterse, rendirse. *Encarar, enfrentar, provocar, rebelarse, resistir.*

**CLAUSTRO** Convento. // Clausura. // Personal docente.

**CLÁUSULA** Condición, disposición. // Artículo, párrafo.

**CLAUSURA** Cierre. *Apertura.* // Claustro, retiro.

**CLAUSURAR** Cerrar, finalizar. *Abrir, inaugurar.*

**CLAVA** Cachiporra.

**CLAVADO** Cabal, exacto.

**CLAVAR** Clavetear, hincar, hundir, introducir, plantar. // Engañar. *Pagar.*

**CLAVE** Clavicordio. // Cifra, explicación, secreto. // Capital, esencial.

**CLAVETEAR** Guarnecer.

**CLAVO** Contrariedad, daño, perjuicio.

**CLEMENCIA** Benignidad, indulgencia, misericordia, piedad. *Dureza, fiereza, inclemencia.*

**CLEMENTE** Benigno, indulgente, misericordioso, piadoso. *Cruel, despiadado, insensible.*

**CLEPTÓMANO** Ladrón, ratero.

**CLERICAL** Sacerdotal. *Laico.*

**CLÉRIGO** Eclesiástico, cura, sacerdote, fraile, religioso, canónigo, prelado.

**CLIENTE** Comprador, consumidor, parroquiano, adquirente.

**CLIMA** Ambiente, temperatura.

**CLÍNICA** Dispensario, hospital, sanatorio, consultorio.

**CLOACA** Albañal, alcantarilla, sumidero, caño.

**CLORHÍDRICO** Hidroclórico, muriático.

**CLUB** Círculo, peña, sociedad.

**COACCIÓN** Apremio, coerción, fuerza, violencia.

**COACCIONAR** Apremiar, forzar, obligar. *Permitir.*

**COACTIVO** Obligatorio, apremiante, coercitivo.

**COADJUTOR** Auxiliar, ayudante.

**COADUNAR** Unir, mezclar, añadir, incorporar.

**COADYUVAR** Ayudar, colaborar, contribuir, cooperar, secundar.

**COAGULACIÓN** Solidificación, cuajamiento, consolidación. *Fluidez.*

**COAGULAR** Condensar, cuajar, espesar. *Fluir, licuar, liquidar.*

**COÁGULO** Cuajarón, grumo.

**COALICIÓN** Alianza, liga, unión. *Disgregación.* *Colisión.

**COARTADA** Defensa, justificación. *Inculpación.*

**COARTAR** Coercer, limitar, restringir. *Dejar, permitir.*

**COAUTOR** Colaborador, cómplice.

**COBA** Adulación. // Broma.

**COBARDE** Miedoso, blando, cagón, cagueta, gallina, irresoluto, pusilánime, temeroso, amilanado. *Animoso, esforzado, intrépido, valiente.*

**COBARDÍA** Apocamiento, miedo, pusilanimidad, temor. *Audacia, bravura, denuedo, valentía.*

**COBERTIZO** Hangar, tinglado.

**COBERTOR** Cobija, colcha, cubrecama, edredón, manta, frazada.

**COBERTURA** Cubierta.

**COBIJA** Frazada, manta.

**COBIJAR** Abrigar, cubrir, tapar. *Desabrigar, desamparar.* // Albergarse, ampararse, guarecerse, refugiarse.

**COBIJO** Albergue, amparo, protección.

**COBRANZA** Cobro, recaudación. *Pago.*

**COBRAR** Ganar, percibir, recaudar, recibir. *Abonar, pagar, satisfacer.* // Recuperar.

**COBRO** Cobranza, recaudación. *Desembolso, pago.*

**COCCIÓN** Cocimiento, cochura.

**COCEAR** Patear.

**COCER** Cocinar, hervir. *Coser.

**COCHAMBRE** Porquería, suciedad. *Limpieza.*

**COCHE** Automóvil, auto, carruaje, vehículo, vagón.

**COCHERA** Garaje.

**COCHINADA** Inmundicia, porquería, suciedad. *Aseo.* // Bajeza, grosería, indecencia.

**COCHINO** Cerdo, sucio. *Limpio.*

**COCHITRIL** Cuchitril, pocilga, tabuco, tugurio.

**COCIDO** Puchero. // Guisado. *Crudo.* *Cosido.

**COCIMIENTO** Infusión.

**COCINA** Gastronomía, arte culinario. // Fogón, horno, hogar.

**COCINAR** Cocer, guisar, aderezar, adobar, aliñar.

**COCO** Cabeza. // Mueca. // Cuco, fantasma. // Bacteria.

**COCUYO** Luciérnaga.

**CODAZO** Golpe. // Aviso, advertencia.

**CODEARSE** Alternar, relacionarse, tratarse, frecuentar.

**CODICIA** Avaricia. *Desprendimiento.* // Ambición, ansia, apetencia, avidez, envidia. *Desinterés.*

**CODICIABLE** Apetecible. // Envidiable.

**CODICIAR** Ambicionar, anhelar, apetecer, ansiar, desear, envidiar. *Desechar, renunciar.*

**CODICIOSO** Ansioso, avaricioso, ávido, deseoso.

**CODIFICAR** Legalizar, recopilar, reglamentar, catalogar.

**CÓDIGO** Reglamento. // Clave.

**CODO** Codillo, ángulo, curva, recodo, esquina.

**COEFICIENTE** Factor, multiplicador.

**COERCER** Coartar, cohibir, contener, constreñir, refrenar. *Acicatear, estimular, permitir.*

**COETÁNEO** Contemporáneo.

**COFRADE** Camarada, colega, congregante, asociado, hermano.

**COFRADÍA** Congregación, hermandad.

**COFRE** Arca, baúl.

**COGER** Aferrar, agarrar, aprehender, apresar, asir, atrapar, pillar, prender, tomar. *Arrojar, soltar.* // Recoger, recolectar. *Esparcir.* // Contener, ocupar. // Encontrar, hallar, sorprender. // Adivinar, descubrir.

**COGITABUNDO** Meditabundo, pensativo, reflexivo.

**COGOTE** Cerviz.

**COHABITAR** Convivir. // Amancebarse.

**COHECHAR** Sobornar.

**COHERENCIA** Conexión, enlace, relación. *Incoherencia.*

**COHESIÓN** Adherencia. // Coherencia, consistencia, densidad.

**COHETE** Proyectil, bólido, petardo, bengala, señal, luminaria.

**COHIBIRSE** Contenerse, reprimirse.

**COHONESTAR** Disculpar, disimular, encubrir, excusar.

**COIMA** Soborno. // Comisión.

**COINCIDENCIA** Simultaneidad. // Coexistencia.

**COINCIDIR** Coexistir, concordar, corresponderse. *Discrepar, disentir.*

**COITO** Ayuntamiento, cópula.

**COJEAR** Renguear. // Adolecer.

**COJERA** Renguera.

**COJÍN** Almohadón.

**COJO** Rengo.

**COL** Repollo, coliflor, berza.

**COLA** Rabo. *Cabeza.* // Apéndice, extremo. // Goma, pegamento.

**COLABORACIÓN** Coadyuvación, cooperación. *Agresión, ataque.*

**COLABORADOR** Coautor, cooperador, contribuyente.

**COLABORAR** Auxiliar, coadyuvar, contribuir, cooperar, participar.

**COLACIÓN** Refacción, refrigerio, piscolabis, tentempié. // Confrontación, cotejo.

**COLADOR** Cedazo, filtro, manga, tamiz.

**COLAPSO** Desmayo, patatús, síncope.

**COLAR** Filtrar, pasar. // Deslizarse, infiltrarse.

**COLCHA** Cobertor, sobrecama, frazada, manta, edredón.

**COLCHÓN** Colchoneta, jergón.

**COLECCIÓN** Conjunto, repertorio, serie, surtido.

**COLECCIONAR** Compilar, recopilar, reunir. *Dispersar, separar, desperdigar.*

**COLECTA** Recaudación, suscripción. *Pago.* ***Coleta.***

**COLECTIVO** Común. *Individual.* // Microómnibus.

**COLEGA** Camarada, cofrade, compañe-

ro, asociado. *Adversario, enemigo.*

**COLEGIAL** Alumno, escolar, estudiante. *Maestro, profesor.*

**COLEGIO** Escuela, instituto, academia. // Corporación.

**COLEGIR** Deducir, inferir, sacar. // Juntar, unir.

**CÓLERA** Enojo, furia, ira, rabia. *Calma, placidez.* ***Colera.***

**COLÉRICO** Airado, irritado, furioso. *Manso, pacífico, tranquilo.*

**COLETA** Trenza. ***Colecta.***

**COLETAZO** Coleada.

**COLGADO** Suspenso, pendiente. // Burlado, chasqueado.

**COLGADURA** Cortina, tapiz.

**COLGAJO** Andrajo, harapo.

**COLGANTE** Pendiente, pinjante.

**COLGAR** Suspender. // Tender. // Ahorcar. // Achacar, imputar.

**COLIGARSE** Aliarse, asociarse, confederarse, unirse. *Desunirse, desligarse, separarse.*

**COLILLA** Pucho, punta.

**COLINA** Altura, cerro, collado, eminencia, montículo, otero. *Valle.*

**COLINDANTE** Contiguo, inmediato, limítrofe, lindante, vecino, rayano. *Alejado, distante.*

**COLISEO** Circo, teatro.

**COLISIÓN** Conflicto, choque, encuentro, pugna. *Pacificación.* ***Colusión.***

**COLLADO** Altozano, colina.

**COLLAR** Gargantilla. // Carlanca.

**COLMAR** Atiborrar, llenar, atestar, abrumar, cargar, satisfacer. *Vaciar.*

**COLMILLO** Canino.

**COLMO** Acabóse. // Exceso. // Complemento, saturación, término.

**COLOCACIÓN** Cargo, empleo, ocupación, puesto. // Instalación, situación, posición, orientación.

**COLOCAR** Emplear, ocuparse. // Acomodar, aplicar, apostar, estacionar, instalar, poner, situar, ubicar. *Desordenar, sacar.*

**COLONIZADOR** Colono, poblador.

**COLONIZAR** Poblar, asentar, afincar.

*Despoblar.* // Dominar. *Emancipar.*

**COLONO** Colonizador. // Cultivador, labrador.

**COLOQUIO** Conferencia, conversación, diálogo, plática.

**COLOR** Coloración, colorido, tonalidad, tono. *Blanco, decoloración.* // Motivo, pretexto. // Carácter, cualidad. // Aspecto, semblante.

**COLORADO** Coloreado. *Descolorido, pálido.* // Encarnado, rojo.

**COLORANTE** Pigmento, tinte.

**COLOREAR** Iluminar, pintar, teñir, matizar, policromar. *Blanquear, decolorar, palidecer.*

**COLORETE** Arrebol.

**COLOSAL** Bonísimo, estupendo, extraordinario, formidable. *Pésimo.* // Ciclópeo, gigantesco, grandioso, titánico. *Mínimo, pequeño.*

**COLOSO** Cíclope, gigante, titán. *Enano, pigmeo.*

**COLUMBRAR** Distinguir, divisar, entrever, percibir, vislumbrar. // Barruntar, conjeturar, sospechar, intuir. *Afirmar, asegurar.*

**COLUMNA** Pilar, pilastra. // Apoyo, sostén.

**COLUMPIARSE** Hamacarse, mecerse.

**COLUMPIO** Balancín, mecedora.

**COMA** Sopor, letargo.

**COMADRE** Partera. // Vecina.

**COMADREAR** Chismear, chismorrear. *Enmudecer.*

**COMADRONA** Partera.

**COMARCA** Región, territorio, lugar, sitio, paraje.

**COMARCANO** Aledaño, cercano, circunvecino, limítrofe.

**COMBA** Cuerda. // Alabeo, arqueamiento, combadura.

**COMBADO** Curvo, alabeado, abovedado, combo.

**COMBARSE** Alabearse, arquearse, curvarse. *Enderezar.*

**COMBATE** Acción, batalla, choque, encuentro, pelea, refriega.

**COMBATIENTE** Beligerante, guerrero, guerrillero, soldado, batallador.

**COMBATIR** Atacar, batallar, contender, guerrear, luchar, pelear, reñir. *Defender.* // Contradecir, impugnar, refutar. // Oponerse.

**COMBATIVO** Agresivo, belicoso. *Manso, pacífico.*

**COMBINACIÓN** Mezcla. // Arreglo, maniobra, maquinación, plan.

**COMBINAR** Ajustar, arreglar, armar, casar, compaginar, concertar, tejer. *Descomponer, desintegrar, desarmar, descompaginar.*

**COMBUSTIBLE** Inflamable. *Incombustible, ininflamable.* // Alcohol, nafta, petróleo.

**COMBUSTIÓN** Ignición, incendio, inflamación. *Apagamiento.*

**COMEDERO** Comedor, refectorio. // Pesebre.

**COMEDIA** Farsa, ficción, fingimiento, teatro, enredo.

**COMEDIANTE** Actor, artista, cómico, histrión, intérprete, representante. // Hipócrita, simulador.

**COMEDIDO** Atento, circunspecto, cortés, discreto, prudente. *Descortés, indiscreto.*

**COMEDIMIENTO** Cortesía, prudencia, urbanidad, política, moderación. *Descortesía, indiscreción.*

**COMEDIRSE** Moderarse, contenerse. // Ofrecerse, disponerse. *Indisponerse, importunar.*

**COMEDOR** Comedero, refectorio. // Figón, restaurante, cantina, bodegón.

**COMENSAL** Convidado, huésped, invitado, boca.

**COMENTAR** Explicar, glosar, aclarar. *Confundir.*

**COMENTARIO** Crítica, exégesis, explicación, glosa, paráfrasis.

**COMENZAR** Abrir, empezar, emprender, incoar, iniciar, inaugurar, principiar. *Acabar, terminar.*

**COMER** Devorar, embaular, embutir, engullir, masticar, mascar, tragar, zamparse. // Alimentarse, atiborrarse, nutrirse, sustentarse. // Almorzar, cenar. *Abstenerse, ayunar, privarse.* // Consumir, corroer, derrochar, descolorir, dilapidar, disipar, gastar, rebajar, roer. *Conservar, guardar.*

**COMERCIAL** Mercantil.

**COMERCIANTE** Mercader, negociante, traficante, tratante.

**COMERCIAR** Negociar, traficar.

**COMERCIO** Compraventa, negocio, tráfico, trato, transacción, operación, compraventa, bolsa, banca. // Tienda.

**COMESTIBLE** Alimento, manjar, vituallas, víveres. // Comible. *Incomible.*

**COMETA** Barrilete.

**COMETER** Caer, incidir, incurrir, perpetrar, realizar. *Abstenerse, deshacer.*

**COMETIDO** Deber, obligación. // Incumbencia. // Comisión, encargo, encomienda, misión.

**COMEZÓN** Picazón, picor, prurito. // Desazón, inquietud.

**COMICIDAD** Gracia.

**COMICIOS** Elección. // Asamblea, junta.

**CÓMICO** Actor, artista, comediante. // Divertido, festivo, gracioso, jocoso, risible. *Conmovedor, dramático, lastimoso, patético.*

**COMIDA** Alimento, manjar, pan, pitanza, sustento, vianda. // Almuerzo, cena, comilona.

**COMIDILLA** Maledicencia, murmuración.

**COMIENZO** Iniciación, inicio, origen, principio. *Fin, final, resultado, término.*

**COMILÓN** Glotón, tragón.

**COMISAR** Confiscar, decomisar.

**COMISIÓN** Delegación, misión. // Cometido, encargo, encomienda. // Mandato. // Retribución.

**COMISIONAR** Delegar, encargar, encomendar, facultar.

**COMISIONISTA** Corredor, viajante.

**COMISO** Confiscación, decomiso.

**COMISURA** Juntura, unión.

**COMITÉ** Comisión, junta.

**COMITIVA** Acompañamiento, compañía, cortejo, séquito.

**COMO** Así que. // En calidad de. // A manera de, así, tal, tan.

**CÓMODAMENTE** Fácilmente.

**COMODIDAD** Bienestar, desahogo, holgura, satisfacción, prosperidad. *Incomodidad.* // Facilidad, oportunidad, provecho, utilidad, ventaja. *Desinterés, estorbo.*

**CÓMODO** Acomodado, agradable, confortable, descansado, conveniente, oportuno. *Fastidioso, molesto.* // Fácil, proporcionado. *Fatigoso, penoso.* // Comodón, egoísta, holgado.

**COMPACTO** Apretado, denso. *Claro, esponjoso.* // Firme, macizo, tupido. *Inconsistente, líquido.*

**COMPADECER** Apiadarse, condolerse, conmoverse, deplorar, lamentarse. *Burlarse.* // Armonizarse, compaginarse. *Discordar.*

**COMPADRE** Camarada, compañero, compinche. // Compadrito, fanfarrón.

**COMPADREAR** Alardear, presumir. *Humillarse.*

**COMPAGINACIÓN** Organización, arreglo, orden, ajuste. *Desorganización, desarreglo.*

**COMPAGINARSE** Ajustarse. // Armonizarse, compadecerse, corresponder.

**COMPAÑERA** Amiga, esposa, mujer.

**COMPAÑERISMO** Amistad, camaradería. *Enemistad.*

**COMPAÑERO** Acompañante. // Amigo, camarada, colega, socio.

**COMPAÑÍA** Acompañamiento, comitiva, séquito. *Aislamiento, soledad.* // Corporación, sociedad. // Elenco.

**COMPARACIÓN** Comparanza, confrontación, semejanza.

**COMPARAR** Colacionar, confrontar, cotejar, parangonar. *Distinguir.*

**COMPARECENCIA** Presentación.

**COMPARECER** Acudir, presentarse. *Ausentarse, faltar.*

**COMPARSA** Extra, partiquino. // Acompañamiento, corte, séquito.

**COMPARTIMIENTO** División. // Participación.

**COMPARTIR** Distribuir, dividir, repartir. *Acaparar, acumular.* // Ayudar, colaborar.

**COMPÁS** Medida. // Regla. // Brújula. // Ritmo, cadencia.

**COMPASADO** Medido, reglado. // Cuerdo, moderado.

**COMPASAR** Arreglar, disponer, medir, proporcionar.

**COMPASIÓN** Conmiseración, lástima, misericordia, piedad. *Crueldad, sadismo, mofa, impiedad.*

**COMPASIVO** Benigno, caritativo, misericordioso, piadoso, humanitario, sensible, altruista.

**COMPATIBLE** Conciliable. *Contrario, incompatible.*

**COMPATRIOTA** Coterráneo, conciudadano, paisano.

**COMPELER** Apremiar, coaccionar, constreñir, forzar, obligar. // Estimular, impulsar, impeler.

**COMPENDIAR** Abreviar, acortar, extractar, recapitular, reducir, resumir. *Ampliar, extender, alargar.*

**COMPENDIO** Epítome, extracto, resumen, sumario. // Elementos, fundamentos, manual, principios, prontuario, rudimentos.

**COMPENDIOSO** Sucinto, resumido, abreviado, preciso, conciso. *Ampliado.*

**COMPENETRACIÓN** Identificación. // Afinidad.

**COMPENETRARSE** Entenderse, identificarse. *Desentenderse, discrepar.*

**COMPENSACIÓN** Equilibrio, equivalencia. // Indemnización, resarcimiento.

**COMPENSAR** Indemnizar, reparar, resarcir. // Equivaler.

**COMPETENCIA** Competición, contienda, lucha, rivalidad. // Autoridad, incumbencia, jurisdicción, potestad. // Aptitud, capacidad, idoneidad. *Incompetencia, insuficiencia.*

**COMPETENTE** Apto, capaz, entendido, hábil, idóneo. *Inepto.*

**COMPETER** Corresponder, incumbir, pertenecer. ***Competir.***

**COMPETICIÓN** Competencia.

**COMPETIDOR** Antagonista, contendiente, contrario, contrincante, émulo, rival.

**COMPETIR** Luchar, rivalizar, contender. ***Competer.***

**COMPILACIÓN** Colección, recopilación, antología.

**COMPILAR** Recopilar, reunir, recoger, inventariar, agrupar. *Desperdigar.*

**COMPINCHE** Camarada, compañero.

**COMPLACENCIA** Agrado, contento, gusto, placer, satisfacción. // Tolerancia.

**COMPLACER** Acceder, condescender, contentar, satisfacer. *Humillar, molestar, ridiculizar.* // Alegrarse, regocijarse. *Dolerse.*

**COMPLACIDO** Contento, satisfecho. *Molesto.*

**COMPLACIENTE** Benévolo, condescendiente, tolerante.

**COMPLEJIDAD** Complicación. *Facilidad, sencillez.*

**COMPLEJO** Complicado, compuesto, difícil, intrincado. *Sencillo, simple.* // Conjunto.

**COMPLEMENTO** Apéndice, suplemento. // Integridad, plenitud, perfección.

**COMPLETAMENTE** Del todo, de pe a pa, enteramente, íntegramente, plenamente, totalmente. *Parcialmente, relativamente.*

**COMPLETAR** Integrar. // Acabar, perfeccionar. *Descabalar.*

**COMPLETO** Íntegro, cabal, entero, intacto, justo, lleno. *Defectuoso, incompleto, falto.*

**COMPLEXIÓN** Constitución, naturaleza, temperamento.

**COMPLICACIÓN** Agravación, dificultad, entorpecimiento, enredo, lío, tropiezo. *Facilidad.*

**COMPLICADO** Complejo, confuso, enmarañado, enredado, enrevesado, espinoso, intrincado, oscuro, peliagudo. *Sencillo.*

**COMPLICAR** Confundir, dificultar, embrollar, enredar, entorpecer, obstaculizar. *Aclarar.* // Agravarse, empeorarse. *Mejorar.*

**CÓMPLICE** Coautor, colaborador, copartícipe.

**COMPLICIDAD** Connivencia, cooperación, participación.

**COMPLOT** Confabulación, intriga, maquinación, conspiración.

**COMPONENDA** Arreglo, chanchullo, transacción. *Desacuerdo, desarreglo, incomprensión.*

**COMPONER** Constituir, formar, integrar. // Armar, arreglar, concertar, disponer. *Descomponer.* // Aderezar, preparar. // Corregir, enmendar, moderar, reparar. // Acicalar, adornar, ataviar, embellecer. *Afear, desarreglar.* // Reconciliar. *Enemistar.* //Escribir, redactar.

**COMPORTAMIENTO** Conducta.

**COMPORTAR** Soportar, sufrir. // Conducirse, portarse, proceder.

**COMPOSICIÓN** Obra, producción. *Desarreglo, desunión, desintegración.*

**COMPOSTURA** Arreglo, remiendo, reparación, restauración. *Desarreglo, destrucción.* // Aliño, afeite, adorno. // Circunspección, decoro, mesura, modestia, recato. *Inmodestia.* // Ajuste, convenio, transacción.

**COMPRA** Adquisición.

**COMPRADOR** Cliente. // Halagador.

**COMPRAR** Adquirir. *Enajenar, vender.* // Cohechar, sobornar.

**COMPRENDER** Alcanzar, concebir, entender, penetrar. *Ignorar.* // Abarcar, abrazar, ceñir, rodear. *Excluir.* // Contener, incluir.

**COMPRENSIBLE** Claro, concebible, inteligible. *Abstruso, incomprensible, ininteligible.* *Compresible.

**COMPRENSIÓN** Alcances, entendimiento, inteligencia, penetración, perspicacia. *Incomprensión.* // Condescendencia. *Compresión.

**COMPRESOR** Prensa.

**COMPRIMIDO** Pastilla, tableta. // Apretado, aplastado.

**COMPRIMIR** Aplastar, apretar, estrechar, estrujar, prensar, reducir. *Aflojar, ensanchar.* // Contener, reprimir.

**COMPROBACIÓN** Compulsa, cotejo, prueba, verificación.

**COMPROBANTE** Justificante, recibo, talón.

**COMPROBAR** Asegurarse, cerciorarse. *Suponer.* // Compulsar, constatar, cotejar, probar, verificar.

**COMPROMETER** Arriesgar, exponer. // Desacreditar. //Obligar, responsabilizar.

**COMPROMISO** Aprieto, apuro, brete, dificultad, riesgo, trance. // Deber, obligación. // Convenio, pacto.

**COMPUESTO** Mezcla, mezcolanza, mixtura. // Complejo. *Sencillo, simple.* // Arreglado, aseado, ataviado. *Descompuesto.*

**COMPULSA** Comprobación.

**COMPULSAR** Comparar, comprobar, confrontar, cotejar.

**COMPUNCIÓN** Dolor, pesar, sentimiento. *Alegría.*

**COMPUNGIDO** Apenado, arrepentido, contrito, dolido, lloroso, triste. *Consolado, risueño.*

**COMPUTAR** Calcular, contar, medir. *Descontar.*

**CÓMPUTO** Cálculo, computación, cuenta, totalidad.

**COMÚN** Colectivo, comunal, mutuo. *Personal, propio.* // Corriente, frecuente, general, habitual, ordinario, público, usual. *Extraordinario.* // Trivial, vulgar. *Original.* // Retrete.

**COMUNA** Municipio.

**COMUNAL** Municipal.

**COMUNICACIÓN** Comunicado, oficio. // Correspondencia, relación, unión. *Aislamiento, incomunicación.*

**COMUNICADO** Aviso, notificación, parte.

**COMUNICAR** Anunciar, avisar, manifestar, notificar, participar. *Encubrir.* // Conversar, relacionarse, tratarse. *Incomunicar.* // Consultarse, conferir. // Contagiar, contaminar, pegar, transmitir. *Inmunizar.*

**COMUNICATIVO** Accesible, expansivo, sociable, tratable, afable, demostrativo.

*Callado, inaccesible.*

COMUNIDAD Asociación, congregación, corporación, sociedad.

COMUNIÓN Participación, relación, trato, correspondencia.

COMÚNMENTE Generalmente, usualmente, frecuentemente, ordinariamente. *Desusadamente, personalmente.*

CONATO Amago, intento, tentativa. *Consumación.* // Empeño, esfuerzo. // Propensión, tendencia.

CONCATENACIÓN Enlace, unión.

CONCAVIDAD Cavidad, depresión, hoyo, hueco, nicho, oquedad. *Convexidad, prominencia, protuberancia.*

CÓNCAVO Profundo, hueco, entrante. *Convexo.*

CONCEBIR Comprender, forjar, imaginar, pensar, proyectar, tramar, urdir.

CONCEDER Adjudicar, asignar, dar, dar el sí, dispensar, conferir, otorgar. *Negar.* // Admitir, permitir. *Rechazar.*

CONCEJAL Edil.

CONCEJO Ayuntamiento, cabildo, municipalidad. *Consejo.

CONCENTRACIÓN Centralización, reunión. *Dispersión.*

CONCENTRAR Agrupar, juntar, reunir. *Desunir.* // Centralizar. *Desparramar.*

CONCÉNTRICO Centrado, concentrado, central, focal. *Excéntrico.*

CONCEPCIÓN Concepto, idea, noción, pensamiento, proyecto. *Concesión.*

CONCEPTO Conocimiento, idea, noción, pensamiento, sentencia. // Juicio, opinión. // Crédito, fama, reputación.

CONCEPTUAR Juzgar.

CONCEPTUOSO Favorable, ingenioso.

CONCERNIENTE Referente, relativo, tocante, atinente.

CONCERNIR Atañer, corresponder, referirse, tocar.

CONCERTAR Acordar, armonizar, arreglar, conciliar. *Desconcertar.* // Convenir, pactar, tratar. // Deliberar.

CONCESIÓN Licencia, privilegio. // Adjudicación, donación, otorgamiento. *Negativa.* *Concepción.*

CONCHA Caparazón, valva.

CONCHABAR Asalariar, contratar. // Asociar, juntar, mezclar, unir.

CONCIENCIA Alma, corazón, delicadeza, moralidad, sentimiento. // Conocimiento, noción. *Ceguedad, inconciencia.*

CONCIENZUDAMENTE Escrupulosamente, meticulosamente. *Irreflexivamente, ligeramente.*

CONCIENZUDO Atento, reflexivo, aplicado, meticuloso.

CONCIERTO Ajuste, convenio, pacto, trato. // Armonía, orden. // Audición, recital.

CONCILIABLE Avenible, concordable. *Irreconciliable.*

CONCILIÁBULO Conjuración, conspiración, maquinación, intriga, complot. // Asamblea.

CONCILIACIÓN Arreglo, avenencia, reconciliación. *Desavenencia, disputa, riña.*

CONCILIADOR Árbitro, componedor, reconciliador.

CONCILIAR Armonizar, concordar, pacificar. *Desavenirse, reñir.* // Atraerse, ganar, granjearse.

CONCILIATORIO Amistoso, transigente, moderador.

CONCILIO Sínodo.

CONCISIÓN Brevedad, laconismo, parquedad. *Imprecisión, prolijidad.*

CONCISO Breve, corto, escueto, lacónico, parco, sucinto.

CONCITAR Conmover, excitar, incitar, instigar. *Amilanar.*

CONCIUDADANO Compatriota, paisano, compatricio.

CÓNCLAVE Junta, reunión.

CONCLUIR Acabar, consumar, rematar, terminar, ultimar. *Comenzar, empezar.* // Agotar, apurar, consumir, gastar. // Colegir, deducir, inferir.

CONCLUSIÓN Consumación, fin, final, remate, terminación, término. // Colofón, corona, cima. // Consecuencia, deducción, resultado.

CONCLUSO Terminado, acabado, concluido, resuelto. *Inconcluso.*

**CONCLUYENTE** Aplastante, convincente, definitivo, indiscutible, irrebatible, perentorio, terminante. *Discutible.*

**CONCOMITANCIA** Coincidencia, concordancia, correspondencia.

**CONCORDANCIA** Conformidad, correspondencia. *Discordancia, disconformidad.*

**CONCORDIA** Armonía, conformidad, paz, unión. *Desavenencia, guerra.* // Arreglo, convenio. *Desarreglo.*

**CONCRETAR** Abreviar, resumir. // Circunscribirse, ceñirse, limitarse. *Alargar, desarrollar, exceder.*

**CONCRETO** Determinado, preciso, fijado, delimitado. *Abstracto, ideal, indefinido, vago.* // Abreviado, resumido, sucinto. // Cemento.

**CONCUBINA** Querida.

**CONCUBINATO** Amancebamiento.

**CONCULCAR** Hollar, infringir, pisotear, quebrantar, vulnerar. *Cumplir, honrar, respetar.*

**CONCUPISCENCIA** Codicia. // Lascivia, sensualidad. *Castidad.*

**CONCURRENCIA** Asistentes, auditorio, espectadores, público. // Competencia, rivalidad.

**CONCURRENTE** Asistente, espectador, presente.

**CONCURRIDO** Animado, frecuentado, lleno. *Desierto.*

**CONCURRIR** Asistir, confluir, converger, presenciar, reunirse, visitar. *Ausentarse, faltar.* // Ayudar, cooperar.

**CONCURSO** Afluencia, concurrencia, público. // Intervención. // Asistencia, auxilio, ayuda, cooperación. // Certamen, competición, torneo.

**CONCUSIÓN** Conmoción, sacudimiento. // Exacción.

**CONDECIR** Armonizar, convenir, corresponder.

**CONDECORACIÓN** Distinción, honor, galardón.

**CONDENA** Castigo, pena, sentencia. *Perdón, premio.*

**CONDENACIÓN** Censura, condena, desaprobación.

**CONDENADO** Reo, réprobo, procesado. *Absuelto, bienaventurado.* // Endemoniado, perverso.

**CONDENAR** Castigar, sentenciar. *Absolver, perdonar.* // Censurar, desaprobar, reprobar, vituperar. *Disculpar.* // Cerrar, tapar, tapiar. *Abrir.* // Acusarse culparse. *Exculparse.*

**CONDENSACIÓN** Concentración. // Amontonamiento. // Espesamiento, reducción. *Ampliación, aflojamiento.*

**CONDENSADOR** Acumulador.

**CONDENSAR** Apretar, concentrar, reducir. // Compendiar, resumir. *Ampliar.*

**CONDESCENDENCIA** Blandura, indulgencia, tolerancia, transigencia. *Intolerancia.*

**CONDESCENDER** Contemporizar, tolerar, transigir. *Rebelarse.* // Deferir dignarse. *Negarse.*

**CONDICIÓN** Calidad, estado, posición situación. // Cláusula, estipulación, restricción. // Carácter, índole, naturaleza temperamento.

**CONDICIONAR** Acondicionar, arreglar organizar. // Supeditar, subordinar, restringir, limitar.

**CONDIMENTAR** Aderezar, adobar, salpimentar, sazonar. *Desalar.*

**CONDIMENTO** Aderezo, adobo, aliño salpimentación.

**CONDOLENCIA** Pésame.

**CONDOLERSE** Apiadarse, compadecerse. *Alegrarse, burlarse, complacerse.*

**CONDONAR** Perdonar. *Penar.*

**CONDUCCIÓN** Acarreo, transporte. // Dirección, gobierno, manejo.

**CONDUCENTE** Conveniente, procedente. *Improcedente.*

**CONDUCIR** Acarrear, llevar, transportar, trasladar. // Administrar, dirigir, encaminar, guiar, gobernar, mandar, pilotar. // Actuar, portarse, proceder.

**CONDUCTA** Comportamiento, proceder. // Dirección, gobierno, mando.

**CONDUCTO** Canal, caño, tubo. // Vertedor, desagüe. // Mediación.

**CONDUCTOR** Director, guía, mentor. *Discípulo.* // Carrero, cochero, chofer, piloto, timonel. *Pasajero.* // Jefe.

**CONECTAR** Enchufar, relacionar, unir. *Desconectar.*

**CONEJO** Gazapo.

**CONEXIÓN** Enchufe, enlace, ligazón, nexo. *Interrupción.*

**CONEXIONES** Amistades, relaciones.

**CONEXO** Unido, ligado, enlazado, relacionado, conectado, afín, vinculado. *Inconexo, desconectado.*

**CONFABULACIÓN** Complot, conjura, maquinación.

**CONFABULARSE** Complotar, conspirar, maquinar, tramar.

**CONFECCIÓN** Fabricación, realización. // Hechura, costura. *Confesión.

**CONFECCIONAR** Componer, elaborar, fabricar, hacer, preparar.

**CONFEDERACIÓN** Alianza, coalición, liga, pacto, unión.

**CONFERENCIA** Coloquio, conversación, plática. // Discurso, disertación. // Asamblea.

**CONFERENCIANTE** Disertante, orador, disertador.

**CONFERENCIAR** Conversar, deliberar.

**CONFERIR** Asignar, conceder, dar, otorgar. *Desposeer, privar.* // Examinar, tratar. // Comparar, cotejar.

**CONFESAR** Admitir, cantar, declarar, reconocer. *Disimular, fingir.*

**CONFESIÓN** Confidencia, declaración. *Confección.

**CONFIADO** Cándido, crédulo. // Tranquilo. // Presumido.

**CONFIANZA** Esperanza, fe, tranquilidad, creencia, seguridad. *Desconfianza, recelo.* // Ánimo, presunción, vigor. // Amistad, familiaridad, franqueza, naturalidad, intimidad, llaneza.

**CONFIAR** Esperar, fiarse. *Desconfiar.* // Encargar, encomendar. // Abandonar, entregarse.

**CONFIDENCIA** Secreto.

**CONFIDENTE** Diván. // Cómplice, es-

pía. // Fiel, seguro. *Infiel.*

**CONFIGURACIÓN** Conformación, figura, forma.

**CONFÍN** Frontera, límite, linde, término.

**CONFINANTE** Colindante, fronterizo, limítrofe, lindante.

**CONFINAR** Limitar, lindar, colindar, rayar. // Desterrar. *Repatriar.*

**CONFINES** Fronteras, límites.

**CONFIRMACIÓN** Corroboración, ratificación, seguridad.

**CONFIRMAR** Asegurar, corroborar, ratificar, reafirmar, revalidar. *Desmentir, rectificar.*

**CONFISCACIÓN** Comiso, decomiso, incautación. *Reembolso, restitución.*

**CONFISCAR** Comisar, decomisar, incautarse.

**CONFITADO** Almibarado, azucarado, acaramelado.

**CONFITE** Peladilla, gragea, caramelo.

**CONFITERÍA** Repostería, dulcería, pastelería.

**CONFLAGRACIÓN** Incendio. // Guerra, perturbación.

**CONFLICTO** Dificultad. // Antagonismo, choque, disputa. *Paz.*

**CONFLUENCIA** Convergencia, afluencia, concurrencia. *Separación.*

**CONFLUIR** Concurrir, converger, unirse, juntarse, acudir. *Dividirse, separarse.* // Desembocar.

**CONFORMACIÓN** Configuración, disposición, distribución, figura. *Deformación.*

**CONFORMAR** Adaptar, ajustar, concordar. *Deformar.* // Allanarse, plegarse, resignarse. *Rebelarse, resistirse.*

**CONFORME** Correspondiente, igual, proporcionado. // Acorde, ajustado. // Resignado.

**CONFORMIDAD** Igualdad, proporción, semejanza, similitud. *Divergencia.* // Concordia, correspondencia, unión. *Discordia.* // Aquiescencia, aprobación, consentimiento. *Negativa.* // Paciencia, resignación, tolerancia. *Rebeldía.*

**CONFORT** Comodidad, bienestar, lujo.

**CONFORTABLE** Cómodo.

**CONFORTAR** Alentar, animar, consolar, fortalecer, reconfortar. *Desalentar, desanimar.*

**CONFRATERNIDAD** Amistad, fraternidad. *Discordia, disensión.*

**CONFRONTACIÓN** Careo, colación, comparación, verificación, cotejo.

**CONFRONTAR** Carear, comparar, comprobar, cotejar.

**CONFUNDIR** Barajar, desordenar, mezclar, revolver. *Ordenar.* // Aturdir, equivocarse, perturbar, turbar. *Discernir, discriminar.* // Abatir, avergonzar, humillar. *Aclarar, animar.*

**CONFUSIÓN** Barullo, caos, desconcierto, desorden, embrollo, enredo, lío, maraña, mezcolanza, revoltijo, trastorno. *Claridad, concierto.* // Desasosiego, duda, perplejidad, turbación, vacilación. *Sosiego.* // Abatimiento, humillación. // Bochorno, vergüenza. *Desvergüenza.*

**CONFUSO** Embrollado, enredado, mezclado, revuelto. // Borroso, dudoso, incomprensible, oscuro, vago. *Claro, comprensible, elemental.* // Abochornado, avergonzado, corrido, desconcertado, humillado, perplejo.

**CONFUTAR** Impugnar, rebatir, refutar. *Ratificar, sostener.*

**CONGELADO** Helado, yerto, gélido, rígido, entumecido.

**CONGELAR** Helar, coagular, escarchar. *Calentar, desentumecer.*

**CONGÉNERE** Semejante.

**CONGENIAR** Avenirse, concordar, simpatizar. *Discrepar.*

**CONGESTIÓN** Apoplejía. // Acumulación, exceso.

**CONGLOMERAR** Aglomerar, reunir. // Conglutinarse.

**CONGLUTINAR** Pegar, unir. // Conglomerar, densificar.

**CONGOJA** Desmayo. // Angustia, desconsuelo, fatiga, pena, zozobra. *Alegría, euforia, tranquilidad.*

**CONGRATULACIÓN** Felicitación, parabién, pláceme.

**CONGRATULAR** Felicitar, aprobar, aplaudir. *Condolerse, deplorar.*

**CONGREGACIÓN** Cofradía, hermandad, orden.

**CONGREGAR** Reunir, unir. *Desintegrar, disociar.*

**CONGRESO** Asamblea, junta, reunión.

**CONGRUENCIA** Conformidad, conveniencia, oportunidad. *Incongruencia, inconveniencia.*

**CONGRUENTE** Conveniente, preciso, proporcionado.

**CONJETURA** Hipótesis, presunción, suposición. *Confirmación, verificación.*

**CONJETURAR** Imaginar, presumir, sospechar.

**CONJUGAR** Unir, juntar.

**CONJUNCIÓN** Junta, reunión, unión.

**CONJUNTAMENTE** Juntamente, simultáneamente, colectivamente. *Aisladamente, personalmente.*

**CONJUNTO** Reunión, suma, todo, totalidad. // Agregado, ligado, unido.

**CONJURA** Conjuración.

**CONJURACIÓN** Complot, confabulación, conspiración, intriga, maquinación, conjura.

**CONJURADO** Conspirador.

**CONJURAR** Complotar, conspirar, maquinar. // Exorcizar. // Implorar, rogar, suplicar. // Alejar, evitar, impedir, remediar.

**CONJURO** Exorcismo, sortilegio. // Imprecación, ruego.

**CONLLEVAR** Aguantar, soportar, sobrellevar, sufrir, tolerar.

**CONMEMORACIÓN** Recordación, rememoración. *Olvido.*

**CONMENSURABLE** Evaluable, valorizable, medible. *Inconmensurable.*

**CONMINAR** Amenazar, apercibir, ordenar. *Eximir.*

**CONMISERACIÓN** Compasión, lástima, misericordia.

**CONMOCIÓN** Sacudida, sacudimiento, temblor, perturbación. // Alteración, movimiento, tumulto.

**CONMOVEDOR** Emocionante, enter-

necedor, impresionante, patético, emotivo. *Risible.*
**CONMOVER** Emocionar, enternecer, impresionar. *Burlarse, endurecerse.* // Inquietar, sacudir. *Consolidar.*
**CONMUTAR** Cambiar, permutar, trocar. *Penar, sancionar.*
**CONNIVENCIA** Complicidad, disimulo, tolerancia, indulgencia. *Inocencia.* // Confabulación, conspiración.
**CONOCEDOR** Entendido, erudito, experto, sabedor.
**CONOCER** Entender, saber, aprender. *Ignorar, olvidar.* // Distinguir, reconocer. *Confundir.*
**CONOCIDO** Acreditado, afamado, ilustre, popular, reputado. *Desconocido.* // Sabido, entendido. *Ignorado.* // Amigo, compañero.
**CONOCIMIENTO** Entendimiento, inteligencia, intuición. // Conciencia. *Inconsciencia.* // Baquía. // Noción, sentido. *Ignorancia.*
**CONOCIMIENTOS** Ciencia, competencia, cultura, saber.
**CONQUISTAR** Conseguir, ganar, rendir, tomar. // Convencer, persuadir. // Enamorar, seducir.
**CONSABIDO** Aludido, citado, nombrado, mencionado.
**CONSAGRACIÓN** Dedicación, ofrecimiento, coronación, apoteosis.
**CONSAGRAR** Deificar. *Profanar.* // Dedicar, destinar, ofrecer.
**CONSCIENTE** Cuidadoso, escrupuloso. *Involuntario.* // Conocedor, previsor. *Ignorante.*
**CONSCRIPCIÓN** Reclutamiento.
**CONSECUCIÓN** Adquisición, obtención, logro.
**CONSECUENCIA** Conclusión, deducción. // Efecto, derivación, resultado, secuela. *Causa.*
**CONSECUENTE** Siguiente. // Razonable, justo.
**CONSEGUIR** Adquirir, alcanzar, lograr, obtener. *Malograr, perder.*
**CONSEJA** Fábula, patraña.

**CONSEJERO** Asesor, guía, mentor.
**CONSEJO** Advertencia, aviso, dictamen, parecer, recomendación, sugestión, lección, juicio. // Acuerdo. // Asamblea, junta. *Concejo.
**CONSENSO** Asenso, consentimiento, unanimidad, conformidad.
**CONSENTIDO** Malcriado, mimado. // Cornudo. // Autorizado, permitido. *Prohibido.*
**CONSENTIMIENTO** Aquiescencia, anuencia, asenso, autorización, licencia, permiso, venia.
**CONSENTIR** Acceder, autorizar, condescender, permitir, tolerar. *Desautorizar, oponerse.* // Malcriar, mimar.
**CONSERJE** Portero, ordenanza, bedel, mayordomo.
**CONSERVACIÓN** Protección, defensa, guarda, custodia, conserva, mantenimiento. *Descuido, destrucción.*
**CONSERVAR** Custodiar, mantener, proteger. *Perder, pudrirse.* // Ahorrar, guardar, retener. *Ceder, enajenar.*
**CONSIDERABLE** Cuantioso, grande, importante, numeroso, vasto.
**CONSIDERACIÓN** Aprecio, atención, deferencia, estima, miramiento, respeto, urbanidad. *Desatención, desdén.* // Motivo, razón, reflexión.
**CONSIDERADO** Atento, deferente, respetuoso. // Apreciado, estimado, respetado.
**CONSIDERAR** Estudiar, examinar, pesar. // Conceptuar, juzgar, reputar. // Estimar, respetar.
**CONSIGNA** Contraseña, orden.
**CONSIGNACIÓN** Entrega, donativo, paga. // Depósito, envío.
**CONSIGNAR** Depositar, designar, destinar. // Entregar, remitir, señalar.
**CONSIGUIENTE** Consecuente.
**CONSISTENCIA** Coherencia, trabazón. // Estabilidad, firmeza, solidez. *Flojedad, inconsistencia.*
**CONSISTIR** Estribar, fundamentarse, residir.
**CONSOLACIÓN** Consuelo, remedio,

confortación, alivio. *Desconsuelo.*

**CONSOLAR** Aliviar, animar, confortar, reanimar, reconfortar, tranquilizar. *Apenar, atribular.*

**CONSOLIDACIÓN** Afianzamiento, apuntalamiento, fortalecimiento.

**CONSOLIDAR** Apuntalar, asegurar, fijar, fortalecer. *Caerse, debilitar.*

**CONSONANCIA** Similicadencia. // Armonía, proporción. *Disonancia.*

**CONSORCIO** Sociedad.

**CONSORTE** Cónyuge.

**CONSPICUO** Visible. *Invisible.* // Distinguido, ilustre, insigne, notable, sobresaliente. *Vulgar.*

**CONSPIRACIÓN** Confabulación, conjuración, intriga, maquinación, trama, complot, engaño.

**CONSPIRAR** Complotar, confabular, conjurarse, intrigar, maquinar, tramar.

**CONSTANCIA** Empeño, firmeza, perseverancia, persistencia, tenacidad, tesón. *Inconstancia, volubilidad.*

**CONSTANTE** Consecuente, continuo, firme, invariable, perseverante, tenaz, tesonero. *Veleidoso, versátil.*

**CONSTAR** Componerse, constituirse.

**CONSTERNACIÓN** Asombro, sorpresa, abatimiento, aflicción, angustia, turbación. *Dicha, júbilo.*

**CONSTIPADO** Catarro, resfriado.

**CONSTITUCIÓN** Complexión, físico, naturaleza, temperamento. // Estatuto, Carta Magna.

**CONSTITUIR** Establecer, formar, organizar. *Derogar, descomponer.*

**CONSTREÑIR** Apremiar, compeler, impeler, impulsar, forzar, obligar, precisar. // Apretar, cerrar, oprimir.

**CONSTRUCCIÓN** Edificación, edificio.

**CONSTRUIR** Edificar, elevar, erigir, fabricar, levantar. *Arrasar, derribar, destruir.*

**CONSUELO** Alivio, calmante, descanso, lenitivo, consolación, alegría. *Aflicción, desconsuelo.*

**CONSUETUDINARIO** Acostumbrado, común, frecuente, habitual, tradicional,

ordinario. *Insólito, raro.*

**CONSULTA** Consejo. // Dictamen, opinión, parecer. // Conferencia.

**CONSULTAR** Aconsejarse, asesorarse. *Objetar.* // Conferenciar, deliberar. // Estudiar, examinar.

**CONSULTOR** Asesor, consejero.

**CONSUMACIÓN** Acabamiento, extinción. *Iniciación.*

**CONSUMADO** Acabado, realizado, terminado. *Inconcluso.*

**CONSUMAR** Acabar, realizar, terminar. *Empezar, intentar.*

**CONSUMICIÓN** Consunción, extenuación. // Consumo, gasto.

**CONSUMIDO** Gastado. // Extenuado, flaco, macilento.

**CONSUMIR** Acabar, agotar, derrochar, dilapidar, disipar, gastar. *Guardar.* // Afligir, apurar, desazonar, roer. *Animar.* // Desesperarse.

**CONSUMO** Gasto.

**CONSUNCIÓN** Agotamiento, enflaquecimiento, extenuación. *Vigor.*

**CONTABLE** Tenedor de libros.

**CONTACTO** Empalme. // Relación, trato, acercamiento, frecuentación.

**CONTADO** Determinado, escaso, raro, señalado. // Numerado, sumado.

**CONTADOR** Medidor, ábaco. // Contable.

**CONTAGIAR** Contaminar, infectar, infestar, pegar, transmitir. *Depurar, desinfectar, sanear.* // Corromper, pervertir, viciar.

**CONTAGIOSO** Infeccioso, pegadizo.

**CONTAMINAR** Contagiar.

**CONTAR** Calcular, computar, enumerar, numerar. // Narrar, referir, relatar. // Incluir. *Omitir.*

**CONTEMPLACIÓN** Observación, mirada, examen, apreciación, admiración. // Meditación.

**CONTEMPLAR** Admirar, considerar, examinar, imaginar, meditar, mirar, observar. // Complacer, mimar.

**CONTEMPLATIVO** Contemplador, observador, curioso. // Soñador. // Complaciente.

**CONTEMPORÁNEO** Actual, coetáneo, coexistente, moderno, simultáneo.

**CONTEMPORIZAR** Acomodarse, amoldarse, avenirse, transigir. *Encarar, provocar.*

**CONTENDER** Batallar, combatir, competir, luchar, pelear. // Debatir, disputar, pleitear. *Pacificar, apaciguar.*

**CONTENDIENTE** Beligerante, combatiente. // Pleiteante.

**CONTENER** Abarcar, comprender, encerrar, entrañar, incluir. // Dominar, moderar, refrenar, reprimir, sujetar, vencer. // Comedirse, reportarse.

**CONTENIDO** Incluido, incluso, adjunto, implícito, encerrado.

**CONTENTAMIENTO** Alborozo, alegría, contento, gozo, júbilo, placer.

**CONTENTAR** Agradar, alegrar, complacer, satisfacer. *Desagradar.*

**CONTENTO** Contentamiento, satisfacción. // Alegre, complacido, encantado, gozoso, satisfecho. *Descontento, disgustado, pesaroso.*

**CONTERA** Extremo, regatón. // Remate.

**CONTERRÁNEO** Compatriota.

**CONTESTACIÓN** Réplica, respuesta. *Pregunta.* // Altercado, disputa.

**CONTESTAR** Replicar, responder. // Comprobar, corroborar.

**CONTESTE** Acorde, conforme. *Disconforme.*

**CONTEXTO** Texto, trabazón, encadenamiento, enlace. *Contesto* (contestar).

**CONTEXTURA** Compaginación, disposición. // Configuración.

**CONTIENDA** Disputa, gresca, guerra, lucha, pelea, pendencia, refriega.

**CONTIGÜIDAD** Cercanía, proximidad, tangencia. *Lejanía, separación.*

**CONTIGUO** Adyacente, allegado, finítimo, inmediato, lindante, pegado, vecino. *Distante.*

**CONTINENCIA** Moderación, sobriedad, templanza. *Destemplanza.* // Abstinencia, castidad. *Impureza.*

**CONTINENTE** Aire, compostura. // Casto. // Sobrio.

**CONTINGENCIA** Eventualidad, posibilidad, riesgo. *Certeza, seguridad.*

**CONTINUACIÓN** Prolongación, prosecución, secuencia.

**CONTINUAMENTE** Aún, de continuo, incesantemente.

**CONTINUAR** Durar, prolongar, proseguir. *Interrumpir.* // Extender, seguir, subsistir. *Desistir.*

**CONTINUIDAD** Continuación, persistencia, consecuencia. // Unión.

**CONTINUO** Constante, incesante, ininterrumpido, prolongado. *Discontinuo, intermitente, momentáneo.*

**CONTORNEAR** Circunscribir, perfilar, rodear.

**CONTORNO** Silueta, perfil. // Borde. // Derredor, perímetro, vuelta.

**CONTORNOS** Afueras, aledaños, alrededores, cercanías, inmediaciones, proximidades.

**CONTORSIÓN** Contracción, convulsión, retorcimiento. // Mueca.

**CONTRA** Contrariedad, dificultad, inconveniente, oposición. *Pro.* // Enfrente. // Hacia.

**CONTRABALANCEAR** Compensar, contrarrestar, equilibrar.

**CONTRACCIÓN** Convulsión, crispamiento, encogimiento.

**CONTRADECIR** Confutar, impugnar, objetar, oponer, rebatir, refutar, replicar. *Asentir.*

**CONTRADICCIÓN** Contrasentido. // Impugnación. *Ratificación.* // Contrariedad, incompatibilidad. // Antinomia, oposición.

**CONTRADICTORIO** Antagónico, contrario, opuesto. *Conforme.*

**CONTRAERSE** Acortarse, crisparse, encogerse. *Dilatarse, estirarse.*

**CONTRAHACER** Copiar, falsificar, imitar.

**CONTRAHECHO** Deforme, giboso, jorobado.

**CONTRAPELO (A)** Al revés. En sentido contrario.

**CONTRAPESO** Balancín. // Compensación, igualación. *Desequilibrio.*

**CONTRAPONER** Enfrentar, oponer. *Armonizar.* // Comparar, cotejar.

**CONTRAPOSICIÓN** Antagonismo, oposición, rivalidad.

**CONTRARIAR** Contradecir, dificultar, entorpecer, estorbar, oponerse, resistir. *Facilitar.* // Fastidiar, incomodar, molestar, mortificar. *Complacer.* // Decepcionar. *Alegrar, contentar.*

**CONTRARIEDAD** Dificultad, percance. // Disgusto. *Satisfacción.* // Oposición. *Identidad.*

**CONTRARIO** Antípoda, antónimo, reverso. // Antitético, dañino, dañoso, hostil, nocivo, opuesto. *Coincidente, favorable.* // Adversario, antagonista, competidor, contrincante, enemigo, rival. *Amigo.*

**CONTRARRESTAR** Compensar, contrabalancear. // Oponerse, resistir, afrontar. *Eludir.*

**CONTRASENTIDO** Contradicción, disparate. *Acierto.*

**CONTRASEÑA** Consigna.

**CONTRASTAR** Comprobar, verificar. // Resistir.

**CONTRASTE** Contratiempo. // Comprobación, verificación. // Diferencia, disparidad, oposición. *Semejanza.*

**CONTRATA** Contrato.

**CONTRATAR** Acordar, ajustar, convenir, estipular, pactar.

**CONTRATIEMPO** Dificultad, percance, revés.

**CONTRATISTA** Contratante. // Empresario, constructor.

**CONTRATO** Arreglo, compromiso, concordato, convenio, estipulación, pacto, tratado, trato. *\*Contracto.*

**CONTRAVENCIÓN** Desobediencia, infracción, transgresión.

**CONTRAVENENO** Antídoto, antitóxico. *Tóxico, veneno.*

**CONTRAVENIR** Desobedecer, infringir, quebrantar, transgredir, violar, vulnerar. *Cumplir, obedecer, respetar.*

**CONTRIBUCIÓN** Gabela, impuesto, tributo, subsidio, prestación.

**CONTRIBUIR** Ayudar, colaborar, concurrir, cooperar, cotizar, participar. *Eximir.*

**CONTRICIÓN** Arrepentimiento, dolor, pesar.

**CONTRINCANTE** Adversario, competidor, émulo, opositor. *Camarada.*

**CONTRISTAR** Afligir, apenar, entristecer. *Consolar.*

**CONTRITO** Arrepentido, compungido, pesaroso, triste.

**CONTROL** Dominio, examen, inspección, verificación, vigilancia.

**CONTROLAR** Comprobar, contrastar, examinar, inspeccionar, verificar, vigilar, censurar.

**CONTROVERSIA** Debate, discusión, disputa, polémica. *Transacción.*

**CONTROVERTIR** Debatir, discutir, polemizar, disputar.

**CONTUBERNIO** Alianza. // Confabulación, complot.

**CONTUMAZ** Obstinado, rebelde, tenaz, terco.

**CONTUMELIA** Injuria, oprobio.

**CONTUNDENTE** Concluyente, convincente, decisivo, terminante, categórico. *Débil, discutible.*

**CONTURBADO** Confuso, nervioso, perturbado, turbado. *Tranquilo.*

**CONTURBAR** Turbar, perturbar, alterar, conmover, intranquilizar. *Tranquilizar, apaciguar.*

**CONTUSIÓN** Equimosis, golpe, lesión, magulladura.

**CONVALECENCIA** Mejoría, recuperación, recobramiento.

**CONVALECER** Recobrarse, recuperarse, mejorarse. *Empeorar, recaer.*

**CONVALIDAR** Confirmar, ratificar, revalidar. *Anular.*

**CONVECINO** Vecino.

**CONVENCER** Catequizar, persuadir. *Disuadir.*

**CONVENCIMIENTO** Certeza, convicción, persuasión. *Duda.*

**CONVENCIÓN** Acuerdo, concierto, convenio, pacto, trato. // Conformidad, conveniencia. // Asamblea.

**CONVENIENCIA** Conformidad. // Correlación, correspondencia. // Beneficio, interés, provecho. // Acomodo, ajuste. // Convenio.

**CONVENIENTE** Provechoso, útil. *Inconveniente, perjudicial.* // Adecuado, a propósito, decente, decoroso, proporcionado.

**CONVENIO** Convención, estipulación, pacto, transacción, tratado.

**CONVENIR** Ajustar, establecer, pactar. // Corresponder, cuadrar, encajar.

**CONVENTO** Abadía, monasterio.

**CONVENTUAL** Monacal, monástico.

**CONVERGENCIA** Coincidencia, afinidad, concurrencia, unión, juntura. *Divergencia.*

**CONVERGER** Convergir, concurrir, coincidir. *Divergir, irradiar.*

**CONVERSACIÓN** Coloquio, conferencia, charla, plática.

**CONVERSAR** Comunicar, conferenciar, charlar, departir, dialogar, hablar, platicar. *Callar.*

**CONVERSIÓN** Metamorfosis, mudanza, mutación.

**CONVERTIR** Cambiar, metamorfosear, mudar, transformar.

**CONVEXIDAD** Comba, alabeo. // Panza, barriga, curvatura, prominencia. *Concavidad.*

**CONVEXO** Abombado, prominente, esférico, panzón. *Cóncavo.*

**CONVICCIÓN** Convencimiento. *Duda.* // Certeza, persuasión, seguridad. *Incertidumbre.*

**CONVIDADO** Invitado, comensal, huésped, agasajado.

**CONVIDAR** Invitar, ofrecer. // Atraer, incitar, inducir, llamar, mover.

**CONVINCENTE** Concluyente, contundente, persuasivo, terminante, decisivo. *Discutible.*

**CONVITE** Invitación, ágape, banquete, agasajo, brindis.

**CONVIVIR** Cohabitar. // Entenderse.

**CONVOCACIÓN** Convocatoria, apelación, invitación, aviso, reclamo, indicción, cita, citación, llamamiento.

**CONVOCAR** Citar, congregar, llamar. *Despedir.*

**CONVOCATORIA** Citación, edicto, llamamiento.

**CONVOY** Acompañamiento, escolta, séquito. // Tren.

**CONVULSIÓN** Contracción, pataleta, temblor, tic.

**CONVULSIONAR** Agitar, conmover, trastornar. *Tranquilizar.*

**CONVULSO** Trémulo, agitado, tembloroso, espasmódico.

**CONYUGAL** Nupcial, matrimonial, marital, connubial.

**CÓNYUGE** Consorte, desposado.

**COOPERACIÓN** Asociación, colaboración, contribución, alianza, apoyo, reciprocidad, ayuda, asistencia.

**COOPERAR** Ayudar, coadyuvar, colaborar, contribuir, participar, favorecer, socorrer. // Secundar.

**COORDINACIÓN** Arreglo, compaginación, disposición. // Unión, combinación. *Desconcierto.*

**COORDINAR** Arreglar, organizar, regularizar. *Desordenar, desorganizar.*

**COPA** Cáliz, copón, vaso.

**COPAR** Envolver, rodear, sorprender.

**COPARTÍCIPE** Coautor, cómplice, copropietario, cointeresado.

**COPELAR** Fundir, purificar.

**COPETE** Mechón, moño, penacho, tupé. // Altanería, presunción.

**COPIA** Calco, duplicado, facsímil, reproducción. *Modelo, original.* // Imitación, remedo, plagio, trasunto. // Abundancia, profusión. *Escasez.*

**COPIAR** Calcar, duplicar, reproducir, transcribir. // Imitar, plagiar, remedar, trasuntar.

**COPIOSAMENTE** Abundantemente. // Mucho.

**COPIOSO** Abundante, cuantioso, exuberante, numeroso. *Escaso.*

**COPISTA** Copiador, escribiente, pasante, mecanógrafo, amanuense.

**COPLA** Canción, cantar, tonada.

**COPLERO** Cantor, cancionista, cantador, romancero, rapsoda.

**COPO** Mechón. // Grumo. // Coágulo.

**COPÓN** Cáliz.

**CÓPULA** Apareamiento, coito, unión, enlace, ayuntamiento, cohabitación. // Trabazón, atadura.

**COQUETA** Vanidosa, frívola, fatal, presumida, casquivana.

**COQUETEAR** Flirtear.

**COQUETERÍA** Coqueteo, galanteo. // Gracia.

**CORAJE** Ánimo, arrojo, bravura, esfuerzo, intrepidez, valentía. *Cobardía, desánimo, miedo.* // Furia, irritación. *Serenidad.*

**CORAZA** Armadura, blindaje, caparazón.

**CORAZÓN** Amor, benevolencia, voluntad. // Espíritu, valor. // Centro, interior. *Exterior.*

**CORAZONADA** Pálpito, presentimiento, presagio.

**CORCEL** Bridón, caballo, flete, pingo, potro, trotón.

**CORCHETE** Alguacil. // Policía, polizonte. // Broche.

**CORCHO** Tapón.

**CORCOVA** Giba, joroba.

**CORCOVADO** Contrahecho, giboso, jorobado.

**CORCOVO** Brinco, respingo, salto, corcoveta, sacudida.

**CORDEL** Bramante, cuerda, piola, piolín, cinta.

**CORDERO** Borrego.

**CORDIAL** Afable, afectuoso, amable, cariñoso, sencillo. *Huraño.*

**CORDIALIDAD** Afectuosidad, amabilidad, cariño. *Desafecto.* // Franqueza, llaneza, sencillez.

**CORDILLERA** Cadena, serranía, sierra, montaña.

**CORDÓN** Barrera. // Encintado.

**CORDURA** Circunspección, discreción, juicio, prudencia, sensatez. *Insensatez, locura.*

**CORIÁCEO** Resistente, fuerte, tenaz, duro. *Blando.*

**CORIZA** Catarro, romadizo.

**CORNAMENTA** Astas, cuernos.

**CORNEAR** Empitonar, topar.

**CÓRNER** Ángulo, rincón, esquina.

**CORNETA** Cuerno, clarín, trompeta, cornetín. // Estandarte

**CORNISA** Coronamiento, remate.

**CORNUDO** Consentido.

**CORO** Orfeón. // Conjunto.

**COROLARIO** Consecuencia, deducción, secuela. *Causa, principio.*

**CORONA** Diadema. // Aureola, halo, nimbo. // Coronilla, tonsura. // Galardón, premio, recompensa.

**CORONAMIENTO** Fin, remate, término, coronación.

**CORONAR** Galardonar, premiar. // Concluir, finalizar, rematar.

**CORONILLA** Corona, tonsura.

**CORPORACIÓN** Asociación, compañía, comunidad, entidad, instituto.

**CORPORAL** Corpóreo, físico, material, orgánico. *Espiritual.*

**CORPORALMENTE** Físicamente, orgánicamente, materialmente, corpóreamente.

**CORPULENCIA** Grandeza, magnitud, volumen.

**CORPULENTO** Enorme, gordo, grande, grandote, grueso. *Esmirriado.*

**CORPÚSCULO** Célula, elemento, molécula, partícula.

**CORRAL** Aprisco, chiquero, establo, gallinero, pocilga, toril.

**CORREA** Correaje. // Cinturón, bandolera. // Aguante, paciencia.

**CORRECCIÓN** Compostura, cortesía, educación, urbanidad. *Incorrección.* // Enmienda, lima, rectificación, retoque. // Castigo, correctivo. *Premio, recompensa.*

**CORRECCIONAL** Penitenciaría, reformatorio.

**CORRECTAMENTE** Educadamente, discretamente, urbanamente. // Fielmente, justamente. *Incorrectamente.*

**CORRECTIVO** Castigo, reprimenda, corrector.

**CORRECTO** Castizo, justo, puro. // Comedido, educado. *Incorrecto.*

**CORREDERA** Carril, riel, ranura. // Cordel, carretel.

**CORREDOR** Galería, pasillo, pasaje, tránsito, arcada, pórtico, túnel, subterráneo. // Comisionista, viajante. // Atleta.

**CORREGIR** Enderezar, enmendar, limar, mejorar, modificar, rectificar, salvar, subsanar. *Ratificar.* // Atemperar, moderar, suavizar. *Empeorar.* // Amonestar, castigar, escarmentar, reprender.

**CORRELACIÓN** Analogía, relación.

**CORRELIGIONARIO** Camarada, compañero, colega. *Rival, enemigo.*

**CORREO** Correspondencia. // Correos, posta. // Cartero, mensajero.

**CORREOSO** Elástico, flexible.

**CORRER** Escapar, huir. // Andar, recorrer. // Deslizarse, pasar, transcurrir. // Devengar. // Acosar, perseguir. // Descorrer, echar, mover, tender. // Abochornar, avergonzar, confundir, sofocarse. // Difundirse, divulgarse, propagarse, propalarse.

**CORRERÍA** Excursión. // Incursión, irrupción, intrusión.

**CORRESPONDENCIA** Carta, comunicación, correo, mensaje, misiva. // Reciprocidad. // Relación, trato. // Equivalencia.

**CORRESPONDER** Agradecer, pagar, recompensar. // Atañer, incumbir, pertenecer, tocar. // Comunicarse, escribirse, relacionarse.

**CORRESPONDIENTE** Conveniente, adecuado, oportuno. *Inconveniente, inoportuno.*

**CORRETEAR** Callejear, vagar. // Recorrer.

**CORREVEIDILE** Alcahuete, cuentista, chismoso.

**CORRIDA** Carrera. // Lidia.

**CORRIDO** Perseguido. // Abochornado, avergonzado, confundido, cortado. //

Avezado, baqueteado, ducho, experimentado.

**CORRIENTE** Fácil, fluido, llano, natural. // Admitido, cierto, sabido. // Acostumbrado, habitual, ordinario, usual. *Desacostumbrado, chocante, raro.* // Electricidad.

**CORRIENTEMENTE** Vulgarmente, llanamente, sencillamente.

**CORRIMIENTO** Vergüenza, sonrojo, rubor, empacho, bochorno.

**CORRO** Reunión, rueda.

**CORROBORAR** Confirmar, ratificar. *Objetar.* // Apoyar, aprobar, fortalecer, probar, robustecer. *Rechazar.*

**CORROER** Desgastar, roer, consumir, carcomer, socavar.

**CORROMPER** Averiar, dañar, descomponerse, echarse a perder, picarse, pudrir. // Depravar, enviciar, pervertir, seducir. // Cohechar, comprar, sobornar. // Incomodar, irritar.

**CORROMPIDO** Pocho, podrido, putrefacto, pútrido. *Incorrupto, sano.* // Libertino, perverso, vicioso. *Virtuoso.*

**CORROSIÓN** Desgaste.

**CORROSIVO** Acre, cáustico, mordaz, corroyente, hiriente, irónico, incisivo, sarcástico.

**CORRUPCIÓN** Descomposición, putrefacción. // Abuso, corruptela, depravación, perversión.

**CORSARIO** Bucanero, filibustero, pirata, contrabandista.

**CORTADO** Amputado, cercenado, dividido, mutilado, podado, segado. // Ajustado, proporcionado. // Desconcertado, turbado.

**CORTADURA** Corte, poda, tajo. // Grieta, hendidura. // Recorte.

**CORTAFRÍO** Cincel, escoplo.

**CORTANTE** Autoritario, brusco, incisivo, tajante.

**CORTAPISA** Condición, limitación, obstáculo, restricción, traba.

**CORTAPLUMAS** Navaja.

**CORTAR** Abrir, escindir. // Amputar, cercenar, decapitar, mutilar, rebanar, seccionar. *Agregar*. // Esquilar, pelar, rapar, recortar, segar. // Detener, interrumpir, suspender. // Atajar, atravesar. *Alargar.* // Hender, surcar. // Abatatarse, correrse, desconcertarse, turbarse.

**CORTE** Filo. // Chirlo, herida, incisión, tajo. // Ablación, amputación, cercenamiento, extirpación, mutilación, sección, separación.

**CORTEDAD** Brevedad, pequeñez. // Embarazo, encogimiento, pusilanimidad, timidez, vergüenza. *Decisión, descaro, cinismo.*

**CORTEJADOR** Pretendiente, galanteador, piropeador, enamorado, conquistador.

**CORTEJAR** Enamorar, festejar, galantear, requebrar.

**CORTEJO** Acompañamiento, comitiva. // Agasajo, fineza, regalo.

**CORTÉS** Amable, comedido, correcto, fino, obsequioso, urbano. *Descortés, grosero, ordinario.*

**CORTESANÍA** Cortesía.

**CORTESANO** Palaciego.

**CORTESÍA** Atención, cortesanía, educación, finura, gentileza, política, tacto, urbanidad.

**CORTÉSMENTE** Civilmente, urbanamente, distinguidamente, atentamente. *Groseramente.*

**CORTEZA** Cáscara, costra, cubierta, envoltura. // Apariencia, exterioridad. // Rusticidad.

**CORTINA** Antepuerta, visillo. // Pantalla, tapadera. // Telón.

**CORTO** Diminuto, escaso, insuficiente, mezquino, miserable, pequeño, raquítico. *Abundante, grande.* // Breve, efímero, fugaz. *Largo.* // Conciso, lacónico. *Extenso.* // Apocado, pacato, pusilánime, tímido. *Atrevido.*

**CORVO** Alabeado, arqueado, combado, curvo, curvado.

**COSA** Ente, cuerpo. // Bien.

**COSCORRÓN** Golpe, mamporro.

**COSECHA** Recolección, siega, producción, producto.

**COSECHAR** Juntar, recolectar, recoger. *Plantar, sembrar.*

**COSER** Hilvanar, pespuntear, remendar, zurcir, dobladillar. *Descoser.* *Cocer.

**COSMÉTICO** Afeite, unto, tintura, esmalte, maquillaje.

**COSMOPOLITA** Universal, mundano. *Local, regional.*

**COSMOS** Mundo, universo.

**COSQUILLOSO** Puntilloso, quisquilloso, susceptible.

**COSTA** Ribera, litoral, orilla, playa, rompiente, borde.

**COSTADO** Flanco, lado.

**COSTALADA** Golpazo, rodada.

**COSTAS** Expensas, importe.

**COSTO** Coste, valor, precio, importe, tarifa.

**COSTOSO** Caro, elevado, subido, gravoso, alto. *Barato.*

**COSTRA** Corteza, cubierta. // Postilla.

**COSTUMBRE** Hábito, práctica, rito, rutina, tradición, usanza, uso. *Ley, reglamento.*

**COSTUMBRISTA** Folclórico, folclorista, tradicionalista.

**COSTURA** Cosido, labor. // Sutura.

**COSTURERA** Modista, pespunteadora, zurcidora, pantalonera.

**COSTURÓN** Cicatriz, chirlo.

**COTEJAR** Comparar, confrontar.

**COTERRÁNEO** Conterráneo.

**COTIDIANO** Diario, común, vulgar, periódico. // Corriente.

**COTIZAR** Tasar, valorar, valuar.

**COTO** Hito, mojón. // Límite, término.

**COTORRA** Papagayo. // Charlatán, parlanchín.

**COTORREO** Cháchara, chismorreo, palique.

**COVACHA** Cuchitril.

**COYOTE** Lobo.

**COYUNDA** Matrimonio. // Sujeción, yugo. // Correa, soga.

**COYUNTURA** Articulación, trabazón. // Ocasión, oportunidad, sazón.

**COZ** Patada. // Injuria.

**CRÁNEO** Cabeza, calavera.

**CRÁPULA** Borrachera. // Depravación, libertinaje, vicio. *Honestidad, virtud.* // Depravado, libertino, vicioso. *Honesto, virtuoso.*

**CRASCITAR** Graznar.

**CRASITUD** Gordura.

**CRASO** Gordo, grasiento, grueso. *Flaco, magro.* // Indisculpable. *Leve.*

**CRÁTER** Boca, boquete. // Abertura. // Volcán.

**CREACIÓN** Universo. // Invención, producción.

**CREADOR** Hacedor. // Autor, inventor, artista, productor.

**CREAR** Concebir, criar, engendrar, hacer, inventar, producir. // Establecer, fundar, instituir, introducir, nombrar. *Aniquilar, destruir, exterminar.*

**CRECER** Aumentar, desarrollarse, elevarse, extenderse, formarse, medrar, progresar, madurar. *Decrecer, menguar, reducirse.*

**CRECES** Aumento, demasía, exceso, ventaja.

**CRECIDA** Aumento. // Avenida, creciente, riada.

**CRECIDO** Alto, desarrollado, grande, fuerte. // Importante, numeroso.

**CRECIMIENTO** Aumento, desarrollo, incremento, progreso. *Disminución.*

**CRÉDITO** Asenso. // Solvencia. // Apoyo, autoridad. // Fama, prestigio, reputación, consideración.

**CREDO** Creencia, religión.

**CREDULIDAD** Creencia. *Incredulidad, duda.*

**CRÉDULO** Cándido, confiado, creyente. *Desconfiado.* // Incauto, sencillo, bonachón. *Suspicaz.*

**CREENCIA** Credo, fe. // Convicción, opinión. *Duda, sospecha, suspicacia, descreimiento.*

**CREER** Entender, estimar, imaginar, juzgar, opinar, pensar, sostener. *Desconfiar, dudar, recelar.*

**CREÍBLE** Posible, verosímil. *Increíble.*

**CREMA** Nata. // Pomada. // Diéresis.

**CREMACIÓN** Incineración, quema.

**CREPITAR** Crujir, chasquear, chisporrotear.

**CREPÚSCULO** Amanecer, anochecer. // Declinación.

**CRESO** Acaudalado, rico.

**CRESPO** Ensortijado, rizado, retorcido, encrespado. *Lacio.* // Artificioso, oscuro. // Alterado, irritado.

**CRESPÓN** Gasa, tul, muselina, seda.

**CRESTA** Copete. // Cima, cumbre. *Llano, llanura.*

**CRESTOMATÍA** Antología, selección.

**CRETINO** Estúpido, idiota, necio. *Inteligente.*

**CREYENTE** Crédulo, confiado. *Incrédulo.* // Religioso, piadoso. *Ateo.*

**CRÍA** Criatura. // Camada, hijos.

**CRIADA** Doméstica, fámula, sirvienta. *Ama, señora.*

**CRIADO** Sirviente. *Dueño, patrón.*

**CRIADOR** Productor. // Vitivinicultor.

**CRIADOS** Servicio, servidumbre.

**CRIANZA** Lactancia, amamantamiento. // Cortesía. // Educación.

**CRIAR** Alimentar, amamantar, lactar, nutrir. // Crear, engendrar, originar, producir. // Cuidar, dirigir, educar, enseñar, instruir.

**CRIATURA** Crío, chico, chiquillo, niño. // Ser, hombre. // Hechura.

**CRIBA** Cedazo, zaranda, cernedor, harnero, tamiz, tambor.

**CRIBAR** Cerner, zarandar, tamizar, cernir, pasar, colar.

**CRIC** Gato (instrumento mecánico).

**CRIMEN** Delito. // Asesinato.

**CRIMINAL** Delincuente, facineroso, malhechor.

**CRIN** Cerda.

**CRÍO** Criatura.

**CRIPTOGRAFÍA** Clave, abreviatura, jeroglífico, cifra.

**CRIPTOGRÁFICO** Cifrado, en clave.

**CRISIS** Mutación, vicisitud, cambio, desequilibrio, trance. *Normalidad, estabilidad, permanencia.*

**CRISPACIÓN** Contracción, encogimiento, estremecimiento.

CRISPARSE Contraerse, convulsionarse, encogerse.

CRISTAL Vidrio, espejo. // Agua.

CRISTALERA Aparador.

CRISTALINO Claro, diáfano, límpido, transparente, traslúcido.

CRISTALIZARSE Concretarse, precisarse, determinarse.

CRISTIANAR Bautizar.

CRISTIANDAD Cristianismo.

CRISTIANIZACIÓN Evangelización, catequesis.

CRISTIANO Creyente. *Idólatra, infiel, pagano.* // Individuo, persona.

CRISTO Crucifijo, Jesucristo.

CRITERIO Norma, pauta, regla. // Discernimiento, juicio, parecer. *Ofuscación, irreflexión.*

CRÍTICA Censura, juicio, opinión. // Murmuración. // Reparo.

CRITICABLE Censurable, reprensible, reprochable.

CRITICAR Analizar. // Acusar, censurar, desaprobar, motejar, notar, reprobar, tildar, vituperar. *Defender, elogiar, apologizar.*

CRÍTICO Aristarco, censor, juez. // Culminante, crucial, decisivo.

CRITICÓN Censurador.

CRÓNICA Artículo, nota. // Anales.

CRÓNICO Inveterado, habitual.

CRONISTA Articulista, historiador, comentarista, analista.

CRONOLOGÍA Cronografía, historia, cómputo, calendario.

CRONÓMETRO Reloj.

CROQUIS Boceto, bosquejo, esbozo, borrador, diseño.

CROSCITAR Graznar, crascitar, crocitar.

CRÓTALO Castañuela.

CRUCE Crucero, encuentro, empalme, entrecruzamiento, corte, cruzamiento, confluencia, encrucijada, intersección. *Paralelismo.*

CRUCERO Cruce. // Travesía.

CRUCIAL Crítico, decisivo.

CRUCIFICAR Sacrificar.

CRUDAMENTE Ásperamente, desabridamente, rigurosamente.

CRUDEZA Aspereza, desabrimiento, dureza, rigor. *Suavidad.*

CRUDO Cruel, despiadado. *Cobarde.* // Áspero, destemplado, frío, riguroso. *Bonancible.* // Verde. *Maduro.*

CRUEL Bárbaro, brutal, desalmado, feroz, inhumano, sanguinario. *Compasivo.* // Duro, inclemente, insoportable, riguroso. *Dulce, suave.*

CRUELDAD Brutalidad, ferocidad, fiereza, inhumanidad, sevicia. *Benignidad, humanidad.*

CRUELMENTE Cruentamente, inhumanamente, atrozmente, despiadadamente. *Suavemente, humanamente.*

CRUENTO Sangriento.

CRUJIDO Chasquido, rechinamiento.

CRUJIR Chirriar, chascar, rechinar, restallar, crepitar.

CRUP Difteria.

CRUZ Aspa. // Crucifijo. // Aflicción, carga, peso, trabajo.

CRUZADA Campaña, expedición.

CRUZAR Entrecruzar, entrelazar. // Atravesar, cortar, pasar, trasponer, traspasar. // Encontrarse, inmiscuirse, interponerse, coincidir.

CUADRA Caballeriza, establo.

CUADRADO Bruto, torpe. *Inteligente.* // Cabal, perfecto.

CUADRAR Encuadrar. // Ajustarse, convenir. // Erguirse, plantarse.

CUADRIL Cadera.

CUADRILÁTERO Paralelogramo. // Cuadrangular, cuadrado, cuadriforme, cuadrilongo, cuadricular.

CUADRILLA Banda, gavilla, pandilla. // Grupo.

CUADRO Lámina, lienzo, pintura, tela. // Marco. // Escena, acto. // Espectáculo, vista, aspecto.

CUADRÚPEDO Bestia.

CUAJADO Solidificado, macizo, coagulado, apelotonado, apretado, comprimido. // Lleno, poblado.

CUAJADURA Coagulación, cuajo, con-

solidación. *Fluidez, liquidación.*
**CUAJAR** Coagular, congelar, solidificar, condensar, apelotonar. *Liquidar, fluir.* // Llenarse, poblarse.
**CUAJARÓN** Coágulo, grumo.
**CUALIDAD** Calidad. *Defecto.* // Atributo, carácter, condición, naturaleza, prenda. *Entidad, esencia, sustancia.*
**CUANTÍA** Cantidad, suma. // Importancia. *Insignificancia.*
**CUANTIAR** Tasar, apreciar, valorar.
**CUANTIOSO** Abundante, considerable, copioso, grande. *Escaso, exiguo.*
**CUARTEAR** Descuartizar, partir, dividir. // Abrirse, agrietarse, rajarse, resquebrajarse.
**CUARTEL** Alojamiento. // Acuartelamiento, acantonamiento. // División, sección, parte. // Barrio, distrito. // Gracia, misericordia, perdón.
**CUARTETA** Redondilla.
**CUARTO** Aposento, estancia, habitación, pieza.
**CUARTOS** Extremidades. // Dinero.
**CUARTUCHO** Cubículo, cuchitril, tugurio.
**CUBA** Barril, casco, tonel, tina, bocoy, pipa, tanque, tonelete.
**CUBERO** Tonelero.
**CUBÍCULO** Alcoba, aposento. // Cuartucho.
**CUBIERTA** Envoltura, forro, sobre, tapa, cobertura, envoltorio. // Neumático. // Simulación, pretexto.
**CUBIL** Covacha, cueva, guarida, madriguera, escondrijo.
**CUBILETE** Vaso.
**CUBO** Balde.
**CUBRECAMA** Cobertor, colcha, edredón, manta.
**CUBRIMIENTO** Ocultación, envolvimiento. *Exposición.* // Cobertura, cubierta, envoltura, revestimiento, toldo, paramento, tapiz, funda.
**CUBRIR** Ocultar, tapar, velar. *Destapar, exponer.* // Arropar, vestir. *Desnudar.* // Forrar, revestir, techar.
**CUCHICHEAR** Murmurar, secretear,

bisbisear. *Gritar.* *****Cuchichiar.**
**CUCHILLA** Cuchillo. // Guillotina.
**CUCHILLADA** Corte, chirlo, tajo.
**CUCHILLO** Faca, facón.
**CUCHIPANDA** Francachela.
**CUCHITRIL** Cochitril, cuartucho.
**CUCHUFLETA** Broma, burla.
**CUCO** Coco, fantasma. // Bonito, lindo, mono. // Astuto.
**CUELLO** Garganta, pescuezo, gollete.
**CUENCA** Cavidad, concavidad. // Oquedad, órbita. // Valle.
**CUENTA** Cálculo, cómputo, operación. // Adición, factura, importe. // Explicación, satisfacción. // Cargo, cuidado, deber, incumbencia, obligación.
**CUENTISTA** Fabulista, narrador. // Cuentero, chismoso.
**CUENTO** Fábula, narración, relato. // Chisme, embuste, patraña, quimera. // Desazón, disgusto.
**CUERDA** Cordel, piola, maroma, soga. // Resorte.
**CUERDO** Formal, juicioso, prudente, reflexivo, sensato. *Insensato, loco.*
**CUEREAR** Desollar.
**CUERNO** Asta, pitón.
**CUERO** Pellejo, piel. // Odre.
**CUERPO** Organismo. *Alma, espíritu.* // Cadáver. // Tronco, talle, figura, busto. // Grandor, espesor, tamaño, volumen. // Densidad. // Colección. // Comunidad, corporación.
**CUESTA** Declive, pendiente, repecho, subida.
**CUESTIÓN** Problema. // Pregunta. // Duda. // Controversia, disputa, polémica. // Gresca.
**CUESTIONABLE** Discutible, dudoso, problemático. *Cierto, irrefutable.*
**CUESTIONAR** Controvertir, discutir, polemizar, disputar, debatir.
**CUESTIONARIO** Examen, temario. // Consulta. // Programa.
**CUEVA** Antro, caverna, covacha, gruta, guarida. // Bodega, sótano.
**CUÉVANO** Cesta, cesto, canasta.
**CUIDADO** Atención, esmero, pulcritud,

solicitud. *Desatención.*//Inquietud, miedo, temor, zozobra. *Valentía, tranquilidad.* // Cautela, precaución, prudencia, vigilancia. *Despreocupación, descuido.*

**CUIDADOSO** Aplicado, celoso, esmerado, meticuloso, prolijo, pulcro, solícito. *Descuidado.*

**CUIDAR** Atender, custodiar, guardar, proteger, asistir, velar. *Desatender, descuidar, desentenderse.*

**CUITA** Aflicción, angustia, cuidado, desventura, pena, trabajo, zozobra. *Dicha, ventura.*

**CUITADO** Afligido, desventurado, infeliz, infortunado, pusilánime. *Feliz.*

**CULATA** Mango, asidero.// Anca, gru-pa, popa, trasera.

**CULEBRA** Serpiente.

**CULEBREAR** Ondular, serpentear.

**CULEBRILLA** Herpe.

**CULMINACIÓN** Cumbre, cúspide, cima, pináculo. *Abismo, precipicio.* // Máximo. // Perfección.

**CULMINANTE** Destacado, dominante, prominente. // Principal, superior. *Inferior, insignificante.*

**CULMINAR** Acabar, perfeccionar. *Empezar, estropear.*

**CULO** Ano, nalgas, asentaderas, trasero, posaderas. // Suelo, fondo. *Superficie.*

**CULPA** Delito, falta, pecado, yerro. // Responsabilidad.

**CULPABILIDAD** Culpa. // Incumplimiento, infracción.

**CULPABLE** Culpado. *Inocente.* // Responsable. *Irresponsable.*

**CULPADO** Culpable, delincuente, reo. *Absuelto.*

**CULPAR** Acusar, achacar, inculpar. // Responsabilizar.

**CULTERANISMO** Afectación, rebuscamiento. *Claridad, sencillez.*

**CULTERANO** Afectado, gongorino.

**CULTIVADOR** Agricultor, labrador, labriego, agrónomo, colono.

**CULTIVAR** Arar, labrar, sembrar. // Conservar, cuidar, fomentar, mantener.

// Ejercitarse, estudiar, practicar, trabajar. // Producir.

**CULTIVO** Labor, laboreo, labranza.

**CULTO** Adoración, veneración. *Irreverencia.* // Cultivado, docto, erudito, instruido, sabio. *Inculto.*

**CULTURA** Cultivo, erudición, ilustración, instrucción, saber. *Desconocimiento, ignorancia.*

**CULTURAL** Instructivo, pedagógico, formativo, didáctico, civilizador.

**CUMBRE** Ápice, cima, cúspide, cresta. *Abismo, base, cimiento.*//Culminación, elevación.

**CUMPLEAÑOS** Aniversario.

**CUMPLIDAMENTE** A satisfacción, cabalmente, escrupulosamente.

**CUMPLIDO** Acabado, completo, concluido, listo, perfecto. *Imperfecto.* //Cabal, largo, lleno. // Abundante. *Escaso.* // Atento, cortés, educado, fino, obsequioso, urbano. *Descortés, rústico.* // Atención, cumplimiento, fineza, galantería, obsequio. *Insulto.*

**CUMPLIDOR** Cuidadoso, exacto, puntual. *Negligente.*

**CUMPLIMENTAR** Felicitar, saludar. // Cumplir.

**CUMPLIMIENTO** Desempeño, observancia, satisfacción.

**CUMPLIR** Acatar, observar, satisfacer. *Desobedecer, infringir.* // Efectuar, ejecutar, realizar, verificar. *Claudicar.* // Convenir, importar. // Acabarse, expirar, finalizar.

**CÚMULO** Cantidad, infinidad, montón, multitud, pila, sinnúmero.

**CUNA** Patria. // Estirpe, familia, linaje. // Origen, principio.

**CUNDIR** Desarrollarse, dilatarse. *Limitarse, reducirse.* // Divulgarse, propagarse, difundirse.

**CUNEAR** Acunar, mecer.

**CUNEO** Balanceo.

**CUNETA** Badén, zanja.

**CUÑA** Calce, calza, taco, tarugo. // Influencia, muñeca, padrino, palanca.

**CUÑO** Impresión, sello, señal.//Troquel.

**CUOTA** Contribución, cupo, parte, porción, cantidad.

**CUOTIDIANO** Cotidiano. // Diario.

**CUPIDO** Amor, Eros. // Enamoradizo, mujeriego.

**CUPO** Cuota.

**CUPÓN** Vale, talón, bono. // Papeleta, volante, comprobante.

**CÚPULA** Bóveda. // Domo.

**CURA** Clérigo, eclesiástico, sacerdote, presbítero, abate. *Laico, seglar.* // Cuidado. // Curación.

**CURACIÓN** Cura, alivio, tratamiento.

**CURADOR** Procurador, tutor.

**CURALOTODO** Panacea, sanalotodo.

**CURANDERO** Charlatán, ensalmador, saludador.

**CURAR** Sanar. *Enfermar.* // Acecinar, salar. // Curtir. // Cuidar. *Descuidar.*

**CURATIVO** Restablecedor, reconstituyente, fortificante. // Saludable.

**CURATO** Vicaría, parroquia.

**CURDA** Borrachera, borracho.

**CURIA** Iglesia, nunciatura, signatura.

**CURIOSEAR** Averiguar, indagar, espiar, fisgonear, husmear, huronear, investigar, oliscar, escudriñar.

**CURIOSIDAD** Fisgoneo, indiscreción. *Discreción.* // Deseo, gana. // Novedad, rareza. *Vulgaridad.* // Aseo, limpieza, pulcritud. *Suciedad.*

**CURIOSO** Averiguador, escudriñador, preguntón. *Indiferente.* // Indiscreto. *Discreto.* // Aseado, limpio, pulcro. *Sucio.* // Extraño, notable. *Vulgar.*

**CURSADO** Acostumbrado, curtido, perito, práctico, versado.

**CURSAR** Acostumbrar, frecuentar. // Estudiar. // Tramitar.

**CURSI** Chabacano, presumido, presuntuoso, pretencioso, ridículo. *Discreto, elegante.*

**CURSILERÍA** Afectación, ridiculez, amaneramiento, vulgaridad. *Sencillez, elegancia.*

**CURSIVA** Bastardilla.

**CURSO** Dirección, recorrido, rumbo, carrera.//Transcurso.//Corriente.//Manual, tratado.//Continuación, serie.//Circulación, difusión, divulgación.//Desempeño.

**CURTIDO** Avezado, endurecido, experimentado. *Bisoño, novato.* // Atezado, tostado.

**CURTIEMBRE** Curtiduría.

**CURTIR** Adobar, curar. // Acostumbrar, ejercitar, endurecer. *Afeminarse.* // Tostarse. *Cutir.*

**CURVA** Meandro, sinuosidad, vuelta.

**CURVADO** Curvo.

**CURVATURA** Alabeo, combadura, redondez, curva.

**CURVIDAD** Curvatura.

**CURVO** Alabeado, combado, corvo, curvado, curvilíneo, redondo. *Derecho, recto.*

**CÚSPIDE** Cumbre, pináculo. *Abismo, precipicio.*

**CUSTODIA** Cuidado. *Descuido* // Escolta, guardia.

**CUSTODIAR** Defender, guardar, proteger, velar, vigilar. *Descuidar.*//Escoltar.

**CUTIR** Percutir, batir, golpear. *Curtir.*

**CUTIS** Epidermis, pellejo, piel.

**CUTRE** Avaro, miserable, tacaño, ruin, mezquino. *Generoso, pródigo, dadivoso, gastador.*

**CUZCO** Cachorro, gozque.

**D**

**DABLE** Factible, hacedero, posible, viable. *Imposible.*

**DACTILAR** Digital.

**DACTILÓGRAFO** Mecanógrafo, tipiador.

**DÁDIVA** Don, regalo, obsequio.

**DADIVOSO** Generoso, liberal, pródigo, desprendido. *Interesado, tacaño, mezquino.*

**DADO** Cubo. // Donado, regalado, cedido, entregado.

**DADOR** Librador. // Portador, comisionado. *Receptor.*

**DAGA** Puñal, estilete.

**DAMA** Mujer, señora.

**DAMAJUANA** Bombona, garrafa.

**DAMASQUINADO** Embutido, incrustado, taraceado, adornado.

**DAMISELA** Damita, doncella, jovencita.

**DAMNIFICACIÓN** Perjuicio, deterioro, daño, detrimento. *Beneficio.*

**DAMNIFICAR** Dañar, perjudicar.

**DANZA** Baile, ballet. // Chanchullo.

**DANZANTE** Bailarín, bailador, danzarín.

**DANZAR** Bailar, bailotear.

**DANZARINA** Bailarina.

**DAÑAR** Damnificar, deteriorar, estropear, lesionar, malear, menoscabar, perjudicar. *Beneficiar.*

**DAÑINO** Dañoso, funesto, malo, nocivo, perjudicial, pernicioso. *Beneficioso.*

**DAÑO** Avería, deterioro, detrimento, estrago, estropicio, mal, menoscabo, perjuicio. *Beneficio, mejora.*

**DAÑOSO** Dañino, nocivo, perjudicial.

**DAR** Ceder, entregar. *Quitar.* // Donar, dotar, gratificar, proporcionar, regalar, suministrar. *Aceptar, recibir.* // Administrar, aplicar, propinar. // Adjudicar, conceder, facilitar, otorgar. *Posesionarse, tomar.* // Atribuir, imputar. // Considerar, declarar. // Causar, ocasionar. // Producir, redituar, rendir. // Distribuir, repartir. // Ejecutar, hacer. // Golpear, pegar. // Sonar. // Acertar, atinar, descubrir. // Caer, incurrir. // Presentar. // Anunciar, presagiar. // Asignar, fijar, señalar. // Dedicarse, entregarse.

**DARDO** Saeta, venablo, jabalina, flecha, azagaya.

**DÁRSENA** Fondeadero, ancladero, muelle, desembarcadero.

**DATA** Fecha.

**DATAR** Fechar. // Durar, corresponder, remontarse.

**DATO** Antecedente, detalle, nota, pormenor. // Documento, fundamento, testimonio.

**DEA** Diosa.

**DEAMBULAR** Andar, caminar, pasear. *Detenerse.*

**DEBAJO** Bajo. *Encima, sobre.*

**DEBATE** Controversia, discusión, polémica. // Combate, contienda, lucha.

**DEBATIR** Altercar, controvertir, discutir, disputar, polemizar. *Acordar.* // Guerrear, pelear.

**DEBELAR** Rendir, vencer, conquistar, derrotar. **\*Develar.**

**DEBER** Obligación. *Derecho, irresponsabilidad, opción.* // Deuda. // Adeudar.

**DEBIDAMENTE** Cumplidamente, justamente, estrictamente.

**DÉBIL** Delicado, endeble, flaco, flojo, raquítico. *Enérgico, fuerte, vigoroso.*

**DEBILIDAD** Anemia, astenia, decaimiento, lasitud, desfallecimiento, flaqueza, flojedad, raquitismo. *Fortaleza, vigor.*

**DEBILITAR** Enervar, extenuar. *Tonificar, vigorizar.* // Aflojar, consumirse, decaer, flaquear. *Robustecer.*

**DÉBILMENTE** Flojamente, lánguidamente. *Fuertemente.*

**DÉBITO** Deuda. *Crédito.*

**DÉCADA** Decenio.

**DECADENCIA** Decaimiento, declinación, ocaso, descenso. *Apogeo, auge, esplendor, opulencia, postración.*

**DECAER** Arruinarse, debilitarse, declinar, desfallecer, flaquear, empeorar. *Fortalecerse, mejorar.*

**DECAIMIENTO** Abatimiento, desaliento, decadencia.

**DECAMPAR** Irse, partir, marchar, huir.

**DECANTAR** Engrandecer, ponderar, propalar.

**DECAPITAR** Degollar, descabezar, guillotinar.

**DECENCIA** Aseo, compostura, decoro, dignidad, honestidad, pudor, recato. *Indecencia, indignidad, suciedad, vileza.* *Docencia.

**DECENIO** Década.

**DECENTE** Aseado, limpio. // Debido, digno, justo. // Decoroso, honesto. *Indecente.* *Docente.

**DECEPCIÓN** Desencanto, desengaño, desilusión, fracaso. *Ilusión.*

**DECESO** Fallecimiento. *Nacimiento.*

**DECHADO** Ejemplo, modelo, muestra, tipo.

**DECIDIDO** Resuelto, osado, desenvuelto. *Indeciso, perplejo, vacilante.*

**DECIDIR** Determinar, disponer, resolver. *Dudar, titubear, temer.* *Disidir.

**DECIR** Dicho. // Declarar, explicar, expresar, hablar, indicar, insinuar, manifestar, mencionar, nombrar. *Callar, omitir.* // Asegurar, opinar, proponer, sostener. *Desdecir.* // Denotar. // Armo-

nizar, convenir. // Escribir.

**DECISIÓN** Determinación, firmeza, resolución. *Indecisión.* // Fallo, sentencia.

**DECISIVO** Concluyente, rotundo. *Dudoso, provisional.*

**DECLAMACIÓN** Recitación.

**DECLAMAR** Recitar, pronunciar, decir, orar.

**DECLARACIÓN** Explicación, exposición, manifestación, testimonio.

**DECLARAR** Atestiguar, decir, deponer, exponer, manifestar.

**DECLINACIÓN** Decadencia. // Caída, descenso, ocaso. *Subida.*

**DECLINAR** Decaer, disminuir, menguar. *Ascender.* // Rehusar. *Aceptar.*

**DECLIVE** Bajada, cuesta, declinación, inclinación, pendiente, rampa, vertiente. *Ascensión.*

**DECOCCIÓN** Cocción.

**DECOLORACIÓN** Desteñimiento.

**DECOLORAR** Desteñir, descolorar, despintar, descolorir. *Colorear.*

**DECOMISAR** Comisar, confiscar, incautar. *Abastecer, dar, restituir.*

**DECOMISO** Comiso, confiscación, incautación.

**DECORACIÓN** Adorno, ornato, ornamentación. // Decorado, escenografía.

**DECORAR** Adornar, hermosear, ornar, ornamentar. *Deslucir.*

**DECORO** Honra, respeto. // Circunspección, gravedad. // Honestidad, recato. *Indignidad, impudor.*

**DECOROSAMENTE** Dignamente, decentemente, honrosamente. *Indecorosamente.*

**DECOROSO** Digno, honesto, recatado, respetable. *Indecoroso.*

**DECRECER** Bajar, debilitarse, decaer, descender, menguar. *Aumentar, crecer, progresar.*

**DECRECIENTE** Menguante.

**DECRECIMIENTO** Disminución, declinación, decadencia. *Aumento.*

**DECRÉPITO** Caduco, chocho, senil. *Rejuvenecido, lozano.*

**DECREPITUD** Vejez, ancianidad, vetustez, senilidad, chochez. *Juventud.*

**DECRETAR** Decidir, determinar, dictar, ordenar, resolver.

**DECRETO** Decisión, determinación, resolución. // Bando, edicto.

**DECÚBITO** Horizontal, yacente.

**DECURSO** Continuación, sucesión, transcurso. *Discurso.

**DÉDALO** Laberinto. // Enredo, lío.

**DEDICACIÓN** Consagración, ofrecimiento, dedicatoria.

**DEDICAR** Consagrar, ofrecer, dar, regalar. *Negar.* // Aplicar, asignar, destinar.

**DEDUCCIÓN** Descuento, rebaja *Aumento.* // Consecuencia, inferencia. *Inducción.*

**DEDUCIR** Descontar, disminuir, rebajar. *Añadir, aumentar.* // Colegir, derivar, inferir, seguir.

**DEFECAR** Evacuar.

**DEFECCIÓN** Abandono, deserción, huida, traición. *Adhesión, incorporación.*

**DEFECTO** Deficiencia, falla, imperfección, falta, carencia. *Eficacia, perfección.*

**DEFECTUOSO** Imperfecto, incompleto. *Bueno, normal, perfecto.*

**DEFENDER** Amparar, apoyar, auxiliar, conservar, disculpar, exculpar, mantener, sostener. *Agredir, culpar, perseguir.* // Preservar, proteger. *Lastimar, destruir.* // Vedar, prohibir.

**DEFENSA** Abrigo, amparo, apoyo, auxilio. // Protección, resguardo, resistencia. // Disculpa, justificación. *Ofensa, acusación.*

**DEFENSOR** Paladín, valedor, abogado.

**DEFERENCIA** Atención, condescendencia, consideración, respeto. *Desconsideración, menosprecio.* *Diferencia.

**DEFERENTE** Respetuoso, atento, cortés, considerado, solícito. *Diferente.

**DEFERIR** Adherirse, condescender. // Comunicar. *Diferir.

**DEFICIENCIA** Defecto, imperfección, insuficiencia. *Perfección, suficiencia.*

**DEFICIENTE** Imperfecto, incompleto, insuficiente. *Magistral, perfecto.*

**DÉFICIT** Descubierto, falta. *Excedente, sobrante, superávit.*

**DEFINICIÓN** Decisión, determinación. // Declaración.

**DEFINIDO** Determinado, explicado.

**DEFINIR** Determinar, fijar, precisar. // Decidir. *Vacilar.*

**DEFINITIVO** Concluyente, decisivo, terminante. *Provisional.*

**DEFLAGRACIÓN** Incendio, ardimiento. // Catástrofe.

**DEFLAGRAR** Arder, incendiarse.

**DEFORMACIÓN** Deformidad, distorsión. *Belleza, proporción.*

**DEFORMAR** Desfigurar.

**DEFORME** Contrahecho, desproporcionado, informe, imperfecto.

**DEFORMIDAD** Deformación. // Error.

**DEFRAUDACIÓN** Estafa, fraude, hurto. *Donación.*

**DEFRAUDAR** Engañar, estafar. *Restituir, devolver.*

**DEFUNCIÓN** Fallecimiento, muerte, óbito. *Nacimiento.*

**DEGENERADO** Pervertido. *Virtuoso.*

**DEGENERAR** Decaer, declinar, empeorar. *Mejorar, regenerar.* // Pervertirse. *Merecer.*

**DEGLUTIR** Tragar.

**DEGOLLAR** Decapitar, guillotinar. // Cortar. // Asesinar.

**DEGRADACIÓN** Humillación. *Ascenso, enaltecimiento.* // Envilecimiento, vileza, degeneración.

**DEGRADANTE** Deshonroso, humillante, ruin. *Dignificante.*

**DEGRADAR** Exonerar, humillar, rebajar. *Ensalzar.* // Envilecer. *Ennoblecer.*

**DEGÜELLO** Degollación, decapitación, guillotinamiento. // Matanza.

**DEGUSTAR** Catar, probar, saborear.

**DEHEZA** Coto. // Pasto, prado, monte.

**DEIDAD** Divinidad. *Mortal.*

**DEIFICAR** Divinizar, ensalzar.

**DEJACIÓN** Cesión. *Resistencia.* // Desistimiento, renuncia. *Insistencia.*

**DEJADEZ** Abandono, desidia, incuria, negligencia, pereza. *Ánimo, gana, dili-*

gencia, cuidado, esmero.

**DEJAR** Abandonar, desamparar, plantar. *Amparar.* // Desistir. // Apartarse, ausentarse, desertar, irse, retirarse. // Confiar, designar, encargar, encomendar. // Dar, legar. *Tomar.* // Producir, redituar, rentar, valer. // Consentir, permitir, tolerar. // Descuidar, olvidar, omitir. // Entregarse, someterse. *Rebelarse.*

**DEJO** Acento, deje, tonillo, entonación. // Gusto, sabor.

**DELACIÓN** Acusación, denuncia.

**DELANTAL** Guardapolvo, mandil.

**DELANTE** Enfrente. *Detrás.* // Frente, primero.

**DELANTERA** Frente, cara, faz, fachada. // Principio. // Adelanto, anticipación.

**DELATAR** Acusar, denunciar, descubrir, soplar. *Encubrir, tapar.*

**DELATOR** Acusador, acusón, denunciante, soplón.

**DELECTACIÓN** Deleite, fruición.

**DELEGACIÓN** Agencia, filial, sucursal, representación.

**DELEGADO** Comisionado, enviado, representante, testaferro, encargado.

**DELEGAR** Comisionar, encargar, encomendar, facultar. *Asumir.*

**DELEITAR** Agradar, complacer, encantar, gustar. *Aburrir, hastiar.*

**DELEITE** Delectación, fruición, goce, gusto, placer, satisfacción. *Dolor, infelicidad.*

**DELETÉREO** Mortal, mortífero, destructor, venenoso. *Respirable, sano.*

**DELEZNABLE** Despreciable. *Valioso.* // Inconsistente, quebradizo, resbaladizo. *Consistente.*

**DELGADEZ** Flacura. *Obesidad.* // Tenuidad.

**DELGADO** Afilado, cenceño, enjuto, flaco, magro. *Adiposo, gordo, grueso.* // Delicado, suave. // Agudo, ingenioso.

**DELIBERACIÓN** Debate, discusión. // Decisión, resolución.

**DELIBERADAMENTE** Adrede, premeditadamente.

**DELIBERAR** Considerar, debatir, re-

flexionar. // Resolver.

**DELICADEZA** Exquisitez, finura, primor. // Atención, suavidad. *Aspereza, desatención.* // Escrupulosidad.

**DELICADO** Débil, enclenque, enfermizo. // Exquisito, fino, refinado. // Sabroso, suave. // Frágil, quebradizo. // Susceptible, suspicaz, vidrioso.

**DELICIA** Deleite, voluptuosidad. *Dolor, fastidio.*

**DELICIOSO** Agradable, deleitoso, encantador, grato.

**DELICTIVO** Delictuoso.

**DELIMITAR** Demarcar, fijar.

**DELINCUENTE** Criminal, facineroso, forajido, malhechor, reo.

**DELINEACIÓN** Dibujo, diseño, trazo, croquis, mapa.

**DELINEAR** Dibujar, diseñar.

**DELINQUIR** Infringir, transgredir, violar, vulnerar, contravenir.

**DELIQUIO** Desfallecimiento, desmayo, éxtasis.

**DELIRAR** Desvariar, fantasear.

**DELIRIO** Desvarío. // Despropósito, disparate.

**DELITO** Crimen, culpa, infracción.

**DELUDIR** Burlar, engañar.

**DEMACRARSE** Adelgazar, consumirse, enflaquecer. *Engordar, mejorar.*

**DEMANDA** Petición, reclamación, ruego, solicitud, súplica. // Cuestión, pregunta. *Réplica.* // Encargo, pedido. // Empresa, intento.

**DEMANDAR** Exigir, pedir, rogar, solicitar. // Apetecer, desear. // Preguntar.

**DEMARCACIÓN** Limitación, circunscripción, deslinde, separación, delineación. *Indeterminación.*

**DEMARCAR** Delimitar, delinear, determinar, marcar, señalar.

**DEMASÍA** Exceso, exorbitancia. *Escasez.* // Atrevimiento, insolencia. *Cortesía.* // Maldad.

**DEMASIADO** De sobra, excesivo. *Escaso, poco.*

**DEMENCIA** Locura, alienación, insanía, vesania. *Cordura.*

**DEMENTE** Loco, orate. *Cuerdo.*

**DEMÉRITO** Desmerecimiento. *Mérito.*

**DEMOLER** Derribar, deshacer, desmantelar, destruir. *Construir.*

**DEMONÍACO** Endemoniado, satánico, diabólico.

**DEMONIO** Diablo, Lucifer, Luzbel, Satán. // Malvado, perverso.

**DEMONTRE** Demonio.

**DEMORA** Dilación, retraso, tardanza. *Anticipo, adelanto.*

**DEMORAR** Atrasarse, retrasarse, tardar. *Adelantarse.*

**DEMOSTRACIÓN** Manifestación. // Comprobación, prueba, verificación.

**DEMOSTRAR** Exponer, manifestar, mostrar, probar, justificar.

**DEMOSTRATIVO** Probatorio. *Ambiguo, dudoso.*

**DEMUDADO** Cadavérico, pálido, desfigurado. *Sonrosado.*

**DENEGACIÓN** Negativa, negación, desaprobación, retractación, oposición. *Aceptación.*

**DENEGAR** Negar, rechazar, rehusar. *Aceptar, conceder, sostener.*

**DENGOSO** Delicado, melindroso, afectado, mojigato.

**DENGUE** Afectación, melindre, remilgo.

**DENIGRACIÓN** Difamación, ofensa, injuria, infamación, demérito, vileza, infamia. *Honra, mérito, alabanza.*

**DENIGRANTE** Humillante, infamante, injurioso, oprobioso. *Enaltecedor.*

**DENIGRAR** Agraviar, difamar, infamar, injuriar. *Alabar, honrar, enaltecer.*

**DENODADO** Animoso, esforzado, intrépido. *Cobarde.*

**DENOMINACIÓN** Designación, nombre.

**DENOMINADOR** Divisor.

**DENOMINAR** Designar, distinguir, nombrar, señalar, intitular.

**DENOSTAR** Injuriar, insultar, denigrar, ofender. *Ensalzar.*

**DENOTAR** Anunciar, indicar, significar, expresar.

**DENSIDAD** Cohesión, consistencia, condensación, compacidad, viscosidad, con-

centración. *Fluidez, levedad.*

**DENSO** Compacto, espeso, pastoso. / Apiñado, unido. *Fofo.*

**DENTELLADA** Mordisco, mordedura.

**DENTERA** Envidia. // Amargor.

**DENTISTA** Odontólogo. // Sacamuelas

**DENTRO** Adentro, interiormente. *Afuera, exteriormente.*

**DENUEDO** Ánimo, arrojo, brío, esfuerzo, intrepidez, valentía. *Cobardía, te mor, pusilanimidad.*

**DENUESTO** Improperio, agravio, insul to, ofensa. *Alabanza, elogio, desagra vio, lisonja.*

**DENUNCIA** Acusación, delación, soplo

**DENUNCIANTE** Acusador, delator, so plón, traidor.

**DENUNCIAR** Acusar, delatar, soplar *Defender, tapar, encubrir.* // Avisar revelar, indicar, noticiar, promulgar publicar. *Ocultar.* // Pronosticar.

**DEPARAR** Señalar, ofrecer, presentar. / Proporcionar, suministrar, conceder.

**DEPARTAMENTO** Distrito, partido jurisdicción. // Vivienda, apartamento // Compartimiento, división. // Oficina dependencia.

**DEPARTIR** Conversar, charlar, habla Callar, enmudecer.

**DEPAUPERAR** Empobrecer. *Enrique cer.* // Debilitar, extremar. *Fortalecer robustecer.*

**DEPENDENCIA** Subordinación, suje ción. *Superioridad, rebeldía, indepen dencia.* // Sección, sucursal.

**DEPENDIENTE** Empleado, subordina do. *Autónomo, independiente.*

**DEPLORABLE** Lamentable, lastimoso sensible, triste. *Satisfactorio.*

**DEPLORAR** Dolerse, lamentar, senti *Congratular, cumplimentar.*

**DEPONER** Destituir. *Instituir.* // Afir mar, aseverar, atestiguar, declara testificar. *Callar.* // Defecar, evacuar

**DEPORTACIÓN** Destierro, exilio, ex patriación, ostracismo, proscripción.

**DEPORTAR** Desterrar, exiliar, expatria *Repatriar.*

**DEPORTE** Diversión, ejercicio, juego, placer, pasatiempo, recreo.

**DEPOSICIÓN** Destitución, exoneración, expulsión, separación. *Nombramiento.* //Declaración, testimonio. //Defecación, evacuación, heces.

**DEPOSITAR** Colocar, poner. // Confiar, encomendar, entregar. // Sedimentar.

**DEPÓSITO** Receptáculo, tanque. // Poso, sedimento. // Entrega.

**DEPRAVACIÓN** Corrupción, libertinaje. *Decencia, honestidad.*

**DEPRAVADO** Corrompido, disoluto, libertino, pervertido, vicioso. *Moral, virtuoso.*

**DEPRAVAR** Corromper, degradar, pervertir, envilecer, viciar. *Moralizar, regenerar.*

**DEPRECACIÓN** Ruego, súplica.

**DEPRECAR** Pedir, rogar, suplicar, instar, impetrar.

**DEPRECIACIÓN** Disminución, rebaja.

**DEPRECIAR** Bajar, disminuir, desvalorizar, rebajar. *Encarecer, valorar.*

**DEPREDACIÓN** Pillaje, robo, saqueo, despojo. // Exacción, malversación.

**DEPREDAR** Saquear, robar, despojar, devastar, desvalijar.

**DEPRESIÓN** Concavidad. *Convexidad.* //Hondonada. *Altura.* //Baja, descenso. *Alza.* // Decaimiento, postración. *Animación.*

**DEPRESIVO** Deprimente. //Humillante.

**DEPRIMIR** Abollar, hundir. // Abatir, desalentar, humillar. *Alentar, exaltar, animar.*

**DEPUESTO** Derrocado, destituido, exonerado, relevado. *Reincorporado, repuesto.*

**DEPURACIÓN** Limpieza, purificación. *Corrupción.*

**DEPURADO** Puro, limpio, refinado, clasificado. *Impuro, sucio.* //Liso, sencillo.

**DEPURAR** Acendrar, limpiar, purgar, purificar. *Ensuciar, impurificar.*

**DERECHAMENTE** Directamente, francamente. // Justamente, rectamente.

**DERECHO** Directo, recto, seguido. //Er-

guido, tieso, vertical. *Inclinado, torcido.* // Fundado, legítimo, razonable. // Honrado, justo. // Cara, frente. // Facultad, opción, poder. *Deber.* // Justicia, razón. *Injusticia.* // Exención, franquicia. *Obligación.*

**DERIVA** Desvío.

**DERIVACIÓN** Consecuencia, deducción. *Causa, procedencia.*

**DERIVAR** Deducirse, proceder, seguirse. // Conducir, encaminar.

**DEROGACIÓN** Deterioro. // Abolición, anulación.

**DEROGAR** Abolir, anular. *Implantar, promulgar.* // Reformar. *Ratificar.*

**DERRAMAMIENTO** Derrame, dispersión, efusión.

**DERRAMAR** Verter, volcar. // Desbordar, irse, rebasar, salirse. // Desparramar, difundir, dispersar, extender. *Desramar.

**DERRAME** Derramamiento. // Pérdida. // Alféizar.

**DERREDOR** Circuito, contorno.

**DERRENGARSE** Cansarse, deslomarse. *Aliviarse.*

**DERRETIDO** Fundido. // Enamorado, amartelado.

**DERRETIR** Fundir, licuar. // Disolver. *Solidificar.*

**DERRIBAR** Abatir, demoler, derruir, desplomar, postrar, tumbar. *Alzar, levantar, construir.* // Deponer, derrocar. *Exaltar.*

**DERROCAR** Derribar. // Despeñar, precipitar. // Deponer, destituir. *Reincorporar, restituir.*

**DERROCHADOR** Despilfarrador, dilapidador, manirroto.

**DERROCHAR** Despilfarrar, dilapidar, disipar, malgastar, tirar. *Ahorrar, guardar, aprovechar.*

**DERROCHE** Despilfarro, dilapidación, prodigalidad. *Ahorro.*

**DERROTA** Descalabro, fracaso, desastre. *Éxito, triunfo.* // Senda, ruta.

**DERROTADO** Vencido. // Andrajoso, harapiento, roto.

**DERROTAR** Aventajar, batir, desbaratar, vencer, reducir. *Perder.*

**DERROTERO** Dirección, rumbo, ruta, derrota.

**DERRUIR** Derribar, destruir. *Reconstruir, edificar.*

**DERRUMBAMIENTO** Caída, derrumbe, desmoronamiento. // Fracaso, ruina. *Triunfo.*

**DERRUMBAR** Derribar, destruir. *Reedificar, levantar.*

**DESABOTONAR** Desabrochar.

**DESABRIDO** Insípido, soso. *Exquisito, sabroso.* // Áspero, desapacible, destemplado, hosco, seco. *Amable.*

**DESABROCHAR** Desabotonar. *Abrochar, abotonar.*

**DESACATAR** Insubordinarse, irreverenciar, menospreciar, profanar. *Acatar, someterse.*

**DESACATO** Irreverencia. *Reverencia.* // Desconsideración, desobediencia, desprecio, ofensa. *Disciplina, acato.*

**DESACERBAR** Apaciguar, dulcificar, sosegar, calmar, serenar, suavizar.

**DESACERTADO** Desafortunado, equivocado. *Acertado.*

**DESACERTAR** Desbarrar, errar, fallar, pifiar. *Acertar, atinar.*

**DESACIERTO** Equivocación, pifia, torpeza, disparate, desatino, yerro. *Acierto, destreza, tacto.*

**DESACORDAR** Desafinar, discordar, disonar. *Acordar, templar.*

**DESACORDE** Disconforme, discordante, discrepante. *Acorde.*

**DESACOSTUMBRADO** Insólito, inusitado, inusual, nuevo, raro. *Acostumbrado, corriente, habitual.*

**DESACREDITADO** Desconceptuado, malquisto, desprestigiado. *Acreditado, reputado.*

**DESACREDITAR** Denigrar, desautorizar, desprestigiar, difamar, infamar. *Acreditar, garantizar, prestigiar.*

**DESACUERDO** Desavenencia, disconformidad, discordancia, discordia, discrepancia, diferencia, disentimiento.

*Acuerdo, pacto, concordia.*

**DESAFECCIÓN** Desafecto, desamor, antipatía, aversión, animosidad. *Afecto, amistad.*

**DESAFECTO** Desafección, desamor. // Hostil, opuesto.

**DESAFERRAR** Soltar, desprender, desasir, libertar. *Atar.*

**DESAFIAR** Provocar, retar. *Eludir.* // Arrostrar. *Rehuir.* // Competir, contender, rivalizar.

**DESAFINAR** Desacordar, destemplar, desentonar. *Afinar.*

**DESAFÍO** Combate, duelo, encuentro, provocación, reto, competencia.

**DESAFORADO** Desatentado, desatinado, furibundo. // Descomunal, desmedido, enorme, grande. // Arbitrario.

**DESAFORTUNADAMENTE** Desdichadamente.

**DESAFORTUNADO** Desdichado, aciago, desgraciado, infeliz, infausto. *Afortunado, feliz, venturoso.*

**DESAFUERO** Atropello, transgresión, vejación, abuso, exceso.

**DESAGRADABLE** Antipático, desabrido, desapacible, molesto, repelente. *Placentero.*

**DESAGRADAR** Disgustar, fastidiar. *Agradar, complacer, gustar.*

**DESAGRADECIDO** Ingrato. *Agradecido, reconocido.*

**DESAGRADO** Asco, descontento, disgusto, fastidio, repugnancia. *Agrado.*

**DESAGRAVIO** Compensación, reparación, resarcimiento, satisfacción. *Escarnio, ofensa, agravio.*

**DESAGUADERO** Canal, conducto, sumidero.

**DESAGUAR** Avenar, vaciar, verter. // Afluir, desembocar.

**DESAGÜE** Avenamiento, desaguadero, drenaje, achique, desembocadura.

**DESAGUISADO** Agravio. // Barbaridad, desafuero, desatino. *Acierto.*

**DESAHOGADO** Atrevido, descarado, desvergonzado. // Amplio, desembarazado, despejado, espacioso. // Aliviado,

cómodo, holgado. *Incómodo.*
**DESAHOGARSE** Reanimarse, recobrarse, reponerse. *Ahogarse, desanimarse, reprimirse.* // Confiarse, franquearse. *Enmudecer.*
**DESAHOGO** Alivio, consuelo. // Distracción, diversión, esparcimiento. // Anchura, bienestar, expansión, holgura, tranquilidad. // Desembarazo, desenvoltura. *Estrechez, congoja.*
**DESAHUCIADO** Condenado, insanable, incurable. *Curable, esperanzado.*
**DESAHUCIAR** Desesperanzar. *Consolar.* // Despedir, desalojar, echar. *Acoger.*
**DESAIRADO** Desgarbado, ridículo. // Burlado, desdeñado, despreciado. *Airoso, respetado.*
**DESAIRAR** Despreciar, menospreciar, relegar. *Apreciar, atender, respetar.*
**DESAIRE** Desgarbo, ridiculez, torpeza. // Desatención, desdén, desprecio, menosprecio. *Atención, delicadeza.*
**DESAJUSTAR** Desacoplar, desencajar, desmontar. *Ajustar.*
**DESALADO** Ansioso, presuroso, rápido, anhelante, acelerado.
**DESALENTADO** Abatido, desanimado, deprimido. *Animado, envalentonado.*
**DESALENTADOR** Depresivo, deprimente, desmoralizante.
**DESALENTAR** Acobardar, abatir, amilanar, flaquear. *Alentar, entusiasmar, excitar.*
**DESALIENTO** Desánimo, descaecimiento, descorazonamiento, desmoralización, flaqueza, postración. *Aliento, entusiasmo.*
**DESALIÑADO** Desaseado, desarreglado, sucio. *Arreglado, compuesto, limpio.* *Desalineado.
**DESALIÑO** Abandono, desaseo, descuido, incuria, negligencia, suciedad. *Adorno, aseo, pulcritud.*
**DESALMADO** Bárbaro, bruto, cruel, despiadado, inhumano, monstruo. *Bueno, clemente, humano, compasivo.*
**DESALOJAR** Desahuciar, desplazar, echar, expulsar, lanzar, sacar. *Alojar,*

*aposentar.* // Irse, marcharse.
**DESALTERAR** Apaciguar, calmar, tranquilizar, sosegar. *Inquietar.*
**DESAMARRAR** Desatar, desprender, soltar. *Amarrar, atar.*
**DESAMOR** Desafecto, enemistad, malquerencia. *Afecto, cariño.*
**DESAMPARADO** Abandonado, desabrigado, desvalido, huérfano, solo. *Protegido, amparado.* // Desierto, solitario. *Poblado.*
**DESAMPARO** Abandono, soledad, desabrigo, desvalimiento. *Amparo, protección, ayuda.*
**DESANDAR** Retroceder, volver, recular. *Proseguir.*
**DESANGRAR** Sangrar. // Achicar, desaguar. // Arruinar, empobrecer.
**DESANIMAR** Desalentar. *Animar.*
**DESÁNIMO** Desaliento. *Ánimo, aliento.*
**DESAPACIBLE** Áspero, destemplado, duro, enfadoso, fastidioso, rudo. *Sociable, suave.*
**DESAPARECER** Eclipsarse, esfumarse, oscurecerse. *Aparecer, manifestarse.* // Huir, ocultarse, perderse. *Regresar, retornar.*
**DESAPARICIÓN** Desvanecimiento, eclipse, ocaso, ocultación. *Aparición.* // Acabamiento, fin. // Huida, muerte, pérdida. *Vida.*
**DESAPASIONADO** Desinteresado, imparcial, objetivo. *Apasionado, parcial.*
**DESAPEGO** Desafecto, desamor, despego, frialdad, indiferencia, tibieza. *Afecto, amor, apego.*
**DESAPERCIBIDO** Desprovisto, falto. *Provisto.* // Descuidado, desprevenido. *Prevenido.*
**DESAPLICADO** Descuidado, haragán, perezoso, vago. *Aplicado, esmerado, prolijo.*
**DESAPRENSIÓN** Desenfado, despreocupación, desvergüenza, frescura. *Preocupación, vergüenza.*
**DESAPROBACIÓN** Censura, desautorización, reprobación.
**DESAPROBAR** Censurar, condenar, des-

autorizar, reprobar.

**DESAPROVECHAR** Desperdiciar, malgastar. *Aprovechar, guardar.*

**DESARMADO** Indefenso.

**DESARMAR** Deshacer, desmontar, desunir. // Aplacar, mitigar, moderar, pacificar, templar.

**DESARRAIGAR** Arrancar, descepar. *Arraigar, prender.* // Extinguir, extirpar, suprimir. *Afianzar.* // Desterrar, expulsar. *Afincar.*

**DESARRAPADO** Desharrapado.

**DESARREGLADO** Desordenado. *Arreglado, ordenado.*

**DESARREGLAR** Descomponer, desordenar, desorganizar, perturbar, revolver. *Arreglar, componer, reparar.*

**DESARREGLO** Desorden. // Enredo. // Irregularidad.

**DESARROLLAR** Desdoblar, desenvolver, desenrrollar, desplegar, extender. // Acrecentar, ampliar, amplificar, aumentar, difundir, expandir. // Explayar, explicar. // Perfeccionar, progresar.

**DESARROLLO** Adelanto, amplificación, aumento, crecimiento, desenvolvimiento, incremento. *Reducción.* // Progreso. *Retroceso.* // Explanación, explicación.

**DESARTICULAR** Desacoplar, descoyuntar, desembragar, desencajar, desenganchar, desorganizar, desunir, separar. *Articular, acoplar, unir.*

**DESASEADO** Desaliñado, sucio. *Aseado, limpio.*

**DESASIR** Desprender, liberar, soltar, largar, desenganchar. *Asir, apretar.*

**DESASNAR** Instruir.

**DESASOSEGAR** Inquietar, intranquilizar, perturbar. *Tranquilizar.*

**DESASOSIEGO** Ansiedad, desazón, inquietud, preocupación, zozobra.

**DESASTRADO** Roto, desgarrado, descocido, sucio, desaliñado, desastroso. *Aliñado, compuesto.* // Calamitoso, catastrófico.

**DESASTRE** Adversidad, calamidad, catástrofe, desgracia, fracaso, infortunio, pérdida, revés, ruina. *Ganancia.* // Bancarrota. // Derrota. *Triunfo, victoria.* // Devastación, asolamiento.

**DESASTROSO** Adverso, calamitoso, catastrófico, desafortunado, desgraciado, infausto, ruinoso. *Afortunado, feliz.*

**DESATAR** Desanudar, desceñir, desencadenar, desenlazar, desenvolver, desligar, desprender, destrabar, desuncir, soltar. *Amarrar, anudar, atar.* // Deshacer, desleír, disolver, derretir, liquidar. // Desmandarse. *Comedirse.*

**DESATASCAR** Desembarazar, desobstruir, destapar. *Atascar.*

**DESATENCIÓN** Desaire, descomedimiento, descortesía, grosería, incorrección, inurbanidad. *Cortesía, favor, delicadeza, atención.*

**DESATENDER** Distraerse. // Abandonar, descuidar, olvidarse. *Atender.*

**DESATENTADO** Desaforado, desatinado, descomedido, inconsiderado. // Desordenado, excesivo, riguroso.

**DESATENTO** Desaplicado, distraído. *Atento.* // Descortés. *Cortés.*

**DESATINADO** Atolondrado, atropellado, desatentado. *Cauto, sensato.* // Absurdo, desacertado, descabellado, disparatado, ilógico, irracional. *Lógico, razonable.*

**DESATINAR** Desacertar, desbarrar, disparatar, errar. *Acertar, razonar.*

**DESATINO** Absurdo, barbaridad, dislate, desacierto, despropósito, disparate, error, locura. *Ingeniosidad, acierto.*

**DESATRACAR** Partir, zarpar, desamarrar. *Atracar.*

**DESAUTORIZAR** Desacreditar, desprestigiar, negar. *Aprobar.*

**DESAVENENCIA** Desacuerdo, desunión, disconformidad, discordia, disentimiento. *Concordia, avenencia.*

**DESAVENIDO** Discorde, disidente. *Avenido, concertado.*

**DESAZÓN** Desabrimiento, insipidez. *Sazón.* // Congoja, desasosiego, disgusto, inquietud, malestar, pesadumbre. *Sosiego, tranquilidad.*

**DESAZONAR** Irritar, incomodar, importunar, intranquilizar, disgustar, fatigar, fastidiar. *Tranquilizar.*

**DESBANCAR** Suplantar, reemplazar. *Apoyar, secundar.*

**DESBANDARSE** Desordenarse, desparramarse, desperdigarse, dispersarse, huir. // Apartarse, separarse. *Reunirse, concentrarse.*

**DESBARAJUSTE** Confusión, desorden, disloque. *Ordenamiento, orden.*

**DESBARATAR** Desarreglar, desconcertar, desordenar, desorganizar, disparatar, dispersar. *Ordenar.* // Arruinar, deshacer. *Componer.* // Derrochar, despilfarrar, malbaratar, malgastar. *Ahorrar, conservar.* // Dificultar, estorbar, impedir, imposibilitar, obstaculizar. *Facilitar.*

**DESBARRANCARSE** Despeñarse.

**DESBARRAR** Deslizarse, escurrirse, patinar. // Desatinar, equivocarse, errar, fallar. *Atinar.*

**DESBASTAR** Debilitar, disminuir, gastar. // Desasnar, civilizar, educar, instruir, refinar. ***Devastar.***

**DESBOCADO** Descarado, deslenguado, malhablado. *Avergonzado, cortado, inhibido.*

**DESBOCARSE** Dispararse. // Descararse, desvergonzarse.

**DESBORDARSE** Derramarse, rebosar, salirse. *Encauzarse.* // Desmandarse. *Medirse.*

**DESBRAVAR** Amansar, domar, domesticar. // Aplacar.

**DESBROZAR** Desembarazar, despejar, limpiar, complicar.

**DESCABALGAR** Apearse, desmontar. *Montar.*

**DESCABELLADO** Absurdo, desatinado, disparatado, ilógico, insensato. *Acertado, juicioso, racional.*

**DESCABEZADO** Descabellado. // Guillotinado.

**DESCABEZAR** Decapitar, desmochar, despuntar, mochar, mondar.

**DESCAECER** Debilitarse, decaer, desmejorarse, enflaquecer. // Arruinarse.

*Levantarse, mejorar.*

**DESCAECIMIENTO** Debilidad, decaimiento, desaliento, desánimo, desmejoramiento, enflaquecimiento, postración. *Aliento, fortaleza, vigor.*

**DESCALABRADO** Herido, lesionado. *Ileso.* // Perjudicado, timado.

**DESCALABRAR** Herir, lesionar, dañar, lastimar. // Maltratar, perjudicar.

**DESCALABRO** Daño, derrota, desgracia, infortunio, perjuicio.

**DESCALIFICAR** Desacreditar, desautorizar, incapacitar. *Autorizar, habilitar.*

**DESCAMINADO** Descarriado, equivocado, extraviado. *Encaminado.*

**DESCAMISADO** Indigente, pobre, miserable. *Potentado, elegante.*

**DESCAMPADO** Descubierto, desembarazado, despejado, despoblado, libre. *Poblado.*

**DESCANSADO** Sosegado, tranquilo, calmo, calmado.

**DESCANSAR** Dormir, reposar, yacer. *Trabajar.* // Confiar, fiarse. *Desasosegarse.* // Apoyarse, basarse, estribar. // Morirse.

**DESCANSO** Paro, pausa, alivio, reposo, respiro, siesta, sosiego, tranquilidad, tregua, vacación. *Movilidad, trabajo, fatiga.*

**DESCARADO** Atrevido, desbocado, descocado, desfachatado, deslenguado, desvergonzado, fresco, insolente, procaz, zafado. *Ruboroso, vergonzoso, respetuoso.*

**DESCARARSE** Desbocarse, descomedirse, desmandarse, insolentarse. *Comedirse, retenerse.*

**DESCARGA** Andanada, cañonazo, disparo. // Aligeramiento, desembarco, fondeo.

**DESCARGAR** Descerrajar, disparar. // Aligerar, alijar, desembarcar, quitar. *Recargar.* // Aliviar, desembarazarse. *Agravar.* // Eximir, exonerar, liberar, relevar. // Atizar, dar, largar, propinar. // Confesar, declarar.

**DESCARGO** Data, salida. // Disculpa,

excusa, justificación, satisfacción, alegato, defensa. *Acusación, cargo.*

**DESCARO** Cinismo, atrevimiento, descoco, desfachatez, desvergüenza, insolencia, osadía, procacidad, tupé. *Cortedad, timidez.*

**DESCARRIARSE** Apartarse, descaminarse, extraviarse, perderse. *Orientarse, encaminarse.* // Pervertirse, viciarse.

**DESCARRILAR** Descarriarse. *Encarrilar, encauzar.*

**DESCARTAR** Desechar, eliminar, separar, suprimir, quitar, rechazar. *Aceptar.* // Excusarse, rehuir.

**DESCARTE** Desecho, eliminación, supresión, separación.

**DESCASARSE** Divorciarse, separarse. *Unirse, casarse.*

**DESCASCAR** Descascarar. // Romper.

**DESCASTADO** Desagradecido, ingrato, renegado. *Agradecido, reconocido.*

**DESCENDENCIA** Hijos, prole, posteridad, sucesión, vástagos. *Ascendencia.*

**DESCENDER** Bajar, caer, correr, desmontar, fluir. *Ascender.* // Derivarse, originarse, proceder. // Abatirse, apearse, descolgarse, saltar.

**DESCENDIENTE** Heredero, hijo, sucesor, vástago. *Antecesor, antepasado, ascendiente.* *Descendente.

**DESCENSO** Bajada, caída, decadencia, declinación, descendimiento, ocaso. *Ascenso, subida.*

**DESCENTRADO** Excéntrico, apartado. // Desorientado, desviado. *Centrado, ubicado.*

**DESCEPAR** Desarraigar, desraizar, arrancar. *Plantar.*

**DESCERRAJAR** Forzar, romper, arrancar, violentar. // Descargar, disparar.

**DESCHAVETADO** Chiflado.

**DESCIFRAR** Acertar, aclarar, desembrollar, interpretar, leer. *Equivocarse.*

**DESCOCADO** Descarado. *Vergonzoso.*

**DESCOCO** Descaro.

**DESCOLGARSE** Bajar, escurrirse. // Aparecer, sorprender. // Espetar, soltar.

**DESCOLLANTE** Destacado, distinguido, dominante, preponderante, sobresaliente. *Irrelevante.*

**DESCOLLAR** Despuntar, destacarse, diferenciarse, distinguirse, dominar, predominar, resaltar, sobresalir. *Humillarse.*

**DESCOLORIDO** Macilento, pálido, incoloro, lívido, blanquecino. *Atezado.*

**DESCOMEDIDO** Desmedido, desproporcionado, exagerado, excesivo. *Mesurado.* // Desatento, descortés, inconsiderado. *Comedido.*

**DESCOMPAGINADO** Desordenado.

**DESCOMPONER** Desarreglar, desordenar, desunir, dividir, separar. *Arreglar, ordenar, componer.* // Corromperse, pudrirse. *Sanar.* // Desazonarse, destemplarse, irritarse.

**DESCOMPOSICIÓN** Descompostura, desconcierto. *Combinación, composición.* // Corrupción, putrefacción.

**DESCOMPOSTURA** Indisposición. // Descortesía, desentono, insolencia, irrespetuosidad. // Desaliño, desaseo.

**DESCOMUNAL** Desmesurado, enorme, extraordinario, gigantesco, monstruoso. *Diminuto.*

**DESCONCERTAR** Desarreglar, descomponer, desordenar, desorganizar. *Componer, concertar.* // Aturdir, confundir, turbar. *Calmar, tranquilizar.*

**DESCONCIERTO** Alteración, confusión, desbarajuste, descomposición, desorganización. *Orden, concierto.*

**DESCONECTAR** Desunir, incomunicar, interrumpir. *Conectar.*

**DESCONEXIÓN** Desunión, desenlace, interrupción. *Conexión, unión.*

**DESCONFIADO** Incrédulo, malicioso, receloso, suspicaz. *Confiado.*

**DESCONFIANZA** Duda, incredulidad, recelo, sospecha, suspicacia, temor. *Confianza, fe, seguridad.*

**DESCONFIAR** Dudar, maliciar, recelar, sospechar, temer. *Confiar, creer, precisar, fiar.*

**DESCONFORME** Disconforme, discordante. // Improcedente, inadecuado.

**DESCONFORMIDAD** Disconformidad, desacuerdo, desproporción, discordancia, discordia, discrepancia, diversidad. *Acuerdo, conformidad.* // Incompatibilidad, oposición.

**DESCONOCER** Ignorar. *Conocer, saber.* // Negar, repudiar.

**DESCONOCIDO** Cambiado, irreconocible. // Anónimo, ignorado, ignoto, incógnito, inexplorado. *Conocido.* // Desagradecido, ingrato, olvidadizo.

**DESCONOCIMIENTO** Ignorancia. *Saber.* // Ingratitud.

**DESCONSIDERACIÓN** Desatención, descortesía, inadvertencia, atolondramiento. *Cortesía, atención.*

**DESCONSOLADO** Afligido, angustiado, doliente, dolorido, triste. *Alegre.*

**DESCONSUELO** Aflicción, angustia, dolor, pena, pesar, tristeza. *Dicha, felicidad, júbilo, consuelo.*

**DESCONTAR** Deducir, rebajar, quitar, reducir, restar. *Acreditar, sumar.*

**DESCONTENTO** Desagrado, decepción, disgusto, enfado, insatisfacción. *Satisfacción.* // Contrariado, fastidiado, quejoso, resentido. *Contento, encantado.*

**DESCORAZONADO** Acobardado, abatido, triste, desalentado, desanimado, desmoralizado. *Animoso.*

**DESCORCHAR** Destapar.

**DESCORRER** Retroceder, volver. // Encoger, plegar.

**DESCORTÉS** Desatento, descarado, descomedido, grosero, incivil, inurbano, mal educado, ordinario. *Atento, cortés, educado, fino.*

**DESCORTESÍA** Desatención, grosería, incivilidad, incorrección, ordinariez. *Aprecio, cortesía.*

**DESCORTEZAR** Descascarar, mondar, pelar. // Desbastar.

**DESCOYUNTAR** Desarticular, desencajar, dislocar, luxar, torcer. *Articular.*

**DESCRÉDITO** Desdoro, deshonor, deshonra, desprestigio, mancilla, vergüenza. *Prestigio, crédito.*

**DESCREÍDO** Ateo, incrédulo, escéptico, agnóstico. *Creyente, piadoso.*

**DESCRIBIR** Explicar, especificar, definir, reseñar. // Dibujar, pintar, trazar.

**DESCRIPCIÓN** Detalle, inventario, relación. // Especificación, explicación.

**DESCUAJAR** Arrancar, descepar, desarraigar. // Liquidar, fluidificar, licuar.

**DESCUARTIZAR** Despedazar, destrozar, partir, dividir.

**DESCUBIERTA** Exploración, inspección, reconocimiento.

**DESCUBIERTO** Desenmascarado, destapado. *Cubierto, tapado.* // Encontrado, visto. // Déficit. *Superávit.*

**DESCUBRIDOR** Batidor, explorador. // Inventor. // Soplón.

**DESCUBRIMIENTO** Revelación. // Encuentro, hallazgo, invención.

**DESCUBRIR** Desenmascarar, destapar, inventar, mostrar, publicar, revelar. *Ocultar, tapar.* // Encontrar, hallar. *Ignorar.*

**DESCUELLO** Distinción, elevación, superioridad, predominio. // Altanería, altivez.

**DESCUENTO** Deducción, disminución, rebaja, reducción. *Incremento.*

**DESCUIDADO** Abandonado, desaliñado, desaplicado, desidioso, desprevenido, negligente, omiso. *Celoso, cuidadoso, atildado, preparado.*

**DESCUIDAR** Abandonar, desatender, olvidar, omitir. *Atender, cuidar.*

**DESCUIDO** Desliz, falta, tropiezo. // Abandono, desatención, distracción, inadvertencia, incuria, negligencia. *Cuidado, esmero, vela.*

**DESCHAVETADO** Chiflado.

**DESDECIR** Declinar, degenerar, desmerecer. // Retractarse. *Ratificar.*

**DESDÉN** Desprecio, indiferencia, menosprecio. *Aprecio, estimación.* // Altivez, arrogancia, orgullo. *Respeto.*

**DESDEÑAR** Desechar, desestimar, despreciar, menospreciar. *Apreciar, atender, estimar.*

**DESDEÑOSO** Altanero, altivo, arrogante, despectivo, despreciativo, menospreciador. *Amable, modesto, deferente.*

**DESDIBUJADO** Borroso, confuso. *Claro, nítido.*

**DESDICHA** Desgracia, infortunio. *Suerte, dicha.* // Miseria, necesidad. *Bienestar.*

**DESDICHADO** Cuitado, desgraciado, infeliz, desventurado, infortunado. *Dichoso, venturoso.*

**DESDOBLAR** Desarrollar, desenrollar, desenvolver, desplegar, extender.

**DESDORAR** Deslucir, deslustrar, desprestigiar, denigrar. *Honrar, alabar.*

**DESDORO** Baldón, desprestigio, mácula, deshonra, mancha.

**DESEABLE** Apetecible, codiciable, envidiable.

**DESEAR** Ambicionar, anhelar, ansiar, apetecer, codiciar, envidiar, querer, pretender. *Rechazar, renunciar.* // Antojarse, aficionarse. // Consumirse, desvivirse, perecerse.

**DESECAR** Secar. *Humedecer, mojar.*

**DESECHAR** Apartar, excluir, rechazar, separar. *Aprovechar.* // Arrojar, expeler.

**DESECHO** Bazofia, desperdicio, despojos, residuos, restos, sobras, escoria. *\*Deshecho.*

**DESEMBALAR** Desempacar, desempaquetar, desenfardar. *Embalar.*

**DESEMBARAZADO** Despejado, expedito, libre. // Suelo. *Obstruido.*

**DESEMBARAZAR** Desocupar, despejar, limpiar. *Obstruir.* // Librarse, soslayar, zafarse.

**DESEMBARAZO** Desenfado, desenvoltura, desparpajo, despejo, soltura. *Encogimiento, inhabilidad.*

**DESEMBARCADERO** Muelle, puerto, fondeadero.

**DESEMBARCAR** Bajar, descender, salir. *Embarcar.*

**DESEMBOCADURA** Boca, delta, estuario, salida.

**DESEMBOCAR** Afluir, desaguar.

**DESEMBOLSAR** Abonar, pagar. // Gastar. *Guardar, embolsarse.*

**DESEMBOLSO** Coste, dispendio, gasto, pago, entrega. *Embolso.*

**DESEMBROLLAR** Aclarar, desenmarañar, desenredar, esclarecer. *Enredar, mezclar, embrollar.*

**DESEMBUCHAR** Confesar, decir, declarar, hablar. *Callar, reprimirse.*

**DESEMEJANTE** Desigual, diferente, distinto, diverso. *Análogo, parecido, similar.*

**DESEMPACAR** Desembalar. // Aplicarse, desenojarse.

**DESEMPAQUETAR** Desembalar, desenvolver, desempacar. *Embalar, empaquetar, envolver.*

**DESEMPEÑAR** Rescatar. *Empeñar, pignorar.* // Cumplir, ejecutar, ejercer, realizar.

**DESEMPEÑO** Rescate. *Pignoración.* // Cumplimiento, observancia. *Incumplimiento, omisión.*

**DESEMPEORARSE** Aliviarse, convalecer, mejorar, recuperarse, restablecerse. *Agravarse.*

**DESENCADENAR** Desligar, liberar, libertar, soltar. // Desatarse, estallar. *Contenerse.*

**DESENCAJAR** Descoyuntar, desquiciar. *Encajar.* // Demudarse, descomponerse, palidecer.

**DESENCANTAR** Desengañar.

**DESENCANTO** Desengaño, decepción, desilusión. *Anhelo, ilusión.*

**DESENCAPOTARSE** Aclarar, despejarse. *Encapotarse.* // Desempacarse, desenfadarse.

**DESENCOGER** Desenrollar, desplegar, estirar, extender. *Encoger, enrollar.* // Desentumecerse. *Entumecerse.*

**DESENFADO** Desahogo, soltura, desenvoltura. *Mesura.*

**DESENFRENO** Inmoralidad, escándalo, libertinaje. *Continencia, moralidad.*

**DESENGANCHAR** Desprender, separar, soltar. *Enganchar.*

**DESENGAÑADO** Decepcionado, desilusionado, escarmentado.

**DESENGAÑAR** Decepcionar, desilusionar. *Embaucar, engañar, seducir.*

**DESENGAÑO** Contrariedad, chasco, decepción, desencanto, desilusión. *Ansia, aspiración.*

**DESENLACE** Conclusión, fin, final, solución, término. *Enredo.*

**DESENLAZAR** Desatar, soltar. // Desenredar, solucionar, resolver.

**DESENMARAÑAR** Desembrollar, desenredar, aclarar. *Embrollar, enredar, enmarañar.*

**DESENMASCARAR** Descubrir, destapar. *Ocultar.*

**DESENOJARSE** Desenfadarse.

**DESENREDAR** Aclarar, desembrollar, desenmarañar. *Complicar, enredar.*

**DESENROLLAR** Desarrollar, desplegar, extender. *Enrollar.*

**DESENROSCAR** Desatornillar.

**DESENTENDERSE** Abstenerse, prescindir, despreocuparse, inhibirse, excusarse. *Interesarse, obstinarse, preocuparse, atender.*

**DESENTERRAR** Descubrir, exhumar. *Enterrar.* // Evocar, recordar.

**DESENTONAR** Desafinar, discordar. // Descomedirse, descomponerse.

**DESENTONO** Discordancia, disonancia. *Entonación.* // Descompostura, insolencia. *Comedimiento.*

**DESENTRAÑAR** Descifrar, desenmarañar, aclarar.

**DESENTUMECER** Desentumir.

**DESENVAINAR** Desenfundar. *Envainar.*

**DESENVOLTURA** Desembarazo, desenfado. // Naturalidad, soltura. *Recato.*

**DESENVOLVER** Abrir, desarrollar, desdoblar, desencoger, desplegar. *Enrollar, envolver.* // Aclarar, descifrar, descubrir. *Encubrir.* // Gobernarse, manejarse, valerse.

**DESENVOLVIMIENTO** Ampliación, desarrollo, expansión, difusión, extensión. *Recogimiento.*

**DESENVUELTO** Desenfadado, expeditivo, resuelto.

**DESEO** Afán, ambición, anhelo, ansia, aspiración, capricho. *Desinterés.* // A-

petencia, apetito, gana, hambre, sed. *Aversión, inapetencia.*

**DESEQUILIBRADO** Loco, maniático, neurasténico, perturbado. *Sensato, equilibrado.*

**DESEQUILIBRIO** Inestabilidad, inseguridad. *Equilibrio, normalidad.* // Locura. *Sensatez.*

**DESERCIÓN** Abandono, apostasía, defección, fuga, huida, traición. *Fidelidad.*

**DESERTAR** Abandonar, separarse.

**DESERTOR** Prófugo, tránsfuga. *Fiel, leal.*

**DESESPERANZA** Desaliento, pesimismo, incredulidad. *Esperanza, confianza.*

**DESESPERAR** Desanimarse, desconfiar, desmoralizarse, impacientarse, irritarse. *Confiar, esperar.*

**DESESTIMAR** Desechar, rechazar. *Aceptar.* // Desdeñar, despreciar, menospreciar. *Estimar.*

**DESFACHATADO** Descarado.

**DESFACHATEZ** Descaro. *Cortedad, timidez.*

**DESFALCO** Robo, sustracción, hurto.

**DESFALLECER** Debilitarse, desanimarse, descaecer, flaquear. *Reanimar.*

**DESFALLECIMIENTO** Desmayo, desvanecimiento, mareo, vahído. // Debilidad, desaliento, desánimo, descaecimiento, extenuación.

**DESFAVORABLE** Adverso, contrario, hostil, perjudicial. *Propicio, favorable.*

**DESFIGURAR** Alterar, deformar, desnaturalizar, disfrazar, encubrir, falsear, modificar. *Arreglar.* // Demudarse, inmutarse. *Recobrarse.*

**DESFILADERO** Paso.

**DESFILE** Parada, revista.

**DESFLORAR** Ajar, deslucir. // Desvirgar, violar.

**DESFOGARSE** Desahogarse.

**DESGAIRE** Afectación, desaire. *Naturalidad.* // Descuido, desaliño. *Cuidado, aliño.*

**DESGAJAR** Desgarrar, arrancar, despedazar, romper, separar. // Apartarse, desprenderse.

**DESGANA** Inapetencia, anorexia. *Ape-*

*tito.* // Hastío, apatía, fastidio, indiferencia, disgusto, tedio. *Interés, gusto.*

**DESGANADO** Inapetente. *Gustoso, hambriento.* // Cansado, indolente. *Ansioso, ganoso.*

**DESGAÑITARSE** Enronquecerse, gritar.

**DESGARRAR** Arrancar, rasgar, despedazar, romper.

**DESGARRÓN** Andrajo, jirón, rasgón, siete, rotura.

**DESGASTADO** Raído, usado, lamido.

**DESGASTAR** Consumir, gastar, roer, romper. *Durar.* // Dañar, debilitar, viciar. *Fortalecer.*

**DESGLOSAR** Separar, quitar. *Unir.*

**DESGOBIERNO** Abandono, desarreglo, desbarajuste, desconcierto, desorden, desorganización. *Orden.*

**DESGRACIA** Accidente, adversidad, calamidad, desastre, desdicha, desventura, fatalidad, infelicidad, infortunio, percance, revés, tragedia, tribulación. *Felicidad, suerte, tranquilidad, ventura, dicha.*

**DESGRACIADAMENTE** Fatalmente, infortunadamente.

**DESGRACIADO** Cuitado, desafortunado, desdichado, desventurado, infeliz, infortunado, mísero. *Afortunado.* // Aciago, fatídico, infausto, trágico. *Fausto.*

**DESGRACIARSE** Estropearse, fracasar, frustrarse, malograrse, perderse. *Triunfar, prosperar.*

**DESGRENADO** Despeinado. *Peinado.*

**DESGUARNECER** Desnudar, despojar. *Guarnecer, amparar, cuidar.*

**DESGUAZAR** Desbastar. // Desmontar, desarmar, desbaratar, deshacer. *Armar, montar.*

**DESHABITADO** Desierto, vacío, solitario, yermo, abandonado. *Poblado.*

**DESHABITUAR** Desacostumbrar.

**DESHACER** Aniquilar, derrotar, desarmar, desbaratar, desmigajar, desorganizar, dividir. *Crear, hacer, organizar.* // Derretir, desleír, disolver. // Desvanecerse, esfumarse. // Dañarse, desfigurar-

se, estropearse. // Desvivirse. // Afligirse, consumirse, impacientarse, inquietarse.

**DESHARRAPADO** Andrajoso, desarrapado, desastrado, harapiento. *Elegante.*

**DESHECHO** Arruinado, desmantelado, pulverizado, roto. // Fuerte, impetuoso, violento. *Débil.* *Desecho.

**DESHILVANADO** Incoherente, inconexo, incongruente, discontinuo. *Enlazado, congruente.*

**DESHINCHAR** Desinflar. // Desahogarse. // Reducirse, achicarse. *Hincharse, agrandarse.* *Descinchar.

**DESHOJAR** Arrancar, exfoliar, despojar. *Desojar.

**DESHONESTIDAD** Descoco, libertinaje, liviandad, impudicia, impureza, indecencia, obscenidad, pornografía. *Honestidad.*

**DESHONESTO** Impúdico, impuro, libidinoso, obsceno, pornográfico, sicalíptico, torpe. // Sobornable, venal. *Íntegro, honesto.*

**DESHONOR** Deshonra. *Honra, honor.* // Afrenta, deshonor, ignominia, infamia, oprobio. *Prestigio.*

**DESHONRA** Descrédito, desdoro, deshonor, desprestigio. *Reputación.*

**DESHONRAR** Desacreditar, desprestigiar, difamar, infamar, ultrajar. *Acreditar, alabar, respetar.* // Desflorar, violar.

**DESHONROSO** Afrentoso, ignominioso, indecoroso, infamante, vergonzoso, ultrajante. *Honorable.*

**DESIDIA** Dejadez, descuido, negligencia, pereza. *Presteza, celo.* // Desaliño, desaseo. *Aseo, cuidado.*

**DESIERTO** Deshabitado, desolado, despoblado, inhabitado, solitario, vacío, yermo. *Poblado, populoso.*

**DESIGNACIÓN** Nombramiento, nombre, nominación, señalamiento.

**DESIGNAR** Denominar, destinar, elegir, escoger, indicar, nombrar, señalar.

**DESIGNIO** Fin, idea, intento, intención, mira, objeto, proyecto, ideal, término. *Ejecución, logro.* // Maquinación, pensamiento, plan, propósito, voluntad.

**DESIGUAL** Diferente, distinto, diverso, otro. *Igual, mismo.* // Cambiante, inconstante, mudable, variable. *Constante.* // Áspero, barrancoso, escabroso, quebrado. *Llano.*

**DESIGUALDAD** Diferencia, disparidad, distinción, variedad, desemejanza, discrepancia. *Igualdad.*

**DESILUSIÓN** Decepción, desencanto, desengaño. *Ilusión, quimera.*

**DESINENCIA** Terminación.

**DESINFECCIÓN** Asepsia, antisepsia, esterilización, limpieza, pureza. *Infección, suciedad.*

**DESINFECTANTE** Antiséptico. *Infecto, infeccioso.*

**DESINFECTAR** Desinficionar, fumigar, purificar. *Infectar.*

**DESINTEGRAR** Desunir, descomponer, disociar. *Anexar, fusionar, integrar.*

**DESINTERÉS** Abnegación, altruismo, desprendimiento, generosidad. *Egoísmo.*

**DESINTERESADO** Abnegado, altruista, desprendido, generoso, liberal. *Egoísta, tacaño.*

**DESISTIR** Abandonar, abdicar, ceder, dejar. *Continuar, perseverar.*

**DESLEAL** Aleve, alevoso, falso, felón, infiel, pérfido, traidor, vil. *Amigo, fiel, leal.*

**DESLEALTAD** Indignidad, infamia, infidelidad, traición, vileza, ingratitud. *Lealtad, amistad.*

**DESLEÍR** Disolver, aguar, licuar.

**DESLENGUADO** Atrevido, desbocado, descarado, desvergonzado, insolente, malhablado, procaz. *Educado.*

**DESLIGAR** Desatar, soltar. *Ligar.* // Desenmarañar, desembrollar, desenredar. // Dispensar, eximir, librar. *Obligar.*

**DESLINDAR** Delimitar, demarcar, limitar. // Aclarar, fijar, precisar.

**DESLIZ** Caída, deslizamiento, resbalón, traspié, falta, error.

**DESLIZAR** Insinuar, introducir, meter.

**DESLIZARSE** Escurrirse, patinar, resbalar. // Escabullirse, escaparse, evadirse,

fugarse. *Quedarse, permanecer.*

**DESLUCIDO** Afeado, ajado, deslustrado. *Brillante, lustroso.* // Desmañado.

**DESLUCIR** Empañar, oscurecer, deslustrar. // Ajar, desaliñar. *Lucir, brillar, aclarar.*

**DESLUMBRAR** Alucinar, cegar, encandilar, enceguecer, ofuscar. // Maravillar, asombrar, impresionar, pasmar.

**DESLUSTRADO** Deslucido, empañado, opaco, mate, apagado. *Brillante.*

**DESMADEJADO** Abatido, alicaído, caído, decaído, desmazalado, flojo, desanimado. *Vigoroso.*

**DESMÁN** Atropello, desorden, exceso, maldad, tropelía. // Desgracia.

**DESMANDARSE** Desbocarse, descomedirse, desordenarse, excederse, insolentarse, propasarse. *Comedirse, someterse.*

**DESMANTELAR** Abandonar, desamparar, desguarnecer. // Abatir, arrasar, derribar, destruir. *Reconstruir.*

**DESMAÑADO** Chambón, inepto, inhábil, torpe, chapucero.

**DESMAYARSE** Desalentarse, desvanecerse, flaquear. *Animarse, recobrarse.*

**DESMAYO** Colapso, desfallecimiento, patatús, soponcio, síncope, desvanecimiento.

**DESMAZALADO** Desmalazado, desmadejado, caído, flojo.

**DESMEDIDO** Descomedido. // Desmesurado, desproporcionado, exagerado, excesivo, extraordinario. *Moderado.*

**DESMEDRADO** Desmirriado, esmirriado, enclenque, enteco, escuálido. *Crecido, robusto.*

**DESMEDRO** Detrimento, menoscabo. *Aumento.*

**DESMEJORAR** Enfermar, enflaquecer, languidecer, empeorar. *Fortalecerse, sanar, mejorar.*

**DESMEMBRAR** Despedazar, desunir, disgregar, dividir, separar.

**DESMEMORIADO** Olvidadizo, distraído. *Memorioso, atento.*

**DESMENTIDA** Desmentido, mentís.

**DESMENTIDO** Impugnado, negado, refutado. *Comprobado.*

**DESMENTIR** Contradecir, desvirtuar, impugnar, negar, rebatir, refutar. *Aseverar, confirmar.*

**DESMENUZAR** Deshacer, desmigajar, destrozar, triturar, dividir, partir. // Analizar.

**DESMERECER** Desacreditar, desvalorizar, depreciar.

**DESMESURADO** Desmedido, insolente. *Respetuoso.*

**DESMIRRIADO** Esmirriado.

**DESMOCHAR** Descabezar, despuntar, podar, cercenar, cortar.

**DESMONTAR** Cortar, talar. *Plantar.* // Allanar, aplanar. // Arrasar, derribar. // Esparcir, extender. // Apearse, bajarse, descabalgar. *Montar, subir.* // Desarmar. *Armar.* *Desmotar.

**DESMORALIZAR** Abatir, amilanar, desalentar, desanimar, desconcertar. *Alentar, animar.* // Corromper, pervertir, viciar. *Moralizar.*

**DESMORONAMIENTO** Caída, derrumbe, destrucción, fracaso, hundimiento, voladura.

**DESMORONARSE** Caer, derrumbarse, desplomarse. *Construir, erigir.* // Decaer, fracasar. *Triunfar.*

**DESNATURALIZADO** Cruel, inhumano. // Adulterado. // Ingrato.

**DESNATURALIZAR** Alterar, deformar, desfigurar, falsear. // Desterrar, expulsar, extrañar. *Admitir, ingresar.*

**DESNIVEL** Depresión, hondura. *Llanura.* // Desigualdad, diferencia. *Igualdad, nivel.*

**DESNUDAR** Descubrir, destapar, desvestir. *Cubrir, vestir.* // Despojar, quitar. *Devolver.* // Desprenderse.

**DESNUDEZ** Desabrigo, desvestimiento. // Indigencia, miseria, necesidad, pobreza.

**DESNUDO** Desabrigado, en cueros, desvestido. *Vestido.* // Carente, desprovisto, falto, pelado. // Indigente, mísero, pobre. // Claro, manifiesto, patente.

**DESNUTRIDO** Anémico, débil, agotado, escuálido, extenuado.

**DESOBEDECER** Indisciplinarse, insubordinarse, rebelarse. *Obedecer.*

**DESOBEDIENTE** Indisciplinado, indócil, insubordinado, insumiso, rebelde. *Dócil, obediente, sumiso.*

**DESOCUPACIÓN** Inacción, inactividad, ocio, paro. *Actividad, ocupación.*

**DESOCUPADO** Disponible, expedito, libre, vacante, vacío. *Lleno, ocupado, obstruido.* // Inactivo, ocioso, vago.

**DESOCUPAR** Evacuar, sacar, vaciar. *Llenar, ocupar.*

**DESOÍR** Desatender, rechazar. *Escuchar, oír, atender.*

**DESOLACIÓN** Destrucción, ruina. // Aflicción, angustia, desconsuelo, dolor, pena, pesar, tristeza. *Alivio, desahogo.*

**DESOLADO** Asolado, devastado, saqueado. *Reconstruido.* // Apenado, triste, apesadumbrado. *Contento.*

**DESOLAR** Asolar, destruir. *Construir.* // Afligirse, angustiarse. *Consolar.*

**DESOLLAR** Cuerear, despellejar. // Criticar, murmurar.

**DESORDEN** Confusión, desarreglo, desbarajuste, desconcierto, desgobierno, desorganización, desparramo. *Gobierno, orden, organización.* // Anarquía, anomalía, caos, enredo, fárrago, irregularidad, mezcolanza, revoltijo. *Armonía, método.* // Alboroto, barahúnda, barullo, perturbación, tumulto. *Tranquilidad.*

**DESORDENADO** Alterado, confuso, desarreglado. *Ordenado.* // Desenfrenado, pervertido.

**DESORDENAR** Desarreglar, desquiciar, descompaginar, disturbar, perturbar, revolver. *Ordenar.*

**DESORGANIZACIÓN** Desorden.

**DESORIENTACIÓN** Confusión, perturbación.

**DESORIENTAR** Aturdir, confundir, desconcertar, despistar, ofuscar, turbar. *Encaminar, guiar, encauzar.* // Perderse. *Orientarse.*

**DESOSAR** Deshuesar.

**DESOVILLAR** Desenredar, desenmarañar. // Aclarar, dilucidar.

**DESPABILADO** Despierto, desvelado, insomne. *Dormido.* // Astuto, listo, vivo. *Atontado, confuso.*

**DESPABILAR** Desvelarse. *Dormirse.* // Apremiar, despachar. // Avivar, excitar. *Atontar.*

**DESPACHAR** Resolver, tramitar, ventilar. // Enviar, expedir, mandar, remesar, remitir. // Vender. // Despedir, echar. // Asesinar. // Abreviar, acelerar, apresurar.

**DESPACHO** Bufete, escritorio, oficina. // Carta, comunicación, radiograma, telegrama. // Expendio, salida, venta. // Decisión, expediente, resolución.

**DESPACHURRAR** Aplastar, despanzurrar, destripar, estrujar.

**DESPACIO** Lentamente, pausadamente, poco a poco. *Rápidamente.*

**DESPAMPANANTE** Asombroso, desconcertante, sorprendente.

**DESPANZURRAR** Despachurrar.

**DESPARPAJO** Descaro, desembarazo, desfachatez, frescura, tupé. *Modestia.*

**DESPARRAMAR** Desperdigar, diseminar, dispersar, esparcir, extender. *Juntar.* // Despilfarrar, derrochar, dilapidar, malbaratar.

**DESPAVORIDO** Asustado, atemorizado, aterrorizado, espantado, horripilado. *Intrépido, sereno.*

**DESPECHAR** Destetar. // Desesperar, enfurecerse, importunar, indignar, irritar, molestar. *Esperar, serenarse.*

**DESPECHO** Cólera, indignación, inquina, furia, malquerencia. // Desengaño, desesperación.

**DESPECTIVO** Despreciativo, desdeñoso. *Respetuoso.*

**DESPEDAZAR** Descuartizar, desmembrar, destrozar, romper, trozar.

**DESPEDIDA** Adiós. *Bienvenida.* // Despido. *Recibimiento, recepción.*

**DESPEDIR** Arrojar, desprender, disparar, lanzar, soltar. *Atraer.* // Despachar,

destituir, echar, exonerar, expulsar, largar. // Ausentarse, marcharse, separarse. *Recibir.*

**DESPEGAR** Desasir, desprender, levantar. *Adherir, pegar.* // Separar. *Unir.*

**DESPEGO** Desafecto, desapego, indiferencia.

**DESPEINAR** Desgreñar, desmelenar. *Peinar.*

**DESPEJADO** Desembarazado. // Despabilado, inteligente. // Limpio, sereno. *Nuboso.*

**DESPEJAR** Desembarazar. // Aclarar, escampar, serenarse. *Oscurecer.*

**DESPEJO** Desembarazo, ingenio, inteligencia, talento, viveza. *Torpeza.*

**DESPELLEJAR** Cuerear, desollar.

**DESPENAR** Matar.

**DESPENSA** Almacén, proveeduría. *Dispensa.

**DESPEÑADERO** Barranco, derrumbadero, precipicio, sima. // Peligro.

**DESPEÑAR** Arrojar, precipitar. // Desbarrancarse.

**DESPEPITARSE** Desgañitarse. // Desmandarse. // Ansiar, desear.

**DESPERDICIAR** Derrochar, desaprovechar, malgastar. *Aprovechar.*

**DESPERDICIO** Desecho, residuo, resto, sobra.

**DESPERDIGAR** Desparramar, diseminar, dispersar. *Acopiar, reunir.*

**DESPEREZARSE** Desentumecerse, estirarse.

**DESPERFECTO** Avería, daño, defecto, deterioro, detrimento, imperfección, menoscabo.

**DESPERTAR** Despabilarse, desvelar. *Dormir.* // Recordar. *Olvidar.* // Avivar, estimular, excitar, provocar. *Atenuar.*

**DESPIADADO** Bárbaro, cruel, desalmado, duro, impío, inclemente. *Compasivo, bondadoso.*

**DESPIDO** Separación. *Permanencia.*

**DESPIERTO** Despabilado, desvelado. // Astuto, avisado, avispado, listo, vivo. *Tardo, dormido.*

**DESPILFARRAR** Derrochar, dilapidar,

disipar, malbaratar, malgastar, prodigar, tirar. *Ahorrar, guardar.*

**DESPILFARRO** Derroche, dilapidación, disipación, dispendio. *Ahorro, reserva.*

**DESPINTAR** Alterar, cambiar, desfigurar, falsear. // Borrar, decolorar, desteñir, desvanecer. *Pintar.*

**DESPISTAR** Desorientar, desubicar. *Orientar, ubicar.*

**DESPLACER** Contrariar, desagradar, disgustar, enfadar, molestar.

**DESPLANTE** Audacia, descaro, desfachatez, insolencia.

**DESPLAZAR** Desalojar.

**DESPLEGAR** Abrir, desarrollar, desdoblar. *Cerrar, doblar, plegar, plisar.*

**DESPLIEGUE** Desarrollo, desenvolvimiento, dispersión.

**DESPLOMARSE** Caerse, derrumbarse. *Armarse, levantarse.*

**DESPLUMAR** Pelar. // Desnudar, despojar, desvalijar, estafar, limpiar.

**DESPOBLADO** Abandonado, deshabitado, desierto, solitario, yermo.

**DESPOBLAR** Deshabitar, abandonar, marcharse. *Poblar.*

**DESPOJAR** Confiscar, desposeer. *Adjudicar.* // Desplumar, quitar, robar, saquear. *Reponer, restituir.* // Desprenderse, renunciar. *Retener.*

**DESPOJO** Expoliación, expropiación, usurpación. // Botín, pillaje, presa, saqueo.

**DESPOJOS** Residuos, restos, sobras. // Restos mortales.

**DESPOSAR** Casar. *Divorciar.*

**DESPOSEER** Despojar, robar, quitar. // Destituir. *Restituir.*

**DÉSPOTA** Tirano, opresor, dictador.

**DESPÓTICO** Absoluto, abusivo, arbitrario, autoritario, dictatorial, opresor, tiránico.

**DESPOTISMO** Absolutismo, arbitrariedad, dictadura, tiranía. *Democracia, justicia, libertad.*

**DESPOTRICAR** Desatinar, disparatar.

**DESPRECIABLE** Abyecto, bajo, indigno, miserable, rastrero, ruin, vil. *Apre-*

*ciable, digno, noble, elevado.*

**DESPRECIAR** Desairar, desdeñar, menospreciar. *Distinguir, estimar, valorar.*

**DESPRECIATIVO** Altanero, altivo, desdeñoso, despectivo, orgulloso.

**DESPRECIO** Desaire, desconsideración, desdén, menosprecio. *Estima, respeto.*

**DESPRENDER** Desatar, desenganchar, desglosar, despegar, destrabar, separar, soltar. *Unir.* // Deducirse, inferirse. // Desasirse, despojarse, quitarse. *Poseer.*

**DESPRENDIDO** Desatado, desunido, separado, suelto. // Dadivoso, desinteresado, generoso, liberal, magnánimo. *Cicatero, mezquino.*

**DESPRENDIMIENTO** Alud, avalancha, caída. // Separación. // Desinterés, generosidad, liberalidad. *Tacañería.*

**DESPREOCUPACIÓN** Flema, indiferencia. *Preocupación.*

**DESPREOCUPADO** Flemático, indiferente. *Interesado.*

**DESPREOCUPARSE** Desentenderse.

**DESPRESTIGIAR** Desacreditar, difamar. *Acreditar, elogiar.*

**DESPREVENIDO** Desapercibido, descuidado, desprovisto. *Prevenido, previsor, provisto.*

**DESPROPORCIÓN** Desarmonía, desequilibrio, desmesura. *Armonía, equilibrio, proporción.*

**DESPROPORCIONADO** Asimétrico, deforme, desmesurado. *Armonioso.*

**DESPROPÓSITO** Desatino, dislate, disparate. *Acierto.*

**DESPROVISTO** Desprevenido, falto.

**DESPUÉS** Luego, más tarde, posteriormente, ulteriormente. *Antes, delante.*

**DESPUNTAR** Descabezar. // Brotar. // Amanecer, clarear. // Descollar, destacarse, distinguirse, sobresalir.

**DESQUICIAR** Desencajar, desordenar, perturbar. *Ordenar.*

**DESQUITARSE** Recobrar, reintegrar, resarcirse. // Vengarse.

**DESTACAR** Subrayar. // Descollar, despuntar, sobresalir. *Desvanecer, eclipsar.* // Desprenderse.

**DESTAPAR** Descorchar, abrir. *Tapar, cerrar.* // Desabrigar, desarropar, descubrir. *Abrigar.* // Desenmascarar. *Embozar, ocultar.*

**DESTARTALADO** Desvencijado, ruinoso, desordenado.

**DESTELLO** Brillo, centelleo, chispazo, resplandor.

**DESTEMPLADO** Alterado, descompuesto, descomedido, inmoderado, intemperante. *Sereno.*

**DESTEMPLANZA** Alteración. *Calma.* // Inclemencia, intemperancia. // Descomedimiento.

**DESTEÑIR** Decolorar, descolorar, despintar. *Teñir.*

**DESTERRAR** Deportar, exiliar, expatriar, expulsar. // Alejar, apartar.

**DESTIERRO** Deportación, exilio, extrañamiento, ostracismo, proscripción. *Repatriación.*

**DESTILAR** Alambicar, alquitarar.

**DESTINAR** Aplicar, dedicar, designar, ordenar, señalar, reservar.

**DESTINO** Cargo, colocación, empleo, ocupación, puesto. *Cesantía.* // Estrella, hado, providencia, sino, suerte. // Fatalidad.

**DESTITUIR** Deponer, derrocar, despedir, destronar, exonerar, remover. *Designar, instituir, nombrar.*

**DESTRAL** Hacha.

**DESTREZA** Habilidad, maestría, maña, pericia. *Impericia, torpeza.*

**DESTRIPAR** Despanzurrar.

**DESTRONAR** Deponer, derrocar. *Exaltar, entronizar.*

**DESTROZAR** Despedazar, fracturar, quebrar, romper, tronchar. *Componer.* // Arrancar, destruir, estrellar, forzar. // Aniquilar, batir, derrotar, deshacer. // Derrochar, dilapidar, malgastar. *Cuidar.*

**DESTROZO** Destrucción, deterioro, estrago, estropicio, rotura.

**DESTRUCCIÓN** Aniquilación, asolación, demolición, derribo, desolación, devastación, rotura, ruina. *Construcción, reconstrucción.*

**DESTRUCTOR** Torpedero. // Asolador, demoledor, devastador, exterminador. // Destrozón. *Cuidadoso.*

**DESTRUIR** Deshacer, desintegrar, demoler, devastar. *Hacer, organizar.* // Aniquilar, arrasar, arruinar, asolar, exterminar, romper, volar. *Construir, reconstruir.*

**DESUNIÓN** Separación. // Rompimiento, ruptura. // Desacuerdo, desavenencia, discordia.

**DESUNIR** Separar, apartar, dividir. *Unir.* // Desavenir, desconectar, encizañar, enemistar, indisponer, malquistar. *Avenir.* // Divorciar.

**DESUSADO** Desacostumbrado, extraño, insólito, inusitado, inusual, raro. *Habitual, usual.*

**DESUSO** Cesación, prescripción, olvido. *Moda, boga.*

**DESVAÍDO** Descolorido, desvanecido, pálido. // Desgarbado.

**DESVALIDO** Desamparado.

**DESVALIJAR** Robar.

**DESVALORIZACIÓN** Baja, depreciación. *Valorización.*

**DESVALORIZAR** Menguar, rebajar. *Valorizar, cotizar, apreciar, estimar.*

**DESVÁN** Altillo, boardilla, buharda, buhardilla, guardilla. *Sótano.*

**DESVANECER** Amortiguar, atenuar, disipar, esfumar. // Anular, deshacer, inutilizar. // Envanecer. // Desaparecer, evaporarse. *Aparecer.* // Desmayarse, marearse.

**DESVANECIMIENTO** Desmayo, mareo, síncope, soponcio, vahído. // Altanería, engreimiento, presunción. *Humildad, modestia.*

**DESVARIAR** Delirar, disparatar.

**DESVARÍO** Capricho, delirio, devaneo, extravío, quimera. // Aberración, desatino, despropósito, disparate, monstruosidad. *Cordura, razón.*

**DESVELADO** Insomne.

**DESVELARSE** Despabilarse. *Adormecerse.* // Esmerarse, preocuparse. *Desinteresarse.*

**DESVELO** Insomnio, despertar. // Cuidado, interés, celo, atención.

**DESVENCIJADO** Destartalado, estropeado.

**DESVENTAJA** Daño, inferioridad, mengua, menoscabo.

**DESVENTAJOSO** Dañoso, inferior, perjudicial.

**DESVENTURA** Desgracia. *Prosperidad, suerte.*

**DESVENTURADO** Desgraciado. *Feliz.*

**DESVERGONZADO** Descarado, deshonesto.

**DESVERGÜENZA** Descaro, desfachatez. *Timidez, vergüenza.* // Deshonestidad, impudicia, osadía, procacidad. *Honestidad, pudor, recato.*

**DESVESTIR** Desnudar.

**DESVIAR** Alejar, apartar, descarriar. *Acercar.* // Extraviarse, perderse. *Encaminar.*

**DESVINCULARSE** Desentenderse. // Desligarse. *Relacionarse.*

**DESVÍO** Alejamiento, apartadero. *Encaminamiento.* // Desafecto, desamor, despego, frialdad, retraimiento. *Afecto.*

**DESVIVIRSE** Afanarse, deshacerse, preocuparse. *Despreocuparse.*

**DETALLADO** Minucioso, pormenorizado, prolijo. *Sintético.*

**DETALLAR** Explicar, puntualizar, precisar, especificar. *Resumir.*

**DETALLE** Fragmento, parte, porción, pormenor. *Total, todo.* // Menudeo, particularidad. *Conjunto.*

**DETENCIÓN** Detenimiento, dilación, parada, permanencia. // Esmero, minuciosidad, prolijidad. // Arresto, captura.

**DETENER** Atajar, contener, inmovilizar, paralizar, parar. *Marchar.* // Aprehender, arrestar. *Libertar.* // Conservar, guardar, retener. // Demorarse, quedarse, retardarse. *Adelantar.*

**DETENIMIENTO** Cuidado. *Rapidez.* // Detención. *Desarrollo, evolución.*

**DETENTAR** Usurpar.

**DETERGER** Limpiar, purificar.

**DETERIORAR** Averiar, empeorar, estropear, menoscabar. *Mejorar, reparar.*

**DETERIORO** Avería, daño, depreciación, desgaste, desperfecto, empeoramiento, estropeo, rotura.

**DETERMINACIÓN** Diferenciación, distinción, fijación, individuación, limitación. // Designio, voluntad. *Abulia.* // Intrepidez, osadía, valor. *Vacilación.*

**DETERMINADO** Fijo, establecido. // Preciso, señalado, designado. *Impreciso.* // Decidido, arrojado, denodado, valeroso, intrépido, resuelto. *Indeciso.*

**DETERMINAR** Decidir, discernir, disponer, distinguir, establecer, fijar, precisar. *Titubear.* // Prescribir, resolver, señalar. // Causar, ocasionar, producir.

**DETESTABLE** Abominable, aborrecible, execrable, odioso, pésimo.

**DETESTAR** Aborrecer, despreciar, execrar, odiar. *Admirar, querer.*

**DETONACIÓN** Disparo, estampido, tiro, trueno.

**DETONAR** Estallar, explotar.

**DETRACCIÓN** Calumnia, difamación, maledicencia, murmuración. *Elogio.*

**DETRACTOR** Calumniador, infamador, maldiciente, murmurador. *Panegirista.*

**DETRÁS** Atrás, a la cola, en pos. *Antes, delante.*

**DETRIMENTO** Avería, daño, lesión. // Menoscabo, pérdida, perjuicio. *Fruto, ganancia.*

**DEUDA** Debe, débito, obligación. *Activo, haber.* // Pecado.

**DEUDO** Familiar, pariente.

**DEVANAR** Arrollar.

**DEVANEO** Amorío, delirio, disparate. *Desamor.* // Pasatiempo.

**DEVASTACIÓN** Asolación, asolamiento, desolación, destrucción, ruina. *Reconstrucción, restauración.*

**DEVASTAR** Arrasar, arruinar, asolar, desolar, destruir. ***Desbastar.***

**DEVENGAR** Adquirir, apropiarse, atribuirse.

**DEVENIR** Acaecer, suceder. // Llegar a ser.

**DEVOCIÓN** Fervor, piedad, veneración.

*Irreligiosidad.* // Afición, apego, inclinación. *Desdén, frialdad.*

**DEVOLUCIÓN** Reintegro, restitución, retorno, vuelta. *Recuperación.*

**DEVOLVER** Reintegrar, restituir, retornar, volver. // Vomitar.

**DEVORAR** Engullir, tragar, zampar. // Aniquilar, arruinar, destruir.

**DEVOTO** Beato, fervoroso, piadoso, religioso. *Impío.* // Afecto, aficionado, apegado, cultor, entusiasta, partidario, admirador. *Desafecto.*

**DÍA** Momento, ocasión. // Jornada. // Cumpleaños, vida. // Luz. *Noche, oscuridad.*

**DIABLO** Belcebú, demonio, Lucifer, Luzbel. *Ángel.* // Astuto, maligno, perverso, sagaz, travieso. *Ingenuo.*

**DIABLURA** Chiquillada, travesura.

**DIABÓLICO** Demoníaco, maligno, malo, perverso. *Angelical, virtuoso.*

**DIADEMA** Aureola, corona.

**DIÁFANO** Claro, cristalino, traslúcido, transparente. *Borroso, opaco.*

**DIAGNOSTICAR** Analizar, calificar, determinar.

**DIALOGAR** Conversar, charlar, departir, hablar, parlamentar, platicar. *Callar.*

**DIÁLOGO** Coloquio, conversación, charla, palique, parlamento, plática. *Monólogo.*

**DIAMANTINO** Duro, inquebrantable, persistente.

**DIARIAMENTE** Cotidianamente.

**DIARIO** Periódico. // Cotidiano.

**DIATRIBA** Invectiva. *Excusa.* // Libelo.

**DIBUJAR** Delinear, describir, diseñar, esbozar.

**DIBUJO** Bosquejo, delineación, diseño, figura, imagen.

**DICACIDAD** Agudeza, mordacidad. *Tontería, ingenuidad.*

**DICCIÓN** Palabra, término, vocablo, voz.

**DICCIONARIO** Catálogo, enciclopedia, léxico, vocabulario.

**DICHA** Felicidad. *Desdicha.* // Suerte, ventura. *Infortunio.* // Fortuna, prosperidad.

**DICHARACHERO** Bromista, chistoso, ocurrente, gracioso, ingenioso. *Serio.*

**DICHO** Apotegma, máxima, proverbio, refrán, sentencia. // Agudeza, chiste, ocurrencia. // Antedicho, citado, susodicho.

**DICHOSO** Afortunado, fausto, feliz, venturoso. *Infeliz.*

**DICTADO** Inspiración, precepto.

**DICTADOR** Autócrata, tirano.

**DICTADURA** Absolutismo, despotismo, totalitarismo, tiranía. *Democracia, liberalidad.*

**DICTAMEN** Informe, juicio, parecer, sentencia.

**DICTAR** Expedir, promulgar. // Inspirar, sugerir.

**DICTATORIAL** Absoluto, arbitrario, autoritario.

**DICTERIO** Insulto, denigración, provocación. *Lisonja.*

**DIDÁCTICO** Pedagógico.

**DIENTE** Colmillo. // Punta, resalto.

**DIÉRESIS** Crema.

**DIESTRA** Derecha. *Izquierda.*

**DIESTRO** Derecho. // Cabestro, ramal, ronzal. // Ducho, entendido, experto, hábil, mañoso, sagaz, versado. *Inhábil, torpe.*

**DIETA** Ayuno, privación. // Asamblea, congreso. // Estipendio, honorarios.

**DIEZMAR** Tasar, imponer. // Castigar, dañar, perjudicar.

**DIFAMACIÓN** Calumnia, detracción, maledicencia, murmuración.

**DIFAMAR** Calumniar, denigrar, desacreditar, infamar. *Alabar, honrar.*

**DIFERENCIA** Desemejanza, desigualdad, distinción. *Coincidencia, igualdad, semejanza.* // Controversia, desavenencia, discrepancia, disensión, disparidad, disentimiento, oposición. *Conformidad.* // Residuo, resto. *Deferencia.

**DIFERENCIAR** Desemparejar, desempatar, diversificar. *Igualar.* // Descollar, distinguirse. *Confundir.* // Diferir, discrepar. *Coincidir.*

**DIFERENTE** Desemejante, desigual, distinto, dispar, diverso, otro. *Parecido.* // Opuesto. *Igual.* *Deferente.

**DIFERIR** Aplazar, demorar, dilatar, posponer, postergar, retardar, retrasar. *Adelantar, apremiar, cumplir.* // Diferenciarse, distinguirse. *Asemejarse.*

**DIFÍCIL** Arduo, complicado, desigual, dificultoso, embarazoso, escabroso, espinoso, fatigoso, intrincado, peliagudo, penoso, rudo, trabajoso. *Fácil, sencillo.* // Díscolo. *Dócil.*

**DIFICULTAD** Duda, embarazo. *Desenvoltura.* // Aprieto, apuro, atolladero, brete, contrariedad, escollo, impedimento, inconveniente, obstáculo, problema, tropiezo. *Facilidad.*

**DIFICULTAR** Complicar, entorpecer, estorbar, trabar.

**DIFICULTOSO** Difícil, molesto, embarazoso. *Factible, fácil.*

**DIFUNDIR** Derramar, divulgar, esparcir, extender, propagar, publicar. *Ocultar, recoger.* // Comunicar, transmitir. // Correr, cundir, volar. // Contagiarse.

**DIFUNTO** Cadáver, finado, muerto.

**DIFUSIÓN** Diseminación, divulgación, expansión, irradiación, propagación, publicación, radiodifusión, transmisión.

**DIFUSO** Ancho, dilatado, extenso, largo. // Prolijo.

**DIGERIBLE** Asimilable, digestivo, estomacal.

**DIGERIR** Asimilar. *Dirigir.

**DIGESTIVO** Digerible, digestible.

**DIGITAL** Dactilar.

**DIGNAMENTE** Merecidamente.

**DIGNARSE** Acceder, condescender, servirse.

**DIGNIDAD** Cargo, honor, prerrogativa. // Decoro, gravedad, seriedad. *Indignidad, ruindad.*

**DIGNIFICAR** Honrar, realzar. *Desprestigiar.*

**DIGNO** Acreedor, merecedor. *Indigno.* // Grave, majestuoso, solemne. *Frívolo.* // Correspondiente, proporcionado. // Decente, decoroso, honorable, honrado.

**DIGRESIÓN** Paréntesis.

**DIJE** Joya, alhaja, medalla.

**DILACERAR** Desgarrar, despedazar, herir, lastimar.

**DILACIÓN** Demora, detención, retardo, retraso, tardanza. *Apuro, prisa.*

**DILAPIDAR** Derrochar, malbaratar. *Acumular, economizar.*

**DILATADO** Difuso, espacioso, extendido, vasto. *Pequeño.* // Numeroso.

**DILATAR** Agrandar, alargar, aumentar, ensanchar, extender, prolongar. *Achicar, encoger.* // Aplazar, demorar, diferir, prorrogar, retardar. *Adelantar.*

**DILECTO** Amado, caro, querido.

**DILEMA** Alternativa, conflicto.

**DILETANTE** Aficionado.

**DILIGENCIA** Gestión, procedimiento, trámite. // Actividad, celo, prisa, rapidez, solicitud. *Descuido, inactividad, indolencia, negligencia.*

**DILIGENCIAR** Tramitar.

**DILIGENTE** Ligero, presto, pronto, rápido. *Tardo.* // Activo, celoso, expedito, servicial, solítico. *Desidioso.*

**DILUCIDAR** Aclarar, elucidar, explicar, ilustrar. *Confundir, embrollar.*

**DILUIR** Desleír, disolver.

**DILUVIAR** Llover.

**DILUVIO** Inundación, lluvia. // Abundancia.

**DIMANAR** Derivarse, nacer, originarse, proceder, provenir, salir, venir.

**DIMENSIÓN** Calibre, capacidad, extensión, longitud, magnitud, medida, tamaño, volumen. // Duración.

**DIMINUTO** Microscópico, minúsculo, pequeño, pequeñísimo. *Gigantesco.*

**DIMISIÓN** Renuncia, abdicación.

**DIMITIR** Dejar, renunciar, abdicar. *Aceptar, tomar.*

**DINÁMICO** Activo, diligente, enérgico, rápido. *Perezoso.*

**DINASTÍA** Familia.

**DINERO** Cuartos, guita, metálico, moneda, mosca, numerario, pecunia, plata. // Capital, caudal, fondos, fortuna, peculio, posibles.

**DINTEL** Lintel, cumbrera.

**DIOS** Deidad. // Altísimo, Creador, Señor, Todopoderoso, Jehová. // Divinidad, providencia.

**DIOSA** Deidad, diva.

**DIPLOMA** Credencial, despacho, título.

**DIPLOMACIA** Cortesía, habilidad, política. // Astucia, disimulo.

**DIPLOMÁTICO** Astuto, hábil, sagaz, sutil. *Torpe.* // Circunspecto, fino. *Rudo.*

**DIPSÓMANO** Borracho, ebrio, alcohólico. *Abstemio.*

**DIPUTACIÓN** Delegación.

**DIQUE** Malecón, muelle, presa. // Freno, muro, obstáculo, reparo.

**DIRECCIÓN** Camino, derrotero, rumbo, trayectoria. // Domicilio, señas. // Administración, conducción, gestión, gobierno, manejo. // Consejo, enseñanza, objeto, orientación.

**DIRECTO** Derecho, recto, seguido. *Indirecto, sinuoso, torcido.*

**DIRECTOR** Conductor, guía, jefe, rector, dirigente. *Subordinado.*

**DIRECTRIZ** Norma, pauta.

**DIRIGENTE** Directivo, director.

**DIRIGIR** Conducir, encaminar, enderezar, gobernar, guiar, orientar. // Converger, rumbear, tender a. *Desviar.* // Administrar, gobernar, regir. // Endilgar, enfocar. *\*Digerir.*

**DIRIMIR** Resolver, zanjar. // Anular, deshacer, desunir, disolver.

**DISCERNIMIENTO** Juicio, lucidez, perspicacia. *Inocencia, turbación.*

**DISCERNIR** Apreciar, comprender, distinguir, juzgar, percibir.

**DISCIPLINA** Método, norma, orden, regla. // Obediencia, subordinación, sumisión. *Anarquía, subversión.* // Doctrina, instrucción. // Arte, ciencia, facultad.

**DISCIPLINAR** Aleccionar, enseñar, instruir, corregir. // Metodizar, regularizar. *Subvertir.*

**DISCÍPULO** Alumno, educando. *Maestro, mentor, guía.* // Adepto, seguidor.

**DISCO** Cospel, tejo. // Estribillo, repetición, tema.

**DÍSCOLO** Indisciplinado, indócil, perturbador, revoltoso. *Dócil.*

**DISCONFORME** Desconforme, discorde, discrepante, desavenido, contrario. *Conforme, acorde.*

**DISCONFORMIDAD** Discrepancia, oposición, desunión, diferencia, contrariedad. *Conformidad.*

**DISCONTINUO** Irregular, intermitente, interrumpido. *Continuo.*

**DISCORDANTE** Contrario, opuesto. *Coincidente.* // Disonante, inarmónico. *Armónico.*

**DISCORDE** Desacorde, disonante, inarmónico. // Contrario, desavenido, disconforme, discrepante, opuesto. *Conforme, acorde.*

**DISCORDIA** Contrariedad, desacuerdo, desavenencia, desconformidad, desunión, disensión, división, oposición. *Armonía, avenencia, concordia, convivencia.*

**DISCRECIÓN** Cordura, circunspección, mesura, moderación, prudencia, sensatez, tacto. *Indiscreción.* // Agudeza, ingenio, oportunidad. *Inoportunidad.*

**DISCREPANCIA** Desigualdad, diferencia, disentimiento, disonancia, divergencia. *Coincidencia.*

**DISCREPAR** Diferenciar, discordar, disentir. *Coincidir, convenir.*

**DISCRETO** Circunspecto, cuerdo, juicioso, mesurado, moderado, prudente, reservado, sensato. *Indiscreto.* // Ingenioso, oportuno.

**DISCRIMINAR** Diferenciar, distinguir.

**DISCULPA** Defensa, descargo, excusa, justificación, pretexto.

**DISCULPAR** Defender, excusar, justificar, pretextar, sincerarse. *Culpar.*

**DISCURRIR** Cavilar, meditar, pensar, razonar, reflexionar, sutilizar. // Fantasear, inventar. // Calcular, conjeturar, inferir, suponer. // Andar, caminar, correr, deslizarse.

**DISCURSEAR** Disertar, perorar. // Aconsejar, amonestar.

**DISCURSIVO** Caviloso, meditabundo,

reflexivo. *Irreflexivo, impensado.*

**DISCURSO** Alocución, arenga, conferencia, charla, disertación, oración, peroración. // Amonestación. // Raciocinio, razonamiento, reflexión, uso de razón. *Decurso.

**DISCUSIÓN** Controversia, debate, disputa, polémica. *Acuerdo, avenencia.*

**DISCUTIBLE** Controvertible, debatible, disputable. *Indiscutible.*

**DISCUTIR** Altercar, controvertir, cuestionar, debatir, disputar. // Argumentar, estudiar, examinar, porfiar, razonar, tratar, ventilar.

**DISECAR** Conservar, preparar.

**DISECTOR** Anatomista, disecador.

**DISEMINACIÓN** Siembra. // Dispersión, propagación. *Concentración.*

**DISEMINAR** Sembrar. *Recoger.* // Desparramar, desperdigar, dispersar, esparcir. *Agrupar, juntar, unir.*

**DISENSIÓN** Discordia, disentimiento, rozamiento. // Altercado, contienda, disputa, riña. *Disección.

**DISENTIMIENTO** Desacuerdo, desavenencia, disconformidad, discordia. *Acuerdo, conformidad, asentimiento.*

**DISENTIR** Discordar, discrepar. *Asentir, coincidir, convenir.*

**DISEÑAR** Delinear, dibujar, trazar. // Bosquejar.

**DISEÑO** Dibujo. // Boceto, croquis, esbozo, traza.

**DISERTACIÓN** Conferencia, discurso, razonamiento, lección.

**DISERTAR** Exponer, hablar, perorar. // Razonar.

**DISERTO** Elocuente, facundo, persuasivo, orador.

**DISFAVOR** Desaire, desatención, descortesía. // Descrédito, desgracia.

**DISFORME** Amorfo, deforme, desmesurado, desproporcionado, feo, horrendo, horroroso. // Irregular.

**DISFORMIDAD** Deformidad, fealdad, monstruosidad. *Forma, belleza.*

**DISFRAZ** Embozo, máscara, tapujo, velo.

**DISFRAZAR** Desfigurar, encubrir, enmascarar, ocultar. *Exhibir, mostrar.*

**DISFRUTAR** Complacerse, gozarse, regocijarse. // Disponer, tener. // Aprovechar, utilizar.

**DISFRUTE** Aprovechamiento, goce, posesión, usufructo, utilización.

**DISGREGACIÓN** Separación, desunión, segregación. *Unión, suma, agrupación.*

**DISGREGAR** Dividir, separar. *Agrupar, congregar, reunir, sumarse.*

**DISGUSTADO** Apesadumbrado, desabrido, desazonado, enojado, malhumorado. *Contento, satisfecho.*

**DISGUSTAR** Contrariar, desagradar, desazonar, enfadar, incomodar, molestar, repugnar. *Agradar, gustar.*

**DISGUSTO** Contrariedad, decepción, desabrimiento, desagrado, desazón, diferencia, enfado, fastidio, pena, pesadumbre, sinsabor. *Agrado, gusto.*

**DISIDENCIA** Cisma, desacuerdo, desavenencia, discrepancia, escisión. *Acuerdo, unión.*

**DISIDENTE** Cismático, discorde.

**DISÍLABO** Bisílabo.

**DISÍMIL** Desemejante, diferente, dispar, diverso.

**DISIMULACIÓN** Disimulo.

**DISIMULADAMENTE** Solapadamente, subrepticiamente. *Claramente.*

**DISIMULAR** Desfigurar, disfrazar, encubrir, enmascarar, fingir, ocultar. *Descubrir.* // Hacer la vista gorda, permitir, tolerar.

**DISIMULO** Astucia, disfraz, embozo, eufemismo, fingimiento, tapujo. *Franqueza, revelación.* // Indulgencia, tolerancia.

**DISIPACIÓN** Derroche. // Evaporación. // Crápula, depravación, disolución, libertinaje, licencia.

**DISIPAR** Desaparecer, desvanecerse, esfumarse, evaporarse. *Aparecer, surgir.* // Aclarar. // Derrochar, despilfarrar, dilapidar, malbaratar, malgastar. *Guardar, ahorrar.*

**DISLATE** Desatino, despropósito, barbaridad, absurdo.

**DISLOCACIÓN** Luxación.

**DISLOCAR** Desarticular, descoyuntar, desencajar, desquiciar.

**DISLOQUE** Colmo, desbarajuste.

**DISMINUCIÓN** Baja, descenso, descuento, mengua, merma, menoscabo, rebaja, reducción. *Ampliación, exceso.*

**DISMINUIR** Acortar, aminorar, atenuar, debilitar, menoscabar, moderar, rebajar, reducir, restar. *Aumentar, incrementar.*

**DISOCIACIÓN** Desunión, análisis, desconexión, descomposición. *Suma, unión, fusión.*

**DISOCIAR** Desunir, separar. *Agrupar, fusionar.*

**DISOLUCIÓN** Solución, desleimiento, dilución. // Relajación, libertinaje, disipación. *Virtud.* // Ruptura, desvinculación.

**DISOLUTO** Corrompido, libertino, licencioso, vicioso.

**DISOLVER** Desleír, diluir. *Solidificar.* // Desbaratar, deshacer, desunir, disgregar, separar. *Reunir.*

**DISONANCIA** Desacuerdo, discrepancia, inarmonía. *Armonía, melodía.*

**DISONANTE** Chocante, desacorde, inarmónico. *Acorde, armónico.*

**DISPAR** Desparejo, diferente, disímil, heterogéneo. *Equivalente, similar.*

**DISPARADA** Fuga, huida. // Corrida.

**DISPARAR** Arrojar, despedir, lanzar, tirar, echar, enviar. // Correr, huir, partir. // Desembuchar.

**DISPARATADO** Absurdo, desatinado, ilógico, irracional. *Lógico, racional.*

**DISPARATAR** Desbarrar, desvariar.

**DISPARATE** Absurdo, burrada, desatino, despropósito, desvarío, dislate, enormidad, insensatez, locura, necedad. *Cordura, realidad.*

**DISPAREJO** Dispar, desparejo.

**DISPARIDAD** Desemejanza, desigualdad, diferencia, diversidad. *Igualdad, semejanza.*

**DISPARO** Tiro, balazo. // Detonación, estampido.

**DISPENDIO** Derroche, gasto, desembol-

so, expendio. *Ahorro, ganancia.*

**DISPENDIOSO** Caro, costoso. *Barato, económico.*

**DISPENSA** Excepción, exención, privilegio. *Despensa.

**DISPENSAR** Exceptuar, eximir, librar. *Condenar.* // Dar, conceder, distribuir, otorgar. *Denegar.*

**DISPENSARIO** Clínica.

**DISPERSAR** Desparramar, desperdigar, difundir, diseminar, esparcir. *Concentrar, juntar.* // Ahuyentar, derrotar, desbaratar, desordenar. *Ordenar.*

**DISPERSIÓN** Desbandada, desparramo, difusión, esparcimiento. *Agrupamiento.*

**DISPLICENCIA** Indolencia, indiferencia, apatía, fastidio, desagrado. *Agrado, aliento.*

**DISPLICENTE** Apático, indolente, indiferente, perezoso. *Voluntarioso.*

**DISPONER** Aderezar, arreglar, colocar, concertar, instalar, ordenar, preparar. // Decidir, determinar, mandar, ordenar, prescribir, resolver. // Poseer.

**DISPONIBLE** Aprovechable, utilizable. *Inútil.* // Desocupado. *Ocupado.*

**DISPOSICIÓN** Apostura, gallardía, gentileza, talle. // Medida, orden, preparativo, presunción, providencia, resolución. // Distribución. *Desorden.* // Aptitud, capacidad, gusto, idoneidad, inclinación, ingenio, vocación. *Incapacidad, ineptitud.*

**DISPOSITIVO** Mecanismo, ingenio, disposición, instalación.

**DISPUESTO** Apuesto, gallardo. // Apto, capaz, despierto, hábil, idóneo, listo, preparado. *Apático, inepto.*

**DISPUTA** Agarrada, altercado, cuestión, discusión, querella. *Conciliación.*

**DISPUTAR** Altercar, discutir, litigar, polemizar, porfiar, querellarse, reñir. *Ceder.*

**DISQUISICIÓN** Análisis, examen, razonamiento.

**DISTANCIA** Espacio, separación. // Apartamiento, lejanía. *Proximidad.* // Trecho. // Alejamiento, desafecto, des-

vío. // Diferencia, disparidad.
**DISTANCIAR** Apartar, enemistar, separar. *Acercar, amistar.*
**DISTANTE** Alejado, apartado, lejano, lejos, remoto, retirado. *Cercano.*
**DISTAR** Diferenciarse. *Parecerse.*
**DISTENSIÓN** Esguince, relajamiento, torcedura. *Endurecimiento, tirantez.* *Distinción.
**DISTINCIÓN** Cortesía, elegancia, educación, elevación. // Honor, honra, prerrogativa. // Consideración, deferencia, miramiento. *Desconsideración.* // Diferencia. *Distensión.
**DISTINGO** Limitación, reparo, restricción, sutileza.
**DISTINGUIDO** Eminente, esclarecido, ilustre, noble, notable. *Vulgar.* // Elegante. // Educado.
**DISTINGUIR** Diferenciar, separar. // Discernir, divisar, ver. *Confundir.* // Honrar. *Despreciar.* // Descollar, despuntar, resaltar, señalarse, sobresalir.
**DISTINTIVO** Divisa, emblema, insignia. // Marca, nota, señal, símbolo. // Específico.
**DISTINTO** Claro, inteligible, preciso, visible. *Confuso, impreciso.* // Diferente, diverso. *Idéntico, igual.*
**DISTORSIÓN** Desarticulación, dislocación, distensión, luxación, torsión. // Deformación.
**DISTRACCIÓN** Diversión, entretenimiento, pasatiempo, recreo. *Trabajo.* // Desatención, distraimiento. *Atención.* // Inadvertencia, olvido, omisión. // Defraudación, sustracción.
**DISTRAER** Alejar, apartar, desviar. // Divertir, entretener. *Aburrir, agobiar.* // Malversar, sustraer. *Reponer.*
**DISTRAÍDO** Abstraído, olvidadizo, desatento, ido, ensimismado. *Atento.* // Entretenido. *Hastiado.*
**DISTRIBUCIÓN** Reparto, repartición, repartimiento. // División, participación. // Disposición, ordenación.
**DISTRIBUIR** Dividir, fraccionar, partir, prorratear, repartir. *Juntar.* // Arreglar,

colocar, disponer, encasillar, ordenar.
**DISTRITO** Demarcación, partido, territorio, zona.
**DISTURBIO** Alboroto, alteración, asonada, desorden, motín, perturbación, tumulto.
**DISUADIR** Desaconsejar, desalentar, desanimar, desviar. *Aconsejar, animar, convencer, persuadir.*
**DISUELTO** Líquido, licuado, diluido. *Sólido.*
**DISYUNCIÓN** Desunión, división, separación. *Articulación, unión.*
**DISYUNTIVA** Alternativa, dilema.
**DISYUNTIVO** Opuesto, antitético, antagónico, contrario. *Coincidente.*
**DITIRÁMBICO** Elogioso, ponderativo.
**DIVA** Cantante, dea, diosa.
**DIVAGACIÓN** Desviación, digresión, rodeo.
**DIVAGAR** Delirar, desvariar. *Concretar, precisar.* // Errar, vagabundear, vagar.
**DIVÁN** Canapé, sofá.
**DIVERGENCIA** Alejamiento, apartamiento. *Acercamiento.* // Desacuerdo, diferencia, diversidad. *Coincidencia.*
**DIVERGIR** Alejarse, apartarse. *Acercarse, confluir.* // Discrepar, disentir. *Convenir.*
**DIVERSIDAD** Abundancia, copia. // Desemejanza, diferencia, variedad. *Homogeneidad, unidad.*
**DIVERSIÓN** Distracción, entretenimiento, esparcimiento, jarana, juego, recreo, solaz. *Aburrimiento.*
**DIVERSO** Diferente, distinto, otro, variado, vario.
**DIVERTIDO** Jocoso, jovial, alegre, festivo, entretenido, animado. *Aburrido.*
**DIVERTIMIENTO** Diversión, recreación, pasatiempo, juego.
**DIVERTIR** Alegrar, distraer, entretener, recrear, solazar. *Aburrir, enfadar.* // Alejar, apartar, desviar.
**DIVIDENDO** Interés, renta, utilidad. *Dividiendo (dividir).
**DIVIDIR** Cortar, escindir, fraccionar, partir, recortar, seccionar, separar. //

Despedazar, romper, trozar. // Compartir, distribuir, repartir. // Desavenir, desunir, indisponer, malquistar.

**DIVIESO** Forúnculo, furúnculo.

**DIVINIDAD** Deidad, Dios. // Beldad, preciosidad, primor.

**DIVINIZAR** Deificar, glorificar, santificar. // Encarecer, ensalzar, exaltar.

**DIVINO** Sublime, celestial, adorable, perfecto, admirable. *Infernal, terrenal, humano.*

**DIVISA** Distintivo, emblema, insignia. // Lema, mote. // Moneda.

**DIVISAR** Columbrar, percibir, ver, vislumbrar. // Traslucirse. *Ocultarse.*

**DIVISIBLE** Fraccionable, partitivo, subdivisible. *Indivisible.*

**DIVISIÓN** Distribución, fraccionamiento, parcelamiento. // Fracción, parcela, porción, sección, segmentación. // Desavenencia, desunión, discordia. *Unificación.* // Guión.

**DIVISO** Dividido, fragmentado, seccionado. *Entero.*

**DIVISOR** Divisorio, divisivo. // Denominador, submúltiplo. *Múltiplo.*

**DIVISORIO** Fronterizo, limítrofe.

**DIVO** Deidad. // Divino. // Cantante.

**DIVORCIAR** Apartar, descasarse, desunir, separar. *Casarse.*

**DIVORCIO** Desacuerdo, ruptura, separación. *Casamiento, unión.*

**DIVULGACIÓN** Difusión, publicación.

**DIVULGAR** Difundir, hacer público, propagar, propalar, pregonar, publicar. *Encubrir, ocultar.*

**DO** Donde.

**DOBLADILLO** Alforza, pliegue.

**DOBLAR** Duplicar. // Arquear, combar, encorvar. *Enderezar.* // Agacharse, inclinarse, torcerse. *Erguirse.*

**DOBLE** Duplo. *Medio, mitad.* // Par. // Copia, duplicado. *Único.* // Fornido, recio. // Artificioso, disimulado, taimado. *Sincero.*

**DOBLEGAR** Abatir, someter, vencer. *Resistir.* // Blandear, doblar, encorvar. *Enderezar.*

**DOBLEZ** Pliegue, repliegue. // Disimulo, duplicidad, engaño, fingimiento, hipocresía, simulación. *Franqueza, sinceridad.* *Dobles (doblar).

**DOCENCIA** Enseñanza. *Decencia.

**DOCENTE** Didáctico, educativo, instructivo, pedagógico. // Maestro, catedrático, profesor. *Alumno.* *Decente.

**DÓCIL** Dúctil, manso, obediente, sumiso. *Díscolo, rebelde.* // Apacible, flexible, suave.

**DOCILIDAD** Flexibilidad. *Inflexibilidad.* // Apacibilidad, mansedumbre, obediencia, subordinación, sumisión. *Desobediencia, indisciplina.*

**DOCTO** Culto, entendido, erudito, instruido, sabio. *Ignorante.*

**DOCTOR** Abogado, médico, profesor, facultativo.

**DOCTRINA** Dogma, enseñanza, escuela, opinión, sistema, teoría. // Ciencia, sabiduría, disciplina.

**DOCUMENTADO** Enterado. // Fundamentado.

**DOCUMENTAR** Dar fe, justificar, probar. // Enseñar, informar, instruir.

**DOCUMENTO** Certificado, diploma, papel, título, carta.

**DOGAL** Cuerda, soga. // Argolla, horca.

**DOGMA** Artículo de fe, creencia, verdad revelada. // Base, fundamento.

**DOGMÁTICO** Imperioso. // Indiscutible. *Discutible.*

**DOLAR** Pulir, labrar, desbastar. *Dólar.

**DOLENCIA** Enfermedad, afección, indisposición, achaque. *Salud.*

**DOLER** Padecer. // Quejarse. // Apiadarse, compadecerse. // Arrepentirse.

**DOLIENTE** Delicado, enfermo. // Afligido, contristado, desconsolado, dolorido, quejoso.

**DOLO** Engaño, fraude, mala fe, simulación.

**DOLOR** Aflicción, arrepentimiento, atrición, congoja, desconsuelo, pena, pesar, sentimiento, sufrimiento. *Consuelo, deleite, goce, placer.*

**DOLORIDO** Doliente. // Angustiado,

apenado, apesarado, atribulado.

**DOLOROSO** Lamentable, lastimador, lastimoso. // Sensible.

**DOLOSO** Engañoso, fraudulento. *Verdadero.*

**DOMA** Domadura. // Represión, sometimiento.

**DOMAR** Amansar, domeñar, domesticar, dominar, reprimir, someter, subyugar, sujetar, vencer.

**DOMEÑAR** Avasallar, dominar, reducir, someter, sujetar.

**DOMESTICAR** Amansar, domar.

**DOMÉSTICO** Manso. *Salvaje.* // Criado, servidor, sirviente. *Amo, patrón.*

**DOMICILIARSE** Avecindarse, establecerse, afincarse.

**DOMICILIO** Casa, hogar, morada, residencia, vivienda. // Señas.

**DOMINACIÓN** Dominio, imperio, señorío, poder, autoridad.

**DOMINADOR** Avasallador, déspota, exigente, opresor, prepotente, sojuzgador, subyugador, tirano. *Humilde.* // Dictador, imperioso, intolerante. // Descollante, predominante.

**DOMINANTE** Dominador.

**DOMINAR** Abarcar. // Avasallar, enseñorearse, esclavizar, imperar, refrenar, reinar, someter, sujetar, supeditar, subyugar, sobreponerse, vencer. *Obedecer, servir.* // Descollar, sobresalir. // Poseer, saber.

**DOMINGUERO** Festivo, galano.

**DOMINIO** Dominación, feudo, imperio, mando, opresión, poder, posesión, potestad, propiedad, sujeción, superioridad, tiranía, yugo. *Esclavitud, servidumbre.*

**DOMO** Cúpula.

**DON** Dádiva, donación, donativo, ofrenda, presente, regalo. // Gracia, habilidad, talento, dotes.

**DONACIÓN** Cesión, don, limosna, obsequio, propina, subsidio, subvención. *Hurto.* // Legado, manda.

**DONAIRE** Agudeza, chiste. *Sosera.* // Apostura, donusura, gallardía, garbo,

gracejo, gracia, salero, soltura. *Desgarbo, torpeza.*

**DONAR** Dar, legar, obsequiar, regalar. *Quitar, robar.*

**DONATIVO** Cesión, dádiva, don, obsequio, presente, regalo. // Limosna.

**DONCEL** Adolescente, joven, paje. *Anciano.*

**DONCELLA** Virgen. // Mocita, moza, muchacha. // Criada. *Señora.*

**DONCELLEZ** Virginidad.

**DONDE** Adonde, do.

**DONDEQUIERA** Doquiera, doquier.

**DONOSO** Chistoso, gracioso, ocurrente. *Tonto.* // Gallardo, gentil. *Desgarbado.*

**DONOSURA** Donaire, donosidad, gracia, lindeza.

**DORADO** Doradura. // Áureo. // Esplendoroso, feliz, halagüeño, venturoso.

**DORMILÓN** Marmota, perezoso.

**DORMIR** Cabecear, descansar, dormitar, reposar. *Velar.* // Abandonarse, descuidarse. // Amodorrarse. *Desvelarse.* // Aplacarse.

**DORMITAR** Adormecerse, cabecear, dormir.

**DORNAJO** Artesa, batea, barcal.

**DORSO** Envés, espalda, lomo, reverso, revés. *Cara, frente.*

**DOS** Ambos, entrambos.

**DOSEL** Tapiz. // Antepuerta, colgadura, palio.

**DOSIFICAR** Graduar, partir, distribuir.

**DOSIS** Cantidad, porción, toma.

**DOTACIÓN** Equipo, personal, tripulación, servicio.

**DOTAR** Adornar. // Asignar, conceder. // Donar, proporcionar.

**DOTE** Asignación, caudal, donación, regalo. *Indigencia.* // Calidad, cualidad, prenda.

**DOTES** Don, talento, cualidades.

**DOZAVO** Duodécimo.

**DRACONIANO** Duro, severo. *Benigno, indulgente.*

**DRAGAR** Ahondar, limpiar.

**DRAMA** Desgracia, tragedia. *Dracma.

**DRAMÁTICO** Conmovedor, trágico, patético. *Grotesco, ridículo.*

**DRÁSTICO** Enérgico, severo, radical, riguroso. *Suave. Indulgente.*

**DROGA** Medicamento, remedio. // Engaño, mentira, trampa. // Estimulante, estupefaciente, narcótico.

**DUALIDAD** Dualismo, duplicidad. *Sinceridad.*

**DUCHA** Baño.

**DUCHO** Baquiano, diestro, entendido, experimentado, hábil, perito, versado. *Desconocedor, inhábil, inexperto.*

**DÚCTIL** Acomodadizo, acomodaticio, condescendiente. *Inflexible.* // Blando, maleable. *Rígido.*

**DUCTOR** Guía, caudillo, jefe, capitán.

**DUDA** Aprensión, escrúpulo, hesitación, incertidumbre, perplejidad, recelo, reparo, sospecha, vacilación. *Certeza, seguridad.*

**DUDABLE** Dubitable, dudoso.

**DUDAR** Desconfiar, dificultar, fluctuar, hesitar, recelar, sospechar, titubear. *Creer, confiar.*

**DUDOSO** Eventual, hipotético, improbable, problemático. *Probable, seguro.* // Dubitativo, equívoco, incierto. *Cierto.* // Indeciso, inseguro, irresoluto, perplejo, receloso, vacilante. *Firme.*

**DUELO** Combate, desafío, pelea. // Fatiga, trabajo. // Aflicción, desconsuelo, dolor, pena. *Fiesta, regocijo.*

**DUENDE** Espectro, espíritu, fantasma.

**DUEÑA** Ama, señora. *Criada.*

**DUEÑO** Amo, señor, patrón, propietario. *Inquilino, operario, sirviente.*

**DULCE** Bombón, confite, pastel. // Dulzón, grato, gustoso, suave. *Ácido, agrio, amargo.* // Afable, apacible, blando, bondadoso, complaciente, dócil, manso. *Hosco, rudo.*

**DULCEDUMBRE** Dulzura, suavidad.

**DULCERÍA** Confitería, pastelería, repostería.

**DULCIFICAR** Azucarar, endulzar, enmelar. *Amargar.* // Ablandar, apaciguar, calmar, mitigar, suavizar. *Irritar.*

**DULZURA** Afabilidad, bondad, deleite, docilidad, dulcedumbre, suavidad, ternura. *Aspereza, dureza.*

**DUNA** Médano, montículo.

**DUPLICAR** Doblar.

**DUPLICIDAD** Doble, falsedad, fingimiento, hipocresía. *Franqueza, sinceridad.*

**DURABLE** Duradero.

**DURACIÓN** Permanencia, persistencia, continuación, estabilidad, vida, cronicidad. // Perpetuidad, perennidad, perpetuación.

**DURADERO** Durable, perdurable, persistente. *Breve, efímero, fugaz, pasajero.*

**DURAMENTE** Ásperamente. // Rígidamente.

**DURANTE** Mientras.

**DURAR** Continuar, perdurar, persistir, subsistir, vivir. *Acabar, alternarse.* // Alargarse, extenderse, eternizarse.

**DUREZA** Callo, callosidad, consistencia. // Endurecimiento, inflexibilidad, reciura, resistencia, rigidez, solidez, tiesura. *Blandura, fragilidad.* // Aspereza, inclemencia, rigor, rudeza, severidad, violencia. *Lástima, piedad.*

**DURO** Consistente, diamantino, férreo, firme, fuerte, inflexible, inquebrantable, pétreo, recio, resistente, rígido, riguroso, tieso. *Blando, dúctil.* // Porfiado, terco, tenaz. *Maleable.* // Sufrido. // Áspero, cruel, despiadado, inhumano, insensible, rudo, severo, violento. *Clemente, sensible.* // Doloroso, penoso.

**EBANISTA** Mueblista.

**EBONITA** Vulcanita.

**EBRIEDAD** Borrachera, embriaguez.

**EBRIO** Bebido, beodo, embriagado, borracho, mamado. *Abstemio, sobrio.*

**EBULLICIÓN** Efervescencia, hervor.

**EBÚRNEO** Marfileño, marfilino.

**ECHADA** Expulsión. // Reclinamiento, caimiento, acostadura.

**ECHADO** Horizontal, yacente, yaciente, plano, tendido, apaisado. // Arrojado, expulsado.

**ECHAR** Arrojar, barrer, desalojar, despedir, expulsar, lanzar, precipitar, proscribir, tirar. *Recoger.* // Ahuyentar, alejar, apartar, espantar. *Aproximar.* // Deponer, destituir, exonerar. *Exaltar.* // Dar, entregar, repartir. // Hacer, formar, representar. // Conjeturar, suponer. // Decir, pronunciar. // Prevenir, publicar. // Brotar, nacer.

**ECHARSE** Acostarse, reclinarse, tenderse, tumbarse. *Levantarse.*

**ECLESIÁSTICO** Clérigo, cura, sacerdote, religioso.

**ECLIPSAR** Deslucir, oscurecer. *Aclarar, iluminar.* // Aventajar, exceder, sobrepasar. *Oscurecer.* // Desaparecer, escapar, evadirse, huir. *Aparecer, mostrarse.*

**ECLIPSE** Ausencia, desaparición, evasión, huida, ocultación. *Manifestación.*

**ECLOSIÓN** Aparición, brote, nacimiento. *Clausura.*

**ECO** Repetición, resonancia, retumbo. // Noticia, rumor.

**ECONOMÍA** Ahorro. *Despilfarro.* // Escasez, parquedad. // Parsimonia, frugalidad, avaricia. *Derroche.*

**ECONÓMICO** Ahorrador. *Gastador.* // Mezquino, miserable. *Espléndido.*

**ECONOMIZAR** Ahorrar, guardar. *Gastar.* // Restringir.

**ECUÁNIME** Imparcial. *Favorito.* // Inalterable, sereno. // Sufrido. *Impaciente.*

**ECUANIMIDAD** Imparcialidad, serenidad, objetividad. *Parcialidad.* // Paciencia. *Impaciencia.*

**ECUESTRE** Equino, hípico.

**EDAD** Duración, tiempo. // Época.

**EDECÁN** Acompañante, auxiliar, ayudante. // Correveidile.

**EDÉN** Cielo, paraíso.

**EDICIÓN** Impresión, publicación.

**EDICTO** Aviso, decreto, ley. // Mandato, orden. **\*Edito** (editar).

**EDIFICACIÓN** Construcción, obra.

**EDIFICANTE** Ejemplar, modelo.

**EDIFICAR** Construir, fabricar, levantar. *Destruir.* // Ejemplarizar. *Pervertir.*

**EDIFICIO** Casa, construcción, fábrica, inmueble, obra.

**EDIL** Concejal.

**EDITAR** Imprimir, publicar.

**EDITOR** Impresor.

**EDREDÓN** Colcha, cobertor, almohadón.

**EDUCACIÓN** Enseñanza. // Cortesía, crianza, urbanidad.

**EDUCADO** Cortés. *Grosero, ordinario.* // Instruido. *Inculto.*

**EDUCADOR** Guía, maestro, mentor, preceptor.

**EDUCANDO** Alumno, colegial, escolar,

estudiante, discípulo. *Educador.*

**EDUCAR** Dirigir, encaminar, enseñar, ilustrar, instruir. *Malcriar.* // Afinar, desarrollar, perfeccionar. *Viciar.*

**EDUCATIVO** Formativo, pedagógico, instructivo.

**EDUCCIÓN** Deducción, inferencia, colación, ilación.

**EDUCIR** Deducir, inferir, colacionar.

**EDULCORAR** Endulzar.

**EFEBO** Adolescente, joven, mancebo.

**EFECTISMO** Sensacionalismo, artificiosidad, expresionismo.

**EFECTIVAMENTE** Realmente, positivamente. *Negativamente.*

**EFECTIVO** Dinero, moneda, billete. // Real, seguro, verdadero. *Abstracto, nominal, sustituto.*

**EFECTO** Consecuencia, corolario, resultado, secuela. *Causa.* // Impresión. // Fin, motivo, objeto. // Mercancía.

**EFECTOS** Bienes, enseres, muebles.

**EFECTUAR** Cumplir, ejecutar, hacer, llevar a cabo, realizar. *Dejar, incumplir.*

**EFEMÉRIDES** Hechos, sucesos, calendario, crónica.

**EFERVESCENCIA** Ebullición, hervor. // Acaloramiento, agitación, ardor, exaltación. *Frialdad, tranquilidad.*

**EFICACIA** Actividad, fuerza, poder, vigencia, virtud, eficiencia, validez. *Deficiencia, ineficacia.*

**EFICAZ** Activo, eficiente, fuerte, poderoso, válido. *Inválido, ineficaz.*

**EFICIENCIA** Eficacia.

**EFICIENTE** Eficaz.

**EFIGIE** Imagen, figura, representación, retrato.

**EFÍMERO** Breve, fugaz, pasajero, perecedero, temporal. *Duradero, permanente, perpetuo.*

**EFLUVIO** Emanación, irradiación.

**EFUGIO** Recurso, salida, subterfugio. // Escapatoria, evasión.

**EFUNDIR** Derramar, rebosar, verter.

**EFUSIÓN** Derramamiento. // Desahogo, expansión. *Ahogo.* // Afecto, cariño. *Frialdad.*

**EFUSIVO** Afectuoso, expansivo, vehemente. *Adusto, huraño, retraído.*

**ÉGIDA o EGIDA** Amparo, defensa, escudo, protección. *\*Hégira.*

**EGOÍSMO** Egotismo, egolatría, individualismo, personalismo. *Altruismo, generosidad, desprendimiento.*

**EGOÍSTA**Ególatra, egotista. *Altruista, benefactor, generoso.*

**EGREGIO** Afamado, célebre, esclarecido, excelso, famoso, ilustre, insigne, preclaro.

**EGRESO** Salida.

**EJE** Base, finalidad, fundamento, tema. // Cigüeñal, barra.

**EJECUCIÓN** Cumplimiento, interpretación, realización, práctica. *Incumplimiento.* // Fusilamiento.

**EJECUTANTE** Ejecutor. // Artista, intérprete, músico.

**EJECUTAR** Ajusticiar. // Realizar. *Abstenerse.* // Tocar. // Embargar.

**EJECUTIVO** Director, gerente.

**EJECUTOR** Autor, perpetrador, operador, ejecutante.

**EJEMPLAR** Dechado, modelo. // Espécimen, original, prototipo, tipo, unidad. // Libro, periódico. // Copia.

**EJEMPLARIZAR** Aleccionar, mostrar. *Maleducar, pervertir.*

**EJEMPLO** Modelo. // Cita, muestra, prueba. // Texto.

**EJERCER** Actuar, practicar, profesar.

**EJERCICIO** Actuación, práctica. *Inacción, inactividad.* // Adiestramiento, ejercitación, gimnasia. // Maniobra.

**EJERCITAR** Adiestrar, entrenar, practicar, formar, instruir.

**EJÉRCITO** Hueste, milicia, tropa.

**ELABORACIÓN** Preparación, producción, realización.

**ELABORAR** Fabricar, forjar, hacer, preparar, producir.

**ELACIÓN** Altivez, arrogancia, presunción, soberbia, altanería. // Elevación, nobleza, grandeza. // Ampulosidad. *Sencillez, humildad.*

**ELASTICIDAD** Adaptabilidad, flexibi-

lidad. *Inadaptación, inflexibilidad.*
**ELÁSTICO** Flexible. *Inflexible.* // Acomodaticio. *Rígido.* // Muelle, resorte.
**ELATO** Soberbio, orgulloso, altivo, arrogante, altanero, fatuo, presuntuoso, engreído. *Modesto, humilde.*
**ELECCIÓN** Opción, votación.
**ELECTO** Elegido, escogido.
**ELECTRIZAR** Electrificar, galvanizar. // Avivar, exaltar, inflamar, entusiasmar.
**ELEGANCIA** Distinción, finura, gracia. *Cursilería, desaliño, inelegancia.*
**ELEGANTE** Distinguido, airoso, gallardo, esbelto. *Tosco, ordinario.*
**ELEGÍACO** Lastimero, triste, melancólico, plañidero.
**ELEGIDO** Designado, escogido, preferido, seleccionado. *Desdeñado.*
**ELEGIR** Escoger, preferir, seleccionar, optar, nombrar, votar.
**ELEMENTAL** Básico, primario, fundamental, primordial, sencillo, simple. *Complicado, secundario.* // Evidente, obvio.
**ELEMENTO** Base, fundamento. // Ambiente, medio. // Cuerpo simple.
**ELEMENTOS** Nociones, rudimentos. // Bienes, recursos.
**ELENCO** Catálogo, índice, lista, nómina, rol, repertorio.
**ELEVACIÓN** Acrecentamiento, aumento, alza. *Disminución, rebaja.* // Altura, eminencia, prominencia. // Enajenamiento, éxtasis. *Depresión.* // Ascenso, ascensión, exaltación.
**ELEVADO** Alto, eminente, empinado, encumbrado, levantado, prominente. *Bajo.* // Altísono, excelso, sublime.
**ELEVAR** Alzar, ascender, izar, levantar, empinarse, encaramarse, enaltecer, engrandecer, ennoblecer, exaltar, promover. *Aterrizar, bajar, descender, humillar.* // Construir, edificar, erigir. *Destruir.* // Enajenarse. // Engreírse, envanecerse. *Rebajarse.*
**ELFO** Genio, duende, espíritu, deidad.
**ELIDIR** Eliminar, suprimir. // Desvanecer, frustrar, debilitar.

**ELIMINAR** Descartar, expulsar, prescindir, separar, suprimir, excluir, dar de baja. *Incluir, poner.*
**ELIPSE** Órbita, parábola, parámetro, espira, espiral, sinusoide.
**ELÍPTICO** Oval, ovalado, espiral, helicoidal. // Sobrentendido, omitido.
**ELISIÓN** Eliminación, supresión, anulación. *Conservación.*
**ELIXIR** Licor. // Medicamento, pócima, remedio.
**ELOCUCIÓN** Dicción, estilo, expresión. *\*Alocución.*
**ELOCUENTE** Conmovedor, convincente, fecundo, persuasivo.
**ELOGIAR** Alabar, encomiar, realzar, ponderar. *Amonestar, reprobar.* // Adular, lisonjear. *Insultar.*
**ELOGIO** Alabanza, aplauso, panegírico, ponderación. *Censura.*
**ELOGIOSO** Encomiástico, laudatorio. *Desaprobatorio.*
**ELUCIDAR** Aclarar, dilucidar, esclarecer, explicar. *Confundir.*
**ELUDIBLE** Esquivable, soslayable, rehuible, sorteable.
**ELUDIR** Esquivar, evitar, sortear, soslayar. *Afrontar, desafiar.*
**EMANACIÓN** Efluvio, exhalación.
**EMANAR** Desprenderse, exhalarse. // Derivar, nacer, originarse, proceder, provenir. *\*Imanar.*
**EMANCIPACIÓN** Libertad, independencia, autonomía, soberanía. *Sometimiento, esclavitud.*
**EMANCIPAR** Independizar, libertar, manumitir. *Esclavizar, sojuzgar, someter, dominar.*
**EMBADURNAR** Embarrar, ensuciar, manchar, pintarrajear, untar. *Limpiar.*
**EMBAIDOR** Embaucador, mentiroso.
**EMBAJADA** Delegación, misión. // Mensaje.
**EMBAJADOR** Diplomático, representante. // Emisario, enviado, mensajero.
**EMBALAJE** Empaque.
**EMBALAR** Empacar, empaquetar, envolver. *Desempaquetar, desenvolver.*

**EMBALSAMAR** Momificar. // Aromatizar, perfumar.

**EMBALSAR** Estancar, represar, encharcar, recoger.

**EMBALSE** Presa, represa.

**EMBARAZADA** Encinta, preñada.

**EMBARAZAR** Preñar. // Dificultar, entorpecer, estorbar, impedir, incomodar, molestar. *Desembarazar, facilitar.*

**EMBARAZO** Cortedad, timidez. // Dificultad, entorpecimiento, impedimento, molestia. // Preñez, gestación, gravidez.

**EMBARAZOSO** Dificultoso, molesto. *Acertado, agradable.*

**EMBARCACIÓN** Barco, barquichuelo, nave, navío, nao.

**EMBARCAR** Inducir. // Aventurarse, lanzarse. // Empeñarse.

**EMBARGAR** Ejecutar. // Estorbar, impedir, paralizar, suspender, detener, retener, frenar.

**EMBARGO** Comiso, ejecución, incautación, retención. *Recuperación.*

**EMBARGO (SIN)** A pesar de, empero, no obstante.

**EMBARRANCARSE** Atascarse, empantanarse, encallar.

**EMBARRAR** Embadurnar, manchar. // Enfangarse, enlodarse.

**EMBARULLAR** Confundir, desordenar, embrollar, mezclar, revolver. *Desenredar, ordenar.*

**EMBATE** Acometida, embestida.

**EMBAUCADOR** Embustero, engañador, estafador, farsante, impostor, timador, tramposo.

**EMBAUCAR** Engañar, engatusar, estafar, seducir, timar. *Desengañar.*

**EMBAULAR** Embuchar, embutir, engullir, tragar, zamparse.

**EMBAUSAMIENTO** Embobamiento, suspensión, abstracción.

**EMBAZADURA** Admiración, pasmo, asombro.

**EMBAZAR** Asombrar, pasmar, suspender, embargar, detener. **\*Envasar.**

**EMBEBER** Absorber, empapar, impregnar. // Embelesarse, pasmarse. // Com-

penetrarse, instruirse. // Tupirse.

**EMBELECO** Embuste, engaño. // Zalamería. **\*Embeleso.**

**EMBELESAR** Embobar, entontecer, pasmar. // Encantar, seducir. *Desencantar.*

**EMBELLECER** Acicalar, adornar, hermosear. *Afear.*

**EMBERRINCHARSE** Encapricharse, enfadarse.

**EMBESTIDA** Acometida, arremetida, ataque, embate.

**EMBESTIR** Abalanzarse, acometer, arremeter, atacar, lanzarse. *Retroceder.* **\*Investir.**

**EMBLEMA** Divisa, lema, representación, símbolo, escudo.

**EMBOBADO** Absorto, admirado, boquiabierto, maravillado, pasmado.

**EMBOCADURA** Abertura, boca, boquilla. // Bocado.

**EMBOCAR** Entrar, meter. // Comenzar, empezar. // Tragar, embutir, embaular.

**ÉMBOLO** Pistón.

**EMBOLSARSE** Cobrar, guardar, recibir. *Dar, regalar.*

**EMBORRACHAR** Embriagar, encurdelarse, mamarse, achisparse, alcoholizar,

**EMBORRONAR** Borronear, manchar.

**EMBOSCADA** Asechanza, celada, maquinación, sorpresa, trampa.

**EMBOTARSE** Debilitarse, enervarse, entorpecerse. *Serenarse.*

**EMBOTELLAR** Acorralar, encerrar, inmovilizar. // Envasar.

**EMBOZADO** Arrebujado, cubierto, encubierto, envuelto, tapado. *Descubierto, destapado.*

**EMBOZAR** Disfrazar, encubrir, tapar, ocultar, enmascarar. *Descubrir.*

**EMBOZO** Recato, disfraz, disimulo. // Indirecta.

**EMBRAVECER** Encolerizar, enfurecer, irritar. *Amansar, apaciguar.*

**EMBRIAGADO** Achispado, beodo, borracho, curda, ebrio, mamado.

**EMBRIAGAR** Emborrachar. // Enajenar, encantar, exaltar, extasiar.

**EMBRIAGUEZ** Borrachera, ebriedad.

EMBRIÓN Huevo, feto. // Germen, principio, rudimento.

EMBRIONARIO Elemental, rudimentario. // Fetal.

EMBROLLADO Confuso, desordenado, enmarañado, revuelto. *Claro, ordenado.*

EMBROLLO Conflicto, confusión, enredo, maraña. // Embuste, mentira.

EMBROMAR Bromear, cachar, chancear, chasquear, engañar.

EMBRUJAR Hechizar, maleficiar. // Encantar, cautivar.

EMBRUTECIDO Abrutado, entontecido, tonto, estúpido.

EMBUCHAR Embutir, engullir, tragar.

EMBUSTE Cuento, engaño, infundio, macana, mentira, patraña. *Verdad.*

EMBUSTERO Embaucador, engañador, farsante, macaneador, mentiroso. *Franco, sincero, veraz.*

EMBUTIDO Embuchado, encajado. // Incrustación, taracea. // Chorizo, longaniza, salchichón, morcilla.

EMBUTIR Embaular, embuchar, encajar, engullir, ingerir, llenar. // Incrustar, taracear, damasquinar.

EMERGENCIA Accidente, evento, ocurrencia, suceso.

EMERGER Brotar, surgir. // Sobresalir.

EMÉTICO Vomitivo.

EMIGRACIÓN Éxodo, migración. *Inmigración, regreso, repatriación.*

EMIGRAR Expatriarse, partir. *Inmigrar, repatriar.*

EMINENCIA Altura, elevación. // Colina, montículo, otero. *Depresión, valle.* // Superioridad, excelencia, grandeza. *Insignificancia.*

EMINENTE Alto, elevado, encumbrado, prominente. *Bajo.* // Sobresaliente, superior, aventajado. // Célebre, distinguido, excelente, ilustrado, insigne, notable. *Desconocido.*

EMISARIO Enviado, mensajero, correo.

EMITIR Expresar, manifestar. // Difundir, producir. // Arrojar, despedir, echar, exhalar, expulsar, lanzar, prorrumpir. *Absorber.*

EMOCIÓN Agitación, alarma, enternecimiento, exaltación, inquietud, sentimiento, turbación, conmoción. *Insensibilidad, pasividad.*

EMOCIONANTE Conmovedor, enternecedor, impresionante.

EMOLUMENTO Honorario, paga, remuneración, retribución, salario, sueldo. *Quita.* // Propina, utilidad.

EMOTIVO Conmovedor. *Ridículo.*

EMPACAR Embalar, encajonar. // Emperrarse, irritarse, obstinarse, plantarse.

EMPACHAR Ahitar, hartar, indigestar. // Avergonzarse, cortarse, turbarse.

EMPACHO Hartazgo, indigestión. // Embarazo, estorbo. // Cortedad, timidez, turbación, vergüenza. *Frescura, osadía.*

EMPADRONAR Censar, asentar, inscribir, encabezar.

EMPALAGAR Aburrir, cansar, enfadar, fastidiar, hastiar. *Divertir.*

EMPALAGOSO Dulzón, meloso. // Cargante, fastidioso, molesto.

EMPALIZADA Cercado, estacada, vallado, barrera, tapia.

EMPALMAR Combinar, juntar, ligar, unir, enlazar, conectar. *Separar.*

EMPALME Enlace, ensambladura, unión.

EMPANTANAR Encharcar, inundar. // Atascar, detener, embarazar, impedir, paralizar.

EMPAÑAR Deslustrar, enturbiar, deslucir, manchar, oscurecer. *Limpiar, pulir.*

EMPAPADO Húmedo, mojado, rociado. *Seco.*

EMPAPAMIENTO Humectación, mojada, mojadura, remojo, remojón.

EMPAPAR Calar, humedecer, mojar, remojar. *Secar.* // Compenetrarse, imbuirse, impregnarse.

EMPAQUE Aire, aspecto, porte, traza. // Afectación, gravedad, tiesura. // Embalaje.

EMPAQUETAR Embalar, empacar, enfardar, envolver. *Desembalar, desenfardar.* // Acicalarse, emperejilarse.

EMPARDAR Empatar.

EMPAREDADO Bocadillo, sandwich. //

Encerrado, preso, recluso.

**EMPAREJAR** Aparear. *Desunir.* // Allanar, igualar, nivelar. *Desigualar.*

**EMPASTELAR** Mezclar, transigir.

**EMPATAR** Igualar.

**EMPECER** Impedir, obstar. // Perjudicar. *Empezar.*

**EMPECINARSE** Emperrarse, obstinarse. *Ceder, comprender.*

**EMPEDERNIDO** Duro, insensible. *Bondadoso, sensible.*

**EMPEDRAR** Adoquinar, pavimentar.

**EMPELLÓN** Empujón, rempujón.

**EMPEÑADO** Disputado, reñido, acalorado. // Endeudado.

**EMPEÑAR** Pignorar. *Desempeñar.* // Endeudarse, entramparse. *Cancelar, redimir.* // Emperrarse, obligarse. *Cejar, liberarse.*

**EMPEÑO** Pignoración. // Obligación. // Afán, constancia, tesón. // Obstinación, perseverancia, porfía.

**EMPEORAR** Agravar, desmejorar. *Mejorar, progresar.*

**EMPEQUEÑECER** Achicar, reducir, amenguar, aminorar, disminuir. *Agrandar, aumentar.*

**EMPEREJILARSE** Acicalarse, ataviarse, emperifollarse, engalanarse.

**EMPEREZARSE** Dilatarse, retardarse, retrasarse, vaguear.

**EMPERIFOLLARSE** Emperejilarse.

**EMPERO** No obstante, pero, sin embargo, a pesar de.

**EMPERRARSE** Encapricharse, empeñarse, obstinarse. *Ceder, desistir.*

**EMPEZAR** Comenzar, emprender, incoar, iniciar. *Acabar, cesar.* // Nacer, originarse. *Terminar.* *Empecer.*

**EMPINADO** Alto, elevado, encumbrado. // Estirado, orgulloso.

**EMPINAR** Alzar, levantar. *Bajar.* // Enderezarse, erguirse. *Agachar.*

**EMPINGOROTADO** Encumbrado, engreído, presuntuoso.

**EMPÍREO** Cielo. // Divino, celestial, supremo.

**EMPÍRICO** Experimental. *Hipotético.* //

Práctico, efectivo, real. *Teórico.*

**EMPLASTO** Cataplasma, sinapismo, parche. // Arreglo, componenda.

**EMPLAZAR** Citar, concertar. *Liberar.* // Colocar.

**EMPLEADO** Dependiente, funcionario, oficinista. // Colocado, ocupado.

**EMPLEAR** Destinar, ocupar. // Consumir, gastar, usar, utilizar. // Servirse, valerse.

**EMPLEO** Cargo, colocación, destino, ocupación, puesto. // Uso. *Desuso.*

**EMPOBRECERSE** Arruinarse, venir a menos. *Enriquecerse, medrar, prosperar, engrandecerse.*

**EMPOLLAR** Incubar. // Cavilar, estudiar, meditar.

**EMPONZOÑAR** Envenenar, inficionar, corromper, dañar.

**EMPORCAR** Ensuciar, manchar, enmugrecer. *Limpiar.*

**EMPOTRAR** Encajar, hincar, incrustar, meter.

**EMPOZARSE** Detenerse, atascarse, estancarse, embotellarse.

**EMPRENDEDOR** Activo, decidido, diligente, resuelto, osado.

**EMPRENDER** Acometer, comenzar, empezar, iniciar. *Acabar, desistir.*

**EMPRESA** Designio, intento, obra, operación, proyecto, tarea. // Negocio. // Compañía, sociedad.

**EMPRÉSTITO** Préstamo.

**EMPUJAR** Estimular, excitar, impeler, impulsar, incitar, lanzar, presionar. *Refrenar, reprimir, tirar.* // Atropellar.

**EMPUJE** Arranque, brío, coraje, fuerza, incitación, propulsión. *Debilidad.* // Resolución. *Irresolución.* // Valimiento.

**EMPUJÓN** Atropello, empellón, impulso, rempujón.

**EMPUÑADURA** Puño, pomo, mango, manubrio.

**EMPUÑAR** Asir. *Soltar.*

**EMULACIÓN** Competencia, rivalidad.

**ÉMULO** Competidor, rival.

**ENAJENACIÓN** Distracción, embeleso, locura. *Lucidez, razón.* // Pignoración, transferencia, venta, traspaso.

**ENAJENAR** Ceder, pignorar, transferir, traspasar, vender. *Retener.* // Enloquecer. // Arrobar, embelesar, embobar, encantar.

**ENALTECER** Alabar, encomiar, elogiar, ensalzar, realzar. *Ofender, rebajar.*

**ENAMORAR** Cortejar, galantear, conquistar, seducir, requebrar. // Acaramelarse, aficionarse, amartelarse, enamoriscarse, encariñarse, prendarse.

**ENANO** Diminuto, liliputiense, menudo, microscópico, pequeño, pigmeo. *Colosal, coloso, gigante, gigantesco.*

**ENARBOLAR** Izar, levantar. *Arriar.* *Enherbolar.*

**ENARCAR** Arquear. // Abatatarse, achicarse, encogerse.

**ENARDECER** Animar, entusiasmar, excitar, incitar. *Desalentar.* // Irritarse. *Calmarse, serenarse.*

**ENARDECIMIENTO** Ardor, calentura, excitación, pasión. // Irritación.

**ENARMONAR** Alzar, levantar.

**ENCABEZAMIENTO** Comienzo, principio. // Prefacio, exordio, preámbulo.

**ENCABEZAR** Acaudillar, capitanear. // Comenzar, iniciar.

**ENCADENAMIENTO** Conexión, enlace, relación, sucesión, trabazón.

**ENCADENAR** Aherrojar, eslabonar. // Avasallar, cautivar, esclavizar, sujetar. *Libertar, soltar.* // Enlazar, relacionar, trabar, unir.

**ENCAJAR** Empotrar, encasquetar, enchufar, endentar, endilgar, incrustar, meter. *Desarticular, desencajar.*

**ENCAJE** Bordado, puntilla. // Acoplamiento, ajuste, enchufe, enganche.

**ENCAJONAR** Empacar, encerrar.

**ENCALABRINAR** Encapricharse, excitar, irritar, enlucir, estucar.

**ENCALAR** Blanquear, enjalbegar.

**ENCALLAR** Varar, atascarse, embarrancar, atollarse.

**ENCALLECERSE** Endurecerse, acostumbrarse, habituarse.

**ENCALMARSE** Abonanzarse, apaci-

guarse, tranquilizarse. *Enfurecerse.*

**ENCAMARSE** Acostarse.

**ENCAMINAR** Conducir, dirigir, encarrilar, encauzar, enderezar. *Desviar.* // Enseñar, guiar, orientar. *Desorientar, perderse.*

**ENCAMISAR** Enfundar.

**ENCAMOTARSE** Enamorarse.

**ENCANALLAR** Corromper, envilecer, degradar, embrutecer, denigrar.

**ENCANDILAR** Encender, excitarse. // Avivar. // Embaucar. // Alucinar, deslumbrar, ofuscar. *Apagar, serenarse.*

**ENCANECER** Avejentarse, envejecer.

**ENCANTADOR** Hechicero, mago. // Agradable, cautivador, embelesador, fascinador, simpático, sugestivo. *Desagradable, antipático.*

**ENCANTAMIENTO** Conjuro, hechizo, magia, sortilegio. // Seducción.

**ENCANTAR** Hechizar, hipnotizar. // Agradar, cautivar, deleitar, embelesar, gustar, seducir, sugestionar. *Aburrir, desencantar, repeler.*

**ENCANTO** Atractivo, belleza, gracia. *Repulsión.*

**ENCAÑONAR** Apuntar, asestar.

**ENCAPOTARSE** Emborrascarse, entoldarse, nublarse, ennegrecerse. *Despejarse, aclararse.*

**ENCAPRICHARSE** Aferrarse, empeñarse, emperrarse, obstinarse, porfiar, insistir. *Ceder, desistir.* // Enamorarse, encalabrinarse.

**ENCARAMAR** Alzar, aupar, elevar, levantar, subir, trepar. *Bajar, caerse.*

**ENCARAR** Afrontar, arrostrar, enfrentar. // Asestar, apuntar.

**ENCARCELAR** Aprisionar, recluir, encerrar, enjaular. *Excarcelar, liberar.*

**ENCARECER** Alabar, ensalzar, ponderar, recomendar. *Abaratar, denigrar.*

**ENCARECIMIENTO** Carestía, alza, aumento, subida. *Abaratamiento.* // Alabanza, ponderación. *Denigración.*

**ENCARGADO** Representante, apoderado, delegado, comisionado.

**ENCARGAR** Comisionar, confiar, encomendar, recomendar. // Hacerse cargo, responsabilizarse. *Renunciar.* // Aconsejar, prevenir. *Desaconsejar.*

**ENCARGO** Cometido, comisión, mandado, misión, pedido, recomendación.

**ENCARIÑARSE** Aficionarse, enamorarse, prendarse.

**ENCARNACIÓN** Personificación, representación, símbolo.

**ENCARNADO** Colorado, rojo.

**ENCARNAR** Representar, simbolizar, personificar.

**ENCARNIZADO** Duro, porfiado, reñido, sangriento.

**ENCARNIZAMIENTO** Crueldad, ensañamiento, ferocidad. *Misericordia, piedad.*

**ENCARNIZARSE** Cebarse, enfurecerse, ensañarse.

**ENCARRILAR** Encaminar. *Desviar.*

**ENCASILLAR** Clasificar, archivar, distribuir, catalogar.

**ENCASQUETAR** Encajar. // Endilgar.

**ENCASTILLARSE** Encapricharse.

**ENCAUSAR** Enjuiciar, procesar. ***Encauzar.***

**ENCAUZAR** Encaminar. ***Encausar.***

**ENCENAGARSE** Enfangarse, ensuciarse. // Enviciarse, pervertirse.

**ENCENDER** Incendiar, inflamar, prender. *Apagar, extinguir.* // Causar, originar, motivar. // Enardecer. *Calmar.* // Ruborizarse.

**ENCENDIDO** Enardecido, encolerizado, inflamado. *Sereno.* // Incendiado, prendido. *Extinguido, apagado.*

**ENCERADO** Impermeable, hule. // Pizarra, pizarrón.

**ENCERRAR** Aprisionar, encarcelar, recluir. *Soltar.* // Acorralar, embotellar. // Esconder, ocultar. *Descubrir.*

**ENCERRONA** Celada, emboscada.

**ENCHARCAR** Empantanar, inundar.

**ENCHUFAR** Acoplar, conectar, encajar. *Desconectar, desenchufar.*

**ENCHUFE** Conectador, conexión, enlace, combinación.

**ENCICLOPEDIA** Diccionario.

**ENCIERRO** Calabozo, clausura, prisión, reclusión.

**ENCIMA** Arriba, sobre. *Debajo.* // Además. ***Enzima.***

**ENCIMARSE** Elevarse, encaramarse, levantarse.

**ENCINTA** Embarazada, gruesa, grávida, preñada.

**ENCLAUSTRAR** Encerrar, recluir.

**ENCLAVADO** Encajado. // Situado.

**ENCLAVAR** Traspasar, atravesar, clavar. // Burlar.

**ENCLAVIJAR** Fijar, trabar, ensartar.

**ENCLENQUE** Débil, enfermizo, enteco, raquítico. *Robusto, sano.*

**ENCOCORAR** Fastidiar, incomodar, molestar.

**ENCOGERSE** Acurrucarse, achicarse, agacharse, agazaparse, aovillarse, contraerse, estrecharse. *Estirarse, dilatarse.* // Atemorizarse, acobardarse. *Envalentonarse.*

**ENCOGIDO** Corto, pusilánime, tímido, timorato, vergonzoso. *Osado.*

**ENCOGIMIENTO** Apocamiento, cortedad, pusilanimidad, retracción, timidez. *Audacia, desenvoltura.*

**ENCOLAR** Engrudar, pegar.

**ENCOLERIZARSE** Irritarse, enojarse, enfurecerse. *Sosegarse, aplacarse.*

**ENCOMENDAR** Encargar, confiar. // Entregarse.

**ENCOMIAR** Elogiar, ensalzar. *Denostar, vituperar.*

**ENCOMIÁSTICO** Laudatorio, ponderativo. *Insultante, ofensivo.*

**ENCOMIENDA** Encargo. // Elogio, recomendación. // Amparo, custodia.

**ENCOMIO** Alabanza, apología, elogio, panegírico. *Ofensa, ultraje.*

**ENCONAR** Encolerizar, envenenar, exasperar. *Reconciliar.* // Inflamar, infectar. *Sanar.*

**ENCONO** Animadversión, odio, rencor, resentimiento, saña, tirria, enemistad.

**ENCONTRADO** Descubierto, hallado. *Extraviado, perdido.* // Antitético, contrario, opuesto. *Afín.*

**ENCONTRAR** Descubrir, hallar. *Buscar, perder.* // Chocar, oponerse, topar, discordar. // Estar, hallarse, reunirse. *Desencontrarse.*

**ENCONTRÓN** Colisión, choque, encontronazo, topetazo. *Caricia.*

**ENCOPETADO** Ensoberbecido, engreído, presumido. *Humilde.* // Linajudo.

**ENCORAJINARSE** Encolerizarse, irritarse, rabiar. *Serenarse.*

**ENCORCHAR** Taponar.

**ENCORNADURA** Cornamenta, cuernos.

**ENCORVAR** Arquear, doblar, torcer. *Enderezar.* // Inclinarse. *Erguirse.*

**ENCRESPADO** Rizado, ensortijado. // Rabioso, gallito.

**ENCRESPAR** Ensortijar, rizar. // Alborotarse, embravecerse, erizar, irritar. *Calmar, pacificar.*

**ENCRUCIJADA** Cruce, intersección. // Emboscada, asechanza, dilema.

**ENCUADERNACIÓN** Empastamiento, encartonamiento. // Arreglo, compostura, armonización.

**ENCUADRAR** Ajustar, encerrar, encajar, incluir.

**ENCUBRIDOR** Alcahuete, cómplice, tapadera, pantalla.

**ENCUBRIR** Esconder, ocultar. *Confesar, delatar.* // Recatar, tapar. *Descubrir, exteriorizar.*

**ENCUENTRO** Descubrimiento, hallazgo. // Choque, encontronazo, topetazo. // Oposición, pugna.

**ENCUESTA** Averiguación, sondeo.

**ENCUMBRADO** Elevado, eminente, prominente. *Caído, desprestigiado.*

**ENCUMBRAMIENTO** Altura, elevación. // Ensalzamiento, exaltación.

**ENCUMBRAR** Alzar, levantar, subir. // Engrandecer, ensalzar, ensoberbecerse, envanecerse. *Humillar.*

**ENDEBLE** Débil, enclenque, flojo. *Duro, fuerte, resistente.*

**ENDÉMICO** Permanente, habitual.

**ENDEMONIADO** Endiablado, poseso.

**ENDENTAR** Encajar, engranar, dentar.

**ENDEREZADO** Tieso, erecto, empinado. // Propicio, favorable, a propósito.

**ENDEREZAR** Erguir, incorporarse, subir. *Agachar, torcer.* // Dirigir, encaminar. // Dedicar, remitir. // Corregir, enmendar, rectificar, reformar, destorcer. *Desviarse.*

**ENDEUDARSE** Empeñarse, entramparse, adeudarse.

**ENDIABLADO** Endemoniado. // Dañino, malo, perverso, travieso. *Bueno, angelical.* // Deforme, feo.

**ENDILGAR** Decir, encajar, endosar, enjaretar, espetar.

**ENDIOSAMIENTO** Engreimiento, ensoberbecimiento. *Humillación.*

**ENDOMINGARSE** Acicalarse, emperejilarse, engalanarse.

**ENDOSAR** Endilgar. // Transferir, traspasar, trasmitir.

**ENDULZAR** Azucarar, dulcificar, suavizar. *Amargar, acibarar.*

**ENDURAR** Endurecer. // Sufrir, aguantar, tolerar. // Atrasar, retardar.

**ENDURECER** Curtir, fortalecer, robustecer. *Debilitar.* // Encruelecerse. *Ablandar, humanizar.*

**ENDURECIDO** Duro, fuerte, resistente, curtido. // Insensible, indiferente.

**ENDURECIMIENTO** Dureza. // Obstinación, pertinacia, tenacidad, terquedad.

**ENEMA** Lavativa.

**ENEMIGA** Encono, enemistad, inquina, tirria. *Afecto.*

**ENEMIGO** Adversario, contrario, hostil. *Amigo, camarada.* // Demonio.

**ENEMISTAD** Aversión, hostilidad, odio. *Amistad, fraternidad.*

**ENEMISTAR** Indisponer, malquistar. // Desavenirse, pelearse. *Amistar.*

**ENERGÍA** Eficacia, empuje, entereza, fibra, firmeza, fuerza, nervio, poder, vigor, virtud, voluntad. *Blandura, languidez, debilidad.*

**ENÉRGICAMENTE** Fuertemente, vigorosamente, poderosamente, violentamente. // Tenazmente, firmemente.

**ENÉRGICO** Eficaz, fuerte, poderoso, tenaz, vigoroso, activo, decidido, vivaz.

*Abúlico, indolente, ineficaz.*

**ENERGÚMENO** Endemoniado, poseído, embrujado, poseso. // Exaltado, furioso, frenético.

**ENERVACIÓN** Enervamiento, dejadez, agotamiento.

**ENERVAR** Debilitar, embotar, agotar. *Fortalecer.*

**ENFADAR** Disgustar, enojar, irritar, fastidiar. *Desenfadar, distraer.*

**ENFADO** Desagrado, enojo, fastidio, molestia. *Agrado, contento.*

**ENFADOSO** Cargante, desagradable, engorroso, enojoso, fastidioso, latoso, molesto, pesado. *Placentero.*

**ENFANGAR** Embarrar, enlodar. // Encenagarse, enviciarse, pervertirse.

**ENFARDAR** Embalar, empaquetar.

**ÉNFASIS** Ampulosidad, empaque, energía. *Naturalidad, sencillez.*

**ENFÁTICO** Afectado, ampuloso, hinchado, pomposo, prosopopéyico, rimbombante.

**ENFERMAR** Descomponerse, indisponerse. *Sanar.*

**ENFERMEDAD** Achaque, morbo, alteración, afección, dolencia, indisposición, mal, malestar, padecimiento. *Salud.*

**ENFERMIZO** Débil, delicado, enclenque, morboso, achacoso, inválido, malsano. *Sano.*

**ENFERMO** Doliente, enfermizo, afectado, caído, indispuesto, paciente. *Repuesto, sano.*

**ENFERVORIZAR** Alentar, animar, confortar, entusiasmar. *Desalentar.*

**ENFILAR** Apuntar, asestar. // Ensartar, enhebrar.

**ENFLAQUECER** Adelgazar. *Engordar.* // Debilitar, desmayar, enervar, demacrarse. *Robustecer.*

**ENFLAQUECIMIENTO** Delgadez, adelgazamiento, flaqueza, flacura, magrura.

**ENFOCAR** Encaminar, apuntar, dirigir.

**ENFOSCARSE** Encapotarse, nublarse. *Despejarse.*

**ENFRASCARSE** Dedicarse, aplicarse, consagrarse, ocuparse, engolfarse, atarearse, meterse. *Distraerse.*

**ENFRENAR** Contener, refrenar, reprimir, sujetar, domar.

**ENFRENTAR** Afrontar, arrostrar, encarar, oponer. *Transigir.*

**ENFRENTE** Delante. *Detrás.* // En contra. *A favor.*

**ENFRIAR** Entibiar, refrigerar. *Acalorar, enardecer.* // Calmar, serenar. // Acatarrarse, resfriarse.

**ENFUNDAR** Cubrir, encamisar, tapar.

**ENFURECER** Irritar, enojar. *Apaciguar, serenar.*

**ENFURRUÑARSE** Irritarse, molestarse, acalorarse, arrebatarse.

**ENGALANAR** Adornar, acicalar, emperifollar, empavesar.

**ENGALLADO** Derecho, erguido. *Encogido.* // Altanero, arrogante, ensoberbecido. *Humilde.*

**ENGANCHAR** Alistar, reclutar. // Acoplar, eslabonar, prender. *Desenganchar.* Uncir.

**ENGAÑADOR** Embaucador, macaneador, tramposo. *Veraz.*

**ENGAÑAR** Alucinar, burlar, clavar, embaucar, chasquear, engatusar, estafar, fascinar, ilusionar, macanear, mentir, seducir, timar. *Decepcionar, desengañar.* // Equivocarse. *Atinar.*

**ENGAÑIFA** Engaño.

**ENGAÑO** Burla, celada, embuste, falacia, falsedad, farsa, ficción, mentira, tramoya, trampa. *Realidad, verdad.*

**ENGAÑOSO** Capcioso, falaz, ilusorio, irreal.

**ENGARCE** Engace, engarzamiento, eslabonamiento, encadenamiento, enlace.

**ENGARZAR** Encadenar, engastar. // Rizar, ensortijar.

**ENGASTAR** Encajar, montar.

**ENGATUSAR** Engañar.

**ENGENDRAR** Procrear, producir. // Causar, formar, ocasionar.

**ENGENDRO** Aborto, feto, monstruo. *Maravilla.* // Bodrio. // Perverso, malvado, endemoniado.

**ENGLOBAR** Abarcar, comprender, incluir, reunir, contener, alcanzar.

**ENGOLFARSE** Abstraerse, enfrascarse.

**ENGOLOSINAR** Tentar, incitar, estimular, atraer.

**ENGOLOSINARSE** Aficionarse, enviciarse, acostumbrarse.

**ENGOMAR** Encolar, engrudar, pegar. *Despegar.*

**ENGORDAR** Cebar, engrosar. *Adelgazar, enflaquecer.* // Prosperar. *Decaer.*

**ENGORRO** Dificultad, estorbo, obstáculo, incordio, molestia. *Comodidad.*

**ENGRANAJE** Enlace, trabazón.

**ENGRANAR** Endentar, enlazar, trabar, unir.

**ENGRANDECER** Acrecentar, agrandar, ampliar, aumentar. *Achicar, empequeñecer.* // Crecer, elevar, progresar. *Disminuir.* // Exagerar. // Elogiar, enaltecer. *Denigrar.*

**ENGRANDECIMIENTO** Aumento, dilatación, progreso. // Elogio, exageración, exaltación.

**ENGRASAR** Lubricar, lubrificar. // Pringar, untar.

**ENGREÍDO** Ensoberbecido, envanecido, infatuado. *Humilde.*

**ENGREIMIENTO** Vanidad, soberbia, petulancia, jactancia, arrogancia. *Modestia, humildad.*

**ENGROSAR** Aumentar, engordar, engrandecer, engruesar, incrementar.

**ENGRUDAR** Engomar, encolar, pegar, adherir.

**ENGULLIR** Comer, devorar, tragar, atiborrarse. *Ayunar.*

**ENHEBRAR** Ensartar, enfilar, enhilar.

**ENHIESTO** Erguido, derecho, levantado. *Caído, postrado, encorvado.*

**ENHORABUENA** Felicitación, norabuena, parabién, pláceme.

**ENIGMA** Misterio, secreto, arcano. // Acertijo.

**ENIGMÁTICO** Abstruso, incomprensible, inexplicable, misterioso, oscuro, recóndito, oculto. *Asequible, claro, comprensible.*

**ENJABONAR** Jabonar, limpiar, lavar. //

Adular. // Reprender.

**ENJAEZAR** Adornar, ornamentar.

**ENJALBEGAR** Blanquear, encalar.

**ENJAMBRE** Muchedumbre, multitud.

**ENJARETAR** Endilgar.

**ENJAULAR** Encarcelar, encerrar. *Liberar, soltar.*

**ENJOYAR** Adornar, embellecer, engalanar, engastar, recamar.

**ENJUAGAR** Lavar, limpiar. *\*Enjugar.*

**ENJUAGUE** Lavado. // Chanchullo.

**ENJUGAR** Secar. *\*Enjuagar.*

**ENJUICIAR** Encausar, procesar. // Juzgar, sentenciar.

**ENJUNDIA** Gordura, grasa. // Sustancia, meollo. // Arrestos, fuerza, vigor.

**ENJUTO** Delgado, magro, flaco, seco. *Gordo.*

**ENLACE** Casamiento, nupcias. *Divorcio, separación.* // Concatenación, conexión, nexo, trabazón, unión, vínculo. *Desarticulación, desenlace.*

**ENLAZAR** Amarrar, trincar. *Desenlazar.* // Casar, conectar, ligar, relacionar, unir, vincular. *Desunir, divorciar.*

**ENLODAR** Embarrar, ensuciar, manchar, enfangar. // Envilecer, infamar, mancillar. *Honrar.*

**ENLOQUECER** Trastornar, volver loco, trastocarse.

**ENLOSAR** Losar, pavimentar. *\*Enlozar.*

**ENLUCIR** Encalar, estucar, enyesar. // Pulir, bruñir, limpiar.

**ENLUTAR** Oscurecer. // Afligir, entristecer, amargar.

**ENMARAÑAR** Embrollar, enredar, revolver. *Desenredar.*

**ENMASCARAR** Disfrazar, disimular, encubrir, ocultar.

**ENMENDAR** Corregir, perfeccionar, mejorar, revisar, rectificar, reformar, retocar. *Perseverar, pervertir.*

**ENMIENDA** Corrección, rectificación, remiendo, retoque, reparación. // Recompensa, premio.

**ENMOHECERSE** Herrumbrarse, oxidarse. // Inutilizarse.

**ENMUDECER** Callar. *Charlar, hablar.*

**ENNEGRECER** Atezar, oscurecer, negrear, sombrear, ahumar. *Blanquear.*

**ENNEGRECERSE** Nublarse, encapotarse. *Aclarar.*

**ENNOBLECER** Dignificar, elevar, ilustrar, realzar. *Desprestigiar, rebajar, envilecer.*

**ENOJAR** Enfadar, enfurecer, irritar, encrespar. *Apaciguar.*

**ENOJO** Cólera, enfado, ira, irritación, molestia. *Dulzura.*

**ENOJOSO** Pesado, molesto, fastidioso.

**ENORGULLECERSE** Ensoberbecerse, envanecerse. *Humillarse, avergonzarse.*

**ENORME** Desmedido, desmesurado, excesivo, exorbitante, colosal, extraordinario, formidable. *Pequeño.* // Perverso, torpe.

**ENORMIDAD** Abundancia, exceso, exorbitancia. *Carencia.* // Atrocidad, barbaridad, desatino, despropósito, extravagancia.

**ENQUISTADO** Embutido, encajado.

**ENRAIZAR** Arraigar, prender.

**ENRAMADA** Cobertizo, emparrado, follaje, verdura.

**ENRAMAR** Enlazar, entrelazar, entretejer. // Ocultarse.

**ENRARECER** Rarefacer, rarificar. // Ralear. // Ahuecar.

**ENREDAR** Embrollar, enmarañar. *Desenredar, dilucidar.* // Complicar, intrigar, mezclar.

**ENREDO** Complicación, confusión, embrollo, engaño, enjuague, intriga, lío, maraña, mentira, travesura.

**ENREVESADO** Confuso, difícil, complicado. *Fácil.*

**ENRIQUECER** Prosperar. *Empobrecer.*

**ENRISCADO** Escabroso, peñascoso, quebrado, riscoso, rocoso. *Llano.*

**ENROJECER** Ruborizarse, sonrojarse.

**ENROLAR** Alistar. *Licenciar.*

**ENROLLAR** Arrollar. *Desenrollar.*

**ENRONQUECIMIENTO** Ronquera, afonía, carraspera.

**ENROSCAR** Retorcer, atornillar.

**ENROSTRAR** Reprochar.

**ENSALADA** Mezcla, mezcolanza, revoltijo, confusión.

**ENSALZAR** Alabar, elogiar, celebrar, ponderar, exaltar. *Abatir, anonadar, humillar, insultar.* **\*Enzarzar.**

**ENSAMBLAR** Acoplar, juntar, machihembrar, unir. *Desmontar, desunir.*

**ENSANCHAR** Ampliar, dilatar, enanchar, extender, explayar. *Encoger.*

**ENSANCHE** Ampliación, engrandecimiento, ensanchamiento, dilatación.

**ENSAÑAMIENTO** Crueldad, encarnizamiento, ferocidad. *Humanidad.*

**ENSAÑARSE** Cebarse, encarnizarse, enfurecerse. *Ablandarse.*

**ENSARTAR** Enhebrar. // Espetar. // Chasquearse.

**ENSAYAR** Experimentar, probar, reconocer. // Intentar, procurar, tantear. // Adiestrar, amaestrar.

**ENSAYO** Examen, experimento, prueba, tanteo, tentativa.

**ENSENADA** Abra, bahía, cala, golfo, rada.

**ENSEÑA** Bandera, estandarte, insignia.

**ENSEÑANZA** Adiestramiento, aleccionamiento, didáctica, educación, ilustración, instrucción, lección.

**ENSEÑAR** Adiestrar, aleccionar, explicar, ilustrar, instruir. *Aprender.* // Indicar, mostrar, revelar, señalar. *Engañar.* // Exhibir. *Ocultar.*

**ENSEÑOREARSE** Adueñarse, apoderarse, dominar, ocupar, posesionarse.

**ENSERES** Efectos, instrumentos, utensilios, trastos. **\*Enceres** (encerar).

**ENSIMISMADO** Abismado, absorto, abstraído, embebido, enfrascado, meditabundo, pensativo. *Atento.*

**ENSIMISMARSE** Abstraerse, enfrascarse, reconcentrarse. *Distraerse.*

**ENSOBERBECERSE** Engreírse, envanecerse, pavonearse. *Humillarse.* // Agitarse, encresparse. *Aquietarse.*

**ENSOBERBECIDO** Altanero, vanidoso, arrogante, engreído, estirado, fatuo, fanfarrón, presuntuoso, soberbio. *Humilde, modesto, sencillo.*

**ENSOMBRECER** Oscurecer, nublarse.

*Aclarar, despejar.* // Afligirse, entristecerse. *Animarse.*

**ENSOÑACIÓN** Ensueño, fantasía.

**ENSORDECEDOR** Atronador, estruendoso, sonoro, estrepitoso, estridente, estentóreo.

**ENSORDECER** Asordar, aturdir. *Oír, percibir.*

**ENSORTIJAR** Rizar.

**ENSUCIAR** Embadurnar, emporcar, manchar, salpicar. *Limpiar.* // Defecar. // *Venderse.*

**ENSUEÑO** Fantasía, ilusión, quimera.

**ENTABLADO** Escenario, estrado, tarima, entarimado.

**ENTABLAR** Comenzar, empezar, emprender, incoar, iniciar, preparar, promover, disponer.

**ENTE** Entidad, ser. // Esperpento, sujeto.

**ENTECO** Enclenque, flaco. *Robusto.*

**ENTELEQUIA** Ficción, invención, irrealidad, artificio.

**ENTENDEDERAS** Entendimiento.

**ENTENDER** Alcanzar, comprender, concebir, discernir, interpretar, penetrar, percibir, oír. // Deducir, inferir. // Conocer, creer, juzgar, pensar, saber. *Desconocer, ignorar.*

**ENTENDIDO** Diestro, docto, perito, sabio, versado.

**ENTENDIMIENTO** Alma, comprensión, inteligencia, razón, talento.

**ENTENEBRECER** Ensombrecer, lobreguecer, oscurecer.

**ENTERAMENTE** Cabalmente, completamente, plenamente.

**ENTERAR** Comunicar, contar, explicar, informar, imponer, instruir. *Ignorar.*

**ENTEREZA** Carácter, energía, firmeza, fortaleza, integridad, independencia, rectitud. *Debilidad, pusilanimidad.*

**ENTERNECER** Ablandar, conmover, emocionar. *Endurecer.*

**ENTERO** Cabal, completo, cumplido. // Exacto, íntegro, justo, recto. // Robusto, sano. // Constante, ecuánime, firme. // Incorrupto.

**ENTERRADOR** Sepulturero.

**ENTERRAMIENTO** Entierro. // Sepulcro, sepultura, fosa, nicho.

**ENTERRAR** Inhumar. // Sobrevivir. // Clavar, hundir. *Desclavar, desenterrar.* // Retirarse, enclaustrarse.

**ENTIBAR** Apuntalar. *Socavar.*

**ENTIBIAR** Templar, enfriar. // Rebajar, disminuir, moderar.

**ENTIDAD** Ente. // Importancia, valor. // Colectividad, corporación, empresa, firma, asociación.

**ENTIERRO** Inhumación, sepelio, sepultura. *Exhumación.*

**ENTINTAR** Teñir, ensuciarse.

**ENTOLDARSE** Nublarse, encapotarse.

**ENTONACIÓN** Entono, modulación, armonía, afinación. // Arrogancia, presunción. *Modestia.*

**ENTONARSE** Engreírse, envanecerse. // Restablecerse.

**ENTONCES** En aquel momento, en aquel tiempo. // En tal caso.

**ENTONO** Entonación. // Engreimiento.

**ENTONTECER** Atontar, idiotizar, embrutecer. *Avivar.*

**ENTORCHAR** Enroscar, retorcer.

**ENTORNAR** Entreabrir, entrecerrar.

**ENTORPECER** Dificultar, estorbar, impedir, paralizar, retardar, turbar. *Allanar, facilitar, posibilitar.* // Entumecerse, envararse.

**ENTORPECIMIENTO** Entumecimiento. // Torpeza. *Agilidad.* // Dificultad, impedimento, estorbo.

**ENTRADA** Acceso, boca, ingreso, puerta, vestíbulo. *Salida.* // Acogida, admisión, recepción. // Billete, boleto. // Introducción, invitación, principio. // Amistad, relación, trato. // Invasión, irrupción. *Huida.*

**ENTRAMADO** Armazón. // Andamio.

**ENTRAMBOS** Ambos, uno y otro.

**ENTRAMPAR** Engañar. // Endeudarse. *Pagar.*

**ENTRAÑA** Centro, esencia, interior. // Afecto, voluntad. // Genio, índole.

**ENTRAÑABLE** Afectuoso, cordial, íntimo. *Enconado.*

**ENTRAR** Caber, colarse, desembocar, deslizarse, encajar, ingresar, introducir, invadir, irrumpir, meterse, penetrar. *Salir.* // Afiliarse, asociarse, inscribirse. *Borrarse.* // Abrazar, adoptar, dedicarse, seguir. // Emplearse, entrometerse. // Hallarse, intervenir, tomar parte. *Desligarse.* // Comenzar, empezar.

**ENTREABRIR** Entornar, separar.

**ENTREACTO** Intermedio, intervalo.

**ENTRECANO** Canoso.

**ENTRECEJO** Ceño. // Sobrecejo. *****Entresijo.**

**ENTREDICHO** Censura, prohibición, veto, interdicto.

**ENTREGA** Cuaderno, fascículo. // Pago. // Rendición.

**ENTREGAR** Dar, facilitar, prestar, suministrar. *Quitar.* // Abandonarse, prodigarse. // Dedicarse, enfrascarse. // Rendirse, someterse. *Resistir.*

**ENTRELAZAR** Enlazar, entretejer.

**ENTREMETERSE** Entrometerse, inmiscuirse, meterse.

**ENTREMETIDO** Entrometido, indiscreto, inoportuno, intruso, oficioso. *Discreto, oportuno.*

**ENTRENAR** Adiestrar, ejercitar.

**ENTRESIJO** Redaño, mesenterio. // Secreto, reserva, dificultad. *****Entrecejo.**

**ENTRETEJER** Entrelazar, incluir, injerir, meter, trabar, urdir, tramar, cruzar, enramar, trenzar.

**ENTRETELA** Forro, guata.

**ENTRETENER** Distraer, divertir, recrear, solazar. *Aburrir.* // Dilatar, retardar, retener. *Apresurar.* // Conservar, mantener.

**ENTRETENIDO** Chistoso, divertido, interesante.

**ENTRETENIMIENTO** Distracción, diversión, esparcimiento, pasatiempo, recreación, recreo, solaz. // Manutención.

**ENTREVER** Columbrar, percibir, vislumbrar. // Conjeturar, sospechar.

**ENTREVERAR** Mezclar.

**ENTREVERO** Camorra, pelea, trifulca.

**ENTREVISTA** Conferencia, reunión.

**ENTRIPADO** Desazón, encono, resentimiento, enojo, disgusto, resquemor.

**ENTRISTECER** Afligir, apenar, acongojar. *Alegrar, regocijar.*

**ENTROMETERSE** Entremeterse.

**ENTROMETIDO** Entremetido.

**ENTROMPARSE** Amoscarse, enfadarse.

**ENTRONCAR** Empalmar. // Emparentar.

**ENTRONIZAR** Coronar, entronar, ungir.

**ENTUERTO** Agravio, injuria, daño, perjuicio, ofensa.

**ENTUMECER** Entorpecer. *Despabilarse.* // Agarrotarse, entumirse, envararse.

**ENTUMECIDO** Paralítico, yerto, parapléjico. // Rígido, helado, congelado.

**ENTUMIRSE** Entorpecerse, entumecerse. *Desentumecerse.*

**ENTUPIR** Obstruir, taponar, cerrar. // Comprimir, apretar.

**ENTURBAMIENTO** Turbieza, opacidad.

**ENTURBIAR** Alterar, turbar. // Oscurecer. *Aclarar.*

**ENTUSIASMAR** Enardecer. *Apagar.* // Arrebatarse, exaltar.

**ENTUSIASMO** Admiración, fervor, frenesí, pasión. *Frialdad, indiferencia, tibieza.*

**ENTUSIASTA** Admirador, apasionado, devoto, incondicional, fanático.

**ENUMERACIÓN** Cómputo, cuenta, inventario, relación. // Detalle, expresión.

**ENUMERAR** Contar, computar, inventariar. // Referir.

**ENUNCIACIÓN** Declaración, enunciado, explicación, exposición, manifestación, mención.

**ENUNCIAR** Declarar, explicar, exponer, expresar, manifestar. *Retractarse.*

**ENVAINAR** Enfundar. *Desenfundar, desenvainar.* // Envolver.

**ENVALENTONAR** Animar. // Fanfarronear. *Acobardarse.*

**ENVANECERSE** Engreírse, ensoberbecerse, infatuarse, alabarse.

**ENVARARSE** Entumecerse, entumirse.

**ENVASAR** Embotellar, enlatar, llenar, enfrascar. *Vaciar.*

**ENVASE** Recipiente, vaso, vasija. // Embotellado, envolvimiento.

**ENVEJECER** Aviejar, avejentar, caducar, encanecer. // Ajarse, estropearse, gastarse, deteriorarse.

**ENVEJECIDO** Avejentado, viejo. *Rejuvenecido.* // *Estropeado.*

**ENVENENAR** Atosigar, emponzoñar, inficionar, intoxicar. *Desintoxicar.* // Amargar, entristecer. *Contentar, complacer.*

**ENVERGADURA** Amplitud, anchura. // Alcance, importancia.

**ENVÉS** Espalda, reverso, revés, dorso. *Anverso, pecho.*

**ENVIADO** Mensajero, representante, emisario.

**ENVIAR** Despachar, expedir, mandar, remitir. *Recibir, retener.*

**ENVICIAR** Corromper, inficionar, pervertir. *Purificar, reformar.*

**ENVIDIA** Celos, dentera, emulación. *Altruismo, desinterés.*

**ENVIDIABLE** Apetecible, codiciable, deseable. *Aborrecible.*

**ENVIDIAR** Apetecer, desear, codiciar. *Despreocuparse.*

**ENVIDIOSO** Ávido, celoso, ambicioso, resentido.

**ENVILECER** Corromper, degradar, rebajar. *Dignificar, ennoblecer.*

**ENVILECIMIENTO** Abyección, bajeza.

**ENVÍO** Expedición, remesa. *Recepción, recibimiento.*

**ENVIÓN** Envite. // Empujón, empellón. *Tirón.*

**ENVITE** Apuesta, jugada. // Envión.

**ENVOLTORIO** Lío, paquete.

**ENVOLTURA** Capa, cubierta.

**ENVOLVER** Arrollar, arropar, ceñir, embalar, enrollar, fajar, ocultar, retobar. *Desceñir, desembalar, desenvolver.* // Cercar, rodear. // Implicar.

**ENYESAR** Entablillar, entablar.

**ENZARZAR** Encizañar, enredar. // Pelearse, reñir. *Ensalzar.

**ÉPICO** Heroico.

**EPICÚREO** Sensual, voluptuoso.

**EPIDEMIA** Peste, plaga. *Profilaxis.*

**EPIDERMIS** Piel.

**EPÍGRAFE** Rótulo, título, letrero, inscripción. // Sumario, resumen. // Cita, sentencia.

**EPIGRAMA** Inscripción. // Agudeza, pensamiento, sátira.

**EPILOGAL** Resumido, compendiado, recapitulado.

**EPILOGAR** Compendiar, resumir.

**EPÍLOGO** Compendio, recapitulación. // Conclusión, desenlace. *Preámbulo, principio, prólogo.*

**EPISODIO** Aventura, digresión, incidente, suceso.

**EPÍSTOLA** Carta, misiva.

**EPÍTETO** Adjetivo, calificativo, atributo. *Epicteto.

**EPÍTOME** Compendio, resumen, prontuario, repertorio.

**ÉPOCA** Era, período, tiempo. // Fecha, sazón, temporada.

**EQUIDAD** Ecuanimidad, igualdad, imparcialidad, justicia, moderación, rectitud. *Injusticia, parcialidad.*

**EQUIDISTANTE** Paralelo.

**EQUILIBRADO** Armónico. // Igualado. // Ecuánime, ponderado, prudente, sensato. *Parcial.*

**EQUILIBRAR** Compensar, contrarrestar, nivelar.

**EQUILIBRIO** Armonía, igualdad, proporción. *Desigualdad.* // Ecuanimidad. *Parcialidad.* // Mesura, sensatez. *Inseguridad.*

**EQUILIBRISTA** Volatinero, acróbata, funámbulo.

**EQUIMOSIS** Cardenal, contusión, magulladura, moretón.

**EQUINO** Caballar, hípico. // Caballo.

**EQUIPAJE** Bagaje, bultos, maletas. // Tripulación.

**EQUIPAR** Abastecer, proveer, suministrar, surtir.

**EQUIPARACIÓN** Comparación, confrontación, cotejo, paralelo, parangón.

**EQUIPARAR** Comparar, confrontar, cotejar, igualar.

**EQUIPO** Conjunto, cuadro. // Ajuar,

vestuario. // Equipaje, bagaje.

**EQUITATIVO** Ecuánime, igual, imparcial, justo, recto. *Desigual, injusto.*

**EQUIVALENCIA** Paridad, igualdad, semejanza. *Desigualdad, oposición.*

**EQUIVALENTE** Igual, semejante, parecido, parejo, similar. *Diferente, distinto, opuesto.*

**EQUIVOCACIÓN** Errata, error, gazapo, inexactitud, yerro. *Exactitud, acierto, verdad.*

**EQUIVOCARSE** Confundirse, errar. *Aceptar, atinar.*

**EQUÍVOCO** Ambigüedad. // Ambiguo. // Anfibológico, connotativo, connotante, dudoso, sospechoso. *Inequívoco, preciso.*

**ERA** Época, fecha, temporada, tiempo. *Hera.

**ERARIO** Tesoro público, fisco, hacienda.

**ERECCIÓN** Enderezamiento, levantamiento. // Tensión, rigidez, tirantez, tiesura. *Ablandamiento, relajación.*

**ERECTO** Erguido, levantado, tieso. *Agachado, inclinado.*

**EREMITA** Anacoreta, ermitaño.

**ERGO** Por tanto, luego, pues.

**ERGUIDO** Enhiesto, erecto. *Caído.*

**ERGUIR** Alzar, empinar, enderezar, levantar. *Bajar.* // Engreírse, ensoberbecerse. *Humillarse.*

**ERIAL** Páramo, yermo. *Jardín, vergel.*

**ERIGIR** Alzar, constituir, construir, establecer, fundar, instituir, levantar.

**ERIZADO** Rígido, tieso. // Arduo, difícil, espinoso. *Fácil.*

**ERIZAR** Cubrir, llenar. // Azorarse.

**ERMITA** Capilla, santuario.

**ERMITAÑO** Eremita.

**EROGACIÓN** Gasto. *Entrada.*

**EROSIÓN** Corrosión, desgaste, merma.

**ERÓTICO** Amoroso, sensual. *Casto.*

**ERRANTE** Errátil, vagabundo. *Estable, sedentario.*

**ERRAR** Divagar, pasearse, vagabundear, vagar. *Permanecer.* // Engañarse, equivocarse, fallar, pifiar. *Acertar. *Herrar.*

**ERRATA** Error, equivocación.

**ERRÓNEO** Equivocado, errado, falso, inexacto. *Exacto, fiel, verdadero.*

**ERROR** Equivocación, errata, falsedad, falta, inexactitud, yerro. *Verdad.* // Desacierto, pifia. *Acierto. *Horror.*

**ERUCTAR** Regoldar. // Jactarse.

**ERUCTO** Regüeldo, eructación.

**ERUDICIÓN** Conocimientos, instrucción, saber, sabiduría. *Ignorancia.*

**ERUDITO** Ilustrado, instruido, culto, docto, leído. *Analfabeto, inculto.*

**ESBELTO** Airoso, apuesto, grácil, elegante. *Desgarbado.*

**ESBIRRO** Corchete, polizonte, alguacil.

**ESBOZAR** Bosquejar, proyectar.

**ESBOZO** Boceto, borrador, esquema.

**ESCABECHAR** Adobar. // Matar.

**ESCABECHE** Adobo.

**ESCABEL** Banqueta, tarima.

**ESCABROSO** Abrupto, breñoso, desigual, difícil, peligroso. *Llano.* // Licencioso, verde. *Púdico.*

**ESCABULLIRSE** Escaparse, huir, irse. *Arrinconar, atrapar, cercar.*

**ESCACHAR** Cascar, despachurrar.

**ESCAFANDRA** Escafandro.

**ESCALA** Escalera. // Escalafón. // Graduación. // Puerto. // Sucesión. // Proporción, tamaño.

**ESCALAFÓN** Lista, categoría, escala.

**ESCALAR** Subir, trepar. *Descender.* // Asaltar, irrumpir.

**ESCALDADO** Abrasado. // Escarmentado, receloso.

**ESCALDAR** Abrasar, cocer, escocer, caldear, quemar.

**ESCALERA** Escalinata, gradería.

**ESCALFAR** Cocer, calentar.

**ESCALOFRÍO** Calofrío, chucho, espasmo, estremecimiento.

**ESCALÓN** Grada, peldaño. // Grado.

**ESCAMA** Placa. // Recelo, sospecha, temor. *Confianza.* // Inquietud, zozobra. *Certeza.*

**ESCAMADO** Escarmentado, receloso.

**ESCAMOTEAR** Birlar, quitar, robar. *Devolver, donar.*

**ESCAMOTEO** Hurto, robo, ocultamiento. // Prestidigitación, truco.

**ESCAMPADO** Descampado. *Poblado.*

**ESCAMPAR** Aclarar, despejar, librar. *Nublarse.*

**ESCANDALIZAR** Alborotar, gritar. // Enojarse, irritarse.

**ESCÁNDALO** Alboroto, gritería, inquietud, ruido, tumulto. *Quietud, silencio.* // Asombro, pasmo. // Desenfreno, desvergüenza, mal ejemplo. *Decencia.*

**ESCANDALOSO** Bullicioso, gritón, perturbador, ruidoso. *Sosegado, tranquilo.* // Exorbitante, inaudito, irritante. // Depravado, inmoral, libertino, vergonzoso. *Casto, decente, decoroso.*

**ESCAÑO** Banco, poyo, grada.

**ESCAPADA** Desbandada, huida.

**ESCAPAR** Evadirse, huir, fugarse, escabullirse, escurrirse. *Arrinconar, atrapar, cercar, quedarse.*

**ESCAPARATE** Vidriera.

**ESCAPATORIA** Huida. // Efugio, evasiva, excusa, recurso, salida, subterfugio.

**ESCAPE** Filtración, fuga, pérdida.

**ESCAQUE** Casilla, cuadro.

**ESCARA** Costra.

**ESCARAMUZA** Combate, contienda, disputa, pendencia, refriega, reyerta, riña. *Tregua.*

**ESCARAPELA** Cucarda, divisa.

**ESCARBADIENTES** Mondadientes, palillo.

**ESCARBAR** Excavar, remover, arañar. // Inquirir, indagar.

**ESCARCEO** Cabriola, pirueta. // Divagación, rodeo.

**ESCARCHA** Rocío, sereno, aljófar, relente, cencellada.

**ESCARCHAR** Rociar. // Cristalizar. // Congelarse.

**ESCARLATA** Carmesí, grana, rojo.

**ESCARMENTAR** Castigar, corregir. // Desengañar. *Obstinarse.*

**ESCARMIENTO** Castigo, multa, pena. // Desengaño. // Cautela.

**ESCARNECER** Burlarse, mofarse, zaherir, afrentar.

**ESCARNIO** Afrenta, befa, injuria, ludi-

brio, mofa. *Alabanza, halago.*

**ESCAROLA** Achicoria, endibia.

**ESCARPA** Declive, talud, escarpadura.

**ESCARPADO** Pendiente, inclinado.

**ESCARPÍN** Calzado, zapato.

**ESCASAMENTE** Apenas, difícilmente. *Abundantemente, fácilmente.*

**ESCASEAR** Faltar. *Abundar.* // Ahorrar, escatimar, excusar.

**ESCASEZ** Carencia, exigüidad, falta, insuficiencia, mezquindad, penuria, pobreza, tacañería. *Abundancia, exceso, riqueza.*

**ESCASO** Corto, exiguo, insuficiente, limitado, mezquino, pobre, poco, tacaño. *Abundante, generoso.*

**ESCATIMAR** Cercenar, disminuir, regatear, escasear. *Prodigar.*

**ESCAYOLA** Estuco. // Yeso.

**ESCENA** Escenario, teatro, tablas. // Acto, espectáculo, manifestación. // Suceso, acontecimiento.

**ESCÉNICO** Teatral.

**ESCEPTICISMO** Duda, incredulidad, sospecha. *Credulidad, inocencia.*

**ESCÉPTICO** Incrédulo, desconfiado. *Crédulo, creyente, ingenuo.*

**ESCIENTE** Docto, sabio.

**ESCINDIR** Cortar, dividir, partir, separar, tajar.

**ESCISIÓN** Cisma, ruptura, disidencia, rompimiento, separación.

**ESCLARECER** Aclarar, dilucidar, explicar, iluminar. *Ensombrecer.* // Alborear. // Ennoblecer. *Difamar.*

**ESCLARECIDO** Claro, iluminado. // Ilustre, insigne, preclaro, singular, famoso. *Ignoto.*

**ESCLAVITUD** Servidumbre, opresión, sujeción. *Emancipación, independencia, libertad, soberanía.*

**ESCLAVIZAR** Oprimir, subyugar, sujetar. *Libertar.*

**ESCLAVO** Siervo. *Amo.* // Cautivo. *Enamorado, rendido.*

**ESCLEROSO** Duro, fibroso.

**ESCLUSA** Presa, obstrucción, barrera. // Compuerta.

**ESCOBA** Escobajo, escobón, lampazo.

**ESCOBADA** Barrido, escobazo.

**ESCOBILLA** Cepillo.

**ESCOCER** Arder, picar. // Escaldarse, escoriarse. // Molestarse, irritarse, resentirse, dolerse.

**ESCOGER** Designar, elegir, entresacar, optar, preferir, seleccionar. *Dejar, suplantar.*

**ESCOGIDO** Elegido. // Selecto, excelente, exquisito, superior. *Común.*

**ESCOLAR** Colegial, educando, estudiante, alumno, discípulo.

**ESCOLIO** Nota, explicación, comentario, apostilla, anotación. *Escollo.

**ESCOLLERA** Rompeolas, muelle, malecón, dique.

**ESCOLLO** Arrecife, bajo, banco. // Dificultad, obstáculo, peligro, riesgo. *Ayuda, facilidad. *Escolio.

**ESCOLTA** Acompañamiento, custodia, séquito, cortejo, convoy.

**ESCOLTAR** Acompañar, convoyar, guardar, resguardar. *Desamparar.*

**ESCOMBRAR** Desembarazar, limpiar, despejar, allanar.

**ESCOMBRO** Cascajo, cascote, desechos, restos, ripio, ruinas.

**ESCONDER** Encubrir, ocultar. *Descubrir, evidenciar, mostrar.* // Encerrar. *Abrir.* // Desaparecer, eclipsarse. *Aparecer, manifestarse.*

**ESCONDIDO** Disimulado, oculto, furtivo, secreto, invisible, incógnito, clandestino. *Visible.*

**ESCONDITE** Escondrijo, madriguera, guarida.

**ESCOPLO** Formón, gubia, cuchilla.

**ESCORIA** Desecho, hez.

**ESCORPIÓN** Alacrán.

**ESCOTE** Descote, escotadura. // Cuota, parte, prorrata.

**ESCOZOR** Desazón, disgusto.

**ESCRIBANO** Notario, amanuense.

**ESCRIBIENTE** Copista, mecanógrafo, oficinista.

**ESCRIBIR** Borronear, componer, garrapatear, pergeñar, transcribir, copiar,

redactar, trazar. // Cartearse.

**ESCRITO** Alegato, artículo, crónica, documento, manuscrito. *Hablado, oral, verbal.*

**ESCRITOR** Autor, literato, polígrafo.

**ESCRITORIO** Bufete, despacho, estudio, oficina, pupitre.

**ESCRITURA** Escrito. // Grafía. // Copia, documento.

**ESCRÚPULO** Aprensión, duda, prevención, recelo. *Confianza, creencia, seguridad.* // Escrupulosidad.

**ESCRUPULOSIDAD** Cuidado, delicadeza, miramiento, reparo, esmero, exactitud, precisión. *Descuido, imprecisión, inexactitud.*

**ESCRUPULOSO** Aprensivo, concienzudo, puntilloso, cuidadoso, cumplidor, delicado, esmerado, miedoso, puntual, receloso. *Despreocupado, negligente.*

**ESCRUTAR** Examinar, indagar, averiguar. // Computar.

**ESCRUTINIO** Averiguación, examen, recuento.

**ESCUADRA** Cartabón. // Cuadrilla. // Flota. // Horma.

**ESCUADRILLA** Flotilla.

**ESCUÁLIDO** Delgado, flaco, esmirriado, extenuado, macilento. *Fornido, robusto, sano.*

**ESCUCHAR** Atender, oír, estar atento.

**ESCUDAR** Amparar, defender, proteger, resguardar, cubrir. // Abroquelarse. *Descubrirse.*

**ESCUDERO** Criado, paje, sirviente. *Caballero.*

**ESCUDILLA** Plato, cazuela.

**ESCUDO** Adarga, broquel, rodela. // Amparo, defensa, protección.

**ESCUDRIÑAR** Averiguar, escrutar, examinar, inquirir, rebuscar.

**ESCUELA** Colegio. // Doctrina, enseñanza, instrucción, método.

**ESCUERZO** Sapo. // Desmedrado, enclenque, flaco.

**ESCUETO** Conciso, estricto. *Ampuloso, reiterado.* // Descubierto, desembarazado, despejado.

ESCULPIR Cincelar, grabar, labrar, modelar, tallar, incrustar, repujar, realzar.

ESCULTURAL Esbelto.

ESCUPIDERA Orinal, salivadera, bacín.

ESCUPIR Esputar, expectorar, salivar. // Arrojar, despedir, expeler.

ESCUPITAJO Esputo, gargajo, salivazo, pollo.

ESCURRIDIZO Resbaladizo, deslizable.

ESCURRIRSE Correrse, deslizarse, escabullirse, escaparse.

ESENCIA Ser, entidad, alma, meollo, naturaleza, propiedad, sustancia. *Accidente*. // Bencina, gasolina, nafta. // Perfume. *Hedor*.

ESENCIAL Notable, principal, fundamental, sustancial. *Accesorio, accidental, secundario, sustituible*.

ESFERA Bola, globo, pelota. // Cielo, firmamento. // Condición, clase.

ESFÉRICO Redondo, esferoidal. *Anguloso*.

ESFORZADO Animoso, denodado, valiente. *Cobarde, pusilánime*.

ESFORZARSE Intentar. *Desistir, renunciar*. // Luchar, procurar, pugnar, querer. *Entregarse*.

ESFUERZO Ánimo, brío, denuedo, valor, vigor. *Flojedad*.

ESFUMAR Desdibujar, desvanecer, disiparse. *Destacar, resaltar*.

ESGRIMIDOR Esgrimista.

ESGRIMIR Usar, utilizar. // Blandir, manejar, batallar.

ESGUINCE Distensión, torcedura. // Esquive, escape.

ESLABONAR Encadenar, engarzar.

ESLORA Longitud.

ESMALTAR Vidriar. // Adornar, hermosear, realzar.

ESMERALDA Berilo. // Verde.

ESMERARSE Afanarse, extremarse. *Descuidar*.

ESMERILAR Pulimentar, pulir.

ESMERO Cuidado, prolijidad, solicitud. *Descuido, negligencia*.

ESMIRRIADO Desmirriado, desmedrado, débil, escuálido.

ESOTÉRICO Oculto, reservado, secreto. *Asequible, claro*. *Exotérico*.

ESPABILAR Despabilar.

ESPACIAR Apartar, separar. *Juntar*. // Dilatar, esparcir, extenderse. *Encogerse*.

ESPACIO Ámbito, anchura, capacidad, distancia, extensión, holgura, margen, superficie. // Lapso, transcurso. // Lentitud, tardanza.

ESPACIOSO Amplio, ancho, dilatado, extenso, holgado, vasto. *Pequeño*. // Flemático, lento, pausado. *Especioso*.

ESPADA Acero, espadín, espadón, estoque, florete, tizona.

ESPADACHÍN Pendenciero, valentón.

ESPAHÍ Cipayo.

ESPALDA Dorso, envés, lomo. *Pecho*.

ESPALDAR Respaldo.

ESPANTADIZO Asustadizo, cobarde, pusilánime.

ESPANTAJO Espantapájaros, esperpento, adefesio, mamarracho.

ESPANTAPÁJAROS Espantajo.

ESPANTAR Acobardar, asustar, aterrorizar, horrorizar. *Tranquilizar*. // Ahuyentar, ojear. *Atraer*. // Asombrarse, maravillarse, pasmarse. *Desdeñar*.

ESPANTO Asombro, consternación, horror, miedo, pavor, temor, terror. // Fantasma, aparecido.

ESPANTOSO Aterrador, horrible, horroroso, pavoroso, terrible, terrorífico. // Asombroso, pasmoso.

ESPAÑOL Hispánico.

ESPARCIMIENTO Desbandada, desparramamiento, diseminación, disgregación, dispersión, irradiación, separación. *Unión*. // Distracción, diversión, entretenimiento, pasatiempo, solaz, despejo. *Aburrimiento*.

ESPARCIR Desparramarse, diseminar, dispersar, espaciar. *Agrupar, centralizar*. // Difundir, divulgar, propagar, propalar, publicar. *Reservar*. // Alegrar, divertir, solazar. *Aburrirse*.

ESPASMO Contracción, convulsión, pasmo, contorsión.

ESPECIA Condimento, adobo, aderezo,

sabor, yuyos, droga. *Especie.

ESPECIAL Particular, personal, singular, único. *Común, vulgar.* // Adecuado, excelente, propio. *Espacial.*

ESPECIALIDAD Particularidad, singularidad. *Generalidad, vulgaridad.*

ESPECIALMENTE Particularmente, principalmente, singularmente.

ESPECIE Clase, conjunto, familia, género, grupo, naturaleza, variedad. // Idea, imagen, proposición, tema. // Chisme, dicho, noticia, rumor. // Apariencia, color, pretexto. *Especia.*

ESPECIFICAR Definir, detallar, determinar, explicar, precisar. *Indeterminar.*

ESPECÍFICO Medicamento. // Distinto, especial, típico. *Genérico.*

ESPÉCIMEN Ejemplar, modelo, muestra, prototipo.

ESPECIOSO Aparente, capcioso, engañoso. // Hermoso, perfecto, precioso. *Espacioso.*

ESPECTÁCULO Función, representación. // Cuadro, panorama, vista.

ESPECTADOR Asistente, concurrente, público.

ESPECTRO Aparecido, aparición, fantasma, visión.

ESPECULACIÓN Comercio, negocio. // Meditación, reflexión, teoría.

ESPECULAR Comerciar, traficar. // Contemplar, meditar, reflexionar, teorizar, registrar.

ESPECULATIVO Pensativo, reflexivo, teórico. *Práctico.*

ESPEJISMO Ilusión.

ESPEJO Luna, cristal. // Dechado, modelo, ejemplo.

ESPEJUELOS Anteojos, gafas, lentes.

ESPELUZNANTE Horrendo, horripilante, horroroso. *Atractivo, fascinante, grato.*

ESPELUZNAR Erizar, espantar, horrorizar. *Tranquilizar.*

ESPERA Acecho, calma, expectativa, paciencia, plazo, término.

ESPERANZA Confianza, fe, ilusión, creencia, perspectiva. *Desesperación,*

*desmoralización, pesimismo.*

ESPERANZADO Confiado, ilusionado, optimista. *Desconfiado, pesimista.*

ESPERAR Aguardar, confiar, creer. *Desesperar, despedir.*

ESPERMA Semen.

ESPERPENTO Absurdo, desatino. // Mamarracho, adefesio, espantajo.

ESPESAR Concentrar, condensar. *Desunir.* // Tupir. *Aclarar.*

ESPESO Denso. // Apiñado, apretado, compacto, frondoso, lujuriante, tupido.

ESPESOR Condensación, densidad. // Grosor, grueso.

ESPESURA Frondosidad, bosque, selva, maraña. // Suciedad.

ESPETAR Atravesar, clavar, encajar. // Endilgar.

ESPETÓN Asador, atizador, estoque.

ESPIAR Acechar, aguaitar, atisbar, escuchar, observar, vigilar. *Expiar.*

ESPICHAR Pinchar, punzar. // Morir.

ESPIGADO Alto, crecido. *Desmedrado.*

ESPIGAR Rebuscar, recoger. // Crecer.

ESPIGÓN Aguijón, punta. // Mazorca, panoja. // Rompeolas, dique, malecón.

ESPINA Astilla, púa. // Espinazo. // Escrúpulo, recelo. *Estímulo.* // Pesar.

ESPINAL Vertebral.

ESPINAZO Columna vertebral, espina dorsal, raquis.

ESPINGARDA Escopeta.

ESPINILLA Barrito.

ESPINOSO Punzante. // Arduo, difícil, dificultoso, peliagudo. *Fácil, sencillo, simple.*

ESPIRA Espiral, hélice. *Expira (expirar).*

ESPIRAL Espira, hélice. // Turbina, rosca, resorte, caracol.

ESPIRAR Alentar, respirar. // Animar, excitar, exhalar, expeler, mover. // Morir. *Expirar.*

ESPIRITADO Delgado, extenuado, flaco, macilento.

ESPIRITOSO Animado, eficaz, vivo.

ESPÍRITU Alma, ánima, psiquis. *Carne, cuerpo.* // Aliento, ánimo, brío, energía, esfuerzo, valor, vigor. *Desaliento, fla-*

*queza.* // Agudeza, ingenio, vivacidad. // Demonio. // Carácter, esencia, principio, sustancia, tendencia.

**ESPIRITUAL** Místico. *Material.* // Psíquico. *Físico, corporal.* // Agudo, inteligente, fino.

**ESPIRITUOSO** Espiritoso.

**ESPITA** Canilla, grifo.

**ESPLENDENTE** Brillante, resplandeciente, esplendoroso.

**ESPLENDIDEZ** Abundancia, generosidad, largueza, magnificencia, ostentación. *Sencillez, tacañería.*

**ESPLÉNDIDO** Brillante, generoso, liberal, magnífico, ostentoso, regio, rumboso, suntuoso. *Pobre, pobretón.*

**ESPLENDOR** Brillo. // Fama, lustre, nobleza.

**ESPLENDOROSO** Brillante, fúlgido.

**ESPLIEGO** Alhucema, lavanda.

**ESPLÍN** Aburrimiento, fastidio, hastío, tedio, tristeza, melancolía.

**ESPOLEAR** Aguijonear, estimular, excitar, incitar, acuciar, mover, pinchar. *\*Expoliar.*

**ESPOLÍN** Lanzadera.

**ESPOLÓN** Garrón, uña. // Contrafuerte, malecón, tajamar.

**ESPOLVOREAR** Polvorear.

**ESPONJARSE** Envanecerse, hincharse, infatuarse.

**ESPONJOSO** Fofo, poroso. *Compacto, denso.*

**ESPONSALES** Desposorios.

**ESPONTANEIDAD** Desahogo, franqueza. *Desconfianza.*

**ESPONTÁNEO** Natural, voluntario. *Afectado, estudiado.*

**ESPORÁDICO** Ocasional. *Cíclico, continuo, frecuente.*

**ESPOSA** Consorte, cónyuge, mujer.

**ESPOSAS** Manillas.

**ESPOSO** Consorte, cónyuge, marido.

**ESPUELA** Acicate, aguijón, estímulo, incentivo.

**ESPUERTA** Cesta, cesto, esportilla, serón, capacho.

**ESPUMANTE** Efervescente, espumoso.

**ESPURIO** Bastardo, espúreo, falso, ilegítimo, ilusorio. *Legítimo.* // Adulterado, contrahecho.

**ESPUTAR** Escupir, expectorar.

**ESPUTO** Escupitajo.

**ESQUEJE** Tallo, vástago, brote.

**ESQUELA** Carta, comunicación, misiva, tarjeta, nota.

**ESQUELÉTICO** Escuálido, flaco. *Gordo, obeso.*

**ESQUELETO** Armazón, osamenta. // Plan, proyecto.

**ESQUEMA** Gráfico, croquis, guión, proyecto. *\*Esquena.*

**ESQUEMATIZAR** Compendiar, sintetizar. *Ampliar.*

**ESQUICIO** Apunte, bosquejo, esbozo.

**ESQUIFE** Batel, bote, canoa, lancha.

**ESQUILA** Campanilla, cencerro. // Esquileo, zafra.

**ESQUILAR** Trasquilar, cortar.

**ESQUILMAR** Agotar, despojar, empobrecer, explotar. *Enriquecer, favorecer.*

**ESQUINA** Ángulo, arista.

**ESQUIRLA** Astilla, fragmento.

**ESQUIVAR** Eludir, evitar, retraerse. *Afrontar, desafiar.*

**ESQUIVO** Arisco, desdeñoso, hosco, retraído. *Amistoso.*

**ESTABILIDAD** Duración, firmeza, permanencia. *Inconstancia.* // Equilibrio, inmovilidad, seguridad. *Desequilibrio, inestabilidad, inseguridad.*

**ESTABILIZAR** Afianzar, consolidar. *Desequilibrar, movilizar.*

**ESTABLE** Constante, duradero, firme, invariable, permanente. *Inestable, mudable, precario.*

**ESTABLECER** Fundar, instalar, instituir. // Fijar, mandar, ordenar. // Afincarse, avecindarse.

**ESTABLECIMIENTO** Fundación, institución. // Comercio, bazar.

**ESTABLO** Caballeriza, cuadra, pesebre.

**ESTACA** Garrote, palo.

**ESTACADA** Empalizada.

**ESTACAZO** Garrotazo, palo.

**ESTACIÓN** Época, período, temporada,

tiempo. // Estancia, morada. // Alto, apeadero, detención, parada.

**ESTACIONAR** Colocar, situar. *Cambiar.* // Estancarse, pararse. *Mover.*

**ESTACIONARIO** Estacional, inmóvil, invariable. *Dinámico, móvil, variable.*

**ESTADÍA** Detención, estancia, permanencia, parada.

**ESTADIO** Campo deportivo, cancha. // Fase, período.

**ESTADISTA** Gobernante, hombre de Estado, político.

**ESTADÍSTICA** Censo, padrón, recuento, lista.

**ESTADO** Calidad, clase, condición, jerarquía, orden, situación. // Gobierno, nación, país. // Inventario, memoria, resumen.

**ESTAFA** Defraudación, fraude, timo.

**ESTAFADOR** Defraudador, embaucador, timador.

**ESTAFAR** Defraudar, sablear, timar, trampear.

**ESTAFETA** Correo.

**ESTALLAR** Reventar, romperse. // Prorrumpir, sobrevenir.

**ESTALLIDO** Explosión.

**ESTAMENTO** Clase, cuerpo, organismo.

**ESTAMPA** Figura, grabado, imagen. // Imprenta, impresión. // Huella, vestigio, señal.

**ESTAMPAR** Grabar, imprimir, timbrar, marcar, señalar, ilustrar, dibujar.

**ESTAMPIDO** Disparo, tiro, detonación.

**ESTAMPILLA** Sello.

**ESTANCAR** Detener, embalsar, paralizar, parar, suspender, empantanar. *Correrse, moverse.*

**ESTANCIA** Aposento, cuarto, habitación. // Mansión, residencia. // Detención, estadía, permanencia. // Estrofa.

**ESTANCIERO** Hacendado.

**ESTANDARTE** Bandera, insignia, pendón, divisa.

**ESTANQUE** Depósito, piscina, tanque.

**ESTANTE** Anaquel, repisa.

**ESTAR** Encontrarse, existir, hallarse, residir, sentir, vivir, permanecer, quedar.

*Ausentarse, faltar, irse.* // Atañer, tocar. // Caer, sentar. // Costar, valer.

**ESTÁTICO** Inmóvil, parado, quieto. // Asombrado, pasmado. *Extático.

**ESTATUA** Escultura, figura, imagen.

**ESTATUIDO** Determinado, establecido, instituido, ordenado. // Arreglado, decidido, mandado. *Improvisado.* // Demostrado, probado.

**ESTATUIR** Determinar, establecer, instituir, mandar, decretar, ordenar. *Derogar, desorganizar, revocar.* // Demostrar, probar.

**ESTATURA** Altura, alzada, talla.

**ESTATUTO** Ley, regla, reglamento.

**ESTE** Levante, naciente, oriente. *Occidente, oeste, ocaso, poniente.*

**ESTELA** Rastro, señal. // Lápida, monumento, pedestal.

**ESTENOGRAFÍA** Taquigrafía.

**ESTENTÓREO** Fuerte, retumbante, ruidoso. *Silencioso.*

**ESTEPA** Yermo, llano, erial.

**ESTERA** Alfombra, tapete, felpudo.

**ESTERCOLERO** Muladar.

**ESTEREOTIPAR** Calcar, reproducir.

**ESTÉRIL** Árido, improductivo, infecundo, infructífero, infructuoso, inútil, vano. *Fecundo, fructuoso, útil.*

**ESTERILIDAD** Aridez, ineficacia, infecundidad, infructuosidad. *Eficacia, fecundidad.* // Asepsia.

**ESTERILIZACIÓN** Castración. // Desinfección, pasteurización.

**ESTERO** Bañado, estuario.

**ESTÉTICO** Artístico, bonito, elegante, vistoso, bello. *Antiestético, deforme, feo, grotesco.*

**ESTIBAR** Colocar.

**ESTIÉRCOL** Excremento, abono, guano.

**ESTIGMA** Llaga, mancha, marca, señal. // Afrenta, baldón, desdoro. *Honra, prestigio. *Estima.

**ESTIGMATIZAR** Marcar. // Afrentar, infamar, tachar.

**ESTILAR** Acostumbrar, soler, practicar, usar. // Extender, ordenar.

**ESTILETE** Estilo, punzón, puñal, cuchillo, daga. // Sonda, púa. // Buril, cincel.

**ESTILO** Punzón, estilete. // Carácter, forma, manera, modo. // Costumbre, moda, práctica.

**ESTIMA** Aprecio, estimación, respeto. *Estigma.

**ESTIMACIÓN** Afecto, aprecio, consideración, estima. *Desprecio, menosprecio.* // Apreciación, evaluación, peritaje, tasación.

**ESTIMAR** Evaluar, tasar, valorar, valuar. // Conceptuar, considerar. *Desestimar.* // Amar, querer, respetar. *Odiar.*

**ESTIMULAR** Aguijonear, excitar, incitar, pinchar, punzar. *Coartar, frenar, moderar.*

**ESTÍMULO** Acicate, aguijón, aliciente. // Incitación.

**ESTÍO** Verano. *Hastío.

**ESTIPENDIO** Paga, honorarios, remuneración, salario, sueldo. *Quita.*

**ESTIPULAR** Acordar, concertar, contratar, convenir, pactar.

**ESTIRADO** Alargado, alto, crecido. // Tenso. // Altanero, entonado, orgulloso. // Rebajado.

**ESTIRAR** Alargar, dilatar, ensanchar, extender, prolongar. *Acortar, contraer, encoger, reducir.* // Desperezarse.

**ESTIRÓN** Crecimiento. // Tirón.

**ESTIRPE** Alcurnia, linaje, origen, raíz, tronco. *Extirpe (extirpar).

**ESTIVAL** Veraniego. *Invernal.*

**ESTOCADA** Herida, punzada.

**ESTOFA** Aliño, atavío. // Calaña, calidad, clase, condición, laya, ralea.

**ESTOFADO** Guiso, adobo, condimento. // Aliñado, ataviado, engalanado.

**ESTOICO** Imperturbable, indiferente, insensible. *Susceptible.* // Ecuánime, fuerte.

**ESTÓLIDO** Bobo, estúpido.

**ESTOMACAL** Digestivo, gástrico.

**ESTÓMAGO** Buche.

**ESTOQUE** Espada, espetón, florete.

**ESTORBAR** Dificultar, embarazar, entorpecer, impedir, incomodar, molestar, obstaculizar, trabar. *Ayudar, colaborar,*

*facilitar, secundar, permitir.*

**ESTORBO** Embarazo, impedimento, molestia, obstáculo, rémora. *Apoyo, refuerzo, óbice, dificultad, tope.*

**ESTRABISMO** Bizquera.

**ESTRADA** Camino, carretera.

**ESTRADO** Entablado, entarimado, tarima. // Sala.

**ESTRAFALARIO** Desaliñado, estrambótico, extravagante, ridículo. *Elegante.*

**ESTRAGAR** Corromper, dañar, estropear, viciar. *Estregar.

**ESTRAGO** Daño, destrozo, devastación, matanza, ruina.

**ESTRAMBÓTICO** Estrafalario, excéntrico, raro.

**ESTRATAGEMA** Astucia, fingimiento. // Ardid, artimaña, celada, engaño.

**ESTRATEGIA** Habilidad, pericia. *Inhabilidad.* // Táctica, maniobra.

**ESTRATO** Capa, sedimento. *Extracto.

**ESTRECHAR** Apremiar, apretar, apurar, constreñir, forzar, obligar, reducir. *Ensanchar.* // Ceñirse, recogerse.

**ESTRECHEZ** Angostura, aprieto, apuro. *Holgura.* // Escasez, indigencia, limitación, miseria, necesidad, penuria, pobreza, privación. *Abundancia.*

**ESTRECHO** Canal, paso, desfiladero, istmo, cañón, garganta. // Ahogado, ajustado, angosto, apretado, reducido. *Ancho, desahogado, espacioso.* // Íntimo, cercano, próximo. *Lejano.*

**ESTREGAR** Frotar, restregar, refregar. *Acariciar. *Estragar.

**ESTRELLA** Astro, lucero. // Destino, fortuna, hado, sino, suerte.

**ESTRELLARSE** Chocar. // Fracasar.

**ESTREMECER** Alterar, conmover, sobresaltar, temblar, tiritar, trepidar, turbar, palpitar.

**ESTREMECIMIENTO** Alteración. // Conmoción, sobresalto, turbación. // Sacudida, temblor. *Serenidad.*

**ESTRENAR** Comenzar, debutar, empezar. // Inaugurar.

**ESTRENO** Apertura, inauguración, debut. *Clausura.*

**ESTRÉPITO** Estruendo, fragor, ruido. *Silencio.* // Aparato, ostentación.

**ESTREPITOSO** Estruendoso, ruidoso, fragoroso. *Silencioso.*

**ESTRÍA** Canal, ranura, raya, surco, hendedura, acanaladura.

**ESTRIAR** Acanalar, rayar.

**ESTRIBAR** Apoyarse, basarse, consistir, descansar, fincar, fundar, radicar.

**ESTRIBILLO** Muletilla, repetición.

**ESTRIBO** Contrafuerte. // Apoyo, fundamento, sostén.

**ESTRICTO** Ajustado, estrecho, exacto, preciso, riguroso. *Impreciso, inexacto.* // Severo. *Blando, condescendiente.*

**ESTRIDENTE** Agudo, chirriante, desapacible, estruendoso. *Sordo, suave.*

**ESTRIDULAR** Chirriar, rechinar.

**ESTRO** Inspiración, numen. *Astro.

**ESTROPAJOSO** Andrajoso, desaseado. // Tartajoso.

**ESTROPEADO** Inútil, inservible, roto, deteriorado, gastado, descompuesto. *Nuevo, útil, sano, aprovechable.*

**ESTROPEAR** Dañar, deteriorar, lastimar, lisiar, maltratar, menoscabar. *Arreglar, curar.* // Malograr. *Mejorar.*

**ESTROPICIO** Destrozo, rotura, trastorno. *Reparación.*

**ESTRUCTURA** Disposición, distribución, orden, organización.

**ESTRUENDO** Estrépito, ruido, fragor. *Silencio.*

**ESTRUJAR** Agotar, exprimir. // Apretar, comprimir, oprimir, prensar. *Aflojar, soltar.*

**ESTUARIO** Desembocadura, estero.

**ESTUCAR** Blanquear, enlucir, enyesar.

**ESTUCHE** Caja, cofrecillo, envoltura, bolsa, vaina, funda, envase.

**ESTUCO** Enlucido, yeso, enyesado, escayola, encalado.

**ESTUDIADO** Afectado. *Natural.*

**ESTUDIANTE** Alumno, discípulo, educando, escolar. *Maestro, profesor.*

**ESTUDIANTIL** Escolar.

**ESTUDIAR** Aprender, cursar, instruir. // Buscar, examinar, investigar, meditar, observar, preparar.

**ESTUDIO** Aprendizaje, instrucción. // Análisis, investigación, memoria, monografía, obra, producción, tesis, tratado. // Boceto, croquis, ensayo. // Despacho, bufete, taller. // Habilidad, maña. // Afectación. *Naturalidad, sencillez.*

**ESTUDIOSO** Aplicado, investigador, laborioso.

**ESTUFA** Brasero, calentador, calorífero, hogar.

**ESTULTICIA** Necedad, tontería.

**ESTUPEFACCIÓN** Asombro, admiración, estupor, pasmo. *Indiferencia.*

**ESTUPEFACIENTE** Alcaloide, narcótico, soporífero, anestésico.

**ESTUPEFACTO** Asombrado, atónito, maravillado, pasmado, turulato, admirado. *Impasible.*

**ESTUPENDO** Admirable, asombroso, maravilloso, pasmoso, portentoso. *Deleznable, horrible.*

**ESTUPIDEZ** Estulticia, necedad. *Capacidad, inteligencia.*

**ESTÚPIDO** Bobo, tonto, necio. *Astuto, capaz, listo.*

**ESTUPOR** Asombro, pasmo. // Consternación. *Serenidad.*

**ESTUPRO** Violación.

**ETAPA** Época. // Alto, parada.

**ETÉREO** Incorpóreo, sutil, vaporoso. *Corpóreo, material.* // Elevado, sublime. *Estéreo.

**ETERNAMENTE** Inacabablemente, perpetuamente, siempre.

**ETERNIDAD** Perpetuidad, perpetuación, inmortalidad. *Momento.*

**ETERNIZAR** Inmortalizar, perpetuar. *Olvidar.* // Durar. *Fenecer, morir.*

**ETERNO** Imperecedero, infinito, interminable, sempiterno, perdurable. *Mortal, perecedero.*

**ÉTICO** Moral. *Inmoral.* *Hético.

**ETIQUETA** Inscripción, marbete, rótulo. // Ceremonia, ceremonial.

**ÉTNICO** Gentilicio, racial.

**EUCARISTÍA** Comunión, hostia.
**EUFEMISMO** Indirecta, disfraz. *Claridad, sinceridad.*
**EUFORIA** Alegría, optimismo, ímpetu, vehemencia, arrebato, entusiasmo. *Apatía, disgusto.*
**EUFÓRICO** Alegre, optimista, animoso, exaltado, entusiasmado, exultante. *Descontento, disgustado, apático.*
**EUNUCO** Castrado.
**EURITMIA** Armonía, equilibrio.
**EVACUACIÓN** Defecación, deposición, deyección. // Abandono, desocupación, salida. *Entrada, invasión.*
**EVACUAR** Cagar, defecar, excretar. // Abandonar, desocupar, retirarse. *Invadir.* // Realizar.
**EVADIR** Eludir, esquivar, evitar. *Afrontar, rodear.* // Escabullirse, fugarse, huir. *Bloquear, permanecer.*
**EVALUACIÓN** Apreciación, cálculo, tasación, valoración, valuación.
**EVALUAR** Apreciar, calcular, estimar, tasar, valorar, valuar. *Desestimar.*
**EVANGELIZAR** Catequizar, convertir.
**EVAPORACIÓN** Volatilización, gasificación, vaporización, vaporación, evaporización, sublimación. *Condensación.*
**EVAPORARSE** Desvanecerse, disiparse, volatilizarse. *Condensar, licuar.* // Desaparecer, fugarse. *Aparecer, mostrarse.*
**EVASIÓN** Fuga, huida. *Aprehensión, captura, detención.*
**EVASIVA** Efugio, pretexto, subterfugio. *Apremio, exigencia.*
**EVENTO** Acontecimiento, suceso, incidente, accidente.
**EVENTUAL** Accidental, casual, fortuito, incidental, incierto.
**EVENTUALIDAD** Casualidad, contingencia, posibilidad. *Realidad.*
**EVENTUALMENTE** Casualmente, inciertamente, ocasionalmente.
**EVICCIÓN** Despojo, privación.
**EVIDENCIA** Certeza, certidumbre, seguridad. *Incertidumbre, inseguridad.*
**EVIDENCIAR** Demostrar, patentizar, probar, constar.

**EVIDENTE** Cierto, claro, manifiesto, palmario, patente, tangible. *Dudoso, incierto.*
**EVITAR** Eludir, obviar, prevenir, evadir, esquivar, excusar, huir, precaver, rehuir. *Afrontar, enfrentar.*
**EVOCACIÓN** Memoria, recordación, rememoración, recuerdo.
**EVOCAR** Recordar, rememorar. *Olvidar.* // Apostrofar, invocar, llamar.
**EVOLUCIÓN** Desarrollo, progresión. *Estancamiento.* // Cambio, mudanza, transformación, mutación. // Maniobra, movimiento. *Paralización.*
**EVOLUCIONAR** Maniobrar. // Desarrollarse, desenvolverse. // Cambiar, transformarse.
**EXACCIÓN** Exigencia, reclamación, requerimiento, tributo, cobro.
**EXACERBAR** Agravar, irritar. *Apaciguar, atenuar, mitigar, suavizar.*
**EXACTAMENTE** Cabalmente, estrictamente, fielmente, puntualmente, al pie de la letra.
**EXACTITUD** Fidelidad, puntualidad. *Imprecisión, inexactitud.*
**EXACTO** Cabal, fiel, literal, preciso, puntual, textual. *Erróneo, falso, impreciso, impuntual.*
**EXAGERACIÓN** Encarecimiento, hipérbole, ponderación, exceso.
**EXAGERADO** Excesivo. *Escaso.*
**EXAGERAR** Abultar, encarecer. *Disminuir, reducir.*
**EXALTACIÓN** Enardecimiento, excitación. // Apoteosis, glorificación. *Humillación.* **\*Exultación.**
**EXALTADO** Apasionado, entusiasta, fanático, hincha.
**EXALTAR** Elevar, ensalzar, glorificar, realzar. *Agraviar, denigrar, rebajar.* // Acalorarse, arrebatarse, enardecerse, excitarse, entusiasmarse, irritarse, desatarse. *Tranquilizarse.*
**EXAMEN** Indagación, inspección, prueba. // Reconocimiento.
**EXAMINAR** Auscultar, considerar, contemplar, estudiar, explorar, inquirir,

inspeccionar, observar, probar, reconocer, sondear, tantear, verificar.

**EXANGÜE** Desangrado, exánime. // Muerto.

**EXÁNIME** Desfallecido, desmayado, muerto. *Animado, palpitante.* **\*Examine** (examinar).

**EXASPERACIÓN** Enfurecimiento, irritación, exacerbación.

**EXASPERAR** Enfurecer, irritar, lastimar. *Aplacar, calmar, tranquilizar.*

**EXCARCELAR** Libertar.

**EXCAVACIÓN** Foso, hoyo, pozo, zanja.

**EXCAVAR** Ahondar, cavar, profundizar, socavar, dragar.

**EXCEDENTE** Sobrante, enorme, harto, sobreabundante, exorbitante, sobrado, descomedido, excesivo. *Faltante, escaso, carente.* // Resto, residuo.

**EXCEDER** Aventajar, sobrepasar, superar. *Perder.* // Extralimitarse, propasarse. *Limitarse.*

**EXCELENCIA** Alteza, superioridad, grandiosidad, excelsitud, exquisitez, eminencia. *Inferioridad.*

**EXCELENTE** Notable, óptimo, relevante, superior. *Mediocre, malo, pésimo.* // Exquisito, rico. *Insípido.*

**EXCELSITUD** Excelencia, grandeza, magnitud, majestad.

**EXCELSO** Alto, eminente, elevado, sublime, excelente.

**EXCENTRICIDAD** Extravagancia, rareza. *Normalidad.*

**EXCÉNTRICO** Extravagante, raro. *Elegante, equilibrado, normal.*

**EXCEPCIÓN** Anomalía, irregularidad, particularidad, singularidad, rareza, exclusión. *Normalidad, inclusión.*

**EXCEPCIONAL** Estupendo, extraordinario, original. *Vulgar, corriente.*

**EXCEPTO** A excepción de, exclusivamente, exclusive, fuera de, salvo.

**EXCEPTUAR** Excluir, omitir. *Incluir, incorporar.*

**EXCESIVO** Superabundante. // Disparatado, enorme, exorbitante, inmoderado, monstruoso. *Insignificante.*

**EXCESO** Demasía, excedente, exorbitancia, sobra, sobrante, superabundancia. *Carencia, escasez.* // Abuso, crimen, delito, desarreglo, desorden, violencia.

**EXCITACIÓN** Acaloramiento, agitación, emoción, entusiasmo, irritación. *Apatía, frialdad, indiferencia.* **\*Hesitación.**

**EXCITAR** Acalorar, enardecer, entusiasmar, estimular, exacerbar, exaltar, instigar, irritar, mover, provocar. *Desanimar, tranquilizar.* **\*Hesitar.**

**EXCLAMACIÓN** Apóstrofe, grito, voz, voto, juramento, interjección.

**EXCLAMAR** Clamar, proferir, prorrumpir, imprecar, apostrofar, emitir.

**EXCLUIR** Descartar, echar, eliminar, omitir, quitar, separar, exceptuar, expulsar, relegar, dejar, desechar, desterrar. *Incluir, introducir.*

**EXCLUSIVA** Concesión, monopolio, privilegio, prerrogativa.

**EXCLUSIVAMENTE** Solamente, únicamente. *Generalmente, globalmente.*

**EXCORIACIÓN** Corrosión, desgaste, desolladura.

**EXCRECENCIA** Carnosidad, lobanillo, verruga.

**EXCRECIÓN** Excremento.

**EXCREMENTICIO** Excremental, fecal.

**EXCREMENTO** Bosta, caca, estiércol, guano, heces, mierda, residuos.

**EXCRETAR** Defecar, evacuar.

**EXCULPACIÓN** Disculpa, defensa, excusa, justificación, descargo, dispensación, pretexto. *Acusación, cargo.*

**EXCULPAR** Defender, excusar, justificar. *Acusar, censurar, culpar, imputar.*

**EXCURSIÓN** Correría. // Paseo, viaje.

**EXCUSA** Evasiva, exención, pretexto. *Ofensa.* **\*Escusa.**

**EXCUSADO** Reservado, retrete. // Exento, libre, inútil, superfluo.

**EXCUSAR** Defender, exculpar, eximir, disculpar, justificar. *Acusar.* // Eludir, evadir, evitar, rehusar, rehuir. *Afrontar.*

**EXECRABLE** Abominable, maldito, vitando.

**EXECRACIÓN** Imprecación, juramento, vituperio, amenaza, blasfemia, maldición. *Alabanza, bendición.*

**EXECRAR** Anatematizar, condenar, maldecir. *Bendecir.*

**EXÉGESIS o EXEGESIS** Explicación, interpretación.

**EXEGETA** Glosador, intérprete.

**EXENCIÓN** Descargo, dispensa, exoneración, franquicia, liberación, prerrogativa, privilegio. *Carga, obligación, recargo.*

**EXENTO** Desembarazado, exceptuado, exonerado, libre. *Obligado.*

**EXEQUIAS** Funerales.

**EXHALACIÓN** Emanación. // Centella, rayo.

**EXHALAR** Emanar. // Despedir, emitir, lanzar.

**EXHAUSTO** Agotado, extenuado, vacío. *Fuerte, lozano, lleno.*

**EXHIBICIÓN** Exposición, manifestación, presentación.

**EXHIBIR** Enseñar, exponer, exteriorizar, lucir, manifestar, ostentar, presentar. *Esconder, ocultar.*

**EXHORTACIÓN** Amonestación, incitación, consejo, advertencia, aviso. // Invitación, ruego, súplica.

**EXHORTAR** Amonestar. // Incitar, inducir. *Acobardar, asustar.* // Pedir, rogar, suplicar.

**EXHUMAR** Desenterrar. *Enterrar, inhumar, sepultar.*

**EXIGENCIA** Demanda, pretensión.

**EXIGENTE** Demandante. // Insistente, pedigüeño. // Escrupuloso, rígido, severo, recto.

**EXIGIR** Demandar, pedir, reclamar. *Dispensar, eximir, perdonar.*

**EXIGUO** Escaso, insuficiente, mezquino, mínimo, parvo. *Sobrado.*

**EXILIO** Destierro, expatriación, expulsión. *Repatriación.*

**EXIMIO** Excelente.

**EXIMIR** Dispensar, exonerar, liberar, libertar, relevar, franquear, desligar, exculpar. *Condenar, obligar.*

**EXISTENCIA** Realidad, ser, vida. *Inexistencia, irrealidad.*

**EXISTENTE** Real, actual, verdadero, contemporáneo, positivo. *Inexistente, irreal, falso.*

**EXISTIR** Estar, haber, hallarse, ser, vivir. *Faltar.*

**ÉXITO** Triunfo, victoria. *Fracaso.* // Fin, resultado, terminación. *Excito (excitar). *Hesitó (hesitar).

**ÉXODO** Emigración, salida. *Entrada, incursión, invasión.*

**EXONERACIÓN** Degradación, deposición, destitución. *Reposición.* // Alivio, descargo. // Dispensa, exención, franquicia.

**EXONERAR** Aliviar, descargar. // Deponer, destituir, eximir, degradar, relevar. *Reponer, restituir.*

**EXORBITANTE** Excesivo. *Escaso, ínfimo.*

**EXORCISMO** Conjuro.

**EXORDIO** Introducción, principio, prólogo, prefacio, proemio, preámbulo.

**EXORNAR** Adornar, embellecer, engalanar, hermosear. *Afear.*

**EXOTÉRICO** Asequible, común, fácil. *Esotérico.

**EXÓTICO** Extranjero. *Indígena, vernáculo.* // Chocante, extraño, extravagante, peregrino. *Castizo, típico, tradicional.*

**EXPANDIR** Difundir, dilatar, ensanchar, extender, propagar, agrandar, ampliar, desarrollar. *Reducir, sintetizar.*

**EXPANSIÓN** Difusión, dilatación, extensión, propagación. // Confidencia, desahogo, efusión. // Distracción, esparcimiento, solaz.

**EXPANSIVO** Cariñoso, comunicativo, efusivo, franco, vehemente, expresivo, simpático, sociable, locuaz. *Retraído, reservado, serio.*

**EXPECTATIVA** Esperanza, expectación, ilusión. *Desesperanza, desilusión.*

**EXPECTORAR** Escupir, esputar.

**EXPEDICIÓN** Envío, remesa, exportación. // Excursión, viaje. // Facilidad, desembarazo, presteza. *Torpeza.*

**EXPEDIENTE** Asunto, caso, documento. // Curso, despacho. // Medio, motivo, pretexto, recurso. // Desembarazo, facilidad, prontitud.

**EXPEDIR** Cursar, despachar, enviar, remesar, remitir. *Recibir.*

**EXPEDITIVO** Diligente, habilidoso, rápido. *Lento.*

**EXPEDITO** Fácil, rápido. *Difícil, lento.* // Desembarazado, despejado, libre. *Infranqueable, obstruido.*

**EXPELER** Expulsar.

**EXPENDER** Gastar, vender, despachar. *Comprar.*

**EXPENSAS** Costas, gastos, dispendio, expendio.

**EXPERIENCIA** Conocimiento, costumbre, hábito, pericia. *Inexperiencia, inhabilidad.*

**EXPERIMENTACIÓN** Ensayo, experimento, prueba, tentativa.

**EXPERIMENTADO** Ducho, práctico, advertido, corrido, experto, fogueado, versado. *Bisoño, novato.*

**EXPERIMENTAL** Empírico.

**EXPERIMENTAR** Notar, sentir, sufrir. // Ensayar, examinar, probar.

**EXPERIMENTO** Ensayo, experimentación, tentativa.

**EXPERTO** Avezado, baqueteado, diestro, entendido, experimentado, hábil, idóneo, perito, ducho, versado. *Inhábil, inexperto.*

**EXPIACIÓN** Castigo, pena, purificación, reparación, satisfacción. *Amnistía, perdón, remisión.*

**EXPIAR** Pagar, purgar, purificar, reparar, satisfacer. *\*Espiar.*

**EXPIRAR** Acabar, boquear, fallecer, morir. *Nacer.* // Finalizar, terminar. *Empezar.* *\*Espirar.*

**EXPLANACIÓN** Allanamiento, nivelación, explanada. // Explicación.

**EXPLANADA** Explanación, llano, llanura, extensión.

**EXPLANAR** Allanar, emparejar, nivelar, terraplenar. // Explicar.

**EXPLAYARSE** Extenderse. *Limitarse.* // Divertirse, solazarse. // Expansionarse. *Fingir, reprimirse.*

**EXPLICACIÓN** Aclaración, elucidación, exégesis, exposición, glosa, interpretación, especificación, declaración. *Confusión.* // Satisfacción.

**EXPLICAR** Aclarar, decir, dilucidar, enseñar, exponer, hablar. // Exculpar, excusar. // Comprender, entender, concebir. *Confundir.*

**EXPLÍCITO** Claro. *Implícito, tácito, virtual.*

**EXPLORACIÓN** Incursión. // Investigación, indagación, sondeo.

**EXPLORADOR** Descubridor, investigador. // Excursionista. // Reconocedor.

**EXPLORAR** Auscultar, reconocer, sondear, tantear, recorrer. // Averiguar, examinar, inquirir, investigar.

**EXPLOSIÓN** Estallido.

**EXPLOSIVO** Detonante, fulminante. // Pólvora, dinamita, nitroglicerina.

**EXPLOSOR** Detonador.

**EXPLOTAR** Estallar. // Aprovechar, utilizar. *Desaprovechar.* // Estafar, expoliar. *Beneficiar.*

**EXPOLIADOR** Abusador, explotador. *Benefactor.*

**EXPOLIAR** Despojar, robar. *Donar.*

**EXPONER** Exhibir, explicar, manifestar, mostrar, presentar. *Confundir.* // Arriesgarse, aventurarse, comprometerse. *Acobardarse, atacar.*

**EXPORTAR** Enviar, expedir, sacar, remitir. *Importar.*

**EXPOSICIÓN** Explicación, manifestación, narración, relato. // Exhibición, muestra. *Ocultación.*

**EXPRESADO** Antedicho, indicado, mencionado. *Callado, omitido.*

**EXPRESAMENTE** Claramente, explícitamente. *Implícitamente.*

**EXPRESAR** Decir, declarar, manifestar, significar, citar, exponer, formular, enunciar, comunicar. *Callar.*

**EXPRESARSE** Hablar. *Callarse.*

**EXPRESIÓN** Dicción, locución, palabra,

término, vocablo, voz. // Actitud, gesto, semblante.//Elocuencia.//Declaración, especificación.

**EXPRESIVO** Elocuente, gráfico, significativo. *Inexpresivo.* // Afectuoso, cariñoso. *Frío.*

**EXPRESO** Claro, deliberado, especificado, intencionado. *Confuso.*

**EXPRIMIR** Estrujar, explotar, retorcer, extraer, macerar.

**EX PROFESO** Adrede.

**EXPROPIAR** Confiscar, desposeer, incautarse, privar.

**EXPUESTO**Descubierto.*Cubierto,oculto.* // Arriesgado, peligroso.

**EXPUGNABLE**Conquistable,asequible, posible. *Inexpugnable, defendible.*

**EXPUGNAR** Tomar, conquistar, asaltar, apoderarse.

**EXPULSAR** Arrojar, desalojar, despedir, desterrar, echar, expeler, lanzar, proscribir. *Acoger, recibir.*

**EXPULSIÓN** Desahucio, desalojo, destierro. *Admisión, recepción.*

**EXPURGACIÓN**Purificación,limpieza.

**EXPURGAR** Limpiar, purificar, enmendar. **\*Espulgar.**

**EXQUISITEZ** Delicadeza, excelencia, finura. *Ordinariez.*

**EXQUISITO** Delicado, delicioso, excelente, fino. *Insípido, tosco.*

**EXTASIARSE** Arrobarse, embelesarse, enajenarse, maravillarse. *Hastiarse.*

**ÉXTASIS** Arrobamiento, embeleso, enajenamiento. **\*Éctasis.**

**EXTEMPORÁNEO** Impropio, inoportuno, inconveniente.

**EXTENDER** Ampliar, aumentar, dilatar, ensanchar,ocupar,prolongar.*Disminuir, reducir.*//Desparramar, difundir, esparcir, propagar. *Concentrar, recoger.* // Desarrollar, desenvolver, desplegar, estirar, tender. *Encoger.*//Escribir, redactar. // Durar. *Terminarse.* // Incrementarse, ramificarse. *Menguar.*

**EXTENSIÓN** Amplitud, desarrollo, dilatación, expansión. *Acortamiento.* // Vastedad. *Parvedad.*

**EXTENSO** Amplio, dilatado, esparcido, vasto.

**EXTENUACIÓN** Agotamiento, consunción, debilitamiento, enflaquecimiento. *Vigor, vitalidad.*

**EXTENUAR** Agotar, cansar. *Reanimar, reposar.* // Debilitar. *Fortalecer, vigorizar.* // Enflaquecer.

**EXTERIOR** Externo, visible, extrínseco, manifiesto, superficial, aparente. *Interno, íntimo, recóndito, interior.* // Exterioridad. *Interioridad.*

**EXTERIORIDAD** Apariencia, aspecto, porte, traza. *Interioridad.*

**EXTERIORIZAR**Descubrir,manifestar, revelar. *Callar, ocultar.*

**EXTERMINAR**Aniquilar,asolar,devastar, extirpar.

**EXTERMINIO** Aniquilamiento, destrucción, extirpación. // *Matanza.*

**EXTERNO** Exterior. *Interno.*

**EXTINGUIR** Ahogar, apagar, sofocar. *Avivar.* // Enjugar, liquidar. // Desaparecer, expirar, morir. *Aparecer, nacer.*

**EXTINTO** Fallecido, muerto.

**EXTIRPAR** Arrancar, desarraigar, exterminar. *Poner, situar.*

**EXTORSIÓN** Chantaje, daño, perjuicio.

**EXTRA** Extraordinario, superior, óptimo. // Gratificación, sobresueldo.

**EXTRACCIÓN** Sacamiento. // Origen, linaje, ascendencia.

**EXTRACTAR**Abreviar,compendiar,reducir, resumir, sintetizar, acortar. *Ampliar, desarrollar.*

**EXTRACTO** Compendio, resumen. *Ampliación.* // Esencia, perfume. *Fetidez, hedor.* **\*Estrato.**

**EXTRAER** Arrancar, sacar, descubrir. *Meter, introducir.*

**EXTRALIMITARSE** Abusar, excederse, propasarse.

**EXTRANJERO** Extraño, foráneo, forastero. *Aborigen, indígena, nativo.*

**EXTRAÑAMIENTO** Destierro, exilio, expulsión, confinamiento.

**EXTRAÑAR** Desterrar, exiliar, expulsar. // Afear, reprender. // Asombrarse, chocar, sorprenderse. *Comprender.*

**EXTRAÑEZA** Extravagancia, rareza. *Normalidad, vulgaridad.* // Asombro, pasmo, sorpresa.

**EXTRAÑO** Ajeno, extranjero. *Familiar, nacional.* // Curioso, chocante, impropio, insólito, peregrino, raro, singular. *Común, vulgar.*

**EXTRAORDINARIO** Excepcional, extraño, descomunal, infrecuente. *Corriente, natural, normal, ordinario.*

**EXTRAVAGANCIA** Adefesio, excentricidad, manía. *Rutina.*

**EXTRAVAGANTE** Estrafalario, excéntrico, grotesco, ridículo. *Normal, discreto, formal.*

**EXTRAVASARSE** Derramarse, verterse.

**EXTRAVIAR** Descarriarse, desorientarse, desviarse. *Encaminar.* // Perder, traspapelarse. *Encontrar.*

**EXTRAVÍO** Descarrío, desviación. // Pérdida. // Desorden, perdición.

**EXTREMADO** Excesivo.

**EXTREMAR** Exagerar. // Desvelarse, es-

merarse. // Terminar, rematar.

**EXTREMIDAD** Cabo, extremo, fin, punta, remate.

**EXTREMIDADES** Miembros.

**EXTREMO** Esmero. *Descuido.* // Extremidad, final, punta. *Centro, medio, mitad.* // Principio. // Desemejante, distante. *Cercano.* // Excesivo, mucho, sumo, último, máximo.

**EXTRÍNSECO** Accidental, externo, superficial. *Intrínseco.*

**EXUBERANCIA** Abundancia, copia, plenitud, profusión, exageración, exceso. *Escasez, pobreza.*

**EXUBERANTE** Abundante, copioso, superabundante, profuso, pródigo, pletórico, excesivo.

**EXULTACIÓN** Alegría, gozo, júbilo, regocijo, contento, optimismo. *Tristeza.* **\*Exaltación.**

**EXVOTO** Ofrenda, don, presente.

**EYACULACIÓN** Polución, segregación.

**EYACULAR** Secretar, segregar, expeler, arrojar, emitir.

**FÁBRICA** Manufactura, factoría, industria, taller. // Construcción, edificio. // Invención, artificio.

**FABRICACIÓN** Elaboración, producción, obtención. // Industrialización.

**FABRICANTE** Productor, fabril, fabricador, forjador, manufacturero, inventor, tracista.

**FABRICAR** Confeccionar, elaborar, hacer, manufacturar, producir. // Crear, forjar, imaginar, inventar.

**FÁBULA** Alegoría, apólogo, cuento, ficción, invención, leyenda, mito. *Evidencia, realidad, verdad.* // Hablilla, rumor.

**FABULOSO** Exagerado, excesivo, extraordinario, fantástico, imaginario, increíble, ficticio, inventado, prodigioso, quimérico. *Real.*

**FACA** Facón.

**FACCIÓN** Banda, parcialidad, partido.

**FACCIONES** Cara, rasgos, rostro.

**FACCIOSO** Inquieto, perturbador, rebelde, sublevado, revoltoso. *Rendido, sumiso.*

**FACETA** Aspecto, cara.

**FACHA** Aspecto, figura. // Adefesio, mamarracho.

**FACHADA** Frontis, frontispicio, portada, frente, cara, delantera. // Aspecto, presencia.

**FACHENDA** Jactancia, petulancia, presunción, vanidad, fanfarronería, ostentación, alarde. *Modestia.*

**FACHENDOSO** Fatuo, jactancioso, petulante, presumido, vanidoso. *Humilde, modesto.*

**FACHOSO** Ridículo, astroso, bufonesco.

**FÁCIL** Accesible, comprensible, factible, hacedero, posible, realizable, sencillo. *Arduo, difícil, engorroso.* // Frágil, liviano. *Duro.* // Dócil, manejable, tratable. *Indócil, revesado.*

**FACILIDAD** Comodidad. *Dificultad, obstáculo.* // Aptitud, disposición, habilidad, posibilidad, simplicidad. // Complacencia, condescendencia.

**FACILITAR** Posibilitar, simplificar. *Dificultar, enredar.* // Entregar, proporcionar. *Negar.*

**FÁCILMENTE** Cómodamente, descansadamente.

**FACINEROSO** Delincuente, forajido, malvado. *Decente, honrado.*

**FACISTOL** Atril.

**FACSÍMILE** Copia, imitación, reproducción. *Original.*

**FACTIBLE** Hacedero, posible, realizable. *Irrealizable.*

**FACTICIO** Artificial, artificioso, falsificado, imitado. ***Ficticio.***

**FACTOR** Agente, autor. // Elemento. *Múltiplo, producto.* ***Fautor.***

**FACTORÍA** Fábrica. ***Fautoría.***

**FACTURA** Cuenta, cargo, nota. // Ejecución, hechura.

**FACULTAD** Autoridad, autorización, licencia, permiso, poder, potencia. // Aptitud, capacidad, derecho, fuerza. // Arte, ciencia.

**FACULTAR** Autorizar, permitir, delegar, habilitar, encargar, conceder. *Desautorizar, intimar, prohibir.*

**FACULTATIVO** Médico. // Potestativo, arbitrario.

**FACUNDIA** Labia, pico, verbosidad, verborrea. *Dificultad, escasez.*

**FACUNDO** Elocuente, locuaz, verboso.

**FAENA** Fajina, labor, quehacer, tarea, trabajo, ocupación.

**FAENAR** Matar, sacrificar.

**FAJA** Ceñidor, cincha, cinto, corsé. // Lista, moldura, tira, zona.

**FAJAR** Ceñir, cinchar, envolver, rodear. // Golpear, pegar. *Acariciar.*

**FAJINA** Faena. // Leña.

**FAJO** Atado, haz.

**FALACIA** Engaño, fraude, mentira, falsedad. *Verdad.*

**FALANGE** Tropa, legión, batallón.

**FALAZ** Artero, engañador, engañoso, especioso, falso, fingido, impostor. *Franco, natural, sincero, veraz.*

**FALCE** Hoz, faca.

**FALDA** Pollera, saya. // Ladera. // Regazo.

**FALDERO** Mujeriego.

**FALENCIA** Engaño, error, quiebra.

**FALIBLE** Equívoco, engañoso, erróneo, inexacto. *Infalible, verdadero, exacto.*

**FALLA** Defecto, falta. // Hoguera. // Grieta, abertura. ***Faya.***

**FALLAR** Faltar, fracasar, frustrarse, pifiar, marrar. *Acertar, cumplirse, lograr.* // Decidir, resolver, sentenciar.

**FALLEBA** Pasador, pestillo.

**FALLECER** Expirar, extinguirse, finar, morir. *Nacer.*

**FALLECIMIENTO** Deceso, defunción, muerte, óbito, tránsito.

**FALLIDO** Frustrado, fracasado, malogrado. // Quebrado.

**FALLIR** Faltar, frustrarse, malograrse, fracasar.

**FALLO** Condena, decisión, laudo, resolución, sentencia, veredicto. *Revocación.* // Falta, falto.

**FALO** Pene.

**FALSARIO** Falsificador, mixtificador.

**FALSEAR** Adulterar, contrahacer, corromper, desnaturalizar, falsificar. // Ceder, flaquear. // Desafinar, disonar.

**FALSEDAD** Artería, calumnia, disimulo, doblez, engaño, falsía, hipocresía, impostura. *Lealtad, verdad.*

**FALSÍA** Falsedad.

**FALSIFICACIÓN** Imitación, adulteración, falseamiento, reproducción, remedo.

**FALSIFICAR** Falsear, adulterar.

**FALSILLA** Pauta, regla, guión, clave.

**FALSO** Amañado, aparente, apócrifo, engañoso, equívoco, falsificado, ficticio, ilegítimo, ilusorio, inexacto, simulado, supuesto. *Cierto, legítimo, verdadero.* // Desleal, falaz, felón, pérfido, perjuro, traidor. *Leal, sincero.*

**FALTA** Culpa, defecto, descuido, desliz, error, falla, imperfección, infracción, pecado, transgresión. // Carencia, escasez. *Abundancia.*

**FALTAR** Acabarse, consumirse, fallar. *Sobrar.* // Agraviar, ofender, pecar. *Cumplir.*

**FALTO** Defectuoso, desprovisto, escaso, necesitado. *Provisto.* // Apocado.

**FALTRIQUERA** Bolsillo, escarcela.

**FALÚA** Embarcación, bote, falucho, lancha, batel.

**FAMA** Celebridad, nombradía, nombre, nota, notoriedad, reputación. *Oscuridad, vulgaridad.* // Noticia, opinión, voz.

**FAMÉLICO** Hambriento, transido. *Harto, inapetente.*

**FAMILIA** Casta, dinastía, parentela, prole, raza, parentesco, sangre, progenie, linaje. // Clan, tribu, hogar. // Descendencia, nacimiento, generación, sucesión. // Rama, línea.

**FAMILIAR** Allegado, deudo, pariente. // Conocido, sabido. // Corriente, llano, sencillo, natural.

**FAMILIARIDAD** Confianza, franqueza, intimidad, llaneza.

**FAMILIARIZARSE** Acostumbrarse, adaptarse, habituarse.

**FAMOSO** Acreditado, afamado, célebre, glorioso, ilustre, insigne, memorable, mentado, notable, sonado. *Desconocido, ignorado.*

FÁMULA Criada, doméstica, mucama, sirvienta.

FÁMULO Criado, doméstico, mucamo, sirviente, lacayo.

FANAL Farol, farola, faro, tulipa.

FANÁTICO Apasionado, entusiasta, exaltado, intolerante, intransigente, sectario. *Equilibrado, frío.*

FANATISMO Apasionamiento, entusiasmo, intolerancia, intransigencia, sectarismo. *Ecuanimidad, tolerancia, transigencia.*

FANDANGO Bulla, bullicio, jolgorio.

FANFARRIA Bizarría, bravata, fanfarronada, guapeza, valentonada.

FANFARRÓN Bravucón, compadrón, guapo, valentón. *Modesto.*

FANFARRONADA Baladronada, bravata, bravuconería, jactancia, petulancia.

FANFARRONEAR Alardear, bravear, compadrear, guapear.

FANFARRONERÍA Fanfarronada.

FANGAL Barrizal, cenagal, lodazal.

FANGO Barro, cieno, légamo, limo, lodo.

FANTASEAR Imaginar, soñar.

FANTASÍA Ensueño, fantasmagoría, imaginación, quimera. *Realidad.* // Cuento, novela. // Entono, presunción. *Sencillez.*

FANTASIOSO Presuntuoso, vano. // Soñador. *Realista.*

FANTASMA Aparecido, aparición, espantajo, espectro, visión.

FANTASMAGORÍA Ensueño, ilusión, quimera, alucinación.

FANTÁSTICO Fabuloso, imaginario, increíble, quimérico, ilusorio. *Real.* // Caprichoso, inverosímil, extravagante. *Natural, normal.*

FANTOCHE Títere, polichinela, marioneta, bufón, muñeco.

FAQUÍN Changador, mozo de cuerda.

FARAMALLA Cháchara, charlatanería, habladuría.

FARÁNDULA Teatro.

FARANDULERO Farsante, comediante, cómico, payaso, mimo.

FARAUTE Mensajero, heraldo. // Cabecilla, principal, mandamás.

FARDO Lío, paquete, carga, embalaje, bulto, peso.

FARFULLAR Balbucir, tartajear.

FARINÁCEO Harinoso.

FARISEO Hipócrita, taimado, falso, solapado, simulador.

FARMACÉUTICO Boticario, farmacólogo, herbolario.

FARMACIA Botica, droguería.

FÁRMACO Medicamento, remedio.

FAROL Fanal, farola.

FAROLEAR Presumir, fachendear.

FAROLERO Fanfarrón, jactancioso.

FARRA Jarana, juerga.

FÁRRAGO Revoltijo, confusión, desorden, maraña.

FARRAGOSO Confuso, mezclado, tedioso, amontonado.

FARREAR Parrandear. // Burlarse.

FARRISTA Juerguista.

FARSA Comedia, payasada. // Engaño, enredo, tramoya. *Verdad.*

FARSANTE Bufo, comediante, histrión. // Embaucador, embustero, hipócrita, simulador. *Veraz.*

FASCÍCULO Cuadernillo, entrega.

FASCINACIÓN Encanto, seducción, atracción. // Alucinación, engaño, ofuscación, deslumbramiento.

FASCINAR Deslumbrar, encantar, seducir. *Desencantar, repeler.* // Alucinar, encandilar, engañar, ofuscar.

FASE Apariencia, aspecto, faceta.

FASTIDIAR Aburrir, cansar, disgustar, enfadar, hartar, importunar, jeringar, molestar. *Agradar, deleitar, divertir.*

FASTIDIO Cansancio, enfado, desazón, disgusto, hastío.

FASTIDIOSO Aburrido, cansador, cargante, enfadoso, molesto, pesado. *Divertido, ameno.*

FASTO Fausto. *Nefasto.* *Fausto.

FASTUOSO Espléndido, lujoso, ostentoso, pomposo, rumboso, aparatoso. *Sencillo, sobrio.*

FATAL Inevitable, irrevocable. *Evitable.* // Aciago, adverso, desgraciado, fatídi-

co, funesto, infeliz. *Feliz, providencial.*
**FATALIDAD** Destino, hado, suerte. //
Adversidad, desgracia, infortunio. *Dicha, fortuna.*
**FATALISMO** Pesimismo, desesperanza, desánimo.
**FATÍDICO** Fatal, siniestro, adverso.
**FATIGA** Cansancio, lasitud, trabajo. *Descanso.* // Agitación, ahogo. *Animación.* // Molestia, penalidad, sufrimiento. *Optimismo.*
**FATIGAR** Agotar, cansar, extenuar, rendir. *Avivar, descansar.* // Aburrir, importunar, molestar. *Distraer.*
**FATIGOSO** Cansador, pesado, trabajoso, agotador.
**FATUIDAD** Necedad, petulancia. *Discreción.* // Jactancia, presunción, vanidad. *Modestia.*
**FATUO** Necio, engreído, petulante, presuntuoso, vano. *Sensato, sencillo.*
**FAUSTO** Afortunado, feliz, memorable, venturoso. *Desdichado.* // Boato, fasto, lujo, magnificencia, pompa, suntuosidad. *Fasto.
**FAUTOR** Benefactor, bienhechor. // Ayudante, colaborador. *Factor.
**FAVOR** Beneficio, gracia, merced, servicio. // Amparo, auxilio, ayuda, protección, socorro. *Daño, perjuicio.* // Influencia, privanza, valimiento. *Disfavor.*
**FAVORABLE** Apacible, benévolo, feliz, propicio, próspero. *Adverso, desfavorable, hostil.*
**FAVORECEDOR** Bienhechor, fautor, padrino, protector, defensor.
**FAVORECER** Amparar, asistir, servir, auxiliar, conceder, otorgar, ayudar, proteger, secundar. *Damnificar, perjudicar.*
**FAVORITISMO** Preferencia. *Ecuanimidad, imparcialidad, justicia.*
**FAVORITO** Preferido, privado, valido, predilecto.
**FAZ** Cara, rostro, fisonomía, semblante. // Aspecto, fachada, lado. // Anverso.
**FE** Confianza, creencia, crédito, fidelidad, lealtad. *Desconfianza, incredulidad, infidelidad.* // Aseveración, seguridad,

testimonio. *Inseguridad.*
**FEALDAD** Deformidad, monstruosidad. *Belleza.* // Deshonestidad, torpeza. *Honestidad.*
**FEBLE** Débil, flaco, flojo, enfermizo.
**FEBRIL** Afiebrado, calenturiento, febricitante. *Frío.* // Desasosegado, intranquilo, violento. *Sosegado, tranquilo.*
**FECAL** Excrementicio.
**FECHA** Data, tiempo, momento.
**FECHORÍA** Maldad, travesura, picardía, perversidad.
**FÉCULA** Almidón, albumen.
**FECUNDAR** Fecundizar, fertilizar, preñar. *Esterilizar.*
**FECUNDIDAD** Abundancia, fertilidad. *Esterilidad.*
**FECUNDO** Fértil, prolífico, feraz, ubérrimo. *Infecundo.*
**FEDERACIÓN** Asociación, coalición, confederación, liga, unión.
**FEDERAL** Federalista, federativo.
**FEDERAR** Asociarse, aliarse, unirse, convenir, pactar. *Separarse.*
**FEHACIENTE** Fidedigno.
**FELICIDAD** Contento, dicha, gusto, prosperidad, satisfacción, suerte, ventura. *Desencanto, disgusto, desventura.*
**FELICITACIÓN** Congratulación, enhorabuena, felicidades, parabién, pláceme. *Condolencia, pésame.*
**FELICITAR** Alabar, aplaudir, aprobar, congratular, cumplimentar.
**FELIGRÉS** Parroquiano. // Camarada, compañero.
**FELIGRESÍA** Parroquia.
**FELINO** Gatuno. // Ladino, escurridizo.
**FELIZ** Afortunado, contento, dichoso, satisfecho. *Infeliz, triste.* // Acertado, eficaz, oportuno. *Ineficaz, inoportuno.*
**FELÓN** Alevoso, fementido, infame, pérfido, traidor, desleal, indigno, falso.
**FELONÍA** Alevosía, deslealtad, infamia, infidelidad, traición. *Fidelidad, lealtad.*
**FELPA** Terciopelo, peluche. // Paliza, tunda, zurra. // Represión.
**FELPUDO** Afelpado, esterilla.
**FEMENINO** Femenil, femíneo, mujeril.

// Débil, endeble, delicado.
**FEMENTIDO** Engañoso, falso, felón.
**FENDA** Grieta, hendidura, raja.
**FENECER** Acabar, fallecer, sucumbir, terminarse.
**FENOMENAL** Asombroso, colosal, descomunal, estupendo, extraordinario. // Tremendo, portentoso.
**FENÓMENO** Portento, prodigio, milagro, rareza. // Manifestación, apariencia. // Monstruo, coloso.
**FEO** Antiestético, deforme, fiero, grotesco. *Agraciado, bello, guapo.* // Censurable, indigno, indecoroso, reprochable. *Loable.* // Afrenta, desaire.
**FERACIDAD** Fertilidad.
**FERAZ** Fértil, fecundo.
**FÉRETRO** Ataúd., caja.
**FERIA** Descanso, vacación, fiesta. // Exposición, mercado, certamen. // Convenio, contrato.
**FERIADO** Festivo.
**FERMENTAR** Leudar, aleudar, alterarse, agriarse.
**FERMENTO** Levadura, diastasa.
**FEROCIDAD** Atrocidad, brutalidad, crueldad, fiereza. *Humanidad, piedad.*
**FEROZ** Atroz, cruel, violento, despiadado, fiero, inhumano, sanguinario.
**FÉRREO** Duro, fuerte, inflexible, resistente, tenaz.
**FERROCARRIL** Tren.
**FÉRTIL** Fecundo, feraz, fructífero, opimo, productivo, prolífico, ubérrimo. *Estéril, improductivo.*
**FERTILIDAD** Fecundidad, feracidad. *Esterilidad.*
**FERTILIZAR** Abonar, fecundar, fecundizar. *Esterilizar.*
**FÉRULA** Palmeta. // Dictadura, tiranía.
**FERVIENTE** Apasionado, fogoso, ardiente, entusiasta, férvido, fervoroso, vehemente. *Impasible, frío.*
**FERVOR** Ardor, celo, entusiasmo, pasión. *Frialdad.* // Devoción, piedad. *Tibieza.*
**FESTEJAR** Agasajar, cortejar, galantear, regalar, rondar, requerir.

**FESTEJO** Agasajo, halago, obsequio. // Galanteo. // Fiesta, festividad, diversión, regocijo.
**FESTÍN** Banquete, comilona, orgía.
**FESTIVAL** Fiesta.
**FESTIVIDAD** Conmemoración, fiesta, solemnidad.
**FESTIVO** Feriado. // Agudo, alegre, chistoso, gozoso, jocoso, jovial, ocurrente. *Grave, serio.*
**FESTÓN** Adorno. // Bordado. // Orilla, borde.
**FESTONEAR** Ribetear, adornar, orillar, bordear.
**FETICHE** Amuleto, ídolo, talismán.
**FETICHISMO** Idolatría.
**FETIDEZ** Hediondez, hedor, pestilencia. *Fragancia.*
**FÉTIDO** Hediondo, maloliente, pestilente, nauseabundo, apestoso. *Fragante.*
**FEUDAL** Señorial, solariego.
**FEUDATARIO** Tributario, vasallo, plebeyo. *Señor.*
**FEUDO** Vasallaje. // Dominio, heredad, posesión.
**FIABLE** Honrado, íntegro.
**FIADOR** Garante, garantizador.
**FIAMBRERA** Portaviandas.
**FIANZA** Garantía, prenda.
**FIAR** Confiar. *Desconfiar.* // Responder, garantizar, avalar, afianzar.
**FIASCO** Chasco, decepción, fracaso. *Éxito, triunfo.*
**FIBRA** Filamento, hebra, raicilla. // Energía, resistencia, robustez, vigor, fortaleza. *Debilidad.*
**FIBROSO** Duro, escleroso, coriáceo, resistente, nervudo.
**FÍBULA** Hebilla, alfiler, pasador.
**FICCIÓN** Cuento, fábula, invención, fingimiento, mentira, quimera. *Realidad, verdad.* **\*Fisión.**
**FICHA** Cédula, papeleta. // Pieza. // Señas, filiación, datos.
**FICHAR** Anotar, catalogar, señalar.
**FICHERO** Archivador.
**FICTICIO** Fabuloso, falso, fingido, imaginario, imaginado, inventado, supues-

to, fantástico, novelesco. *Auténtico, cierto, comprobado.* **\*Facticio.**

**FIDEDIGNO** Auténtico, fehaciente, verdadero. *Falso, mentiroso.*

**FIDELIDAD** Exactitud, lealtad, probidad, puntualidad, sinceridad, veracidad. *Alevosía, deslealtad, falsedad, traición.*

**FIEBRE** Calentura, temperatura, pirexia, hipertemia, destemplanza.

**FIEL** Devoto, leal, perseverante, sincero, verdadero, verídico. *Infiel.* // Exacto, puntual. *Impuntual, inexacto.* // Creyente. *Ateo.*

**FIERA** Bestia, animal. // Salvaje, inhumano, cruel, indómito.

**FIEREZA** Braveza, crueldad, ferocidad, inhumanidad, saña. *Dulzura, suavidad.* // Fealdad, deformidad.

**FIERO** Brutal, feroz, horroroso, inhumano, sanguinario, terrible. // Duro, intratable. *Manso.* // Grande, excesivo.

**FIERRO** Hierro.

**FIESTA** Alegría, diversión, placer, regocijo. *Duelo, pena.* // Festividad. // Agasajo, caricia, halago.

**FÍGARO** Barbero, peluquero.

**FIGÓN** Bodegón, taberna, fonda.

**FIGURA** Apariencia, aspecto, cara, gesto, mueca, rostro. // Dibujo, estampa, grabado, ilustración, imagen. // Emblema, símbolo. // Metáfora, tropo.

**FIGURACIÓN** Actuación, representación. // Símbolo. *Realidad.*

**FIGURADO** Imaginativo, retórico. *Efectivo, real.*

**FIGURANTE** Comparsa, extra, partiquino. *Protagonista.*

**FIGURAR** Configurar, delinear, disponer, representar. // Aparentar, simular. // Creerse, imaginar, pensar, sospechar, suponerse.

**FIGURATIVO** Emblemático, representativo, simbólico.

**FIGURÍN** Modelo, patrón, dibujo, diseño. // Lechuguino, petimetre, dandi.

**FIJAMENTE** Atentamente, cuidadosamente, firmemente.

**FIJAR** Adherir, asegurar, clavar, hincar,

pegar, encolar, sujetar. *Desclavar, despegar.* // Asignar, designar, determinar, limitar, precisar. // Atender, notar, reparar. // Afincarse, domiciliarse. *Vagar.* // Decidirse, resolverse.

**FIJEZA** Continuidad, persistencia, inalterabilidad. // Firmeza, seguridad. *Inestabilidad, inseguridad.*

**FIJO** Asegurado, asentado, firme, inmóvil, invariable, permanente, seguro. *Eventual, provisional, temporal, transitorio, móvil.*

**FILA** Cola, hilera, línea, ringla, ringlera.

**FILAMENTO** Fibra, hebra, hilo. *Chapa, lámina, membrana.*

**FILANTROPÍA** Altruismo, generosidad, caridad. *Egoísmo, interés, tacañería.*

**FILÁNTROPO** Altruista, generoso, benefactor. *Mezquino, tacaño.*

**FILETE** Línea, lista, orla. // Lonja.

**FILIACIÓN** Descendencia, procedencia. // Señas.

**FILIAL** Sucursal.

**FILIBUSTERO** Pirata, bucanero, corsario, contrabandista.

**FILIGRANA** Marca, señal. // Delicadeza, adorno, primor, calado.

**FILÍPICA** Censura, invectiva, reprensión, reprimenda. *Apología.*

**FILO** Arista, borde, corte.

**FILOLOGÍA** Etimología, lingüística.

**FILÓN** Negocio, recurso, vena, veta.

**FILOSOFAR** Analizar, discurrir, examinar, meditar, reflexionar.

**FILOSOFÍA** Conformidad, resignación, serenidad. *Rebeldía.*

**FILÓSOFO** Pensador, sabio, prudente. // Austero, virtuoso.

**FILTRACIÓN** Infiltración, exudación. // Malversación.

**FILTRAR** Colar, desaparecer, escurrirse.

**FILTRO** Colador. // Bebedizo.

**FIN** Final, término, terminación, acabóse, conclusión, desenlace. *Fuente, origen, principio.* // Finalidad. // Confín, límite. // Apéndice, cola, punta, remate.

**FINADO** Difunto.

**FINAL** Finito, terminable, acabable, concluyente, conclusivo, terminante. *Inicial*. // Finalidad, motivo. // Último, postrero.

**FINALIDAD** Designio, fin, motivo, objeto, propósito.

**FINALIZAR** Acabar, concluir, cumplirse, extinguirse, rematar, terminar. *Comenzar, empezar, gestarse*.

**FINALMENTE** Por último, en definitiva, en conclusión, al fin, últimamente, definitivamente.

**FINANCIAR** Costear.

**FINANCIERO** Economista, negociante. // Banquero. // Potentado, acaudalado.

**FINAR** Expirar, fallecer, morir. *Nacer*.

**FINCA** Inmueble, propiedad.

**FINCAR** Consistir, estribar, radicar.

**FINÉS** Finlandés. *\*Fines*.

**FINEZA** Delicadeza, finura, primor. // Obsequio, presente, regalo.

**FINGIDO** Simulado, aparente, disimulado, artificial, afectado. *Natural, sincero, real*.

**FINGIMIENTO** Doblez, engaño, hipocresía, simulación. *Franqueza, realidad, sinceridad*.

**FINGIR** Aparentar, simular.

**FINIQUITAR** Acabar, concluir, rematar, saldar, terminar. *Iniciar*.

**FINÍTIMO** Cercano, colindante. *Lejano*.

**FINO** Airoso, delgado, delicado, esbelto, exquisito, primoroso, sutil. *Basto, ordinario, tosco*. // Atento, comedido, cortés, cumplido, educado. *Grosero, ordinario*. // Acendrado, depurado. *Burdo*. // Astuto, hábil. *Chapucero*.

**FINURA** Delicadeza, exquisitez, fineza, primor. *Dureza*. // Comedimiento, cortesía. *Inurbanidad*. // Astucia, habilidad, sutileza. *Torpeza*.

**FIRMA** Nombre, rúbrica. // Razón social.

**FIRMAMENTO** Bóveda celeste, cielo, espacio.

**FIRMANTE** Infrascrito, signatario.

**FIRMAR** Signar, suscribir.

**FIRME** Constante, entero, estable, fijo, fuerte, íntegro, resistente, seguro, sólido. *Débil, inseguro*. // Pavimento.

**FIRMEZA** Consistencia, constancia, entereza, estabilidad, fortaleza, perseverancia, resistencia. *Inconsistencia, indecisión, inestabilidad*.

**FISCAL** Acusador. // Crítico.

**FISCALIZAR** Controlar, criticar, indagar, inquirir.

**FISCO** Erario.

**FISGÓN** Burlón, curioso.

**FISGONEAR** Curiosear, husmear.

**FÍSICO** Complexión, constitución, porte, naturaleza.

**FISONOMÍA** Aspecto, cara, faz, rostro, semblante.

**FÍSTULA** Úlcera.

**FISURA** Grieta, hendidura, rendija.

**FLÁCCIDO** Flaco, flojo.

**FLACO** Delgado, desmedrado, endeble, enjuto, escuálido, esquelético, magro. *Gordo*.

**FLAGELAR** Azotar, fustigar, vituperar.

**FLAGRANTE** Ardiente. // Evidente, actual. *\*Fragante*.

**FLAMANTE** Brillante, centelleante. // Fresco, nuevo, reciente. *Ajado, usado*.

**FLAMEAR** Llamear. // Ondear, ondular.

**FLANCO** Ala, costado, lado. *Cara, frente, zaga*.

**FLANQUEAR** Cercar, rodear, ceñir, cerrar, sitiar, envolver.

**FLAQUEAR** Aflojar, ceder, cejar, claudicar, debilitarse, decaer, desalentarse. *Mantenerse, resistir*.

**FLAQUEZA** Debilidad, delgadez, desaliento, extenuación, fragilidad. *Gordura, fortaleza*. // Desliz.

**FLATULENCIA** Flato, viento, aire, ventosidad, eructo, regüeldo, pedo, cuesco.

**FLÉBIL** Lacrimoso, lamentable, triste.

**FLECHA** Dardo, saeta, sagita.

**FLECHAR** Asaetear. // Enamorar.

**FLECO** Hilo, cordón, pasamanería, adorno, flequillo.

**FLEJE** Zuncho.

**FLEMA** Mucosidad. // Cachaza, calma, lentitud, pachorra, tardanza. *Ligereza, nerviosidad*.

**FLEMÁTICO** Cachaciento, imperturba-

ble, lento. *Impulsivo, vehemente.*
**FLEMÓN** Inflamación. // Tumor.
**FLEQUILLO** Tupé. // Fleco.
**FLETE** Transporte, carga.
**FLEXIBILIDAD** Maleabilidad, blandura, cimbreo. *Dureza.*
**FLEXIBLE** Cimbreante, dócil, dúctil, maleable. *Inflexible, rígido.*
**FLIRTEAR** Coquetear, galantear.
**FLOJEAR** Acobardarse, aflojar, flaquear. *Endurecerse, fortalecerse.*
**FLOJEDAD** Debilidad, decaimiento, desaliento, desánimo, flaqueza, flojera, laxitud. // Descuido, indolencia, negligencia, pereza.
**FLOJO** Débil, descuidado, indolente, negligente, perezoso, tardo. *Fuerte, laborioso.* // Cobarde, pusilánime. *Templado, tenso, tirante.*
**FLOR** Virginidad. // Cumplido, piropo, requiebro. // Fullería, trampa.
**FLORECER** Mejorar, progresar, prosperar. *Decaer.* // Brillar, desarrollarse. *Mustiarse.* // Existir, vivir.
**FLORECIENTE** Florido, próspero, venturoso. *Arruinado, insolvente.*
**FLORECIMIENTO** Floración. // Adelanto, desarrollo, progreso, prosperidad. *Decadencia, languidez.*
**FLOREO** Lisonja, alabanza, elogio. // Ingenio, sutileza.
**FLORESTA** Bosque, arboleda, parque, selva.
**FLORETE** Espadín, estoque.
**FLORIDO** Escogido, selecto. // Galano.
**FLORILEGIO** Antología, selección.
**FLOTA** Armada, escuadra.
**FLOTAR** Sobrenadar. *Hundirse.* // Ondear, ondular.
**FLUCTUACIÓN** Duda, indeterminación, irresolución, oscilación, titubeo, vacilación. *Certeza, fijeza, resolución.*
**FLUCTUAR** Dudar, titubear, vacilar. *Decidir.* // Ondear, oscilar.
**FLUIDO** Líquido, vaporoso, gaseoso, fluente, corriente. // Claro, limpio, fácil.
**FLUIR** Brotar, correr, manar, salir. *Detenerse, secarse.*

**FLUJO** Derrame, efusión. // Corriente, creciente, oleada, marea.
**FLUXIÓN** Constipado, resfriado.
**FOBIA** Aversión, repugnancia, miedo, temor, rechazo. *Afición.*
**FOCO** Centro, faro, núcleo.
**FOFO** Blando, esponjoso, fláccido, muelle. *Duro.*
**FOGATA** Falla, hoguera, pira.
**FOGÓN** Hogar.
**FOGONAZO** Chispazo, llama.
**FOGOSO** Ardoroso, arrebatado, brioso, impetuoso, vehemente, violento. *Flemático, impasible, pasivo.*
**FOGUEADO** Aguerrido, avezado, baqueteado, curtido, entrenado, experimentado, hecho. *Inexperto, novicio.*
**FOGUEAR** Acostumbrar, avezar, baquetear, entrenar.
**FOJA** Gallareta. // Hoja.
**FOLIAR** Numerar.
**FOLIO** Hoja.
**FOLLAJE** Fronda, espesura, hojarasca. // Palabrería.
**FOLLETÍN** Romance, aventura, novela.
**FOLLETINESCO** Novelero, aventurero, soñador, imaginativo.
**FOLLETO** Opúsculo.
**FOLLÓN** Perezoso, negligente, remolón, abandonado. *Diligente.* // Cobarde, miedoso. *Valiente.*
**FOMENTAR** Alimentar, atizar, avivar, excitar, impulsar, promover, vigorizar. *Coartar, reprimir, restringir.*
**FOMENTO** Abrigo, calor, pábulo, protección, sostenimiento.
**FONDA** Cantina, hostería.
**FONDEADERO** Ancladero.
**FONDEAR** Anclar, recalar, atracar.
**FONDO** Hondura, profundidad. *Superficie.* // Carácter, condición, índole. // Intimidad, interior, esencia. *Exterioridad.* // Retrete.
**FONDO (A)** Enteramente, absolutamente. *Superficialmente.*
**FONDOS** Capital, dinero.
**FONÉTICA** Fonología, pronunciación.
**FONÓGRAFO** Gramófono, gramola.

**FONTANA** Fuente.

**FORAJIDO** Bandido, bandolero, facineroso, salteador.

**FORAMEN** Agujero, hoyo, taladro.

**FORASTERO** Ajeno, extraño, extranjero. *Indígena, nativo, vecino.*

**FORCEJAR** Esforzarse, forcejear, forzar, pugnar. // Oponerse, resistirse.

**FORJA** Fragua. // Argamasa, mezcla.

**FORJAR** Fabricar, fraguar, fingir, inventar, urdir.

**FORMA** Figura, imagen, hechura, configuración, conformación. *Deformidad.* // Estilo, fórmula, manera, modo. // Molde, horma, matriz, modelo.

**FORMACIÓN** Creación, constitución, elaboración.

**FORMAL** Determinado, expreso, preciso. // Consecuente, exacto. // Juicioso, puntual, serio, veraz. *Alocado, informal, irresponsable.*

**FORMALIDAD** Compostura, consecuencia, exactitud, norma, puntualidad, regla, requisito, seriedad. *Frivolidad, inexactitud, informalidad.*

**FORMALIZAR** Concretar, determinar, fijar, precisar. // Legalizar, legitimar. // Amoscarse, enfadarse.

**FORMAR** Crear, hacer, modelar, moldear, plasmar, configurar. *Deformar.* // Establecer, fundar, instituir, ordenar, organizar. *Desordenar.* // Componer, constituir, integrar. *Descomponer.* // Adiestrar, criar, educar, instruir. *Malear.* // Desarrollarse.

**FORMATO** Dimensión, forma, tamaño.

**FORMIDABLE** Colosal, enorme, gigantesco, monstruoso. *Insignificante.* // Temible, terrorífico, tremendo.

**FORMÓN** Escoplo, sacabocados, gubia. **\*Formol.**

**FÓRMULA** Receta. // Pauta, regla.

**FORMULAR** Exponer, expresar, manifestar. // Recetar.

**FORMULISMO** Ceremonia, costumbre, rutina.

**FORNIDO** Corpulento, fuerte, membrudo, robusto, vigoroso. *Enclenque, enfer-*

*mizo, débil, flojo, enfermo.*

**FORO** Curia, tribunales, jurisprudencia.

**FORRAJE** Pasto.

**FORRAR** Cubrir, revestir. *Desnudar.*

**FORRO** Cubierta, defensa, resguardo, revestimiento.

**FORTACHÓN** Fornido, recio, musculoso. *Alfeñique.*

**FORTALECER** Confortar, entonar, fortificar, robustecer, tonificar, vigorizar. *Ablandar, debilitar.*

**FORTALEZA** Fuerza, vigor. *Debilidad.* // Alcázar, castillo, ciudadela, fuerte. // Entereza, firmeza, solidez. *Flaqueza, pusilanimidad.*

**FORTIFICACIÓN** Baluarte, fortaleza, fortín.

**FORTIFICAR** Fortalecer, reforzar. *Debilitar.* // Entonar, rehacer, robustecer, tonificar, vigorizar. *Extenuar.*

**FORTUITO** Accidental, casual, eventual, imprevisto, inopinado. *Esencial, previsto, pensado.*

**FORTUNA** Suerte, acaso, azar, casualidad, destino, estrella, hado, sino, ventura. *Desgracia.* // Caudal, dinero, riqueza. *Miseria.* // Borrasca, tempestad.

**FORÚNCULO** Divieso, furúnculo.

**FORZADO** Artificioso, forzoso, obligado, rebuscado. *Natural.*

**FORZAR** Violar. // Conquistar, tomar. // Forcejear. // Compeler, obligar.

**FORZOSO** Inevitable, inexcusable, obligatorio, preciso. *Eludible, prescindible, voluntario.*

**FORZUDO** Fuerte, Hércules.

**FOSA** Hoyo, sepultura. // Depresión.

**FOSCO** Oscuro. *Claro.* // Hosco, insociable. *Amable, sociable.*

**FOSFORESCENCIA** Luminiscencia, fluorescencia.

**FÓSIL** Petrificado. // Anticuado, viejo. *Moderno.*

**FOSO** Excavación, hoyo, pozo.

**FOTOGRAFÍA** Foto, retrato.

**FRACASADO** Desafortunado, malogrado, decepcionado, desilusionado, frustrado. *Exitoso, afortunado.*

**FRACASAR** Fallar, frustrarse, malograrse. *Triunfar, alcanzar, lograr.*

**FRACASO** Frustración, malogro, revés. *Conquista, éxito, victoria.*

**FRACCIÓN** Fragmento, parte, pedazo, pizca, división, cuota, partícula. *Conjunto, todo, total.* // Quebrado.

**FRACCIONAR** Dividir, fragmentar, partir. *Sumar, unirse.*

**FRACTURA** Rotura.

**FRACTURAR** Quebrantar, quebrar, romper, partir.

**FRAGANCIA** Aroma, olor. *Fetidez, hedor, tufo.*

**FRAGANTE** Aromático, oloroso, perfumado. *Pestilente.* *****Flagrante.**

**FRÁGIL** Rompible, frangible, quebradizo. *Duro, resistente, tenaz.* // Caduco, débil. *Fuerte.*

**FRAGILIDAD** Debilidad, delicadeza, inconsistencia, inestabilidad. *Fortaleza, dureza, resistencia.*

**FRAGMENTAR** Dividir, fraccionar, partir, romper, cortar.

**FRAGMENTARIO** Incompleto. *Entero.*

**FRAGMENTO** Trozo, añico, astilla, segmento, cacho, fracción, parte, pedazo, porción. *Suma, totalidad, todo.*

**FRAGOR** Estruendo, ruido.

**FRAGOROSO** Estrepitoso, estruendoso, fragoso, ruidoso.

**FRAGOSIDAD** Anfractuosidad, aspereza, escabrosidad, espesura. *Llanura, suavidad.*

**FRAGOSO** Áspero, escabroso, intrincado, quebrado.

**FRAGUA** Fogón, forja.

**FRAGUAR** Forjar. // Tramar, maquinar, urdir. // Imaginar, idear, proyectar.

**FRAILE** Monje, religioso.

**FRANCACHELA** Bacanal, comilona, orgía, holgorio.

**FRANCAMENTE** Sinceramente. *Arteramente, oscuramente.*

**FRANCO** Abierto, claro, ingenuo, leal, llano, natural, sencillo. // Desembarazado, exento, libre, privilegiado.

**FRANGIBLE** Frágil, quebradizo, rompible. *Indestructible, irrompible.*

**FRANGIR** Dividir, partir, cortar, fragmentar, romper, quebrar. *Unir.*

**FRANGOLLO** Mezcolanza, revoltijo.

**FRANGOLLÓN** Chapucero.

**FRANJA** Faja, lista, orla, ribete, tira, guarnición, borde.

**FRANQUEAR** Exceptuar, liberar, libertar, librar, manumitir. // Abrir, desembarazar, despejar. *Cerrar, disimular, ocultar.* // Estampillar. // Confiarse. *Desconfiar.*

**FRANQUEO** Estampillado.

**FRANQUEZA** Claridad, ingenuidad, llaneza, naturalidad, sinceridad. *Fingimiento, simulación.* // Generosidad, liberalidad. *Tacañería.*

**FRANQUICIA** Exención, libertad, privilegio, dispensa.

**FRASCO** Botella, vaso, envase.

**FRASE** Dicho, locución, expresión, oración, proposición, decir.

**FRASEOLOGÍA** Palabrería.

**FRATERNIDAD** Hermandad, unión, armonía, concordia, apego.

**FRATERNIZAR** Armonizar, hermanar, simpatizar. *Desunir, odiarse.*

**FRATERNO** Fraternal.

**FRAUDE** Defraudación, dolo, engaño, estafa, superchería, timo, trampa. *Donación, verdad.*

**FRAUDULENTO** Doloso, engañoso, falaz. *Legítimo, veraz.*

**FRAY** Fraile.

**FRAZADA** Manta, cobija, cobertor.

**FRECUENCIA** Asiduidad, periodicidad, repetición. *Dilación, interrupción.*

**FRECUENTAR** Concurrir, visitar. *Diferir, tardar.*

**FRECUENTE** Acostumbrado, común, corriente, habitual, reiterado, usual, endémico, diario, ordinario. *Extraño, extraordinario, insólito, raro.*

**FREGADO** Lavado, limpieza. // Embrollo, lío. // Refriega, reyerta.

**FREGAR** Estregar, frotar, lavar, limpiar, restregar, jabonar, trapear. *Ensuciar.* // Fastidiar, molestar. *Entretener.*

**FREGONA** Criada.

**FREÍR** Saltear, sofreír, fritar, rehogar. // Importunar, molestar, mortificar.

**FRÉJOL** Frijol, poroto.

**FRENAR** Moderar, detener, sujetar, parar, refrenar. *Acelerar.*

**FRENESÍ** Exaltación, furia, furor, locura, rabia, pasión, arrebato, delirio, ímpetu, cólera. *Placidez, sosiego.*

**FRENÉTICO** Exaltado, furioso, loco, rabioso. *Tranquilo.*

**FRENO** Sujeción, tope, dique. *Estímulo, incitación.* // Bocado.

**FRENTE** Testuz, testera. // Cara, semblante. // Anverso, delantera, fachada. *Banda, costado, zaga.*

**FRESA** Frutilla. **\*Freza.**

**FRESAR** Agujerear. **\*Frezar.**

**FRESCA** Aire, fresco.

**FRESCACHÓN** Robusto, sano.

**FRESCO** Frescor, frescura, frío. *Calor.* // Flamante, nuevo, reciente. *Viejo.* // Sereno, tranquilo. // Descarado, descocado, desvergonzado, insolente. *Vergonzoso, tímido.*

**FRESCOR** Fresco, frescura.

**FRESCURA** Amenidad, lozanía. // Descuido, negligencia. // Serenidad, tranquilidad. // Desenfado, desembarazo. // Atrevimiento, desfachatez, desvergüenza, tupé. // Chanza, pulla.

**FREZA** Desove. **\*Fresa.**

**FRIALDAD** Frío. // Frigidez, impotencia. *Pasión.* // Desapego, descuido, flojedad, indiferencia. *Afecto, entusiasmo.* // Negligencia. *Esmero.*

**FRICCIONAR** Frotar, restregar.

**FRIEGA** Frotación.

**FRIGIDEZ** Frialdad, frío.

**FRÍGIDO** Destemplado, frío.

**FRIJOL** Alubia, poroto, fréjol, frisol.

**FRÍO** Frescor, frialdad. *Calor.* // Aterido, frígido, gélido. *Acalorado, caldeado, caliente.* // Desapegado, impasible, indiferente, reservado. *Afectuoso, vehemente.* // Impotente, ineficaz.

**FRIOLERA** Bicoca, fruslería. *Magnitud.*

**FRIOLENTO** Friolero.

**FRISAR** Acercarse, aproximarse. // Congeniar, confrontar. // Juntarse, unirse.

**FRISO** Zócalo.

**FRITAR** Freír.

**FRITO** Aviado, freído, listo.

**FRITURA** Fritada.

**FRIURA** Frialdad.

**FRIVOLIDAD** Futilidad. *Gravedad, importancia, reflexión.*

**FRÍVOLO** Fútil, insustancial, ligero, superficial, veleidoso, trivial. *Trascendente, valioso.*

**FRONDA** Boscaje, espesura, ramaje, hojarasca. *Claro.*

**FRONDOSIDAD** Fronda, espesura, follaje, ramaje, hojarasca.

**FRONTERA** Límite, linde, confín. // Frontis.

**FRONTERIZO** Colindante, limítrofe, confinante, frontero, limitáneo, rayano.

**FRONTIS** Fachada, frente, frontispicio, portada.

**FRONTISPICIO** Frontis. // Cara, frente. // Frontón.

**FRONTÓN** Cancha. // Frontispicio.

**FROTAMIENTO** Fregado, fricción, refregón, roce, frotación, frote.

**FROTAR** Friccionar, ludir, refregar, restregar, desgastar.

**FRUCTÍFERO** Beneficioso, lucrativo, provechoso, redituable. *Improductivo.* // Fértil. *Estéril.*

**FRUCTIFICAR** Frutar, frutecer, dar fruto, producir, madurar. *Marchitar.* // Redituar, rendir.

**FRUCTUOSO** Fructífero.

**FRUGAL** Parco, sobrio.

**FRUGALIDAD** Moderación, parquedad, sobriedad, templanza. *Destemplanza, gula, voracidad.*

**FRUICIÓN** Complacencia, goce, disfrute. *Aburrimiento, sufrimiento.*

**FRUNCE** Arruga, pliegue. *Lisura.*

**FRUNCIMIENTO** Plegado. // Embuste, fingimiento.

**FRUNCIR** Plegar, doblar, arrugar. *Alisar, planchar.* // Reducir, estrechar. // Tergiversar. // Enfoscarse.

**FRUSLERÍA** Bagatela, bicoca, friolera, futesa, insignificancia, menudencia, minucia, nonada, baratija.

**FRUSTRACIÓN** Desengaño, fracaso. *Anhelo, deseo.*

**FRUSTRAR** Malograr. *Lograr.* // Fallar, estrellarse, fracasar. *Realizar.*

**FRUTA** Fruto.

**FRUTO** Fruta. // Obra, producto, producción. // Recompensa, resultado. // Beneficio, lucro, provecho, utilidad.

**FUCILAR** Fulgurar, relampaguear, rielar. *\*Fusilar.*

**FUCILAZO** Relámpago. *\*Fusilazo.*

**FUEGO** Brasa, hoguera, incendio, llama. // Hogar, lumbre. // Ardor, ímpetu, pasión, vehemencia. *Frialdad.*

**FUELLE** Arruga, pliegue.

**FUENTE** Fontana, manantial, surtidor, venero. // Bandeja, plato. // Antecedente, fundamento, origen, principio. *Finalidad, fin.*

**FUERO** Jurisdicción, ley, dominio, poder. // Exención, privilegio. // Arrogancia, presunción.

**FUERTE** Fornido, fortachón, forzudo, hercúleo, macizo, nervudo, poderoso, pujante, corpulento. *Débil, enteco, raquítico.* // Eficaz, excesivo, grande, grave, impetuoso, imponente, terrible. // Agudo, penetrante. // Animoso, enérgico, esforzado, valiente, varonil, vigoroso, tenaz. *Endeble, flojo.* // Preparado, versado. // Ciudadela, fortaleza. // Aptitud, especialidad.

**FUERZA** Eficacia, energía, firmeza, fortaleza, ímpetu, intensidad, poder, pujanza, reciedumbre, resistencia, robustez, vehemencia, vigor, violencia. *Blandura, debilidad, pasividad.*

**FUGA** Escapada, huida. *Aprehensión, captura.*

**FUGARSE** Huir, escapar, evadirse.

**FUGAZ** Breve, efímero, pasajero, perecedero. *Perenne, duradero, permanente. \*Fugas.*

**FUGITIVO** Fugaz. // Evadido, prófugo.

**FULANO** Mengano, perengano, zutano.

**FULGENTE** Brillante, resplandeciente, rutilante. *Mate, apagado.*

**FULGOR** Brillantez, brillo, resplandor. *Oscuridad, sombra.*

**FULGURAR** Brillar, centellear, resplandecer. *Ensombrecer.*

**FULIGINOSO** Denegrido, oscurecido, tiznado, ahumado.

**FULLERÍA** Engaño, trampa, fraude, dolo, estafa.

**FULLERO** Tahúr, tramposo, estafador, pícaro, bribón.

**FULMINANTE** Rapidísimo, repentino, vertiginoso. // Explosivo.

**FULMINAR** Aniquilar. // Matar.

**FUMAR** Pitar. // Birlar, burlar.

**FUMIGAR** Desinfectar. *Contaminar, infectar, contagiar.*

**FUNÁMBULO** Volatinero, equilibrista, trapecista.

**FUNCIÓN** Diversión, espectáculo, representación. // Cargo, empleo, ministerio, ocupación.

**FUNCIONAMIENTO** Movimiento, articulación, marcha.

**FUNCIONAR** Andar, trabajar, caminar, marchar, moverse. *Descomponerse, fallar, parar.*

**FUNCIONARIO** Empleado, oficinista, oficial.

**FUNDA** Bolsa, cubierta, envoltura, forro, vaina.

**FUNDACIÓN** Creación, erección, establecimiento, institución. // Legado.

**FUNDADOR** Patrono, creador, instaurador, autor, constituyente.

**FUNDAMENTAL** Básico, cardinal, elemental, esencial, primordial, principal. *Accesorio.*

**FUNDAMENTAR** Basar, cimentar, establecer, fundar.

**FUNDAMENTO** Apoyo, basa, base, sostén. // Causa, motivo, razón. // Antecedente. // Formalidad, seriedad. // Origen, principio, raíz.

**FUNDAR** Fundamentar. // Construir, crear, erigir, establecer, instituir, alzar, asentar, levantar. *Liquidar, suprimir.*

**FUNDIBLE** Fusible.

**FUNDIR** Derretir, liquidar, refundir, unir. *Coagular, cuajar, solidificar.* // Arruinarse, hundirse. *Prosperar.*

**FUNDO** Finca, heredad, propiedad.

**FÚNEBRE** Funesto, luctuoso, lúgubre, necrológico, sombrío, tétrico. *Alegre.*

**FUNERAL** Exequias.

**FUNESTO** Aciago, desgraciado, infausto, nefasto, triste, luctuoso. *Favorable.*

**FUNGOSO** Poroso, ahuecado, esponjoso, fofo.

**FURGÓN** Vagón, vagoneta, carro.

**FURIA** Cólera, coraje, furor, frenesí, impetuosidad, ira, rabia, saña, vehemencia, vesania, violencia. *Paz, serenidad.* // Actividad, agitación, prisa. *Tranquilidad, calma.*

**FURIBUNDO** Airado, colérico, enfurecido, frenético, furioso, iracundo, rabioso. *Sosegado.*

**FURIOSO** Furibundo, loco, terrible, violento. // Excesivo, extremo.

**FURO** Áspero, huraño, indómito, arisco. *Sociable.*

**FUROR** Furia. // Entusiasmo, estro, inspiración, arrebato.

**FURTIVAMENTE** A escondidas, sigilosamente, cautelosamente, disimuladamente. *Abiertamente, ruidosamente.*

**FURTIVO** Escondido, oculto, sigiloso, disimulado, cauteloso.

**FURÚNCULO** Divieso, forúnculo.

**FUSCO** Oscuro, confuso. // Negro.

**FUSIBLE** Fundible.

**FUSILAR** Balear, ejecutar, acribillar. // Plagiar. ***Fucilar.***

**FUSIÓN** Mezcla. // Unificación, unión. ***Fisión.***

**FUSIONAR** Unificar, unir. *Desintegrar, desunir, disociar.*

**FUSTA** Látigo, vara.

**FUSTE** Asta, palo, vara. // Fundamento, madera, nervio, sustancia.

**FUSTIGAR** Azotar, latiguear. // Castigar. // Censurar, criticar, vituperar. *Defender, excusar, justificar.*

**FÚTBOL** Balompié.

**FUTESA** Bagatela, fruslería, nadería.

**FÚTIL** Baladí, insignificante, insustancial, trivial, frívolo, inútil, pequeño. *Esencial, valioso.*

**FUTILIDAD** Frivolidad, insignificancia. *Gravedad, importancia.*

**FUTURO** Porvenir, mañana, destino. // Venidero, ulterior. *Anterior, pasado, pretérito, remoto, retrospectivo.* // Novio, prometido.

**GABÁN** Abrigo, sobretodo, gabardina, capote.

**GABARDINA** Impermeable, sobretodo, gabán, abrigo.

**GABELA** Contribución, gravamen, impuesto, tributo.

**GABINETE** Tocador, alcoba, aposento, salita. // Museo. // Ministerio, cartera, gobierno.

**GACETA** Periódico, diario.

**GACETILLA** Artículo, noticia.

**GACETILLERO** Articulista, redactor, periodista.

**GACHAS** Sopas, masa, pasta, papilla.

**GACHO** Encorvado, inclinado, doblado.

**GACHONERÍA** Atractivo, donaire, gracia, seducción.

**GAFAS** Anteojos, antiparras.

**GAJE** Emolumento, prenda, señal.

**GAJES** Consecuencias, molestias.

**GAJO** Rama. // Racimo. // Parte, división.

**GALA** Gallardía. // Alarde, ostentación. // Etiqueta, ceremonia. // Atuendo.

**GALÁN** Galano. // Galanteador, pretendiente. // Actor.

**GALANO** Adornado, elegante, fresco, galán, gallardo, hermoso, lozano. *Desaliñado, derrotado.*

**GALANTE** Atento, cortesano, obsequioso. *Desatento, grosero, descortés.*

**GALANTEAR** Cortejar, festejar, requebrar, enamorar.

**GALANTEO** Cortejo, coqueteo, festejo, requiebro.

**GALANTERÍA** Atención, cortesanía, elegancia, gracia, obsequiosidad. *Des-*

cortesía, grosería. // Piropo, requiebro. *Desaire.* // Generosidad, liberalidad.

**GALANURA** Donosura, elegancia, gallardía, gracia.

**GALÁPAGO** Quelónido, tortuga.

**GALARDÓN** Premio, recompensa, lauro, distinción. *Castigo, pena, sanción.*

**GALARDONAR** Premiar, recompensar, laurear, distinguir, homenajear, retribuir.

**GALBANA** Pereza, holgazanería, flojera, desidia, indolencia, lentitud, haraganería. *Actividad.*

**GALENO** Médico.

**GALEÓN** Nave, velero, galera, bajel.

**GALEOTE** Preso, penado, presidiario, recluso, forzado, confinado.

**GALERA** Carro, carromato. // Cárcel, prisión, mazmorra, presidio. // Nave. // Sombrero de copa.

**GALERÍA** Corredor, pasaje. // Pinacoteca. // Túnel. // Gallinero, paraíso.

**GALERNA** Tormenta, borrasca, vendaval, ráfaga.

**GALIMATÍAS** Jerigonza, embrollo, algarabía.

**GALLARDAMENTE** Airosamente, garbosamente, bravamente.

**GALLARDEAR** Pavonear, guapear, presumir, jactarse, ostentar.

**GALLARDETE** Banderola, flámula, insignia, distintivo.

**GALLARDÍA** Aire, apostura, bizarría, elegancia, galanura, garbo, gentileza. *Desgarbo, desaire.* // Arresto, arrojo, esfuerzo. *Cobardía, temor.*

**GALLARDO** Airoso, apuesto, bizarro,

desembarazado, garboso, valiente.

**GALLEAR** Gallardear. // Sobresalir.

**GALLETA** Bizcocho. // Bofetada.

**GALLINA** Cobarde, tímido. *León.*

**GALLINERO** Corral. // Cazuela, paraíso.

**GALLO** Esputo. // Mandamás, mandón. // Desafinación, desentono. *\*Gayo.*

**GALÓN** Pasamano, trencilla, cinta.

**GALOPAR** Cabalgar, desbocar.

**GALOPÍN** Bribón, pícaro, taimado. // Sucio, desharrapado.

**GAMA** Escala, gradación, sucesión.

**GAMBETA** Esguince.

**GAMITIDO** Balido, bramido, ronquido.

**GAMUZA** Antílope, rebeco. // Bayeta, paño.

**GANA** Ansia, apetito, deseo, voluntad, afán, ambición, anhelo, apetencia, afición. *Inapetencia, desgana, desinterés, indiferencia.*

**GANADERÍA** Hacienda, manada, grey, rebaño, hato, tropa.

**GANADERO** Criador, estanciero, hacendado, pecuario.

**GANADO** Hacienda, manada, rebaño. // Devengado. *Perdido.*

**GANADOR** Ganancioso, vividor, ambicioso, ventajista. *Perdedor.*

**GANANCIA** Beneficio, provecho, rendimiento, utilidad. *Déficit, pérdida, perjuicio, quebranto.*

**GANAPÁN** Mandadero, changador, jornalero, maletero.

**GANAR** Adquirir, cobrar, embolsar, obtener, percibir, sacar. *Gastar.* // Conquistar, triunfar. // Alcanzar, captarse, conseguir, lograr. // Aventajar, exceder, sobrepujar, superar, vencer. // Ascender, medrar, mejorar, prosperar. *Perder, retroceder, descender.*

**GANCHO** Anzuelo, arpón, garfio, garabato. // Ángel, atractivo, seducción, gracia.

**GANDIDO** Hambriento, indigente, necesitado.

**GANDUL** Holgazán, poltrón, tumbón, vagabundo, perezoso. *Diligente, prolijo, trabajador.*

**GANDULEAR** Haraganear, holgazanear. *Esforzarse, trabajar.*

**GANGA** Breva, canonjía, ocasión, pichincha, sinecura, ventaja, prebenda.

**GANGOSO** Nasal.

**GANGRENA** Corrupción.

**GANOSO** Ansioso, deseoso, afanoso, ávido. *Apático, indiferente.*

**GANSADA** Estupidez, sandez.

**GANSO** Ánsar, oca. // Lerdo, mentecato, necio, tonto. *Sagaz.*

**GAÑÁN** Mozo, rústico, quintero, bracero. // Rudo, grosero.

**GAÑIDO** Aullido, quejido.

**GAÑIR** Aullar, gruñir. // Graznar. // Quejarse, resollar.

**GAÑOTE** Garguero, gaznate.

**GARABATEAR** Garrapatear.

**GARABATO** Gancho, garfio, garrapato.

**GARAJE** Cochera.

**GARANTE** Avalista, fiador.

**GARANTÍA** Aval, caución, fianza, prenda. *Desconfianza, inseguridad.*

**GARANTIZAR** Asegurar, avalar, garantir, proteger, responder.

**GARAÑÓN** Semental.

**GARAPIÑADO** Grumoso.

**GARBO** Gallardía, gracia. *Desgarbo.* // Desinterés, generosidad, liberalidad. *Tacañería.*

**GARBOSO** Gallardo, airoso. *Desgarbado.* // Dadivoso, magnánimo, rumboso. *Mezquino, tacaño.*

**GARFA** Garra.

**GARFIO** Gancho, arpón, garabato.

**GARGAJO** Escupitajo, esputo, flema, expectoración.

**GARGANTA** Cuello, gañote, gaznate, garguero, gola. // Angostura, desfiladero, estrechura. // Degolladura.

**GARGANTILLA** Argolla, collar.

**GÁRGOLA** Canalón, desagüe, caño, vertedor, cañería.

**GARGUERO** Garganta.

**GARITA** Casilla, torrecilla. // Excusado, letrina.

**GARITO** Timba, leonera, tasca.

**GARLAR** Charlar, parlotear, platicar,

charlatanear, parlar, chacharear.

**GARLITO** Asechanza, celada, trampa.

**GARLOPA** Cepillo.

**GARRA** Mano, zarpa, garfa, uña.

**GARRAFA** Bombona, damajuana, vasija, redoma.

**GARRAFAL** Enorme, grande, extraordinario, excesivo, descomunal, colosal, monumental. *Diminuto, exiguo, leve, mínimo.*

**GARRAPATEAR** Borronear, emborronar, garabatear.

**GARRAPATO** Gancho, garabato, rasgo.

**GARRIDO** Apuesto, galano, gallardo. *Desgarbado.*

**GARROCHA** Pértiga, pica, vara.

**GARRÓN** Calcañar. // Espolón.

**GARROTAZO** Bastonazo, cachiporrazo, estacazo, trancazo.

**GARROTE** Bastón, estaca, palo, porra, tranca, vara.

**GARROTILLO** Crup, difteria.

**GARRUCHA** Carrillo, polea.

**GARRULERÍA** Charla, parlanchinería. *Silencio.*

**GARÚA** Llovizna.

**GARZO** Azulado, azulino.

**GARZÓN** Jovenzuelo, mozo.

**GAS** Vapor, vaho, efluvio, emanación, exhalación. // Flatulencia, pedo.

**GASA** Cendal, muselina, seda, tul.

**GASEOSO** Gasógeno, gaseiforme, gasificable, aeriforme, volátil.

**GASIFICACIÓN** Vaporización, volatilización, evaporación.

**GASIFICAR** Vaporizar, evaporar, gasear, volatilizar, fumigar.

**GASOLINA** Bencina, carburante, gasoleno, nafta.

**GASTADO** Borrado, deslucido, disminuido, raído, usado. *Nuevo.* // Cansado, debilitado, extenuado. *Fuerte.*

**GASTADOR** Derrochador, dilapidador, disipador, consumidor, manirroto. *Ahorrador, avaro.*

**GASTAR** Desembolsar, expender, disipar, malgastar. *Ahorrar, embolsar.* // Agotar, apurar, consumir, usar. *Aumen-*

*tar.* // Estropear, usar, inutilizar. *Renovar, reparar.*

**GASTO** Consumo, consumición, desembolso, dispendio, egreso, expensas, derroche, presupuesto. *Ahorro, economía, entrada, ganancia.*

**GÁSTRICO** Estomacal.

**GATAS (A)** Apenas, casi.

**GATEAR** Arrastrarse, trepar.

**GATILLO** Disparador, percusor.

**GATO** Minino, morrongo. // Sagaz, taimado. // Cric.

**GATUNO** Felino, gatesco.

**GATUPERIO** Embrollo, enredo, triga, chanchullo, farsa.

**GAUCHADA** Favor, servicio. *Trastada.*

**GAUCHO** Servicial. *Egoísta.* **\*Guacho.**

**GAVETA** Cajoncillo, cajoncito, compartimiento, cofrecito.

**GAVILLA** Haz, fajo, manojo. // Pandilla, patota, banda.

**GAYO** Alegre, vistoso. *Sombrío, triste.* **\*Gallo.**

**GAYOLA** Cárcel, prisión. // Jaula.

**GAZAPERA** Conejera, madriguera. // Riña, pelea.

**GAZAPO** Conejo. // Equivocación, errata. // Mentira. *Verdad.*

**GAZMOÑERÍA** Hipocresía, mojigatería. *Sinceridad.*

**GAZNÁPIRO** Bobo, palurdo, simplón, torpe, tonto, patán. *Vivo.*

**GAZNATE** Garganta, garguero.

**GAZUZA** Apetito, hambre. *Saciedad.*

**GÉLIDO** Frío, helado, glacial, álgido, congelado. *Cálido, tórrido.*

**GEMA** Piedra preciosa. // Botón, yema, renuevo.

**GEMEBUNDO** Llorón, quejoso, apesadumbrado. *Satisfecho.*

**GEMELO** Idéntico, igual, mellizo. *Distinto, diferente.*

**GEMELOS** Anteojos.

**GEMIDO** Lamento, quejido, queja, sollozo, plañido, lamentación, clamor. *Carcajada, risa.*

**GEMIR** Clamar, lamentarse, quejarse. // Aullar.

**GENEALOGÍA** Origen, árbol genealógico, ascendencia, estirpe, linaje, familia, ascendientes, progenitores, parentela, dinastía, alcurnia, cepa, prosapia.

**GENERACIÓN** Procreación, reproducción. // Casta, especie, género. // Descendencia, progenie.

**GENERAL** Común, corriente, frecuente, usual. *Característico, especial, excepcional.* // Global, total, universal. *Específico, individual, peculiar, local, relativo, singular.*

**GENERALIDAD** Mayoría, público, totalidad. *Algunos.* // Imprecisión, vaguedad, ambigüedad.

**GENERALIZAR** Difundir, divulgar. // Universalizar. // Compendiar, sintetizar. *Singularizar.*

**GENERALMENTE** Comúnmente, universalmente, colectivamente, totalmente. *Parcialmente.*

**GENERAR** Procrear, producir, engendrar, fecundar, reproducir, multiplicar.

**GÉNERO** Clase, especie, orden. // Índole, naturaleza. // Manera, modo, suerte. // Mercadería, mercancía. // Tela.

**GENEROSAMENTE** Espléndidamente, liberalmente, magnánimamente.

**GENEROSIDAD** Esplendidez, largueza, liberalidad, desinterés, altruismo, caridad, magnanimidad, munificencia, nobleza. *Escasez, sordidez, tacañería.*

**GENEROSO** Dadivoso, desinteresado, noble, pródigo, desprendido, espléndido, liberal. *Avaro, mezquino, roñoso.* // Abundante, fértil.

**GÉNESIS** Origen, principio, fuente, embrión, germen. *Fin, muerte.*

**GENIAL** Inspirado, sobresaliente. *Chato, vulgar.* // Alegre, deleitoso, placentero, animado.

**GENIALIDAD** Rareza, singularidad, excelencia. *Vulgaridad.*

**GENIO** Ingenio, inventiva, talento. // Carácter, disposición, inclinación, índole. // Duende, elfo.

**GENTE** Concurrencia, público, masa, gentío, muchedumbre. // Familia, parentela. // Nación, pueblo.

**GENTIL** Idólatra, pagano. // Airoso, bizarro, donoso, galán, gallardo, gracioso, notable. // Noble, aristócrata.

**GENTILEZA** Aire, bizarría, desembarazo, gala, galanura, gallardía, garbo, gracia, hidalguía, nobleza, ostentación, soltura. *Afectación, desgarbo.* // Cortesía, urbanidad. *Grosería, incorrección.*

**GENTILHOMBRE** Aristócrata, noble, caballero, hidalgo, cortesano.

**GENTILIDAD** Paganismo. *Cristianismo.*

**GENTÍO** Aglomeración, concurrencia, muchedumbre, multitud. *Soledad.*

**GENTUZA** Chusma, morralla, plebe. *Aristocracia, nobleza.*

**GENUFLEXIÓN** Prosternación, reverencia, sumisión.

**GENUINO** Auténtico, fidedigno, legítimo, natural, propio, puro, real. *Apócrifo, falso, ilegítimo, postizo.*

**GEODESIA** Topografía, planimetría, agronometría, agrimensura.

**GEOMÉTRICO** Exacto.

**GERENCIA** Dirección. *Regencia.

**GERMANÍA** Caló, jerga, jerigonza, argot. // Hermandad, gremio.

**GERMEN** Embrión, semilla, grano. // Principio, rudimento. // Origen, causa, motivo, fundamento.

**GERMINAR** Brotar, crecer, desarrollarse, nacer, formarse.

**GESTA** Hazaña, aventura.

**GESTACIÓN** Embarazo, preñez, engendramiento, germinación.

**GESTICULACIÓN** Mímica, gesto, ademán, mueca, mohín.

**GESTIÓN** Diligencia, trámite, negocio, demanda, encargo, intento, representación, administración.

**GESTIONAR** Diligenciar, tramitar. *Impedir, obstruir.*

**GESTO** Apariencia, aspecto, cara, expresión, mueca, rostro, semblante, visaje, actitud.

**GESTOR** Procurador, delegado, administrador, representante.

**GIBA** Corcova, joroba. // Incomodidad,

molestia, fastidio. // Deformidad.

**GIBOSO** Corcovado, contrahecho, jorobado, encorvado. *Erguido.*

**GIGANTE** Coloso, gigantesco. *Enano, liliputiense, pigmeo.*

**GIGANTESCO** Ciclópeo, colosal, titánico. // Excesivo, grandioso.

**GIMNASIA** Ejercicio, calistenia, acrobacia, movimiento, flexión.

**GIMNASTA** Atleta, acróbata, trapecista, corredor, saltador.

**GIMOTEAR** Gemir, sollozar, lloriquear. *Alegrarse, reírse.*

**GIMOTEO** Sollozo, lloriqueo.

**GIRA** Excursión, viaje. *Jira.

**GIRAMIENTO** Vuelta, movimiento, rotación, viraje, giro.

**GIRAR** Rodar, rotar, versar, virar, voltear. *Permanecer.* // Librar.

**GIRASOL** Mirasol.

**GIRATORIO** Rotatorio, circulatorio, voluble, rotable.

**GIRO** Giramiento. // Bravata, fanfarronada. // Aspecto, cariz, dirección. // Letra, libranza.

**GITANO** Cíngaro, bohemio, calé, flamenco. // Egipcio, caló.

**GLACIAL** Álgido, frío, gélido, helado. *Ardiente.* // Desabrido, desafecto, antipático. *Simpático.*

**GLACIAR** Helero, ventisquero.

**GLADIADOR** Reciario, competidor, púgil, pugilista, luchador.

**GLASEAR** Abrillantar. *Deslucir.*

**GLOBAL** General. *Parcial, particular, singular.*

**GLOBO** Esfera. // Mundo, tierra. // Aeróstato. // Bola, mentira. *Verdad.*

**GLORIA** Bienaventuranza, cielo, paraíso. *Infierno.* // Fama, honor, reputación. *Deshonra.* // Delicia, gusto, placer. *Dolor.* // Esplendor, magnificencia, majestad. *Vulgaridad, oscuridad.*

**GLORIARSE** Alabarse, envanecerse, preciarse, vanagloriarse. *Humillarse.* // Alegrarse, complacerse. *Lamentarse.*

**GLORIETA** Cenador, rotonda, quiosco.

**GLORIFICAR** Alabar, ensalzar, honrar.

*Censurar, degradar, rebajar.*

**GLORIOSO** Bienaventurado. // Célebre, eminente, famoso, insigne, memorable. *Desconocido, ignoto.*

**GLOSA** Comentario, exégesis, explicación, interpretación, nota, reparo.

**GLOSAR** Comentar, explicar, interpretar, parafrasear, anotar.

**GLOSARIO** Léxico, vocabulario, diccionario.

**GLOTÓN** Comilón, insaciable, tragaldabas, tragón. *Inapetente.*

**GLOTONERÍA** Gula. *Templanza.*

**GLUTINOSO** Pegajoso, viscoso, adherente, adhesivo, pegadizo.

**GNOMO** Duende, genio, espíritu, enano. *Nomo.

**GOBERNACIÓN** Gobierno.

**GOBERNAR** Conducir, manejar, administrar, dirigir, guiar, mandar, regir. *Cumplir, obedecer.*

**GOBIERNO** Gobernación. // Administración, conducción, dirección, mando, manejo. *Subordinación, sumisión.* // Gabinete, ministerio.

**GOCE** Deleite, placer, gozo, contento, delicia, solaz, bienestar, sensualidad. *Disgusto, dolor, sufrimiento.* // Posesión, uso, usufructo.

**GOCHO** Cerdo, puerco, marrano.

**GOL** Meta, hito, término.

**GOLFO** Pillo, pilluelo, pícaro, vago. // Bahía, rada. *Península.*

**GOLLERÍA** Delicadeza, demasía, exquisitez. // Superfluidad.

**GOLLETE** Cuello, abertura, entrada.

**GOLOSINA** Dulce.

**GOLPE** Cachete, palo, porrazo, puñetazo, trastazo. *Caricia.* // Abundancia, copia, muchedumbre, multitud. Desgracia, infortunio, revés. // Ocurrencia, salida. // Admiración, sorpresa.

**GOLPEAR** Apalear, cascar, azotar, maltratar, pegar. *Acariciar.*

**GOMA** Caucho, cola, liga, mucílago, resina, adhesivo.

**GONFALÓN** Bandera, pendón, estandarte, insignia.

**GONGORISMO** Culteranismo. *Claridad, sencillez.*

**GORDINFLÓN** Gordo, rechoncho. *Esmirriado, flacucho.*

**GORDO** Abultado, corpulento, gordinflón, grueso, obeso, rollizo. *Delgado, escuálido.* // Grande, importante. // Craso, pingüe. *Magro.* // Gordura, grasa.

**GORDURA** Corpulencia, obesidad. *Delgadez, enjutez.* // Adiposidad, grasa, unto, crasitud.

**GORGORITO** Gorjeo, trino.

**GORJEAR** Trinar, silbar, canturrear.

**GORJEO** Trino, canturreo, canto.

**GORRA** Gorro, boina, capucha, capota, cofia.

**GORRINO** Cerdo, cochino, puerco. *Aseado, educado, limpio.*

**GORRO** Sombrero, birrete, bonete, casco, quepis.

**GORRÓN** Gorrista, parásito, vividor. *Caritativo, espléndido.*

**GOTA** Pinta, gotera, parte, poco, lágrima, glóbulo.

**GOTEAR** Destilar, escurrir, estilar, rezumar, instilar, chorrear, llorar. // Lloviznar, chispear.

**GOTERA** Ranura, hendedura, abertura. // Filtración.

**GOTERO** Cuentagotas.

**GÓTICO** Ojival. // Ilustre, noble.

**GOZAR** Complacerse, disfrutar, recrearse, regocijarse. *Entristecerse, padecer, sufrir.* // Poseer, usufructuar.

**GOZNE** Bisagra, gonce, charnela.

**GOZO** Alegría, complacencia, contento, goce, placer, regocijo, satisfacción, deleite, gusto, voluptuosidad. *Aflicción, congoja, desagrado, dolor, sinsabor.*

**GOZOSO** Alegre, contento, jubiloso, satisfecho, feliz, radiante, regocijado, complacido. *Disgustado, insatisfecho.*

**GRABADO** Clisé. // Estampa, ilustración, viñeta. **\*Gravado.**

**GRABAR** Burilar, cincelar, esculpir. // Fijar, inculcar. **\*Gravar.**

**GRACEJO** Chiste, donaire, gracia.

**GRACIA** Atractivo, despejo, donaire, garbo. *Antiparía, desgarbo.* // Agudeza, chiste, gracejo, ocurrencia, sal. *Sequedad, sosería.* // Beneficio, don, favor, indulto, merced. // Misericordia, perdón. // Afabilidad, benevolencia. *Crueldad, rudeza.* // Nombre, apellido.

**GRÁCIL** Delgado, menudo, sutil. *Tosco.*

**GRACIOSAMENTE** Chistosamente, donosamente. // Gratuitamente.

**GRACIOSIDAD** Gratuidad, ventaja, regalo, facilidad, utilidad.

**GRACIOSO** Agudo, chistoso, divertido, donairoso, ocurrente, salado. *Insulso, aburrido, ñoño.* // Atractivo, bonito, encantador, agradable. // De balde, de gracia, gratuito.

**GRADA** Escalón, peldaño. // Escalinata, gradería.

**GRADACIÓN** Escala, progresión, serie, sucesión. *Interrupción.* // Jerarquía, escalafón, matiz, gama.

**GRADERÍA** Gradas, escalinata.

**GRADO** Peldaño. // Generación. // Instancia, parte, sucesión, título. // Categoría, jerarquía. // Gusto, voluntad.

**GRADUAL** Escalonado, paulatino, progresivo, graduable, jerárquico, lento.

**GRADUALMENTE** Paulatinamente, lentamente, sucesivamente, suavemente.

**GRADUAR** Clasificar, escalonar, matizar. // Doctorarse, licenciarse.

**GRAFÍA** Escritura, letra, rasgo.

**GRÁFICO** Esquema, dibujo, boceto, representación. // Claro, expresivo, manifiesto, descriptivo.

**GRAGEA** Confite, píldora.

**GRAMÓFONO** Fonógrafo.

**GRANA** Rojo.

**GRANADO** Experto, ducho, avezado, maduro. // Escogido, ilustre, notable, principal, distinguido, señalado. *Común.*

**GRANDE** Amplio, considerable, enorme, espacioso, extenso, extraordinario, grandioso, grandote, holgado, magno, mayúsculo, tremendo. *Apretado, chico, ínfimo, minúsculo, pequeño, reducido.* // Magnate, noble, prócer, jerarca. // Gloria, esplendor, magnificencia.

**GRANDEZA** Extensión, magnitud, tamaño. *Finitud, parquedad.* // Gloria, esplendor, magnificencia, majestad, honor, dignidad, nobleza, poder. *Miseria.*

**GRANDILOCUENCIA** Énfasis, altilocuencia, ampulosidad.

**GRANDIOSIDAD** Grandeza.

**GRANDIOSO** Grande, colosal.

**GRANDOR** Tamaño, dimensión, talla, medida.

**GRANEL (A)** Sin envase. // En abundancia, en cantidad.

**GRANERO** Hórreo, silo, troj.

**GRANIZO** Pedrisco, piedra.

**GRANJA** Cortijo, chacra, hacienda, quinta. // Lechería.

**GRANJEAR** Adquirir, conseguir, obtener. // Atraerse, captarse. *Contrariar, hostigar.*

**GRANJERÍA** Beneficio, ganancia, utilidad, provecho.

**GRANO** Forúnculo. // Semilla. // Partícula, pizca.

**GRANOS** Cereales.

**GRANUJA** Bribón, pícaro, pillo, golfo.

**GRÁNULO** Granito.

**GRAPA** Arpón, gancho, zuncho.

**GRASA** Gordura, adiposidad, grasitud, manteca, sebo, tocino. // Mugre, porquería, suciedad.

**GRASO** Craso, mantecoso, pingüe, grasiento, seboso, gordo.

**GRATAMENTE** Agradablemente, gustosamente, entretenidamente. *Aburridamente, desagradablemente.*

**GRATIFICACIÓN** Galardón, premio, propina, recompensa, sobresueldo, aguinaldo, prima.

**GRATIFICAR** Premiar, recompensar, remunerar, galardonar. *Quitar.* // Complacer. *Enojar.*

**GRATIS** Gratuitamente, de balde.

**GRATITUD** Agradecimiento, reconocimiento. *Ingratitud, olvido.*

**GRATO** Agradable, deleitoso, gustoso. *Desagradable, ingrato.* // Lisonjero, placentero, satisfactorio. // Gratuito.

**GRATUIDAD** Facilidad, graciosidad,

ventaja, utilidad, regalo. *Interés, precio, gravamen.*

**GRATUITAMENTE** Gratis.

**GRATUITO** Gratis, regalado. *Pagado.* // Arbitrario, inmotivado.

**GRATULARSE** Alegrarse, complacerse, congratularse. *Entristecerse.*

**GRAVA** Guijo, balasto. ***Graba** (grabar).

**GRAVAMEN** Carga, impuesto, obligación. *Exención, franquicia.*

**GRAVAR** Pesar, cargar. *Aligerar, aliviar.* ***Grabar.**

**GRAVE** Importante, capital, trascendental. *Insignificante.* // Arduo, difícil, enfadoso, espinoso, molesto, peligroso, pesado. *Fácil, leve, liviano.* // Circunspecto, formal, reservado, serio. *Informal, jocoso.* // Paroxítono, llano. ***Grabe** (grabar).

**GRAVEDAD** Importancia, seriedad. *Levedad.* // Circunspección, compostura. *Familiaridad, formalidad.*

**GRÁVIDA** Embarazada, encinta, preñada, gestante.

**GRAVIDEZ** Embarazo, preñez, gestación.

**GRAVITAR** Apoyar, cargar, descansar, pesar.

**GRAVOSO** Intolerable, molesto, pesado. *Leve.* // Caro, costoso, oneroso. *Barato, económico, módico.*

**GRAZNAR** Crascitar, crocitar.

**GRAZNIDO** Chirrido, grito, chillido.

**GRECA** Faja, borde, lista, ribete, cenefa.

**GREDA** Arcilla.

**GREGARIO** Adocenado, impersonal. *Libre, rebelde.*

**GREMIO** Sindicato, asociación, agrupación, junta.

**GREÑA** Maraña. // Confusión.

**GREÑUDO** Melenudo. *Rapado.*

**GRESCA** Algazara, bulla, pendencia, riña. *Tranquilidad.*

**GREY** Rebaño, hato, manada.

**GRIEGO** Heleno. // Incomprensible.

**GRIETA** Abertura, fisura, hendedura, rendija, resquebrajadura.

**GRIFO** Canilla, espita, llave, válvula.

**GRILLETE** Argolla, pulsera, arco, anilla.

**GRILLETES** Esposas, grillos, hierros, cepo, argollas.

**GRIMA** Desazón, disgusto, horror, repugnancia. *Gusto.*

**GRINGO** Extranjero, forastero.

**GRIPE** Influenza, trancazo.

**GRIS** Ceniciento, plomizo. // Apagado, borroso. // Lánguido, triste.

**GRITA** Abucheo, algazara, gritería, vocinglería. *Aplauso, silencio.*

**GRITAR** Abuchear, chillar, desgañitarse, vocear, vociferar. *Cuchichear, murmurar, susurrar.*

**GRITERÍA** Grita, alboroto. *Silencio.*

**GRITO** Alarido, clamor, vociferación.

**GROSAMENTE** Groseramente, toscamente, burdamente. *Delicadamente.*

**GROSERÍA** Descortesía, incultura, ordinariez, tosquedad, descaro. *Delicadeza, urbanidad.*

**GROSERO** Desatento, descomedido, descortés, incivil, inculto, insolente. *Educado, culto, comedido.* // Patán.

**GROSOR** Espesor, grueso, dimensión, cuerpo, volumen, bulto.

**GROTESCO** Chocante, extravagante, ridículo. *Normal, regular, serio.*

**GRÚA** Cabrestante, cabría, guinche.

**GRUESO** Abultado, corpulento, gordo, voluminoso. // Grosor.

**GRUMO** Coágulo, cuajarón, terrón.

**GRUÑIDO** Bufido, rezongo.

**GRUÑIR** Bufar, refunfuñar, rezongar. *Bromear.* // Chirriar, rechinar.

**GRUÑÓN** Regañón, rezongón, protestón.

**GRUPA** Anca, cadera.

**GRUPO** Corro, corrillo, peña, reunión. // Caterva, pandilla.

**GRUTA** Cavidad, cueva, caverna.

**GUACHO** Huérfano. *\*Gaucho.*

**GUADAÑA** Hoz, segur, segadera.

**GUADAÑAR** Segar, cortar, podar.

**GUAGUA** Bebé.

**GUALDA** Reseda.

**GUALDO** Amarillo.

**GUALDRAPA** Cobertura. // Andrajo.

**GUAMPA** Asta, cuerno.

**GUANO** Abono.

**GUAPEAR** Alardear, fanfarronear.

**GUAPEZA** Ánimo, intrepidez, valor. *Cobardía.* // Ostentación.

**GUAPO** Animoso, bizarro, resuelto. *Temeroso.* // Galán, ostentoso. *Adefesio.* // Esforzado, sufrido. // Fanfarrón, matón, perdonavidas.

**GUARANGO** Grosero. *Cortés.*

**GUARDA** Guardián, vigilante, portero, carcelero, custodio, conserje. // Tutela. // Cumplimiento, observancia.

**GUARDAPOLVO** Delantal, bata.

**GUARDAR** Ahorrar, almacenar, atesorar, conservar, cuidar, custodiar, defender, proteger, tener. *Gastar.* // Cumplir, observar. *Descuidar.* // Abstenerse, precaverse, recelarse.

**GUARDARROPA** Ropero, armario, arcón, cómoda.

**GUARDARROPÍA** Vestuario.

**GUARDIA** Centinela, guardián. // Amparo, custodia, defensa, protección.

**GUARDIÁN** Custodio, guarda, guardia, vigilante.

**GUARDILLA** Buhardilla.

**GUARECERSE** Acogerse, cobijarse, ocultarse, refugiarse. *Exponerse.*

**GUARIDA** Amparo, cubil, cueva, madriguera, refugio, albergue.

**GUARISMO** Cifra, número.

**GUARNECER** Adornar, colgar, ornar, vestir, acicalar. // Dotar, equipar, proveer. *Despojar.*

**GUARNICIÓN** Aderezo, adorno, ornato, accesorio, engaste. // Guardia, tropa.

**GUARRO** Cerdo, sucio.

**GUASA** Burla, chasco, chanza, chiste, pitorreo, chacota.

**GUBERNAMENTAL** Gubernativo, oficial, estatal.

**GUBIA** Formón.

**GUEDEJA** Cabellera, melena, madeja.

**GUEDEJOSO** Melenudo, peludo.

**GUERRA** Conflicto, desavenencia, hostilidad, pugna. *Armonía, avenencia, concordia.* // Combate, lucha, batalla, pelea. *Paz.*

**GUERREAR** Batallar, luchar, reñir, combatir, contender, pelear. *Amigarse, reconciliarse.* // Rebatir, resistir.

**GUERRERO** Belicoso, marcial, militar. *Pacífico.* // Travieso.

**GUERRILLA** Partida, facción.

**GUERRILLERO** Faccioso, partisano.

**GUÍA** Cicerone, conductor, director. // Indicador, pauta. // Consejero, maestro, mentor, preceptor. // Itinerario.

**GUIAR** Aconsejar, conducir, dirigir, educar, encaminar, gobernar, orientar. *Confundir, desorientar.*

**GUIJA** Guijarro.

**GUIJARRO** Pedrusco, piedra, canto.

**GUIJO** Balasto, cascajo, grava.

**GUILLADURA** Chaladura, chifladura, locura. *Cordura.*

**GUILLOTINA** Patíbulo, cadalso, degolladero.

**GUILLOTINAR** Descapitar.

**GUINDAR** Subir, levantar, colgar, ahorcar. // Conseguir, obtener, lograr.

**GUIÑADA** Guiño.

**GUIÑAPO** Andrajo, harapo. *Gala.*

**GUIÑAPOSO** Andrajoso, harapiento, astroso, desharrapado.

**GUIÑAR** Bizcar, cucar. // Advertir, avisar, indicar.

**GUIÑO** Seña, señal, aviso, ojeada, guiñada, visaje.

**GUIÓN** Estandarte, pendón, enseña. // Argumento, sinopsis.

**GUIRIGAY** Alboroto, algarabía, galimatías. *Calma.*

**GUIRNALDA** Corona, diadema.

**GUISA** Manera, modo, semejanza, forma, suerte, modalidad.

**GUISADO** Guiso, estofado, cocido.

**GUISANTE** Arveja.

**GUISAR** Adobar, cocer, cocinar, sazonar, aderezar, dorar, estofar, aliñar. // Componer, disponer, ordenar, preparar, arreglar.

**GUISO** Guisado, manjar.

**GUITA** Dinero, plata. // Cordel, piolín, cuerda.

**GUITARRA** Vihuela. // Dinero, guita.

**GUITARREAR** Puntear, afinar, rasgar, rasguear, florear.

**GUITARREO** Rasgueo, rasgueado, punteo, floreo, punteado.

**GULA** Glotonería, tragonería, voracidad, insaciabilidad. *Frugalidad, sobriedad, templanza, inapetencia.*

**GURÍ** Chico, muchacho.

**GURRUMINO** Desmedrado, enclenque, mezquino, ruin. // Niño, chiquillo.

**GUSANEAR** Hormiguear, picar, cosquillear, bullir.

**GUSANO** Larva, lombríz, oruga.

**GUSANOSO** Vermiforme, vermicular, gusaniento.

**GUSTACIÓN** Degustación, catadura, paladeo.

**GUSTAR** Catar, experimentar, paladear, probar. // Agradar, complacer, placer, satisfacer. *Desagradar, disgustar.* // Apetecer, desear, querer, codiciar. *Desapasionarse.*

**GUSTO** Sabor. // Agrado, deleite, placer, satisfacción. *Disgusto.* // Antojo, arbitrio, capricho, voluntad.

**GUSTOSO** Apetitoso, rico, sabroso, deleitable, apetecible, suculento. *Insípido, soso.* // Agradable, divertido, grato, placentero, ameno. *Fastidioso.*

# H

**HABANO** Cigarro, puro. // Castaño, marrón. *Abano.

**HABER** Bienes, caudal, hacienda. *Carencia, debe.* // Mensualidad, paga, sueldo. // Tener, poseer. *Carecer.* // Acaecer, acontecer, ocurrir, sobrevenir, suceder. // Estar, existir, hallarse. // Efectuarse, verificarse.

**HÁBIL** Apto, capaz, competente, diestro, habilidoso, industrioso, mañoso. *Chapucero, desmañado, inhábil.*

**HABILIDAD** Aptitud, arte, capacidad, competencia, destreza, disposición, industria, inteligencia, maña, muñeca, práctica. *Incompetencia, ineptitud, torpeza, inhabilidad.*

**HABILITADO** Encargado, sustituto. // Capacitado, digno, idóneo, suficiente, competente.

**HABILITAR** Capacitar, facultar, proveer. *Incapacitar, inhabilitar.*

**HABITACIÓN** Aposento, cuarto, sala, salón, vivienda, casa, morada, domicilio, residencia.

**HABITANTE** Ciudadano, domiciliado, habitador, inquilino, morador, vecino, residente, poblador.

**HABITAR** Alojarse, aposentarse, domiciliarse, morar, parar, residir, vivir. *Vagar. *Abitar.*

**HÁBITO** Traje, vestido. // Costumbre, facilidad, práctica, uso, rutina. *Excepción, rareza.*

**HABITUADO** Acostumbrado, familiarizado, hecho, avezado. *Inexperto.*

**HABITUAL** Común, frecuente, maquinal, usual. *Inusual, raro, desusado.*

**HABITUAR** Acostumbrar, aficionarse, familiarizar. *Desacostumbrar, deshabituar, extrañar.*

**HABLA** Lengua, lenguaje, idioma, palabra, dialecto. // Oración, razonamiento, discurso, arenga, sermón.

**HABLADOR** Charlatán, parlanchín, parlero, locuaz, verboso, charlador, lenguaraz, vocinglero. *Callado.*

**HABLADURÍA** Cuento, chisme, murmuración, charlatanería, cháchara, hablilla, calumnia.

**HABLAR** Conversar, charlar, decir, departir, parlotear, perorar, platicar, razonar, conferenciar. *Callar, enmudecer.* // Comunicarse, convenir, tratar. // Balbucear, cuchichear, chapurrear, despotricar, murmurar, musitar, rezongar, susurrar.

**HABLILLA** Habladuría, murmuración, rumor. *Alabanza.*

**HABLISTA** Estilista, académico.

**HACEDERO** Factible, posible, realizable, asequible. *Imposible, irrealizable.* *Asidero.

**HACENDADO** Estanciero.

**HACENDOSO** Diligente, trabajador, solícito. *Indolente.*

**HACER** Efectuar, ejecutar, obrar, perpetrar, practicar, realizar, trabajar. *Descansar, ociar.* // Causar, disponer, elaborar, fabricar, forjar, formar, ocasionar, perfeccionar, producir. *Desbaratar, deshacer.* // Actuar, concluir, cometer. // Arreglar, componer, confeccionar, construir, crear, imaginar, inventar, rehacer, reparar. *Desarmar, descomponer, destruir, romper.* // Caber, contener. // Convenir, proceder. // Aparentar, simular, urdir. // Acostumbrar, habituar, transformar.

**HACHA** Hachuela, destral, segur, azuela. // Hachón, vela, candela.

**HACHERO** Leñador. // Candelero.

**HACHÓN** Antorcha.

**HACIENDA** Ganado. // Finca, predio, propiedad. // Bienes, caudal. // Fisco, erario, tesoro. *****Ascienda** (ascender).

**HACINA** Montón, acervo, conjunto, mezcla, cúmulo.

**HACINAMIENTO** Amontonamiento, aglomeración, mezcolanza, acumulación.

**HACINAR** Aglomerar, amontonar, apilar, acumular, mezclar. *Esparcir, separar.* *****Asignar.**

**HADA** Maga.

**HADADO** Encantado, mágico, sobrenatural, maravilloso, prodigioso.

**HADAR** Pronosticar, augurar, anunciar. // Encantar.

**HADO** Destino, estrella, fatalidad, fortuna, signo, sino, suerte.

**HALAGADOR** Agradable, halagüeño, obsequioso. *Desdeñoso, despreciativo.* // Adulador, complaciente, lisonjero, mimoso, zalamero. *Censor.*

**HALAGAR** Adular, lisonjear, festejar, mimar. *Castigar, desdeñar.* // Agradar, deleitar. *Desagradar.*

**HALAGO** Agasajo, fiesta, mimo. *Desprecio.* // Adulación, lisonja, zalamería. *Improperio, injuria.*

**HALAGÜEÑO** Adulador, lisonjero, obsequioso. *Ofensor.* // Atrayente, halagador, risueño, satisfactorio. *Despreciable, insatisfactorio.*

**HALAR** Atraer, recoger, tirar de.

**HÁLITO** Aliento, soplo, vapor, vaho.

**HALLAR** Descubrir, encontrar, entender, inventar, topar, tropezar, ubicar. *Extraviar, perder.* // Estar. // Notar, observar, ver. *Confundir, traspapelar.*

**HALLAZGO** Descubrimiento, invención,

encuentro, acierto. *Pérdida.*

**HALO** Nimbo, aureola. // Resplandor, fulgor.

**HAMACA** Columpio, mecedora.

**HAMACAR** Mecer.

**HÁMAGO** Fastidio, náusea. *****Amago.**

**HAMBRE** Apetito, escasez, gana, gazuza, hambruna, necesidad. *Hartura, inapetencia, saciedad.*

**HAMBRIENTO** Ansioso, deseoso, famélico, necesitado. *Inapetente, hastiado, repleto.*

**HAMPA** Bribonería, canalla.

**HAMPÓN** Bravucón, pillo, valentón.

**HARAGÁN** Gandul, holgazán, vago, flojo, perezoso. *Activo, trabajador.*

**HARAGANEAR** Holgazanear. *Trabajar.*

**HARAGANERÍA** Holgazanería, ociosidad, pereza.

**HARAPIENTO** Andrajoso, astroso, roto. *Elegante, galano.*

**HARAPO** Andrajo, calandrajo, pingajo, guiñapo. *Atavíos.*

**HARÉN** Serrallo. *****Aren** (arar).

**HARINA** Almidón, mola, gofio, cernido, gluten, soma.

**HARINOSO** Farináceo.

**HARNERO** Cedazo, criba, zaranda.

**HARÓN** Perezoso, holgazán, vago, flojo.

**HARONÍA** Holgazanería, pereza, flojedad, poltronería.

**HARTAR** Atracarse, saciar, satisfacer. *Hambrear, necesitar.* // Cansar, fastidiar, incomodar. *Agradar, deleitar.*

**HARTAZGO** Atracón, panzada. *Hambre.*

**HARTO** Ahíto, lleno, repleto, saciado, satisfecho. *Hambriento.* // Cansado. *Deseoso.* // Asaz. *Poco.*

**HARTURA** Abundancia, copia, hartazgo, repleción. *Apetito, gana.*

**HASTIADO** Fastidioso, fastidiado, aburrido, harto, cansado.

**HASTIAR** Aburrir, fastidiar, hartar, repugnar. *Agradar, divertir, satisfacer.*

**HASTÍO** Esplín, aburrimiento, tedio. *Placer.* // Cansancio, disgusto, fastidio, repugnancia. *Deleite.* *****Estío.**

**HATAJO** Cúmulo, abundancia, hato,

montón. Conjunto *Atajo.

HATERÍA Provisiones, equipo, víveres, ajuar, ropa, bagaje.

HATO Ajuar, impedimenta, provisiones, víveres. // Manada, rebaño. // Corrillo, cuadrilla, pandilla. *Ato (atar).

HAZ Atado, gavilla. // Cara, faz, rostro, superficie. Fondo. *Has (haber), as.

HAZAÑA Gesta, heroicidad. Cobardía.

HAZMERREÍR Esperpento, mamarracho, adefesio. Hermosura. // Bufón.

HEBDOMADARIO Semanal, semanario. Anual, diario, mensual.

HEBILLA Fíbula, broche, pasador, imperdible, prendedor.

HEBRA Brizna, fibra, filamento, hilo. // Veta.

HEBRAICO Hebreo, judaico.

HEBREO Israelita, judío, semita.

HECATOMBE Inmolación, matanza, mortandad, sacrificio.

HECES Excremento. *Eses.

HECHICERA Bruja, pitonisa, sibila. // Fascinadora, seductora.

HECHICERÍA Brujería, encantamiento, hechizo, maleficio, conjuro.

HECHICERO Brujo, mago, nigromante. // Cautivante, fascinante, seductor.

HECHIZAR Aojar, embrujar. // Cautivar, embelesar, encantar, fascinar. Conjurar, exorcizar.

HECHIZO Bebedizo, brujería, conjuro, filtro, hechicería, mal de ojo. // Encanto, fascinación, seducción. Aversión, disgusto. // Artificioso, postizo. Natural.

HECHO Acción, obra, suceso. Dicho, expresión, palabra. // Asunto, caso, materia. // Maduro, perfecto. // Constituido, dispuesto, proporcionado. // Acostumbrado, familiarizado, habituado. // Convertido, envuelto. *Echo (echar).

HECHURA Obra, producción. // Figura, forma, imagen. // Complexión, composición, formación, contextura.

HEDER Apestar. Perfumar. // Enfadar, fastidiar. Divertir.

HEDIONDEZ Fetidez, hedor, pestilencia. Aroma, fragancia, perfume.

HEDIONDO Apestoso, fétido, maloliente, nauseabundo, pestilente. Aromático, perfumado. // Repugnante, sucio. // Enfadoso, molesto.

HEDOR Hediondez.

HEGEMONÍA Predominio, superioridad, supremacía. Sujeción.

HELADA Congelación, congelamiento, hielo, frío.

HELADO Álgido, frío, gélido, glacial. Caliente, tórrido, tropical. // Atónito, pasmado, turulato. Excitado. // Desdeñoso, esquivo. // Sorbete.

HELAR Congelar, enfriar. Calentar. // Coagular, cuajar. // Pasmar, sobrecoger. // Acobardar, desalentar, desanimar. Alentar, animar. // Aterirse.

HELENISMO Grecismo.

HELERO Glaciar, nevero, ventisquero.

HÉLICE Espiral, voluta, espira, paleta.

HELMINTO Gusano.

HEMATOMA Contusión, chichón.

HEMBRA Mujer. Hombre. // Matriz, molde, rosca.

HEMICICLO Semicírculo.

HEMICRÁNEA Jaqueca.

HEMORROIDE Almorrana.

HEMOSTÁTICO Cicatrizante, cauterizante.

HENCHIDURA Hinchazón, plenitud, plétora, llenura, colmo, saciedad.

HENCHIR Atestar, colmar, llenar, rellenar. Desocupar, vaciar. *Hinchar.

HENDEDURA Fisura, grieta, hendidura, ranura, rendija, resquicio.

HENDER Abrir, agrietar, hendir, cuartearse, rajar, resquebrajar. // Atravesar, cortar, romper.

HENDIMIENTO Agrietamiento, cascadura, cascamiento, rajamiento.

HENO Forraje, pienso.

HEÑIR Amasar, sobar, trabajar.

HERALDO Mensajero, enviado.

HERBAJAR Pastar, pacer, apacentar.

HERBAJE Pasto, herbazal.

HERBOLARIO Herbario.

HERCÚLEO Fornido, fuerte, vigoroso. Débil, delicado.

**HEREDAD** Finca, hacienda, predio, posesión, propiedad.

**HEREDAR** Adquirir, suceder, recibir. // Parecerse, semejarse, sacar.

**HEREDERO** Legatario, sucesor.

**HEREDITARIO** Sucesorio, patrimonial, atávico, heredable, testamentario.

**HEREJE** Heresiarca, heterodoxo. // Desvergonzado, procaz.

**HEREJÍA** Error. // Agravio, injuria. *Satisfacción.*

**HERENCIA** Sucesión, beneficio, transmisión. // Adquisición, usufructo. // Bienes, patrimonio, legado. // Atavismo, temperamento, inclinación, sangre.

**HERÉTICO** Hereje.

**HERIDA** Lesión, llaga, corte, excoriación. // Cuchillada, puñalada.

**HERIDO** Lastimado, lesionado. // Agraviado.

**HERIR** Lesionar. *Acariciar, curar.* // Acuchillar. // Pulsar, tocar. // Conmover, impresionar. // Agraviar, ofender. *Alabar.*

**HERMAFRODITA** Bisexual, andrógino.

**HERMANA** Sor.

**HERMANAR** Fraternizar. // Avenirse, compadecerse. // Armonizar, juntar, unir. *Desunir, enemistar.*

**HERMANDAD** Fraternidad, confraternidad, hermanazgo. // Amistad, unión.

**HERMÉTICO** Cerrado, impenetrable. *Abierto, comprensible.*

**HERMOSAMENTE** Bellamente, lindamente, garridamente.

**HERMOSEAR** Embellecer, adornar, realzar. *Afear.*

**HERMOSO** Bello, bonito, lindo, maravilloso, perfecto, precioso, sublime. *Feo.* // Apacible, despejado, sereno. *Brumoso, desapacible.*

**HERMOSURA** Belleza, excelencia, proporción. *Fealdad, monstruosidad.*

**HERNIA** Quebradura.

**HÉROE** Campeón. *Cobarde.* // Protagonista.

**HEROICIDAD** Heroísmo, proeza, hazaña, valentía, gesta. *Cobardía.*

**HEROICO** Épico, bravo, intrépido, invencible, osado. *Cobarde.*

**HERRADURA** Casquillo, herraje, callo.

**HERRAMIENTA** Instrumento, utensilio, útil, trebejo.

**HERRAR** Forjar, encasquillar, clavar. *Errar.

**HERRERÍA** Ferrería, acería, ferretería, forja, fragua.

**HERRERO** Forjador, ferretero.

**HERRUMBRE** Óxido, moho, roya, pátina, verdín, herrín.

**HERRUMBROSO** Oxidado, mohoso.

**HERVIDERO** Hormiguero, muchedumbre, multitud.

**HERVIR** Abundar, bullir. *Escasear.* // Fermentar. // Picarse, encresparse.

**HERVOR** Ebullición, cocción, fermentación, espuma. // Fogosidad, inquietud, viveza, ardor, vehemencia.

**HERVOROSO** Impetuoso, ardoroso, fogoso, animoso, inquieto, enardecido. *Apacible, calmo.*

**HESITACIÓN** Duda. *Convicción, firmeza.*

**HETERA** Prostituta, ramera.

**HETERÓCLITO** Extraño, irregular, singular, raro.

**HETERODOXO** Disconforme, disidente, hereje. *Ortodoxo.*

**HETEROGÉNEO** Distinto, diverso, mezclado, variado. *Homogéneo, similar, uniforme.*

**HÉTICO** Tísico, flaco, enfermo. *Sano, gordo. *Ético.*

**HEZ** Depósito, lía, sedimento, madre, poso, precipitación. // Chusma, escoria, hampa. *Es (ser).

**HIBRIDISMO** Hibridación, cruzamiento.

**HÍBRIDO** Cruzado, mestizo. *Puro.*

**HIDALGO** Hijodalgo, noble. *Plebeyo.* // Generoso, distinguido. *Mezquino.*

**HIDALGUÍA** Caballerosidad, generosidad, nobleza. *Interés, vileza.*

**HIDRÁULICA** Hidrostática.

**HIDRÓFOBO** Rabioso.

**HIDRÓPICO** Insaciable, sediento.

**HIEL** Bilis. // Amargura, aspereza, desabrimiento. Adversidad. *Dulzura.*

**HIELES** Adversidades, disgustos, trabajos, penas, fatigas.

**HIELO** Nieve. // Desamor, frialdad, indiferencia. // Pasmo.

**HIERÁTICO** Religioso, sacerdotal. // Solemne, afectado.

**HIERBA** Yerba, yuyo. // Césped. **\*Hierva** (hervir).

**HIERBABUENA** Menta, poleo.

**HIERRO** Fierro. // Arma. **\*Yerro.**

**HIERROS** Cadenas, grillos.

**HIGA** Burla, desprecio. // Amuleto.

**HÍGADO** Ánimo, valentía. // Asadura.

**HIGIENE** Aseo, limpieza. *Infección, suciedad.*

**HIJASTRO** Entenado.

**HIJO** Nativo, natural, originario, oriundo. // Fruto, obra, producto. // Renuevo, retoño, vástago. *Padre, progenitor.*

**HILAS** Apósito, vendaje.

**HILADA** Hilera.

**HILAR** Discurrir, inferir.

**HILARANTE** Jocoso, regocijante. *Conmovedor, emotivo.*

**HILARIDAD** Algazara, risa, jocosidad, alegría. *Dolor, llanto.*

**HILERA** Fila, línea, ringlera, sarta, ala, cola, sucesión. *Amontonamiento.*

**HILO** Alambre, filamento, hebra. // Continuación, prosecución.

**HILVANAR** Embastar, unir. // Forjar, proyectar, tramar.

**HIMENEO** Boda, casamiento. *Divorcio.*

**HIMNO** Cántico, loor, canción.

**HINCAPIÉ** Insistencia, reiteración. *Desistimiento.*

**HINCAR** Clavar, introducir, plantar. // Arrodillarse.

**HINCHA** Entusiasta, partidario. // Encono, odio. *Afecto.*

**HINCHADO** Mórbido, morboso, hidrópico, edematoso, tumefacto, tumescente. // Ensoberbecido. // Ampuloso, pomposo. **\*Henchido.**

**HINCHAR** Abultar, henchir, inflar, inflamar, levantar. *Deshinchar.* // Aumentar, exagerar, hiperbolizar. *Dismi-*

*nuir.* // Ensoberbecerse. *Empequeñecerse, humillarse.* **\*Henchir.**

**HINCHAZÓN** Tumefacción, tumescencia. // Engreimiento, presunción.

**HINCO** Punta, estaca, poste, palo, espigón.

**HINOJO** Rodilla.

**HIPAR** Jadear, resollar. // Gimotear, lloriquear. // Anhelar, desear.

**HIPÉRBOLE** Exageración, ponderación. *Disminución, empequeñecimiento.* **\*Hipérbola.**

**HIPERBÓLICO** Exagerado, hinchado, pomposo.

**HÍPICO** Ecuestre, equino.

**HIPNOSIS** Hipnotizamiento, sueño, desmayo, insensibilidad.

**HIPNOTIZACIÓN** Sugestión, hipnosis, sueño.

**HIPNOTIZAR** Sugestionar, magnetizar, adormecer, dormir.

**HIPO** Singulto. // Encono, enojo, rabia. // Ansia, deseo.

**HIPOCONDRÍACO** Melancólico, triste. *Jocoso, optimista.*

**HIPOCRESÍA** Doblez, falsedad, fingimiento, simulación. *Claridad, franqueza, lealtad, sinceridad.*

**HIPÓCRITA** Farsante, fingidor, santurrón, simulador.

**HIPOTECA** Carga, gravamen.

**HIPOTECAR** Gravar, cargar, afectar, afianzar, asegurar, obligar.

**HIPÓTESIS** Suposición, supuesto. *Comprobación, tesis.*

**HIPOTÉTICO** Dudoso, incierto, problemático, supuesto. *Cierto, comprobado.*

**HIRIENTE** Ofensivo. *Encantador, fascinante, lisonjero.*

**HIRSUTO** Erizado, enmarañado, híspido. *Liso, suave.*

**HISPÁNICO** Español, hispano.

**HÍSPIDO** Hirsuto, erizado, duro, espinoso, áspero.

**HISTÉRICO** Nervioso, excitado, perturbado, descontrolado, turbado. *Calmo, tranquilo.*

**HISTORIA** Anales, crónica, fastos, relación, relato. *Leyenda, tradición.* // Cuento, chisme, enredo, fábula. *Verdad.*

**HISTORIADO** Complicado, recargado.

**HISTORIADOR** Analista, cronista, historiógrafo.

**HISTORIAR** Contar, referir, narrar, relatar, detallar.

**HISTÓRICO** Averiguado, cierto, comprobado, verdadero.

**HISTRIÓN** Bufón, comediante, farsante, mimo, payaso, volatinero.

**HITO** Mojón, poste, pilar, liminar, jalón. // Blanco, objetivo. // Unido, junto, contiguo.

**HOCICAR** Tropezar. // Hozar, husmear. // Besucar, besuquear.

**HOCICO** Boca, cara, jeta, morro, rostro.

**HOCICUDO** Jetudo, morrudo.

**HOGAR** Chimenea, fogón, hoguera. // Casa, domicilio, morada, lar, familia.

**HOGUERA** Fogata, pira.

**HOJA** Lámina. // Folio, página. // Espada, tizona, cuchilla.

**HOJEAR** Trashojar, leer, mirar, examinar. *\*Ojear.*

**HOJUELA** Cascarilla, hollejo. // Lámina.

**HOLGADO** Desocupado. *Atestado, lleno.* // Acomodado. // Ancho, desahogado, sobrado. *Apretado, ceñido, chico, estrecho.*

**HOLGANZA** Descanso, quietud, reposo. *Actividad, trabajo.* // Haraganería, holgazanería, ociosidad. *Laboriosidad.* // Contento, diversión, placer, regocijo.

**HOLGAR** Descansar, haraganear, pasear, reposar, vagar. *Afanarse, bregar, trabajar.* // Divertirse, entretenerse, alegrarse. *Entristecerse.*

**HOLGAZÁN** Haragán, indolente, pelafustán, perezoso, tumbón. *Activo, laborioso.*

**HOLGAZANEAR** Haraganear, holgar, ociar. *Esforzarse, trabajar.*

**HOLGAZANERÍA** Haraganería, pereza, holganza, ocio. *Dedicación, trabajo.*

**HOLGORIO** Diversión, fiesta, jarana, juerga, regocijo. *Duelo.*

**HOLGURA** Amplitud, anchura, como-

didad, desahogo. *Estrechez, incomodidad.* // Diversión, holgorio.

**HOLLAR** Pisar, pisotear. // Abatir, despreciar, humillar, menospreciar. *Encumbrar, ensalzar.*

**HOLLEJO** Cascarilla, hojuela, pellejo.

**HOLLÍN** Tizne, ceniza, suciedad.

**HOLOCAUSTO** Sacrificio, ofrenda, dedicación.

**HOMBRE** Individuo, macho, varón. *Dama, hembra, mujer.* // Humanidad.

**HOMBREAR** Rivalizar.

**HOMBRÍA** Entereza, valor. *Pusilanimidad, cobardía.*

**HOMBRÓN** Hombrazo, hombrachón, hombretón, hércules.

**HOMBRUNA** Marimacho, varona, machona.

**HOMENAJE** Respeto, sumisión, veneración. *Desacato, rebeldía.*

**HOMÉRICO** Heroico, épico.

**HOMICIDA** Asesino, criminal, matador.

**HOMICIDIO** Asesinato, crimen, muerte.

**HOMILÍA** Discurso, sermón.

**HOMOGÉNEO** Semejante, parecido, similar. *Diferente, heterogéneo, vario.*

**HOMOLOGAR** Comprobar, confirmar, registrar.

**HOMÓLOGO** Equivalente, similar, sinónimo, análogo.

**HOMÓNIMO** Tocayo.

**HOMOSEXUAL** Pederasta, sodomita.

**HONDAMENTE** Profundamente. // Elevadamente, altamente.

**HONDEAR** Sondear, tantear, reflexionar. // Restallar, chasquear. // Moverse, mecerse. *\*Ondear.*

**HONDO** Hondura. // Intenso, profundo. // Misterioso, recóndito. *Superficial.*

**HONDURA** Profundidad. *Altura, excelsitud.* // Bajío, concavidad, hondonada, hoyada. *Loma.*

**HONESTAMENTE** Decentemente, recatadamente, pudorosamente, púdicamente. *Impúdicamente.*

**HONESTIDAD** Castidad, decencia, honra. *Deshonestidad.* // Decoro, modestia, pudor, recato. *Desvergüenza.*

**HONESTO** Casto, decente, decoroso, pudoroso, recatado. // Honrado, justo.

**HONGO** Seta.

**HONOR** Estima, honestidad, honra, prez, pundonor, recato, reputación. *Deshonor, ignominia, infamia.* // Celebridad, fama, gloria. // Cargo, dignidad, empleo.

**HONORABILIDAD** Decencia, dignidad, honradez, probidad. *Indignidad.*

**HONORABLE** Distinguido, estimable, respetable, venerable. *Indigno.*

**HONORAR** Honrar, ensalzar. *Deshonrar.*

**HONORARIOS** Emolumentos, sueldos, gajes, retribución, estipendio.

**HONORÍFICO** Honroso. *Degradante.*

**HONRA** Honor, renombre. // Distinción. // Honestidad, pudor, recato.

**HONRADAMENTE** Rectamente, lealmente, moralmente, austeramente.

**HONRADEZ** Honestidad, integridad, probidad, rectitud. *Deshonestidad, inmoralidad, venalidad.*

**HONRADO** Decente, honesto, íntegro, leal, probo, recto, sano. *Pillo, sinvergüenza.* // Enaltecido, ennoblecido. // Apreciado, respetado. *Despreciado.*

**HONRAR** Distinguir, enaltecer, favorecer, respetar, reverenciar. *Deshonrar, despreciar, envilecer, injuriar.*

**HONRAS** Exequias, funerales.

**HONRILLA** Amor propio, pundonor, puntillo, vergüenza.

**HONROSO** Decente, honorífico, preciado, señalado.

**HOPO** Cola, rabo. // Copete.

**HORA** Instante, momento, tiempo. *Ora* (orar).

**HORADAR** Agujerear, perforar, taladrar.

**HORADO** Agujero, caverna, concavidad.

**HORARIO** Reloj, indicador.

**HORCA** Patíbulo. *Orca.*

**HORDA** Malón, populacho, turba.

**HORIZONTAL** Plano, yacente, echado, tendido. *Parado, vertical.*

**HORIZONTE** Confín, perspectiva. // Porvenir.

**HORMA** Molde, forma.

**HORMIGÓN** Argamasa, concreto, mez-

cla, granujo, cemento, mazacote.

**HORMIGUEAR** Abundar, bullir, pulular. // Cosquillear.

**HORMIGUEO** Picor, prurito.

**HORMIGUERO** Afluencia, hervidero, enjambre, muchedumbre.

**HORNACINA** Concavidad, hueco, nicho.

**HORNADA** Serie, pléyade, promoción. *Ornada* (ornar).

**HORNILLA** Anafe, cocinilla, parrilla, brasero, hornillo.

**HORÓSCOPO** Augurio, pronóstico, predicción, oráculo, vaticinio. // Agorero.

**HORQUILLA** Horqueta, horcón.

**HORRENDO** Aterrador, atroz, espantoso, horrible, horripilante, hórrido, horroroso, monstruoso, pavoroso, tremebundo. *Admirable, maravilloso.*

**HÓRREO** Granero, silo, troj.

**HORRIBLE** Horrendo, horripilante.

**HORRIBLEMENTE** Espantosamente, horrendamente, pavorosamente, angustiosamente.

**HORRIPILAR** Aterrar, espantar, espeluznar, horrorizar. *Tranquilizar.*

**HORRO** Desembarazado, exento, libre, manumitido.

**HORROR** Aversión, consternación, espanto. *Arrojo, coraje, guapeza.* // Atrocidad, monstruosidad. *Maravilla.* **Error.**

**HORRORIZAR** Horripilar.

**HORROROSO** Espeluznante, horripilante, terrorífico. // Deforme, feísimo. *Admirable, bellísimo.*

**HORTAL** Huerta, huerto.

**HORTALIZA** Legumbre, verdura.

**HORTELANO** Horticultor, labrador, verdulero.

**HOSCO** Áspero, antipático, huraño. *Gentil, simpático, suave.*

**HOSPEDAJE** Albergue, alojamiento, refugio, hotel, hostería, fonda, posada, venta, pensión.

**HOSPEDAR** Albergar, alojar, aposentar. *Desalojar.* // Pernoctar.

**HOSPICIO** Asilo, albergue.

**HOSPITAL** Clínica, nosocomio, policlínica, sanatorio. // Asilo, hospicio.

**HOSPITALARIO** Acogedor, agasajador, protector.

**HOSPITALIDAD** Acogida, acogimiento, amparo, asilo, cobijo, defensa, protección, seguridad. *Desamparo.*

**HOSTERÍA** Hotel, parador, posada.

**HOSTIA** Oblea. // Eucaristía.

**HOSTIGAMIENTO** Atosigamiento, acoso, molestia, fastidio, persecución.

**HOSTIGAR** Acosar, perseguir, molestar, fastidiar, atosigar, sitiar. *Acoger, atraer, defender.* // Azotar, castigar.

**HOSTIL** Adversario, contrario, desfavorable, enemigo, rival. *Amigo, benévolo, favorable.*

**HOSTILIDAD** Agresión, enemiga, enemistad, odio, oposición. *Armisticio, reconciliación.*

**HOSTILIZAR** Agredir, atacar. *Acoger, fraternizar.*

**HOTO** Esperanza, ilusión, confianza.

**HOY** Actualmente, ahora, hogaño.

**HOYA** Hondonada, hondura, hoyo. // Fosa, sepultura. *Olla.

**HOYO** Agujero, foso, hoya, hueco, pozo. *Hollo (hollar), **oyó** (oír).

**HOZ** Segur, falce, guadaña. *Os.

**HOZAR** Hocicar. *Osar.

**HUCHA** Alcancía. // Ahorros, economías.

**HUECO** Agujero, cavidad, espacio, oquedad. // Intervalo. // Esponjoso, fofo, mullido. *Amazacotado, compacto, macizo.* // Hinchado, presuntuoso.

**HUELGA** Holganza, ocio, ociosidad, vagancia. // Paro. // Holgura, recreación, diversión, fiesta, asueto.

**HUELLA** Pisada, paso, pista, impresión, marca, traza, surco, señal, estampa, estela, carril, rodada. // Signo, estigma, cicatriz, golpe, verdugón, contusión. // Memoria, vestigio, recuerdo, reliquia.

**HUÉRFANO** Abandonado, desamparado, carente, falto, solo. // Expósito.

**HUERO** Vacío, vano. // Insustancial, insípido, anodino.

**HUERTA** Huerto, vergel, granja.

**HUESA** Sepultura, hoya, fosa.

**HUESO** Carozo, pepita. *Carne, pulpa.* //

Dificultad, trabajo. // Grano, cuesco.

**HUÉSPED** Convidado, invitado, comensal. // Anfitrión.

**HUESTE** Ejército, tropa, facción.

**HUEVO** Óvulo, embrión, germen.

**HUIDA** Deserción, escabullimiento, escape, evasión, éxodo, fuga. *Captura, detención, persecución.*

**HUIR** Desbandarse, desertar, escabullirse, escapar, escurrirse, fugarse, tomárselas. *Permanecer, presentarse, quedarse.* // Perseguir.

**HULE** Linóleo, caucho, goma.

**HULLA** Carbón. *Huya** (huir).

**HUMANAMENTE** Bondadosamente, sensiblemente, piadosamente, compasivamente. *Cruelmente.*

**HUMANARSE** Humanizarse.

**HUMANIDAD** Hombre. // Mundo. // Flaqueza, fragilidad. // Compasión, piedad, sensibilidad. *Crueldad, inhumanidad.* // Afabilidad, benignidad, mansedumbre. // Corpulencia.

**HUMANITARIO** Compasivo, caritativo, benévolo, bueno.

**HUMANIZARSE** Ablandarse, apiadarse, desenojarse, humanarse. *Encruelecerse, endurecerse.*

**HUMANO** Caritativo, compasivo, filantrópico, humanitario, indulgente, misericordioso. *Inhumano.*

**HUMEAR** Ahumar, fumar, sahumar, fumigar, entiznar.

**HUMEDAD** Relente, sereno, rocío, niebla, agua, vapor, lluvia. *Sequía.*

**HUMEDECER** Humectar, impregnar, bañar, mojar, remojar, rociar. *Secar.*

**HUMILDAD** Docilidad, modestia, sumisión, timidez. *Altanería, orgullo, soberbia, vanidad.* // Plebeyez, pobreza, vulgaridad.

**HUMILDE** Apocado, dócil, modesto, respetuoso, sumiso. *Altivo, engreído, petulante.* // Pobre. *Poderoso.*

**HUMILLACIÓN** Burla, degradación, desprecio, ofensa, abatimiento, vileza. *Engrandecimiento, glorificación.*

**HUMILLANTE** Degradante, denigrante,

deshonroso. // Injurioso, vergonzoso. *Enaltecedor*.

**HUMILLAR** Abatir, abochornar, rebajar, sojuzgar, someter. *Enaltecer, ensalzar, magnificar*. // Arrastrarse, prosternarse. *Encumbrarse*.

**HUMILLO** Altanería, fatuidad, presunción, vanidad. *Humildad*.

**HUMO** Vapor, gas, fumarola, emanación, exhalación, tufo, humarada, bocanada, tizne.

**HUMOR** Secreción, serosidad, sudor. // Condición, genio, índole, talante. // Agudeza, gracia, jovialidad.

**HUMORADA** Chuscada, extravagancia, capricho, ironía, jocosidad.

**HUMORISMO** Agudeza, humor, ironía, sátira, ingenio, donaire. *Mordacidad, sarcasmo*.

**HUMORISTA** Burlón, epigramático, ironista, satírico.

**HUMOS** Altivez, humillo.

**HUMOSO** Humeante, fumoso, fumante, fumígero.

**HUMUS** Mantillo.

**HUNDIMIENTO** Caída, derrumbamiento, desmoronamiento, desplome. // Naufragio.

**HUNDIR** Abismar, sumergir, sumir. *Elevar*. // Derrumbarse, desplomarse. *Construir*. // Naufragar. // Arruinar, confun-

dir. // Derribar, destruir. // Desaparecer, esconderse. *Aparecer*.

**HURACÁN** Ciclón, tifón, tornado. *Céfiro, brisa*.

**HURAÑO** Arisco, áspero, esquivo, hosco, insociable, antipático. *Sociable, tratable*. ***Uranio***.

**HURGAR** Menear, remover, escarbar. // Manosear, palpar, tocar. // Conmover, incitar, pinchar.

**HURGONEAR** Atizar, remover.

**HURGUETE** Fisgón.

**HURÓN** Huraño.

**HURONEAR** Curiosear, husmear.

**HURTADILLAS (A)** Furtivamente. *Abiertamente*.

**HURTAR** Robar, sisar. *Regalar, restituir*. // Desviar, eludir, esquivar. *Desafiar*. // Ocultarse, zafarse. *Presentarse*.

**HURTO** Rapiña, robo.

**HUSMEADOR** Curioso, entremetido, fisgón, inquiridor, investigador, indiscreto, indagador. *Discreto*.

**HUSMEAR** Fisgonear, curiosear, huronear, ventear, escudriñar, investigar. // Olfatear, rastrear. // Apestar.

**HUSMEO** Olfateo. // Sondeo, investigación, exploración.

**HUSMO** Olor, tufo, hedor.

**HUSO** Devanadera, rueca, malacate. ***Uso***.

**IBÉRICO** Español, hispano.

**IBEROAMERICANO** Hispanoamericano.

**IDA** Arranque, ímpetu, prontitud. *Regreso, vuelta.*

**IDEA** Imagen, representación. *Dicción, fonema.* // Concepto, conocimiento, juicio, noción, opinión, vislumbre. // Manía, obsesión, prejuicio. // Esbozo, intención, plan, proyecto. *Ejecución, obra.*

**IDEAL** Ejemplar, elevado, excelente, puro, supremo, sublime. // Dechado, modelo, prototipo, arquetipo. // Ambición, deseo, ilusión.

**IDEAR** Concebir, discurrir, imaginar, inventar, conceptuar, pensar, trazar. *Obrar, realizar.*

**IDÉNTICO** Equivalente, igual, semejante. *Desigual, distinto, heterogéneo, diferente.*

**IDENTIDAD** Homogeneidad, igualdad, uniformidad, semejanza. *Desigualdad, heterogeneidad, inexactitud, oposición.*

**IDENTIFICAR** Reconocer. // Compenetrarse. *Discrepar, disentir.*

**IDEOLOGÍA** Ideario.

**IDILIO** Enamoramiento, noviazgo.

**IDIOMA** Lengua, lenguaje, habla.

**IDIOSINCRACIA** Índole, temperamento, carácter, personalidad.

**IDIOTA** Bobo, estúpido, ignorante, memo, necio, imbécil. *Ingenioso, talentoso, listo.*

**IDIOTEZ** Mentecatez, necedad. *Entendimiento, inteligencia.*

**IDO** Chiflado, loco, orate. // Distraído.

**IDÓLATRA** Gentil, pagano, fetichista, adorador.

**IDOLATRAR** Adorar, amar.

**IDOLATRÍA** Fetichismo, gentilismo, paganismo. // Adoración, apasionamiento. *Antipatía, odio.*

**ÍDOLO** Deidad, fetiche, tótem.

**IDONEIDAD** Aptitud, capacidad, competencia, suficiencia. *Incapacidad, incompetencia, ineficacia, ineptitud.*

**IDÓNEO** Apto, capaz, competente, suficiente, útil. *Incapaz.*

**IGLESIA** Cristiandad, grey. // Basílica, catedral, santuario, templo.

**IGNARO** Ignorante.

**ÍGNEO** Ignito, pírico, encendido, ardiente, abrasador.

**IGNICIÓN** Combustión, incendio, quema, ustión.

**IGNOMINIA** Afrenta, abyección, baldón, deshonor, deshonra, infamia, oprobio, vergüenza. *Dignidad, honor, honra, prestigio.*

**IGNORADO** Desconocido, ignoto, anónimo, incógnito.

**IGNORANCIA** Analfabetismo, oscurantismo, incultura, necedad, ineptitud. *Sabiduría, conocimiento, cultura.*

**IGNORANTE** Asno, burro, ignaro, iletrado, indocto, insipiente, analfabeto, inculto, lego, profano, zote. *Culto, docto, erudito, instruido.*

**IGNORAR** Desconocer, no saber. *Conocer, saber.*

**IGNOTO** Desconocido, ignorado, inexplorado. *Conocido, sabido.*

**IGUAL** Equipotente, equivalente, gemelo, idéntico, semejante. *Antónimo, desigual.* // Liso, parejo. *Desnivelado.* // Constante, invariable, homogéneo. *Diferente, heterogéneo, variable.* // Proporcionado.

**IGUALACIÓN** Igualamiento, equiparación, empate, ajuste, equilibrio, nivelación.

**IGUALAR** Allanar, compensar, emparejar, empatar, equilibrar, equiparar, nivelar, pasar. *Desempatar, desequilibrar, desnivelar.*

**IGUALDAD** Ecuación, equidad, equilibrio, exactitud, equivalencia, identidad, paridad. // Conformidad, correspondencia, consonancia. *Disparidad.*

**IGUALMENTE** Asimismo, también. *Tampoco.*

**IJADA** Ijar.

**ILACIÓN** Enlace, nexo. // Consecuencia, deducción, inferencia.

**ILAPSO** Ensimismamiento, arrobamiento, embeleso.

**ILEGAL** Ilegítimo, ilícito, injusto, prohibido. *Justo, legal, legítimo, permitido.*

**ILEGIBLE** Indescifrable, incomprensible, ininteligible. *Comprensible, legible.*

**ILEGÍTIMO** Ilegal, falso, espurio. *Auténtico, genuino, legítimo.*

**ILESO** Incólume, indemne, intacto. *Enfermo, herido, lesionado.*

**ILETRADO** Analfabeto, ignorante.

**ILÍCITO** Ilegal, inmoral. *Autorizado, justo, lícito.*

**ILIMITADO** Infinito, indefinido, incalculable, interminable, inmenso. *Circunscripto, limitado.*

**ILÓGICO** Absurdo, contradictorio, desatinado, disparatado. *Consecuente, lógico, razonable.*

**ILOTA** Esclavo, siervo, paria.

**ILUMINACIÓN** Luz, alumbrado, luminaria, luminosidad, resplandor, claridad. *Oscuridad.*

**ILUMINAR** Alumbrar. *Apagar, oscurecer.* // Colorear. // Enseñar, ilustrar.

**ILUSIÓN** Imaginación. // Confianza, esperanza. *Decepción, desencanto.*

**ILUSIONAR** Confiar, esperar. *Desconfiar, desesperar.* // Engañar, seducir. *Desilusionar.*

**ILUSIONISTA** Prestidigitador.

**ILUSIVO** Aparente, falso, fingido, engañoso, ilusorio, mentido. *Cierto.*

**ILUSO** Idealista, soñador, utopista, visionario. // Engañado, seducido, encandilado.

**ILUSORIO** Engañoso, fingido, inexistente, quimérico. *Real, verdadero.*

**ILUSTRACIÓN** Cultura, erudición, instrucción, saber. *Ignorancia, incultura.* // Comentario, explicación. // Dibujo, figura, grabado, lámina.

**ILUSTRADO** Culto, docto, erudito, instruido, letrado, versado. *Ignorante.*

**ILUSTRAR** Civilizar, enseñar, iluminar, instruir. // Aclarar, esclarecer, explicar. // Afamar, ennoblecer.

**ILUSTRE** Afamado, celebrado, célebre, consagrado, conspicuo, distinguido, egregio, eminente, eximio, famoso, glorioso, insigne, preclaro, prestigioso, renombrado, reputado. *Desconocido, ignoto, oscuro.*

**IMAGEN** Efigie, estampa, estatua, figura, pintura, representación, retrato. // Copia, reproducción. // Símbolo. // Metáfora, semejanza, comparación.

**IMAGINABLE** Concebible. *Inconcebible, inimaginable.*

**IMAGINACIÓN** Fantasía, idea, inventiva, visión. *Realidad.*

**IMAGINAR** Concebir, conjeturar, fantasear, idear, inventar, presumir, sospechar, suponer, evocar, creer, figurarse, pensar.

**IMAGINARIA** Guardia, vela.

**IMAGINARIO** Fabuloso, fantástico, ficticio, ideal, inexistente, quimérico, supuesto, falso. *Corpóreo, real, tangible, verdadero.*

**IMAGINATIVO** Soñador, idealista, iluso, fanteador, novelero.

**IMAGINERO** Escultor, estatuario.

**IMÁN** Aliciente, atractivo.

**IMANAR** Imantar, magnetizar. **\*Emanar.**

**IMBÉCIL** Alelado, bobo, necio, idiota, tonto. *Astuto, ingenioso.*

**IMBECILIDAD** Estupidez, necedad, simpleza, tontería, idiotez. *Agudeza.*

**IMBERBE** Barbilampiño, lampiño. *Barbudo, peludo, velludo.*

**IMBIBICIÓN** Absorción, hidratación, impregnación.

**IMBORRABLE** Indeleble, duradero.

**IMBRICADO** Montado, superpuesto.

**IMBUIR** Infundir, persuadir, inculcar. *Desaconsejar.*

**IMITABLE** Remedable, paródico.

**IMITACIÓN** Emulación. // Falsificación, parodia, remedo, reproducción.

**IMITADOR** Émulo, mimo, parodista.

**IMITAR** Copiar, emular, plagiar, remedar, reproducir. *Crear, inventar.*

**IMPACCIÓN** Impacto, choque, sacudida. // Balazo.

**IMPACIENCIA** Intranquilidad, urgencia, ansiedad.

**IMPACIENTAR** Incomodar, inquietar, irritar, perturbar. // Desesperarse. *Tranquilizar.*

**IMPACIENTE** Inquieto, irritable, nervioso. *Calmo, sosegado.*

**IMPACTO** Choque. // Huella. // Balazo.

**IMPAGABLE** Inapreciable.

**IMPALPABLE** Incorpóreo, intangible, sutil, tenue, imperceptible. *Corpóreo, material, tangible.*

**IMPAR** Non, único. *Gemelo, par.*

**IMPARCIAL** Ecuánime, equitativo, justo, neutral. *Parcial.*

**IMPARCIALIDAD** Equidad, ecuanimidad, igualdad, neutralidad. *Parcialidad.* // Justicia, rectitud. *Injusticia.*

**IMPARCIALMENTE** Justamente, lícitamente, equitativamente, legítimamente, justificadamente.

**IMPARTIR** Comunicar, dar, repartir.

**IMPASIBILIDAD** Imperturbabilidad, insensibilidad. *Nerviosismo, sensibilidad, vehemencia.*

**IMPASIBLE** Indiferente, imperturbable,

insensible. *Nervioso, vehemente.*

**IMPÁVIDO** Impertérrito, imperturbable, sereno. *Aturdido.*

**IMPECABLE** Intachable, irreprochable, perfecto. *Reprochable.* // Limpio. *Impuro, incorrecto.*

**IMPEDIDO** Baldado, inválido, paralítico, tullido. *Sano.* // Incapacitado, inhabilitado, imposibilitado.

**IMPEDIMENTA** Bagaje, equipaje.

**IMPEDIMENTO** Dificultad, embarazo, escollo, estorbo, inconveniente, óbice, obstáculo, traba, tropiezo. *Desembarazo, facilidad.*

**IMPEDIR** Dificultar, embarazar, entorpecer, estorbar, obstar. *Acceder, autorizar, facilitar.*

**IMPELER** Empujar, estimular, impulsar, incitar, instigar, mover. *Retener, sujetar, frenar.*

**IMPENETRABLE** Impermeable. // Incomprensible, inexplicable, insondable, misterioso, hermético, clausurado.

**IMPENITENTE** Contumaz, empedernido. *Arrepentido, contrito.*

**IMPENSADAMENTE** De repente, de sopetón, inadvertidamente, espontáneamente.

**IMPERAR** Dominar, mandar, reinar, regir. *Emancipar, librar, obedecer.*

**IMPERATIVO** Autoritario, categórico, dominante, imperioso. *Débil, sumiso.*

**IMPERCEPTIBLE** Indiscernible, invisible. *Manifiesto, perceptible, tangible.*

**IMPERDIBLE** Broche, fíbula, hebilla.

**IMPERDONABLE** Inexcusable, irremisible. *Perdonable.*

**IMPERECEDERO** Eterno, inmortal. *Mortal, perecedero.*

**IMPERFECCIÓN** Defecto, deficiencia, falta, falla, lunar, mota, pero, tacha. *Corrección.* // Deformidad, fealdad. *Perfección.*

**IMPERFECTO** Defectivo, defectuoso, falto, inacabado, incompleto, inconcluso, incorrecto, tosco. *Perfecto.*

**IMPERICIA** Incapacidad, incompetencia, inexperiencia, ineptitud, inhabilidad, insuficiencia, torpeza. *Competencia, habilidad, maña.*

**IMPERIO** Autoridad, dominio, poder, prestigio. *Vasallaje.* // Nación, potencia. // Altanería, orgullo, soberbia, altivez. *Humildad.*

**IMPERIOSAMENTE** Autoritariamente, despóticamente.

**IMPERIOSO** Altanero, despótico, imperativo, orgulloso, soberbio. *Sumiso.*

**IMPERMEABILIZAR** Embrear, alquitranar, barnizar, encerar, engrasar, calafatear.

**IMPERMEABLE** Impenetrable. *Penetrable, permeable, poroso.* // Gabardina.

**IMPERSONAL** Adocenado, común, vulgar. *Propio.*

**IMPERTÉRRITO** Impávido, sereno, imperturbable. *Turbado.*

**IMPERTINENCIA** Despropósito, disparate, inconveniencia, pesadez. *Conveniencia, discreción.*

**IMPERTINENTE** Cargante, fastidioso, importuno, molesto, pesado. *Cortés, sociable.*

**IMPERTURBABLE** Impasible, impávido, impertérrito, inalterable, sereno, tranquilo, inmutable. *Nervioso, quisquilloso, susceptible.*

**IMPETRACIÓN** Demanda, súplica, ruego, petición.

**IMPETRAR** Demandar, implorar, pedir, rogar, solicitar, suplicar. // Alcanzar, conseguir.

**ÍMPETU** Fuerza, impetuosidad, prontitud, resolución, vehemencia, impulso, violencia. *Indiferencia, irresolución, pasividad, placidez, flema.*

**IMPETUOSO** Arrebatado, fogoso, precipitado, violento. *Tranquilo.*

**IMPIEDAD** Irreligión, irreligiosidad. *Credulidad, religiosidad.*

**IMPÍO** Sacrílego, ateo, laico, descreído, irreverente, anticlerical, irreligioso. *Creyente, pío.* Inclemente, inflexible, inhumano, rencoroso, vengativo, vindicativo. *Compasivo, indulgente.*

**IMPLACABLE** Despiadado, inclemente,

cruel, riguroso, inflexible, exigente, inexorable. *Clemente, compasivo.*

**IMPLANTAR** Establecer, fundar, instituir, introducir.

**IMPLICACIÓN** Discrepancia, impedimento, oposición.

**IMPLICAR** Impedir, obstar, contradecirse. // Contener, encerrar, envolver. // Enredar.

**IMPLÍCITO** Incluido, sobrentendido, tácito, expreso, virtual. *Excluido, ignorado, explícito.*

**IMPLORAR** Clamar, impetrar, deprecar, instar, pedir, rogar, suplicar. *Exigir, mandar.*

**IMPOLÍTICO** Descortés, incivil, rudo, incorrecto, indiscreto, falto de tacto, grosero. *Discreto.*

**IMPOLUTO** Inmaculado, nítido, limpio. *Manchado, sucio.*

**IMPONDERABLE** Inapreciable, inestimable, excelente, único. *Mejorable.*

**IMPONENTE** Enorme, magnífico, formidable, grandioso, majestuoso, maravilloso, respetable, soberbio, temible. *Insignificante.*

**IMPONER** Cargar, gravar, asignar, colocar, dar. // Imputar, acusar, calumniar, incriminar. // Instruir, enseñar, educar. // Disciplinar, corregir.

**IMPOPULAR** Desprestigiado, malquisto, odiado. *Afamado, simpático.*

**IMPORTANCIA** Categoría, consideración, cuantía, fuste, influencia, magnitud, monta, peso, valor. *Intrascendencia, pequeñez, insignificancia.*

**IMPORTANTE** Cardinal, fundamental, notable, poderoso, preponderante, principal, saliente, señalado, significativo, sustancial, trascendental, valioso. *Baladí, insignificante, intrascendente, trivial.*

**IMPORTAR** Convenir, interesar, montar, significar. *Desinteresar, desmerecer.* // Costar, valer. // Introducir. *Exportar.*

**IMPORTE** Coste, costo, cuantía, precio, valía, valor.

**IMPORTUNAR** Aburrir, jorobar, machacar, moler, molestar. *Alegrar.*

**IMPORTUNO** Inoportuno, enfadoso, molesto, fastidioso.

**IMPOSIBILIDAD** Dificultad, impedimento, impotencia. *Perspectiva, posibilidad.*

**IMPOSIBILITAR** Impedir, incapacitar, inhabilitar. *Capacitar, habilitar.*

**IMPOSIBLE** Impracticable, inaccesible, inasequible, insoluble, irrealizable. *Factible, posible, realizable.* // Inaguantable, insufrible. *Agradable.* // Utópico.

**IMPOSICIÓN** Coacción, exigencia. // Impuesto, tributo, gravamen.

**IMPOSTOR** Calumniador, embaucador, falsario, mentiroso, trapacero. *Veraz, auténtico.*

**IMPOSTURA** Calumnia, engaño, falacia, imputación, inculpación, superchería. *Verdad.* // Doblez, fingimiento. *Sinceridad.*

**IMPOTENCIA** Imposibilidad, ineptitud. *Aptitud, autoridad, poder.* // Esterilidad, infecundidad. *Fecundidad, virilidad.*

**IMPOTENTE** Incapaz, ineficaz, inepto. *Apto, capaz.* // Estéril, infecundo.

**IMPRACTICABLE** Infranqueable. // Imposible, irrealizable. *Posible.*

**IMPRECACIÓN** Apóstrofe, execración, maldición. *Alabanza, elogio.*

**IMPRECAR** Maldecir, execrar, condenar, apostrofar, abominar. *Alabar.*

**IMPRECISIÓN** Vaguedad, indeterminación, ambigüedad, incertidumbre, desconcierto, confusión, duda, equívoco. *Determinación, certeza, conocimiento, concierto.*

**IMPRECISO** Ambiguo, confuso, indefinido, indeterminado, vago. *Claro, determinado, preciso.*

**IMPREGNAR** Embeber, empapar, humectar, humedecer, mojar, saturar.

**IMPREMEDITACIÓN** Imprevisión.

**IMPRESCINDIBLE** Esencial, indispensable, insustituible, necesario. *Accidental, sustituible.* // Forzoso, obligatorio. *Evitable.*

**IMPRESIÓN** Edición, tirada. // Huella, marca, rastro, señal, vestigio. // Efecto,

emoción, sensación, conmoción.

**IMPRESIONABLE** Emocionable, excitable, sensible, sensitivo, susceptible. *Estoico, impasible, imperturbable, inmutable.*

**IMPRESIONAR** Afectar, conmover, conturbar, emocionar, sobrecoger, turbar. *Serenar.* // Convencer, persuadir.

**IMPRESO** Edición, libro, ejemplar, hoja, folleto, formulario.

**IMPREVISIÓN** Descuido, impremeditación, inadvertencia, ligereza, negligencia. *Cuidado, prudencia.*

**IMPREVISOR** Confiado, descuidado, seguro, desprevenido. *Prevenido, cauteloso, cuidadoso.*

**IMPREVISTO** Accidental, casual, fortuito, impensado, inesperado, inopinado, repentino. *Calculado, descontado, esperado, previsto.*

**IMPRIMIR** Estampar. // Tirar, editar. // Fijar, retener.

**IMPROBABLE** Remoto, imposible, absurdo, inverosímil. *Posible.*

**ÍMPROBO** Abrumador, agotador, excesivo, fatigoso. *Leve, reposado.*

**IMPROCEDENTE** Inadecuado, inoportuno. *Congruente, oportuno.*

**IMPRODUCTIVO** Estéril, infecundo, inútil, infructífero. *Fértil, productivo.*

**IMPRONTA** Huella, señal, sello, marca.

**IMPROPERIO** Injuria, insulto, invectiva, ofensa, vituperio, provocación. *Adulación, lisonja.*

**IMPROPIEDAD** Despropósito, inoportunidad, incongruencia, inexactitud. *Congruencia, conveniencia.*

**IMPROPIO** Improcedente, inconveniente, incorrecto, indigno, inoportuno. *Adecuado, correcto, oportuno.* // Chocante, disonante, extemporáneo.

**IMPRORROGABLE** Impostergable, inaplazable, definitivo.

**IMPROVISADOR** Repentista.

**IMPROVISAR** Repentizar, innovar. // Componer, versificar. *Ensayar, preparar, reflexionar.*

**IMPROVISO (DE)** De pronto, de repente, de súbito, sin pensar, súbitamente.

**IMPRUDENCIA** Atolondramiento, descuido, irreflexión, ligereza, temeridad. *Cuidado, previsión, tiento.*

**IMPRUDENTE** Alocado, atolondrado. *Sensato.* // Arriesgado, temerario. *Cauto, prudente.* ***Impudente.***

**IMPÚBER** Niño.

**IMPUDENCIA** Atrevimiento, cinismo, descaro, desfachatez, desvergüenza, impudor. ***Imprudencia.***

**IMPUDICIA** Deshonestidad, impudor, indecencia, libertinaje, licencia, liviandad, lujuria, obscenidad. *Decencia, honestidad.*

**IMPÚDICO** Deshonesto, libertino, lujurioso, obsceno, torpe. *Decoroso, honesto, púdico.*

**IMPUESTO** Carga, contribución, gabela, gravamen, tributo. // Aleccionado, enterado.

**IMPUGNACIÓN** Contradicción, objeción, refutación, negación.

**IMPUGNAR** Combatir, contradecir, objetar, rebatir, refutar. *Abogar, aceptar, aprobar, defender, sostener.*

**IMPULSAR** Empujar, estimular, impeler. *Contener, frenar, desanimar.*

**IMPULSIVO** Arrebatado, fogoso, impelente, vehemente, apasionado. *Flemático, pachorrudo.*

**IMPULSO** Empuje, impulsión, envión, movimiento, promoción. // Estímulo, incentivo, incitación, instigación, sugestión, ánimo.

**IMPUNIDAD** Indemnidad, irresponsabilidad, acogimiento, seguridad. *Responsabilidad, castigo.*

**IMPUREZA** Corrupción, adulteración, deshonestidad. // Mancha, suciedad, turbiedad.

**IMPURO** Deshonesto, manchado, mezclado, sucio, turbio, viciado. *Depurado, limpio, puro.*

**IMPUTACIÓN** Acusación, cargo, denuncia, inculpación. *Defensa, justificación.*

**IMPUTAR** Acusar, achacar, atribuir, delatar, denunciar, inculpar, incriminar.

Reprochar. *Defender, exculpar, tapar.*

**INABORDABLE** Inaccesible. *Accesible.*

**INACABABLE** Interminable, inagotable, inextinguible, infinito.

**INACCESIBLE** Inabordable, inalcanzable, incomprensible. *Comprensible, fácil, posible.* // Abrupto, escarpado, impracticable. *Practicable, transitable.*

**INACCIÓN** Descanso, sosiego, inactividad, inercia, ocio, ociosidad, paro, quietud. *Actividad, ejercicio, movimiento.*

**INACEPTABLE** Inadmisible. *Aceptable.*

**INACTIVIDAD** Inacción, pereza, apatía, indolencia, descanso. *Actividad, trabajo, ímpetu, diligencia.*

**INACTIVO** Inerte, ocioso, perezoso, quieto. *Activo, diligente, laborioso, vivo.*

**INADECUADO** Impropio, inconveniente. *Adecuado, apropiado, propio.*

**INADMISIBLE** Falso, inaceptable.

**INADVERTENCIA** Descuido, distracción, negligencia, olvido. *Atención, cuidado, recuerdo, reflexión.*

**INADVERTIDO** Atolondrado, irreflexivo, imprudente, desadvertido, distraído.

**INAGOTABLE** Inacabable, interminable. // Abundante, continuo, fecundo.

**INAGUANTABLE** Insoportable, insufrible, intolerable, odioso.

**INALTERABLE** Flemático, impasible, imperturbable, inmutable. *Quisquilloso, susceptible.* // Fijo, invariable. *Inestable, variable.*

**INAMOVIBLE** Firme, fijo. *Cambiable, movible, mudable.*

**INANE** Inútil, vano, vacuo, baladí, fútil. *Útil.*

**INANICIÓN** Debilidad, desfallecimiento, extenuación. *Vigor.*

**INANIDAD** Inutilidad, futilidad, vanidad, fatuidad, puerilidad. *Provecho.*

**INANIMADO** Exánime, insensible, muerto. *Animado, vivo.*

**INÁNIME** Exánime, inanimado.

**INAPELABLE** Inevitable, irremediable, irrevocable.

**INAPETENCIA** Desgana, desgano, saciedad, indiferencia, asco, anorexia. *Ape-*

*tencia, gana, deseo, interés.*

**INAPETENTE** Desganado. *Hambriento.*

**INAPRECIABLE** Incalculable, inestimable, invalorable, valiosísimo. // Imperceptible.

**INAPROVECHABLE** Inservible. *Útil.*

**INARMÓNICO** Discordante, discorde, disonante. *Armonioso.*

**INASEQUIBLE** Inaccesible, inalcanzable, inasible. *Accesible.* // Abstruso, incormprensible, intrincado. *Fácil.*

**INATACABLE** Inmune, invulnerable. // Inexpugnable. // Irreprochable.

**INAUDITO** Extraordinario, extraño, nuevo, raro. *Corriente, normal, viejo, vulgar.* // Atroz, escandaloso, increíble, monstruoso.

**INAUGURACIÓN** Apertura, estreno, inicio, principio. *Clausura, cierre.*

**INAUGURAR** Abrir, estrenar, iniciar, principiar. *Clausurar.*

**INCALCULABLE** Ilimitado, inapreciable, inconmensurable, infinito. *Calculable, limitado.*

**INCALIFICABLE** Inconcebible, vergonzoso, vituperable. *Loable.*

**INCANDESCENTE** Ardiente, inflamado, candente, encendido.

**INCANSABLE** Infatigable, obstinado, tenaz. *Flojo.*

**INCAPACIDAD** Ineptitud, inhabilidad, nulidad, rudeza, torpeza. *Aptitud, competencia, experiencia.*

**INCAPACITADO** Incapaz. // Imposibilitado.

**INCAPACITAR** Inhabilitar. *Capacitar.*

**INCAPAZ** Incompetente, inepto, inhábil, negado, nulo, torpe. *Experto, hábil, suficiente.*

**INCAUTACIÓN** Apropiación, confiscación, decomiso. *Reembolso, restitución.*

**INCAUTARSE** Apoderarse, confiscar, decomisar, requisar.

**INCAUTO** Cándido, crédulo, imprevisor, imprudente, ingenuo. *Escéptico, incrédulo, previsor, prudente.*

**INCENDIAR** Encender, inflamar, quemar, prender fuego, conflagrar.

**INCENDIARIO** Piromaníaco. // Arrebatado, apasionado, violento, agresivo, escandaloso.

**INCENDIO** Fuego, ignición, quema. // Siniestro.

**INCENSADOR** Pebetero, sahumador, perfumador.

**INCENSAR** Sahumar, perfumar. // Adular. *Calumniar, difamar.*

**INCENTIVO** Acicate, aguijón, aliciente, estímulo. *Coerción, freno, traba.*

**INCERTIDUMBRE** Duda, indecisión, inseguridad, irresolución, perplejidad. *Certeza, decisión, seguridad.*

**INCESANTE** Constante, continuo, perenne, persistente. *Discontinuo, intermitente, periódico.*

**INCESANTEMENTE** Incansablemente, continuamente, incesablemente, sin cesar, sin descanso.

**INCIDENCIA** Emergencia, episodio, suceso, acontecimiento.

**INCIDENTE** Cuestión, litigio, discusión, disputa, trance. *Acuerdo, avenencia.* *Accidente.

**INCIDIR** Incurrir, influir, pesar, recaer.

**INCIENSO** Resina, mirra, gomorresina. // Lisonja.

**INCIERTO** Desconocido, dudoso, ignorado, inseguro. *Cierto, evidente, seguro.* // Mudable, vacilante.

**INCINERAR** Calcinar, cremar, quemar.

**INCIPIENTE** Naciente, nuevo, principiante. *Veterano.* *Insipiente.

**INCISIÓN** Corte, hendedura, hendidura, tajo.

**INCISIVO** Cáustico, cortante, mordaz, punzante, tajante, irónico. *Encantador, lisonjero.*

**INCISO** Cortado, dividido, separado, partido.

**INCITACIÓN** Estímulo, instigación, provocación. *Coerción, represión.*

**INCITAR** Estimular, inducir, instigar, mover, persuadir, pinchar, provocar. *Calmar, tranquilizar.*

**INCIVIL** Descortés, grosero, ineducado, maleducado.

**INCLEMENCIA** Aspereza, dureza, rigor. *Clemencia, compasión, piedad.*

**INCLINACIÓN** Ángulo, declive, desviación. // Afecto, afición, propensión, tendencia, vocación. *Desafecto, desvío.* // Reverencia.

**INCLINADO** Torcido, oblicuo, transversal, caído. // Propenso, afecto, proclive, tendencioso.

**INCLINAR** Incitar, mover, persuadir. // Aficionarse, propender, tender. // Decidirse. *Desistir, dudar.*

**ÍNCLITO** Afamado, esclarecido, ilustre, renombrado.

**INCLUIDO** Incluso, implícito, adjunto, tácito, encerrado.

**INCLUIR** Abarcar, adjuntar, contener, encerrar, englobar. *Eliminarse, excluir, omitir.* // Adjuntar, introducir. *Sacar, separar.*

**INCLUSIVE** Incluido, incluso. *Exceptuado, excluido.*

**INCOAR** Comenzar, empezar, iniciar.

**INCOERCIBLE** Incontenible, irrefrenable, irreductible. *Manso.*

**INCÓGNITO** Desconocido, ignorado. *Conocido, renombrado.* // Anónimo.

**INCOGNOSCIBLE** Inescrutable, insondable, inasequible, incomprensible, enigmático. *Asequible, comprensible.*

**INCOHERENCIA** Disconformidad, desunión, desatino, absurdo. *Coherencia, conformidad.*

**INCOHERENTE** Confuso, incomprensible, inconexo, ininteligible. *Coherente, inteligible, unido, conexo.*

**ÍNCOLA** Habitante, morador, poblador.

**INCOLORO** Descolorido, desteñido. *Coloreado.*

**INCÓLUME** Ileso, intacto, indemne, sano. *Enfermo, herido, lesionado.*

**INCOMBUSTIBLE** Ignífugo, ininflamable. *Combustible, inflamable.* // Desapasionado.

**INCONMENSURABLE** Incalculable, insondable.

**INCOMODAR** Desagradar, disgustar, enojar, fastidiar, molestar, estorbar, enfadar. *Agradar, ayudar, gustar.*

**INCOMODIDAD** Disgusto, enojo, molestia. *Comodidad.*

**INCÓMODO** Desagradable, dificultoso, embarazoso, fastidioso, molesto. *Cómodo, grato, llevadero.*

**INCOMPARABLE** Imparangonable.

**INCOMPATIBILIDAD** Oposición, repugnancia. *Atracción, conformidad.*

**INCOMPATIBLE** Antagónico, inconciliable, opuesto. *Compatible.*

**INCOMPETENCIA** Ineptitud, *Aptitud, capacidad, destreza, idoneidad.*

**INCOMPETENTE** Inepto.

**INCOMPLETO** Defectuoso, deficiente, falto, inconcluso, inmaturo. *Cabal, complejo, entero, íntegro, rotundo.*

**INCOMPRENSIBLE** Abstruso, inconcebible, indescifrable, inimaginable, ininteligible, insondable. *Asequible, claro, inteligible.* *Incompresible.

**INCOMPRENSIÓN** Desacuerdo, desunión, desavenencia. *Comprensión.*

**INCOMUNICACIÓN** Aislamiento. *Comunicación, relación, trato.*

**INCOMUNICAR** Aislar, confinar, retraerse. *Convivir, unir.*

**INCONCEBIBLE** Extraño, incomprensible, increíble, sorprendente. *Comprensible, normal.*

**INCONCILIABLE** Incompatible. *Coincidente, concordante.*

**INCONCINO** Descompuesto, desordenado, trastornado, revuelto, mezclado. *Ordenado.*

**INCONCLUSO** Inacabado, incompleto. *Concluido.* *Inconcuso.

**INCONCUSO** Claro, evidente, palmario. *Dudoso, oscuro.* *Inconcluso.

**INCONDICIOINAL** Ilimitado, absoluto, total. *Limitado, relativo.* // Adepto, partidario, leal. *Desleal.*

**INCONEXO** Aislado, incoherente, independiente. *Coherente, ligado.*

**INCONFUNDIBLE** Característico, peculiar, particular.

**INCONGRUENTE** Impropio, inadecuado, inconveniente, inoportuno, incoherente, ilógico. *Apropiado, oportuno.*

**INCONMENSURABLE** Ilimitado, infinito, inmenso. *Finito, medible.*

**INCONMOVIBLE** Firme, permanente. // Impasible, inalterable, insensible.

**INCONSCIENCIA** Irreflexión, irresponsabilidad. *Conocimiento, reflexión.*

**INCONSCIENTE** Instintivo, irreflexivo, maquinal. *Consciente.* // Irresponsable.

**INCONSECUENCIA** Informalidad, ligereza, volubilidad.

**INCONSECUENTE** Ilógico, irreflexivo, voluble. *Consecuente.*

**INCONSIDERADO** Desatento, imprudente. // Inadvertido.

**INCONSISTENTE** Blando, dúctil, endeble, flojo, frágil. *Consistente, duro, firme, resistente.*

**INCONSOLABLE** Apenado, afligido, apesadumbrado, atribulado, acongojado, angustiado, desesperado.

**INCONSTANCIA** Inconsecuencia, inestabilidad, mudanza, volubilidad, veleidad, versatilidad. *Constancia, estabilidad, lealtad, tesón.*

**INCONSTANTE** Infiel, caprichoso, inconsecuente, mudable, tornadizo, variable, veleidoso, versátil, frívolo, voluble. *Constante, perseverante, tenaz.*

**INCONTABLE** Innumerable, numerosísimo, infinito, ilimitado. *Determinable.*

**INCONTENIBLE** Irrefrenable.

**INCONTESTABLE** Incuestionable, indiscutible, irrebatible, irrefutable, probado, incontrastable, incontrovertible. *Discutible.*

**INCONTINENCIA** Desenfreno, lascivia, liviandad, lubricidad, lujuria. *Honestidad, sobriedad.*

**INCONTINENTE** Libertino, libidinoso, lujurioso, sensual, desordenado. *Sobrio, moderado.*

**INCONTINENTI** Pronto, prontamente, prestamente, sin demora, al instante.

**INCONTRASTABLE** Incontestable, incuestionable, invencible. *Discutible.* *\*Incontratable.*

**INCONTROVERTIBLE** Incontestable,

indiscutible, irrebatible. *Discutible, rebatible.*

**INCONVENIENCIA** Incongruencia, incompatibilidad, inoportunidad, impropiedad, despropósito, grosería, incorrección, discordancia. *Oportunidad, corrección, compatibilidad.*

**INCONVENIENTE** Dificultad. *Facilidad.* // Inadecuado, incorrecto, indecoroso, inoportuno. *Compatible, oportuno.* // Deshonesto, grosero. *Correcto.*

**INCORDIO** Incómodo, molesto.

**INCORPORACIÓN** Admisión, agregación, anexión, ingreso, recepción. *Expulsión, separación.*

**INCORPORAR** Admitir, afiliar, agregar, agremiarse, asociarse, entrar, fusionar, ingresar, juntar, mezclar, reunir, unir. *Desunir, echar, salir.* // Erguirse, levantarse. *Echarse, tenderse.*

**INCORPÓREO** Incorporal, inmaterial, irreal, etéreo, impalpable, intangible. *Material.*

**INCORRECCIÓN** Descortesía, grosería. *Urbanidad.* // Error, falta.

**INCORRECTO** Defectuoso, inexacto. *Exacto, justo, preciso.* // Descomedido, descortés, grosero. *Cortés.*

**INCORREGIBLE** Obstinado, pertinaz, rebelde, recalcitrante, terco, testarudo. *Arrepentido.*

**INCORRUPTIBLE** Íntegro, justo, probo, recto, honesto. *Sobornable, venal, deshonesto.*

**INCORRUPTO** Íntegro, virginal, honrado. *Corrompido, dañado.*

**INCREDULIDAD** Ateísmo, escepticismo, irreligiosidad. *Fe, piedad.* // Desconfianza, recelo, suspicacia, sospecha. *Confianza.*

**INCRÉDULO** Ateo, descreído, escéptico, irreligioso. *Crédulo, creyente.* // Desconfiado, receloso, suspicaz. *Ingenuo, inocente.*

**INCREÍBLE** Inadmisible, inaudito, inconcebible, inverosímil. *Admisible, creíble, verosímil.*

**INCREMENTAR** Acrecentar, agrandar,

aumentar, desarrollar. *Disminuir, empequeñecer, reducir.*

**INCREMENTO** Acrecentamiento, aumento, desarrollo.

**INCREPAR** Reñir, reprender, regañar, amonestar.

**INCRIMINAR** Imputar, acusar, inculpar. *Disculpar.*

**INCRUSTACIÓN** Taracea, embutido.

**INCRUSTAR** Embutir, taracear.

**INCUBAR** Empollar, enclocar, encobar.

**ÍNCUBO** Espíritu, diablo, demonio.

**INCUESTIONABLE** Incontestable, incontrovertible, indiscutible, irrefragable, irrefutable. *Discutible, refutable.* // Axiomático, evidente. *Dudoso.*

**INCULCAR** Imbuir, infundir. *Disuadir.*

**INCULPABILIDAD** Inocencia.

**INCULPAR** Acusar, achacar, culpar, imputar. *Disculpar, exculpar.*

**INCULTO** Analfabeto, ignorante, iletrado, indocto. *Culto, docto.* // Desaliñado, rústico, tosco. // Grosero. // Abandonado, agreste, yermo. *Cultivado, labrado.*

**INCULTURA** Analfabetismo, barbarie, ignorancia, tosquedad. *Sabiduría.* // Grosería. *Educación.*

**INCUMBENCIA** Cargo, competencia, jurisdicción, obligación, atribución. *Desentendimiento.*

**INCUMBIR** Competer, concernir, corresponder, interesar, pertenecer, tocar.

**INCUMPLIDOR** Faltador, informal. *Cumplidor, formal.*

**INCUMPLIMIENTO** Descuido, inobservancia. *Cumplimiento.*

**INCURABLE** Deshauciado, insanable.

**INCURIA** Dejadez, descuido, desidia, despreocupación, negligencia. *Aplicación, cuidado, esmero.*

**INCURRIR** Atraerse, caer, causar, cometer, merecer.

**INCURSIÓN** Correría, invasión, irrupción, malón, batida.

**INDAGACIÓN** Averiguación, búsqueda, inquisición, investigación, pesquisa.

**INDAGAR** Averiguar, buscar, inquirir, investigar. *Contestar, replicar.*

**INDEBIDO** Ilícito, injusto, prohibido, vedado. *Debido, legal, permitido.*

**INDECENCIA** Deshonestidad, liviandad, obscenidad. *Decoro, honestidad.*

**INDECENTE** Deshonesto, grosero, indecoroso, inmoral, obsceno. *Decente, honesto.*

**INDECIBLE** Indescriptible, inenarrable, inexplicable, inefable, grandioso. *Explicable.*

**INDECISIÓN** Duda, irresolución, perplejidad, titubeo, vacilación. *Certidumbre, convicción, decisión, resolución.*

**INDECISO** Dudoso, fluctuante, irresoluto, perplejo, titubeante, vacilante, variable, versátil. *Decidido, resuelto.*

**INDECLINABLE** Firme, inevitable.

**INDECOROSO** Indecente. *Decente, honesto, moral.*

**INDEFECTIBLE** Infalible, forzoso, preciso, seguro, inevitable. *Falible, incierto, superfluo.*

**INDEFENDIBLE** Insostenible, refutable.

**INDEFENSO** Desarmado, inerme. *Armado, protegido.*

**INDEFINIBLE** Complicado, confuso, inexplicable. *Explicable, fácil.*

**INDEFINIDO** Ilimitado, impreciso, indeterminado, vago. *Definido, limitado, preciso, rotundo.*

**INDELEBLE** Imborrable, inalterable, permanente. *Alterable, transitorio.*

**INDELIBERADAMENTE** Inconscientemente, instintivamente, maquinalmente.

**INDELIBERADO** Espontáneo, impensado, impremeditado, instintivo. *Consciente, precavido.*

**INDEMNE** Ileso, incólume, intacto. *Dañado, lesionado, perjudicado.*

**INDEMNIZACIÓN** Compensación, resarcimiento, reparación, satisfacción.

**INDEMNIZAR** Compensar, reparar, resarcir, remediar. *Perjudicar.*

**INDEPENDENCIA** Imparcialidad. *Parcialidad.* // Autonomía, soberanía, libertad. *Esclavitud.* // Emancipación. *Sometimiento.*

**INDEPENDIENTE** Imparcial, neutral. //

Autónomo, emancipado, libre, soberano. *Dependiente, subordinado.*

**INDEPENDIZAR** Emancipar. *Esclavizar, someter, oprimir.*

**INDESCIFRABLE** Incomprensible, impenetrable, ininteligible, oscuro. *Claro, comprensible, inteligible.*

**INDESCRIPTIBLE** Indecible, maravilloso, sublime. *Explicable.*

**INDESEABLE** Indigno, peligroso.

**INDESTRUCTIBLE** Imperecedero, inalterable, inconmovible, irrompible. *Frágil, rompible.*

**INDETERMINACIÓN** Indecisión, vacilación. *Decisión, precisión.*

**INDETERMINADO** Impreciso, indeciso, indefinido, confuso, incierto, vago. *Concreto, determinado, definido.*

**INDICACIÓN** Advertencia, aviso, indicio, manifestación, pista, señal.

**INDICAR** Advertir, anunciar, avisar, aconsejar, enseñar, marcar, mostrar, señalar. *Esconder.*

**ÍNDICE** Catálogo, lista. // Indicio, muestra, señal.

**INDICIO** Asomo, barrunto, conjetura, muestra, pronóstico, señal, signo, síntoma, sospecha, vislumbre. *Prueba, verificación.*

**INDIFERENCIA** Apatía, desamor, desinterés, despego, frialdad, tibieza. *Amor, curiosidad, estupefacción, interés.*

**INDIFERENTE** Impasible, insensible, apático, displicente, tibio. *Entusiasta.*

**INDÍGENA** Natural, oriundo, nativo, originario. // Aborigen, autóctono.

**INDIGENCIA** Pobreza. *Opulencia.*

**INDIGENTE** Pobre, menesteroso.

**INDIGESTARSE** Empacharse.

**INDIGESTIÓN** Empacho.

**INDIGNACIÓN** Irritación. *Pasividad, placidez.*

**INDIGNAR** Irritar, sublevarse.

**INDIGNIDAD** Bajeza, ruindad, vileza. *Honor, moralidad, nobleza.*

**INDIGNO** Abyecto, bajo, innoble, rastrero, ruin, vil. *Honorable, leal.* // Impropio, degradante, vergonzoso, incorrecto, inmerecido. *Digno, merecedor.*

**INDIRECTA** Alusión, insinuación, sugerencia, doblez.

**INDISCIPLINA** Indocilidad, insubordinación, rebeldía. *Obediencia, sumisión.*

**INDISCIPLINADO** Desobediente, díscolo, indócil, ingobernable, insumiso, rebelde, revoltoso. *Dócil, disciplinado, sumiso.*

**INDISCIPLINARSE** Alzarse, insubordinarse, rebelarse, sublevarse.

**INDISCRECIÓN** Curiosidad, fisgonería, imprudencia, inoportunidad, intromisión. *Delicadeza, oportunidad.*

**INDISCRETO** Curioso, charlatán, entremetido, fisgón, husmeador, importuno. *Cauteloso, discreto.*

**INDISCULPABLE** Inexcusable, injustificable. *Disculpable.*

**INDISCUTIBLE** Evidente, incuestionable, innegable, irrebatible, irrefutable. *Incierto, discutible, refutable.*

**INDISOLUBLE** Indivisible, inseparable. *Separable.*

**INDISPENSABLE** Esencial, forzoso, inevitable, insustituible, irremplazable, necesario, obligatorio, preciso, vital. *Accesorio, accidental, innecesario, secundario.*

**INDISPONER** Desavenir, enemistar, malquistar. *Amistar.* // Enfermar. *Sanar.*

**INDISPOSICIÓN** Desazón, malestar. *Salud.*

**INDISPUESTO** Doliente, enfermo. *Sano.* // Contrariado, molesto. *Dichoso, feliz.*

**INDISPUTABLE** Evidente, indiscutible, innegable. *Discutible, negable.*

**INDISTINTO** Confuso, indiscernible. // Igual.

**INDIVIDUAL** Particular, personal, propio. *Colectivo, común.*

**INDIVIDUALIDAD** Carácter, idiosincrasia, particularidad.

**INDIVIDUALISMO** Egoísmo, particularismo. *Altruismo.*

**INDIVIDUALIZAR** Concretar, especificar, particularizar. *Generalizar.*

**INDIVIDUO** Alma, ente, hombre, persona, ser, sujeto. *Comunidad, sociedad.*

**INDIVISO** Entero. *Divisible.*

**INDÓCIL** Díscolo, indisciplinado, remiso, terco. *Disciplinado, obediente.*

**INDOCTO** Iletrado, inculto, ignorante. *Culto, letrado.*

**ÍNDOLE** Carácter, condición, natural, idiosincrasia, cualidad, inclinación, genio, género.

**INDOLENCIA** Apatía, dejadez, desidia, pachorra, pereza, poltronería. *Actividad, fervor.*

**INDOLENTE** Apático, calmoso, dejado, negligente, poltrón.

**INDÓMITO** Bravío, ingobernable, indomable, inflexible, montaraz. *Gobernable.*

**INDUBITABLE** Indudable. *Discutible.*

**INDUCCIÓN** Incitación, instigación, persuasión. *Deducción.*

**INDUCIR** Convencer, incitar, mover, persuadir, tentar. *Disuadir.* // Concluir, deducir, desprender, inferir.

**INDUDABLE** Cierto, evidente, indubitable, innegable, seguro. *Incierto.*

**INDULGENCIA** Benignidad, clemencia, condescendencia, perdón, remisión, tolerancia. *Impiedad, intolerancia.*

**INDULGENTE** Benévolo, clemente, condescendiente, tolerante. *Despiadado, malvado.*

**INDULTAR** Perdonar. *Condenar.* // Exceptuar, eximir.

**INDULTO** Amnistía, gracia, perdón, remisión. *Castigo, multa.*

**INDUMENTARIA** Traje, vestido, vestidura, vestimenta.

**INDUSTRIA** Fabricación, manufactura, producción, construcción, explotación, oficio, industrialización. // Destreza, pericia, habilidad. *Impericia.*

**INDUSTRIAL** Fabricante.

**INDUSTRIAR** Adiestrar, amaestrar, instruir. // Arreglarse, ingeniarse.

**INDUSTRIOSO** Diestro, experto, hábil, ingenioso, mañoso. *Inhábil, torpe.*

**INÉDITO** Nuevo, original, desconocido. *Conocido, viejo, imitado.*

**INEFABLE** Indecible, sublime, maravilloso, sagrado.

**INEFICAZ** Estéril, inactivo, infructuoso, inútil, nulo. *Activo, eficaz, fructuoso, hábil.*

**INELEGANTE** Cursi, chabacano, desgarbado, ramplón, recargado, tosco. *Elegante, paquete, vistoso.*

**INELUDIBLE** Forzoso, ineluctable, inevitable, necesario, obligatorio. *Eludible, evitable, revocable.*

**INENARRABLE** Indescriptible.

**INEPTITUD** Impericia, incapacidad, incompetencia, inhabilidad, insuficiencia, torpeza. *Capacidad, habilidad.*

**INEPTO** Incapaz, incompetente, ineficaz, inexperto, inhábil, inútil, negado, nulo, torpe. *Apto, competente, hábil, diestro, experto.*

**INEQUÍVOCO** Claro, evidente, indudable, palpable, seguro. *Discutible.*

**INERCIA** Apatía, desidia, flojedad, inacción, negligencia. *Diligencia.*

**INERME** Desarmado, indefenso.

**INERTE** Apático, desidioso, flojo, inactivo, indolente, ineficaz, inútil, negligente, perezoso. *Activo.*

**INESCRUTABLE** Enigmático, impenetrable, insondable. *Descifrable, penetrable.*

**INESPERADO** Accidental, casual, fortuito, impensado, imprevisto, inopinado, insospechado, repentino, súbito. *Previsto, sospechado.*

**INESTABILIDAD** Cambio, inseguridad, oscilación, variabilidad. *Fijeza, inmutabilidad.*

**INESTABLE** Inconstante, inseguro, mudable, precario, vacilante, variable. *Estable, fijo, firme, inamovible, permanente, inmutable.*

**INESTIMABLE** Inapreciable, valioso. *Barato, desdeñable.*

**INEVITABLE** Fatal, ineludible.

**INEXACTITUD** Equivocación, error, falsedad. *Fidelidad, precisión, verdad.*

**INEXACTO** Equivocado, erróneo, falso. *Correcto, exacto, justo.*

**INEXCUSABLE** Indisculpable, injustificable. *Disculpable, justificable.*

**INEXISTENTE** Ilusorio, imaginario, irreal. *Real, vivo.*

**INEXORABLE** Despiadado, implacable, inflexible. *Blando, tolerante.*

**INEXPERIENCIA** Impericia, inhabilidad, torpeza. *Experiencia, maestría, pericia.*

**INEXPERTO** Bisoño, inepto, novato, principiante, inexperimentado, inhábil, torpe. *Experto, hábil.*

**INEXPLICABLE** Extraño, raro, incomprensible, inconcebible, increíble, misterioso. *Concebible, creíble, descriptible, racional.*

**INEXPLORADO** Desconocido, ignoto, virgen. *Explorado, estudiado.*

**INEXPRESIVO** Enigmático, misterioso, reservado. *Expresivo, gráfico.*

**INEXPUGNABLE** Inconquistable, invencible. *Débil, conquistable.*

**INEXTINGUIBLE** Inacabable, inapagable, inagotable.

**INEXTRICABLE** Intrincado.

**INFALIBLE** Indefectible, seguro, cierto. *Dudoso.*

**INFAMANTE** Degradante, denigrante, deshonroso, difamatorio, ignominioso, infamatorio, oprobioso.

**INFAMAR** Afrentar, denigrar, desacreditar, deshonrar, enlodar, vilipendiar. *Acreditar, honrar.*

**INFAME** Abyecto, depravado, inicuo, malvado, perverso, protervo, ruin, torpe, traidor. *Honorable.*

**INFAMIA** Descrédito, deshonra, ignominia, indecencia, indignidad, oprobio, traición, vileza, vilipendio. *Decencia, dignidad, honorabilidad.*

**INFANCIA** Niñez, puericia. *Vejez.*

**INFANDO** Nefando, torpe, repugnante, indigno, vergonzoso. *Digno, delicado.*

**INFANTA** Niña. // Princesa.

**INFANTE** Criatura, crío, chiquillo, mocoso, nene, niño, pequeño. // Príncipe. // Soldado.

**INFANTIL** Cándido, inocente, inofensi-

vo, pueril. *Adulto, astuto.*

**INFATIGABLE** Incansable, inagotable, activo. *Cansino.*

**INFATUACIÓN** Engreimiento, fatuidad, petulancia, vanidad. *Humildad.*

**INFATUADO** Engreído, envanecido, fatuo, petulante, vanidoso.

**INFATUARSE** Engreírse, ensoberbecerse, envanecerse, inflarse, jactarse, pavonearse.

**INFAUSTO** Aciago, desdichado, desventurado, fatídico, funesto, infeliz, infortunado, malhadado, nefasto. *Feliz.*

**INFECCIÓN** Contagio, contaminación, corrupción, perversión.

**INFECTAR** Contagiar, contaminar, corromper, inficionar, pervertir. *Desinfectar, purificar.* **\*Infestar.**

**INFECTO** Contagiado, corrompido, infeccioso, inficionado, pestilente, putrefacto.

**INFECUNDO** Estéril, improductivo, infructífero. *Fecundo, fértil.*

**INFELICIDAD** Desdicha, infortunio. *Dicha, felicidad, ventura.*

**INFELIZ** Desdichado, infortunado.

**INFERENCIA** Consecuencia, deducción.

**INFERIOR** Dependiente, subalterno, subordinado. *Superior.* // Accesorio, mediano, menor, peor. *Mejor.*

**INFERIORIDAD** Dependencia, subordinación. *Mando, primacía, superioridad.* // Profundidad. // Desventaja, minoría. *Mayoría, ventaja.*

**INFERIR** Colegir, concluir, deducir, derivar, desprenderse. // Causar, ocasionar, producir.

**INFERNAL** Demoníaco, endemoniado, endiablado, maléfico, perjudicial, satánico. *Angelical, bondadoso.*

**INFÉRTIL** Estéril.

**INFESTAR** Apestar, inficionar, plagar, pulular. **\*Infectar.**

**INFICIONAR** Infectar, apestar, contagiar, viciar, infestar. *Purificar.*

**INFIDELIDAD** Deslealtad, traición. *Fidelidad, lealtad.*

**INFIEL** Adúltero, desleal, felón, pérfido,

traidor. *Leal.* // Pagano. // Inexacto.

**INFIERNO** Abismo, averno, báratro, gehena, orco. *Cielo, edén, paraíso.* // Alboroto, escándalo, pandemónium.

**INFILTRAR** Imbuir, inculcar, infundir, inspirar, introducir. *Disuadir.*

**ÍNFIMO** Mínimo, último. // Bajo, despreciable, inferior, miserable, ruin, vil. *Mejor, superior.*

**INFINIDAD** Infinito, inmensidad, vastedad. *Pequeñez.* // Cúmulo, muchedumbre, multitud, sinfín, sinnúmero. *Escasez.*

**INFINITESIMAL** Imperceptible, microscópico, minúsculo.

**INFINITO** Ilimitado, imperecedero, incalculable, inmenso, innumerable, interminable. *Finito, limitado, perecedero.* // Excesivo, grandísimo. *Escaso.*

**INFLACIÓN** Engreimiento, ensoberbecimiento, envanecimiento, infatuación. *Humildad.* // Desvalorización. *Valorización.* // Hinchazón.

**INFLADO** Infatuado.

**INFLAMABLE** Combustible.

**INFLAMACIÓN** Hinchazón, congestión, flegmasía.

**INFLAMAR** Encender, incendiar. *Apagar.* // Acalorar, apasionar, congestionar, enardecer, enconarse, exasperarse, irritarse. *Tranquilizar.*

**INFLAR** Abultar, exagerar, hinchar. *Desinflar, deshinchar.* // Infatuarse.

**INFLEXIBLE** Firme, inconmovible, rígido, tenaz. *Débil, flexible.*

**INFLEXIÓN** Alabeo, comba, torcimiento. // Modulación. // Desinencia, terminación.

**INFLIGIR** Aplicar, castigar, condenar, imponer. *\*Infringir.*

**INFLUENCIA** Ascendiente, prestigio, influjo, valía, peso, poder, privanza. // Intervención, mediación.

**INFLUIR** Apoyar, contribuir, intervenir, mediar, pesar, poder.

**INFLUJO** Influencia.

**INFLUYENTE** Poderoso, acreditado, importante, prestigioso. *Insignificante.*

**INFORMACIÓN** Informe, investigación.

**INFORMAL** Familiar. // Incumplidor. *Formal, juicioso, serio.*

**INFORMALIDAD** Familiaridad. *Solemnidad.* // Incumplimiento, inobservancia, omisión, olvido. *Cuidado, observancia.*

**INFORMANTE** Informador. // Expositor, relator. // Delator.

**INFORMAR** Anunciar, avisar, comunicar, enterar, instruir, publicar, revelar, notificar.

**INFORME** Referencia, confidencia, noticia, parte, dato, reseña, crónica, mensaje, carta. // Exposición, discurso, certificación. // Impreciso, indefinido, imperfecto, indeterminado, irregular. // Deforme.

**INFORTUNADO** Desgraciado, infeliz.

**INFORTUNIO** Adversidad, desdicha, desgracia. *Dicha, ventura.*

**INFRACCIÓN** Contravención, falta, transgresión. *Observancia.*

**INFRANQUEABLE** Intransitable, imposible, impracticable, inabordable, inaccesible, abrupto. *Practicable, posible, transitable.*

**INFRECUENTADO** Desusado. // Inhabitado, solitario.

**INFRECUENTE** Desusado, insólito, raro. *Corriente, frecuente, habitual.*

**INFRINGIR** Conculcar, contravenir, transgredir, vulnerar. *Cumplir, obedecer, respetar.* *\*Infligir.*

**INFRUCTÍFERO** Infructuoso.

**INFRUCTUOSO** Estéril, improductivo, ineficaz, infructífero, inútil, vano. *Eficaz, fecundo.*

**ÍNFULAS** Fatuidad, presunción, vanidad. *Humildad, sencillez.*

**INFUNDADO** Descabellado, gratuito, inmotivado, insostenible, injustificado. *Fundado, motivado.*

**INFUNDIO** Embuste, patraña. *Verdad.*

**INFUNDIR** Comunicar, imbuir, inculcar, inspirar.

**INFUSIÓN** Cocimiento. // Solución, disolución, extracto.

**INGENIARSE** Amañarse, apañarse, componérselas, idear, imaginar, industriarse, inventar.

**INGENIO** Cacumen, imaginación, inteligencia, intuición, mollera, talento, viveza. // Chiste, ocurrencia. // Aparato, artificio, máquina.

**INGENIOSO** Avispado, chispeante, genial, listo, perspicaz, profundo, sutil. *Necio, tonto.*

**INGÉNITO** Connatural, innato, ínsito. *Adquirido.*

**INGENTE** Enorme, infinito, grandioso, inmenso, exorbitante. *Pequeño.*

**INGENUIDAD** Candor, credulidad, inocencia, naturalidad, llaneza, sencillez, simplicidad, sinceridad. *Astucia, picardía, malicia.*

**INGENUO** Cándido, candoroso, crédulo, inocente, franco, llano, natural, sencillo, sincero, simple. *Pícaro.*

**INGERIR** Comer, tragar, introducir, meter, beber. *Arrojar.* **\*Injerir.**

**INGLÉS** Británico. **\*Ingles.**

**INGOBERNABLE** Indisciplinado, insurgente. *Sumiso.*

**INGRATITUD** Desagradecimiento, desconocimiento, deslealtad, egoísmo. *Agradecimiento, desinterés, gratitud, reconocimiento.*

**INGRATO** Desagradecido, descastado, desleal, egoísta, olvidadizo. // Áspero, desagradable, desapacible.

**INGRÁVIDO** Liviano, ligero, suelto, tenue, leve. *Pesado.*

**INGREDIENTE** Componente, droga.

**INGRESAR** Afiliarse, asociarse. *Salir, separarse.*

**INGRESO** Entrada. *Salida.* // Cobro, ganancia. *Pérdida, pago.*

**INGURGITAR** Engullir, tragar.

**INHÁBIL** Desmañado, incapaz, inepto, torpe. *Capaz, diestro, hábil.*

**INHABILITAR** Imposibilitar, incapacitar. *Capacitar.*

**INHABITADO** Deshabitado, desierto, despoblado, solitario. *Habitado, poblado, ocupado.*

**INHALAR** Absorber, aspirar, inspirar,

respirar. *Expeler, espirar, exhalar.*

**INHERENTE** Consustancial, inseparable, unido, relacionado. *Separado.*

**INHIBICIÓN** Abstención, separación. *Acción, intromisión, unión.*

**INHIBIR** Estorbar, prohibir. // Abstenerse, apartarse, eximirse.

**INHOSPITALARIO** Inhumano. // Desierto, inhóspito, peligroso.

**INHUMANO** Bárbaro, brutal, cruel, despiadado, inhospitalario, feroz, sanguinario. *Bondadoso, humano.*

**INHUMAR** Enterrar, sepultar. *Desenterrar, exhumar.*

**INICIACIÓN** Aprendizaje, comienzo, principio. *Fin.*

**INICIADO** Catecúmeno, neófito.

**INICIADOR** Creador, introductor, promotor, fundador.

**INICIAL** Original, primordial. // Inaugural. *Final.*

**INICIAR** Comenzar, empezar, entablar, inaugurar, incoar, promover. *Acabar, finalizar.* // Enseñar, enterar, instruir.

**INICIATIVA** Iniciación, inicio, adelanto, delantera. // Proposición, idea.

**INICIO** Comienzo, origen, principio, raíz.

**INICUO** Arbitrario, injusto, malvado. *Justo, moral.*

**INIMAGINABLE** Inconcebible, raro, extraño, extraordinario.

**ININTELIGIBLE** Incomprensible, indescifrable, oscuro, misterioso. *Claro, comprensible.*

**ININTERRUMPIDO** Continuado, continuo, constante, incesante.

**INIQUIDAD** Arbitrariedad, injusticia, maldad, perversidad. *Bondad, justicia.*

**INJERENCIA** Entrometimiento, intromisión, indiscreción.

**INJERIR** Injertar, introducir, meter. // Entremeterse, inmiscuirse. *Alejar.* **\*Ingerir.**

**INJERTAR** Injerir, inserir.

**INJURIA** Agravio, ofensa, ultraje. *Alabanza, apología.* // Daño, menoscabo, perjuicio. *Favor.*

**INJURIAR** Afrentar, agraviar, denigrar,

infamar, insultar, ofender, ultrajar, vilipendiar. *Alabar, defender.* // Dañar, menoscabar, perjudicar. *Favorecer.*

**INJURIOSO** Insultante, ofensivo, ultrajante, vejatorio. *Elogioso.*

**INJUSTICIA** Arbitrariedad, iniquidad, parcialidad, sinrazón. *Ecuanimidad, equidad, justicia.*

**INJUSTO** Arbitrario, inicuo, parcial. *Legal, moral.*

**INMACULADO** Impoluto, limpio, puro. *Poluto.*

**INMANENTE** Inherente.

**INMARCESIBLE** Inmarchitable, perdurable. *Perecedero, temporal.*

**INMATERIAL** Espiritual, etéreo, ideal, incorpóreo, mental. *Corpóreo, material, real, tangible.*

**INMATURO** Precoz, prematuro, adelantado, verde, tierno.

**INMEDIACIÓN** Cercanía, proximidad, vecindad.

**INMEDIACIONES** Alrededores, cercanías, proximidades.

**INMEDIATAMENTE** Enseguida, luego, seguidamente. *Después, tarde.*

**INMEDIATO** Consecutivo, próximo, seguido. // Contiguo, lindante, vecino. *Lejano.*

**INMEJORABLE** Excelente, insuperable, óptimo, perfecto, sin par. *Imperfecto.*

**INMEMORIAL** Antiquísimo, remoto. *Moderno, nuevo.*

**INMENSIDAD** Infinidad, vastedad. *Pequeñez.* // Muchedumbre. *Escasez.*

**INMENSO** Ilimitado, incalculable, inconmensurable, infinito. *Exiguo, mínimo.* // Considerable, descomunal, desmedido, enorme, extraordinario, grandioso. *Pequeño.*

**INMERECIDO** Arbitrario, injusto, infundado. *Merecido.*

**INMERSIÓN** Sumersión, zambullida.

**INMERSO** Abismado, sumergido, sumido, hundido.

**INMINENTE** Cercano, inmediato, próximo. *Lejano, remoto.*

**INMISCUIRSE** Entremeterse, mezclarse,

participar, interferir. *Desentenderse.*

**INMODERADO** Desenfrenado, destemplado, excesivo. *Mesurado, moderado, morigerado, sobrio.*

**INMODESTIA** Fatuidad, jactancia, ostentación, petulancia. *Humildad, modestia, recato.*

**INMOLACIÓN** Holocausto, sacrificio.

**INMOLAR** Sacrificar, ofrendar.

**INMORAL** Deshonesto, disoluto, impúdico, licencioso, obsceno, vicioso. *Casto, honesto, lícito, púdico.*

**INMORALIDAD** Corrupción, deshonestidad, impudicia, obscenidad, vicio. *Decencia, honradez, moralidad.* // Impiedad, irreverencia, irregularidad.

**INMORTAL** Eterno, imperecedero, perpetuo, sempiterno. *Mortal, perecedero.*

**INMORTALIZAR** Eternizar, perpetuar. *Morir.*

**INMÓVIL** Clavado, fijo, firme, quieto. *Móvil.*

**INMOVILIDAD** Quietud, reposo. *Movimiento.*

**INMOVILIZAR** Aquietar, detener, paralizar, parar. *Mover.*

**INMUNDICIA** Basura, mugre, porquería, suciedad. *Aseo.* // Deshonestidad, impureza, vicio.

**INMUNDO** Asqueroso, mugriento, puerco, sucio. *Aseado, limpio.* // Deshonesto, impúdico. *Casto.*

**INMUNE** Exento, protegido, libre. *Expuesto, vulnerable.*

**INMUNIDAD** Exención, liberación. *Desamparo, vulnerabilidad.*

**INMUNIZAR** Exceptuar, eximir, librar. *Someter.* // Vacunar. *Infectar.*

**INMUTABLE** Inalterable, invariable. *Inestable, perturbable, sensible.*

**INMUTARSE** Alterarse, conmoverse, conturbarse, desconectarse, turbarse. *Tranquilizarse.*

**INNATO** Connatural, natural, propio. *Adquirido, aprendido.*

**INNECESARIO** Inútil, superfluo, redundante. *Indispensable, necesario.*

**INNEGABLE** Cierto, indudable, irrefragable, irrefutable, seguro. *Discutible, dudoso, inseguro.*

**INNOBLE** Abyecto, bajo, despreciable, ruin, vil. *Caballeroso.*

**INNOVACIÓN** Novedad.

**INNOVAR** Cambiar, renovar, transformar. *Imitar, repetir.*

**INNUMERABLE** Incalculable, innúmero, numeroso.

**INOBEDIENTE** Indócil, insubordinado, desobediente, díscolo, ingobernable. *Sumiso, obediente.*

**INOCENCIA** Candor, ingenuidad, sencillez, simplicidad, pureza. *Astucia.* // Honradez, inculpabilidad. *Culpabilidad.*

**INOCENTADA** Broma, chasco.

**INOCENTE** Cándido, candoroso, casto, puro. *Impuro.* // Honrado, ingenuo, inofensivo. *Culpable, reo, responsable.*

**INOCULAR** Comunicar, contagiar, contaminar. // Pervertir. // Vacunar.

**INOCUO** Inerte, inocente, inerme, inofensivo. *Nocivo.*

**INOFENSIVO** Inocuo, pacífico, tranquilo, inocente. *Dañino.*

**INOLVIDABLE** Imborrable, imperecedero, memorable.

**INOPIA** Indigencia, pobreza. *Abundancia, opulencia.*

**INOPINADO** Impensado, imprevisto, súbito, repentino, inesperado. *Esperado, previsto.*

**INOPORTUNO** Importuno, inadecuado, inconveniente, intempestivo. *Apropiado, conveniente, oportuno, propicio.*

**INORGÁNICO** Mineral. *Orgánico, vegetal, vivo.*

**INQUEBRANTABLE** Inflexible, rígido, tenaz.

**INQUIETANTE** Alarmante, amenazador. *Tranquilizador.*

**INQUIETAR** Alarmar, conturbar, desasosegar, desazonar, intranquilizar, turbar. *Tranquilizar.*

**INQUIETO** Agitado, desasosegado, excitado, intranquilo, nervioso, revoltoso, turbado, turbulento. *Calmado, calmo, tranquilo.*

**INQUIETUD** Agitación, ansiedad, intranquilidad, perturbación, turbación, zozobra. *Quietud, reposo, serenidad.*

**INQUILINO** Arrendatario, locatario.

**INQUINA** Antipatía, aversión, odio, ojeriza, tirria. *Afecto.*

**INQUIRIR** Averiguar, indagar, investigar, preguntar. *Responder.*

**INQUISICIÓN** Averiguación, indagación, investigación, pesquisa.

**INQUISIDOR** Averiguador, investigador, pesquisidor.

**INSACIABLE** Ambicioso, ansioso, ávido. *Satisfecho.* // Tragón, glotón, famélico. *Harto, ahíto.*

**INSALUBRE** Malsano, nocivo, perjudicial. *Saludable, sano.*

**INSANIA** Demencia, locura. *Cordura, razón.*

**INSANO** Enfermizo. *Sano.* // Demente, loco, orate. *Cuerdo.*

**INSATISFECHO** Descontento.

**INSCRIBIR** Grabar, esculpir, trazar. // Alistar, anotar, apuntar, empadronar, matricular.

**INSCRIPCIÓN** Epígrafe, leyenda, rótulo. // Anotación, asiento.

**INSEGURIDAD** Duda, incertidumbre, indecisión, vacilación. *Certeza, resolución.* // Inconstancia. *Seguridad.*

**INSEGURO** Dudoso, incierto, indeciso, inconstante, mudable, vacilante, variable. *Resoluto, seguro.*

**INSENSATEZ** Locura, necedad.

**INSENSATO** Loco, necio. *Cuerdo, juicioso, prudente, sensato.*

**INSENSIBILIDAD** Apatía, dureza, frialdad, impasibilidad, indiferencia. *Afectividad, sensibilidad, sentimiento.*

**INSENSIBILIZAR** Anestesiar, embotar.

**INSENSIBLE** Empedernido, endurecido, frío, impasible, indiferente. *Clemente, sensible.*

**INSEPARABLE** Inherente, adjunto, unido, junto. // Íntimo.

**INSERIR** Injerir, injertar, insertar.

**INSERTAR** Incluir, intercalar, introducir, meter. // Publicar.

**INSERVIBLE** Inaprovechable, inútil. *Aprovechable, útil.*

**INSIDIA** Asechanza, celada, engaño, intriga, perfidia. *Incidía (incidir).

**INSIDIOSO** Capcioso, engañoso, pérfido, traidor. *Franco, leal.*

**INSIGNE** Célebre, famoso, preclaro, renombrado, reputado. *Ignorado.*

**INSIGNIA** Distintivo, divisa, emblema, enseña, señal. // Bandera, estandarte, pendón.

**INSIGNIFICANCIA** Fruslería, menudencia, minucia, nadería, pequeñez. // Insuficiencia, inutilidad. *Importancia.*

**INSIGNIFICANTE** Baladí, despreciable, exiguo, fútil, menudo, módico, trivial. *Grave, importante, serio, trascendental, valioso.*

**INSINUACIÓN** Alusión, indirecta, sugestión. // Indicación.

**INSINUANTE** Insinuador, alusivo, sugeridor, sugestivo.

**INSINUAR** Aludir, sugerir. // Inspirar, soplar. // Infiltrarse, introducirse.

**INSIPIDEZ** Insulsez, desabrimiento, desazón, sinsabor. *Sabor, gracia.*

**INSÍPIDO** Desabrido, insulso, insustancial. *Gracioso, gustoso, sabroso.* // Anodino, árido, seco.

**INSIPIENTE** Ignorante, necio. *Culto, erudito.* *Incipiente.*

**INSISTENCIA** Instancia, porfía, reiteración. // Obstinación, pertinacia, pesadez, terquedad, testarudez.

**INSISTENTE** Machacón, obstinado, pertinaz, pesado, porfiado, terco, testarudo. *Condescendiente.*

**INSISTIR** Importunar, instar, machacar, perseverar, porfiar, reiterar. *Ceder, desistir, renunciar.*

**ÍNSITO** Connatural, ingénito, innato, propio. *Adquirido, impropio.*

**INSOBORNABLE** Íntegro, justo, honrado, recto, probo, honesto. *Sobornable, deshonesto.*

**INSOCIABLE** Arisco, hosco, huraño, intratable, misántropo. *Comunicativo, sociable, tratable.*

**INSOLENCIA** Atrevimiento, descaro, desfachatez, procacidad. *Cortesía.* // Insulto, ofensa.

**INSOLENTARSE** Desbocarse, descararse, desmandarse, desvergonzarse.

**INSOLENTE** Descarado, desvergonzado, insultante, ofensivo, procaz, soberbio. *Respetuoso.*

**INSÓLITO** Asombroso, desacostumbrado, desusado, excepcional, inusitado. *Acostumbrado, antiguo, frecuente, habitual.*

**INSOLUBLE** Indisoluble, irresoluble.

**INSOLVENTE** Desacreditado, pobre. *Acreditado, rico.*

**INSOMNE** Desvelado. *Amodorrado.*

**INSOMNIO** Desvelo, vigilia. *Modorra.*

**INSONDABLE** Impenetrable, incognoscible, inescrutable, oscuro, profundo. *Claro, comprensible.*

**INSOPORTABLE** Enfadoso, inaguantable, insufrible, intolerable, molesto, pesado. *Aguantable, llevadero, tolerable.*

**INSOSTENIBLE** Indefendible, rebatible.

**INSPECCIÓN** Control, examen, verificación.

**INSPECCIONAR** Controlar, examinar, reconocer, verificar.

**INSPECTOR** Contralor, fiscalizador, verificador.

**INSPIRACIÓN** Estro, musa, numen. // Sugerencia, sugestión.

**INSPIRAR** Iluminar, infundir, mover, sugerir, soplar. // Aspirar.

**INSTABILIDAD** Fragilidad, inestabilidad. *Permanencia, seguridad.*

**INSTABLE** Cambiante, inestable, frágil, perecedero.

**INSTALACIÓN** Alojamiento, colocación, emplazamiento.

**INSTALAR** Colocar, establecer, poner. // Acomodar, alojar, aposentar, situar. // Armar. *Desarmar.*

**INSTANCIA** Memorial, petición, solicitud. // Premura. // Impugnación, refutación.

**INSTANTÁNEAMENTE** Repentinamente, rápidamente, súbitamente.

**INSTANTÁNEO** Inmediato. *Mediato.* // Fugaz, momentáneo, rápido. *Constante, largo, lento.*

**INSTANTE** Momento, periquete, santiamén, segundo, soplo, tris.

**INSTAR** Apremiar, apurar, insistir, presionar, urgir. *Tranquilizar.* // Suplicar. *Exigir.*

**INSTAURAR** Renovar, reponer, restablecer, restaurar. *Deponer, invalidar, revocar.*

**INSTIGACIÓN** Incitación, inducción, impulso, estímulo, provocación.

**INSTIGADOR** Agitador, azuzador, incitador, inspirador, provocador, soliviantador.

**INSTIGAR** Azuzar, incitar, inducir, mover, pinchar, provocar, soliviantar. *Amilanar, disuadir.*

**INSTILAR** Infiltrar, infundir.

**INSTINTIVO** Inconsciente, involuntario, irreflexivo, maquinal, reflejo. *Consciente, reflexivo.*

**INSTINTO** Corazonada, inclinación, propensión. *Discernimiento, juicio.*

**INSTITUCIÓN** Establecimiento, fundación, organización.

**INSTITUIR** Crear, establecer, fundar. *Abolir.*

**INSTITUTO** Academia, corporación. // Estatuto, ordenanza, reglamento.

**INSTITUTOR** Instituidor. // Catedrático, maestro, preceptor, profesor. *Discípulo, alumno.*

**INSTITUTRIZ** Aya, maestra.

**INSTRUCCIÓN** Cultura, educación, enseñanza, erudición, ilustración, saber. *Desconocimiento, incultura.* // Advertencia, normas, reglas. // Tramitación.

**INSTRUCTIVO** Educativo, ilustrativo.

**INSTRUCTOR** Maestro. *Alumno.*

**INSTRUIDO** Culto, docto, erudito, leído, sabedor. *Ignorante.*

**INSTRUIR** Advertir, aleccionar, educar, enseñar, enterar, ilustrar. // Informar.

**INSTRUMENTACIÓN** Orquestación.

**INSTRUMENTO** Aparato, herramienta, máquina, utensilio. // Documento, escritura, rebeldía, desobediencia.

**INSUBORDINACIÓN** Rebeldía, insurrección, indisciplina, rebelión, desobediencia. *Docilidad, sumisión.*

**INSUBORDINADO** Indisciplinado, rebelde, sublevado, sedicioso. *Obediente, disciplinado.*

**INSUBORDINARSE** Indisciplinarse, insurreccionarse, levantarse. *Acatar, obedecer, rendirse.*

**INSUFICIENCIA** Cortedad, deficiencia, escasez. *Abundancia.* // Carencia, falta. *Sobra.* // Incapacidad, inquietud, torpeza. *Aptitud, capacidad, habilidad.*

**INSUFICIENTE** Corto, deficiente, escaso. *Bastante, suficiente.* // Incapaz, inepto, torpe. *Capaz, competente, hábil.*

**INSUFLAR** Henchir, introducir, soplar.

**INSUFRIBLE** Insoportable. *Soportable, tolerable.*

**ÍNSULA** Isla.

**INSULAR** Isleño.

**INSULSO** Insípido, soso. *Sustancioso.* // Inexpresivo, necio, simple, zonzo. *Donoso, expresivo, ingenioso, ocurrente.*

**INSULTANTE** Afrentoso, humillante, injurioso, ofensivo, provocativo, ultrajante. *Elogioso.*

**INSULTAR** Afrentar, agraviar, denostar, injuriar, ofender, ultrajar. *Alabar.*

**INSULTO** Afrenta, agravio, denuesto, dicterio, injuria. *Loa.*

**INSUME** Caro, costoso, dispendioso.

**INSUMISO** Desobediente, rebelde. *Dócil, sumiso.*

**INSUPERABLE** Excelente, inmejorable. *Mejorable.* // Invencible. *Fácil.* // Infranqueable.

**INSURGENTE** Insurrecto.

**INSURRECCIÓN** Alzamiento, motín, rebelión, sedición, sublevación. *Disciplina, orden.*

**INSURRECTO** Amotinado, insurgente, rebelde, revolucionario, sedicioso, sublevado.

**INSUSTANCIAL** Anodino, huero, insípido, insulso, trivial, vacuo. *Sustancial, sabroso.*

**INSUSTITUIBLE** Irreemplazable, insuplantable. *Sustituible.*

**INTACHABLE** Inobjetable, íntegro, irreprochable, recto. *Censurable, deshonrado, despreciable.*

**INTACTO** Completo, entero, incólume, indemne, ileso. *Dañado, falto, incompleto.* // Puro. *Impuro.*

**INTANGIBLE** Impalpable, intocable.

**INTEGRAL** Cabal, completo, entero, total. *Incompleto, parcial.*

**ÍNTEGRAMENTE** Enteramente, totalmente. *Parcialmente.*

**INTEGRAR** Completar, componer, formar, totalizar.

**INTEGRIDAD** Entereza, probidad, rectitud. // Todo, totalidad. *División, parte.* // Pureza, virginidad. // Perfección, plenitud. *Corrupción.*

**ÍNTEGRO** Completo, entero, total. // Cabal, honrado, honesto, intachable, recto. *Deshonesto.*

**INTELECTO** Inteligencia.

**INTELECTUAL** Espiritual, intelectivo. // Erudito, estudioso, literato.

**INTELIGENCIA** Caletre, cerebro, conocimiento, entendederas, entendimiento, imaginación, ingenio, juicio, mente, razón, sagacidad, talento, tino. *Estupidez, idiotez, imbecilidad.* // Acuerdo, trato.

**INTELIGENTE** Comprensivo, entendido, hábil, ingenioso, instruido, listo, lúcido, sagaz, talentoso. *Cerrado, necio, negado, tonto.*

**INTELIGIBLE** Asequible, claro, comprensible, fácil. *Confuso, dificultoso, incomprensible.*

**INTEMPERADO** Inmoderado, incontinente, desenfrenado. *Moderado.*

**INTEMPERANCIA** Destemplanza, desenfreno, exceso, gula, incontinencia. *Frugalidad, moderación, sobriedad.*

**INTEMPESTIVO** Extemporáneo, inoportuno. *Oportuno.*

**INTENCIÓN** Designio, propósito, proyecto, intento.

**INTENCIONADAMENTE** Adrede, deliberadamente, premeditadamente.

**INTENCIONAL** Deliberado, premeditado. *Inconsciente, indeliberado.*

**INTENDENCIA** Municipalidad. // Cuidado, dirección, gobierno.

**INTENSAMENTE** Enérgicamente, poderosamente, vehementemente, vigorosamente. *Débilmente.*

**INTENSIDAD** Energía, fuerza, potencia, rigor, vehemencia, vigor, violencia, virulencia, viveza. *Debilidad, pasividad, suavidad.*

**INTENSIFICAR** Reforzar. *Amenguar, debilitar.*

**INTENSO** Agudo, fuerte, hondo, penetrante, vehemente, violento, virulento, vivo.

**INTENTAR** Aspirar, pretender, probar, procurar, tantear, tratar. *Abandonar, cejar, desistir.*

**INTENTO** Conato, designio, empeño, intención, intentona, propósito, proyecto.

**INTENTONA** Tentativa, intento. // Fracaso, chasco, fiasco, malogro.

**INTERCALAR** Interlinear, interpolar, interponer, mezclar.

**INTERCAMBIO** Cambio, canje, permuta, reciprocidad, trueque.

**INTERCEDER** Abogar, interponerse, mediar, rogar. *Acusar, desentenderse.*

**INTERCEPTAR** Cortar, detener, impedir, interrumpir, obstruir.

**INTERCESIÓN** Intervención, mediación. ***Intersección.**

**INTERCESOR** Abogado, mediador.

**INTERDICTO** Entredicho, prohibición.

**INTERÉS** Beneficio, ganancia, provecho, rédito, rendimiento, renta, utilidad. *Pérdida.* // Consideración, importancia. *Desatención.* // Atracción, curiosidad, inclinación. *Desafecto, desinterés.*

**INTERESADO** Apasionado. *Indiferente.* // Codicioso, logrero. // Solicitante.

**INTERESANTE** Atractivo, atrayente, cautivante, curioso, notable, sugestivo. *Anodino, insulso, vulgar.*

**INTERESAR** Atraer, cautivar, impresionar, sugestionar. // Atañer, concernir, importar. // Encariñarse.

**INTERESES** Bienes, fortuna.

**ÍNTERIN** Interinato, interinidad, intervalo. // Entretanto, mientras.

**INTERINIDAD** Interinato. // Intermedio, intervalo, pausa. *Continuidad.*

**INTERINO** Momentáneo, provisional, provisorio, transitorio. *Definitivo.* // Sustituto, suplente. *Efectivo.*

**INTERIOR** Interioridad. // Interno, intestino, íntimo, intrínseco, profundo, recóndito. *Exterior, extrínseco.* // Doméstico, familiar.

**INTERIORIDAD** Adentros, alma, conciencia, entrañas, fuero interno. // Hueco, profundidad.

**INTERIORMENTE** Íntimamente. *Exteriormente.*

**INTERJECCIÓN** Exclamación.

**INTERLINEAR** Intercalar, interpolar.

**INTERLOCUCIÓN** Diálogo.

**INTERLOCUTOR** Dialogador, platicador, oponente.

**INTERLUDIO** Intermedio. *Interlunio.

**INTERMEDIAR** Interponerse, mediar.

**INTERMEDIARIO** Mediador, intercesor. // Proveedor.

**INTERMEDIO** Entreacto, entremés, interludio, intervalo. // Tregua.

**INTERMINABLE** Inacabable, inagotable, eterno, lento. *Breve.*

**INTERMISIÓN** Cesación, interrupción.

**INTERMITENCIA** Intermisión, suspensión. *Continuidad.*

**INTERMITENTE** Discontinuo. *Continuo, incesante, persistente, seguido.*

**INTERNACIONAL** Cosmopolita, universal, mundial. *Local.*

**INTERNARSE** Adentrarse, entrar, introducirse, penetrar.

**INTERNO** Interior, íntimo. // Pensionista, pupilo.

**INTERPELACIÓN** Interrogación, petición, requerimiento, pregunta, solicitación, indagación.

**INTERPELAR** Interrogar, preguntar, requerir. *Contestar, replicar.*

**INTERPOLAR** Intercalar.

**INTERPONER** Entremezclar, intercalar, interlinear, interpolar. // Entrometerse, mediar. *Desentenderse.*

**INTERPRETACIÓN** Comentario, exégesis, explicación, glosa, traducción, paráfrasis.

**INTERPRETAR** Comentar, explicar, exponer, glosar, parafrasear, traducir. *Tergiversar.* // Descifrar.

**INTÉRPRETE** Comentador, exegeta, glosador, parafraseador. // Actor, artista.

**INTERROGACIÓN** Pregunta, interpretación, demanda, cuestión, problema.

**INTERROGAR** Examinar, inquirir, interpelar, preguntar, sondear. *Contestar.*

**INTERROGATORIO** Cuestionario, examen, sondeo.

**INTERRUMPIR** Cortar, detener, suspender, truncar, intermitir, interpolar, diferir, terminar, estorbar. *Continuar, proseguir.*

**INTERRUPCIÓN** Interferencia, intermisión, intermitencia, intervalo, pausa, suspensión, tregua, detención. *Prosecución, continuación.*

**INTERSECCIÓN** Cruce, encuentro. *Intercesión.

**INTERSTICIO** Espacio, grieta, hendedura, resquicio.

**INTERVALO** Entreacto, ínterin, interludio, interrupción, pausa, tregua. *Continuación.* // Espacio, hueco, intersticio.

**INTERVENCIÓN** Intromisión, mediación. // Fiscalización, inspección. // Operación.

**INTERVENIR** Interponerse, mediar, mezclarse, participar, terciar. *Abstenerse, desligarse.* // Sobrevenir.

**INTERVENTOR** Fiscalizador, inspector, mediador.

**INTESTINO** Entraña, tripas. // Civil, doméstico, interior.

**INTIMACIÓN** Advertencia, aviso, notificación, requerimiento, ultimátum.

**ÍNTIMAMENTE** Entrañablemente.

**INTIMAR** Conminar, notificar, ordenar, exigir. // Amistar, congeniar, fraternizar.

*Enemistarse.* // Introducirse.

**INTIMIDAD** Amistad, apego, confianza, familiaridad.

**INTIMIDAR** Asustar, atemorizar. *Animar, concitar, instigar.*

**ÍNTIMO** Interior. *Extraño.* // Entrañable, inseparable. *Desafecto, hostil.* **\*Intimo** (intimar).

**INTITULAR** Denominar, llamar, titular, nombrar, decir.

**INTOLERABLE** Inaguantable, insoportable, insufrible.

**INTOLERANCIA** Fanatismo, intransigencia. *Indulgencia, transigencia.*

**INTOXICACIÓN** Envenenamiento.

**INTOXICAR** Emponzoñar, envenenar, inficionar.

**INTRADUCIBLE** Indecible, inexplicable, inexpresable.

**INTRANQUILIDAD** Angustia, congoja, desasosiego, inquietud, zozobra. *Calma, quietud, sosiego.*

**INTRANQUILIZAR** Acongojar, angustiar, desasosegar, desazonar, inquietar, soliviantar. *Serenar.*

**INTRANQUILO** Angustiado, desasosegado, inquieto, nervioso.

**INTRANSFERIBLE** Inalienable, intransmisible. *Endosable, transmisible.*

**INTRANSIGENCIA** Fanatismo, intolerancia, obstinación, pertinacia, terquedad, resistencia. *Indulgencia, paciencia, tolerancia.*

**INTRANSIGENTE** Fanático, intolerante, obstinado, pertinaz.

**INTRANSITABLE** Impracticable, infranqueable.

**INTRANSITADO** Desierto, solo, aislado, solitario, apartado.

**INTRATABLE** Áspero, desabrido, inaguantable, misántropo. *Cortés, servicial, sociable.*

**INTREPIDEZ** Arrojo, esfuerzo, osadía, valor. *Cobardía, miedo, reflexión.*

**INTRÉPIDO** Atrevido, esforzado, osado, valeroso, valiente, audaz. *Cobarde.*

**INTRIGA** Confabulación, embrollo, enredo, maquinación, trama, tramoya.

**INTRIGANTE** Maquinador, chismoso, enredador, entremetido.

**INTRIGAR** Confabularse, conspirar, enredar, maquinar, tramar, urdir.

**INTRINCADO** Confuso, embrolloso, enmarañado, enredado, laberíntico, oscuro, peliagudo, inextricable, indefinible, espinoso. *Fácil, sencillo.*

**INTRINCAR** Complicar, embrollar, enmarañar, enredar, tergiversar, confundir. *Desenredar.*

**INTRÍNGULIS** Incógnita, quid, dificultad, meollo, nudo.

**INTRÍNSECO** Esencial, interior, íntimo, propio. *Extrínseco.*

**INTRODUCCIÓN** Exordio, introito, preámbulo, prefacio, preliminar, prolegómenos, prólogo. *Fin, desenlace, epílogo.* // Admisión, entrada, importación, inclusión, infiltración, inserción, inyección, penetración. *Exportación, extracción.*

**INTRODUCIR** Embutir, importar, ingerir, inyectar, meter, ocasionar, presentar. *Sacar.* // Entrar, deslizarse, inmiscuirse, insinuarse, internarse, penetrar. *Salir.*

**INTROITO** Introducción. *Epílogo.*

**INTROMISIÓN** Entremetimiento, intrusión, indiscreción, importunación. *Desentendimiento.*

**INTROSPECCIÓN** Autoanálisis, introversión.

**INTROVERSIÓN** Ensimismamiento.

**INTRUSO** Entremetido. *Discreto.*

**INTUICIÓN** Percepción, presentimiento, vislumbre, conocimiento. *Especulación, razonamiento.*

**INTUIR** Adivinar, entrever, presentir, vislumbrar.

**INTUMESCENCIA** Hinchazón, inflamación, tumefacción, turgencia.

**INUNDACIÓN** Aluvión, anegación, anegamiento, avenida, crecida, riada. // Multitud.

**INUNDAR** Anegar, desbordarse, encharcar, sumergir. // Abrumar, colmar, llenar. // Esparcir.

**INURBANO** Insociable, incivil, descortés, grosero, tosco. *Cortés, educado, sociable.*

**INUSITADO** Desacostumbrado, insólito, inusual, raro. *Común, frecuente, usual.*

**INÚTIL** Desmañado, incapaz, ineficaz, inepto, inservible, nulo, superfluo, torpe. *Bueno, provechoso, útil.*

**INUTILIDAD** Ineficacia, infructuosidad. *Capacidad, eficacia, uso.*

**INUTILIZAR** Invalidar, incapacitar, anular, desechar, inhabilitar.

**INÚTILMENTE** Estérilmente, en balde, en vano, infructuosamente, vanamente. *Fructuosamente, provechosamente.*

**INVADIR** Entrar, irrumpir, maloquear, penetrar, asaltar, violentar, acometer. *Desocupar, evacuar.*

**INVALIDACIÓN** Inhabilitación, anulación, inutilización, incapacitación. *Aprobación, aceptación, autorización.*

**INVALIDAR** Anular, inhabilitar, inutilizar, desautorizar, abolir. *Autorizar, capacitar, habilitar.*

**INVÁLIDO** Desautorizado, inhabilitado, nulo. *Válido.* // Baldado, impedido, lisiado, tullido. *Sano.*

**INVARIABILIDAD** Inmutabilidad, inalterabilidad, permanencia, estabilidad, fijeza. *Mutabilidad, inestabilidad.*

**INVARIABLE** Constante, estable, fijo, firme, inalterable, inmutable. *Cambiante, inestable, voluble.*

**INVASIÓN** Correría, entrada, incursión, irrupción, malón, intrusión, ocupación. *Repliegue, retirada.*

**INVECTIVA** Catilinaria, injuria, diatriba, filípica. *Elogio. *Inventiva.*

**INVENCIBLE** Indomable, inquebrantable, insuperable, invicto. *Vencido.*

**INVENCIÓN** Creación, descubrimiento, innovación, invento. // Engaño, ficción, mentira. *Inversión.*

**INVENTAR** Concebir, descubrir, hallar, idear, imaginar, forjar, fraguar.

**INVENTARIAR** Catalogar, registrar.

**INVENTARIO** Relación, registro, repertorio, catálogo, censo, lista.

**INVENTIVA** Fantasía, imaginación, ingenio, inspiración. *Invectiva.*

**INVENTO** Invención. // Patraña.

**INVENTOR** Autor, creador, descubridor.

**INVERECUNDO** Impúdico, insolente, desvergonzado. *Pudoroso, vergonzoso.*

**INVERNAL** Hibernal, hiemal. *Estival, veraniego.*

**INVEROSÍMIL** Imposible, improbable, increíble. *Admisible, posible.*

**INVERSIÓN** Cambio. // Hipérbaton, trasposición. // Colocación, gasto.

**INVERSO** Alterado, cambiado, invertido, trastocado. *Inalterado.* // Contrario, opuesto. *Directo.*

**INVERTIDO** Homosexual, maricón, pederasta, sodomita.

**INVERTIR** Alterar, cambiar, trabucar, trasponer, trastornar. // Colocar, emplear, gastar.

**INVESTIDURA** Cargo, dignidad.

**INVESTIGACIÓN** Averiguación, exploración, examen, indagación, sondeo, tanteo, pesquisa.

**INVESTIGAR** Averiguar, indagar, explorar, husmear, inquirir, pesquisar, sondear, examinar.

**INVESTIR** Conferir. *Embestir.*

**INVETERADO** Antiguo, arraigado, enraizado, habitual. *Inusual, nuevo.*

**INVICTO** Triunfador, vencedor, victorioso. *Derrotado, fracasado. *Invito (invitar).*

**INVIOLABLE** Sagrado. // Irrompible.

**INVISIBLE** Inmaterial, incorporal, impalpable, oculto, encubierto, secreto. *Corporal, material, descubierto.*

**INVITACIÓN** Convite. // Entrada. // Incitación.

**INVITAR** Convidar, ofrecer, servir, brindar. // Incitar, instigar, inducir, instar.

**INVOCACIÓN** Imploración, ruego, súplica, llamada, petición. // Conjuro.

**INVOCAR** Alegar, apelar, llamar. // Implorar.

**INVOLUCRAR** Abarcar, incluir, insertar, mezclar. *Excluir, eliminar.*

**INVOLUNTARIO** Espontáneo, instintivo, maquinal, reflejo, irreflexivo. *Deliberado, voluntario.*

**INVULNERABLE** Inatacable, invencible, protegido. *Indefenso, inerme.*

**INYECTAR** Jeringar, irrigar, introducir, inocular. *Extraer, sacar.*

**IPSO FACTO** En el acto, inmediatamente, enseguida.

**IR** Acudir, asistir, caminar, dirigirse, encaminarse, huir, marchar, moverse, mudarse, trasladarse, seguir. *Llegar, venir, volver.* // Consumirse, derramarse, deslizarse.

**IRA** Cólera, enojo, furia, indignación, irritación, rabia. *Estoicismo, mansedumbre, paciencia.*

**IRACUNDO** Bilioso, colérico, furibundo, irritable, irascible, rabioso. *Plácido, sufrido, tranquilo.*

**IRASCIBLE** Excitable, irritable, incontrolado, arrebatado. *Tranquilo, calmado, sereno.*

**IRISAR** Reflejar, colorear.

**IRONÍA** Humor, sarcasmo, sátira, causticidad, mordacidad, parodia, burla.

**IRÓNICO** Burlón, cáustico, mordaz, punzante, sarcástico, socarrón. *Adusto, formal.*

**IRRACIONAL** Absurdo, bestial, ilógico, insensato, irrazonable, inverosímil. *Coherente, sensato.* // Animal, bestia, bruto. *Persona.*

**IRRADIACIÓN** Brillo, centelleo. // Difusión, divergencia.

**IRRADIAR** Centellear, destellar. // Difundir, emitir, trasmitir.

**IRRAZONABLE** Absurdo, desatinado, ilógico. *Razonable, lógico.*

**IRREAL** Fantástico, ilusorio, imaginario, inexistente, quimérico. *Real.*

**IRREALIDAD** Alucinación, entelequia, ficción, fingimiento, inexistencia, quimera, sueño. *Existencia, realidad.*

**IRREALIZABLE** Imposible, impracticable, inejecutable, utópico. *Factible, posible.*

**IRREBATIBLE** Incuestionable, indiscutible, irrefutable, indisputable. *Cues-*

*tionable, discutible, rebatible.*

**IRRECONCILIABLE** Enemigo, opuesto, adversario, antípoda. *Amigo.*

**IRRECUSABLE** Inexcusable.

**IRREDUCIBLE** Incoercible, irreductible.

**IRREFLEXIVO** Alocado, espontáneo, imprudente, impulsivo, indeliberado, instintivo, involuntario, maquinal. *Premeditado.*

**IRREFRAGABLE** Cierto, corroborado, demostrado, establecido, incuestionable. *Incierto.*

**IRREFRENABLE** Incontenible.

**IRREFUTABLE** Incontrastable, incuestionable, indiscutible, irrebatible. *Cuestionable, rebatible, refutable.*

**IRREGULAR** Anómalo, anormal, asimétrico, desigual, discontinuo, informe, variable. *Regular, rítmico, uniforme.* // Arbitrario, caprichoso, ilícito, injusto. *Lícito, normal.*

**IRREGULARIDAD** Anomalía, asimetría, desigualdad, desproporción. // Arbitrariedad, cohecho, exceso, falta, malversación. *Cumplimiento.*

**IRRELIGIÓN** Ateísmo, incredulidad, irreligiosidad, racionalismo. *Fe, religión, religiosidad.*

**IRRELIGIOSO** Ateo, descreído, incrédulo, indiferente. *Creyente.*

**IRREMEDIABLE** Irreparable. *Curable, enmendable, remediable, reparable.*

**IRREMISIBLE** Imperdonable, culpable. *Perdonable.*

**IRREPARABLE** Irremediable.

**IRREPRENSIBLE** Intachable, irreprochable, virtuoso, justo.

**IRRESISTIBLE** Intolerante, invencible, pujante, violento, indomable.

**IRRESOLUCIÓN** Indecisión, indeterminación. *Decisión, determinación, resolución.*

**IRRESOLUTO** Indeciso, tímido. *Decidido, decisivo, rotundo.*

**IRRESPETUOSO** Desconsiderado, descortés, grosero, irreverente. *Considerado, respetuoso, atento.*

**IRRESPIRABLE** Asfixiante, fétido.

**IRRESPONSABLE** Insensato, loco. *Cuerdo, cumplidor, sensato.*

**IRREVERENCIA** Grosería, insolencia, irrespeto, indelicadeza, desdén, descaro, descortesía. *Respeto, cortesía.*

**IRREVERENTE** Irrespetuoso, grosero.

**IRREVOCABLE** Fijo, invariable. *Anulable, cambiable, revocable.*

**IRRIGAR** Bañar, regar, rociar. *Enjugar, secar.*

**IRRISIÓN** Burla, desprecio, escarnio, mofa. *Admiración.* // Ridiculez.

**IRRISORIO** Insignificante, ridículo, risible. *Admirable, valioso.*

**IRRITABLE** Impaciente, violento, enojadizo, colérico, iracundo, irascible, suceptible. *Tranquilo.*

**IRRITACIÓN** Berrinche, cólera, enfado, enojo, indignación, rabia. *Calma, tranquilidad.* // Comezón, inflamación. // Anulación, invalidación. *Validez.*

**IRRITANTE** Enfadoso, enojoso, exasperante, indignante. *Amable, tranquilizador.*

**IRRITAR** Acalorarse, alterar, enfadar, encolerizar, encorajinarse, enfurecer, enojar, exasperar, sulfurarse, trinar. *Apaciguar, mitigar.* // Anular, invalidar. *Validar.*

**ÍRRITO** Inválido, nulo. *Válido.* **\*Irrito** (irritar).

**IRROGAR** Acarrear, causar, ocasionar, producir. *Evitar.*

**IRROMPIBLE** Indestructible.

**IRRUMPIR** Invadir, entrar, asaltar.

**IRRUPCIÓN** Correría, entrada, incursión, invasión, malón. *Escapada, éxodo.* // Desbordamiento. *Contención.*

**ISLA** Ínsula, isleta, islote. *Albufera, charco, embalse, estanque, lago, laguna.*

**ISLÁMICO** Agareno, islamita, mahometano, mahometista, musulmán.

**ISLAMISMO** Islam, mahometismo.

**ISLAMITA** Islámico, mahometano, musulmán.

**ISLEÑO** Insulano, insular.

**ISMAELITA** Agareno, árabe, moro, sarraceno.

**ISRAELITA** Hebreo, judío.

**ÍTEM** Aditamento, añadidura. // Además, también.

**ITERAR** Insistir, reiterar, repetir. *Callar, omitir.*

**ITERATIVO** Reiterado, repetido.

**ITINERARIO** Camino, recorrido, trayecto, ruta. // Guía.

**IZAR** Elevar, subir. *Arriar, bajar.*

**IZQUIERDA** Siniestra, zurda, zurdería. *Derecha, diestra.* // Babor. *Estribor.*

**IZQUIERDO** Zurdo, siniestro, zocato. *Diestro.*

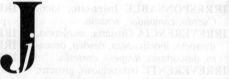

**JABALINA** Azagaya, dardo, lanza, venablo, pica.
**JÁBEGA** Red, malla. // Barca, embarcación.
**JABÍ** Quiebrahacha, quebracho.
**JABÓN** Jaboncillo, champú, detergente. // Adulación. // Miedo. // Reprimenda.
**JABONADURA** Enjabonado, jabonado, fregado, lavado. // Amonestación, reprensión. *Encomio.*
**JABONAR** Enjabonar, lavar, fregar.
**JABONOSO** Resbaladizo.
**JÁCARA** Parranda, alboroto. // Molestia. // Mentira, embuste, patraña, historia, cuento, fábula. // Romance.
**JACARANDÁ** Molle, terebinto.
**JACARANDOSO** Airoso, alegre, chistoso, garboso. *Melancólico.*
**JACARERO** Alborotador, animador, alegre, bromista, jaranero, festivo. *Tranquilo, silencioso.*
**JACILLA** Señal, vestigio, huella, estampa, paso.
**JACO** Jamelgo, matalón, penco, rocín, sotreta.
**JACOBINO** Demagogo, racionalista, enciclopedista.
**JACTANCIA** Vanagloria, ostentación, orgullo, altanería, farolería, fatuidad, inmodestia, pedantería, presunción, petulancia. *Modestia.*
**JACTANCIOSAMENTE** Ostentosamente, fanfarronamente, presumidamente. *Humildemente.*
**JACTANCIOSO** Vanidoso, orgulloso, pedante, inmodesto, presumido, petu-

lante. *Modesto, humilde, sencillo.*
**JACTARSE** Alabarse, blasonar, farolear, pavonearse, preciarse, presumir, ufanarse.
**JACULATORIA** Invocación, oración.
**JÁCULO** Jabalina, dardo, venablo, rejón, lanza.
**JADEANTE** Acezante, sofocado. *Sosegado, tranquilo.*
**JADEAR** Acezar, hipar. // Cansarse.
**JAEZ** Adorno, guarnición. // Calidad, estofa, índole, laya.
**JAGUAR** Jaguareté, yaguareté, onza.
**JALEA** Gelatina.
**JALEO** Bulla, jarana, bullicio, fiesta. *Quietud, silencio.*
**JALÓN** Hito, mojón, marca, señal.
**JALONAR** Alinear, estacar, marcar, señalar.
**JAMAR** Comer, engullir, manducar, yantar. *Ayunar.*
**JAMÁS** Nunca. *Siempre.*
**JAMELGO** Jaco, rocín.
**JAMÓN** Pernil.
**JANGADA** Balsa, armadía, almadía. // Travesura, impertinencia.
**JAPONÉS** Nipón.
**JAQUE** Amenaza, peligro. // Bravucón, guapo, perdonavidas, matasiete, matón, valentón.
**JAQUEAR** Amenazar, hostigar.
**JAQUECA** Hemicránea, migraña, neuralgia. // Fastidio, molestia.
**JAQUECOSO** Fastidioso, molesto, pesado. *Grato.*
**JARA** Saeta, flecha.

**JARABE** Sirope, almíbar.

**JARANA** Alboroto, bulla, farra, gresca, jaleo, juerga, pendencia, riña.

**JARANERO** Alborotador, juerguista.

**JARCIA** Aparejo, cabo, cordaje.

**JARDÍN** Vergel. *Erial, páramo, yermo.*

**JARIFO** Adornado, acicalado, hermoso, compuesto, vistoso.

**JARRA** Aguamanil, vasija.

**JARRETE** Corva, corvejón.

**JARRETERA** Charretera, liga.

**JARRÓN** Búcaro, florero.

**JASPEADO** Veteado, marmolado, listado, salpicado.

**JATO** Ternero.

**JAULA** Cárcel, gayola. // Pajarera.

**JEFATURA** Autoridad, dirección, gobierno, superioridad.

**JEFE** Cabecilla, capataz, caudillo, conductor, director, líder, patrón, superior. *Dependiente, empleado, subalterno, subordinado.*

**JEHOVÁ** Dios, Señor, Hacedor, Creador.

**JEQUE** Jefe.

**JERARQUÍA** Grado, orden, rango.

**JEREMIADA** Lamentación, llanto, queja. *Alegría, exultación.*

**JEREMÍAS** Plañidero, quejoso, llorón.

**JERGA** Caló, germanía, jerigonza.

**JERGÓN** Colchón, jerga. // Holgazán, perezoso.

**JERIGONZA** Jerga, galimatías.

**JERINGAR** Fastidiar, molestar, mortificar, aburrir. *Agradar.*

**JEROGLÍFICO** Enigma, problema, secreto, dificultad. // Pasatiempo.

**JESUCRISTO** Cristo, Redentor, Salvador, Hijo de Dios, Jesús, Mesías, Buen Pastor. *Anticristo.*

**JETA** Boca, cara, hocico, morro.

**JIBIA** Sepia.

**JÍCARA** Pocillo, tacita.

**JIFERO** Matarife. // Sucio, desaliñado.

**JINETA** Charretera, galón.

**JINETE** Amazona, caballero, cabalgador.

**JIRA** Merienda, banquete. // Jirón. *Gira.

**JIRÓN** Andrajo, calandrajo, desgarrón, guiñapo, piltrafa, jira.

**JIRONADO** Roto, andrajoso, desgarrado.

**JOCOSO** Alegre, chistoso, gracioso.

**JOCUNDO** Alegre, jovial, jocoso, divertido. *Triste.*

**JOFAINA** Palangana, lavamanos, lavabo, aguamanil.

**JOLGORIO** Jarana.

**JOLITO** Calma, suspensión, sosiego, tranquilidad. *Intranquilidad.*

**JOLLÍN** Jolgorio, bulla, jarana.

**JORNADA** Etapa, excursión, expedición, marcha, trecho, viaje. // Lance, ocasión, oportunidad. // Jornal.

**JORNAL** Estipendio, salario, sueldo.

**JORNALERO** Asalariado, obrero, operario, trabajador.

**JOROBA** Corcova, giba. // Impertinencia, molestia.

**JOROBADO** Contrahecho, corcovado, giboso.

**JOROBAR** Fastidiar, importunar, molestar. *Halagar.*

**JOVEN** Adolescente, muchacho, efebo, mocito, mozo. *Anciano, provecto.* // Fresco, nuevo, reciente. *Maduro vetusto, viejo.*

**JOVIAL** Alegre, chistoso, gracioso, risueño. *Amargado, desanimado, triste.*

**JOVIALIDAD** Alegría, gracia, contento, animación, entusiasmo, alborozo. *Tristeza, desánimo.*

**JOYA** Alhaja, prenda, presea. *Baratija, chuchería.*

**JOYERO** Cofrecillo, estuche, joyel.

**JUBILACIÓN** Pensión, retiro. *Actividad.*

**JUBILAR** Licenciar, pensionar. // Apartar, arrinconar, relegar. *Utilizar.* // Alegrarse, divertirse.

**JUBILEO** Dispensa. // Concurrencia, muchedumbre, multitud.

**JÚBILO** Alborozo, alegría, felicidad, gozo, regocijo. *Congoja, tristeza.* **\*Jubilo** (jubilar).

**JUBILOSO** Alegre, gozoso, contento, radiante. *Triste, melancólico.*

**JUDAÍSMO** Hebraísmo.

**JUDAS** Alevoso, delator, desleal, traidor. *Fiel, leal.*

JUDÍA Hebrea, israelita. // Alubia, frijol, fréjol, habichuela, poroto.

JUDÍO Hebreo, israelita.

JUEGO Chanza, deporte, diversión, entretenimiento, esparcimiento, pasatiempo, recreación, solaz, travesura. // Articulación, funcionamiento, movimiento, movilidad, encaje. // Colección, serie, surtido, equipo.

JUERGA Jarana, jolgorio. *Formalidad.*

JUGADA Partida, tirada, lance, pasada. // Treta, jugarreta, ardid.

JUGADOR Tahúr, fullero. // Deportista.

JUGAR Actuar, divertirse, entretenerse, intervenir, juguetear, mover, recrearse, retozar, tomar parte, travesear, triscar. *Aburrirse.* // Apostar, arriesgar. // Andar, funcionar, marchar. *Detenerse, pararse.*

JUGARRETA Picardía, trastada, truhanería, treta, jugada, ardid.

JUGLAR Bardo, rapsoda, trovador, trovero. // Prestidigitador. // Chistoso, picante, picaresco.

JUGLERÍA Destreza, prestidigitación, habilidad.

JUGO Zumo, sustancia, esencia, néctar, extracto. *Sequedad.* // Provecho, utilidad, ventaja.

JUGOSO Estimable, fructífero, provechoso. // Sustancioso, suculento. *Insulso, seco.*

JUGUETE Muñeco. // Burla, chanza.

JUGUETEAR Jugar, retozar.

JUGUETÓN Bullicioso, inquieto, retozón. *Serio, quieto.*

JUICIO Criterio, discernimiento, inteligencia, razón, sentido común. *Obsesión, prejuicio.* // Cordura, discreción, prudencia, sensatez, tino. *Insensatez.* // Apreciación, dictamen, opinión, parecer. // Sentencia, veredicto.

JUICIOSO Cuerdo, discreto, prudente, sensato, sesudo, lógico, cabal, consecuente. *Insensato, irreflexivo.*

JULEPE Miedo, susto. *Valor.* // Reprimenda. *Elogio, encomio.*

JUMENTO Asno, burro, borrico, pollino, rucio.

JUNCAL Junqueral, junquera, juncar. // Apuesto, bizarro, gallardo, esbelto.

JUNTA Asamblea, comité, cónclave, congregación, congreso, consejo, corporación. // Reunión, sesión. // Empalme, juntura, unión.

JUNTAMENTE Solidariamente, junto, a la par.

JUNTAR Acoplar, acumular, adjuntar, agregar, agrupar, aliar, amontonar, aparear, asociar, aunar, casar, concentrar, congregar, englobar, fusionar, reunir, unificar, unir, yuxtaponer. *Esparcir, separar.* // Acompañarse, arrimarse. *Alejarse, enemistarse.* // Amancebarse.

JUNTO Adjunto, adyacente, cercano, contiguo, inmediato, próximo, vecino, unido, yuxtapuesto, anexo, conexo. *Lejano, separado.*

JUNTURA Acoplamiento, articulación, empalme, unión, ensambladura, coyuntura, costura. *División, separación.*

JURA Juramento, promesa, compromiso, homenaje, testimonio, ofrecimiento.

JURADO Árbitro, juez, tribunal.

JURAMENTARSE Conjurarse.

JURAMENTO Blasfemia, imprecación, reniego, voto. // Jura.

JURAR Afirmar, asegurar, certificar, prometer, prestar juramento. // Rendir homenaje. // Imprecar, blasfemar.

JURÍDICO Legal, lícito, procedente, judicial, forense. *Ilegal, ilícito.*

JURISCONSULTO Jurisperito, jurista, legista, letrado, abogado.

JURISDICCIÓN Autoridad, competencia, dominio, fuero, poder. // Distrito, territorio.

JURISPERITO Jurisconsulto.

JURISPRUDENCIA Jurispericia, derecho, legislación.

JURISTA Abogado, jurisconsulto.

JUSTA Certamen, combate, competencia, pelea, torneo.

JUSTADOR Rival, combatiente, luchador, adversario.

JUSTAMENTE Ajustadamente, cabalmente, justo, precisamente.

**JUSTAR** Luchar, combatir, rivalizar, pelear.

**JUSTICIA** Derecho, equidad, razón, rectitud. *Arbitrariedad, iniquidad, injusticia.* // Castigo, pena. // Curia, tribunal. // Juez, magistrado.

**JUSTICIERO** Justo.

**JUSTIFICACIÓN** Defensa, prueba, excusa, apología, testimonio. *Culpabilidad, acusación, responsabilidad.*

**JUSTIFICANTE** Comprobante, justificativo, recibo.

**JUSTIFICAR** Acreditar, demostrar, evidenciar, probar. *Pretextar.* // Enmendar, corregir, rectificar, reformar. // Defender, disculpar, exculpar, sincerar, vindicar. *Censurar, fustigar.*

**JUSTIPRECIAR** Apreciar, estimar, tasar, valorar, preciar, evaluar. *Desestimar, despreciar.*

**JUSTO** Equitativo, imparcial, justiciero, recto, virtuoso. *Injusto, parcial.* // Ajustado, cabal, exacto, fundado, indiscutible. // Legal, legítimo, preciso, procedente, puntual. *Ilegal, ilegítimo, improcedente.*

**JUVENIL** Joven, adolescente. *Vetusto, viejo, anciano.*

**JUVENTUD** Adolescencia, mocedad, pubertad. *Senectud, vejez.*

**JUZGADO** Tribunal. // Judicatura.

**JUZGAR** Apreciar, calificar, conceptuar, considerar, creer. // Estimar, opinar, reputar. // Arbitrar, dictaminar, sentenciar. *Perdonar.*

**KAISER** Emperador.
**KAN** Jefe, príncipe, soberano. *Can.
**KERMESE** Feria, tómbola.

**KILO** Kilogramo.
**KIMONO** Quimono, bata.
**KIOSCO** Quiosco, templete, pérgola.

# L

**LÁBARO** Cruz. // Estandarte.

**LABE** Mancha, tacha, plaga, peste. *La-ve (lavar).

**LABERÍNTICO** Confuso, enmarañado, intrincado, tortuoso. *Sencillo.*

**LABERINTO** Confusión, dédalo, enredo, maraña.

**LABIA** Facundia, oratoria, verbosidad.

**LÁBIL** Caduco, débil, frágil. // Deslizable.

**LABIO** Belfo. // Borde.

**LABOR** Ocupación, quehacer, trabajo. *Inactividad, ocio.* // Labranza. // Costura, bordado.

**LABORAR** Labrar, trabajar. *Holgar, holgazanear.* // Gestionar. // Intrigar.

**LABOREO** Cultivo, trabajo.

**LABORIOSO** Activo, asiduo, celoso, diligente, trabajador. *Haragán.* // Difícil, penoso, trabajoso. *Fácil.*

**LABRADOR** Agricultor, cultivador, labriego.

**LABRANZA** Agricultura, cultivo, cultura, labor, laboreo.

**LABRAR** Arar, cultivar, laborar, trabajar. // Bordar, coser. // Hacer. // Causar, originar, promover.

**LABRIEGO** Labrador, agricultor.

**LACA** Barniz.

**LACAYO** Criado, doméstico, sirviente. *Amo, patrón, señor.*

**LACEAR** Enlazar, atar, ligar, atrapar.

**LACERAR** Golpear, herir, lastimar, magullar. *Acariciar.* // Dañar, perjudicar, vulnerar.

**LACERIA** Estrechez, miseria, pobreza. *Bienestar, riqueza, abundancia.* // Fa-tiga, pena, trabajo, miseria. *Lacería.

**LACIO** Ajado, decaído, descaecido, caído, marchito, mustio. *Duro, fuerte, tieso.*

**LACÓNICO** Breve, compendioso, conciso, parco, seco, sucinto. *Verboso.*

**LACONISMO** Brevedad, condensación, abreviación, síntesis, sobriedad. *Verbosidad.*

**LACRA** Cicatriz, marca, señal. // Defecto, vicio. *Virtud.*

**LACRIMOSO** Afligido, compungido, lloroso, triste. *Contento, risueño.*

**LACTAR** Amamantar, atetar, criar.

**LÁCTEO** Láctico, lechoso.

**LADEADO** Inclinado, oblicuo, sesgado, soslayado. *Derecho.*

**LADEARSE** Inclinarse, torcerse. *Enderezarse.*

**LADERA** Declive, falda, pendiente.

**LADERO** Adyacente, lateral.

**LADINO** Astuto, sagaz, taimado, zorro. *Inocente, necio, tonto.*

**LADO** Banda, borde, canto, cara, costado, faz, flanco, mano, parte, perfil. // Anverso, reverso. // Lugar, paraje, sitio. // Arista, generatriz. // Favor, protección, valimiento.

**LADRAR** Amenazar, vociferar. // Motejar, criticar, censurar.

**LADRIDO** Aullido. // Calumnia, censura, murmuración.

**LADRÓN** Carterista, estafador, rata, ratero, salteador, bandido, saqueador, caco, bandolero.

**LAGAÑA** Legaña.

**LAGARTO** Taimado, pícaro.

LÁGRIMA Llanto.

LAGRIMEAR Llorar, lloriquear.

LAGUNA Alberca, albufera, charca. // Espacio, hueco, vacío. // Olvido.

LAICO Lego, seglar, laicista, civil, irreligioso, terrenal. *Religioso.*

LAJA Lasca, losa.

LAMA Cieno, fango, lodo.

LAMENTABLE Atroz, deplorable, lastimoso, triste. *Alegre.*

LAMENTACIÓN Clamor, lamento, queja, lloro.

LAMENTAR Deplorar, gemir, llorar, sentir. *Celebrar.* // Dolerse, quejarse.

LAMENTO Lamentación.

LAMER Lamber, lengüetear, chupar. // Relamerse.

LAMIDO Afectado, relamido. // Gastado, usado.

LÁMINA Chapa, hoja, hojuela, lámina. *Filamento, hebra, hilo.* // Cromo, figura, estampa, grabado.

LÁMPARA Bombilla, lamparilla, foco, farol, velador, linterna. // Válvula.

LAMPARILLA Bombilla, mariposa.

LAMPARÓN Mancha.

LAMPIÑO Barbilampiño, imberbe. *Barbudo, velludo.*

LAMPO Relámpago, resplandor, brillo.

LANCE Ocasión, trance. // Contienda, encuentro, riña. // Jugada.

LANCEAR Alancear.

LANCETA Bisturí, sangradera.

LANCHA Barca, barcaza, bote. // Laja.

LANDA Llanura. *Lambda.*

LANGOSTA Acridio, saltamontes.

LANGUIDECER Debilitarse, enflaquecer, flojear. *Fortalecer.*

LANGUIDEZ Debilidad, enflaquecimiento, extenuación, flaqueza, flojedad. *Potencia, vigor, vitalidad.*

LÁNGUIDO Abatido, debilitado, descaecido, flaco, flojo, postrado. *Animado, animoso.*

LANUDO Lanoso, velloso, velludo.

LANZA Asta, pica.

LANZADA Lanzazo.

LANZAMIENTO Botadura, echada, expulsión, impulsión, emisión, tiro.

LANZAR Arrojar, botar, descargar, echar, emitir, exhalar, expulsar, irradiar, soltar, verter, vomitar.

LANZAZO Alanceadura, lanzada, rejonazo, enristre.

LAPICERA Estilográfica, pluma.

LÁPIDA Estela, losa, epitafio.

LAPIDAR Apedrear.

LAPIDARIO Categórico, irrebatible. *Conciliador.*

LAPO Palo, varazo, bastonazo.

LAPSO Curso, espacio, transcurso.

LAPSUS Desliz, error. *Acierto, tacto.*

LAQUEAR Barnizar.

LAR Casa, domicilio, hogar.

LARDEAR Engrasar, pringar.

LARDO Grasa, unto. // Tocino.

LARDOSO Pringoso, grasiento.

LARGAMENTE Holgadamente, alargadamente. *Escasamente.* // Cumplidamente, espléndidamente. // Por mucho tiempo. *Brevemente.*

LARGAR Aflojar, soltar. *Contener.* // Escabullirse, escurrirse, irse, marcharse. *Permanecer.*

LARGO Alargado, amplio, difuso, dilatado, extenso, luengo. *Corto, limitado.* // Lento, tardío. // Abundante, copioso. *Exiguo, reducido.* // Dadivoso, generoso, liberal. *Tacaño.* // Astuto, listo, expedito, pronto. // Largos, largura, longitud. *Anchura.*

LARGOR Longitud, largo, largura.

LARGUERO Barrote, cabezal.

LARGUEZA Esplendidez, liberalidad. *Mezquindad, ruindad, sordidez.*

LARGURA Largor.

LARVA Gusano.

LARVADO Oculto, escondido, agazapado. // Enmascarado.

LASCIVIA Impudicia, lujuria, obscenidad, salacidad, sensualidad. *Continencia, pureza, templanza.*

LASCIVO Libidinoso, lúbrico, lujurioso, sensual. *Casto, pudoroso.*

LASITUD Cansancio, desfallecimiento, flojedad, languidez, postración, agobio,

agotamiento. *Vigor, viveza.* **\*Laxitud.**
**LASO** Cansado, desfallecido, flojo, macilento. *Animoso.* **\*Laxo, lazo.**
**LÁSTIMA** Compasión, pena. *Ferocidad, inhumanidad.* // Lamento, quejido.
**LASTIMAR** Dañar, herir, lesionar, perjudicar. // Agraviar, ofender. // Dolerse, lamentarse, quejarse.
**LASTIMERO** Lastimoso.
**LASTIMOSO** Desgarrador, desolador, deplorable, lamentable, triste. *Bueno, satisfactorio.*
**LASTRE** Peso. // Madurez, sensatez, juicio. // Impedimento, traba.
**LATA** Fastidio, pesadez, rollo. // Envase.
**LATAMENTE** Ampliamente, extensamente.
**LATENTE** Escondido, oculto, secreto. *Manifiesto.* **\*Latiente.**
**LATERAL** Adyacente, ladero.
**LATIDO** Palpitación, pulsación.
**LATIGAZO** Fustazo, guascazo, rebencazo, vergajazo.
**LÁTIGO** Fusta, rebenque, vergajo.
**LATIR** Palpitar, pulsar. // Ladrar.
**LATITUD** Ancho, anchura, extensión. *Longitud.*
**LATO** Amplio, dilatado, extenso. *Breve, estrecho.*
**LATOSO** Fastidioso, pesado, molesto. *Entretenido.*
**LATROCINIO** Estafa, fraude, hurto, robo, ratería.
**LAUDABLE** Loable, plausible. *Despreciable, indigno.*
**LAUDATORIO** Adulador, apologético, ditirámbico, elogioso, encomiástico, halagador, lisonjero, panegírico. *Injurioso, ofensivo.*
**LAUDO** Decisión, fallo, sentencia.
**LAUREADO** Condecorado, premiado. *Deshonrado, rechazado.*
**LAUREL** Lauro, corona, palma, éxito, triunfo, victoria, premio, honor.
**LAURÉOLA** Aureola, corona, halo, resplandor. // Lauro, laurel, triunfo.
**LAURO** Corona, palma. // Alabanza, gloria, honor, premio, triunfo, victoria.

**LAVABO** Lavatorio, tocador, jofaina, palangana, lavamanos.
**LAVADO** Lavada, lavamiento, jabonadura, baño.
**LAVANDA** Espliego.
**LAVAR** Baldear, bañar, fregar, limpiar. *Ensuciar, manchar.*
**LAVATIVA** Ayuda, enema, jeringa. // Incomodidad, molestia.
**LAVATORIO** Lavabo. // Lavado.
**LAXANTE** Purgante. *Astringente.*
**LAXAR** Purgar. // Ablandar, aflojar, relajar, suavizar. *Endurecer, fortalecer.*
**LAXITUD** Atonía, flojedad, debilidad, distensión. *Tensión.* **\*Lasitud.**
**LAXO** Distendido, flojo, relajado. *Tenso, tieso.* **\*Laso, lazo.**
**LAYA** Calidad, clase, especie, género, ralea.
**LAZADA** Atadura, lazo, nudo.
**LAZARETO** Leprosería.
**LAZO** Atadura, lazada, ligadura, nudo. // Ardid, asechanza, trampa. // Afinidad, conexión, unión, vínculo. **\*Laso, laxo.**
**LEAL** Fiel, confiable, honrado, sincero, franco, amigo, noble, devoto. *Desleal, traidor.* // Fidedigno, legal, verdadero, recto. *Engañoso.*
**LEALTAD** Adhesión, fidelidad, sinceridad. *Deslealtad, infidelidad, traición.* // Legalidad, veracidad. *Ilegalidad.*
**LECCIÓN** Clase, conferencia, enseñanza. // Lectura. // Interpretación. // Advertencia, amonestación, consejo, ejemplo, escarmiento. **\*Lesión.**
**LECHAL** Lactante, mamón.
**LECHERO** Granjero, ordeñador, vaquero. // Avaro, mezquino.
**LECHIGADA** Camada, cría.
**LECHO** Cama, tálamo. // Álveo, cauce. // Fondo. // Capa, estrato.
**LECHÓN** Cochinillo, puerco.
**LECHOSO** Blanquecino, lactífero.
**LECHUGUINO** Petimetre, pisaverde, figurín, presumido.
**LECTOR** Leedor, leído, leyente. // Profesor, catedrático.

**LECTURA** Lección, leyenda, recitación, deletreo, leída.

**LEDO** Alegre, contento, gozoso, plácido. *Triste.*

**LEER** Estudiar, releer, repasar, descifrar, deletrear.

**LEGACIÓN** Embajada, representación.

**LEGADO** Herencia, manda. // Embajador, nuncio, representante.

**LEGAJO** Pliego, atado, lío, cartapacio.

**LEGAL** Estatutario, legítimo, lícito, reglamentario. *Ilegal, prohibido.* // Fiel, verídico. // Exacto, puntual.

**LEGALIDAD** Legitimidad. *Injusticia, inmoralidad.*

**LEGALIZAR** Certificar, legitimar, refrendar, reglamentar.

**LÉGAMO** Cieno, lodo, barro, fango.

**LEGAR** Dejar, testar, traspasar. *Desheredar, desposeer.*

**LEGATARIO** Heredero.

**LEGENDARIO** Fabuloso, proverbial, quimérico. // Antiguo, tradicional, vetusto. *Reciente.*

**LEGIBLE** Leíble, descifrable. *Ilegible.*

**LEGIÓN** Multitud, tropel, ejército.

**LEGISLACIÓN** Código, ley.

**LEGISLAR** Sancionar, promulgar, codificar, estatuir, regular. *Anarquizar.*

**LEGISTA** Jurisconsulto.

**LEGITIMAR** Autenticar, habilitar, justificar, legalizar.

**LEGÍTIMO** Auténtico, cierto, genuino, legal, verdadero. *Adulterado, bastardo, clandestino, ilegítimo, falsificado.*

**LEGO** Laico, seglar. *Clérigo.* // Ignorante, iletrado, inculto, indocto. *Culto, docto, letrado.*

**LEGULEYO** Charlatán, embaucador, picapleitos.

**LEGUMBRE** Hortaliza.

**LEÍBLE** Legible, inteligible. *Ilegible, indescifrable.*

**LEÍDA** Lectura, hojeada, repaso.

**LEÍDO** Docto, erudito, instruido. *Indocto, analfabeto.*

**LEJANÍA** Lontananza. *Cercanía, proximidad.* // Pasado.

**LEJANO** Apartado, distante, remoto, retirado. *Cercano, contiguo, próximo, reciente.*

**LELO** Bobo, mentecato, tonto. *Inteligente, avispado.*

**LEMA** Título, encabezamiento. // Divisa.

**LENE** Agradable, blando, grato, apacible. *Ingrato.*

**LENGUA** Habla, idioma, lenguaje.

**LENGUAJE** Habla, idioma, lengua. *Mímica.* // Expresión, estilo, elocución.

**LENGUARAZ** Deslenguado, insolente, malhablado, zafado, descarado, desvergonzado. *Tímido.*

**LENIDAD** Benignidad, suavidad, blandura. *Rigor, severidad.*

**LENIFICAR** Ablandar, suavizar, calmar.

**LENITIVO** Emoliente, calmante. // Alivio, consuelo.

**LENTAMENTE** Despacio, despacito, pausadamente. *Rápidamente.*

**LENTE** Cristal, lupa.

**LENTES** Anteojos, antiparras, espejuelos, gafas, quevedos.

**LENTICULAR** Convado, convexo.

**LENTITUD** Tranquilidad, pereza, flema, pachorra, tardanza. *Celeridad, ligereza, prisa.*

**LENTO** Despacioso, flemático, lerdo, pachorriento, pausado, tardo. *Apresurado, ligero, veloz.* // Débil, ineficaz. *Activo, expeditivo.*

**LEÑA** Madera. // Castigo, paliza, zurra.

**LEÑADOR** Leñatero, leñero.

**LEÑO** Madera. // Nave. // Necio.

**LEÓN** Bravo, héroe, valiente.

**LEONINO** Abusivo, oprimente. *Equitativo, justo.*

**LEPROSERÍA** Lazareto.

**LERDO** Lento, tardo, torpe.

**LESIÓN** Contusión, golpe, herida, lastimadura. // Daño, detrimento, menoscabo, perjuicio. **\*Lección.**

**LESIONADO** Herido, lastimado. *Ileso.*

**LESIONAR** Dañar, herir, lastimar. *Curar, remediar.* // Perjudicar. *Indemnizar, resarcir.*

**LESO** Agraviado, damnificado, lastima-

do, ofendido, injuriado. *Indemne.*
**LETAL** Mortal, mortífero. *Inocuo, inofensivo.*
**LETANÍA** Súplica, invocación. // Retahíla, sarta, serie, sucesión.
**LETÁRGICO** Aburrido. *Interesante.* // Adormecedor, soporífero. *Incitante.*
**LETARGO** Modorra, somnolencia, torpeza. *Ánimo, dinamismo, viveza.*
**LETRA** Signo, carácter, rasgo, trazo, caligrafía.
**LETRADO** Abogado. // Docto, ilustrado, instruido. *Ignaro.*
**LETRERO** Cartel, pancarta, rótulo, título, anuncio, inscripción.
**LETRINA** Excusado, retrete.
**LEUDAR** Fermentar.
**LEVA** Enganche, reclutamiento.
**LEVADURA** Fermento.
**LEVANTADO** Elevado, sublime. *Chato, ramplón.*
**LEVANTADOR** Agitador, amotinador, provocador, perturbador, sublevador, sedicioso.
**LEVANTAMIENTO** Alzamiento, insurrección, motín, rebelión, sedición, sublevación, asonada. *Sumisión.* // Elevación, sublimidad. *Rebajamiento.* // Subida. *Bajada.*
**LEVANTAR** Alzar, aupar, elevar. *Abatir, caer.* // Encaramar, encimar, izar, subir. *Bajar.* // Enaltecer, encumbrar, engrandecer. *Humillar.* // Erguir, incorporar. *Desplomarse, echarse.* // Arrancar, arrebatar, despegar, recoger, retirar, separar. *Tirar.* // Construir, edificar, erigir, estatuir, fundar, instaurar. *Arruinar.* // Aumentar, encarecer. *Rebajar.* // Perdonar, remitir. *Castigar.* // Amotinar, rebelar, sublevar. *Someter.* // Alistar, enganchar, reclutar. *Licenciar.* // Alentar, esforzar. *Acobardar.* // Causar, ocasionar, producir, suscitar. // Achacar, atribuir, imputar. // Destacar, resaltar, sobresalir. // Remontarse. *Descender.* // Encresparse, irritarse. *Sosegar.* // Despertarse. *Acostarse.*
**LEVANTE** Este, oriente. *Oeste, poniente.* // Reprimenda. *Felicitación.*
**LEVANTISCO** Díscolo, indócil, inquieto, revoltoso, turbulento. *Dócil, sumiso.*
**LEVAR** Zarpar, partir, desanclar, desamarrar.
**LEVE** Ligero, liviano, vaporoso. *Pesado.* // Venial. *Grave, mortal.*
**LEVEDAD** Ligereza. *Gravedad, pesadez.* // Insignificancia. *Importancia.*
**LEVIGAR** Desleír, disolver.
**LÉXICO** Diccionario, vocabulario, glosario. // Voces, modismos.
**LEY** Constitución, estatuto, norma, precepto, regla. *Costumbre, moda, uso.* // Amor, fidelidad, lealtad. *Leí (leer).*
**LEYENDA** Letrero. // Fábula, mito, narración, relación, tradición. *Crónica, historia.* // Divisa, lema.
**LEZNA** Alesna, lesna, punzón.
**LÍA** Soga, soguilla, ramal, cordel, cuerda. // Heces, sedimento.
**LIAR** Atar, ligar. *Desatar.* // Empaquetar, envolver. *Desenvolver.* // Engañar, enredarse.
**LIBACIÓN** Succión, sorbo, bebida, degustación, catadura.
**LIBAR** Beber, catar, chupar, sorber.
**LIBELO** Panfleto. *Panegírico.*
**LIBERACIÓN** Emancipación, libertad. *Esclavitud, sumisión.* // Cancelación. *Libración.*
**LIBERAL** Espléndido, generoso, pródigo. *Mezquino.* // Expedito, pronto.
**LIBERALIDAD** Desprendimiento, generosidad, largueza, dadivosidad. *Mezquindad, tacañería.*
**LIBERAR** Emancipar, libertar. *Esclavizar.* // Librar. *Aherrojar.* // Desempeñarse. // Soltar, zafarse. *Depender, someterse.* *Librar.*
**LIBERTAD** Independencia, liberación. *Dependencia, servidumbre.* // Facultad, licencia, prerrogativa, privilegio. // Desembarazo, facilidad, holgura, soltura. *Encogimiento.* // Familiaridad, franqueza. // Atrevimiento, descaro, osadía. *Moralidad.*
**LIBERTAR** Eximir, liberar, rescatar, sal-

var. *Encarcelar, encerrar, recluir.*
**LIBERTARIO** Ácrata, anarquista.
**LIBERTICIDA** Tirano, dictador, déspota, dominador.
**LIBERTINAJE** Corrupción, desenfreno, disipación, disolución, inmoralidad, licencia, vicio. *Honestidad, moralidad.*
**LIBERTINO** Depravado, desenfrenado, disoluto, licencioso, perdido, vicioso. *Casto, virtuoso.*
**LIBÍDINE** Lascivia, lujuria, sensualidad. *Continencia, pureza.*
**LIBIDINOSO** Lascivo, libertino, lúbrico, rijoso, sensual. *Inocente, puro.*
**LIBRANZA** Libramiento, cheque, letra de cambio.
**LIBRAR** Liberar, libertar. *Apresar.* // Entregar, confiar, fiar, depositar, ceder, abandonar. *\*Liberar.*
**LIBRE** Desembarazado, disponible, exento, expedito, independiente, inmune, libertado, soltado, suelto. *Ocupado, sujeto.* // Atrevido, osado.
**LIBRERÍA** Biblioteca.
**LIBRETA** Cuaderno. // Cartilla.
**LIBRO** Ejemplar, obra, tomo, volumen. // Libreto.
**LICENCIA** Anuencia, autorización, facultad, permiso, venia. *Desautorización, prohibición, veto.* // Abuso, atrevimiento, libertinaje. *Continencia.*
**LICENCIAR** Autorizar, consentir. *Prohibir.* // Despedir. // Graduarse, recibirse. *Suspender.*
**LICENCIOSO** Libertino. *Casto, decente, moral.*
**LICEO** Colegio, escuela, gimnasio, instituto.
**LICITACIÓN** Concurso, subasta.
**LICITADOR** Licitante, postor, ponedor, aspirante.
**LÍCITO** Autorizado, justo, legal, legítimo, permitido. *Ilícito, ilegal, vedado.*
**LICOR** Elixir, néctar.
**LICUAR** Fundir, liquidar. *Evaporar, solidificar, volatilizar.*
**LICUEFACCIÓN** Fluidificación, fusión, desleimiento, disolución.

**LICURGO** Astuto, hábil, inteligente.
**LID** Combate, contienda, lucha, batalla, lidia, pelea. *Armonía, entendimiento.* // Disputa, debate, controversia, discusión. *Acuerdo.*
**LÍDER** Caudillo, jefe. *Secuaz, seguidor.*
**LIDIA** Lid, liza. // Corrida, novillada, encerrona.
**LIDIAR** Batallar, combatir, pelear, reñir. *Pacificar.* // Torear.
**LIENTO** Húmedo, empapado, mojado. *Seco.*
**LIENZO** Tela, paño. // Cuadro, pintura. // Fachada, muro, pared.
**LIERO** Embrollón, intrigante. *Armonizador.*
**LIGA** Charretera, jarretera. // Venda. // Mezcla, unión. // Coalición, confederación. *Desunión.*
**LIGADURA** Amarradura, atadura, dogal, lazo, nudo. *Soltura.* // Sujeción, traba. // Venda.
**LIGAMENTO** Atadura.
**LIGAMIENTO** Amistad, avenimiento, armonía, conformidad, unión.
**LIGAR** Amarrar, atar, liar, sujetar, trabar, unir, vendar. *Desatar, desunir.* // Aliarse, coaligarse, confederarse. *Desvincularse, dividirse.*
**LIGAZÓN** Conexión, enlace, trabazón, unión.
**LIGERAMENTE** Levemente, superficialmente. *Gravemente.*
**LIGEREZA** Levedad. *Pesadez.* // Agilidad, presteza, rapidez. *Lentitud.* // Inconstancia, volubilidad. *Firmeza.* // Inconsideración, irreflexión. *Reflexión.*
**LIGERO** Leve, liviano. *Pesado.* // Ágil, listo, pronto, rápido, veloz, vivo. *Lento, tardo.* // Somero, superficial. *Profundo.* // Inconstante, irreflexivo, versátil, voluble. *Constante, firme, sensato.*
**LILIPUTIENSE** Enano, pigmeo. *Gigante, alto.*
**LIMA** Escofina, fresa, rallador.
**LIMAR** Pulir, desgastar. // Corregir, enmendar, retocar.
**LIMAZA** Babosa.

**LIMEN** Umbral. *Limen (limar).

**LIMITACIÓN** Barrera, moderación, restricción. *Libertad, permiso.*

**LIMITADO** Condicionado, escaso, reducido, restringido, restricto, definido, finito. *Amplio, ilimitado.*

**LIMITAR** Ceñir, cercar, demarcar, restringir. *Libertar, permitir.* // Acortar, reducir. *Ampliar.*

**LÍMITE** Confín, linde, lindero. // Fin, máximo, mínimo, término.

**LIMÍTROFE** Aledaño, colindante, confinante, divisorio, finítimo, fronterizo, lindante, lindero. *Lejano.*

**LIMO** Cieno, lodo, barro, fango.

**LIMOSNA** Ayuda, caridad, dádiva, donativo, socorro.

**LIMOSNEAR** Mendigar, pordiosear.

**LIMOSNERO** Mendigo. // Caritativo, dadivoso. *Avaro.* *Limonero.

**LIMOSO** Barroso, cenagoso, legamoso.

**LIMPIAMENTE** Aseadamente, pulcramente, claramente, nítidamente.

**LIMPIAR** Asear, baldear, bañar, barrer, cepillar, desembarrar, desempolvar, deshollinar, deterger, expurgar, fregar, lavar, purgar, purificar, sonarse. *Ensuciar, manchar.* // Ahuyentar, echar, expulsar. // Hurtar, robar. *Devolver.*

**LÍMPIDO** Impoluto, limpio, puro, terso. // Claro, cristalino, transparente.

**LIMPIEZA** Aseo, baldeo, expurgo, higiene, lavado, pulcritud. *Suciedad.* // Castidad, pureza. // Desinterés, integridad. // Destreza, perfección, precisión. *Desmaña.*

**LIMPIO** Aseado, curioso, depurado, impoluto, lavado, límpido, neto, terso. *Asqueroso, inmundo.* // Virginal. // Despejado. *Nublado.* // Exento, libre. *Manchado, salpicado.*

**LINAJE** Ascendencia, casta, descendencia, estirpe, familia, progenie, alcurnia. // Calidad, categoría, condición, especie, género, laya.

**LINAJUDO** Aristocrático, encopetado, noble, señorial. *Democrático, plebeyo.*

**LINCE** Águila, genio, rayo. // Agudo,

avispado, clarividente, perspicaz, sagaz. *Torpe.*

**LINDANTE** Limítrofe. *Lejano.*

**LINDAR** Confinar, rayar, limitar. *Distanciar.*

**LINDE** Borde, límite, orilla.

**LINDERO** Limítrofe.

**LINDEZA** Belleza, hermosura, donosura, gracia. *Fealdad.*

**LINDEZAS** Improperios, insultos, invectivas. *Elogios.*

**LINDO** Bello, bonito, hermoso, precioso, agraciado. *Feo.* // Bueno, cabal, exquisito, perfecto, primoroso. *Deficiente, imperfecto.*

**LÍNEA** Raya, renglón, trazo, rasgo, veta, lista, barra, estría, surco. // Fila, hilera, límite, término. // Camino, ruta, vía.

**LINEAL** Rayado, rectilíneo, listado, veteado, bandeado.

**LINEAMIENTO** Bosquejo, esbozo.

**LINEAR** Rayar, subrayar, reglar, vetear, pautar, surcar.

**LINFA** Agua.

**LINGOTE** Barra.

**LINGÜÍSTICA** Filología.

**LINIMENTO** Bálsamo, ungüento.

**LINTERNA** Faro, farol, lámpara.

**LINYERA** Vagabundo.

**LÍO** Confusión, desorden, embrollo. *Orden.* // Amancebamiento. // Envoltorio, fardo, paquete.

**LIQUIDACIÓN** Abaratamiento, saldo, baja, ganga, arqueo, balance. // Licuefacción, licuación.

**LIQUIDAR** Derretir, fundir, licuar. *Solidificar.* // Finiquitar, pagar, saldar, terminar. *Cobrar, empezar.*

**LIQUIDEZ** Fluidez, liquidación, licuefacción, licuación, fusión, derretimiento, deshielo. *Solidificación.*

**LÍQUIDO** Agua, bebida. *Sólido.* // Residuo, saldo.

**LIRA** Inspiración, numen.

**LÍRICO** Desinteresado, entusiasta.

**LIRIO** Lis.

**LISIADO** Lesionado, mutilado, baldado, inválido, tullido.

**LISIAR** Baldar, tullir.

**LISO** Igual, llano, plano, raso, suave. *Abultado, áspero, rugoso.*

**LISONJA** Adulación, alabanza, halago. *Injuria, insulto.*

**LISONJEAR** Adular, alabar, ensalzar, requebrar, elogiar. *Denostar.* // Agradar, complacer, deleitar, satisfacer, regalar, gustar. *Desagradar.*

**LISONJERO** Adulador, complaciente, halagador, incensador. // Agradable, deleitoso, grato, satisfactorio.

**LISTA** Catálogo, detalle, inventario, nómina, repertorio, retahíla. // Faja, franja, tira.

**LISTAR** Enumerar, inventariar, registrar, inscribir, empadronar.

**LISTEZA** Ligereza. *Torpeza.* // Ingenio, inteligencia, talento, viveza. *Ingenuidad, simpleza, tontería.*

**LISTO** Avispado, despabilado, despejado, despierto, inteligente, sagaz, vivo. *Atontado, babieca, bobo, zoquete.* // Apercibido, dispuesto, preparado. *Desprevenido.* // Diligente, expedito, presto, pronto, veloz. *Lerdo, torpe.*

**LISTÓN** Barrote, moldura. // Cinta, lista, faja.

**LISURA** Igualdad, tersura. *Aspereza, desigualdad.* // Campechanía, ingenuidad, sinceridad. *Tortuosidad.*

**LITERA** Angarillas, parihuela, palanquín. // Camastro, yacija.

**LITERAL** Exacto, fiel, textual. *Incompleto, inexacto.*

**LITERALMENTE** Exactamente, fielmente, textualmente, concretamente, al pie de la letra.

**LITERATO** Autor, escritor, intelectual, poeta, prosista.

**LITERATURA** Obras, escritos, novelística, poética.

**LITIGAR** Pleitear, porfiar, contender, reñir, discutir, debatir. *Avenirse.*

**LITIGIO** Juicio, pleito. // Alteración, contienda, disputa. *Paz.*

**LITIGIOSO** Pleiteador, querellante.

**LITORAL** Costero, ribereño. *Central.* //

Costa, ribera, orilla, playa.

**LIVIANDAD** Deshonestidad, impudicia, lascivia. *Continencia, moralidad.* // Levedad. *Pesadez.*

**LIVIANO** Leve. *Grave, macizo, pesado.* // Libertino. // Versátil, voluble, tornadizo. *Firme.*

**LÍVIDO** Amoratado, morado.

**LIZA** Lid, combate. // Palestra. *\*Lisa.*

**LLAGA** Úlcera, fístula, herida.

**LLAGARSE** Ulcerarse.

**LLAMA** Llamarada. // Claridad, fulgor, luz. // Ardor, pasión.

**LLAMADA** Llamamiento. // Advertencia, aclaración, nota. *Pausa.*

**LLAMADOR** Aldaba, aldabón, timbre, campanilla, pulsador.

**LLAMAMIENTO** Convocatoria, evocación, grito, invitación, llamada. *Interrupción, receso.*

**LLAMAR** Citar, convocar, chistar, evocar, gritar, invocar, vocear, reclamar. *Despedir, echar, licenciar.* // Golpear, tocar. // Apellidar, designar, denominar, nombrar. *Responder.* // Atraer, incitar, inclinar. *Repeler.*

**LLAMATIVO** Atractivo, interesante, sugestivo, provocador, atrayente. *Ordinario, sencillo, vulgar.*

**LLAMEANTE** Ardiente, centelleante, chispeante, brillante, flameante, flamígero.

**LLAMEAR** Arder, centellear, flamear, chispear, quemar, brillar.

**LLANADA** Llanura, planicie.

**LLANEZA** Familiaridad, naturalidad, sencillez, franqueza. *Afectación, inmodestia, soberbia.*

**LLANO** Llanura. // Liso, plano, raso. *Áspero, fragoso.* // Campechano, sencillo, tratable. // Claro, evidente, fácil, obvio. *Difícil, oscuro.* // Grave, paroxítono.

**LLANTO** Lloriqueo, lloro. *Risa.*

**LLANURA** Llano, pampa, planicie, sabana, plano, explanada. *Colina, cerro, cuchilla, montaña.*

**LLAVE** Llavín, picaporte. // Clave, dato,

información, medio, vía. // Traspié, zancadilla.

**LLEGADA** Advenimiento, arribada, arribo, venida, aparición. *Ida, marcha, partida, salida.*

**LLEGAR** Advenir, arribar, dar alcance. // Venir, sobrevenir. // Alcanzar, durar, extenderse. // Dar abasto, satisfacer. // Conseguir, obtener. // Ascender, importar, salir. // Acercarse, comparecer, presentarse. // Adherirse, unirse.

**LLENAR** Abarrotar, atestar, atiborrar, colmar, embutir, henchir, ocupar, rellenar, saturar. *Sacar, vaciar.*

**LLENO** Colmado, henchido, pleno, pletórico, repleto. *Desocupado, desprovisto, desierto, hueco, vacío.* // Harto, saciado. *Hambriento.*

**LLENURA** Plenitud, abundancia, copia, profusión, hartura, pluralidad, montón, acopio, copiosidad. *Falta, vacío.*

**LLEVADERO** Aguantable, soportable, tolerable, sufrible. *Insufrible, intolerable, pesado.*

**LLEVAR** Acarrear, conducir, portear, transportar, trasladar. *Traer.* // Cobrar, percibir. // Producir. // Cercenar, cortar, rebanar. *Aportar.* // Conducir, guiar, dirigir, encaminar, manejar. // Aguantar, sobrellevar, tolerar. // Aventajar. // Frisar. // Vestir. // Congeniar. // Incitar, inducir, persuadir. // Conseguir, obtener. // Robar.

**LLORAR** Gimotear, lagrimear, lamentarse, lloriquear, sentir. *Reír, sonreír.*

**LLORIQUEAR** Llorar. *Reír.* // Mendigar, suplicar. *Regalar.*

**LLORO** Llanto.

**LLORÓN** Lloroso, plañidero, lacrimoso, gemebundo, berreador.

**LLOVER** Lloviznar, diluviar. *Escampar.* // Pulular.

**LLOVIZNA** Calabobos, garúa, rocío.

**LLOVIZNAR** Chispear, garuar.

**LLUVIA** Chaparrón, chubasco, aguacero, diluvio, temporal, cellisca. // Abundancia, profusión. *Escasez.*

**LLUVIOSO** Pluvioso.

**LOA** Alabanza. *Insulto, ofensa.*

**LOABLE** Alabable, encomiable, laudable. *Reprobable.*

**LOAR** Alabar, encomiar, incensar. *Denostar.*

**LOBEZNO** Lobato.

**LÓBREGO** Oscuro, sombrío, tenebroso. *Claro.* // Melancólico, triste. *Alegre, gozoso.*

**LOBREGUEZ** Oscuridad, tenebrosidad, tinieblas. // Tristeza, melancolía.

**LOCALIDAD** Asiento, butaca. // Ciudad, lugar, población, pueblo.

**LOCALIZAR** Determinar, fijar, situar. *Desplazar.*

**LOCAMENTE** Excesivamente, tontamente. *Sensatamente.*

**LOCATARIO** Arrendatario, inquilino.

**LOCO** Alienado, alocado, chalado, demente, ido, insano, lunático, orate, tocado. *Cuerdo, juicioso, lúcido.* // Disparatado, excesivo, extravagante, sorprendente. *Moderado, prudente.*

**LOCOMOCIÓN** Traslación.

**LOCOMOTORA** Máquina, locomotriz.

**LOCUACIDAD** Verborrea, verbosidad, palabrería, charlatanería. *Gravedad, parquedad, silencio.*

**LOCUAZ** Charlatán, parlanchín, verboso. *Callado, reservado.*

**LOCUCIÓN** Expresión, frase.

**LOCURA** Alienación, chifladura, demencia, enajenación, insania, paranoia, tema. *Cordura, razón.* // Aberración, disparate. *Sensatez.*

**LODAZAL** Barrizal, cenagal, fangal, ciénaga, pantano.

**LODO** Barro, cieno, fango, limo.

**LODOSO** Fangoso, barroso, cenagoso, limoso, pantanoso, legamoso, encenagado, lamoso.

**LÓGICA** Dialéctica, método, razonamiento, razón.

**LÓGICO** Razonado. *Irracional.* // Justo, legítimo. *Ilegal, injusto.*

**LOGOGRIFO** Enigma, jeroglífico.

**LOGRADO** Perfecto.

**LOGRAR** Alcanzar, conquistar, conseguir, obtener, captar, tomar. *Perder.*

**LOGRERO** Agiotista, especulador, usurero, cicatero.

**LOGRO** Ganancia, lucro, usura. // Consecución. *Propósito, proyecto.*

**LOMA** Altura, altozano, montículo.

**LOMBRIZ** Gusano, verme.

**LOMO** Espalda, dorso.

**LONCHA** Lonja, rodaja, tajada.

**LONGANIMIDAD** Generosidad, constancia, magnanimidad. *Tacañería.*

**LONGEVO** Anciano, viejo, provecto. *Joven.*

**LONGITUD** Largo, largura. *Latitud.*

**LONJA** Loncha, tajada.

**LONTANANZA** Lejanía. *Cercanía, proximidad.*

**LOOR** Alabanza, elogio, loa. *Denuesto, injuria.*

**LOQUEAR** Enloquecer, trastornar. // Alborotar, chillar. *Calmar.*

**LORO** Papagayo, perico, cata, cotorra, guacamayo.

**LOSA** Laja, lápida. *Loza.

**LOTE** Parte, porción, división. *Conjunto, todo, total.*

**LOTERÍA** Rifa, tómbola.

**LOZA** Cerámica, mayólica, porcelana, vidriado. *Losa.

**LOZANÍA** Gallardía, verdor, frondosidad, frescura, vigor. *Ajamiento, debilidad.* // Altivez, orgullo. *Modestia.*

**LOZANO** Frondoso, verde. *Marchito, seco.* // Sano. *Enclenque.* // Airoso, gallardo.

**LUBRICACIÓN** Lubrificación, engrase.

**LUBRICAR** Engrasar, lubrificar, aceitar.

**LUBRICIDAD** Impudicia, lascivia. *Continencia, pureza.*

**LÚBRICO** Lujurioso, lascivo, impúdico, obsceno.

**LUBRIFICAR** Lubricar.

**LUCERO** Estrella. // Esplendor, lustre.

**LUCES** Cultura, ilustración. *Ignorancia.*

**LUCHA** Batalla, combate, contienda, disputa, guerra, lid, pelea, pugilato, rivalidad. *Armonía, paz.*

**LUCHADOR** Combatiente, contendiente, púgil, lidiador, competidor.

**LUCHAR** Batallar, combatir, competir, contender, luchar, pelear, reñir, lidiar, disputar. *Pacificar.*

**LUCIDEZ** Claridad, inteligencia, perspicacia, sagacidad. *Confusión, simplicidad, tontería.*

**LÚCIDO** Claro, inteligente, perspicaz, sagaz, sutil. *Rudo, tonto.* *Lucido.

**LUCIDO** Brillante, espléndido, luciente, resplandeciente. *Modesto, deslucido.* *Lúcido.

**LUCIÉRNAGA** Cocuyo, noctiluca.

**LUCIFER** Diablo, Luzbel, Maligno, Satán, Satanás.

**LUCÍFERO** Luminoso, resplandeciente, refulgente.

**LUCIO** Terso, lúcido, resplandeciente.

**LUCIR** Brillar, descollar, resplandecer. *Apagarse.* // Sobresalir. // Mostrar, ostentar, presumir. // Adornarse.

**LUCRAR** Aprovecharse, beneficiarse, enriquecerse, ganar, especular. *Arruinarse, perder.*

**LUCRATIVO** Beneficioso, provechoso, fructífero, productivo, útil, ventajoso. *Perjudicial.*

**LUCRO** Beneficio, ganancia, provecho, utilidad. *Pérdida.*

**LUCTUOSO** Funesto, triste. *Dichoso, fausto, risueño.*

**LUCUBRACIÓN** Vela, vigilia. *Irreflexión, sueño.*

**LUCUBRAR** Velar. // Pensar, reflexionar, meditar.

**LUDIBRIO** Befa, desprecio, escarnio, mofa. *Aprecio.*

**LUDIMENTO** Frotamiento, estregamiento, rozamiento, estregadura.

**LUDIR** Estregar, frotar, restregar. *Acariciar, tocar.*

**LUEGO** Después, en seguida, inmediatamente, pronto. *Antes.*

**LUENGO** Largo. *Breve, corto.*

**LUGAR** Espacio. // Paraje, parte, posición, punto, sitio. // Aldea, andurrial, ciudad, población, pueblo, villa. // Ocasión, oportunidad, tiempo. // Dignidad, empleo, oficio, puesto, situación. // Causa, motivo. // Pasaje, texto.

**LUGAREÑO** Campesino, paisano, pueblerino, pajuerano. *Ciudadano.*

**LÚGUBRE** Funesto, melancólico, tétrico, triste, fúnebre, luctuoso, sombrío. *Alegre, brillante, claro, luminoso.*

**LUJO** Boato, esplendor, opulencia, ostentación, pompa, rumbo, suntuosidad, profusión, riqueza, fausto, magnificencia, demasía. *Pobreza, sencillez, sobriedad.*

**LUJOSO** Fastuoso, espléndido, opulento, ostentoso, pomposo, profuso, rico, rumboso, suntuoso. *Parco, pobretón, sencillo.*

**LUJURIA** Concupiscencia, deshonestidad, incontinencia, lascivia, lubricidad, obscenidad, rijosidad. *Castidad, continencia, decencia, honestidad, pudor.*

**LUJURIOSO** Carnal, concupiscente, impúdico, incontinente, libidinoso, lúbrico, obsceno, rijoso, sicalíptico. *Casto.*

**LUMBAR** Dorsal, escapular.

**LUMBRE** Brasa. *Ceniza.* // Claridad, esplendor, fuego, luz, llama, resplandor, destello. *Tinieblas.*

**LUMBRERA** Claraboya, escotilla, ojo, tragaluz. // Genio, sabio.

**LUMINARIA** Lámpara, lumbrera, luz.

**LUMINOSIDAD** Luz. *Oscuridad.*

**LUMINOSO** Brillante, esplendente, refulgente, resplandeciente, rutilante. *Apagado.*

**LUNA** Satélite. // Espejo.

**LUNAR** Mancha. // Defecto, falla, tacha.

**LUNÁTICO** Maniático, raro. *Sensato, razonable.*

**LUSTRAR** Abrillantar, bruñir, glasear, pulir, satinar, atezar, terzar, avivar. *Oscurecer, empañar.*

**LUSTRE** Brillo, esplendor, tersura, pulido, barniz. *Opacidad.* // Gloria, fama, esplendor.

**LUSTROSO** Brillante, esplendente, reluciente, rutilante, terso. *Mohoso, oxidado, roñoso.*

**LUTO** Duelo, aflicción, pena. *Alegría.*

**LUXACIÓN** Dislocación, torcedura.

**LUZ** Claridad, esplendor, fosforescencia, fluorescencia, fulgor, luminaria, luminiscencia, brillo. *Oscuridad, sombra, tinieblas.* // Antorcha, lámpara, vela. // Abertura, ventana. // Aviso, indicio. // Dinero.

**LUZBEL** Diablo, Lucifer, Satanás, Belcebú, Satán.

**MACA** Defecto, deterioro. *Perfección.* // Disimulación, engaño, fraude.

**MACABRO** Fúnebre, mortuorio. *Vital.*

**MACACO** Simio. // Feo, grotesco. *Bello.*

**MACADÁN** Asfalto, pavimento.

**MACANA** Broma, chanza, mentira, trastada. // Cachiporra, garrote.

**MACANEAR** Fantasear, mentir.

**MACANUDO** Excelente, extraordinario, portentoso.

**MACARRÓNICO** Defectuoso, grotesco, ridículo. *Perfecto, serio.*

**MACARSE** Estropearse, pudrirse.

**MACEDONIA** Mezcolanza, mezcla, revoltijo, revoltillo.

**MACERAR** Ablandar, estrujar, exprimir. *Endurecer.* // Mortificar. *Consolar.*

**MACETA** Tiesto.

**MACHACAR** Majar, moler, pulverizar, quebrantar. // Porfiar, reiterar. *Cejar, desistir.* \*Machucar.

**MACHACÓN** Insistente, pesado, porfiado. *Agradable, discreto, oportuno.* \*Machucón.

**MACHAR** Machacar.

**MACHETE** Bayoneta, cuchillo, charrasca, faca.

**MACHIHEMBRAR** Ensamblar.

**MACHO** Semental. *Hembra.* // Mulo. // Maslo. // Mazo. // Yunque. // Fuerte, valiente, vigoroso, viril. *Débil, femenil.*

**MACHÓN** Pilar, pilastra. \*Mechón.

**MACHORRA** Estéril, infructífera, inútil. *Fecunda.*

**MACHOTA** Marimacho.

**MACHUCAR** Golpear, magullar.

**MACILENTO** Descolorido, flaco, pálido, triste. *Fuerte, gordo, vivaracho.*

**MACIZAR** Rellenar, solidificar.

**MACIZO** Compacto, firme, sólido. *Débil, flaco, hueco, vacío.*

**MÁCULA** Desdoro, mancha. *Perfección.* // Engaño, trampa. *Verdad.*

**MACULAR** Ensuciar, manchar. *Limpiar.* // Deshonrar. *Honrar.*

**MADERA** Listón, tabla, tablón, tronco, viga. // Talento.

**MADERO** Leño, poste, puntal, tirante.

**MADRE** Mamá, mamaíta. *Padre, papá.* // Superiora. // Cauce, lecho. // Causa, origen, raíz.

**MADRIGUERA** Cubil, cueva, escondrijo, guarida, refugio.

**MADRUGADA** Alba, amanecer, aurora. *Anochecer, atardecer, crepúsculo.*

**MADRUGAR** Mañanear. *Trasnochar.* // Adelantarse, anticiparse.

**MADURAR** Considerar, estudiar, reflexionar, profundizar.

**MADUREZ** Sazón, punto, maduración. // Cordura, juicio. *Inmadurez.*

**MADURO** Formado, desarrollado, en sazón. *Agrio, verde.* // Juicioso, prudente, reflexivo, sensato, sosegado. *Inmaturo, imprudente, irreflexivo, insensato.*

**MAESTRE** Superior.

**MAESTRÍA** Arte, destreza, habilidad, industria, pericia. *Inhabilidad, torpeza.* // Autoridad, superioridad. *Inferioridad, insuficiencia.*

**MAESTRO** Consejero, instructor, mentor, pedagogo, profesor. *Alumno, discí-*

*pulo, educando, escolar.* // Magistral. *Imperfecto.* // Adiestrado, avezado, ducho, enseñado, experto, hábil, perito, práctico. *Aprendiz, novato.*

**MAGA** Mágica, bruja, adivinadora, pitonisa, hechicera.

**MAGANCEAR** Haraganear, remolonear, engañar.

**MAGANCERÍA** Engaño, haraganería, remolonería. *Verdad, actividad.*

**MAGANTO** Triste, pensativo, melancólico. *Alegre.* // Pálido, enfermizo, débil. *Sano.*

**MAGAÑA** Astucia, ardid, artificio, engaño, ficción.

**MAGDALENA** Arrepentida, desconsolada, penitente, llorosa.

**MAGIA** Encantamiento, hechicería, prestidigitación, sortilegio. // Atractivo, encanto, hechizo, seducción.

**MÁGICO** Mago. // Asombroso, encantador, estupendo, fantástico, misterioso, pasmoso. *Corriente, normal.*

**MAGÍN** Caletre, entendimiento, imaginación, mente.

**MAGISTERIO** Enseñanza, profesorado.

**MAGISTRADO** Juez, gobernante, ministro, asesor.

**MAGISTRAL** Admirable, ejemplar, perfecto. *Imperfecto.*

**MAGISTRATURA** Juzgado, tribunal, judicatura, cancillería, poder judicial.

**MAGNANIMIDAD** Generosidad, nobleza. *Bajeza, indignidad, ruindad, villanía.*

**MAGNATE** Ilustre, poderoso, principal, grande.

**MAGNETISMO** Atracción, repulsión, imán.

**MAGNETIZACIÓN** Imanación, imantación. *Rechazo.*

**MAGNETIZAR** Imanar, imantar. // Fascinar, hipnotizar.

**MAGNIFICAR** Alabar, engrandecer, ensalzar. *Humillar, rebajar.*

**MAGNIFICENCIA** Generosidad, liberalidad, esplendidez. *Avaricia.* // Grandeza, ostentación, esplendor, pompa, suntuosidad. *Penuria.*

**MAGNÍFICO** Espléndido, fastuoso, generoso, opulento, pomposo, rico. *Pobre, sencillo.* // Admirable, excelente, magistral, valioso. *Ordinario, tosco.*

**MAGNITUD** Extensión, grandor, tamaño. *Pequeñez.* // Excelencia, grandeza, importancia. *Menudencia, minucia.*

**MAGNO** Grande, extenso, extraordinario. *Pequeño.*

**MAGO** Brujo, encantador, hechicero, saludador, nigromante.

**MAGRO** Enjuto, flaco. *Gordo, grueso.*

**MAGUER** Aunque.

**MAGULLADURA** Contusión, golpe, magullamiento.

**MAGULLAR** Contundir, golpear, machucar, maltratar, pegar.

**MAHOMETANO** Agareno, ismaelita, islamita, musulmán, muslímico.

**MAÍDO** Maullido, maúllo, miau.

**MAITINADA** Alborada.

**MAJADA** Hato, rebaño.

**MAJADERÍA** Imprudencia, necedad, pesadez. *Discreción, ingeniosidad, prudencia, sensatez.*

**MAJADERO** Imprudente, molesto, necio, pesado. *Amable, discreto, grato.*

**MAJAR** Machacar. // Cansar, fastidiar, importunar.

**MAJESTAD** Grandeza, magnificencia, majestuosidad, pompa.

**MAJESTUOSO** Augusto, imponente, mayestático, solemne. *Modesto.*

**MAJO** Chulo, guapo. // Ataviado, emperejilado. *Harapiento.* // Hermoso, vistoso.

**MAL** Maldad. *Bondad.* // Daño, ofensa. *Bien, halago.* // Calamidad, desgracia, dolencia, enfermedad, indisposición. *Fortuna, salud, ventura.* // Tara, vicio. *Perfección.* // Imperfectamente, indebidamente, malamente. *Correctamente, perfectamente.*

**MALABARISTA** Equilibrista, funámbulo, volatinero.

**MALACOSTUMBRADO** Consentido, malcriado, mimado.

**MALANDANZA** Infortunio, desventura,

malaventura. *Fortuna, ventura, dicha.*

**MALANDRÍN** Bellaco, malintencionado, malvado, maligno, perverso, ruin.

**MALAR** Pómulo.

**MALAVENTURA** Contratiempo, desdicha, desgracia, desventura, percance. *Buenaventura, dicha, fortuna.*

**MALAVENTURADO** Desdichado, desventurado, infeliz, infortunado. *Feliz, dichoso, afortunado.*

**MALBARATAR** Derrochar, despilfarrar, dilapidar, disipar, malgastar, malvender. *Administrar, ahorrar, guardar.*

**MALCONTENTO** Descontento, quejoso, disgustado. *Satisfecho.* // Perturbador, revoltoso.

**MALCRIADO** Consentido, mimado. // Desatento, descortés, grosero. *Comedido, educado, fino.*

**MALCRIAR** Malacostumbrar, consentir, mimar.

**MALDAD** Crueldad, malevolencia, malicia, malignidad, perversidad. *Benignidad, bondad.* // Inmoralidad.

**MALDECIR** Denigrar, detractar. *Alabar, ensalzar.* // Abominar, anatematizar, blasfemar, condenar, execrar. *Bendecir.*

**MALDICIENTE** Chismoso, detractor, murmurador. // Blasfemo.

**MALDICIÓN** Anatema, blasfemia, imprecación, juramento, taco. *Alabanza.*

**MALDITO** Malvado, perverso. *Benévolo.* // Condenado, réprobo.

**MALEABLE** Dócil, dúctil, flexible, elástico, manejable. *Consistente, duro, rebelde, resistente.*

**MALEANTE** Burlador, maligno, perverso. // Delincuente.

**MALEAR** Corromper, enviciar, pervertir. *Arrepentirse, perfeccionar.* // Dañar, estropear, pudrir. *Sanear.*

**MALECÓN** Dique, escollera, espigón, rompeolas, tajamar.

**MALEDICENCIA** Chismorreo, habladuría, murmuración. *Adulación, lisonja.*

**MALEFICIO** Agüero, hechizo, sortilegio, magia, encanto.

**MALÉFICO** Nocivo, pernicioso, perjudicial, dañino, maligno. *Benéfico.*

**MALESTAR** Desasosiego, desazón, incomodidad, indisposición, inquietud, molestia. *Bienestar, contento, salud.*

**MALETA** Valija, maletín, cofre, mala, equipaje.

**MALEVOLENCIA** Enemistad, animosidad, malquerencia, rencor. *Abnegación, amistad, simpatía.*

**MALEZA** Maraña, matorral.

**MALGASTAR** Derrochar, dilapidar, disipar, malbaratar, tirar. *Ahorrar.*

**MALHABLADO** Deslenguado, desvergonzado, maldiciente.

**MALHADADO** Desdichado, desgraciado, desventurado, infeliz. *Dichoso, feliz, afortunado.*

**MALHECHO** Contrahecho.

**MALHECHOR** Criminal, delincuente. *Benefactor, filántropo.*

**MALICIA** Penetración, sagacidad, sutileza. // Maldad, perversidad. // Recelo, sospecha. *Confianza.* // Astucia, bellaquería, disimulo, maña, picardía. *Ingenuidad, sinceridad.*

**MALICIAR** Conjeturar, presumir, recelar, sospechar. // Malear.

**MALICIOSO** Astuto, bellaco, receloso, sagaz, solapado, zorro.

**MALIGNIDAD** Malicia, perversidad, daño, perniciosidad.

**MALIGNO** Malo, pernicioso, perverso, taimado. *Bueno, ingenuo.*

**MALINTENCIONADO** Maligno, perverso. *Bueno.*

**MALMIRADO** Desacreditado, desconceptuado, malquisto. *Acreditado, honorable, bienquisto.*

**MALO** Bellaco, malicioso, malvado, pérfido, perverso, ruin. *Benévolo, caritativo, intachable.* // Dañino, dañoso, nocivo, pernicioso, perjudicial. *Bueno, excelente.* // Inquieto, revoltoso. *Tranquilo.* // Enfermo, grave, indispuesto. *Repuesto, sano.* // Difícil, dificultoso, penoso, trabajoso. // Desagradable, molesto. *Agradable.* // Deslucido, deteriorado. *Vistoso.*

**MALOGRADO** Abortado, fallido, fracasado, frustrado, vano.

**MALOGRAR** Abortar, desperdiciar, fracasar, frustrarse, perder. *Ganar, lograr, triunfar.*

**MALOGRO** Frustración, fracaso, pérdida, desacierto, error, desengaño, derrota.

**MALOLIENTE** Fétido, pestilente, sucio. *Aromático, perfumado.*

**MALÓN** Correría, irrupción. *Retirada.*

**MALPARADO** Estropeado, maltrecho. *Ileso, indemne.*

**MALPARAR** Maltratar, deteriorar, estropear, arruinar.

**MALPARIR** Abortar.

**MALQUERENCIA** Antipatía, aversión, malevolencia, tirria. *Amistad, amor, simpatía.*

**MALQUISTAR** Desavenir, enemistar, indisponer. *Conciliar, unir.*

**MALQUISTO** Desavenido. *Avenido.* // Malmirado.

**MALROTAR** Derrochar, gastar, disipar, despilfarrar, dilapidar, malbaratar, tirar. *Ahorrar.*

**MALSANO** Dañino, enfermizo, insalubre, nocivo. *Salubre, sano.* *Manzano.

**MALTRATADO** Maltrecho, estropeado, malparado.

**MALTRATAR** Injuriar, ofender, vejar. *Alabar.* // Apalear, dañar, golpear, pegar, zamarrear, zurrar, lastimar. *Acariciar, regalar.*

**MALTRATO** Injuria, insulto, menoscabo, ofensa.

**MALTRECHO** Estropeado, malparado. *Indemne, intacto.*

**MALUCO** Enfermo, indispuesto.

**MALVADO** Malo, perverso, ruin, vil. *Bueno, cariñoso, recto.*

**MALVENDER** Depreciar, malbaratar.

**MALVERSACIÓN** Desfalco, estafa, robo. *Administración, honradez.*

**MAMA** Pecho, teta, ubre.

**MAMÁ** Madre. *Padre, papá.*

**MAMADERA** Biberón.

**MAMAR** Chupar, succionar. // Comer, engullir. // Alcanzar, lograr, obtener.

**MAMARIO** Mamífero, mamilar, lactífero, láctico.

**MAMARRACHO** Adefesio, espantajo, esperpento.

**MAMELUCO** Bobo, necio. *Avispado.* // Overol.

**MAMELÓN** Pezón. // Colina, cima, eminencia, cumbre.

**MAMOTRETO** Libraco, librote.

**MAMPARA** Bastidor, biombo.

**MAMPORRO** Coscorrón, sopapo, golpe. *Caricia.*

**MAMPOSTERÍA** Albañilería, cantería. // Piedra, argamasa, mampuesto.

**MAMPUESTO** Parapeto, reparo, defensa. // Pared.

**MANADA** Hato, majada, rebaño.

**MANANTIAL** Fuente. // Origen, principio, semillero, venero.

**MANAR** Brotar, nacer, salir, surgir. *Morir.* // Abundar.

**MANCAR** Baldar, lisiar.

**MANCARRÓN** Jamelgo, matalón.

**MANCEBA** Amante, concubina, entretenida, querida.

**MANCEBÍA** Burdel, prostíbulo, lupanar.

**MANCEBO** Joven, mozo, muchacho. *Anciano.* // Soltero.

**MANCHA** Mácula, mancilla, tacha. // Boceto, borrón.

**MANCHADO** Pintado, maculado, jaspeado, salpicado, veteado, sucio.

**MANCHAR** Emporcar, ensuciar, pringar, enlodar. *Limpiar, purificar.* // Desdorar, mancillar.

**MANCILLA** Afrenta, mancha, deshonor, desdoro. *Honor, pureza.*

**MANCILLAR** Afrentar, deshonrar, empañar, manchar. *Honrar, respetar.*

**MANCIPAR** Apresar, sujetar, esclavizar, sojuzgar.

**MANCO** Defectuoso, lisiado.

**MANCOMUNAR** Asociar, aunar, unir. *Dividir, separar.*

**MANDA** Donación, legado, oferta.

**MANDADO** Mandamiento, orden, precepto. // Comisión, encargo, recado. *Mandato.

MANDAMÁS Amo, jefe, mandón. *Empleado, servidor.*
MANDAMIENTO Ley, orden, precepto, prescripción.
MANDANTE Disponente, imperativo, imperador, conminatorio.
MANDAR Disponer, ordenar, preceptuar. *Obedecer.* // Dirigir, gobernar, regir. *Acatar.* // *Legar.* // Encargar, encomendar, ofrecer, prometer. *Cumplir.* // Enviar, remitir. *Recibir.*
MANDATARIO Gobernante. *Ciudadano, súbdito.*
MANDATO Encargo, orden, precepto. *Mandado.*
MANDÍBULA Quijada.
MANDIL Delantal, guardapolvo. *Mandril.*
MANDINGA Diablo, Luzbel.
MANDO Autoridad, dirección, dominio, gobierno, poder, señorío, imperio, caudillaje, superioridad.
MANDOBLE Cuchillada. // Reprensión.
MANDÓN Mandamás, amo, gallo.
MANDRIA Apocado, tonto, bobo, pusilánime. *Listo, atrevido, agudo.*
MANDUCA Comida, merienda, alimento, refrigerio, nutrición, colación.
MANDUCAR Comer.
MANDUCATORIA Comida, alimento, sustento, manduca.
MANEA Maniota.
MANECILLA Aguja, saetilla.
MANEJABLE Dúctil, manuable, portátil.
MANEJAR Maniobrar, manipular, usar. // Administrar. // Conducir, dirigir, gobernar. *Obedecer.*
MANEJO Administración, maniobra, manipulación, intriga. // Dirección, gobierno.
MANERA Modo, forma, proceder, sistema, método.
MANERAS Ademanes, modales, porte.
MANES Almas, espíritus, sombras.
MANGA Anchura. // Manguera, tubo. // Multitud, nube. // Portamantas. // Tifón, tromba.
MANGANTE Manguero, pedigüeño, sablista. *Caritativo.* // Engañador.
MANGO Agarradero, asidero, cabo, empuñadura, manija, puño.
MANGONEAR Entremeterse. *Manganear.*
MANGUERA Manga, tubo. // Tifón, tromba, turbión.
MANÍ Cacahuete.
MANÍA Antojo, capricho. *Reflexión.* // Extravagancia, locura, rareza. *Mesura, sensatez.*
MANÍACO Enajenado, lunático, maniático, raro. *Razonable, sensato.*
MANICORTO Avaro, mezquino.
MANIDO Ajado, manoseado, resabido, usado, vulgar. *Extraordinario, nuevo.*
MANIFESTACIÓN Aparición, revelación. *Ocultamiento.* // Demostración, exteriorización.
MANIFESTAR Decir, declarar, descubrir, exhibir, exponer, expresar, exteriorizar, evidenciar, revelar. *Callar, esconder, retractarse.*
MANIFIESTAMENTE Abiertamente, públicamente, patentemente, notoriamente, claramente.
MANIFIESTO Claro, descubierto, expuesto, notorio, patente. *Disimulado, encubierto, escondido, latente, oculto, recóndito.* // Declaración, proclama.
MANIJA Mango, manubrio, empuñadura, puño. // Picaporte.
MANILLA Esposas. // Pulsera.
MANIOBRA Ardid, intriga, manejo, maquinación, treta. // Manipulación, operación.
MANIOBRAS Prácticas, ejercicios.
MANIPULACIÓN Manejo, maniobra, manipuleo, operación.
MANIPULAR Manejar, maniobrar, operar, ejecutar.
MANIQUÍ Modelo. // Muñeco. // Dócil, débil.
MANIRROTO Derrochador, gastador, pródigo. *Ahorrativo, cuidadoso.*
MANIVELA Manubrio.
MANJAR Alimento, comestible, comida. // Deleite. *Bazofia.*

**MANO** Costado, lado. // Lance, turno, vez, vuelta. // Manecilla, saetilla. // Baño, capa. // Manera, medio. // Habilidad, destreza. // Ayuda, socorro. // Castigo, represión.

**MANOJO** Hacecillo, haz, puñado. // Abundancia, copia.

**MANOPLA** Guante, guantelete.

**MANOSEADO** Ajado, manido, sobado, raído, usado, vulgar. *Estirado, limpio, nuevo.*

**MANOSEAR** Ajar, sobar, tocar, toquetear, zarandear. *Acariciar.*

**MANOSEO** Manejo, manoteo, manipuleo, toqueteo.

**MANQUEDAD** Defecto, lesión, falta, imperfección. *Perfección.*

**MANSAMENTE** Lentamente, quietamente, suavemente, calladamente, dulcemente, benignamente.

**MANSEDUMBRE** Apacibilidad, benignidad, suavidad. *Cólera, enojo, ira.* // Domesticidad.

**MANSIÓN** Albergue, morada, residencia. // Detención, estancia.

**MANSO** Apacible, benigno, obediente, sumiso. *Iracundo, rebelde.* // Doméstico. *Indómito, montaraz.*

**MANTA** Cobija, frazada.

**MANTECA** Gordura, grasa, mantequilla, nata, lardo, margarina, unto.

**MANTENEDOR** Sustentador, defensor, paladín.

**MANTENER** Alimentar, sustentar. *Ayunar, desnutrirse.* // Amparar, apoyar, defender. *Abandonar.* // Perseverar, resistir, sostener. *Rendirse.* // Conservar, proseguir.

**MANTENIMIENTO** Conservación. // Manjar, provisiones, víveres.

**MANTEQUILLA** Manteca.

**MANTILLA** Manto, velo, rebozo.

**MANTILLO** Humus, tierra vegetal.

**MANTO** Capa, capote, abrigo.

**MANTÓN** Chal, pañolón.

**MANUAL** Manejable, manuable. // Compendio, epítome. // Dócil, manso.

**MANUBRIO** Empuñadura, manija. //

Manivela. // Cigüeñal, volante.

**MANUFACTURA** Obra, producto. // Fábrica, taller.

**MANUFACTURAR** Elaborar, fabricar.

**MANUMISIÓN** Emancipación, liberación. *Dependencia, sometimiento.*

**MANUTENCIÓN** Alimentación, conservación, mantenimiento, sustento. *Abandono, ayuno, desamparo.*

**MANZANA** Poma. ***Malsana.***

**MAÑA** Destreza, habilidad, maestría. *Impericia, inhabilidad, torpeza.* // Artificio, astucia, picardía. *Candor, ingenuidad.* // Resabio.

**MAÑANA** Futuro. *Ayer, pasado.*

**MAÑANEAR** Madrugar.

**MAÑERO** Astuto, caprichoso, mañoso.

**MAÑOSO** Diestro, hábil, industrioso. *Torpe.* // Mañero.

**MAPA** Carta, mapamundi, planisferio, plano.

**MAQUETA** Modelo, proyecto, esbozo, diseño.

**MAQUIAVÉLICO** Astuto, pérfido, taimado. *Franco, ingenuo.*

**MAQUILLAR** Acicalar, embellecer. *Lavar.* // Pintarse.

**MÁQUINA** Artificio, mecanismo. // Locomotora. // Invención, proyecto, traza. // Abundancia, copia, multitud.

**MAQUINACIÓN** Asechanza, complot, conspiración, intriga, ardid. *Ingenuidad, simpleza.*

**MAQUINAL** Automático, habitual, reflejo, involuntario, indeliberado, instintivo. *Desacostumbrado, reflexivo, voluntario.*

**MAQUINAR** Fraguar, intrigar, tramar, urdir, conspirar, forjar.

**MAR** Océano, charco, lago, piélago, ponto. *Cielo, tierra.* // Abundancia, cantidad, infinidad, multitud, sinfín. *Exigüidad.*

**MARAÑA** Embrollo, enredo. *Aclaración, explicación.* // Maleza, matorral.

**MARASMO** Apatía, inmovilidad, atonía, paralización, suspensión, debilitación. *Actividad, fervor.*

**MARAVILLA** Admiración, asombro, portento, prodigio.

**MARAVILLAR** Admirar, asombrar, pasmar, sorprender.

**MARAVILLOSO** Admirable, extraordinario, fantástico, pasmoso, portentoso, prodigioso. *Común, frecuente, vulgar.*

**MARBETE** Etiqueta, marca, precinto. // Orilla, filete, perfil.

**MARCA** Estigma, huella, señal. // Distintivo, lema, nombre.

**MARCADOR** Señalador, impresor, estigmatizador.

**MARCAR** Indicar, señalar. // Puntear. // Aplicar, destinar.

**MARCHA** Partida. *Llegada, permanencia.*//Curso, funcionamiento, movimiento, paso, velocidad. *Suspensión.* // Método, procedimiento, sistema.

**MARCHANTE** Comercial, mercantil, mercante. // Comerciante, traficante, negociante.

**MARCHAR** Andar, caminar, funcionar. *Parar.* // Ausentarse, huir, ir, partir, retirarse. *Aguardar, esperar, llegar, permanecer, quedarse.*

**MARCHITAR** Ajar, deslucir. *Retocar.* // Agostarse, secarse. *Florecer.* // Debilitarse, enflaquecer, envejecer. *Fortalecerse, rejuvenecer, remozar.*

**MARCHITO** Agostado, ajado, deslucido, mustio, seco. *Fresco, lozano, verde, vigoroso.*

**MARCHOSO** Apuesto, airoso, gallardo, donoso, garboso.

**MARCIAL** Bélico, castrense, guerrero, militar. *Civil, pacífico.* // Intrépido, valiente. *Cobarde.*

**MARCO** Cerco, cuadro, guarnición, recuadro. // Cartabón, patrón, tipo.

**MAREA** Flujo, reflujo, resaca, pleamar, influjo, bajamar.

**MAREAR** Enfadar, fastidiar, incomodar, molestar. // Atontarse, aturdirse. // Engreírse, envanecerse.

**MAREJADA** Oleaje. // Agitación, exaltación, excitación. *Calma.*

**MAREMAGNUM** Confusión, tumulto, alboroto, bullicio. *Tranquilidad.*

**MAREO** Vahído, vértigo. // Ajetreo. // Enfado, molestia.

**MARFILEÑO** Ebúrneo.

**MARFUZ** Rechazado, recusado, desechado, despreciado, repudiado. *Admitido.* // Embustero, mentiroso, falaz, engañoso.

**MARGEN** Borde, límite, orilla, ribera. // Motivo, ocasión, pretexto.

**MARGINAR** Prescindir, preterir, relegar. *Preferir.*

**MARICA** Afeminado, invertido, maricón, mariquita, sodomita. *Viril.* // Pusilánime. *Valiente.*

**MARICÓN** Afeminado, marica, sodomita, homosexual. *Viril.*

**MARIDAJE** Analogía, correspondencia, armonía, casamiento, conformidad, enlace, unión, vínculo. *Diversidad, separación, desunión.*

**MARIDAR** Casar, desposar, unirse. *Desunir, divorciarse.*

**MARIDO** Esposo, cónyuge, consorte, casado, hombre. *Esposa, mujer.*

**MARIMACHO** Machote, varona, madrona, maritornes.

**MARIMORENA** Alboroto, camorra, riña, pendencia.

**MARINA** Costa, litoral. // Armada. // Náutica.

**MARINAR** Aderezar, sazonar, adobar, salar.

**MARINERO** Marino, navegante, nauta, tripulante, mareante.

**MARINO** Marítimo, pelágico, naval. *Terrestre.*

**MARIONETA** Fantoche, muñeco, títere.

**MARIPOSEAR** Vagar, variar.

**MARISABIDILLA** Presumida.

**MARITAL** Conyugal.

**MARÍTIMO** Marino, náutico.

**MARITORNES** Criada, sirvienta, moza, fámula. // Marimacho.

**MARMITA** Cacerola, olla.

**MARMOTA** Dormilón, zonzo. *Despierto, vivo.*

**MAROMA** Cuerda, soga.

**MARQUESINA** Cobertizo. // Pabellón.

**MARQUETERÍA** Ebanistería, taracea.

**MARRANADA** Cochinada. *Limpieza.* // Desaire. *Cortesía.*

**MARRANO** Cerdo, puerco. // Sucio, asqueroso. *Limpio.*

**MARRAR** Desviarse, errar, fallar. *Acertar, atinar.* // Faltar, carecer.

**MARRAS (DE)** Pasado, remoto, lejano.

**MARRO** Falta, yerro, ausencia, omisión.

**MARRULLERO** Astuto, taimado, zorro. *Franco, ingenuo.*

**MARSUPIAL** Didelfo.

**MARTILLAR** Batir, golpear, machacar. // Atormentar, oprimir.

**MARTILLERO** Rematador.

**MARTILLO** Mazo, macillo. // Perseguidor. // Percutor.

**MARTINGALA** Artificio, artimaña, cábala, estrategia.

**MARTIRIO** Muerte, tormento, tortura, suplicio. *Consolación.* // Ajetreo, fatigas, molestias. *Alivio.*

**MARTIRIZAR** Atormentar, matar, torturar. // Afligir, importunar, molestar. *Resignarse.*

**MAS** Pero.

**MASA** Aglomeración, concurrencia, conjunto, reunión. // Cuerpo, materia, pasta. // Suma. ***Maza.***

**MASCAR** Comer, masticar, roer, rumiar.

**MÁSCARA** Antifaz, carátula, careta, disfraz, mascarilla. // Pretexto, tapujo. ***Mascara, mascará*** (mascar).

**MASCARADA** Comparsa, farsa.

**MASCOTA** Amuleto, talismán.

**MASCULINIDAD** Hombría, virilidad. *Feminidad.*

**MASCULINO** Enérgico, fuerte, varonil, viril. *Delicado, femenino.*

**MASCULLAR** Mascar. // Murmurar, musitar, rezongar. *Vociferar.*

**MASÓN** Francmasón.

**MASTICAR** Mascar, rumiar. // Meditar.

**MÁSTIL** Árbol, asta, palo, puntal, tallo, tronco.

**MÁSTIQUE** Almáciga.

**MASTUERZO** Berro, cardamina. // Necio, tonto, bobo, papanatas.

**MATA** Arbusto, maleza, matorral, planta, macizo.

**MATACÁN** Piedra, pedruzco, canto.

**MATACHÍN** Payaso, bufón, comediante. // Pendenciero. // Matarife.

**MATADERO** Tablada, degolladero, carnicería. // Ajetreo, reventadero, trabajo.

**MATADOR** Asesino, criminal, homicida.

**MATADURA** Herida, llaga.

**MATALÓN** Jamelgo, mancarrón, penco, rocín.

**MATALOTAJE** Víveres, vitualla, provisión, suministro. // Mezcla, revoltijo, confusión.

**MATANZA** Carnicería, hecatombe, mortandad, exterminio.

**MATAR** Asesinar, despachar, despenar, ejecutar, exterminar, inmolar, sacrificar, suicidarse. *Reavivar, regenerar, resucitar.* // Aniquilar, extinguir, inutilizar. *Resurgir.* // Saciar, satisfacer. // Atenuar, rebajar. *Avivar.* // Abrumar, agobiar. *Reanimar.* // Acongojarse, afanarse, cansarse, desazonarse. *Descansar.*

**MATARIFE** Carnicero.

**MATASANOS** Curandero, medicastro.

**MATASIETE** Matón, valentón.

**MATE** Calabaza, infusión. // Apagado, atenuado. *Brillante, lustroso, satinado.*

**MATEMÁTICO** Exacto, preciso, puntual. *Inexacto.*

**MATERIA** Esencia, sustancia. *Espíritu.* // Asunto, objeto, tema. // Causa, motivo, ocasión. // Pus.

**MATERIAL** Corpóreo, sensible, sustancial. *Incorpóreo, inmaterial.* // Palpable, tangible. *Impalpable, intangible.* // Grosero. *Espiritual.*

**MATERIALIDAD** Calidad, apariencia. // Grosería.

**MATERIALES** Elementos, instrumentos.

**MATERNO** Maternal. *Paternal, paterno.*

**MATINAL** Matutino. *Vespertino.*

**MATIZ** Gradación, grado, tono.

**MATIZAR** Colorear, diversificar, graduar, variar. *Unificar.*

**MATÓN** Bravucón, guapo, perdonavidas,

valentón, matasiete. *Bonachón.*

**MATORRAL** Maleza, maraña.

**MATRACA** Importunación, insistencia, porfía.

**MATRERO** Cimarrón, indómito. // Marrullero.

**MATRÍCULA** Catálogo, lista, registro.

**MATRICULAR** Alistar, inscribir, registrar, empadronar.

**MATRIMONIAL** Conyugal, marital, nupcial.

**MATRIMONIO** Casamiento, enlace, nupcias, boda. *Divorcio.* // Consortes, cónyuges, esposos, pareja. *Célibe, novio, soltero.*

**MATRIZ** Útero. // Molde. // Madre. // Original, principal.

**MATRONA** Comadrona, partera.

**MATUNGO** Matalón.

**MATUTE** Contrabando, fraude.

**MATUTINO** Mañanero, matinal. *Nocturno, vespertino.*

**MAULA** Cobarde. *Valiente.* // Holgazán, perezoso. *Diligente, trabajador.* // Tramposo, deudor.

**MAULLAR** Mayar, miar.

**MAULLIDO** Maúllo, miau, maído.

**MAUSOLEO** Panteón, sepulcro, tumba.

**MÁXIMA** Apotegma. // Norma, regla. // Sentencia.

**MÁXIME** Principalmente, sobre todo.

**MÁXIMO** Mayor, superior. *Inferior, menor, mínimo.*

**MAYESTÁTICO** Majestuoso, solemne.

**MAYÓLICA** Losa, cerámica.

**MAYOR** Cabeza, jefe, primogénito, superior. *Inferior, menor.* // Importante. *Insignificante.*

**MAYORAL** Caporal, pastor. // Conductor, auriga.

**MAYORAZGO** Primogenitura.

**MAYORES** Abuelos, antepasados, antecesores, ascendientes, progenitores. *Descendientes.*

**MAYORÍA** Generalidad. *Excepción, minoría.* // Mayor edad, mayor parte. *Minoridad.*

**MAYORMENTE** Máxime.

**MAYÚSCULA** Inicial, capital.

**MAYÚSCULO** Inmenso, máximo, fenomenal. *Minúsculo.*

**MAZA** Cachiporra, mazo, porra. *Masa.

**MAZACOTE** Guisote. // Latoso, pesado. *Atrayente.*

**MAZMORRA** Calabozo, prisión, celda, gayola.

**MAZNAR** Amasar, ablandar, estrujar, manosear.

**MAZO** Martillo, maza. // Fajo, haz, manojo, gavilla.

**MAZONEAR** Apisonar. // Golpear.

**MAZORCA** Espiga, choclo, majorca, panoja.

**MAZORRAL** Bruto, tosco, basto, grosero. *Delicado.*

**MEADA** Micción.

**MEADERO** Letrina, mingitorio, urinario.

**MEANDRO** Recodo, recoveco, sinuosidad. *Recta.*

**MEAR** Orinar.

**MECÁNICAMENTE** Maquinalmente. *Reflexivamente.*

**MECÁNICO** Automático, maquinal.

**MECANISMO** Artefacto, artificio, maquinaria, ingenio,. tramoya.

**MECANOGRAFÍA** Dactilografía.

**MECANÓGRAFO** Dactilógrafo, tipiador.

**MECEDORA** Columpio, hamaca.

**MECENAS** Patrocinador, protector, bienhechor. *Protegido.*

**MECER** Acunar, columpiar, cunear, hamacar. *Aquietar.* *Mesar.

**MECHA** Mechón. // Pabilo, torcida.

**MECHERO** Encendedor, chisquero.

**MECHÓN** Bucle, rizo. *Machón.

**MEDALLA** Galardón, premio.

**MEDALLÓN** Medalla, guardapelo.

**MÉDANO** Duna.

**MEDIA** Calcetín, escarpín. // Mitad, promedio.

**MEDIACIÓN** Arbitraje, arreglo, acuerdo, intercesión, intervención, injerencia. *Inhibición.*

**MEDIADOR** Amigable, componedor, árbitro, conciliador, intercesor, intermediario, negociador, juez. *Medidor.

MEDIANAMENTE Regularmente.

MEDIANERO Intermedio. // Aparcero, intermediario, mediador.

MEDIANÍA Mediocridad, vulgaridad. *Primacía, superioridad, excelencia.*

MEDIANO Mediocre, pasable, regular. *Óptimo, excelente.*

MEDIANTE Por medio de.

MEDIAR Interceder, interesarse, interponer. *Inhibirse.* // Ocurrir, presentarse. // Transcurrir. // Promediar.

MEDICACIÓN Tratamiento, régimen, indicación.

MEDICAMENTO Específico, fármaco, inyección, medicina, pócima, preparado, remedio, ungüento, vacuna. *Tóxico, veneno.*

MEDICASTRO Matasanos, medicucho.

MEDICINA Medicamento. *Enfermedad.*

MEDICINAL Medicamentoso, curativo, saludable.

MEDICIÓN Medida, mensuración.

MÉDICO Doctor, facultativo, galeno.

MEDIDA Correspondencia, escala, módulo, proporción, regla. // Disposición, prevención, providencia. // Cordura, mesura, prudencia.

MEDIDOR Contador. *Mediador.

MEDIO Mitad. // Mediano, mediocre, moderado, ordinario. *Excelente, extremo, inferior, inicial, terminal.* // Ambiente. // Centro, corazón, interior. *Afuera, exterior.* // Médium. // Manera, método, poder, procedimiento. // Arbitrio, expediente, recurso.

MEDIOCRE Común, mediano, regular. *Excelente, óptimo, sobresaliente.*

MEDIOCRIDAD Insignificancia, vulgaridad, pequeñez, imperfección. // Excelencia, perfección, generosidad.

MEDIODÍA Sur. *Norte, septentrión.*

MEDIOS Arbitrio. // Bienes, caudal, fortuna, rentas.

MEDIR Comprar, evaluar, mensurar, verificar. // Contenerse, moderarse. *Excederse.*

MEDITABUNDO Absorto, abstraído,

pensativo, contemplativo, reflexivo.

MEDITACIÓN Reflexión, atención, abstracción, especulación, introspección. *Irreflexión, disipación.*

MEDITAR Cavilar, considerar, pensar, ponderar, proyectar, reflexionar, sopesar. *Improvisar.* // Abismarse, ensimismarse, reconcentrarse. *Despreocuparse, distraerse.*

MEDRADO Floreciente, próspero.

MEDRAR Adelantar, crecer, desarrollarse, mejorar, prosperar, progresar. *Arruinarse, debilitarse, decrecer, disminuir, languidecer.*

MEDRO Mejora, aumento, crecimiento.

MEDROSO Miedoso, pusilánime, temeroso, tímido. *Audaz, decidido, valiente.*

MEDULA Médula, meollo, tuétano. // Esencia, substancia.

MEDULAR Esencial, fundamental, meduloso. *Huero, intrascendente.*

MEFISTOFÉLICO Diabólico, perverso, infernal. *Angelical.*

MEFÍTICO Fétido, ponzoñoso.

MEGO Manso, apacible, tratable, halagüeño. *Huraño.*

MEJILLA Carrillo, moflete.

MEJOR Preferible, superior. *Inferior, peor.*

MEJORA Mejoramiento, mejoría.

MEJORAMIENTO Adelantamiento, ascenso, aumento, mejora, mejoría, progreso. *Estancamiento.*

MEJORAR Adelantar, ascender, aumentar, aventajar. *Atrasar, perder.* // Aliviar, convalecer, restablecerse, sanar. *Empeorar, enfermar, recaer.* // Hermosear, perfeccionar, rejuvenecer. // Progresar, prosperar. *Retroceder.*

MEJORÍA Alivio, mejora, restablecimiento. *Recaída.* // Perfeccionamiento, ventaja. *Desventaja.*

MEJUNJE Brebaje, medicamento, menjurje, mezcla, pócima.

MELANCOLÍA Añoranza, nostalgia, tristeza. *Alegría, felicidad, ilusión.*

MELANCÓLICO Mustio, nostálgico, triste, tristón, afligido. *Alegre.*

MELAR Dulcificar, suavizar. // Dorar.

// Endulzar. *Amargar.*

**MELENA** Cabellera, pelambrera, pelo. // Crin.

**MELIFLUO** Meloso, dulce, dulzón. *Rudo, áspero.*

**MELINDRE** Afectación, remilgo. *Naturalidad.*

**MELINDROSO** Quisquilloso, remilgado, afectado, rebuscado. *Natural.*

**MELLA** Hendedura, rotura. // Menoscabo, merma.

**MELLAR** Mancillar, menoscabar, mermar, romper.

**MELLIZO** Gemelo.

**MELOCOTÓN** Durazno.

**MELODIOSO** Armonioso, grato. *Disonante, inarmónico.*

**MELODRAMA** Drama.

**MELÓMANO** Musicólogo, musicómano, músico.

**MELOSO** Afectado, almibarado, dulzón, empalagoso. // Suave.

**MEMBRANA** Piel, tegumento, tejido, epitelio, película.

**MEMBRETE** Anotación, apunte, aviso, memoria, recordatorio. // Título, encabezamiento, nombre.

**MEMBRUDO** Corpulento, fornido. *Débil, enclenque.*

**MEMO** Bobo, tonto.

**MEMORABLE** Célebre, famoso.

**MEMORÁNDUM** Agenda, memento, memorando.

**MEMORAR** Recordar, rememorar, invocar. *Olvidar.*

**MEMORIA** Retentiva. *Amnesia.* // Evocación, recordación, recuerdo, remembranza, reminiscencia. *Olvido.* // Fama, gloria. // Saludo. // Estudio, exposición, informe, relación.

**MEMORIAL** Memorándum, petición, ruego, solicitación.

**MENAJE** Ajuar, moblaje.

**MENCIÓN** Cita, memoria, recuerdo; referencia, citación.

**MENCIONAR** Citar, nombrar, recordar, referir. *Callar, olvidar, omitir.*

**MENDAZ** Embustero, mentiroso. *Veraz.*

**MENDICANTE** Indigente, mendigo, pobre, pordiosero. *Pudiente, rico.*

**MENDIGAR** Pedir, pordiosear. *Dar.*

**MENDIGO** Mendicante, pordiosero.

**MENDOSO** Mentiroso, equivocado, falso, errado. *Veraz, cierto.*

**MENDRUGO** Pedazo, trozo, cacho.

**MENEAR** Agitar, mover, remover, sacudir. *Aquietar, contener.* // Gobernar, manejar.

**MENEO** Agitación, conmoción, movimiento, temblor. *Quietud.* // Baile, contoneo. // Paliza, vapuleo.

**MENESTER** Ejercicio, empleo, ocupación. // Falta, necesidad. *Sobra.*

**MENESTEROSO** Indigente, mendigo, necesitado, pobre. *Acaudalado, pudiente, opulento.*

**MENESTRAL** Artesano, obrero, trabajador, artífice.

**MENGANO** Fulano, perengano, zutano.

**MENGUA** Disminución, falta, merma. *Aumento.* // Escasez, necesidad, pobreza. *Exceso, riqueza.* // Descrédito, deshonra, menoscabo. *Honor.*

**MENGUADO** Mezquino, ruin, tacaño. *Dadivoso, liberal.* // Bobo, mentecato, necio. *Sagaz.* // Apocado, cobarde, pusilánime. *Arrojado, valiente.* // Desdichado, infausto. *Fausto.*

**MENGUAR** Amenguar, consumirse, decrecer, mermar, disminuir. *Aumentar, crecer.*

**MENOR** Inferior. *Mayor, superior.* // Niño. *Adulto.*

**MENORÍA** Minoría, minoridad. // Inferioridad, subordinación. *Superioridad.*

**MENOS** Excepto, salvo.

**MENOSCABAR** Acortar, reducir. *Aumentar.* // Dañar, deteriorar, perjudicar. *Valorizar.* // Desacreditar, desprestigiar. *Acreditar, honrar.*

**MENOSCABO** Daño, desdoro, deterioro, detrimento, mengua, perjuicio.

**MENOSPRECIABLE** Despreciable, abyecto, infame, vergonzoso, odioso. *Apreciable, estimable.*

**MENOSPRECIAR** Despreciar, desdeñar, desestimar, degradar, rebajar. *Apreciar, estimar, justipreciar.*

**MENOSPRECIO** Desdén, desprecio. *Aprecio, estima.*

**MENSAJE** Aviso, comunicación, recado, misiva, encargo.

**MENSAJERO** Correo, chasque, recadero, enviado.

**MENSTRUACIÓN** Menstruo, período, regla.

**MENSUALIDAD** Mes, salario, sueldo.

**MÉNSULA** Repisa, rinconera.

**MENSURA** Medida. **\*Mesura.**

**MENTA** Hierbabuena.

**MENTALIDAD** Pensamiento, concepción, capacidad, conocimiento, cultura.

**MENTAR** Citar, mencionar, nombrar, recordar. *Callar, olvidar.*

**MENTE** Entendimiento, imaginación, inteligencia, magín. // Designio, intención. // Propósito, voluntad.

**MENTECATO** Fatuo, imbécil, necio, tonto. *Sagaz.*

**MENTIR** Engañar, falsificar, fingir, mistificar.

**MENTIRA** Arana, bola, cuento, chisme, embuste, engaño, error, falacia, falsedad, ilusión, infundio, invención, patraña. *Autenticidad, realidad, veracidad, verdad.*

**MENTIROSO** Aparente, engañoso, fingido. *Real, verdadero.* // Calumniador, chismoso, embustero, engañador, falaz, falseador, falso. *Sincero, veraz.*

**MENTÍS** Denegación, reprobación, desmentido. *Aprobación.*

**MENTÓN** Barbilla.

**MENTOR** Consejero, guía, instructor.

**MENUDEAR** Detallar, puntualizar. // Repetirse, soler.

**MENUDENCIA** Bagatela, minucia, nadería, pequeñez. *Magnitud, trascendencia.* // Escrupulosidad, esmero.

**MENUDO** Chico, pequeño. *Grande, voluminoso.* // Despreciable, insignificante. *Trascendente, valioso, importante.* // Escrupuloso.

**MENUDO (A)** Frecuentemente, con frecuencia, asiduamente. *Raramente.*

**MEOLLO** Caracú, médula, miga. // Entendimiento, juicio, sensatez.

**MEQUETREFE** Tarambana.

**MERAMENTE** Simplemente, únicamente, puramente.

**MERCADER** Comerciante, traficante.

**MERCADERÍA** Mercancía, género, mercaduría, artículo.

**MERCADO** Tráfico. // Feria.

**MERCANCÍA** Mercadería.

**MERCANTIL** Comercial.

**MERCAR** Adquirir, comprar, vender.

**MERCED** Beneficio, dádiva, favor. *Pago.* // Galardón, gracia, premio, recompensa. *Castigo.* // Voluntad.

**MERCENARIO** Asalariado. *Voluntario.*

**MERCURIO** Azogue, hidrargirio.

**MERECEDOR** Acreedor, digno, correspondiente. *Indigno.*

**MERECER** Ganar, lograr, meritar, ser digno, valer. *Desmerecer, perder.*

**MERECIDAMENTE** Dignamente. *Inmerecidamente.*

**MERECIMIENTO** Mérito, virtud. *Desmerecimiento, injusticia, virtud.*

**MERETRIZ** Ramera.

**MERIDIANO** Clarísimo, patente. *Confuso, oscuro.*

**MERIDIONAL** Antártico, austral. *Boreal, septentrional.*

**MERITÍSIMO** Dignísimo, virtuosísimo.

**MÉRITO** Merecimiento, valía. *Defecto, demérito.*

**MERITORIO** Alabable, laudable, loable, plausible. *Desdeñable, punible.* // Aprendiz.

**MERLUZA** Pescadilla. // Borrachera.

**MERMA** Disminución, pérdida, quebranto. *Aumento, ganancia.* // Sustracción, sisa.

**MERMAR** Bajar, consumirse, disminuir. *Aumentar, producir.* // Sisar. *Agregar, poner.*

**MERMELADA** Jalea.

**MERO** Puro, simple, solo. *Compuesto, complejo.*

**MERODEADOR** Ladrón, vagabundo.

**MERODEAR** Vagabundear, vagar.
**MES** Mensualidad.
**MESA** Altar. // Presidencia. // Meseta, rellano. // Comida. *Meza (mecer).
**MESADA** Mensualidad, paga.
**MESAR** Arrancar, tirar. *Mecer.
**MESETA** Altiplanicie. *Depresión.*
**MESÍAS** Jesucristo.
**MESÓN** Hostería, parador, posada.
**MESONERO** Posadero, ventero.
**MESTIZO** Cruzado, híbrido. *Puro.*
**MESURA** Comedimiento, moderación, prudencia. *Descomedimiento, imprudencia.* // Compostura, cortesía. *Descortesía.* // Gravedad. *Fastuosidad, ostentación.* *Mensura.
**MESURADO** Moderado, prudente, circunspecto, comedido. *Descomedido, imprudente.*
**META** Fin, finalidad, objeto, término. *Causa, origen, principio.*
**METAFÍSICO** Abstracto, abstruso, oscuro. *Concreto, material.*
**METÁFORA** Figura, imagen, tropo.
**METAL** Timbre. // Calidad, condición.
**METÁLICO** Dinero.
**METAMORFOSEAR** Cambiar, disfrazar, transformar. *Permanecer.*
**METAMORFOSIS** Cambio, mudanza, transfiguración, transformación.
**METECO** Advenedizo, extranjero.
**METEMPSICOSIS** Transmigración.
**METER** Introducir, embutir, encajar, enterrar, incluir, poner. // Comprometer, enredar, mezclar. // Provocar, ocasionar, hacer, dar. // Entrar, introducirse. // Entrometerse, intervenir, inmiscuirse. *Sacar, extraer, quitar, retirar.*
**METERETE** Entrometido.
**METICULOSO** Escrupuloso, exacto, minucioso. *Despreocupado, olvidadizo.* // Medroso, miedoso. *Valiente.*
**METÓDICO** Arreglado, cuidado, ordenado, regular. *Descuidado, irregular.*
**METODIZAR** Normalizar, ordenar, regularizar, sistematizar. *Desordenar, irregularizar.*
**MÉTODO** Norma, orden, procedimien-

to, regla, sistema. // Costumbre, hábito.
**METRO** Norma, modelo.
**METRÓPOLI** Capital.
**MEZCLA** Amalgama, compuesto, mezcolanza, mixtura. // Argamasa.
**MEZCLAR** Amalgamar, entremezclar, entreverar, incorporar, ligar, mixturar, unir. *Apartar, clasificar, desunir, distribuir, individualizar.* // Barajar, complicar, enredar, revolver. *Ordenar.* // Inmiscuirse. *Separarse.*
**MEZCOLANZA** Batiborrillo, promiscuidad, revoltijo.
**MEZQUINAR** Escatimar.
**MEZQUINDAD** Avaricia, cicatería, tacañería. *Generosidad, largueza.* // Escasez, miseria, pobreza. *Riqueza.*
**MEZQUINO** Cicatero, escaso, miserable, roñoso, ruin, tacaño. *Dadivoso, liberal.*
**MIASMA** Efluvio, emanación, exhalación, fetidez.
**MIAU** Maullido, mayido, maúllo.
**MICO** Mono.
**MICROBIO** Bacilo, bacteria, microorganismo.
**MICROSCÓPICO** Minúsculo, pequeñísimo. *Grandísimo.*
**MIEDO** Aprensión, cuidado, julepe, recelo, temor, ansiedad. *Audacia, tranquilidad, valor.*
**MIEDOSO** Aprensivo, cobarde, medroso, pusilánime, temeroso. *Animoso, corajudo, osado, resuelto.*
**MIEMBRO** Individuo, órgano, parte. // Extremidad.
**MIENTE** Pensamiento.
**MIENTRAS** Durante.
**MIERDA** Excremento, porquería, suciedad, heces.
**MIES** Cereal, cereales. // Espiga, grano.
**MIGA** Migaja, partícula. // Entidad, sustancia. // Restos, sobras.
**MIGRACIÓN** Emigración. *Inmigración, regreso.*
**MIGRAÑA** Jaqueca.
**MILAGRO** Prodigio.
**MILAGROSO** Maravilloso, portentoso, prodigioso. *Natural, normal, real.* //

Asombroso, estupendo, extraordinario, pasmoso. *Corriente.*

**MILENARIO** Antiquísimo. // Milésimo.

**MILICIA** Ejército, servicio militar, tropa, guardia.

**MILITAR** Soldado, combatiente. *Civil, paisano, particular.*

**MILLONARIO** Acaudalado, potentado, ricacho. *Pobre.*

**MIMADO** Consentido, malcriado.

**MIMAR** Acariciar, halagar. // Malcriar.

**MIMBREÑO** Flexible.

**MÍMICA** Gesticulación, imitación.

**MIMO** Caricia, halago. // Mímico, paródico, imitador.

**MIMOSO** Melindroso, regalón.

**MINA** Filón, venero, yacimiento. // Excavación, galería, túnel.

**MINAR** Socavar. // Consumir, debilitar, destruir.

**MINGITORIO** Urinario.

**MÍNIMO** Diminuto, ínfimo, menudo, minúsculo, pequeñísimo. *Grandísimo, máximo.*

**MININO** Gato, michino.

**MINISTERIO** Gabinete, gobierno. // Cargo, empleo, función, ocupación, profesión.

**MINISTRO** Secretario. // Embajador, enviado, legado. // Representante, agente. // Sacerdote.

**MINORAR** Acortar, aminorar, amortiguar, atenuar, disminuir, reducir. *Alargar, ampliar, aumentar.*

**MINORÍA** Menoría, minoridad. *Mayoría.* // Oposición.

**MINUCIA** Bagatela, insignificancia, menudencia, pequeñez. *Importancia.*

**MINUCIOSO** Meticuloso, prolijo, puntilloso. *Conciso, desprolijo.*

**MINÚSCULO** Mínimo.

**MINUTA** Anotación, apuntación, apunte. // Borrador, extracto. // Catálogo, lista, nómina. // Cuenta.

**MINUTERO** Aguja, manecilla, saeta.

**MIRA** Designio, intención, propósito.

**MIRADA** Ojeada, vistazo.

**MIRADO** Cauto, circunspecto, reflexivo.

*Atropellado.* // Examinado, visto.

**MIRADOR** Balcón, galería, terraza.

**MIRAMIENTO** Atención, circunspección, consideración, respeto, prudencia. *Desatención.*

**MIRAR** Atisbar, contemplar, examinar, fisgar, observar. // Apuntar, dirigirse. // Pensar, reflexionar. // Apreciar, atender, estimar. // Buscar, indagar, reconocer. // Amparar, atender, cuidar, defender, velar, vigilar. *Desatender.* // Atañer, concernir, pertenecer.

**MIRÍADA** Multitud.

**MIRÍFICO** Admirable, hermoso, maravilloso, asombroso.

**MIRILLA** Miradero, ventanillo.

**MIRÓN** Curioso.

**MISA** Sacrificio, culto, ceremonia, ofrenda, oración, festividad.

**MISÁNTROPO** Amargado, huraño, insociable, intratable. *Alegre, optimista, simpático.*

**MISCELÁNEA** Mezcla, revoltillo.

**MISERABLE** Mísero. // Abyecto, canalla, infame, perverso, ruin.

**MISERIA** Desgracia, desventura. *Ventura.* // Escasez, estrechez, indigencia, infortunio, pobreza. *Fortuna, riqueza.* // Mezquindad, ruindad, tacañería. *Generosidad.*

**MISERICORDIA** Compasión, lástima, piedad. *Crueldad, inhumanidad, rigor.* // Perdón. *Condena.*

**MÍSERO** Desdichado, desgraciado, desventurado, infeliz, infortunado. *Dichoso, feliz.* // Abatido, indigente, menesteroso, necesitado, pobre. *Pudiente, rico.* // Avariento, mezquino, miserable, tacaño. *Generoso.* // Exiguo. *Espacioso, grande.*

**MISÉRRIMO** Paupérrimo, pobrísimo.

**MISIÓN** Cometido, comisión, encargo.

**MISIONERO** Apóstol, predicador, propagador.

**MISIVA** Carta, esquela.

**MISMO** Idéntico, igual, semejante. *Desigual, diferente, distinto, otro.*

**MISTERIO** Arcano, secreto. *Revelación.*

**MISTERIOSO** Arcano, oculto, secreto, sibilino. // Hermético, incomprensible, inexplicable. *Asequible, claro.*

**MÍSTICO** Asceta, contemplativo. // Piadoso. *Ateo, descreído. *Mítico.*

**MITAD** Medio. *Doble, duplo.*

**MÍTICO** Fabuloso, legendario, mitológico. *Místico.*

**MITIGAR** Aplacar, atenuar, calmar, moderar, suavizar, templar. *Agravar, empeorar, enconar, exacerbar, irritar.*

**MITIN** Concentración, reunión. *Desconcentración.*

**MITO** Fábula, ficción, leyenda, saga. *Historia.*

**MITOLOGÍA** Teología, cosmogonía, paganismo, totemismo, fábula, saga.

**MIXTIFICACIÓN** Adulteración, engaño, superchería, trampa, truco. *Verdad, realidad.*

**MIXTIÓN** Mezcla, mixtura.

**MIXTO** Combinado, compuesto, mezclado. // Cerilla, fósforo.

**MIXTURA** Mezcla, mezcolanza. // Poción, pócima.

**MIXTURAR** Mezclar. *Separar.*

**MOBLAJE** Ajuar, mobiliario. // Enseres, bártulos.

**MOCEDAD** Adolescencia, juventud, pubertad. *Senectud.*

**MOCHILA** Morral, zurrón.

**MOCHO** Romo. *Agudo.* // Esquilado, pelado.

**MOCIÓN** Movimiento. Impulso, inclinación. // Proposición.

**MOCO** Flema, mucosidad.

**MODA** Boga, novedad, uso. *Antigüedad, desuso.*

**MODALES** Ademanes, educación, maneras, modos.

**MODALIDAD** Característica, manera, particularidad.

**MODELAR** Esculpir. // Formar.

**MODELO** Dechado, ejemplar, paradigma, patrón, prototipo. *Remedo.* // Muestra. // Original. *Copia, imitación, reproducción.*

**MODERACIÓN** Comedimiento, com-

postura, mesura, modestia. *Abuso, inmodestia.* // Sobriedad, templanza. *Fastuosidad, gula.* // Cordura, sensatez. *Indiscreción.*

**MODERADO** Mesurado, regular, modoso, contenido, arreglado, humilde, parco, sobrio, frugal. *Inmoderado, abusivo, inmodesto, indiscreto.*

**MODERAR** Aplacar, calmar, contener, morigerar, refrenar, reprimir, suavizar, templar. *Abusar, irritar.*

**MODERNIZAR** Actualizar, rejuvenecer, remozar, renovar. *Envejecer.*

**MODERNO** Actual, novísimo, nuevo, reciente, último. *Anticuado, arcaico, clásico, legendario, primitivo.*

**MODESTIA** Decencia, honestidad, recato, sencillez, timidez. *Alarde, arrogancia, engreimiento, inmodestia, orgullo, pedantería, vanidad.*

**MODESTO** Honesto, humilde, insignificante, pobre, recatado, sencillo. *Ostentoso.* // Tímido, vergonzoso. *Jactancioso, presumido.*

**MÓDICO** Escaso, limitado, moderado, reducido. *Abundante, grande.* // Barato, económico, insignificante, pequeño. *Caro, costoso.*

**MODIFICABLE** Reformable, cambiable, corregible, rectificable.

**MODIFICACIÓN** Cambio, corrección, enmienda, reforma, variación.

**MODIFICAR** Alterar, cambiar, enmendar, rectificar, reformar, variar. *Conservar, mantener, ratificar.*

**MODISMO** Giro, locución.

**MODO** Estilo, forma, guisa, manera, modalidad, tenor. // Cortesía, decencia, urbanidad. // Circunspección, moderación, prudencia.

**MODORRA** Letargo, somnolencia, sopor. *Insomnio, vigilia.*

**MODOSO** Circunspecto, discreto, educado. *Indiscreto, revoltoso.*

**MODULACIÓN** Variación, armonización, afinamiento, suavización. *Desafinación.*

**MÓDULO** Canon, regla, patrón, medida.

// Dimensión. // Modulación. **\*Nódulo.**
**MOFA** Burla, escarnio, guasa. *Aplauso, aprobación.*
**MOFLETE** Carrillo.
**MOGOTE** Montículo, otero.
**MOHÍN** Gesto, mueca.
**MOHÍNA** Enojo, enfado, descontento, despecho, contrariedad. *Contento.*
**MOHÍNO** Disgustado, melancólico, triste. *Contento, satisfecho.*
**MOHO** Cardenillo, herrumbre, orín. **\*Mojo.**
**MOHOSO** Herrumbrado, herrumbroso. *Brillante, bruñido, pulido.*
**MOJADURA** Caladura, empapamiento, remojón.
**MOJAR** Bañar, calar, empapar, ensopar, humedecer, remojar, rociar. *Secar.*
**MOJIGANGA** Farsa, mascarada.
**MOJIGATO** Beato, gazmoño, hipócrita, puritano, santurrón, afectado. *Incrédulo, sincero.*
**MOJÓN** Hito, poste.
**MOLDE** Forma, horma, matriz.
**MOLDEAR** Fundir, vaciar.
**MOLDURA** Bocel.
**MOLE** Bulto, corpulencia, masa. *Átomo, brizna, partícula.*
**MOLÉCULA** Brizna, partícula, pizca. *Mole.*
**MOLER** Aniquilar, desmenuzar, destruir, machacar, pulverizar, triturar. // Fastidiar, incordiar, maltratar. *Agradar, entretener.*
**MOLESTAR** Cansar, fastidiar, importunar, irritar, enojar, reventar, sobar. *Alegrar, divertir, recrear.*
**MOLESTIA** Contrariedad, desagrado, desazón, disgusto, engorro, enojo, fastidio, inomodidad, incordio, lata, pesadez, preocupación. // Trabajo. *Ayuda, favor.*
**MOLESTO** Cargante, chinche, fastidioso, inoportuno, insoportable, latoso, oneroso, pesado.
**MOLICIE** Blandura.
**MOLIDO** Aplastado, pulverizado, triturado. // Cansado, deshecho, fatigado.

// Maltrecho. *Descansado, fresco.*
**MOLIENDA** Molimiento, molturación, trituración.
**MOLIFICAR** Ablandar, suavizar, lenificar. *Endurecer.*
**MOLIMIENTO** Molienda. // Cansancio, fatiga.
**MOLINETE** Molinillo, torniquete.
**MOLLAR** Blando. *Duro, sólido.*
**MOLLERA** Caletre, seso.
**MOLLETE** Moflete, carrillo, pómulo.
**MOMENTÁNEO** Pasajero, transitorio. *Duradero, permanente.*
**MOMENTO** Instante, segundo, soplo. *Eternidad.* // Circunstancia, ocasión, tiempo.
**MOMIFICAR** Embalsamar.
**MOMO** Carnaval.
**MONA** Curda, peludo, tranca, borrachera, embriaguez.
**MONACAL** Conventual, monástico.
**MONADA** Encanto, primor. // Mohín, gesto, monería, zalamería. **\*Mónada, nonada.**
**MONAGUILLO** Acólito, monacillo.
**MONARCA** Rey, soberano. *Súbdito, vasallo.*
**MONARQUÍA** Soberanía, realeza.
**MONASTERIO** Convento, abadía.
**MONÁSTICO** Monacal.
**MONDADIENTES** Escarbadientes, palillo, limpiadientes.
**MONDADURA** Cáscara, piel, pellejo, peladura, monda.
**MONDAR** Descascarar, descortezar, pelar, podar.
**MONDO** Pelado, limpio.
**MONDONGO** Abdomen, barriga, intestino, panza, vientre.
**MONEDA** Dinero.
**MONERÍA** Gracia, monada, zalamería.
**MONIGOTE** Muñeco, pelele. // Ignorante, rudo.
**MONJA** Religiosa.
**MONJE** Fraile, religioso.
**MONO** Antropoide, mico, simio. // Bonito, delicado, gracioso. *Feo.*
**MONOGRAFÍA** Descripción.

**MONOGRAMA** Cifra, abreviatura.

**MONÓLOGO** Soliloquio. *Conversación, diálogo, entrevista.*

**MONOMANÍA** Manía, obsesión, tema.

**MONOMANÍACO** Maníaco, paranoico.

**MONOPOLIO** Acaparamiento, centralización, exclusiva. *Competencia.*

**MONOPOLIZAR** Acaparar, centralizar. *Descentralizar, distribuir, repartir.*

**MONOTONÍA** Igualdad, invariabilidad, uniformidad. *Variedad.*

**MONSTRUO** Engendro, espantajo, aborto, fenómeno. // Cruel, inhumano, malvado, perverso.

**MONSTRUOSO** Antinatural. *Natural.* // Deforme, disforme, contrahecho. // Cruel, horroroso, inhumano. *Bondadoso.* // Colosal, desproporcionado, enorme, excesivo. *Modesto, normal.*

**MONTACARGAS** Ascensor.

**MONTAJE** Acoplamiento, ajuste, armazón, estructura.

**MONTANTE** Banderola.

**MONTAÑA** Cerro, monte, pico. *Llanura, pampa, planicie, sabana.*

**MONTAÑOSO** Montuoso.

**MONTAR** Elevarse, levantar, subir. *Bajar, descender.* // Cabalgar, jinetear. // Importar. // Acaballar, cubrir. // Ajustar, armar. *Desajustar.* // Engastar.

**MONTARAZ** Agreste, arisco, bravío, indómito, indomable, montés, rústico, selvático. *Doméstico, manso.* ***Montarás** (montar).

**MONTE** Bosque. // Cerro.

**MONTÉS** Montaraz. // Salvaje, indomable. ***Montes.**

**MONTÍCULO** Colina, eminencia, mogote. *Hoyo.*

**MONTÓN** Cúmulo, parva, pila, rimero, tropel.

**MONTUOSO** Montañoso. *Llano.*

**MONTURA** Arreos. // Cabalgadura. // Armadura, montaje.

**MONUMENTAL** Descomunal, enorme, gigantesco. *Ínfimo, minúsculo, pequeño.* // Magnífico, majestuoso.

**MOÑO** Lazo, lazada, moña. // Rodete,

bucle. // Copete, penacho, plumero.

**MOQUETE** Bofetada, coscorrón, mojicón, soplamocos.

**MORA** Zarzamora. // Demora, dilación, retraso. *Adelanto.*

**MORADA** Casa, domicilio, hogar, residencia. // Estadía.

**MORADO** Cárdeno.

**MORADOR** Habitante, poblador, residente, vecino, inquilino.

**MORAL** Ética. // Ético, moralista. *Indecente, inmoral.*

**MORALEJA** Enseñanza, lección.

**MORALIDAD** Honradez, integridad. *Amoralidad, deshonor, inmoralidad, obscenidad.* // Moraleja.

**MORALIZAR** Aleccionar, amonestar, predicar, sermonear, evangelizar, catequizar. *Corromper.*

**MORAR** Habitar, residir, vivir.

**MORATORIA** Plazo, prórroga, demora. *Cumplimiento.*

**MORBIDEZ** Enfermedad, insanidad. *Salud.* // Blandura, suavidad. *Dureza.*

**MÓRBIDO** Enfermizo, malsano, morboso. *Sano.* // Blando, delicado, muelle, suave. *Áspero, duro.*

**MORBO** Enfermedad, mal.

**MORBOSO** Enfermizo, malsano, enfermo. *Sano.*

**MORDACIDAD** Mortificación, vejación, causticidad, indirecta, invectiva. *Suavidad, alabanza.*

**MORDAZ** Acre, áspero, cáustico, dicaz, incisivo, picante, punzante, sarcástico, zaheridor. *Elogioso, seductor.*

**MORDAZA** Censura.

**MORDEDURA** Dentellada, mordisco. // Murmuración, crítica.

**MORDER** Corroer, desgastar. *Lamer.* // Mordisquear. // Criticar, murmurar. *Alabar, encomiar.*

**MORDIDA** Coima.

**MORDIENTE** Cáustico.

**MORENO** Morocho, mulato, negro, negruzco. *Blanco, rubicundo, rubio.*

**MORETÓN** Equimosis.

**MORIBUNDO** Agonizante, mortecino.

**MORIGERADO** Mesurado, parco, sobrio. *Destemplado, glotón, incontinente.*

**MORIGERAR** Moderar, mesurar.

**MORIR** Acabar, agonizar, espichar, expirar, fallecer, fenecer, finar, perecer, sucumbir. *Brotar, nacer, originarse, proceder, surgir, vivir.* // Desvivirse, matarse.

**MORISQUETA** Mueca. // Burla.

**MORO** Agareno, berberisco, islamita, mahometano, marroquí, mauritano, morisco, sarraceno.

**MOROSIDAD** Demora, dilación, lentitud. *Rapidez.*

**MOROSO** Lento, tardo. *Diligente.* // Mal pagador. *Cumplidor.*

**MORRAL** Bolsa, mochila, talego.

**MORRIÑA** Añoranza, melancolía.

**MORRIÓN** Chacó.

**MORRO** Hocico, jeta. // Peñasco.

**MORROCOTUDO** Dificilísimo. // Fenomenal, importantísimo.

**MORRONGO** Gato.

**MORRUDO** Hocicudo, jetudo.

**MORTAJA** Sudario.

**MORTAL** Hombre, humano. *Deidad, divinidad.* // Perecedero. *Inmortal, imperecedero.* // Fatal, letal, mortífero. *Vivificante.* // Concluyente, decisivo. // Abrumador, fatigoso, penoso. *Leve.*

**MORTALIDAD** Muerte, fin, destrucción. *Vida, principio.*

**MORTANDAD** Carnicería, matanza.

**MORTECINO** Agonizante, débil, apagado. *Vívido.*

**MORTERO** Almirez. // Argamasa, mezcla. // Cañón.

**MORTÍFERO** Letal, mortal.

**MORTIFICACIÓN** Aflicción, desazón, pesadumbre. *Agrado, satisfacción.* // Humillación.

**MORTIFICANTE** Ofensivo, humillante, injurioso.

**MORTIFICAR** Afligir, apesadumbrar, desazonar, jeringar. *Complacer.* // Humillar. *Regalar.*

**MOSCA** Dinero. // Desazón, inquietud.

**MOSCARDÓN** Moscón. // Molesto, pesado, impertinente, fastidioso.

**MOSQUEAR** Replicar, responder. // Darse por aludido.

**MOSQUITO** Cínife.

**MOSTACHO** Bigote.

**MOSTO** Vino.

**MOSTRADOR** Mesa, tablero, tabla.

**MOSTRAR** Descubrir, enseñar, exhibir, exponer, exteriorizar, evidenciar, manifestar, ostentar, patentizar, presentar, revelar. *Ocultar.* // Señalar. // Abrirse, aparecer, asomarse. // Franquearse.

**MOSTRENCO** Bruto, ignorante, rudo, torpe, zote. *Inteligente, sagaz.*

**MOTA** Hilacha, nudillo. // Defecto, tara. *Mérito.*

**MOTE** Alias, apodo, sobrenombre. // Divisa, lema.

**MOTEAR** Vetear, salpicar, manchar.

**MOTEJAR** Calificar, censurar, notar.

**MOTETE** Denuesto, mote, apodo, baldón. // Cantata.

**MOTÍN** Alboroto, alzamiento, asonada, revuelta, sedición, tumulto, rebelión. *Tranquilidad.*

**MOTIVACIÓN** Motivo.

**MOTIVAR** Causar, ocasionar, originar, promover, suscitar. *Evitar, impedir.* // Explicar, razonar.

**MOTIVO** Causa, fundamento, origen, razón. *Consecuencia, resultado.* // Asunto, tema.

**MOTOCICLETA** Moto.

**MOTOR** Causa, motivador. // Máquina.

**MOVEDIZO** Inestable, inseguro, móvil, tornadizo, versátil, voluble. *Fijo, firme, pasivo.*

**MOVER** Blandir, desplazar, menear. // Alterar, conmover. *Aquietar, tranquilizar.* // Animar, estimular, incitar, inclinar, inducir.

**MOVIBLE** Movedizo.

**MÓVIL** Movible. // Causa, motivo, razón. *Finalidad.*

**MOVILIZAR** Llamar, reunir, levantar, reclutar. // Mover.

**MOVIMIENTO** Meneo, moción. // Movilidad. *Inacción, paralización.* // Alteración, cambio, conmoción, inquietud. *Calma, quietud.* // Levantamiento, pronunciamiento. *Tranquilidad.*

**MOZA** Azafata, criada, camarera. // Chica, muchacha.

**MOZALBETE** Mocito, muchacho.

**MOZO** Joven, mancebo, mozalbete, muchacho. // Soltero. // Camarero, criado.

**MUCAMA** Criada, sirvienta. *Señora.*

**MUCAMO** Criado, sirviente. *Amo, patrón, señor.*

**MUCHACHA** Adolescente, chica, joven. // Criada, sirvienta. *Ama, patrona.*

**MUCHACHADA** Muchachería.

**MUCHACHO** Adolescente, chico, gurí, joven, mancebo.

**MUCHEDUMBRE** Caterva, concurrencia, enjambre, hervidero, horda, multitud, sinnúmero, tropel, turba, abundancia, conjunto, gente, gentío, infinidad, tumulto. *Escasez.*

**MUCHO** Abundante, bastante, demasiado. *Algo, apenas, poco.*

**MUCHOS** Cantidad, copia, exceso, profusión, sinnúmero. // Sobremanera.

**MUCOSIDAD** Moco, flema.

**MUDA** Cambio, mudanza.

**MUDABLE** Tornadizo, voluble, versátil, movedizo. *Firme.*

**MUDANZA** Alteración, cambio, muda, mutación, traslado, traslación, variación. *Estabilidad, permanencia.*

**MUDAR** Alterar, cambiar, desfigurar, disfrazar, modificar, variar. // Remover, trasladar. *Confirmar, consolidar.*

**MUDO** Callado, silencioso, taciturno, reservado. *Hablador.*

**MUEBLES** Efectos, enseres, mobiliario, moblaje.

**MUECA** Contorsión, gesto, visaje.

**MUELA** Molar. // Rueda de molino.

**MUELLE** Andén, dique, escollera. // Blando, delicado, suave, voluptuoso. *Rígido.*

**MUERTE** Deceso, defunción, expiración, perecimiento, fallecimiento, óbito, partida, tránsito. *Nacimiento, vida.* // Asesinato, homicidio. // Aniquilamiento, des-

trucción, ruina. // Parca. // Baja.

**MUERTO** Cadáver, difunto, extinto, finado, occiso, víctima. *Vivo.* // Apagado, marchito, mortecino, seco. *Animado, palpitante.*

**MUESTRA** Rótulo. // Fragmento, porción, trozo. // Ejemplar, espécimen, modelo. // Indicio, prueba, señal.

**MUESTRARIO** Colección, selección.

**MUGIR** Rugir, bramar, tronar, resonar.

**MUGRE** Porquería, pringue, suciedad. *Higiene, limpieza.*

**MUJER** Dama, esposa, hembra, señora. *Hombre, macho, varón.*

**MULATO** Moreno.

**MULETA** Apoyo, sostén.

**MULETILLA** Bordón, estribillo.

**MULLIR** Ahuecar, esponjar.

**MULTA** Castigo, escarmiento, pena, sanción. *Bonificación, premio.*

**MULTICOLOR** Colorido, coloreado, vario, cromático.

**MULTIFORME** Polimorfo.

**MULTIMILLONARIO** Acaudalado, creso. *Pobretón.*

**MÚLTIPLE** Complejo, diverso, vario. *Simple.*

**MULTIPLICACIÓN** Reproducción, aumento, proliferación, acrecentamiento, crecimiento. *División.*

**MULTIPLICAR** Reproducirse. *Disminuir.* // Afanarse, desvelarse.

**MULTIPLICIDAD** Infinidad, copia, multitud, abundancia. *Escasez.*

**MULTITUD** Gentío, hervidero, masa, muchedumbre, público, pueblo, turba, vulgo. *Escasez.*

**MUNDANAL** Mundano, terrenal.

**MUNDANO** Elegante, frívolo, profano, vano.

**MUNDIAL** Internacional, universal, general. *Nacional.*

**MUNDICIA** Aseo, limpieza. *Suciedad.*

**MUNDO** Cosmos, globo, orbe, planeta, Tierra, universo. // Humanidad, género humano.

**MUNICIONAR** Abastecer, pertrechar, proveer, aprovisionar.

**MUNICIONES** Pertrechos, víveres, provisiones, aprovisionamiento. // Perdigones, batería.

**MUNICIPAL** Comunal, urbano.

**MUNICIPALIDAD** Ayuntamiento, municipio, vecindad.

**MUNICIPIO** Ciudad, comuna, concejo, municipalidad.

**MUNIFICENCIA** Generosidad, esplendidez, largueza. *Tacañería.*

**MUNÍFICO** Generoso, liberal, dadivoso, espléndido. *Tacaño.*

**MUÑECA** Maniquí, pepona. // Habilidad, influencia.

**MUÑECO** Pelele, títere, fantoche, monigote, marioneta, maniquí.

**MUÑEQUEAR** Apoyar, influir.

**MURALLA** Muro, paredón, murallón, defensa, fortificación.

**MURAR** Amurallar, fortificar.

**MURIÁTICO** Clorhídrico.

**MURMULLO** Rumor, susurro. *Clamor, chillido, grito.*

**MURMURACIÓN** Comidilla, chisme, habladuría, maledicencia, rumor, rezongo, comentario, susurro.

**MURMURAR** Susurrar. // Censurar, criticar, chismear, desollar, despellejar. *Alabar, loar.*

**MURO** Muralla, pared, paredón, tapia, defensa, tapial, cercado.

**MURRIA** Esplín, melancolía, tedio. *Alegría, ilusión.*

**MUSA** Inspiración, numen, poesía.

**MUSCULOSO** Fornido, membrudo, vigoroso. *Débil, enclenque.*

**MÚSICA** Armonía, melodía.

**MUSICAL** Armonioso, melodioso, melódico, armónico, ritmado.

**MUSITAR** Bisbisar, cuchichear, mascullar, susurrar. *Aullar, clamar, gritar, rugir, vociferar.*

**MUSTIO** Ajado, lacio, marchito. *Fresco, terso, lozano.* // Lánguido, melancólico, triste.

**MUSULMÁN** Agareno, islámico, islamita, mahometano, morisco, moro.

**MUTACIÓN** Alteración, cambio, mudanza. *Permanencia.*

**MUTILACIÓN** Ablación, amputación, cercenamiento.

**MUTILADO** Inválido, incompleto, cortado, trunco, quebrado.

**MUTILAR** Amputar, cercenar, cortar, circuncidar, truncar.

**MUTIS** Retirada, salida, marcha. *Aparición, entrada.*

**MUTISMO** Silencio. *Alboroto, bullicio, locuacidad, vocerío.*

**MUTUAL** Mutuo.

**MUTUAMENTE** Recíprocamente.

**MUTUO** Mutual, recíproco, solidario. *Intransferible, personal, singular, unilateral.*

**MUY** Demasiado, harto, sobrado. *Apenas, poco.*

**NABAB** Acaudalado, potentado, creso, multimillonario.

**NÁCAR** Nacre, nácara, nacarón.

**NACARADO** Anacarado, nacarino. // Irisado.

**NACENCIA** Nacimiento. // Tumor, bulto, apostema.

**NACER** Aparecer, asomar, brotar, despuntar, germinar, manar, prorrumpir, empezar. *Desaparecer, morir, perecer.* // Deducirse, derivarse, inferirse, originarse, proceder, provenir, seguirse. // Encarnar, renacer.

**NACIDO** Nato, nativo, natural, hijo. // Propio, apto.

**NACIENTE** Incipiente, nuevo, principiante. *Final.* // Este, levante, oriente. *Oeste, poniente.*

**NACIMIENTO** Nacencia, natalicio, navidad, natividad. *Muerte.* // Origen, principio, vida. *Fin.* // Manantial, fuente. // Prole, descendencia, familia.

**NACIÓN** Estado, país, patria, pueblo, gente, territorio, tierra. // Nacimiento, origen. // Nacionalidad, ciudadanía, población.

**NACIONAL** Patrio, gentilicio. // Natural, oriundo, originario, hijo, habitante, patriota. *Extranjero, foráneo.*

**NACIONALIDAD** Ciudadanía, origen, naturaleza, raza.

**NACIONALISMO** Patriotismo, civismo. // Regionalismo, provincialismo.

**NACIONALIZAR** Naturalizar.

**NADA** Cero, inexistencia, poquísimo. *Todo, totalidad.* **\*Nata.**

**NADAR** Flotar, sobrenadar, bracear, bañarse. *Hundirse.*

**NADERÍA** Bagatela, fruslería, insignificancia, nonada. *Grandiosidad, importancia, joya.*

**NADIE** Ninguno, ninguna persona. *Alguien, alguno.* // Insignificante.

**NAIPES** Baraja, cartas.

**NALGADA** Azote, azotazo.

**NALGAS** Asentaderas, posaderas, trasero, traste, culo, ancas.

**NALGUEAR** Anadear. // Contonearse.

**NANA** Pupa, daño, lastimadura. // Canto, arrullo.

**NAO** Nave, navío, barco, bajel.

**NARCISO** Presumido, afectado.

**NARCÓTICO** Dormitivo, somnífero, soporífero, estupefaciente, sedante, calmante. *Excitante.*

**NARCOTIZAR** Adormecer, aletargar. *Despertar, despabilar.*

**NARIGÓN** Narigudo, narizón, narizudo. *Ñato.*

**NARIZ** Napia, naso, ñata, trompa, hocico. // Olfato.

**NARRABLE** Contable, explicable, comentable, narrativo.

**NARRACIÓN** Cuento, exposición, relato, relación, descripción, crónica, historia, referencia, fábula.

**NARRADOR** Relator, cuentista, cronista, relatante, relatador, referente, referidor, fabulista.

**NARRAR** Contar, referir, relatar, novelar, historiar, decir, mencionar, detallar, extenderse. *Callar.*

**NARRATIVA** Narración. Épica
**NARRATIVO** Narrable, referible. // Tradicional, legendario, fabuloso.
**NASAL** Gangoso.
**NATA** Crema. // Exquisitez, notabilidad.
***Nada.**
**NATACIÓN** Baño, inmersión.
**NATAL** Nativo. // Natalicio, nacimiento, aniversario.
**NATALICIO** Cumpleaños, aniversario, natal.
**NATIVIDAD** Nacimiento, navidad.
**NATIVO** Nacido, natural, oriundo, originario, propio. *Extranjero, extraño.* // Aborigen, indígena. *Forastero.*
**NATURA** Naturaleza.
**NATURAL** Aborigen, indígena, nativo, oriundo. *Extranjero, forastero.* // Congénito, espontáneo, innato, propio, verdadero. *Industrial, postizo, sintético.* // Franco, ingenuo, sencillo. *Artificioso, complicado.* // Común, corriente, habitual, lógico, normal. *Extraño.* // Carácter, condición, genio, índole, instinto, temperamento.
**NATURALEZA** Calidad, disposición, esencia, propiedad, sustancia, virtud. // Genio, inclinación, índole, instinto, propensión. // Sexo. // Complexión, constitución, temperamento.
**NATURALIDAD** Espontaneidad, franqueza, ingenuidad, sencillez, simplicidad, sinceridad, llaneza, familiaridad. *Afectación, arrogancia, artificio, desconfianza, extravagancia.*
**NATURALISMO** Realismo.
**NATURALIZAR** Nacionalizar. // Aclimatar, adaptar, habituar.
**NATURALMENTE** Abiertamente, llanamente, simplemente, familiarmente.
**NAUFRAGAR** Hundirse, perderse, zozobrar, sumergirse. *Flotar.* // Fracasar. *Triunfar.*
**NAUFRAGIO** Desastre, fracaso, hundimiento, pérdida, ruina, siniestro, zozobra. *Éxito, triunfo.*
**NÁUSEA** Arcada, basca, regurgitación. // Asco, aversión, repugnancia, disgusto.

*Apetencia, deseo, hambre.*
**NAUSEABUNDO** Asqueroso, inmundo, repugnante. *Aromático, fragante.* // Nauseoso, vomitivo.
**NAUSEAR** Vomitar, asquear, basquear.
**NAUTA** Marino, navegante, marinero, piloto.
**NÁUTICO** Naval, marítimo.
**NAVAJA** Cuchillo, faca, charrasca. // Aguijón, colmillo.
**NAVAJADA** Puñalada, cuchillada, navajazo, tajo.
**NAVAL** Marítimo, náutico, naviero. *Aéreo, terrestre.*
**NAVE** Barco, buque, embarcación, navío, bajel.
**NAVEGACIÓN** Náutica, marina, marinería. // Mareaje, pilotaje, cabotaje, travesía, periplo, viaje.
**NAVEGANTE** Nauta, navegador, marino, marinero, mareante.
**NAVEGAR** Embarcarse, pilotear.
**NAVIDAD** Nacimiento, natividad.
**NAVÍO** Embarcación, nave.
**NEBLINA** Bruma, niebla, celaje.
**NEBULOSIDAD** Sombra, niebla, oscuridad, celaje. *Luz, limpieza.*
**NEBULOSO** Brumoso, nublado. *Despejado.* // Confuso, oscuro, problemático. *Claro, nítido, seguro.*
**NECEDAD** Desatino, estulticia, idiotez, imbecilidad, sandez, torpeza. *Aptitud, ingenio, sabiduría.*
**NECESARIAMENTE** Irremediablemente, fatalmente, inevitablemente, precisamente.
**NECESARIO** Forzoso, indispensable, inevitable, obligatorio, preciso, imperioso, vital, esencial, inexcusable, irremediable, ineludible. *Accidental, evitable, innecesario, voluntario.*
**NECESIDAD** Ahogo, aprieto, apuro, escasez, falta, indigencia, miseria, pobreza, hambre, penuria, carencia, estrechez. *Bienestar, hartura.* // Menester, obligación, urgencia.
**NECESITADO** Escaso, falto, indigente, menesteroso, pobre. *Rico.*

**NECESITAR** Carecer, precisar.

**NECIO** Tonto, bobo, burro, corto, idiota, badulaque, estólido, ignorante, imbécil, imprudente, lelo, mentecato, obtuso, pavo, zampatortas, zoquete. *Ingenioso, lúcido, sagaz.*

**NECRÓPOLIS** Camposanto, cementerio.

**NÉCTAR** Ambrosía, licor, elixir.

**NEFANDO** Abominable, indigno, torpe, infame, ignominioso, execrable, repugnante. *Honorable, listo.*

**NEFASTO** Funesto, ominoso, triste, aciago, desgraciado. *Afortunado, alegre, propicio.*

**NEFRÍTICO** Renal.

**NEGACIÓN** Negativa. *Afirmación, aseveración, sí.*

**NEGADO** Incapaz, inepto. *Apto, capaz, hábil, inteligente.*

**NEGAR** Denegar, rehusar. *Aceptar, afirmar, ratificar.* // Impedir, prohibir, vedar. *Consentir, permitir.* // Excusarse. *Incluirse.*

**NEGATIVA** Negación, oposición, repulsa, recusación, denegación, prohibición. *Aceptación, asentimiento.*

**NEGATIVO** Inflexible, riguroso, severo, inexorable.

**NEGLIGENCIA** Apatía, descuido, desgana, desidia, dejadez, incuria, indolencia, omisión, desatención, imprevisión, inadvertencia, flojedad. *Atención, aplicación, cuidado, diligencia, esmero.*

**NEGLIGENTE** Dejado, descuidado, desidioso, gandul, omiso, holgazán, abandonado, perezoso, desaplicado, apático. *Activo, solícito, aplicado.*

**NEGOCIACIÓN** Concierto, convenio, negocio, trato, trabajo, encargo, causa, servicio.

**NEGOCIADO** Negocio, asunto. // Componenda.

**NEGOCIANTE** Comerciante, mercader, negociador, traficante, especulador, tratante, intermediario. *Cliente.*

**NEGOCIAR** Comerciar, tratar, traficar, especular, vender, comprar, enajenar. // Descontar. // Traspasar, ceder.

**NEGOCIO** Comercio, local. // Empleo, ocupación, trabajo, tarea, labor. // Agencia, asunto, convenio, dependencia, negociación, tratado, trato, diligencia, encargo, servicio, causa.

**NEGREAR** Ennegrecer.

**NEGRERO** Cruel, despótico, tirano, explotador, abusador. // Esclavista, traficante.

**NEGRO** Moreno, oscuro, mulato, africano, bruno, negroide. *Blanco, encalado, níveo.* // Apretado, apurado. // Sombrío, triste, melancólico. *Alegre, risueño.* // Desventurado, infausto, infeliz. *Fausto, feliz, venturoso.*

**NEGRURA** Oscuridad, negror, tinieblas, ennegrecimiento, sombra. *Claridad.* // Maldad. *Bondad.*

**NEMA** Sello, cierre.

**NEMOROSO** Boscoso, selvático, silvoso, enselvado.

**NEÓFITO** Catecúmeno, inexperto, novato, novicio, nuevo, novel, converso, principiante. *Diestro, ducho.*

**NEPOTISMO** Favoritismo, arbitrariedad.

**NERONIANO** Cruel, sanguinario.

**NERVIO** Eficacia, energía, fuerza, vigor. *Debilidad, flaqueza.* // Tendón, neurona, axón, ganglio. // Encéfalo, médula.

**NERVIOSAMENTE** Histéricamente. *Tranquilamente.* // Fuertemente, vigorosamente, enérgicamente. *Débilmente.*

**NERVIOSIDAD** Nerviosismo, inquietud, intranquilidad, excitación, exaltación, agitación, irritación. *Tranquilidad, serenidad, calma.*

**NERVIOSISMO** Nerviosidad.

**NERVIOSO** Excitable, irritable. *Impasible, insensible.* // Enérgico, fuerte, vigoroso. *Suave.*

**NERVUDO** Robusto, fuerte, fibroso, fornido. *Débil, enclenque.*

**NESCIENCIA** Ignorancia, necedad. *Sapiencia.*

**NETO** Limpio, puro, desnudo, inmaculado, límpido, transparente, claro. *Empañado.* // Líquido. *En bruto.*

**NEUMÁTICO** Cámara, cubierta.

**NEUMONÍA** Pulmonía.

**NEURÁLGICO** Central, vital, fundamental, básico, principal. *Secundario*.

**NEURASTENIA** Neurosis, manía, excentricidad, rareza, nerviosidad, perturbación, trastorno. *Equilibrio, sosiego*.

**NEURASTÉNICO** Nervioso, neurótico. *Calmoso, reposado*.

**NEUTRAL** Imparcial, indiferente, objetivo, equitativo, ecuánime, justo, neutro, indefinido. *Aliado, beligerante, parcial, partidario*.

**NEUTRALIDAD** Imparcialidad, ecuanimidad, objetividad, abstención, indiferencia, rectitud, justicia. *Parcialidad, sectarismo, beligerancia, militancia*.

**NEUTRALIZAR** Contrarrestar, debilitar. *Apoyar, intervenir*.

**NEUTRO** Imparcial, indiferente, neutral, indeciso, nulo, estéril, vago.

**NEVADA** Nevasca, nevazón, nevisca, torva, cellisca, ventisca, avalancha.

**NEVADO** Blanco, níveo.

**NEVAR** Neviscar, ventiscar, cellisquear, ventisquear, trapear.

**NEVERA** Heladera, refrigerador.

**NEVERO** Glaciar, helero.

**NEXO** Enlace, lazo, nudo, unión, vínculo, ligadura, atadura, afinidad. *Desunión, desvinculación*.

**NICHO** Concavidad, hornacina. *Saliente*. // Sepultura.

**NIDADA** Crías, huevos.

**NIDAL** Ponedero, ponedor. // Nido. // Refugio, guarida, abrigo.

**NIDO** Nidal, palomar, gallinero, avispero, cubil, guarida, madriguera. // Casa, habitación, hogar, morada, patria. // Origen, germen, centro.

**NIEBLA** Bruma, neblina, calina, calígine, cejo, fosca, vapor, vaho. // Confusión, oscuridad. *Claridad*.

**NIGROMANTE** Brujo, hechicero, mago, augur.

**NIHILISMO** Escepticismo, negación.

**NIMBAR** Aureolar, coronar, circuir.

**NIMBO** Aureola, corona, halo.

**NIMIEDAD** Minuciosidad, prolijidad,

amplitud, ampulosidad, pomposidad, circunloquio, detalle, poquedad, parvedad, pequeñez, exigüidad, poco, nonada, miseria, tris. *Mucho, importancia, significación, trascendencia, seriedad, sencillez*.

**NIMIO** Detallado, exagerado, excesivo. // Insignificante, minucioso, pequeño, prolijo. *Importante, trascendente*.

**NINFA** Náyade, nereida, ondina, sílfide. // Beldad, belleza, hermosura.

**NINGUNO** Nadie. *Alguien, alguno*.

**NIÑA** Chiquilla, nena. // Pupila.

**NIÑERA** Nodriza, ama, chacha, ñaña, nana, nurse, criada.

**NIÑERÍA** Chiquillada, travesura, nimiedad, niñada, pavada.

**NIÑEZ** Infancia, puericia, inocencia. *Vejez*. // Principio, origen. *Fin*.

**NIÑO** Criatura, crío, chico, hijo, infante, mocoso, nene, pequeño. // Bisoño, inexperto, novato. *Experto, veterano*.

**NIPÓN** Japonés.

**NITIDEZ** Pureza, limpidez, tersura, transparencia, claridad, brillo, pulimento. *Impureza, opacidad*.

**NÍTIDO** Claro, limpio, puro, resplandeciente, terso, límpido, pulido, transparente. *Opaco, sucio*.

**NÍTRICO** Azoico.

**NITRO** Salitre.

**NITRÓGENO** Ázoe.

**NIVEL** Horizontalidad, paralelismo, superficie. // Altura, elevación.

**NIVELACIÓN** Horizontalidad, allanamiento, explanación, igualación.

**NIVELAR** Rasar. // Equilibrar, equiparar, igualar, compensar. *Desequilibrar, desigualar, desnivelar*.

**NÍVEO** Blanco, nevado.

**NOBLE** Aristócrata. *Plebeyo, proletario*. // Digno, estimable, excelente, generoso, honroso, ilustre, preclaro. *Despreciable, indigno, ruin*.

**NOBLEMENTE** Generosamente, dignamente, lealmente. *Indignamente*.

**NOBLEZA** Aristocracia. *Pueblo, vulgo*. // Caballerosidad, generosidad, hidal-

guía. *Interés, plebeyez, ruindad.*
**NOCHE** Confusión, ignorancia, oscuridad, sombra, tenebrosidad. *Claridad, día, luz.*
**NOCHERNIEGO** Noctámbulo.
**NOCIÓN** Conocimiento, idea.
**NOCIONES** Elementos, principios, noticias, fundamentos, rudimentos.
**NOCIVO** Dañoso, perjudicial, pernicioso, dañino, malo, insalubre, maléfico, malsano, desfavorable. *Bueno, inofensivo, saludable, sano.*
**NOCTÁMBULO** Nocherniego, noctívago, trasnochador, anochecedor, nochero. *Madrugador.*
**NOCTILUCA** Luciérnaga, cocuyo.
**NOCTÍVAGO** Noctámbulo.
**NOCTURNO** Nocturnal. *Mañanero, matinal, diurno.* // Melancólico, retraído, triste.
**NODRIZA** Nutriz, ama, nana, chacha, criandera.
**NÓDULO** Núcleo, concreción, masa, tumor, bulto, dureza.
**NOGAL** Noguera, noguerón, noceda.
**NÓMADA** Errante, nómade, trashumante, vagabundo, deambulante, caminante. *Estable, sedentario.*
**NOMADISMO** Trashumancia, traslado, peregrinación, desarraigo. *Asentamiento.*
**NOMBRADÍA** Celebridad, fama, reputación, renombre, nombre, notoriedad, estimación. *Descrédito.*
**NOMBRAMIENTO** Ascenso, designación. *Destitución, exoneración.* // Elección. *Jubilación.* // Despacho, diploma, título.
**NOMBRAR** Llamar, mencionar. *Omitir.* // Elegir, escoger, proclamar. *Expulsar, rechazar.*
**NOMBRE** Denominación, firma, título. // Apodo, mote, seudónimo, sobrenombre, apelativo. // Fama, opinión, renombre, nombradía.
**NOMENCLADOR** Índice, nomenclátor, catálogo, nómina, lista, nomenclatura, directorio, guía.
**NÓMINA** Lista, nomenclatura, relación,

catálogo, enumeración, índice.
**NOMINACIÓN** Nombramiento.
**NOMINAL** Nominativo. // Irreal, figurado, representativo. *Concreto, efectivo, positivo, real.*
**NON** Impar. // Negación.
**NONADA** Poco. // Fruslería, insignificancia. *Monada.
**NONAGENARIO** Noventón, anciano, senil. *Joven, adolescente.*
**NORMA** Criterio, sistema, principio, guía, pauta, modelo, canon, orden, medida, técnica, método. *Anarquía, irregularidad.* // Regla.
**NORMAL** Acostumbrado, corriente, habitual, regular, usual, natural, rutinario, común, ordinario, diario, cotidiano. *Desacostumbrado, inusual, irregular.*
**NORMALIDAD** Regularidad, costumbre, regla, uso, normalización, orden, rutina, naturalidad. *Irregularidad, desuso, anormalidad.*
**NORMALIZAR** Metodizar, ordenar, regularizar, regular, encauzar, enderezar, encarrilarse. *Desordenar.*
**NORMATIVO** Regular, preceptivo, formal, sistemático. *Irregular.*
**NORTE** Septentrión. *Mediodía, sur.* // Dirección, guía. // Fin, finalidad, meta, objeto.
**NORTEÑO** Nórdico, septentrional, ártico, boreal. *Meridional, austral.*
**NOSOCOMIO** Hospital, clínica, sanatorio.
**NOSTALGIA** Añoranza, pena, pesar, ausencia, melancolía, remembranza, tristeza. *Olvido, serenidad.*
**NOSTÁLGICO** Melancólico, triste, evocador, apenado, afligido, apesadumbrado, añorante. *Alegre, indiferente.*
**NOTA** Advertencia, anotación, apuntación, apuntamiento, señal. // Comentario, explicación, llamada, noticia. // Censura, reparo. // Concepto, crédito, fama, reputación. // Calificación. // Comunicación, informe.
**NOTABLE** Considerable, extraordinario, importante, primordial, valioso, distin-

guido, sobresaliente, grande, superior, capital, trascendente, trascendental, principal, esencial, sustancial, vital, culminante, granado. *Insignificante, vulgar.*

**NOTACIÓN** Escritura, signo, anotación.

**NOTAR** Advertir, apuntar, distinguir, percibir, señalar, ver. // Desacreditar, infamar. // Censurar, reprender. // Escribir, anotar, acotar, asentar, inscribir, registrar, citar.

**NOTARIAL** Oficial, legal, legalizado, registrado, autenticado, certificado.

**NOTARIO** Escribano.

**NOTICIA** Anuncio, aviso, comunicación, información, nueva, novedad, reseña, reporte, crónica, mensaje, reportaje, suceso. // Idea, noción.

**NOTICIAR** Enterar, notificar.

**NOTICIERO** Informador, informativo.

**NOTICIOSO** Conocedor, enterado, sabedor. *Desconocedor, ignorante.* // Informativo.

**NOTIFICACIÓN** Aviso, comunicación, noticia, instrucción, circular, anuncio, participación. // Nombramiento, cédula, documento, despacho.

**NOTIFICAR** Anunciar, avisar, comunicar, informar, manifestar, participar, prevenir, instruir, enterar. *Encubrir, ocultar, sorprender.*

**NOTORIEDAD** Fama, nombradía, popularidad, reputación, celebridad, prestigio, predicamento, renombre, gloria, notabilidad. *Descrédito, anonimato.*

**NOTORIO** Claro, evidente, manifiesto, público, sabido, visible. *Confuso, incierto, privado.*

**NOVATO** Novel, novicio, nuevo, principiante, bisoño, aprendiz, inexperto. *Experto, maestro, viejo, veterano.*

**NOVEDAD** Noticia, nueva, primicia. *Antigüedad, imitación.* // Admiración, extrañeza. *Indiferencia.* // Alteración, innovación, mudanza, variación. *Permanencia.*

**NOVEL** Novato.

**NOVELA** Narración, ficción, folletín, fábula, novelón.

**NOVELAR** Contar, narrar, historiar, fabular. // Fantasear.

**NOVELERO** Inconstante, versátil, voluble, variable. *Constante.*

**NOVELESCO** Fingido, romántico, romancesco, sentimental, soñador. *Realista.* // Interesante, singular.

**NOVELISTA** Escritor, literato, narrador, novelador, prosista.

**NOVENO** Nono.

**NOVIA** Prometida.

**NOVIAZGO** Relaciones, esponsales, desposorio.

**NOVICIADO** Aprendizaje. *Experiencia, maestría.*

**NOVICIO** Inexperto, novel, principiante, iniciado, nuevo. // Seminarista, aspirante, estudiante. *Veterano.*

**NOVIO** Futuro, pretendiente, prometido. *Niobio.

**NUBADA** Nubarrada. aguacero, chubasco. // Nublado. // Abundancia, multitud. *Escasez.*

**NUBE** Nubarrón, nublado, nublo, nimbo, cúmulo, estrato, celaje. // Velo, gasa, chal. // Pantalla, cortina.

**NÚBIL** Casadero.

**NUBILIDAD** Pubertad, pubescencia, madurez. *Niñez, inmadurez.*

**NUBLADO** Amenazante, encapotado, nuboso, oscuro, tempestuoso, cerrado, cubierto, nebuloso, sombrío, cargado, amenazador. *Claro, despejado.*

**NUBLARSE** Anublar, encapotarse. *Aclarar, despejarse.*

**NUCA** Cogote, cerviz, testuz.

**NUCLEAR** Atómico.

**NÚCLEO** Centro, foco, corazón. *Perímetro.*

**NUDO** Enlace, lazada, lazo, ñudo, trabazón, vínculo. *Desunión, división, ruptura.* // Bulto, tumor. // Causa, centro, motivo. *Consecuencia, resultado.* // Intriga, enredo, trama.

**NUDOSO** Rugoso, desigual.

**NUEVA** Novedad, noticia, suceso.

**NUEVO** Diferente, distinto, inédito. *Conocido, igual.* // Novato, principiante.

*Experto, maestro.* // Fresco, moderno, reciente. *Gastado, usado, viejo.*

**NUGATORIO** Ilusorio, engañoso, capcioso, desilusorio.

**NULIDAD** Anulación, invalidación, rescisión, desautorización, abolición, cancelación. *Autorización.* // Incapacidad, ineptitud. *Aptitud.*

**NULO** Revocado, cancelado, abolido, inválido, rescindido, derogado. *Válido.* // Incapaz, torpe, inepto. *Hábil.*

**NUMEN** Estro, inspiración, musa, genio, imaginación, ingenio.

**NUMERACIÓN** Foliación, paginación, inscripción, ordenación.

**NUMERAL** Numérico, numerario.

**NUMERAR** Contar, foliar, marcar.

**NUMERARIO** Dinero, efectivo. // Numeral, numérico.

**NÚMERO** Cifra, guarismo, signo. // Categoría, clase, condición.

**NUMEROSO** Compacto, considerable, copioso, muchos, nutrido, profuso. *Escaso, limitado.*

**NUNCA** Jamás. *Eternamente, siempre.*

**NUNCIO** Legado, representante, emisario. // Anuncio, señal.

**NUPCIAL** Conyugal, matrimonial, marital, connubial.

**NUPCIAS** Boda, casamiento, casorio, desposorio, enlace, esponsales, himeneo, matrimonio. *Divorcio, separación.*

**NUTRICIO** Nutritivo.

**NUTRICIÓN** Alimentación, nutrimento, sustentación.

**NUTRIDO** Abundante, copioso, denso.

**NUTRIR** Alimentar, mantener, sustentar, sostener, cebar. *Desmejorar, desnutrir.* // Colmar, llenar.

**NUTRITIVO** Alimenticio, vigorizante, nutricio, sustancioso, suculento, vigorizante. *Insustancial.*

**ÑAGAZA** Señuelo, cebo.

**ÑAPA** Yapa, añadidura.

**ÑAQUE** Residuos, cachivaches.

**ÑATA** Nariz.

**ÑATO** Chato, romo. *Narigón, aguzado.*

**ÑEQUE** Vigoroso, fuerte. // Energía, fuerza, vigor. *Debilidad.*

**ÑIQUIÑAQUE** Pícaro, astuto, granuja.

**ÑOÑERÍA** Ñoñez, poquedad, simpleza, tontería, apocamiento, cobardía, pusilanimidad. *Decisión.*

**ÑOÑO** Necio, pusilánime, tímido. *Avispado, vivaracho.* // Insustancial, soso. *Meolludo.* // Achacoso, chocho. // Lamentoso, quejoso.

**ÑUDO** Nudo.

# O

**OASIS** Descanso, refugio, tregua, alivio, consuelo. // Palmeral, manantial, vergel, sombra. *Desierto.*

**OBCECACIÓN** Ofuscación, ceguera, obstinación, prejuicio, obnubilidad, velo, manía, empecinamiento, terquedad. *Comprensión, claridad, desistimiento.*

**OBCECADO** Terco, testarudo, obstinado, tozudo, porfiado, obseso, confundido, empeñado, empecinado, insistente, turbado. *Comprensivo, lúcido, reflexivo.*

**OBCECARSE** Cegarse, empeñarse, emperrarse, ofuscarse. *Reflexionar.*

**OBDURACIÓN** Porfía, obstinación, terquedad, testarudez.

**OBEDECER** Ceder, someterse, prestarse, acatar, cumplir, conformarse, inclinarse, respetar, asentir, subordinarse, disciplinarse. *Desobedecer, mandar, rebelarse.*

**OBEDIENCIA** Acatamiento, docilidad, observancia, sumisión, disciplina, cumplimiento, respeto, dependencia, subordinación, obsecuencia, servilismo. *Rebelión, indisciplina.*

**OBEDIENTE** Bienmandado, dócil, manejable, sumiso, cumplidor, rendido, disciplinado, respetuoso. *Desobediente, insubordinado, rebelde, renuente.*

**OBELISCO** Obelo, pilar, monumento.

**OBERTURA** Preludio, sinfonía, introducción, inicio.

**OBESIDAD** Gordura, adiposis, corpulencia, grasa. *Delgadez.*

**OBESO** Gordo, grueso, rollizo, gordinflón, regordete, corpulento, voluminoso, rechoncho, adiposo. *Delgado, flaco.*

**ÓBICE** Estorbo, impedimento, inconveniente, obstáculo, embarazo, dificultad, rémora, tropiezo. *Posibilidad.*

**OBISPO** Prelado.

**ÓBITO** Deceso, defunción, muerte, fallecimiento. *Nacimiento.*

**OBJECIÓN** Observación, oposición, reparo, negación, negativa, advertencia, dificultad. *Aplauso, aprobación.*

**OBJETAR** Contradecir, oponer, impugnar, rebatir, refutar, negar, contestar, argüir. *Admitir, aprobar.*

**OBJETIVAMENTE** Desapasionadamente, fríamente. *Subjetivamente.*

**OBJETIVO** Fin, finalidad, objeto, meta. // Desapasionado, impersonal. *Interesado, parcial.* // Lente.

**OBJETO** Asunto, materia, material, cosa, elemento, cuerpo. // Fin, finalidad, intento, objetivo, propósito.

**OBLACIÓN** Ofrenda, ofrecimiento, don, sacrificio. **\*Ablación.**

**OBLICUAMENTE** Al bies, al sesgo, diagonalmente, sesgadamente, transversalmente. *Perpendicularmente.*

**OBLICUAR** Desviar, torcer, sesgar, soslayar, inclinar, atravesar, escorzar, desnivelar, esquinar. *Enderezar.*

**OBLICUO** Inclinado, soslayado, diagonal, sesgado. *Derecho.*

**OBLIGACIÓN** Carga, compromiso, deber, exigencia, incumbencia, necesidad. *Derecho, poder.*

**OBLIGADO** Agradecido, reconocido. // Impulsado, movido. *Voluntario.*

**OBLIGAR** Compeler, constreñir, exigir, forzar, imponer. *Eximir, liberar.* // Comprometerse.

**OBLIGATORIEDAD** Necesidad, exigencia, imposición, sujeción, apremio, intimación, carga, compromiso. *Voluntariedad.*

**OBLIGATORIO** Forzoso, imperativo, impuesto, indispensable, inevitable, necesario, preciso, imprescindible, debido, exigible, mandado. *Consciente, espontáneo, libre, voluntario.*

**OBLITERACIÓN** Obstrucción, obturación, oclusión.

**OBLITERAR** Cerrar, inutilizar, obstruir, obturar.

**OBLONGO** Alargado, alongado.

**OBNUBILACIÓN** Anublamiento, oscurecimiento, ofuscación, confusión. *Esclarecimiento.*

**OBRA** Composición, labor, producción, trabajo, ocupación, hazaña. // Libro, volumen. // Medio, poder, virtud. // Producto, resultado.

**OBRADOR** Taller, estudio, fábrica, gabinete, laboratorio.

**OBRAJE** Fábrica, manufactura.

**OBRAR** Hacer, maniobrar, operar. *Abstenerse, descansar.* // Construir, edificar, fabricar. // Comportarse, portarse, proceder. // Defecar.

**OBRERO** Operario, trabajador, productor, artesano, asalariado, proletario. *Capataz, contratista, empresario, patrón.*

**OBSCENIDAD** Deshonestidad, fornicación, impudicia, indecencia, pornografía, sensualidad, sicalipsis, torpeza. *Decencia, honestidad.*

**OBSCENO** Deshonesto, impúdico, lascivo, licencioso, pornográfico, torpe. *Decente, moral, púdico.*

**OBSECRACIÓN** Ruego, súplica, instancia, imploración.

**OBSECUENCIA** Sumisión, obediencia, docilidad, condescendencia.

**OBSECUENTE** Dócil, obediente, sumiso. *Indisciplinado, reacio.*

**OBSEQUIAR** Agasajar, regalar. // Ga-

lantear, requebrar. *Despreciar.*

**OBSEQUIO** Atención, regalo, ofrenda, donativo, dádiva, presente. // Afabilidad, deferencia, rendimiento.

**OBSEQUIOSIDAD** Atención, cortesía, oficiosidad, galantería, halago, adulación, corte, sumisión. *Desatención.*

**OBSEQUIOSO** Amable, complaciente, cortés, galante, rendido, sumiso. *Desatento, descortés.*

**OBSERVACIÓN** Advertencia. // Atención, consideración, contemplación, cuidado, examen, reparo. *Distracción, inadvertencia, irreflexión.*

**OBSERVADOR** Curioso, espectador, mirón, atento, fisonomista. *Despreocupado, distraído, torpe, abstraído.*

**OBSERVANCIA** Acatamiento, cumplimiento, desempeño. *Descuido, incumplimiento, negligencia.*

**OBSERVAR** Advertir, contemplar, examinar, mirar, reparar. *Inadvertir.* // Atisbar, espiar, vigilar. // Cumplir, guardar, obedecer, respetar. *Desatender.*

**OBSESIÓN** Preocupación. *Cordura, ecuanimidad, sensatez.*

**OBSESIVO** Insistente, reiterativo, repetido, fijo, obseso. *Despreocupado.*

**OBSESO** Obsesivo, obcecado, tozudo, obnubilado, tenaz, empecinado, ofuscado, neurótico, insistente. *Sereno, ecuánime, amplio.*

**OBSTACULIZAR** Entorpecer, interponer, impedir, dificultar, obstruir, limitar, estorbar, trabar, atar, sujetar. *Facilitar, desembarazar.*

**OBSTÁCULO** Dificultad, impedimento, inconveniente, óbice, oposición, traba, tropiezo. *Facilidad.*

**OBSTANTE (NO)** A pesar de, empero, sin embargo.

**OBSTAR** Estorbar, impedir, oponerse, ser óbice. *Optar.

**OBSTETRICIA** Tocología, ginecología.

**OBSTINACIÓN** Pertinacia, porfía, terquedad, tesón, tozudez. *Desistimiento, transigencia.*

**OBSTINADO** Perseverante, pertinaz,

porfiado, tenaz, terco, testarudo, tozudo. *Inconsecuente.*

**OBSTINARSE** Empecinarse, empeñarse, emperrarse, encalabrinarse, porfiar. *Ceder, desistir.*

**OBSTRUCCIÓN** Atasco, atolladero, atoramiento, dificultad, impedimento, obstáculo, oclusión, taponamiento, estreñimiento, atascamiento, retención, obliteración, estancamiento. *Facilidad, apertura.*

**OBSTRUIR** Cerrar, ocluir, tapar. *Abrir, perforar.* // Entorpecer, estorbar, interceptar. *Desocupar, facilitar.*

**OBTENCIÓN** Conquista, consecución, logro, alcance, adquisición, ganancia, beneficio, resultado. *Fracaso, pérdida.*

**OBTENER** Alcanzar, conquistar, conseguir, lograr, mantener, tener. *Carecer, desperdiciar, malgastar, malograr.*

**OBTURACIÓN** Atasco, cierre, obstrucción, oclusión, taponamiento.

**OBTURAR** Cegar, cerrar, ocluir, tapar, taponar. *Abrir, destapar.*

**OBTUSO** Mocho, romo, despuntado, chato. *Agudo, puntiagudo.* // Tardo, tonto, torpe, zote. *Listo, sagaz.*

**OBÚS** Granada, proyectil, cañón.

**OBVENCIÓN** Gratificación, propina, premio, remuneración, utilidad.

**OBVIAR** Apartar, evitar, rehuir, remediar. // Estorbar, oponerse.

**OBVIO** Claro, evidente, notorio, patente, visible. *Difícil, incierto, obscuro.*

**OCA** Ánade, ánsar, ganso, pato.

**OCASIÓN** Oportunidad, circunstancia, sazón, tiempo, trance, asidero, coyuntura, pie, pretexto. // Peligro, riesgo.

**OCASIONAL** Fortuito, eventual, azaroso, accidental. *Determinado.*

**OCASIONAR** Causar, motivar, originar, producir. // Mover, provocar.

**OCASO** Atardecer, crepúsculo. *Amanecer, aurora.* // Occidente, oeste, poniente. // Decadencia, declinación. *Apogeo, brillantez, principio.* \*Acaso.

**OCCIDENTE** Oeste, ocaso, poniente. *Oriente.*

**OCEÁNICO** Marítimo, marino, atlántico, transatlántico, pelágico. *Terrestre, continental.*

**OCÉANO** Mar, piélago, ponto. // Inmensidad, extensión.

**OCIO** Descanso, holganza, inacción, reposo, quietud, tregua, recreo, diversión. *Acción, actividad.*

**OCIOSIDAD** Holgazanería, inactividad, pereza. *Actividad, diligencia, ocupación, tarea.*

**OCIOSO** Desocupado, inactivo, parado, retirado. *Activo, atareado, ocupado.* // Holgazán, vago. *Diligente, trabajador.* // Estéril, infructuoso. *Fecundo.*

**OCLUIR** Cerrar, obstruir, obturar, tupir. *Destapar, abrir.*

**OCLUSIÓN** Cierre, obstrucción, obturación. *Abertura.*

**OCULAR** Visual, oftálmico, oftalmológico.

**OCULISTA** Oftalmólogo.

**OCULTACIÓN** Encubrimiento, escondimiento, enmascaramiento, mimetismo, disimulo, desfiguración, disfraz. *Exhibición, manifestación, notoriedad.*

**OCULTAMENTE** Cubiertamente, calladamente, secretamente. *Abiertamente, francamente.*

**OCULTAR** Encubrir, esconder, tapar. *Enseñar, exhibir.* // Callar. // Desaparecer, disfrazar, disimular. *Aparecer, salir.* // Emboscarse. *Presentarse.*

**OCULTISMO** Espiritismo, adivinación, hechicería, magia, superstición.

**OCULTO** Encubierto, escondido, incógnito, insondable, recóndito, secreto, velado. *Descubierto, expuesto, manifiesto, visible.*

**OCUPACIÓN** Actividad, empleo, oficio, profesión, quehacer, tarea, trabajo. *Holganza, ociosidad.*

**OCUPADO** Atareado. *Desocupado, inactivo, ocioso.* // Lleno. *Vacío.*

**OCUPAR** Adueñarse, apropiarse, posesionarse, apoderarse, enseñorearse, usurpar. *Dejar, abandonar.* // Ejercer, profesar, trabajar, emplear, comisionar.

*Descansar, vaguear, haraganear.*

**OCURRENCIA** Caso, circunstancia, coyuntura, ocasión. // Agudeza, chiste, salida.

**OCURRENTE** Agudo, chistoso, ingenioso, gracioso, oportuno.

**OCURRIR** Acaecer, acontecer, pasar, sobrevenir, suceder. // Acudir, concurrir. // Pensar, imaginar.

**ODA** Verso, poema, loa, alabanza, glorificación, cántico.

**ODIAR** Aborrecer, abominar, detestar. *Amar, querer.*

**ODIO** Aborrecimiento, antipatía, aversión, inquina, rabia, rencor, enemistad. *Afecto, amistad, amor, cariño, devoción, pasión.*

**ODIOSO** Abominable, aborrecible, antipático, detestable. *Adorable, amoroso.* // Injusto. *Justo.*

**ODISEA** Aventura, riesgo, penalidad, persecución, fuga, huida. *Paz, tranquilidad, calma, dicha.*

**ODÓMETRO** Podómetro. // Taxímetro.

**ODONTÓLOGO** Dentista.

**ODORÍFERO** Aromático, fragante, oloroso, perfumado, odorante.

**ODRE** Cuero, pellejo, bota.

**OESTE** Occidente, poniente, ocaso. *Este, levante, oriente.*

**OFENDER** Agraviar, denostar, herir, injuriar, insultar, infamar, vulnerar, baldonar, afrentar. *Alabar.* // Amoscarse, enfadarse, picarse. *Amistarse.*

**OFENSA** Afrenta, agravio, injuria, insulto, ultraje. *Adulación, elogio.*

**OFENSIVA** Ataque, asalto, agresión, invasión, incursión, lucha, correría. *Retirada, huida, fuga.*

**OFENSIVO** Injurioso, insultante, ultrajante, vejatorio. *Laudatorio.*

**OFERENTE** Donante, dador, donatario, legador, obsequioso. *Receptor.*

**OFERTA** Ofrecimiento, promesa, proposición, propuesta. *Aceptación.*

**OFICIAL** Gubernamental, público, solemne. *Particular, privado.*

**OFICIALMENTE** Autorizadamente, legalmente, públicamente, formalmente.

**OFICIANTE** Sacerdote, celebrante.

**OFICIAR** Celebrar.

**OFICINA** Bufete, despacho, escritorio, estudio.

**OFICINISTA** Empleado, burócrata, funcionario, auxiliar, ayudante, mecanógrafo, dactilógrafo, taquígrafo, secretario.

**OFICIO** Cargo, empleo, ocupación, profesión, trabajo, función, ministerio, labor, quehacer, actividad, arte, artesanía, menester. // Comunicación, escrito. // Oficina, despacho. // Rezo.

**OFICIOSIDAD** Diligencia, solicitud, cuidado, esmero. *Descuido, pasividad.* // Indiscreción, inoportunidad. *Discreción, oportunidad.*

**OFICIOSO** Diligente, laborioso, solícito. *Apático, displicente.* // Entremetido, importuno, indiscreto, servil. *Discreto.* // Eficaz, provechoso.

**OFRECER** Presentar, prometer. *Aceptar.* // Brindar, consagrar, dedicar, ofrendar. *Rechazar.* // Comprometerse, obligarse. *Desentenderse.*

**OFRECIMIENTO** Promesa, proposición, propuesta, puja. // Convite, invitación, ofrenda.

**OFRENDA** Oblación, ofrecimiento, sacrificio. // Dádiva, obsequio, regalo, don. *Fraude, hurto.*

**OFRENDAR** Donar, ofrecer, regalar, obsequiar, contribuir.

**OFUSCACIÓN** Obcecación, ofuscamiento, confusión, obnubilación, perturbación, prejuicio. *Criterio, intuición, juicio, lucidez.*

**OFUSCADO** Ciego, confundido, obcecado, obnubilado, turbado, perturbado. *Lúcido, perspicaz.*

**OFUSCAR** Cegar, confundir, deslumbrar, obcecar, obnubilar, oscurecer, perturbar, trastornar.

**OGRO** Gigante. // Glotón, goloso.

**OÍBLE** Audible. *Imperceptible.*

**OÍDO** Oreja. // Audición, atención, percepción. *Sordera.*

**OÍR** Atender, enterarse, percibir, escuchar, sentir, enterarse. *Aturdir, desoír, ensordecer.*

**OJAL** Presilla, alamar.

**OJEADA** Mirada, vistazo. ***Hojeada.***

**OJEAR** Atisbar, mirar, observar. // Aojar, ahuyentar, espantar. ***Hojear.***

**OJERIZA** Aversión, malquerencia, rencor, tirria, inquina. *Afecto, amistad.*

**OJO** Vista. // Abertura, orificio. // Fuente, manantial. // Aviso, atención, cuidado, alerta.

**OJOS** Vista, luceros.

**OJOTA** Sandalia.

**OLA** Onda, embate. ***Hola.***

**OLAJE** Oleaje.

**OLEADA** Ola. // Multitud, muchedumbre, tropel, gentío, agolpamiento, infinidad. *Escasez.*

**OLEAGINOSO** Aceitoso, oleoso, graso-so, pringoso, pringue.

**OLEAJE** Olaje, ondeo, ondulación, marejada, resaca.

**ÓLEO** Aceite. // Cuadro, pintura. ***Olió*** (oler).

**ÓLEOS** Unción, extremaunción.

**OLEOSO** Oleaginoso.

**OLER** Husmear, olfatear, oliscar, ventear. // Exhalar, trascender. // Averiguar, buscar, indagar. // Parecer, semejar. // Sospechar.

**OLFATEAR** Oler, oliscar.

**OLFATO** Perspicacia, sagacidad, instinto, percepción, intuición, astucia, inspiración, sutileza.

**OLFATORIO** Olfativo, odorífero.

**OLÍMPICO** Altanero, orgulloso, soberbio, grandioso, soberano, supremo, divino. *Humilde, modesto.*

**OLISCAR** Husmear, oler, olfatear.

**OLIVA** Aceituna.

**OLLA** Cacerola, marmita. // Guiso. // Remolino. ***Hoya.***

**OLOR** Aroma, fragancia, perfume, tufillo. // Esperanza, indicio, oferta, promesa. // Fama, opinión.

**OLOROSO** Aromático, fragante, odorífico, perfumado, aromoso, balsámico, odorífero. *Hediondo.*

**OLVIDADIZO** Desagradecido, desmemoriado, distraído, negligente. *Cuidadoso, escrupuloso, agradecido.*

**OLVIDAR** Descuidar, omitir, postergar, preterir, perder, abandonar, extraviar, relegar, desatender. *Cuidar, recordar.*

**OLVIDO** Desmemoria, amnesia, inadvertencia, omisión, distracción, aturdimiento, negligencia. *Memoria, recuerdo.* // Ingratitud, descuido, desagradecimiento. *Gratitud, cuidado.* // Desuso, proscripción.

**OMBLIGO** Centro, medio, eje.

**OMINAR** Anunciar, predecir, presagiar.

**OMINOSO** Azaroso, funesto, trágico, aciago, execrable, odioso, calamitoso, detestable, fatal, fatídico, lamentable. *Fausto, alegre, feliz.*

**OMISIÓN** Descuido, flojedad, incuria, indolencia, negligencia. *Atención, cuidado, reminiscencia.*

**OMISO** Descuidado, flojo, negligente, remiso. *Atento.*

**OMITIR** Callar, excluir, olvidar, prescindir, suprimir, dejar, abandonar. *Citar, nombrar, recordar.*

**ÓMNIBUS** Coche, autocar, autobús.

**OMNÍMODO** Absoluto, total, todopoderoso. *Parcial, relativo.*

**OMNIPOTENCIA** Supremacía, superioridad, absolutismo, dominación, soberanía. *Inferioridad.*

**OMNIPOTENTE** Todopoderoso. // Poderoso, supremo, superior, soberano, preponderante. *Inferior, débil.*

**OMNIPRESENCIA** Ubicuidad.

**OMÓPLATO** Paletilla, escápula, espalda, espaldilla.

**ONANISMO** Masturbación, autoerotismo. *Coito, abstinencia.*

**ONDA** Ola. // Curva, curvatura, ondulación. *Recta.* ***Honda.***

**ONDEAR** Culebrear, curvar, flamear, ondular, fluctuar.

**ONDINA** Ninfa, sirena, nereida.

**ONDULACIÓN** Onda. *Zigzag.*

**ONDULADO** Sinuoso, festoneado, serpenteado, rizado, ensortijado, crespo, enroscado, encaracolado, retorcido. *Recto, lacio, liso.*

**ONDULANTE** Ondulatorio, undulante, serpentino, sinuoso, ondulado.

**ONDULAR** Ensortijar, ondear, rizar.

**ONEROSO** Caro, costoso, dispendioso, gravoso. *Asequible, barato, gratuito.* // Engorroso, enojoso, molesto, pesado.

**ÓNICE** Ágata, ónique, ónix.

**ONOMÁSTICO** Patronímico.

**ONOMATOPEYA** Imitación, reproducción, remedo, sonido.

**OPACIDAD** Intransparencia, turbiedad, oscuridad. *Transparencia.*

**OPACO** Intransparente, turbio, oscuro. *Diáfano, transparente.* // Melancólico, triste. *Entretenido.*

**OPADO** Hinchado. // Ampuloso, presumido, vano.

**OPALESCENTE** Irisado, iridiscente, traslúcido, tornasolado, jaspeado. *Opaco, apagado, mate.*

**OPCIÓN** Elección, disyuntiva, alternativa, selección, decisión, preferencia. *Exigencia, obligación.*

**ÓPERA** Obra. // Melodrama, drama.

**OPERACIÓN** Maniobra, manipulación, negociación, trato, convenio. // Intervención quirúrgica.

**OPERADOR** Cirujano. // Manipulador.

**OPERAR** Especular, negociar, pactar. // Maniobrar, actuar, ejecutar, realizar, practicar, manipular, manejar, obrar. // Intervenir quirúrgicamente, extirpar, trasplantar, cortar, abrir.

**OPERARIO** Obrero, trabajador.

**OPERATIVO** Operacional, operante, táctico, activo, estratégico, eficaz. *Inoperante, ineficaz, pasivo.*

**OPERETA** Zarzuela.

**OPILACIÓN** Obstrucción, impedimento, atascamiento, atoramiento, cerramiento. *Abertura.*

**OPIMO** Abundante, copioso, fértil, rico. *Escaso, estéril.* **\*Óptimo.**

**OPINAR** Dictaminar, discurrir, juzgar, pensar, valorar, criticar, enjuiciar, decir, calificar, comentar, votar, aconsejar, su-

poner, considerar, estimar. *Callar.*

**OPINIÓN** Dictamen, idea, juicio, parecer, sentir, crítica, veredicto, convicción, voz, voto, creencia, conjetura. *Abstención.* // Concepto, reputación.

**OPÍPARO** Abundante, copioso, espléndido, suculento, magnífico, abundoso. *Exiguo, mezquino, pobre.*

**OPONENTE** Contrario, adversario, contrincante, opositor, rival, antagonista, opuesto, enemigo. *Favorable, aliado, amigo, camarada.*

**OPONER** Contraponer, contrariar, estorbar, impugnar, objetar, rebatir. *Allanar, ayudar, facilitar, posibilitar.* // Resistir, enfrentar, encarar.

**OPORTUNAMENTE** A tiempo, convenientemente.

**OPORTUNIDAD** Coyuntura, ocasión, sazón. *Adelanto, retraso.* // Lugar, pretexto, pie.

**OPORTUNISTA** Aprovechador, buscavidas. *Desinteresado, generoso.*

**OPORTUNO** Apropiado, conveniente, pertinente. *Inconveniente, inoportuno, intempestivo.* // Ocurrente.

**OPOSICIÓN** Antagonismo, antítesis, contradicción, contraste, repelencia, repugnancia, rivalidad, impedimento. *Acuerdo, conformidad.*

**OPOSITOR** Antagonista, contradictor, contrincante, rival, oponente. *Camarada, compañero.*

**OPRESIÓN** Avasallamiento, despotismo, dictadura, tiranía. *Justicia, libertad.* // Ahogo, apretamiento, presión.

**OPRESIVO** Angustioso, sofocante, abrumador, tirante, tenso. *Liberador.*

**OPRESOR** Autócrata, déspota, dictador, tirano. *Libertador.*

**OPRIMIR** Agobiar, apremiar, apretar, avasallar, sojuzgar, subyugar, tiranizar, vejar. *Ayudar, libertar.*

**OPROBIO** Afrenta, deshonra, ignominia, vilipendio. *Honra, respeto.*

**OPROBIOSO** Afrentoso, denigrante, deshonroso, infamante. *Honorable.*

**OPTAR** Elegir, escoger, preferir, tomar.

*Abstenerse, renunciar.* **\*Obstar.**

**OPTIMISMO** Confianza, tranquilidad, seguridad, entusiasmo, euforia, esperanza, ánimo. *Pesimismo.*

**ÓPTIMO** Bonísimo, inmejorable, perfecto. *Malísimo, pésimo.* **\*Opimo.**

**OPUESTO** Adverso, antagónico, antípoda, antitético, contradictorio, contrapuesto, contrario, enemigo, incompatible, divergente. *Afín, compatible, favorable, propicio.*

**OPUGNACIÓN** Contradicción, refutación, impugnación.

**OPUGNAR** Contradecir, enfrentar, oponer. *Afirmar, ayudar, facilitar, convenir.* // Rebatir, refutar. *Admitir.* // Asaltar, atacar.

**OPULENCIA** Abundancia, riqueza, superabundancia. *Escasez.* // Bienestar, fortuna. *Miseria.*

**OPULENTO** Abundante, superabundante, ubérrimo. *Empobrecido, escaso, infecundo.* // Acaudalado, adinerado, poderoso, pudiente, rico. *Pobre.*

**OPÚSCULO** Folleto, monografía, ensayo, comentario.

**OQUEDAD** Depresión, excavación, hueco, vacío. *Convexidad, redondez.* // Insustancialidad, vacuidad. **\*Hosquedad.**

**ORACIÓN** Deprecación, plegaria, rezo, súplica. *Blasfemia, reniego.* // Alocución, discurso, disertación, frase.

**ORACIONES** Preces.

**ORÁCULO** Vaticinio, predicción, augurio, auspicio, adivinación, profecía. // Consulta, réplica, respuesta.

**ORADOR** Conferenciante, disertante. *Oyente.*

**ORAL** Verbal. // Bucal.

**ORANTE** Rezador, devoto, beato.

**ORAR** Implorar, rezar, rogar, suplicar.

**ORATE** Loco. *Cuerdo.*

**ORATORIA** Elocuencia, verbosidad, retórica, dialéctica, elocución, labia.

**ORATORIO** Capilla.

**ORBE** Esfera, globo, mundo, universo. // Círculo.

**ORBICULAR** Circular, esférico, redondo, lenticular, anular, orondo.

**ÓRBITA** Curva, trayectoria.

**ORCO** Averno, báratro, infierno.

**ORDEN** Concierto, método, norma, regularidad, serie, sucesión. *Confusión, desbarajuste, desorden, disturbio, trastorno.* // Decreto, disposición, mandato, ordenanza, precepto. *Insinuación, sugestión.* // Armonía, paz. *Anarquía, revuelo.* // Categoría, clase.

**ORDENACIÓN** Disposición, estructura, ordenamiento, organización, prevención. *Desorganización.*

**ORDENADAMENTE** Metódicamente, proporcionadamente.

**ORDENADO** Metódico, cuidadoso, dispuesto, organizado.

**ORDENANZA** Estatuto, régimen, reglamento. // Subalterno.

**ORDENAR** Acomodar, arreglar, concertar, desembrollar, disponer, organizar, regularizar. *Desordenar, desorganizar, embrollar, trastocar.* // Decretar, mandar, preceptuar, prescribir. *Desautorizar, revocar.*

**ORDINARIEZ** Descortesía, grosería, incultura, tosquedad. *Cortesía, educación, urbanidad.*

**ORDINARIO** Basto, grosero, incivil, incorrecto, malcriado, plebeyo, ramplón. *Educado, fino.* // Común, corriente, habitual, mediocre, regular, vulgar. *Excepcional, extraordinario, superior.*

**OREAR** Airear, ventilar.

**OREJA** Oído. // Adulador, chismoso.

**ORFANATO** Asilo, hospicio.

**ORFANDAD** Desamparo, abandono. *Amparo, familia, fortuna, tutela.*

**ORFEBRE** Orífice, platero, joyero.

**ORFEÓN** Coro.

**ORGÁNICO** Animado, animal, organizado, vegetal, vivo. *Inanimado, inorgánico, mineral.*

**ORGANISMO** Entidad, institución.

**ORGANIZACIÓN** Arreglo, disposición, orden. *Desorden, desorganización.*

**ORGANIZAR** Arreglar, constituir, establecer, ordenar, reformar, reorganizar.

*Desordenar, desorganizar, desquiciar, desunir.*

**ÓRGANO** Conducto, instrumento, medio. // Portavoz, vocero.

**ORGASMO** Clímax, culminación, exaltación, espasmo, eretismo.

**ORGÍA** Bacanal, comilona, festín.

**ORGULLO** Altanería, altivez, arrogancia, soberbia, ufanía. *Humildad.* // Fatuidad, ínfulas, pedantería, vanidad. *Modestia.*

**ORGULLOSO** Altanero, altivo, arrogante, fatuo, inmodesto, presuntuoso, soberbio, vanidoso. *Modesto, humilde.*

**ORIENTACIÓN** Consejo, guía, informe, instrucción.

**ORIENTAR** Aconsejar, encaminar. *Descaminar.* // Guiar, informar, instruir. *Desorientar, extraviarse, perderse.* // Situar, colocar, disponer.

**ORIENTE** Este, levante, naciente.

**ORIFICIO** Abertura, agujero, boca, boquete, resquicio.

**ORIFLAMA** Bandera, estandarte, pendón, enseña, gonfalón.

**ORIGEN** Causa, comienzo, principio, fuente, motivo, raíz. *Desenlace, efecto, fin.* // Ascendencia, linaje, procedencia. // País, patria.

**ORIGINAL** Extraño, nuevo, peculiar, personal, singular, único. *Común, manido, vulgar.* // Inicial, prístino. // Ejemplar, modelo, muestra, patrón, tipo.

**ORIGINALIDAD** Innovación, novedad. *Imitación, plagio.* // Afectación, moda. *Vulgaridad.*

**ORIGINAR** Acarrear, causar, ocasionar, producir, provocar, suscitar. *Terminar, concluir.*

**ORIGINARIO** Indígena, natural, oriundo, procedente.

**ORIGINARSE** Arrancar, derivarse, dimanar, proceder, provenir, resultar, seguirse, nacer. *Extinguirse.*

**ORILLA** Banda, borde, canto, extremo, límite, margen, reborde, remate, ribera, término. *Centro, interior.*

**ORILLAR** Arreglar, concluir, resolver,

zanjar. // Bordear, eludir, esquivar. *Afrontar.*

**ORILLO** Arista, cenefa. // Orilla.

**ORÍN** Herrumbre, moho, óxido. // Orina.

**ORINA** Meada, pis.

**ORINAL** Escupidera, bacín.

**ORINAR** Hacer pis, mear.

**ORINIENTO** Herrumbroso, enmohecido, oxidado.

**ORIUNDO** Nativo, originario.

**ORLA** Borde, contorno, orilla, filete.

**ORNAMENTACIÓN** Adorno, decoración, atavío, gala.

**ORNAMENTAL** Decorativo.

**ORNAMENTAR** Adornar, decorar.

**ORNAMENTO** Adorno, atavío, decoración, ornato.

**ORNAR** Adornar, engalanar, ornamentar.

**ORNATO** Adorno, atavío, gala.

**ORO** Dinero, riqueza, caudal, capital.

**ORONDO** Hinchado, hueco. *Enjuto, macizo.* // Engreído, infatuado, orgulloso, ufano. *Humilde, sencillo.*

**OROPEL** Baratija, chuchería, relumbrón, quincalla.

**ORQUESTAR** Instrumentar.

**ORTO** Aparición, iniciación, nacimiento, salida. *Desaparición, ocaso.* // Levante, oriente. *Poniente.*

**ORTODOXO** Adicto, fiel. *Heterodoxo.*

**ORTOGRAFÍA** Corrección.

**ORUGA** Gusano, larva. *Arruga.

**ORUJO** Hollejo.

**ORZUELO** Divieso.

**OSADÍA** Arrojo, atrevimiento, audacia, intrepidez, temeridad. *Cobardía, pánico.* // Descaro, insolencia. *Timidez, vergüenza, inhibición.*

**OSADO** Atrevido, audaz, resuelto, temerario. *Miedoso.* // Insolente.

**OSAMENTA** Esqueleto.

**OSAR** Atreverse, aventurarse. *Retroceder, temer.* *Hozar.

**OSARIO** Osar, calvero, sepultura.

**OSCILACIÓN** Balanceo, fluctuación, vacilación, vaivén. *Fijeza.*

**OSCILANTE** Vacilante, móvil, pendular, fluctuante, cambiante, movedizo, ondulante, flotante. *Fijo, inmóvil.*

**OSCILAR** Bambolearse, fluctuar, titubear, vacilar, variar. *Aquietarse, fijarse, pararse, resolverse.*

**OSCITANCIA** Inadvertencia, negligencia, descuido, omisión.

**ÓSCULO** Beso.

**OSCURECER** Anochecer, ensombrecer, nublarse, sombrear. *Aclarar, amanecer.*

**OSCURIDAD** Lobreguez, sombra, tiniebla. *Claridad, luminosidad.* // Ambigüedad, confusión, equívoco. // Bajeza, humildad.

**OSCURO** Lóbrego, negro, sombrío, tenebroso. *Despejado.* // Desconocido, humilde. *Esclarecido.* // Confuso, embrollado, enigmático, ininteligible, turbio. *Claro, inteligible.* // Incierto, peligroso, temeroso.

**ÓSEO** Huesoso, ososo.

**OSTENSIBLE** Claro, manifiesto, patente, visible. *Invisible, oculto.*

**OSTENSIÓN** Exposición, manifestación. *Ocultación.*

**OSTENTACIÓN** Aparato, boato, fausto, pompa, tren. *Modestia, sencillez, sobriedad.* // Jactancia, vanagloria, vanidad. *Humildad.*

**OSTENTAR** Alardear, lucir. // Manifestar, mostrar.

**OSTENTOSO** Aparatoso, fastuoso, magnífico, suntuoso. *Sencillo, sobrio.*

**OSTRACISMO** Alejamiento, destierro, exclusión, proscripción. *Repatriación.*

**OSTUGO** Trozo, pizca. // Rincón.

**OTEAR** Avizorar, escudriñar, mirar, observar, registrar.

**OTERO** Cerro, colina, montículo. *Depresión, llano, llanura.*

**OTOMANA** Canapé, diván, sofá.

**OTOÑAL** Autumnal. *Primaveral.*

**OTORGAMIENTO** Concesión, licencia, consentimiento, donación. *Negación, prohibición.* // Estipulación, promesa. *Privación.*

**OTORGAR** Acordar, conceder, condescender, conferir, consentir, disponer, establecer, estipular, prometer. *Denegar, expropiar, negar, prohibir, quitar.*

**OTRO** Diferente, distinto. *Mismo.*

**OVACIÓN** Aclamación, aplauso, aprobación, triunfo. *Abucheo, desaprobación, silbatina.*

**OVAL** Aovado, ovado, ovalado.

**OVALADO** Oval.

**OVANTE** Victorioso, triunfante, vencedor. *Derrotado.*

**OVEJA** Cordero, borrego. **\*Abeja.**

**OVIL** Aprisco, redil.

**OVILLARSE** Encogerse, contraerse. *Estirarse, dilatarse.*

**OVILLO** Bola, enredo, lío. // Montón.

**OVINO** Lanar, ovejuno.

**ÓVULO** Huevo.

**OXIDAR** Enmohecer, herrumbrar.

**ÓXIDO** Herrumbre, moho, orín.

**OYENTE** Asistente, concurrente, radioescucha, oidor.

# P

**PABELLÓN** Bandera. // Carpa, tabernáculo, tienda, quiosco, templete. // Baldaquín, marquesina, colgadura, palio, dosel. // Nación. // Patrocinio, protección.

**PABILO** Pábilo, mecha, torcida.

**PÁBULO** Alimento, pasto, comida. // Motivo, tema, mantenimiento, sustento.

**PACA** Fardo, lío.

**PACATO** Bonachón, timorato, tranquilo. *Audaz, belicoso.*

**PACEDURA** Apacentamiento. // Pasto.

**PACER** Apacentar, pastar, ramonear.

**PACHÓN** Flemático, pachorrudo, pausado. *Nervioso.*

**PACHORRA** Cachaza, flema, indolencia. *Celeridad, prisa.*

**PACHUCHO** Pasado. // Flojo, alicaído.

**PACIENCIA** Aguante, calma, conformidad, flema, tolerancia. *Furor, intolerancia, ira, porfía.* // Espera, lentitud, tardanza. *Desesperación, impaciencia.*

**PACIENTE** Manso, resignado, sufrido, tolerante. *Frenético, iracundo.* // Doliente, enfermo.

**PACIENZUDO** Calmoso, cachazudo, resignado, paciente.

**PACIFICADOR** Mediador, apaciguador.

**PACIFICAR** Apaciguar, aquietar, calmar, reconciliar, serenar, tranquilizar. *Encolerizar, exacerbar, irritar, sublevar.*

**PACÍFICO** Manso, quieto, reposado, sereno, sosegado, tranquilo, plácido. *Inquieto, rebelde.*

**PACOTILLA** Baratija.

**PACTACIÓN** Negociación, acuerdo, convenio, pacto, estipulación, trato.

**PACTAR** Concertar, convenir, estipular, negociar, tratar. *Desunir.* // Contemporizar, transigir.

**PACTO** Acuerdo, ajuste, componenda, concierto, contrato, convenio, estipulación, tratado. *Desacuerdo, diferendo.*

**PADECER** Aguantar, pasar, penar, soportar, sufrir, tolerar. *Gozar.*

**PADECIMIENTO** Pena, sufrimiento. *Dicha, gozo, paz.* // Dolencia, enfermedad. *Salud.*

**PADRE** Autor, creador, papá, progenitor. *Hijo, vástago.*

**PADRES** Antepasados, progenitores, ascendientes. *Descendientes.*

**PADRILLO** Semental.

**PADRINO** Bienhechor, favorecedor, protector, valedor.

**PADRÓN** Catastro, censo, lista, nómina. // Modelo, patrón.

**PAGA** Estipendio, honorarios, salario, sueldo.

**PAGADOR** Cajero, habilitado, tesorero.

**PAGANO** Gentil, idólatra. *Cristiano.* // Ateo, incrédulo. *Creyente.*

**PAGAR** Abonar, cancelar, costear, indemnizar, liquidar, reembolsar, remunerar, satisfacer, sufragar. *Adeudar, cobrar, deber, quitar.* // Agradecer, recompensar. *Olvidar.* // Expiar, purgar. *Merecer.* // Prendarse, ufanarse.

**PÁGINA** Carilla, plana. // Episodio, lance, suceso.

**PAGO** Paga, premio, recompensa, remuneración, retribución. // Satisfacción.

// Pagado. // Distrito, región, comarca, territorio.

**PAÍS** Comarca, nación, patria, provincia, región, territorio. // Pintura, paisaje.

**PAISAJE** Panorama, vista.

**PAISANO** Compatriota, coterráneo. // Campesino. // Civil. *Militar, soldado.*

**PAJA** Broza, hojarasca.

**PAJARERA** Jaula.

**PÁJARO** Ave, avecilla, pajarillo.

**PAJE** Criado, escudero, fámulo.

**PALABRA** Dicción, término, verbo, vocablo, voz. *Idea, concepto, noción, pensamiento, percepción.*

**PALABRERÍA** Charla, verborrea, labia. *Mutismo.*

**PALABROTA** Grosería, blasfemia.

**PALACIEGO** Cortesano, palatino.

**PALACIO** Mansión. *Barraca, bohío, cabaña, cuchitril, choza, rancho, tapera.*

**PALADAR** Gusto, sabor, sensibilidad.

**PALADEAR** Degustar, gustar, saborear.

**PALADÍN** Campeón, defensor, sostenedor. *Agresor, asaltante, bandido.*

**PALADINO** Claro, manifiesto, patente, público. *Confuso, oscuro, privado.*

**PALAFRÉN** Caballo, cabalgadura, corcel, montura.

**PALAFRENERO** Cochero, criado, lacayo, picador.

**PALANCA** Barra, pértiga. // Influencia, valimiento.

**PALANGANA** Jofaina.

**PALANQUÍN** Andas, litera, camilla, silla de manos.

**PALATINO** Palaciego, áulico, cortesano.

**PALENQUE** Arena, liza, palestra. // Cerca, cercado, estacada, valla.

**PALESTRA** Palenque, liza, arena.

**PALETA** Espátula, llana. // Omóplato.

**PALETILLA** Omóplato.

**PALIACIÓN** Ocultamiento, encubrimiento, disculpa, excusa, disimulo. *Acusación, delación.* // Alivio, paliativo, mitigación, calma. *Aumento, carga.*

**PALIAR** Cohonestar, disimular, encubrir. *Acusar, delatar, descubrir.* // Aminorar, atemperar, atenuar, mitigar, suavizar,

apaciguar, serenar. *Aumentar, cargar.*

**PALIATIVO** Atenuante, calmante, sedante. *Exasperante, excitante.*

**PALIDECER** Empalidecer. *Enrojecer, ruborizarse.*

**PALIDEZ** Amarillez, decoloración, lividez. *Colorido.*

**PÁLIDO** Amarillo, descaecido, descolorido, desvaído, macilento. *Sano, vigoroso, lozano.*

**PALILLO** Escarbadientes, mondadientes.

**PALINGENESIA** Regeneración, renacimiento, reviviscencia.

**PALINODIA** Retractación.

**PALIO** Baldaquín, dosel, pabellón.

**PALIQUE** Conversación, charla, parloteo. *Mutismo, silencio.*

**PALIZA** Tunda, vapuleo, zurra, azotaina. *Caricia, mimo.*

**PALIZADA** Cerca, empalizada, estacada, valla.

**PALMA** Palmera. // Gloria, triunfo. *Sambenito.* // Mano.

**PALMAR** Palmario. // Morir.

**PALMARIO** Claro, evidente, manifiesto, notorio, palpable, patente. *Confuso, dudoso.*

**PALMATORIA** Candelero.

**PALMEAR** Aplaudir, palmotear, aclamar. *Abuchear.*

**PALMOTEAR** Aplaudir, palmear, aclamar. *Silbar.*

**PALO** Madera. // Barrote, vara, rama, tronco, estaca, bastón, poste. // Garrote, suplicio, horca. // Golpe, bastonazo, estacazo. *Caricia.*

**PALOMADURA** Ligadura, atadura.

**PALOTE** Trazo, rasgo.

**PALPABLE** Tangible. *Etéreo, inmaterial.* // Evidente, manifiesto, palmario, patente. *Dudoso, oculto.*

**PALPAR** Tentar, tocar.

**PALPITACIÓN** Latido, pulsación, pulso, golpe, sístole, diástole. // Estremecimiento.

**PALPITANTE** Jadeante, anhelante. // Conmovedor, interesante, emocionante, penetrante, cálido. *Pasivo, frío.*

**PALPITAR** Latir. // Vivir. // Estremecerse, jadear.

**PÁLPITO** Barrunto, corazonada, sospecha. *Certeza.*

**PALÚDICO** Palustre, pantanoso, cenagoso, húmedo. // Febril.

**PALURDO** Rústico. *Culto, fino, gentil, refinado.*

**PAMPA** Llanura. *Montaña, serranía.*

**PÁMPANO** Pimpollo, sarmiento.

**PAMPLINA** Tontería, nadería. *Agudeza, ingeniosidad.*

**PAN** Alimento, sustento.

**PANACEA** Curalotodo, droga, remedio, medicamento.

**PANAL** Colmena, bresca.

**PANCARTA** Cartel.

**PANCISTA** Egoísta. *Altruista.*

**PANDEMÓNIUM** Algarabía, bulla, confusión. *Orden, silencio.*

**PANDERO** Pandereta.

**PANDILLA** Caterva, gavilla, patota.

**PANEGÍRICO** Alabanza, elogio, loa. *Catilinaria, diatriba, injuria.*

**PANEGIRISTA** Encomiasta, encomiador, alabador, apologista.

**PÁNFILO** Alelado, bobo. *Sagaz.* // Cachazudo, flojo, tardo. *Diligente, veloz.*

**PANFLETO** Libelo.

**PANIAGUADO** Allegado, favorecido, protegido, predilecto, preferido. // Servidor, asalariado.

**PÁNICO** Espanto, miedo, pavor, pavura, terror. *Serenidad, valor.*

**PANOJA** Mazorca, racimo.

**PANOPLIA** Armadura, trofeo.

**PANORAMA** Paisaje, vista.

**PANTAGRUÉLICO** Desmesurado, descomunal, desbordante, exhorbitante. // Glotón, bebedor.

**PANTALLA** Biombo, mampara, telón, tulipa, visera. // Encubridor, tapadera. *Espía.* // Cine, cinematógrafo.

**PANTANO** Atasco, atolladero, dificultad. // Bañado, estero, lodazal, tremedal.

**PANTANOSO** Paludoso, palustre, palúdico, anegadizo, lagunoso.

**PANTOMIMA** Imitación, remedo, mímica, representación, fingimiento.

**PANTUFLA** Chinela, pantuflo, zapatilla, babucha.

**PANZA** Abdomen, barriga, tripa, vientre.

**PANZADA** Atracón, comilona, hartazgo. *Hambre.*

**PANZÓN** Barrigón. *Flaco.*

**PAÑO** Tela. // Tapiz, colgadura. // Asunto, materia.

**PAÑOL** Compartimiento.

**PAÑOLÓN** Mantón, zorongo, tocado.

**PAPADA** Sobarba.

**PAPAGAYO** Loro.

**PAPAL** Apostólico, pontifical, vaticano.

**PAPALINA** Gorro, cofia. // Borrachera.

**PAPANATAS** Badulaque, cándido, crédulo, papamoscas, simple. *Astuto, incrédulo, sagaz.*

**PAPAR** Comer, engullir, tragar.

**PAPARRUCHA** Bulo, cuento. *Verdad.*

**PAPEL** Hoja, pliego. // Papiro. // Periódico, documento. // Carta, credencial, título, manuscrito. // Impreso. // Personaje. // Representación, encargo, ministerio, carácter.

**PAPELERA** Papelería, cartonería.

**PAPELETA** Cédula, ficha, tarjeta.

**PAPELÓN** Plancha, ridículo. *Lucimiento.*

**PAPERA** Bocio, paperas, parótida.

**PAPO** Buche, papada. // Bocio, papera.

**PAQUEBOTE** Buque, vapor.

**PAQUETE** Atado, bulto, envoltorio, lío. // Elegante, presumido. *Mamarracho.*

**PAR** Igual, semejante. *Impar, singular, único.* // Pareja, yunta. *Uno.*

**PARABIÉN** Felicitación. *Pésame.*

**PARÁBOLA** Narración, alegoría, fábula, enseñanza.

**PARADA** Detención, pausa, suspensión. *Marcha, oscilación.* // Estación, etapa, parador. // Apuesta. // Quite.

**PARADERO** Fin, final, término. // Apeadero, estación.

**PARADIGMA** Ejemplo, modelo.

**PARADISÍACO** Celestial, delicioso, edénico, feliz, perfecto. *Infernal.*

**PARADO** Detenido, estacionario, estadizo, estancado, estático, inmóvil. *Andan-*

*te, móvil, oscilante.* // Derecho, de pie. // Desocupado, inactivo, ocioso. *Activo, ocupado.* // Flojo, pánfilo, remiso, tímido. // Engreído, orgulloso. *Modesto, pobre.*

**PARADOJA** Contradicción, extravagancia, exageración.

**PARADÓJICO** Contradictorio, extravagante, exagerado.

**PARADOR** Hostería.

**PARAFRASEAR** Comentar, explicar, glosar.

**PARÁFRASIS** Comentario, exégesis, explicación, glosa, interpretación. *****Perífrasis.**

**PARÁGRAFO** Párrafo.

**PARAGUAS** Sombrilla, quitasol, parasol.

**PARAGÜERO** Bastonero, perchero.

**PARAÍSO** Cielo, Edén, Elíseo, Olimpo. *Infierno, Limbo, Purgatorio.* // Gloria. // Gallinero, cazuela, anfiteatro.

**PARAJE** Lugar, punto, sitio.

**PARAJISMO** Mueca, visaje, gesticulación, mímica.

**PARALELAR** Comparar, parangonar, equivaler, cotejar.

**PARALELISMO** Correspondencia, semejanza. *Desemejanza, desigualdad, disparidad.*

**PARALELO** Comparable, equidistante, correspondiente, semejante. *Cruzado, diagonal, perpendicular, secante, transversal.* // Comparación, cotejo.

**PARÁLISIS** Entumecimiento, envaramiento, atonía.

**PARALÍTICO** Baldado, impedido, tullido, patitieso.

**PARALIZACIÓN** Detención, inmovilización, estancamiento. *Agilidad, movilización, movimiento.*

**PARALIZAR** Detener, entorpecer, inmovilizar, suspender. *Facilitar, mover, movilizar.*

**PARALOGISMO** Sofisma.

**PARAMENTAR** Adornar, ataviar, decorar, ornamentar.

**PARAMENTO** Adorno, atavío, ornato. // Cara, fachada.

**PÁRAMO** Desierto, puna, sabana, erial, yermo. *Vergel.*

**PARANGÓN** Comparación, cotejo, paralelo, semejanza. *Diversidad.*

**PARANGONAR** Comparar, cotejar, paralelar. *Diferenciar.*

**PARANOIA** Locura, monomanía. *Cordura, razón.*

**PARAPETARSE** Atrincherarse, protegerse, resguardarse.

**PARAPETO** Muro, pared, antepecho, baranda, pretil. // Barricada. // Defensa, reparo.

**PARAPOCO** Apocado, tímido, corto, simple.

**PARAR** Contener, detener, impedir, inmovilizar, paralizar, sujetar, suspender. *Andar, avanzar, caminar, correr, marchar, soltar.* // Asentarse, enriquecerse. // Plantarse, posarse, descansar. *Movilizarse, partir.* // Enderezarse, erguirse, levantarse. *Sentarse.* // Acabar, terminar. *Seguir.* // Alojarse, habitar, hospedarse, vivir. // Preparar, prevenir. // Convertirse, reducirse.

**PARÁSITO** Insecto. // Piojo, tiña, pulga, chinche, garrapata, gusano, bacteria. // Vividor.

**PARASOL** Quitasol, sombrilla, guardasol. // Paraguas.

**PARCA** Muerte.

**PARCAMENTE** Escasamente, módicamente. *Abundantemente.*

**PARCELA** Pizca, porción. *Todo, total.*

**PARCHE** Cataplasma, emplasto, pegote, remiendo, retoque. // Tambor.

**PARCIAL** Fraccionario, incompleto. *Completo, entero, global, íntegro, total.* // Partidario.

**PARCIALIDAD** Bandería. // Favoritismo, preferencia. *Ecuanimidad, equidad, igualdad, justicia.*

**PARCIALMENTE** Injustamente. // En parte.

**PARCO** Escaso. *Abundante.* // Frugal, moderado, sobrio, templado. *Exuberante, glotón.*

**PARDO** Mulato, oscuro, terroso.

**PAREAR** Comparar, cotejar, igualar, paralelar, parangonar. *Desigualar, diferenciar, desunir.*

**PARECER** Dictamen, entender, juicio, opinión.

**PARECER** Asemejarse. *Diferenciarse.* // Aparecer, comparecer, mostrarse, presentarse. *Desaparecer.* // Creer, juzgar, opinar, pensar.

**PARECIDO** Semejante, similar. *Diferente, distinto.* // Analogía, semejanza, similitud. *Desigualdad, diferencia.*

**PARED** Muro, paredón, tabique, tapia.

**PAREJA** Casal, compañera, compañero, par, yunta.

**PAREJERO** Flete, pingo.

**PAREJO** Igual, liso, llano, parecido, plano, regular, semejante. *Áspero, desigual, desparejo, escabroso.*

**PAREMIA** Adagio, refrán, proverbio, frase, sentencia.

**PARENTELA** Parientes.

**PARENTESCO** Conexión, lazo, vínculo. // Afinidad, consanguinidad.

**PARÉNTESIS** Interrupción, suspensión. *Continuación, prosecución.*

**PARIA** Apátrida, desheredado. ***Paría** (parir).

**PARIDAD** Igualdad. *Desemejanza, desigualdad, diversidad, diferencia, disparidad.*

**PARIENTE** Allegado, deudo, familiar. *Ajeno, extraño.*

**PARIENTES** Parentela.

**PARIHUELA** Angarillas, camilla.

**PARIR** Alumbrar, dar a luz. // Crear, producir.

**PARLA** Conversación, charla, parloteo.

**PARLADOR** Parlanchín, charlatán, locuaz. *Callado.*

**PARLAMENTAR** Capitular, conferenciar, conversar, discutir, hablar.

**PARLAMENTARIO** Embajador, legado, emisario, delegado. // Comicial, bicameral, constituyente.

**PARLAMENTO** Congreso, asamblea, concilio, cámara.

**PARLANCHÍN** Charlatán, hablador,

bocazas, lenguaraz, verboso. *Callado.*

**PARLAR** Charlar, hablar, parlotear, charlatanear. *Callar.*

**PARO** Detención, huelga, interrupción, suspensión. *Trabajo.*

**PARODIA** Imitación, remedo, reproducción. *Naturalidad.*

**PAROXISMO** Exacerbación, exaltación, irritación. *Placidez.* // Síncope, acceso.

**PARPADEAR** Pestañear.

**PARPADEO** Guiñada, guiño, pestañeo.

**PARQUE** Jardín. // Coto, dehesa, cercado, quinta. // Depósito, almacén.

**PARQUEDAD** Moderación, templanza, parsimonia. *Derroche, exceso, imprudencia, palabrerío.* ***Parvedad.**

**PARRA** Vid.

**PÁRRAFO** Parágrafo.

**PARRANDA** Diversión, fiesta, jarana, juerga.

**PARRILLA** Asador. // Potro, tormento.

**PÁRROCO** Cura, vicario, abad, prior.

**PARROQUIA** Feligresía, curato. // Iglesia, templo.

**PARROQUIANO** Cliente. // Feligrés.

**PARSIMONIA** Frugalidad, moderación, templanza. *Derroche, exceso.* // Circunspección. *Fervor, imprudencia.*

**PARTE** Fracción, división, fragmento, trozo, pedazo, cuota, cacho, lote, partícula, pieza, porción, ración, rebanada, rodaja, sector, segmento, tajada, tramo. *Conjunto, total.* // Lado, lugar, punto, sitio. // Bando, facción, partido. // Capítulo, libro. // Actor, litigante. // Aviso, comunicación, despacho, noticia, participación.

**PARTERA** Comadrona.

**PARTERRE** Jardín.

**PARTICIÓN** Despedazamiento, división, fraccionamiento, reparto.

**PARTICIPACIÓN** Colaboración, intervención. // Aviso. // Parte, porción.

**PARTICIPAR** Colaborar, compartir, contribuir, intervenir. *Apartarse, desentenderse.* // Anunciar, comunicar, informar, notificar. *Ocultar, silenciar.*

**PARTÍCIPE** Copropietario, condómino,

coposesor, mediero, aparcero. // Cómplice. **Participe, participé** (participar).

**PARTÍCULA** Brizna, gota, migaja, pizca, parte, ápice.

**PARTICULAR** Característico, extraño, extraordinario, raro. *Ordinario, vulgar.* // Especial, exclusivo, individual, peculiar, personal, privado, privativo, propio, singular. *Ajeno, común, general, público, universal.*

**PARTICULARIDAD** Especialidad, individualidad, rareza, singularidad.

**PARTICULARIZAR** Detallar, especificar. *Generalizar.* // Distinguirse, singularizarse.

**PARTICULARMENTE** Especialmente, individualmente, privativamente, señaladamente, singularmente. *Generalmente.*

**PARTIDA** Éxodo, ida, huida, marcha, salida. *Advenimiento, arribo, llegada.* // Anotación, asiento, certificación. // Envío, remesa. // Cantidad, porción. // Muerte. *Nacimiento.* // Banda, cuadrilla, facción, guerrilla, pandilla.

**PARTIDARIO** Adepto, adicto, secuaz, simpatizante. *Enemigo.*

**PARTIDO** Cortado, descuartizado, desmembrado, despedazado, dividido, fraccionado, fragmentado, hendido, rajado, roto. *Entero.* // Bandería, facción, parcialidad. // Provecho, utilidad, ventaja. // Amparo, protección, simpatía. // Convenio, pacto, trato. // Medio, procedimiento. // Decisión, opinión, resolución. // Departamento, distrito.

**PARTIQUINO** Comparsa, extra, figurante, maldito.

**PARTIR** Abrir, cascar, cortar, dividir, escindir, fraccionar, fragmentar, hender, seccionar, segmentar, separar. *Unir.* // Distribuir, repartir. *Sumar.* // Desmenuzar, fracturar, moler, quebrar, quebrantar, romper, tronchar. // Largarse, marcharse. *Permanecer, llegar.*

**PARTO** Alumbramiento, parición.

**PARVA** Trilla. // Montón.

**PARVEDAD** Escasez, pequeñez, poque-

dad, tenuidad. *Abundancia.*

**PARVIFICAR** Achicar, empequeñecer, acortar, atenuar. *Agrandar, acrecentar.*

**PARVO** Pequeño, corto, tenue, escaso. // Resumido, sucinto.

**PÁRVULO** Niño. // Cándido, inocente. // Humilde, sencillo.

**PASADERO** Llevadero, pasable, tolerable, soportable. *Inadmisible, insoportable, insufrible.*

**PASADIZO** Callejón, pasillo, pasaje.

**PASADO** Antigüedad, ayer. // Antiguo, pretérito, remoto. *Presunto, futuro.* // Pocho, podrido. *Maduro, sano.*

**PASADOR** Pestillo, cerrojo. // Colador, filtro. // Broche, sujetador.

**PASAJE** Billete, boleto. // Angostura, callejón, estrechura, galería. // Fragmento, trozo.

**PASAJERO** Caminante, transeúnte, viajero. // Breve, efímero, fugaz, momentáneo, perecedero, transitorio. *Duradero, permanente.* // Céntrico, concurrido, frecuentado. *Solitario.*

**PASAMANERÍA** Cordonería, galoneadura. // Cordón, galón, trencilla, vivo, alamar, cairel.

**PASAMANO** Barandal, barandilla.

**PASANTE** Ayudante, auxiliar, secretario, asistente. // Viajero, pasajero.

**PASANTÍA** Aprendizaje, ayudantía, noviciado.

**PASAPORTE** Pase, permiso, salvoconducto, visado.

**PASAR** Atravesar, cruzar, traspasar, vadear. // Moverse, trasladarse. *Permanecer, quedarse.* // Transmitir. *Recibir.* // Contrabandear, introducir, meter. // Aventajar, exceder, superar. *Igualar, rezagarse.* // Durar, sufrir, tolerar, vivir. // Colar, filtrar, tamizar, trasegar. // Deglutir, tragar. // Callar, disimular, olvidarse, omitir, prescindir, saltar. // Aprobar, estudiar. // Extenderse, propagarse. *Reducirse.* // Acaecer, ocurrir, suceder. // Transferir. // Pudrirse.

**PASARELA** Puentecillo.

**PASATIEMPO** Diversión, entreteni-

miento, juego, esparcimiento, solaz.
**PASE** Licencia, permiso, salvoconducto.
*Pace (pacer).
**PASEAR** Andar, deambular, vagar.
**PASEO** Caminata, excursión.
**PASIBLE** Susceptible, sufrible.
**PASILLO** Corredor, galería, pasaje.
**PASIÓN** Entusiasmo, vehemencia. *Desapego, indiferencia.*
**PASIVIDAD** Inacción, indiferencia. *Actividad, ansiedad, inquietud.*
**PASIVO** Inactivo, indiferente, quieto. *Activo, dinámico, vivo.*
**PASMAR** Asombrar, aturdir, maravillar. // Desmedrarse. // Enfriar, helar.
**PASMO** Enfriamiento. // Admiración, asombro, estupefacción, embobamiento. *Apatía, indiferencia.*
**PASMOSO** Admirable, asombroso, estupendo, maravilloso, prodigioso, sorprendente. *Frío, vulgar.*
**PASO** Huella, pisada, tranco. // Ascenso, marcha, progreso. // Camino, canal, estrecho, pasaje, senda, vereda. // Diligencia, gestión. // Dificultad, lance, suceso, trance. // Giro, pirueta, mudanza. *Pazo.
**PASQUÍN** Panfleto.
**PASTA** Masa, fideos. // Encuadernación. // Dinero.
**PASTAR** Apacentar, pacer.
**PASTEL** Bollo, torta. // Chanchullo, embrollo, enjuague, fullería.
**PASTELERÍA** Confitería, repostería.
**PASTILLA** Comprimido, gragea, tableta.
**PASTO** Alimento, fomento, incentivo, pábulo. // Hierba, pastura.
**PASTOR** Zagal, mayoral, vaquero, cabrero, ovejero. // Cura, obispo, prelado.
**PASTORAL** Bucólico, pastoril, agropecuario. // Égloga, bucólica. // Encíclica.
**PASTOSO** Espeso, viscoso. // Gangoso.
**PATA** Pierna.
**PATADA** Coz, puntapié. // Pateo, pataleo. // Huella, rastro.
**PATALEAR** Patear, pernear.
**PATALEO** Pateo, patada. // Queja, protesta, silba.

**PATALETA** Convulsión, patatús, rabieta, ataque, nervios.
**PATÁN** Aldeano, rústico, tosco, zafio. *Cortés, culto, delicado.*
**PATATA** Papa.
**PATATÚS** Desmayo, pataleta, soponcio, ataque, síncope.
**PATEAR** Cocear, patalear. // Andar, trajinar. *Descansar.* // Censurar, reprobar.
**PATENTE** Claro, evidente, notorio, perceptible, visible. *Confuso, imperceptible.* // Invención.
**PATENTIZAR** Demostrar, exponer, evidenciar, manifestar. *Ocultar.*
**PATERNAL** Paterno. *Filial, maternal.*
**PATÉTICO** Conmovedor, emocionante, impresionante, apasionador.
**PATIBULARIO** Feroz, horripilante, siniestro. *Divertido.*
**PATÍBULO** Cadalso, horca, suplicio.
**PATIDIFUSO** Patitieso, sorprendido. *Indiferente.*
**PATÍN** Esquí, trineo.
**PÁTINA** Barniz, lustre. *Patina (patinar).
**PATINAR** Deslizarse, esquiar, resbalar. *Tropezar.*
**PATITIESO** Boquiabierto, sorprendido, extrañado, patidifuso, petrificado. // Desmayado, inanimado.
**PATO** Ánade. // Seco, sin dinero. *Forrado, rico.*
**PATOCHADA** Disparate, gansada, desatino, tontería, majadería. *Agudeza, ingenuidad.*
**PATOSO** Pesado, molesto, cargante, enfadoso, impertinente.
**PATOTA** Barra, pandilla.
**PATRAÑA** Cuento, embuste, infundio, mentira. *Realidad, verdad.*
**PATRIA** Nación, país, suelo natal.
**PATRIARCA** Jefe. // Prestigioso, influyente.
**PATRIARCAL** Familiar. // Anciano, antiguo, ancestral.
**PATRICIO** Noble, prócer, aristócrata, señor. *Plebeyo.*
**PATRIMONIAL** Hereditario, familiar.
**PATRIMONIO** Bienes, herencia, pro-

piedad. *Indigencia, pobreza.*

**PATROCINAR** Amparar, apadrinar, defender, proteger, recomendar. *Atacar, perseguir.*

**PATROCINIO** Amparo, auxilio, favor, padrinazgo, protección. *Desamparo, inseguridad, riesgo.*

**PATRÓN** Amo, dueño, patrono, señor. *Obrero, peón, servidor.* // Modelo, molde, muestra, pauta, regla, horma. // Santo, titular.

**PATRONÍMICO** Apellido, nombre.

**PATRONO** Defensor, protector. // Patrón, dueño.

**PATRULLA** Partida, piquete.

**PATRULLAR** Rondar, vigilar.

**PAULATINAMENTE** Despacio, lentamente, poco a poco.

**PAULATINO** Pausado.

**PAUPÉRRIMO** Misérrimo, pobrísimo. *Potentado, riquísimo.*

**PAUSA** Lentitud, tardanza. *Diligencia, rapidez.* // Alto, intervalo, interrupción, parada, descanso, paréntesis. *Continuación, sucesión.*

**PAUSADO** Despacioso, lento, moroso, tardo, paulatino, acompasado, calmoso. *Impetuoso, rápido.*

**PAUSAR** Interrumpir, retardar, espaciar. *Sincronizar, cronometrar.*

**PAUTA** Dechado, modelo, norma, patrón.

**PAUTAR** Modelar, ejemplarizar, acompasar. // Rayar.

**PAVADA** Insulsez, necedad, ñoñez, sosería. *Gracia, ingenio.*

**PAVÉS** Escudo, broquel.

**PAVIDEZ** Pavor.

**PÁVIDO** Cobarde, miedoso, pusilánime, temeroso, medroso. *Valiente, audaz.*

**PAVIMENTAR** Adoquinar, asfaltar, enlosar, solar, empedrar.

**PAVIMENTO** Afirmado, firme, piso, suelo.

**PAVO** Estúpido, incauto, necio, soso. *Cauto, chistoso, inteligente, sagaz.*

**PAVONEARSE** Alardear, jactarse, presumir, vanagloriarse, farolear.

**PAVOR** Espanto, miedo, pavura, temor.

*Arrojo, audacia, osadía, valor.*

**PAVOROSO** Espantoso, espeluznante, temible. *Atractivo, fascinante.*

**PAVURA** Pavor, pavidez, miedo.

**PAYASADA** Bufonada, extravagancia, farsa. *Drama.*

**PAYASO** Bufón, gracioso, titiritero.

**PAZ** Calma, sosiego, tranquilidad. *Contienda, guerra, intranquilidad, lucha, hostilidad, riña.*

**PAZGUATO** Bobo, simple, tonto.

**PEANA** Basa, tarima, basamento.

**PEATÓN** Caminante, peón, transeúnte. *Automovilista.*

**PEBETERO** Incensador, perfumador.

**PECA** Efélide, mancha, lunar, mota.

**PECADO** Falta, infracción. *Inocencia, penitencia, virtud.*

**PECAR** Delinquir, errar, faltar. // Enviciarse.

**PECERA** Acuario.

**PECHAR** Pedir, sablear. *Dar.* // Empujar, apechugar.

**PECHAZO** Sablazo, petición, pedigüeñería. *Limosna.* // Empujón.

**PECHO** Busto, mama, pechuga, seno. *Espalda.* // Ánimo, esfuerzo, fortaleza, valentía.

**PECHUGA** Pecho.

**PECHUGÓN** Impulso, ímpetu, esfuerzo, empujón.

**PECINA** Lodo, fango, cieno.

**PÉCORA** Animal, bestia, res. // *Astuto, pícaro, vicioso.*

**PECOREA** Robo, hurto, saqueo, abigeato, pillaje. // Diversión.

**PECTORAL** Torácico.

**PECULIAR** Característico, exclusivo, particular, privativo, propio. *Común, general, imitado, vulgar.*

**PECULIARIDAD** Singularidad, especificación, exclusividad. *Generalidad.*

**PECULIO** Bienes, capital, caudal, dinero, patrimonio.

**PECUNIA** Dinero, moneda.

**PEDAGOGÍA** Educación, enseñanza, didáctica.

**PEDAGÓGICO** Didáctico, docente, educativo, formativo, didascálico.

**PEDAGOGO** Educador, instructor, maestro, profesor.

**PEDANTE** Afectado, presumido, sabihondo, vanidoso, purista. *Modesto, natural, sencillo.*

**PEDAZO** Porción, fragmento, tajada, trozo, cacho.

**PEDAZOS** Añicos, trizas.

**PEDESTAL** Basa, base, fundamento, peana, pie, plinto, podio. *Ápice, cima, cumbre.*

**PEDESTRE** Adocenado, común, corriente, chabacano, vulgar. *Excéntrico, inspirado, original, poético.*

**PEDICURO** Callista.

**PEDIDO** Encargo, petición, solicitud.

**PEDIGÜEÑO** Mendigo, pordiosero, sablista. *Dadivoso, donante.*

**PEDIR** Demandar, exigir, impetrar, mendigar, recabar, reclamar, rogar, solicitar, suplicar. *Dar, prestar, rechazar, rehusar.* // Apetecer, desear.

**PEDRADA** Golpe, guijarrazo, cantazo.

**PEDREGAL** Canchal, cantizal, cantera, peñascal, pedriscal.

**PEDREGOSO** Pétreo, guijarroso, rocoso, duro, áspero.

**PEDRERÍA** Joyería.

**PEDRISCO** Granizo, piedra.

**PEDÚNCULO** Rabillo.

**PEGA** Burla, chasco, engaño. // Dificultad, obstáculo.

**PEGADIZO** Pegajoso. // Postizo.

**PEGAJOSO** Cohesivo, glutinoso, pegadizo, viscoso. // Contagioso. // Meloso, obsequioso, pegote.

**PEGAMENTO** Adhesión, adherencia, pegadura, aglutinación.

**PEGAR** Adherir, aglutinar, encolar, engrudar, engomar, soldar. *Despegar.* // Aplicar, arrimar, coser, fijar, juntar, unir. *Desunir.* // Asestar, castigar, dar, maltratar, propinar, zurrar. *Acariciar.* // Contagiar, contaminarse. *Inmunizar.* // Convenir, resultar, sentar. // Agregarse, insinuarse, introducirse. *Retirarse, retraerse.* // Impresionar. // Rimar.

**PEGOTE** Emplasto, parche. // Fastidioso. // Bodrio, bazofia.

**PEINAR** Cardar, desenmarañar, desenredar. // Alisar, acicalar.

**PEJE** Pez.

**PEJIGUERA** Dificultad, incomodidad, lata, molestia. *Comodidad, facilidad.*

**PELADA** Calva, calvicie.

**PELADILLA** Canto, pedrusco, china, guija. // Almendra.

**PELADO** Calvo. *Peludo, piloso.* // Desnudo. *Cubierto.* // Escueto. *Detallado.* // Pelagatos. *Adinerado.*

**PELAFUSTÁN** Holgazán, maula, perdido. *Trabajador.*

**PELAGATOS** Insignificante, cualquiera, pordiosero, pelado, pelafustán, pobretón. *Personaje.*

**PELAJE** Calaña, índole, laya, traza, jaez.

**PELAMBRERA** Calvicie, alopecia, peladera. // Vello.

**PELAR** Rapar. // Depilar, descascarar, descortezar, desplumar, esquilar, mondar, trasquilar. // Robar.

**PELDAÑO** Escalón, grada, paso.

**PELEA** Batalla, combate, contienda, escaramuza, lucha, trifulca. *Paz.* // Afán, agobio, ajetreo, fatiga, trabajo. *Fiesta, holgorio.*

**PELEAR** Combatir, contender, disputar, enemistarse, luchar, reñir. *Amistarse, encariñarse.* // Afanarse, esforzarse. *Ociar.*

**PELECHAR** Medrar, aventajar, mejorar. *Arruinarse.*

**PELELE** Monigote, muñeco.

**PELIAGUDO** Complicado, difícil, intrincado. *Fácil, inteligible.* // Hábil, mañoso. *Torpe.*

**PELÍCULA** Cutícula, piel, membrana. // Cinta, filme.

**PELIGRAR** Amenazar, zozobrar, fluctuar. // Arriesgarse, aventurarse, exponerse, sacrificarse.

**PELIGRO** Amenaza, inseguridad, riesgo. *Inmunidad, invulnerabilidad, seguridad, solvencia.*

**PELIGROSO** Amenazador, arriesgado,

aventurado. *Confiable, seguro.* // Aventurero, indeseable, turbulento. *Decente, honorable, tranquilo.*

**PELLEJO** Cuero, pelleja, piel, vellón. // Borracho.

**PELLIZCO** Pizca, porción, trocito. // Torniscón. *Caricia.*

**PELMACERÍA** Indolencia, pasividad, parsimonia, tardanza, lentitud, cachaza. *Rapidez, fervor.*

**PELMAZO** Fastidioso, inoportuno, pelma, pesado. // Cachaciento, pachorrudo, torpe. *Diligente, rápido.*

**PELO** Cabello, pelusa, vello. // Minucia, nimiedad.

**PELONERÍA** Miseria, pobreza, indigencia. *Riqueza.*

**PELOTA** Balón, bola.

**PELOTEAR** Botar, rebotar, tomar, volver, lanzar. // Disputar, reñir, contender, pelearse.

**PELOTERA** Contienda, revuelta, riña. *Jarana.*

**PELUCA** Bisoñé, cabellera, peluquín. // Filípica, reprimenda, sermón. *Consejo.*

**PELUDO** Armadillo. // Piloso, mechudo, velludo. *Imberbe, lampiño.*

**PELUSA** Pelo, vello. // Celos, envidia.

**PENA** Castigo, penalidad, penitencia. *Recompensa.* // Congoja, cuidado, dolor, pesadumbre, sufrimiento. *Alegría, gozo, júbilo.* // Dificultad, trabajo, fatiga. *Descanso.*

**PENACHO** Airón, cimera, plumero, copete. // Presunción, soberbia, vanidad. *Modestia.*

**PENADO** Condenado, presidiario, preso. *Liberado.*

**PENAL** Cárcel, penitenciaría. // Punitivo, punible.

**PENALIDAD** Condena, correctivo, multa, pena. *Perdón, recompensa.* // Incomodidad, molestia, trabajo. *Comodidad, descanso, ocio.*

**PENAR** Castigar, multar. *Perdonar.* // Agonizar, padecer, sufrir. *Descansar.* // Afligirse, apesadumbrarse, entristecerse. *Alegrarse.*

**PENATES** Lares.

**PENCO** Jamelgo, matalón, rocín.

**PENDENCIA** Altercado, contienda, riña. *Armonía, avenencia, concordia.*

**PENDENCIERO** Camorrista, matón. *Pacífico, tranquilo.*

**PENDER** Colgar. // Depender.

**PENDIENTE** Arete, colgante. // Indeciso, suspenso. // Suspendido. // Cuesta, rampa, repecho. *Llano.* // Empinado, escarpado. *Nivelado.*

**PENDÓN** Bandera, estandarte, insignia, divisa.

**PENE** Falo, miembro.

**PENETRABLE** Permeable, diáfano, transparente. *Impenetrable.* // Claro, comprensible, fácil, inteligible. *Difícil.*

**PENETRACIÓN** Agudeza, perspicacia, sutileza, talento. *Estupidez, simpleza.* // Incursión, correría, invasión. *Retirada.*

**PENETRANTE** Profundo. *Superficial.* // Agudo, alto, chillón, fuerte, subido. *Bajo, débil, sordo.* // Perspicaz, ingenioso, sutil.

**PENETRAR** Calar, embeber, impregnar. // Introducir, meter. *Alejarse, irse, sacar, salir.* // Comprender, entender.

**PENITENCIA** Castigo, mortificación, pena. *Perdón, premio.* // Contricción, dolor, pesar. *Gozo.*

**PENITENCIAR** Penar, castigar, sancionar, condenar. *Premiar.* // Mortificarse.

**PENITENCIARÍA** Cárcel, correccional, penal. *\*Penitenciaria.*

**PENITENTE** Arrepentido, disciplinante, azotado, flagelado.

**PENOSO** Difícil, trabajoso, fatigoso. *Fácil, sencillo.*

**PENSADOR** Filósofo, sabio. // Pensativo, absorto, abstraído.

**PENSAMIENTO** Intelecto, mente, raciocinio. // Idea, opinión. // Bosquejo, proyecto. // Máxima, proverbio, sentencia. // Malicia, recelo, sospecha.

**PENSAR** Cavilar, discurrir, especular, meditar, proyectar, recapacitar, reflexionar, rumiar, soñar, suponer. // Idear, imaginar.

**PENSATIVO** Caviloso, pensador, preocupado, reflexivo. *Despreocupado.*

**PENSIL** Jardín. *Erial.* // Pendiente.

**PENSIÓN** Renta, subsidio, subvención. // Hospedaje.

**PENSIONADO** Pensionario, pensionista, becario, jubilado, retirado, pasivo. // Internado, pupilo, huésped.

**PENUMBRA** Medialuz, tenuidad, crepúsculo, sombra.

**PENURIA** Escasez, miseria, pobreza. *Abundancia, riqueza, solvencia.*

**PEÑA** Peñasco, roca. // Círculo, club, corro, tertulia. *Pandilla.*

**PEÑASCO** Peñón, peña, roca, morro, castro, farallón, roquedo.

**PEÑASCOSO** Escabroso, riscoso, rocoso, arriscado.

**PEÓN** Bracero, jornalero, trabajador. *Capataz.* // Peatón. // Trompo, peonza, perinola.

**PEONZA** Perinola, trompo.

**PEORÍA** Agravación, empeoramiento, recaída. *Mejoría.*

**PEPITA** Carozo, simiente.

**PEPONA** Muñeca.

**PEQUEÑEZ** Bajeza, mezquindad. *Elevación, grandeza, superioridad.* // Infancia, niñez. *Vejez.* // Bagatela, fruslería, insignificancia. *Grandor, corpulencia, trascendencia.*

**PEQUEÑO** Chico, chiquito, diminuto, enano, liliputiense, menudo. *Ciclópeo, corpulento, enorme, grande, gigantesco, ingente, voluminoso.* // Bajo. *Alto, colosal.* // Breve, corto, exiguo, reducido, ruin. *Espacioso, extenso, ilimitado, vasto.* // Niño. *Adulto, hombre.*

**PERALTE** Desnivel, elevación.

**PERCANCE** Accidente, avería, contratiempo, daño.

**PERCATARSE** Advertir, enterarse, considerar, darse cuenta, notar, observar, reparar. *Desconocer, ignorar.*

**PERCEPCIÓN** Sensación, impresión, aprehensión, conocimiento. // Idea, representación, imagen. // Discernimiento, clarividencia, penetración. // Cobro,

recaudación, ingresos. *Pago.*

**PERCEPTIBLE** Apreciable, sensible, visible. *Imperceptible.*

**PERCHA** Perchero, colgadero, gancho, clavijero, garabato.

**PERCIBIR** Advertir, apreciar, comprender, entender, notar, observar. *Desconocer, ignorar.* // Avistar, descubrir, distinguir, divisar, ver. // Cobrar, recaudar, recibir. *Abonar, pagar.*

**PERCUDIR** Ajar, deslucir, deteriorar, maltratar.

**PERCUSIÓN** Golpe, golpeteo, choque.

**PERCUSOR** Percutor, martillo.

**PERCUTIR** Batir, golpear, herir.

**PERDER** Extraviar, inutilizarse, traspapelarse. *Encontrar, hallar.* // Derrochar, desperdiciar, malgastar, malograr. *Ahorrar.* // Corromperse, desgraciarse, destruirse, deteriorarse, frustrarse, pervertirse. *Salvarse.* // Confundirse, desorientarse. *Encaminarse, orientarse.* // Naufragar, zozobrar.

**PERDICIÓN** Pérdida. *Salvación.* // Daño, destrucción, ruina. *Recuperación.*

**PÉRDIDA** Extravío. *Hallazgo.* // Daño, menoscabo, merma, perjuicio, quebranto, ruina. *Beneficio, ganancia, provecho, utilidad.*

**PERDIDAMENTE** Excesivamente. // Inútilmente.

**PERDIDO** Desorientado, extraviado, fracasado. *Encaminado.* // Libertino, perdulario, vicioso. *Virtuoso.*

**PERDÓN** Absolución, indulto, remisión. *Condena, satisfacción, vindicta.*

**PERDONAR** Absolver, condonar, dispensar, exceptuar, eximir, indultar, remitir. *Castigar, condenar, inculpar.*

**PERDONAVIDAS** Bravucón, fanfarrón, matón, valentón.

**PERDULARIO** Calavera, vicioso. // Abandonado, descuidado.

**PERDURABILIDAD** Perpetuidad, eternidad, inmortalidad.

**PERDURABLE** Eterno, imperecedero. *Perecedero.*

**PERDURAR** Durar, subsistir, permanecer, continuar. *Extinguirse, fenecer, morir.*

**PERECEDERO** Efímero, fugaz, pasajero, transitorio. *Duradero, inmortal.*

**PERECER** Fenecer, morir, sucumbir. *Brotar, nacer, vivir.* // Apetecer, desvivirse, desear.

**PEREGRINACIÓN** Peregrinaje, viaje, romería, éxodo, cruzada.

**PEREGRINO** Caminante, viajero. // Romero. // Extraño, extraordinario, perfecto, raro, singular. *Común, vulgar.*

**PERENGANO** Fulano, mengano, zutano.

**PERENNE** Continuo, incesante, permanente, perpetuo. *Discontinuo, efímero.*

**PERENNIDAD** Perdurabilidad, perpetuidad, inmortalidad. *Mortalidad.*

**PERENTORIEDAD** Apremio, apuro, prisa, urgencia, vehemencia. *Lentitud, pasividad, morosidad.*

**PERENTORIO** Apremiante, urgente. *Breve, fugaz.* // Concluyente, decisivo, tajante, terminante. *Dubitativo.*

**PEREZA** Apatía, haraganería, indolencia, ociosidad, pachorra, poltronería. *Actividad, aplicación, diligencia.*

**PEREZOSAMENTE** Flojamente, haraganamente, indolentemente. *Ágilmente, solícitamente.*

**PEREZOSO** Haragán, holgazán, indolente, poltrón, remolón, vago. *Trabajador, diligente.*

**PERFECCIÓN** Excelencia, finura, madurez, sazón. *Anormalidad, defecto, imperfección, tacha.*

**PERFECCIONAR** Acabar, afinar, completar, pulir, retocar. *Viciar.*

**PERFECTAMENTE** Cabalmente, intachablemente.

**PERFECTO** Acabado, cabal, completo, ideal, intachable. *Defectuoso, deficiente, imperfecto.* ∗**Prefecto.**

**PERFIDIA** Felonía, traición. *Lealtad, rectitud, sinceridad.*

**PÉRFIDO** Desleal, infiel, perjuro, traidor. *Fiel, recto, veraz.*

**PERFIL** Contorno, rasgo, silueta.

**PERFILAR** Afinar, perfeccionar. // Aci-

calarse, arreglarse, emperifollarse, maquillarse, retocarse, componerse.

**PERFORACIÓN** Agujero, horadamiento, pozo.

**PERFORAR** Agujerear, horadar, taladrar.

**PERFUMADO** Aromático, fragante, oloroso, odorífero. *Fétido, pestilente.*

**PERFUMADOR** Perfumista, perfumero, aromatizador. // Perfumadero, pebetero, sahumador, fumigatorio, pulverizador.

**PERFUMAR** Aromatizar, embalsamar, sahumar. *Heder.*

**PERFUME** Aroma, efluvio, esencia, fragancia. *Fetidez, hedor.*

**PERFUSIÓN** Baño, untura.

**PERGAMINO** Piel, vitela. // Título.

**PERGEÑAR** Arreglar, disponer, ejecutar, preparar.

**PERGEÑO** Apariencia, aspecto, disposición, figura, traza.

**PERICIA** Destreza, experiencia, habilidad, práctica. *Ineptitud, inexperiencia, inhabilidad.*

**PERICLITAR** Decaer, declinar, desvalorizarse.

**PERIFERIA** Aledaños, alrededores. // Circunferencia, contorno, perímetro. *Centro, interior, núcleo.*

**PERIFOLLOS** Adornos, alhajas.

**PERÍFRASIS** Circunloquio, circunlocución, rodeo. ∗**Paráfrasis.**

**PERILLA** Barbilla.

**PERÍMETRO** Ámbito, contorno, espacio. *Centro.*

**PERÍNCLITO** Grande, heroico, ínclito.

**PERINOLA** Peonza.

**PERÍOCA** Argumento, asunto, tema.

**PERIÓDICO** Diario, rotativo. // Habitual, regular. *Irregular.*

**PERIODISMO** Prensa.

**PERÍODO o PERIODO** Ciclo. // Etapa, fase, lapso. // Frase, párrafo. // Menstruación, regla.

**PERIPATÉTICO** Aristotélico. // Extravagante, ridículo.

**PERIPECIA** Accidente, incidente, suceso. *Normalidad.*

**PERIPLO** Circunnavegación.

281

**PERIPUESTO** Acicalado, atildado, endomingado. *Desaliñado.*

**PERIQUETE** Instante, santiamén.

**PERISTILO** Columnata, galería.

**PERITO** Conocedor, experimentado, experto, hábil, práctico, sabio, técnico. *Desconocedor, incapaz, inepto, inexperto, inhábil.*

**PERJUDICAR** Damnificar, dañar, lesionar, menoscabar, vulnerar. *Ayudar, favorecer.*

**PERJUDICIAL** Dañino, dañoso, lesivo, malo, nocivo, pernicioso, desfavorable. *Beneficioso, conveniente, provechoso, útil, ventajoso.*

**PERJUICIO** Daño, detrimento, mal, menoscabo, lesión, quebranto. *Bien, favor, provecho, utilidad.* *Prejuicio.

**PERJURAR** Jurar, prevaricar. // Apostatar, renegar.

**PERJURIO** Apostasía, deslealtad, infidelidad, prevaricación. *Lealtad, fidelidad, verdad.*

**PERJURO** Apóstata, renegado. *Adicto, fiel, leal.*

**PERMANECER** Mantenerse, perseverar, persistir, quedarse, residir, sostenerse. *Alterarse, cambiar, modificarse, irse.*

**PERMANENCIA** Constancia, estabilidad, firmeza, inalterabilidad, inmutabilidad, persistencia. *Inconstancia, inestabilidad, mudanza.*

**PERMANENTE** Estable, fijo, invariable, persistente. *Mudable, transitorio, variable.*

**PERMEABILIDAD** Absorción, absorbencia, filtración. *Impermeabilidad.*

**PERMEABLE** Absorbente, filtrable, embebedor, impregnable. *Impermeable, impenetrable.*

**PERMISIBLE** Permitido, autorizable, autorizado, lícito, legal, tolerable. *Prohibido, ilegal.*

**PERMISO** Anuencia, aprobación, asentimiento, aquiescencia, autorización, licencia, venia. *Desautorización, impedimento, negativa, prohibición.*

**PERMITIDO** Consentido, legal, legíti-

mo, lícito, tolerado. *Prohibido.*

**PERMITIR** Autorizar, consentir, facultar, tolerar. *Denegar, prohibir.*

**PERMUTA** Cambio, canje, trueque, conmutación. *Retención.*

**PERMUTAR** Cambiar, canjear, conmutar, trocar.

**PERNICIOSO** Dañino, dañoso, malo, nocivo, perjudicial. *Bueno, beneficioso, saludable.*

**PERNIL** Anca, muslo. // Jamón.

**PERNOCTAR** Detenerse, dormir, parar, posar.

**PERO** Defecto. *Perfección.* // Obstáculo. *Facilidad.* // Aunque, empero, mas.

**PERORACIÓN** Discurso, charla, conversación, razonamiento.

**PERORAR** Discursear, hablar. *Callar, escuchar.*

**PERORATA** Alocución, arenga, discurso, declamación.

**PERPENDICULAR** Derecho, parado, eréctil.

**PERPETRAR** Cometer, consumar.

**PERPETUAR** Eternizar, inmortalizar. *Acabar, morir.*

**PERPETUIDAD** Eternidad, inmortalidad, perennidad.

**PERPETUO** Imperecedero, inmortal, infinito, perdurable, perenne, sempiterno, vitalicio. *Efímero, fugaz, mortal, perecedero, transitorio.*

**PERPLEJIDAD** Confusión, duda, incertidumbre, indecisión. *Decisión, despreocupación, evidencia, persuasión, resolución.*

**PERPLEJO** Confuso, dudoso, indeciso, irresoluto, vacilante. *Seguro.*

**PERQUIRIR** Indagar, investigar, pesquisar, escrutar, escudriñar, examinar.

**PERRERÍA** Jauría, traílla. // Canallada, vileza.

**PERRO** Can, chucho, pichicho, gozque. // Engaño.

**PERSECUCIÓN** Acosamiento, hostigamiento, importunación, instancia, seguimiento. *Prosecución.

**PERSEGUIR** Acosar, hostigar, seguir.

*Desertar, escapar, huir.* // Oprimir. // Apremiar, importunar, molestar, atormentar. // Buscar, procurar. **\*Proseguir.**

**PERSEVERANCIA** Constancia, empeño, firmeza, persistencia, tenacidad, tesón. *Inconstancia, indecisión.*

**PERSEVERANTE** Constante, consecuente, invariable, tesonero, tenaz, férreo, empeñoso. *Inconstante.*

**PERSEVERAR** Continuar, insistir, obstinarse, proseguir, persistir. *Ceder, renunciar, abandonar.*

**PERSIANA** Celosía.

**PERSIGNARSE** Santiguarse.

**PERSISTENCIA** Constancia, insistencia, permanencia, perseverancia. *Inconstancia, renunciamiento.*

**PERSISTENTE** Constante, continuo, obstinado, porfiado, tenaz, tozudo. *Tornadizo, voluble.*

**PERSISTIR** Continuar, obstinarse, perseverar. *Renunciar.* // Subsistir, permanecer, durar, perdurar.

**PERSONA** Individuo, hombre, alma, semejante, prójimo, sujeto, ser humano, vida. *Cosa, objeto.*

**PERSONAJE** Persona, protagonista, figura, actor.

**PERSONAL** Dotación. // Particular, privado, privativo, propio, singular. *Colectivo, general.*

**PERSONALIDAD** Carácter, distintivo.

**PERSONARSE** Apersonarse, comparecer, presentarse.

**PERSPECTIVA** Apariencia, faceta, representación. // Contingencia, probabilidad. // Alejamiento.

**PERSPICACIA** Agudeza, penetración, sagacidad. *Estupidez.*

**PERSPICAZ** Agudo, lince, penetrante, sagaz, sutil. *Necio, tonto.*

**PERSPICUO** Claro, inteligible, terso, transparente.

**PERSUADIR** Convencer, decidir, inducir, mover, sugestionar. *Desengañar, disuadir, dudar.*

**PERSUASIÓN** Convencimiento, convicción. *Duda.*

**PERSUASIVO** Convincente, seductor.

**PERTENECER** Atañer, concernir, corresponder, incumbir, respectar, tocar.

**PERTENECIENTE** Concerniente, correspondiente, referente, relativo. // Propio.

**PERTENENCIA** Dominio, propiedad.

**PÉRTIGA** Garrocha, vara.

**PERTINACIA** Obstinación, tenacidad, terquedad. *Rendición.*

**PERTINAZ** Obstinado, tenaz, terco, testarudo. *Resignado.*

**PERTINENTE** Concerniente, conducente, oportuno, referente, perteneciente. *Inconveniente, inoportuno.*

**PERTRECHAR** Abastecer, proveer.

**PERTRECHOS** Armamento, municiones, víveres.

**PERTURBACIÓN** Alteración, conmoción, desconcierto, desorden, inquietud, revuelo, subversión, trastorno, turbación. *Orden, tranquilidad.*

**PERTURBADO** Inquieto, conmovido, conturbado, alborotado, solivantado. *Sereno.* // Loco.

**PERTURBADOR** Agitador, rebelde, revoltoso, travieso.

**PERTURBAR** Agitar, alborotar, amotinar, inquietar, intranquilizar. *Aquietar, calmar.* // Desordenar, desorganizar, trastornar, turbar. *Ordenar, organizar.*

**PERVERSIDAD** Corrupción, maldad, malignidad, perfidia, perversión, crueldad. *Bondad.*

**PERVERSIÓN** Corrupción, depravación, libertinaje, vicio. *Honestidad.*

**PERVERSO** Corrompido, depravado, disoluto, libertino, perdido, vicioso. *Casto, virtuoso.* // Inicuo, malvado. *Abnegado, bueno.*

**PERVERTIR** Corromper, depravar, enviciar, estragar, malear, prostituir. *Enmendar, perfeccionar, regenerar.*

**PERVULGAR** Divulgar, publicar, anunciar. // Promulgar.

**PESA** Contrapeso, plomo, equilibrio.

**PESADA** Peso, ponderación.

**PESADAMENTE** Aburridamente, fatigosamente, largamente, trabajosamente.

**PESADEZ** Cargazón, pesantez. *Levedad, ligereza.* // Desazón, pesadumbre, somnolencia. // Cachaza, flema. *Nerviosidad.* // Impertinencia, molestia, terquedad. // Trabajo.

**PESADILLA** Angustia, congoja. // Preocupación. // Alucinación, ensueño, delirio.

**PESADO** Deprimente, grave, oneroso, plomizo, recargado. *Leve.* // Soporífero. *Excitante.* // Intenso, profundo. // Cachazudo, lento, tardo. *Ágil, ligero.* // Cargante, fastidioso, insoportable. *Entretenido.* // Áspero, duro, insufrible, ofensivo, violento.

**PESADUMBRE** Agravio, injuria. // Desazón, disgusto, molestia, pesadez, pesantez. *Alborozo, felicidad.*

**PÉSAME** Condolencia, duelo. *Albricias, enhorabuena.*

**PESANTEZ** Gravedad, gravitación, pesadez. // Molestia.

**PESAR** Arrepentimiento, dolor, aflicción, pena, pesadumbre, remordimiento. *Gozo, júbilo.*

**PESAR** Examinar, ponderar, sopesar. *Descuidar.* // Arrepentirse, dolerse. *Alegrarse.* // Gravar, gravitar. // Fastidiar, fatigar, importunar. *Divertir, entretener.*

**PESAROSO** Afligido, arrepentido, dolido, sentido. *Contento, satisfecho.*

**PESCAR** Agarrar, atrapar, sorprender.

**PESCUEZO** Cogote, cuello. // Altanería, vanidad.

**PESEBRE** Comedero, establo.

**PESIAR** Maldecir, blasfemar, renegar.

**PESIMISMO** Desilusión, melancolía. *Ilusión, optimismo.*

**PESIMISTA** Triste, atrabiliario, desilusionado. *Optimista.*

**PÉSIMO** Detestable, malísimo. *Excelente, óptimo, superior.*

**PESO** Gravedad, pesadez, pesantez. // Carga, estorbo, gravamen. // Entidad, importancia. *Nimiedad.* // Eficacia, fuerza. // Dinero.

**PESQUISA** Averiguación, búsqueda, indagación, información, investigación.

**PESQUISANTE** Detective, investigador.

**PESQUISAR** Informar, investigar, inquirir, indagar, buscar, averiguar.

**PESTAÑA** Orilla, saliente.

**PESTAÑEAR** Parpadear. // Vivir.

**PESTE** Corrupción. // Fetidez, hedor, pestilencia. *Aroma, fragancia.* // Plaga. *Salubridad, sanidad.*

**PESTÍFERO** Apestoso, fétido, hediondo, pestilente. // Corruptor, dañino, pernicioso. *Saludable.*

**PESTILENCIA** Peste.

**PESTILLO** Cerrojo, pasador, picaporte.

**PETACA** Cigarrera, tabaquera.

**PETARDISTA** Estafador, sablista, tramposo, engañador.

**PETARDO** Cohete. // Estafa, sablazo.

**PETATE** Bártulos, equipaje. // Esterilla.

**PETICIÓN** Demanda, pedido, ruego, solicitud. *Mandato, orden.*

**PETIGRÍS** Ardilla.

**PETIMETRE** Dandi.

**PETISO** Bajo, pequeño. *Grandote.*

**PETITORIO** Petición.

**PÉTREO** Pedregoso, rocoso.

**PETRIFICAR** Endurecer, solidificar, fosilizar. *Ablandar.*

**PETULANCIA** Atrevimiento, descaro, engreimiento, insolencia, presunción, vanidad. *Llaneza, modestia, sencillez.*

**PETULANTE** Engreído, fatuo, insolente, vanidoso, descarado. *Modesto.*

**PEZ** Peje.

**PEZÓN** Tetilla.

**PIADOSO** Devoto, ferviente, pío, religioso. *Irreligioso.* // Benigno, blando, caritativo, misericordioso. *Cruel, inhumano, insensible.*

**PIAFAR** Escarbar, patear, atabalear.

**PIAR** Clamar, gritar, llamar.

**PIARA** Manada.

**PICA** Garrocha, lanza, vara.

**PICACHO** Pico, punta.

**PICADA** Picadura, picotazo, mordedura.

**PICADO** Punzado, picoteado, pinchado.

**PICADURA** Picada, punzada. // Caries.

**PICANA** Aguijada.

**PICANTE** Acerbo, acre, cáustico. // Mordaz, picaresco, punzante, satírico. // Sazonado, condimentado.

**PICAPLEITOS** Trapisondista, leguleyo.

**PICAPORTE** Pestillo.

**PICAR** Morder, picotear, pinchar, punzar. // Espolear, estimular, incitar, mover. // Cortar, desmenuzar, dividir, moler. // Desazonar, enojar, inquietar. // Llegar, rayar, tocar. // Agraviarse, enfadarse, ofenderse, resentirse. // Jactarse, preciarse, vanagloriarse.

**PICARDÍA** Maldad, pillería, ruindad, vileza, travesura.

**PICARESCO** Atrevido, picante, verde. *Honesto, púdico.*

**PÍCARO** Astuto, bribón, canalla, granuja, ladino, pillo, ruin, taimado, tunante. // Picarón, sagaz, travieso.

**PICAZÓN** Comezón, hormigueo, picor, prurito. // Disgusto, enojo.

**PICNIC** Excursión, paseo.

**PICO** Boca, lengua. // Fracción, porción. // Facundia, locuacidad, oratoria. // Cima, cresta, cumbre, cúspide, montaña, punta. *Precipicio, valle.*

**PICOTEAR** Picar.

**PICUDO** Hocicudo. *Ñato.* // Hablador, charlatán.

**PIE** Pata, pezuña. // Base, fundamento. // Motivo, ocasión. // Poso, sedimento. *Nata.* // Último. *Mano.* *Píe, pié (piar).

**PIEDAD** Compasión, lástima, misericordia, caridad. *Crueldad, saña.* // Devoción. *Impiedad.*

**PIEDRA** Cálculo. // Granizo, pedrusco. // Peña, risco, roca. // Adoquín, guija, guijarro, laja.

**PIEL** Tegumento, cuero, cutis, dermis, epidermis, pellejo. // Cáscara, corteza. *Carne, pulpa.*

**PIÉLAGO** Mar, océano, ponto.

**PIENSO** Pasto, pastura, forraje, hierba, heno, paja.

**PIERNA** Pata, zanca.

**PIEZA** Aposento, cuarto, habitación. // Parte, pedazo, trozo. *Conjunto.* // Alhaja. // Ficha. // Moneda. // Mueble.

**PIFIA** Desacierto, equivocación, error,

fallo. *Acierto, tino.* // Indiscreción, plancha, torpeza. *Atención, discreción.*

**PIFIAR** Equivocarse, errar, fallar. *Acertar, dar.*

**PIGMENTO** Colorante, tinte.

**PIGMEO** Enano, liliputiense. *Gigante.* // Diminuto, pequeño. *Ciclópeo.*

**PIGNORACIÓN** Empeño, hipoteca, prenda. // Venta.

**PIGNORAR** Empeñar, hipotecar, prendar. *Desempeñar.*

**PIGRE** Desidioso, holgazán, negligente, vago, perezoso. *Diligente.*

**PIJOTERÍA** Fastidio, impertinencia, molestia, pesadez.

**PIJOTERO** Cargante, fastidioso, impertinente, inoportuno, pesado. *Discreto, oportuno.*

**PILA** Cúmulo, montón. // Fuente, bañera, recipiente.

**PILAR** Columna, pilastra, hito, mojón.

**PILASTRA** Pilastrón, pilar, estípide, contrafuerte, botarel, columna, apoyo.

**PILCHAS** Ropa, traje, vestido.

**PÍLDORA** Comprimido, gragea.

**PILETA** Piscina.

**PILLADA** Picardía, pillería.

**PILLAJE** Depredación, despojo, hurto, latrocinio, rapiña, robo, saqueo, desvalijamiento. *Regalo.*

**PILLAR** Hurtar, robar, sustraer, timar. *Devolver.* // Agarrar, aprehender, apresar, descubrir, prender. *Soltar.*

**PILLO** Bribón, canalla, granuja, pícaro, tunante. *Decente, honrado, probo.* // Astuto, ladino, listo, pillín, sagaz. *Honesto, íntegro.*

**PILOSO** Peludo, velludo. *Lampiño.*

**PILOTAR** Conducir, dirigir, gobernar, guiar, manejar, pilotear.

**PILOTO** Aviador, conductor, timonel, guía. // Mentor.

**PILTRAFA** Residuo.

**PIMIENTO** Ají, chile, morrón.

**PIMPOLLO** Capullo, botón, tallo, vástago. // Niña, niño, joven.

**PINACOTECA** Galería, sala, exposición, museo.

**PINÁCULO** Apogeo, altura, remate, cima, cumbre. *Abismo.*

**PINAR** Pineda.

**PINCEL** Brocha.

**PINCELADA** Brochazo. // Explicación.

**PINCELAR** Pintar.

**PINCHAR** Picar, punzar, zaherir. // Aguijonear, enojar, estimular, incitar, mover, provocar. *Disuadir.*

**PINCHAZO** Pinchadura. // Punción. // Reventón.

**PINCHE** Aprendiz, cadete. // Aguijón, espina, punta, punzón.

**PINCHO** Aguja, punta, punzón, púa, aguijón, ápice, espina, clavo.

**PINDONGUEAR** Callejear.

**PINGAJO** Andrajo, colgajo, harapo, jirón. *Adorno.*

**PINGÜE** Abundante, copioso, cuantioso, fértil. *Árido, escaso, exiguo.* // Craso, gordo, grasiento, mantecoso. *Flaco.*

**PINJANTE** Arete, pendiente.

**PINTA** Mancha. // Lunar, peca. // Señal. // Aspecto, facha, traza.

**PINTAR** Colorear, pincelar. // Describir, narrar, representar. // Exagerar, ponderar, engrandecer. *Rebajar.* // Importar, significar, valer.

**PINTIPARADO** Igual, parecido, semejante, análogo.

**PINTORESCO** Expresivo, típico. // Chocante, estrafalario. *Distinguido.*

**PINTURA** Cuadro, fresco, lienzo, tabla, tela. // Descripción.

**PIÑA** Ananá. // Puñetazo, trompada. *Caricia.*

**PÍO** Devoto, piadoso. *Indiferente.* // Benigno, compasivo. *Duro, inhumano.*

**\*Pió** (piar).

**PIOCHA** Pico, piqueta, zapapico.

**PIOJOSO** Mezquino, miserable, tacaño. *Dadivoso, generoso.* // Sucio. *Aseado, pulcro.*

**PIOLA** Cordel, piolón. *Hilo.*

**PIPA** Cachimba. // Barrica, barril, bocoy, cuba, tonel.

**PIPIOLO** Bisoño, novato, principiante. *Avezado, experto.*

**PIQUE** Arranque. // Desazón, resentimiento. *Dulzura.*

**PIQUETA** Pico, zapapico.

**PIQUETE** Grupo, pelotón.

**PIRA** Fogata, hoguera.

**PIRAGUA** Bote, canoa, chalupa.

**PIRAMIDAL** Colosal, extraordinario. *Corriente, vulgar.*

**PIRATA** Corsario. // Cruel, despiadado, explotador, malvado. *Honrado, justo.*

**PIROPEAR** Requebrar. *Maldecir.*

**PIROPO** Flor, lisonja, requiebro.

**PIRUETA** Cabriola, voltereta.

**PISADA** Huella, rastro.

**PISAR** Apisonar. // Conculcar, hollar, humillar, pisotear. *Honrar, respetar.*

**PISCINA** Estanque, pileta.

**PISCOLABIS** Colación, refacción, refrigerio, tentempié. *Ayuno.*

**PISO** Pavimento, suelo. *Cielo, firmamento.* // Casa, departamento, domicilio, morada, residencia, vivienda.

**PISOTEAR** Pisar, hollar, aplastar. // Conculcar, humillar, maltratar.

**PISTA** Cancha, circuito, campo, carretera. // Huella, indicio, rastro, señal, vestigio, estela.

**PISTOLERO** Asaltante, atracador, matón, asesino.

**PISTÓN** Émbolo.

**PITA** Agave, maguey.

**PITADA** Pitido, clarinada, trompetazo, silbateo.

**PITANZA** Alimento, comida, ración, vitualla. // Precio, estipendio.

**PITAÑOSO** Legañoso.

**PITAR** Abuchear. *Aplaudir, ovacionar.* // Chiflar, silbar. // Fumar.

**PITIDO** Chiflido, pitada, silbido.

**PITILLO** Cigarrillo.

**PÍTIMA** Borrachera, curda. *Sobriedad.*

**PITO** Chifle, chiflo, silbato.

**PITÓN** Cuerno. // Pitorro.

**PITONISA** Adivina, profetisa, sacerdotisa. // Hechicera.

**PIZCA** Ápice, brizna, partícula, migaja.

**PIZPIRETA** Vivaracha, aguda, desenvuelta. *Boba.*

**PLACA** Chapa, lámina, plancha. // Clisé, película.

**PLÁCEME** Congratulación, enhorabuena, parabién. *Pésame.*

**PLACENTERO** Agradable, alegre, apacible, encantador, grato. *Desagradable, enojoso.*

**PLACER** Deleite, diversión, entretenimiento, goce, gozo, satisfacción. *Continencia, dolor, malestar, pena, sufrimiento.* // Aquiescencia, beneplácito, voluntad. *Desagrado, fastidio, grima.*

**PLACER** Agradar, complacer, gustar, satisfacer. *Desagradar.*

**PLACIDEZ** Tranquilidad, calma, quietud, sosiego, serenidad. *Intranquilidad, desasosiego.*

**PLÁCIDO** Placentero. // Apacible, grato, quieto, sereno, sosegado, tranquilo. *Intranquilo, irritado, penoso.*

**PLÁCITO** Parecer, dictamen, sentido, juicio.

**PLAGA** Azote, calamidad, desastre, epidemia, infortunio, peste. *Bendición.* // Llaga. // Abundancia, copia, diluvio, multitud. *Escasez.*

**PLAGAR** Llenar, cubrir, pulular.

**PLAGIAR** Copiar, imitar. *Crear, inventar.* // Raptar, secuestrar.

**PLAGIARIO** Copista, imitador, ladrón. // Raptor.

**PLAGIO** Calco, copia, imitación. *Original.* // Rapto.

**PLAN** Designio, idea, intento, programa, propósito, proyecto. // Apunte, borrador, esquema, extracto. // Minuta, plano, síntesis. // Intriga, maquinación.

**PLANA** Cara, carilla, página.

**PLANCHA** Chapa, lámina, placa, tabla. // Coladura, desacierto, error, papelón, pifia. *Acierto, tino.*

**PLANCHAR** Alisar, desarrugar, estirar. *Arrugar, plegar.*

**PLANEAR** Forjar, fraguar, idear, proyectar, concebir.

**PLANETA** Estrella.

**PLANICIE** Llanada, llanura, meseta, planada, sabana. *Montaña, serranía.*

**PLANO** Superficie, cara, extensión. // Llano, liso, igual, chato, romo, aplastado, raso, horizontal. // Plan, mapa, carta, trazado.

**PLANTA** Vegetal. *Animal.* // Pie. // Plano, proyecto.

**PLANTACIÓN** Plantel, plantío, vivero. // Replantación, repoblación, siembra, trasplante.

**PLANTAR** Asentar, establecer, fundar, hincar, instituir. *Asolar.* // Dar, encajar, pegar, propinar, soltar. *Acariciar, mimar.* // Burlar, chasquear. // Cantar, decir, largar. // Llegar, trasladarse. *Irse, marcharse.* // Detenerse, empacarse, pararse. *Andar, correr.*

**PLANTE** Huelga, paro.

**PLANTEAMIENTO** Trazado, diseño, esbozo, tanteo. // Proposición, exposición, sugerencia.

**PLANTEAR** Diseñar. // Exponer, proponer, suscitar. *Rectificarse.*

**PLANTEL** Plantación, plantío, vivero.

**PLANTILLA** Patrón, regla. // Plan, planta. // Suela.

**PLANTÍO** Plantación, plantel, vivero, semillero.

**PLANTÓN** Centinela, guardia. // Espera.

**PLAÑIDERA** Llorona.

**PLAÑIDERO** Lastimero, lloroso, llorón, quejumbroso. *Gozoso, jocoso.*

**PLAÑIDO** Lamento, lamentación, lloro, lloriqueo, llanto, gemido. *Risa.*

**PLAÑIR** Gemir, gimotear, llorar, lloriquear, sollozar. *Reír.*

**PLASMAR** Crear, formar, moldear.

**PLASTA** Masa, pasta.

**PLÁSTICA** Dibujo, contextura, disposición, estructura. // Cerámica, alfarería, pintura.

**PLASTICIDAD** Flexibilidad, maleabilidad, docilidad. *Rigidez, dureza.*

**PLÁSTICO** Blando, dúctil, flexible, elástico. *Duro.* // Formativo, formante, figurativo. // Cerámico. // Conciso, expresivo, exacto, preciso.

**PLATA** Bienes, dinero, moneda, riqueza. *Miseria, pobreza.*

**PLATAFORMA** Tablado, tribuna.

**PLÁTANO** Banana, banano.

**PLATEADO** Argénteo, argentino.

**PLÁTICA** Coloquio, conversación, charla. *Gritería.* // Discurso, sermón.

**PLATICAR** Conversar, charlar, hablar. *Callar.* // *Predicar.*

**PLATO** Comida, manjar, vianda. // Escudilla, patena, bandeja.

**PLATÓNICO** Desinteresado, honesto, ideal, puro. *Deshonesto, interesado.* *Plutónico.

**PLAUSIBLE** Aceptable, admisible, atendible, recomendable. *Inaceptable.* // Laudable, loable. *Despreciable.*

**PLAYA** Ribera.

**PLAZA** Ágora. // Mercado. // Ciudadela, fortaleza, presidio. // Espacio, lugar, sitio. // Ciudad, población. // Empleo, oficio, puesto.

**PLAZO** Término, vencimiento. // Aplazamiento, prórroga.

**PLAZOLETA** Plazuela.

**PLEBE** Pueblo, vulgo. *Aristocracia, nobleza, patriciado.*

**PLEBEYEZ** Ordinariez, vulgaridad. *Educación, hidalguía, nobleza.*

**PLEBEYO** Vulgar, ordinario, popular. // Proletario, vulgo. *Noble.*

**PLEBISCITO** Referéndum, sufragio, votación, elección.

**PLEGABLE** Plegadizo, flexible, maleable, dúctil.

**PLEGAR** Doblar. *Desdoblar, extender.* // Tablear. *Estirar.* // Ceder, someterse. *Rebelarse.* // Unirse. *Separarse.*

**PLEGARIA** Deprecación, oración, súplica. *Blasfemia, juramento.* *Plegaría (plegar).

**PLEITEAR** Litigar, querellar, contender. *Avenirse.*

**PLEITESÍA** Acatamiento, sumisión, avenencia. *Rebeldía.*

**PLEITO** Disputa, litigio, querella. *Arreglo, componenda.*

**PLENAMENTE** Completamente, enteramente. *Escasamente, parcialmente.*

**PLENARIO** Entero, lleno, pleno.

**PLENITUD** Integridad, plétora, totalidad. *Carencia, escasez, parte, vacío.*

**PLENO** Abarrotado, atestado, atiborrado, lleno, saturado. *Desocupado, vacío.* // Junta, reunión.

**PLEONASMO** Redundancia.

**PLÉTORA** Abundancia, plenitud, superabundancia. *Carencia, escasez, falta.*

**PLIEGO** Hoja, cuadernillo. // Carta, memorial, oficio.

**PLIEGUE** Doblez, frunce, plegadura, alforza.

**PLOMADA** Sonda.

**PLOMIZO** Plúmbico, plomoso, plúmbeo, plomífero, plumboso, aplomado.

**PLUMA** Estilográfica. // Escritor.

**PLUMADO** Plumoso, plumífero, penígero, emplumado.

**PLUMAJE** Plumazón.

**PLURALIDAD** Diversidad, multitud. *Singularidad, unidad, uniformidad.*

**PLUS** Extra, gratificación, propina, sobresueldo. *Quita.*

**POBLACIÓN** Aldea, ciudad, localidad, lugar, poblado, pueblo, villa. // Habitantes, vecindario, vecinos.

**POBLADOR** Habitante.

**POBLAR** Fundar, colonizar, edificar, urbanizar. // Aumentarse, crecer, incrementarse. *Despoblar, emigrar.*

**POBRE** Desheredado, indigente, mendigo, menesteroso, necesitado, pordiosero, proletario. *Acaudalado, potentado, rico.* // Desdichado, desvalido, infeliz, insignificante, pelagatos. *Dichoso.* // Escaso, falto, mezquino. *Abundante.* // Miserable, mísero. *Espléndido, liberal.* *Podre.

**POBREZA** Escasez, estrechez, indigencia, inopia, miseria, necesidad, penuria. *Opulencia, prosperidad, riqueza.* // Ahogo, carencia, desnudez. *Hartura.*

**POBRÍSIMO** Paupérrimo, misérrimo. *Multimillonario, riquísimo.*

**POCHO** Descolorido, pálido, apagado, desvaído. *Colorido, fresco, sano.*

**POCILGA** Chiquero.

**POCILLO** Jícara, taza.

**PÓCIMA** Brebaje, cocimiento, poción.

**POCO** Corto, escaso, exiguo, limitado. *Mucho, suficiente.* // Gota, pizca. *Infinidad, sinfín.*

**PODAR** Cercenar, disminuir, mochar.

**PODER** Autoridad, dominio, imperio, jurisdicción, mando, señorío, superioridad. *Inferioridad, obediencia.* // Fuerza, poderío, posibilidad, potencia, pujanza, vigor. *Debilidad, incapacidad.* // Autorización, facultad, potestad. // Albedrío, arbitrio. *Sumisión.* // Ser posible. // Conseguir, lograr, obtener. // Saber, valer, tomar.

**PODERHABIENTE** Apoderado, delegado, facultado.

**PODERÍO** Dominio, facultad, imperio, jurisdicción, mando, poder, potestad, señorío. // Hacienda, riquezas. // Fuerza, vigor.

**PODEROSO** Excelente, grande, magnífico. *Insignificante, mediocre.* // Activo, eficaz, enérgico, potente, vigoroso. *Débil, ineficaz.* // Acaudalado, opulento, pudiente, rico, millonario. *Mísero, pobre, miserable.*

**PODIO** Pedestal.

**PODRE** Podredumbre, pus, putrefacción. *Pobre.*

**PODREDUMBRE** Corrupción, putrefacción, pudrición, podre, descomposición, fermentación, pus, infección.

**PODRIDO** Corrupto, descompuesto, pasado, putrefacto, pútrido. *Higiénico, sano.*

**PODRIRSE** Pudrirse. *Purificar, sanear.*

**POEMA** Poesía, balada, canción, tonada, himno.

**POESÍA** Poema. // Inspiración, musa, lira, estro, numen.

**POETA** Aedo, bardo, rapsoda, trovador, vate. *Escritor, prosista.*

**POÉTICO** Lírico. *Prosaico.*

**POETIZAR** Embellecer, idealizar.

**POLARIZAR** Concentrar. *Dispersar.*

**POLEA** Aparejo, garrucha.

**POLÉMICA** Controversia, discusión, disputa. *Acuerdo, transacción.*

**POLEMIZAR** Controvertir, debatir, cuestionar, disputar. *Convenir, acordar.*

**POLICHINELA** Arlequín, muñeco, títere, fantoche.

**POLICÍA** Vigilancia. // Agente, detective, vigilante. // Aseo, cortesía, urbanidad. *Desaseo, descortesía.*

**POLICLÍNICA** Consultorio, sanatorio.

**POLICROMO** Multicolor.

**POLIFÓNICO** Sinfónico.

**POLIPASTO** Aparejo, polea, polispasto. // *Útil.*

**POLÍTICA** Arte, habilidad, traza. // Cortesía, finura, urbanidad. *Grosería.*

**POLÍTICO** Atento, cortés, fino, urbano. *Desatento.* // Astuto, diplomático, flexible. *Rudo.*

**POLIZONTE** Policía, vigilante.

**POLLA** Gallina. // Muchacha.

**POLLERA** Falda.

**POLLINO** Asno, borrico. // Ignorante, simple.

**POLLO** Cría, pichón, pollito. // Joven, jovenzuelo. // Astuto, sagaz. *Poyo.*

**POLO** Extremo. // Centro, fundamento.

**POLTRÓN** Flojo, haragán, holgazán, perezoso. *Activo, laborioso.*

**POLTRONERÍA** Gandulería, holgazanería, pereza. *Actividad, esfuerzo.*

**POLUCIÓN** Contaminación. *Purificación.* // Derrame, flujo.

**POLUTO** Contaminado, sucio. *Limpio.*

**POLVAREDA** Polvo, tolvanera. // Batahola, trifulca.

**POLVO** Ceniza, tierra.

**POLVORIENTO** Polvoroso, pulverulento, cenizoso.

**POMA** Manzana.

**POMADA** Betún, crema, ungüento.

**POMO** Frasco.

**POMPA** Esplendor, fausto, grandeza, solemnidad, vanidad. *Modestia, sencillez.* // Ampolla, burbuja. // Bomba, elevador.

**POMPOSO** Aparatoso, magnífico, ostentoso. // Ampuloso, enfático, hinchado, hueco, vano. *Mesurado, sobrio.*

**PÓMULO** Malar.

**PONCHADA** Cantidad, porción. *Pizca.*

**PONDERACIÓN** Encarecimiento, exageración. // Atención, consideración. // Compensación, equilibrio.

**PONDERADO** Equilibrado, mesurado, sensato.

**PONDERAR** Encarecer, exagerar, hiperbolizar. *Denigrar, rebajar.* // Compensar, considerar, equilibrar.

**PONDERATIVO** Exagerativo.

**PONENCIA** Dictamen, informe, propuesta. // Discurso.

**PONER** Colocar, depositar, disponer, instalar, situar, ubicar. *Apartar, desprender, separar.* // Adaptar, aplicar. *Eliminar.* // Ataviar, preparar, provenir, vestir. *Desarreglar.* // Agregar, añadir. *Quitar, restar.* // Apostar, exponer. // Concurrir, contribuir. // Aovar. // Producir. *Suprimir.*

**PONIENTE** Ocaso, occidente, oeste. *Este, oriente.*

**PONTIFICADO** Papado, Santa Sede, Vaticano.

**PONTÍFICE** Papa, obispo, prelado.

**PONTO** Mar, piélago.

**PONTÓN** Lanchón. // Puente.

**PONZOÑA** Tóxico, veneno, toxina. *Contraveneno.*

**PONZOÑOSO** Dañino, nocivo, venenoso. *Benigno, compasivo.*

**POPULACHERO** Demagógico, plebeyo, popular.

**POPULACHO** Chusma, plebe, vulgo. *Aristocracia, burguesía.*

**POPULAR** Común, vulgar. // Admirado, estimado.

**POPULARIDAD** Aplauso, fama, renombre. *Descrédito, desprestigio.*

**POPULARIZAR** Acreditar, afamar, divulgar. *Difamar.*

**POPULOSO** Frecuentado, poblado. *Abandonado, despoblado, solitario.*

**POQUEDAD** Escasez, miseria. *Abundancia.* // Cobardía, timidez. *Osadía.*

**PORCHE** Cobertizo, pórtico, soportal.

**PORCIÓN** Fracción, parte, pedazo, segmento, trozo. *Integridad, totalidad.* //

Montón, muchedumbre, sinnúmero.

**PORDIOSERO** Mendicante, mendigo, pobre. *Acaudalado, rico.*

**PORFÍA** Discusión, disputa, insistencia, obstinación, tenacidad, terquedad, testarudez, pertinacia.

**PORFIADO** Obstinado, tozudo. *Comprensivo, transigente.*

**PORFIAR** Empeñarse, insistir, machacar, perseverar. *Ceder, desistir.*

**PORMENOR** Detalle, nimiedad, pequeñez, menudencia.

**PORNOGRAFÍA** Obscenidad. *Honestidad, moral.*

**PORNOGRÁFICO** Impúdico, licencioso, inmoral, obsceno. *Casto, inocente.*

**PORO** Intersticio, intervalo. // Orificio, agujero.

**POROSIDAD** Permeabilidad, esponjosidad, filtrabilidad.

**POROSO** Agujereado, permeable, esponjoso. *Compacto.*

**POROTO** Alubia, habichuela, frijol.

**PORQUÉ** Causa, motivo, razón. *Finalidad.* ***Porque.***

**PORQUERÍA** Basura, inmundicia, mugre, roña, suciedad. *Limpieza.* // Indecencia, pornografía. // Canallada, trastada. *Cortesía.*

**PORRA** Cachiporra, clava, maza.

**PORRAZO** Golpe, costalada, trancazo, trastazo.

**PORREAR** Porfiar, insistir, molestar.

**PORRÓN** Botijo.

**PORTADA** Cara, fachada, frontispicio.

**PORTAL** Porche, pórtico, vestíbulo, zaguán, entrada.

**PORTAMONEDAS** Cartera, monedero, bolsa.

**PORTAR** Llevar, traer.

**PORTARSE** Comportarse, conducirse, proceder.

**PORTÁTIL** Movible, manual, transportable. *Fijo, inmóvil.*

**PORTAVIANDAS** Fiambrera.

**PORTAVOZ** Altavoz, bocina, micrófono. // Cabecilla, líder.

**PORTE** Apostura, aspecto, continente. //

Calidad, nobleza, prestancia. // Capacidad, grandeza, tamaño. // Transporte.
**PORTEAR** Conducir, llevar, transportar, trasladar.
**PORTENTO** Maravilla, prodigio.
**PORTENTOSO** Admirable, estupendo, extraño, grandioso, prodigioso, singular. *Insignificante, natural, vulgar.*
**PORTERO** Conserje, ujier, bedel.
**PÓRTICO** Atrio, porche, portal.
**PORTILLO** Puerta, traspuerta, gatera. // Camino, paso. // Abertura, agujero.
**PORVENIR** Futuro, mañana. *Pasado.* ***Provenir.**
**POSADA** Albergue, alojamiento, hospedaje, hostería, parador.
**POSADERAS** Asentaderas, nalgas, trasero.
**POSADERO** Hotelero, mesonero, ventero, fondista.
**POSARSE** Alojarse, aposentarse. *Marcharse.* // Asentarse, descansar, pararse, reposar. *Inquietarse.* // Depositarse, sedimentarse. *Removerse.*
**POSE** Actitud, postura. // Afectación, prosopopeya.
**POSEEDOR** Dueño, propietario, amo.
**POSEER** Tener. *Carecer, deber.* // Disfrutar, gozar. // Saber. *Ignorar.*
**POSESIÓN** Dominio, finca, propiedad. ***Posición.**
**POSESIONARSE** Apoderarse, apropiarse, dominar.
**POSESO** Endemoniado, poseído.
**POSIBILIDAD** Probabilidad, potencialidad, aptitud, eventualidad.
**POSIBILIDADES** Medios, rentas.
**POSIBLE** Dable, factible, hacedero, realizable. *Imposible, irrealizable.*
**POSIBLES** Bienes, fortuna, posibilidades, riqueza.
**POSICIÓN** Categoría, condición, disposición, estado, situación. ***Posesión.**
**POSITIVO** Auténtico, cierto, efectivo, real, seguro. *Dudoso, inseguro, irreal, negativo.*
**POSO** Heces, lías, madre, sedimento. // Huella, señal. // Descanso, quietud, re-

poso. ***Pozo, posó** (posar).
**POSPONER** Aplazar, diferir, postergar, preterir. *Anteponer, distinguir, preferir.*
**POSTA** Tajada, trozo. // Correo, estafeta.
**POSTE** Columna, estaca, madero, pilar, hito, mojón.
**POSTEMA** Absceso. // Impertinente, molesto, pesado.
**POSTERGAR** Posponer, preterir, relegar. *Anteponer, recordar.*
**POSTERIDAD** Descendencia, sucesión. *Ascendientes.*
**POSTERIOR** Siguiente, subsiguiente, trasero, ulterior, zaguero. *Anterior, precedente, previo.*
**POSTERIORIDAD** Cola, espalda, trasera, zaga. *Anterioridad, prelación.*
**POSTERIORMENTE** Después, detrás, por último.
**POSTÍN** Entono, ostentación, pisto, presunción, jactancia, alarde. *Modestia.*
**POSTIZO** Añadido, artificial, fingido, sobrepuesto, agregado. *Natural, propio, verdadero.*
**POSTOR** Licitador, ponedor.
**POSTRACIÓN** Abatimiento, debilidad, decaimiento, languidez. *Actividad, energía, vigor.*
**POSTRAR** Abatir, derribar, humillar. *Ensalzar, levantar.* // Debilitar, languidecer. *Fortalecer.* // Arrodillarse, hincarse. *Erguirse.*
**POSTRE** Sobremesa. // Postrero. // Dulce, fruta. ***Postré** (postrar).
**POSTRERO** Posterior, postrer, postrimero, último, zaguero. *Primero.*
**POSTRIMERÍA** Fin, final, ocaso. *Nacimiento, origen, principio.*
**POSTULACIÓN** Petición, solicitud, demanda, súplica, petitorio. *Dádiva.*
**POSTULADO** Principio, supuesto.
**POSTULANTE** Aspirante, candidato, demandante, impetrador, pretendiente, solicitante. *Empleador.*
**POSTULAR** Pedir, solicitar, demandar, pretender.
**POSTURA** Actitud, colocación, figura, situación. // Apuesta. // Ajuste, conve-

nio, trato, pacto, concierto.

**POTABILIDAD** Pureza.

**POTABLE** Bebible, saludable.

**POTAJE** Caldo, estofado, guiso, sopa.

**POTE** Maceta, tiesto. // Tarro, vasija, vaso, bote.

**POTENCIA** Dominación, fuerza, imperio, poder, pujanza, reciedumbre. *Debilidad, impotencia.* // Estado, Nación.

**POTENCIAL** Posible, probable. // Capacidad, aptitud.

**POTENTADO** Monarca, soberano, tirano. *Vasallo.* // Acaudalado, millonario, opulento, poderoso. *Pobre.*

**POTENTE** Eficaz, enérgico, fuerte, poderoso, pujante, vigoroso. *Anémico, débil, endeble.* // Abultado, grande.

**POTESTAD** Autoridad, dominio, facultad, jurisdicción, poder.

**POTINGUE** Brebaje, pócima.

**POTRA** Yegua. // Hernia. // Suerte.

**POTREAR** Molestar, mortificar. // Retozar.

**POTRO** Caballo. // Tormento.

**POYO** Apeadero, asiento, sitial, estrado, banco. **\*Pollo.**

**POZA** Charca, alberca, pozuela. **\*Posa** (posar).

**POZO** Cisterna, hoyo. // Sumidero. **\*Poso, posó** (posar).

**PRÁCTICA** Experiencia. *Desconocimiento, teoría.* // Destreza, ejercicio, habilidad. *Inexperiencia, inhabilidad, torpeza.* // Costumbre.

**PRACTICABLE** Hacedero, posible. *Imposible, impracticable.*

**PRÁCTICAMENTE** Usualmente.

**PRACTICANTE** Enfermero.

**PRACTICAR** Ejercer, ejercitar, usar.

**PRÁCTICO** Avezado, conocedor, diestro, experimentado, industrioso, perito, versado. *Inexperto, inhábil, torpe.*

**PRADERA** Prado.

**PRADO** Pradera, pradería, pastos, herbazal, césped.

**PRAVEDAD** Maldad, depravación, iniquidad, perversidad, corrupción. *Bondad, moralidad.*

**PREÁMBULO** Encabezamiento, prefacio, proemio. *Desenlace, epílogo, fin, ultílogo.*

**PREBENDA** Canonjía, sinecura. *Desventaja.* // Empleo, cargo.

**PRECARIO** Inestable, inseguro, transitorio. *Estable, firme.*

**PRECAUCIÓN** Cautela, prudencia, reserva. *Espontaneidad, imprudencia, irreflexión.*

**PRECAVER** Guardarse, prevenir, prever. *Arrostrar.*

**PRECAVIDO** Cauteloso, cauto, previsor, prudente, sagaz. *Desprevenido.*

**PRECEDENCIA** Antelación, anterioridad, prioridad. *Postergación, posterioridad.* // Preferencia, prelación, primacía, superioridad. *Inferioridad.*

**PRECEDENTE** Antecedente, anterior, precitado, previo. *Consiguiente, posterior, ulterior.* **\*Presidente.**

**PRECEDER** Anteceder, aventajar. *Retrasarse, seguir.* **\*Proceder.**

**PRECEPTO** Disposición, mandamiento, mandato, orden, regla.

**PRECEPTOR** Instructor, maestro, profesor. *Alumno, discípulo, educando.* **\*Perceptor.**

**PRECEPTUAR** Disponer, mandar, ordenar. *Desordenar, irregularizar.*

**PRECES** Oraciones, plegarias, rezos, ruegos, súplicas.

**PRECIADO** Caro, costoso, estimado.

**PRECIAR** Apreciar, estimar, evaluar, tasar, valuar. *Depreciar, despreciar.* // Jactarse, alabarse, gloriarse, presumir. *Humillarse, rebajarse.*

**PRECINTO** Fleje, zuncho.

**PRECIO** Coste, costo, importe, valor, valuación.

**PRECIOSIDAD** Beldad, belleza, hermosura, primor. *Fealdad, imperfección.*

**PRECIOSO** Costoso, valioso. *Barato.* // Excelente, exquisito, magnífico, primoroso. *Vulgar.* // Hermoso. *Feo.* // Agudo, chistoso, festivo. *Soso.*

**PRECIPICIO** Derrumbadero, despeñadero, sima.

**PRECIPITACIÓN** Aceleración, apresuramiento, arrebato, aturdimiento, irreflexión, fogosidad, prisa. *Precaución, prudencia, reflexión, tino.*

**PRECIPITAR** Acelerar, apresurar, atropellar. *Detener.* // Arrojar, derribar, derrumbar, despeñar, empujar, lanzar, tirar. // Abalanzarse, dispararse, echarse. *Contenerse, sentarse.*

**PRECISAMENTE** Justamente, necesariamente.

**PRECISAR** Concretar, determinar, fijar. *Vacilar.* // Forzar, obligar. // Necesitar, requerir, ser menester.

**PRECISIÓN** Necesidad, obligación, requisito. // Concesión. // Determinación. *Indeterminación.* // Exactitud, puntualidad, regularidad. *Falta, irregularidad, tardanza.*

**PRECISO** Forzoso, indispensable, necesario, obligatorio. *Libre, voluntario.* // Cierto, determinado, fijo, puntual. *Inexacto.* // Claro, conciso, textual. *Confuso, impreciso.*

**PRECLARO** Esclarecido, famoso, ilustre, insigne. *Desconocido, vulgar.*

**PRECONCEBIDO** Meditado, pensado. *Atolondrado.*

**PRECONIZAR** Elogiar, encomiar, ponderar, alabar.

**PRECOZ** Prematuro, temprano. *Retardado, tardío.*

**PREDECESOR** Antecesor, ascendiente. *Sucesor.*

**PREDECIR** Anunciar, presagiar, pronosticar, vaticinar.

**PREDESTINACIÓN** Destinación, destino, fatalidad, hado, sino, determinación. *Albedrío, incertidumbre.*

**PRÉDICA** Discurso, perorata, plática.

**PREDICAMENTO** Opinión, consideración, dignidad, estimación, reputación.

**PREDICAR** Evangelizar, exhortar, instruir, aconsejar.

**PREDICCIÓN** Profecía, pronóstico, vaticinio, presagio, augurio.

**PREDILECCIÓN** Inclinación, preferencia. *Antipatía.*

**PREDILECTO** Favorito, preferido.

**PREDIO** Finca, hacienda, heredad, propiedad, tierra.

**PREDISPONER** Disponer, preparar. // Atraer, gustar, inclinar.

**PREDISPOSICIÓN** Inclinación, propensión, tendencia. *Repelencia.*

**PREDOMINAR** Descollar, preponderar, prevalecer, sobresalir. *Obedecer, rebajarse, someterse.*

**PREDOMINIO** Ascendencia, dominación, imperio, influjo, preponderancia, señorío, superioridad. *Sumisión.*

**PREEMINENCIA** Exención, superioridad, preponderancia, prerrogativa, privilegio, preferencia, supremacía, ventaja. *Inferioridad.*

**PREEMINENTE** Culminante, dominante, eminente, sobresaliente, sublime, superior, supremo. *Inferior, secundario.* **\*Prominente.**

**PREFACIO** Exordio, introducción, preámbulo, preludio, prolegómeno, prólogo. *Desenlace, epílogo.*

**PREFECTO** Gobernador, inspector.

**PREFERENCIA** Primacía, privilegio. *Postergación.* // Favor, parcialidad, predilección, privanza, propensión. *Odio.*

**PREFERIBLE** Deseable, mejor, superior. *Detestable, inferior.*

**PREFERIDO** Favorito, predilecto. // Escogido, seleccionado. *Relegado.*

**PREFERIR** Anteponer, distinguir, elegir. *Posponer, relegar.* **\*Proferir.**

**PREGÓN** Anuncio, proclama.

**PREGONAR** Anunciar, proclamar, promulgar, publicar, vocear. *Callar, ocultar.* // Alabar, encomiar. *Censurar.*

**PREGUNTA** Interrogación, demanda, consulta. *Respuesta.*

**PREGUNTAR** Inquirir, interrogar. *Contestar, replicar, responder.*

**PREGUNTÓN** Curioso, indiscreto, fiscalizador. *Discreto.*

**PREJUICIO** Parcialidad, prevención. *Criterio, diagnóstico, examen.*

**PREJUZGAR** Preconcebir, preocuparse. // Predisponer, sugestionar.

**PRELACIÓN** Antelación, anticipación. *Retraso.* // Preferencia. *Postergación.*

**PRELADO** Clérigo, capellán, obispo, primado, pontífice. // Nuncio, legado, patriarca.

**PRELIMINAR** Anterior, inicial, preparatorio. *Final.*

**PRELUDIAR** Ensayar, preparar, probar, comenzar. *Acabar.*

**PRELUDIO** Obertura, preámbulo.

**PREMATURO** Adelantado, anticipado, inmaturo, precoz, temprano. *Maduro, oportuno.*

**PREMEDITADO** Deliberado, pensado, preconcebido, rumiado. *Improvisado, indeliberado.*

**PREMIAR** Galardonar, gratificar, laurear, recompensar, remunerar. *Condenar, multar, sancionar.*

**PREMIO** Galardón, recompensa, remuneración, beneficio. *Castigo, merecido, pena.* // Aumento, demasía, sobreprecio. *Rebaja.*

**PREMIOSO** Ajustado, apretado. // Dificultoso, pausado. *Diligente.* // Estricto, rígido. *Blando.* // Gravoso, molesto.

**PREMISA** Proposición. // Indicio, señal.

**PREMURA** Aprieto, apuro, instancia, prisa, urgencia. *Lentitud, tardanza.*

**PRENDA** Garantía. // Alhaja, mueble. // Cualidad, virtud. *Defecto.*

**PRENDARSE** Aficionarse, enamorarse, encariñarse. *Desagradar, enemistarse.*

**PRENDER** Agarrar, aprehender, apresar, aprisionar, asir, coger, cazar, detener, encarcelar. *Soltar.* // Arraigar. // Engancharse, enredarse, enzarzarse. // Arder, inflamarse. *Apagarse.*

**PRENDIMIENTO** Arresto, captura, detención. *Liberación.*

**PRENSA** Compresor. // Imprenta. // Diarios, periodismo.

**PRENSAR** Apretar, comprimir.

**PREÑADO** Cargado, lleno. *Vacío.*

**PREÑEZ** Embarazo, gravidez, gestación.

**PREOCUPACIÓN** Cuidado, inquietud, obsesión. *Despreocupación.*

**PREOCUPAR** Absorber, desvelar, in-

quietar, intranquilizar, obsesionar, perturbar. *Sosegar, tranquilizar.*

**PREPARACIÓN** Apresto, aprontamiento, organización.

**PREPARADO** Dispuesto, listo, presto, prevenido, pronto. *Espontáneo, impremeditado, impensado.*

**PREPARAR** Aliñar, alistar, aparejar, aprestar, aprontar, armarse, disponer, elaborar, hacer, organizar, prevenir. *Olvidar.*

**PREPARATIVOS** Preparación.

**PREPONDERANCIA** Autoridad, preeminencia, prevalencia, superioridad.

**PREPONDERANTE** Elevado, influyente, predominante, prevaleciente, sobresaliente, prestigioso. *Inferior, secundario, subalterno.*

**PRERROGATIVA** Exención, facultad, gracia, privilegio, ventaja. *Desventaja, inferioridad.*

**PRESA** Botín, captura. // Dique. // Porción, tajada.

**PRESAGIAR** Anunciar, profetizar, predecir. // Pronosticar, vaticinar.

**PRESAGIO** Augurio, predicción, profecía, agüero.

**PRESBICIA** Hipermetropía.

**PRESBÍTERO** Clérigo, sacerdote, párroco, cura.

**PRESCIENCIA** Adivinación, augurio, acierto, profecía. *\*Presencia.*

**PRESCINDIR** Abstenerse, descartar, desechar, eliminar, evitar, privarse. *Actuar.* // Callar, omitir, silenciar. *Incluir, preferir. \*Presidir.*

**PRESCRIBIR** Caducar, concluir, extinguirse, terminarse. *Dilatar, empezar, valer.* // Mandar, ordenar, preceptuar, recetar. *Acatar, cumplir. \*Proscribir.*

**PRESCRIPCIÓN** Orden, mandato, precepto, disposición, ordenanza, receta.

**PRESCRITO** Anulado, caducado, tardío. *Vigente.*

**PRESEA** Alhaja, joya, prenda, gala, filigrana, adorno.

**PRESENCIA** Asistencia. *Ausencia, inasistencia.* // Apariencia, aspecto, conformación, facha, figura, talle. // Fausto, pompa, boato, representación. *Modestia, humildad.*

**PRESENCIAR** Asistir, contemplar, ver, mirar, observar.

**PRESENTABLE** Aseado, limpio.

**PRESENTACIÓN** Exhibición, manifestación, mostración, revelación. *Ocultación.* // Aparición, asistencia, comparecencia, presencia. // Introducción, preámbulo. *Ultílogo.*

**PRESENTAR** Exhibir, exponer, introducir, manifestar, mostrar. *Ocultar.* // Ofrecer. // Acudir, aparecer, asistir, comparecer, personarse. *Faltar, huir.*

**PRESENTE** Asistente, concurrente, espectador, testigo. *Ausente, inasistente.* // Obsequio, ofrenda, regalo. // Actual. *Pasado, futuro.*

**PRESENTIMIENTO** Barrunto, corazonada, pálpito, sospecha. *Constatación.*

**PRESENTIR** Barruntar, maliciar, palpitar, sospechar. *Comprobar, cotejar.*

**PRESERVACIÓN** Defensa, protección, salvaguardia.

**PRESERVAR** Defender, proteger, resguardar, salvar. *Desamparar, exponer.*

**PRESIDENCIA** Jefatura.

**PRESIDENTE** Director, jefe.

**PRESIDIARIO** Penado, preso, recluso.

**PRESIDIO** Cárcel, prisión.

**PRESIDIR** Dirigir, gobernar, mandar, regir. *Preceder, prescindir.

**PRESIÓN** Compresión. *Depresión.* // Apremio, coacción. *Abandono.*

**PRESO** Apresado, cautivo, penado, presidiario, recluso. *Liberado, libre.*

**PRESTACIÓN** Servicio, deber, ayuda, auxilio. // Renta, tributo. // Préstamo.

**PRESTAMENTE** Rápidamente, velozmente, prontamente.

**PRÉSTAMO** Empréstito, prestación.

**PRESTANCIA** Distinción, porte, dignidad. *Vulgaridad, inferioridad.*

**PRESTAR** Fiar. *Cobrar.* // Ayudar, contribuir, facilitar, suministrar. *Exigir.* // Allanarse, avenirse, ofrecerse. *Negarse.*

**PRESTEZA** Diligencia, prontitud, ra-

pidez. *Irresolución, lentitud.*

**PRESTIDIGITADOR** Ilusionista, escamoteador, truquista.

**PRESTIGIO** Ascendiente, autoridad, crédito, influencia, reputación, valimiento. *Descrédito, desprestigio.* // Engaño, fascinación, ilusión.

**PRESTIGIOSO** Influyente, renombrado. *Descalificado, indigno.*

**PRESTO** Diligente, dispuesto, ligero, listo, preparado, pronto. *Lento, pesado, tardo.*

**PRESUMIDO** Fatuo, vanidoso, jactancioso, ostentoso, ufano, vano. *Humilde, sencillo.*

**PRESUMIR** Conjeturar, maliciar, sospechar. // Alardear, jactarse, vanagloriarse, engreírse.

**PRESUNCIÓN** Conjetura, sospecha, suposición. *Desconocimiento.* // Fatuidad, jactancia, petulancia. *Modestia.*

**PRESUNTO** Probable, supuesto.

**PRESUNTUOSO** Presumido.

**PRESUPUESTO** Suposición, supuesto. // Causa, motivo, pretexto. // Cálculo, cómputo.

**PRESURA** Ahínco, porfía, empeño, tenacidad. *Desidia.* // Presteza. // Congoja, opresión, ansia, desazón.

**PRESUROSO** Diligente, pronto, veloz. *Lento, pesado.*

**PRETENCIOSO** Presumido, presuntuoso. *Modesto.*

**PRETENDER** Ambicionar, aspirar. *Renunciar.* // Exigir, solicitar. *Conformarse.* // Intentar, procurar. *Desistir.*

**PRETENDIDO** Supuesto, ilusorio, imaginario, fabuloso. *Real.*

**PRETENDIENTE** Aspirante, candidato, solicitante. // Cortejador, galanteador.

**PRETENSIÓN** Aspiración, exigencia. *Conformidad.* // Solicitación. *Renuncia.*

**PRETENSIONES** Ambiciones, anhelos, ganas.

**PRETERIR** Omitir, postergar, relegar. *Preferir.*

**PRETÉRITO** Lejano, pasado. *Futuro.*

**PRETEXTO** Disculpa, evasiva, excusa,

motivo, subterfugio, argucia, tapujo. *Certeza, inculpación, realidad.*

**PRETIL** Antepecho, baranda, parapeto.

**PREVALECER** Aventajar, descollar, ganar, predominar, vencer. *Empequeñecerse, perder, retroceder.*

**PREVALER** Prevalecer. // Servirse, valerse, aprovecharse.

**PREVARICAR** Delinquir.

**PREVENCIÓN** Disposición, preparación, previsión, provisión. *Improvisación.* // Desconfianza, recelo, sospecha. *Confianza, crédito.*

**PREVENIDO** Advertido. *Confiado, desprevenido.* // Dispuesto, preparado, provisto, avisado.

**PREVENIR** Disponer, preparar. // Estorbar, evitar, impedir. // Precaver, prever. *Descuidar.* // Advertir, avisar, informar, notificar. *Olvidar.* // Imbuir, impresionar, preocupar. ***Provenir.***

**PREVER** Barruntar, conjeturar, presentir, sospechar. *Confiar.* ***Proveer.***

**PREVIAMENTE** Anticipadamente, preventivamente. *Posteriormente.*

**PREVIO** Anterior, anticipado, adelantado. *Siguiente, subsiguiente, pospuesto.*

**PREVISIÓN** Perspectiva, precaución, preparación, presciencia, presentimiento, precognición. *Aturdimiento, irreflexión.* ***Provisión.***

**PREVISOR** Precavido, prudente. *Atropellado, confiado.* ***Provisor.***

**PREZ** Estimación, honor, honra.

**PRIETO** Oscuro. *Claro.* // Comprimido, compreso, prensado, apretado. *Suelto.* // Mísero, avaro, escaso. *Generoso.*

**PRIMA** Comisión, premio.

**PRIMACÍA** Preeminencia, superioridad, ventaja, preponderancia. *Desventaja, inferioridad, insignificancia.*

**PRIMARIO** Primero, principal. *Accesorio, secundario.*

**PRIMATE** Prócer. // Superior. // Mono, simio.

**PRIMERAMENTE** Previamente, anticipadamente. *Finalmente.*

**PRIMERO** Antes. *Después.* // Anterior,

principal. *Posterior, secundario, último.* // Excelente, grande, sobresaliente, superior. *Mediocre.*

**PRIMIGENIO** Originario, primitivo.

**PRIMITIVO** Originario, primario, primero, primigenio, prístino. *Derivado.* // Anciano, viejo. *Joven, nuevo.* // Prehistórico. *Actual.* // Tosco, rudo. *Culto.*

**PRIMO** Primero. // Excelente, primoroso. // Bobalicón, incauto, simple.

**PRIMOR** Destreza, esmero, excelencia, finura, habilidad, hermosura. *Cursilería, descuido, imperfección.*

**PRIMORDIAL** Fundamental, primero. *Accesorio, adicional, secundario.*

**PRIMOROSO** Delicado, excelente, hermoso, perfecto.

**PRINCIPAL** Esencial, fundamental, necesario, primordial, vital. *Accesorio, incidental, secundario.* // Esclarecido, ilustre, distinguido. // Director, gerente, jefe. *Subordinado.*

**PRINCIPALÍSIMO** Fundamental, precipuo, preponderante, especialísimo.

**PRINCIPALMENTE** Primariamente, especialmente.

**PRINCIPESCO** Espléndido, generoso, magnífico. *Miserable.*

**PRINCIPIANTE** Principiador, iniciador, aprendiz, cadete, inexperto, neófito, novato, novicio, bisoño. *Avezado, experimentado.*

**PRINCIPIAR** Comenzar, empezar, emprender, iniciar, preludiar, inaugurar, fundar, estrenar, nacer. *Acabar.*

**PRINCIPIO** Comienzo, génesis, iniciación, inicio, raíz. *Fin, consumación, término.* // Base, fundamento, origen. // Precepto, regla. *Anarquía.*

**PRINCIPIOS** Nociones, rudimentos.

**PRINGAR** Untar, manchar, engrosar. // Infamar, vilipendiar. *Alabar.*

**PRINGOSO** Grasiento, manchado, sucio, tiznado.

**PRINGUE** Grasa. // Porquería, suciedad, mugre. *Aseo.*

**PRIOR** Prelado, superior, párroco.

**PRIORIDAD** Anterioridad, precedencia,

preferencia. *Posterioridad.*

**PRISA** Apuro, presteza, prontitud, rapidez, urgencia. *Lentitud, pasividad.*

**PRISIÓN** Cárcel, gayola, penal, presidio. // Reclusión, arresto. *Liberación.*

**PRISIONERO** Cautivo, preso, recluso. *Libre.*

**PRÍSTINO** Antiguo, original, primitivo.

**PRIVACIÓN** Carencia. *Profusión.* // Despojo, falta, desposeimiento, expropiación. *Devolución, reintegro.*

**PRIVACIONES** Estrecheces, penurias. *Abundancia, opulencia.*

**PRIVADO** Familiar, particular, personal, íntimo. *Oficial, público.* // Favorito, válido.

**PRIVANZA** Favor, valimiento.

**PRIVAR** Despojar, desposeer, expropiar, quitar. *Devolver, reintegrar.* // Prohibir, vedar. *Conceder, permitir.* // Abstenerse, renunciar. *Gozar, tener.*

**PRIVATIVO** Exclusivo, personal, propio. *Común, general.*

**PRIVILEGIADO** Afortunado, favorito, predilecto, preferido.

**PRIVILEGIO** Comisión, derecho, exención, exclusiva, franquicia, prerrogativa. *Olvido, omisión.*

**PRO** Provecho, utilidad, ventaja.

**PROBABILIDAD** Verosimilitud. *Improbabilidad, inverosimilitud.*

**PROBABLE** Posible, verosímil. *Ilógico, improbable.*

**PROBADO** Avezado, ducho, experimentado, sufrido.

**PROBAR** Atestiguar, demostrar, evidenciar, justificar, sentar. *Creer, estimar.* // Ensayar, examinar, experimentar, tantear. // Catar, gustar, paladear. // Intentar, tratar.

**PROBATURA** Ensayo, prueba, tentativa, experimento.

**PROBIDAD** Bondad, honradez, integridad, rectitud. *Deshonor.*

**PROBLEMA** Asunto, complicación, cuestión, dificultad, enigma, rompecabezas. *Facilidad.*

**PROBLEMÁTICO** Ambiguo, dudoso,

incierto, inseguro. *Cierto, seguro.*

**PROBO** Honrado, íntegro, recto.

**PROCACIDAD** Atrevimiento, descaro, desvergüenza, insolencia.

**PROCAZ** Atrevido, deslenguado, desvergonzado, zafado. *Comedido.*

**PROCEDENCIA** Origen, naturaleza, principio, fundamento. *Destino, producto, resultado.* *Precedencia.*

**PROCEDENTE** Oportuno. // Originario, proveniente. *Precedente.*

**PROCEDER** Comportamiento, conducta. // Derivar, dimanar, nacer, provenir, venir. *Resultar.* // Actuar, comportarse, obrar. *Preceder.*

**PROCEDIMIENTO** Actuación, forma, manera, método, sistema.

**PROCELOSO** Borrascoso, tempestuoso, tormentoso. *Calmo.*

**PRÓCER** Magnate, primate, prohombre. // Alto, eminente, elevado.

**PROCERIDAD** Altura, elevación, eminencia. *Bajeza, indignidad.* // Lozanía, pujanza, vigor. *Debilidad.*

**PROCESADO** Acusado, inculpado, reo. *Absuelto.*

**PROCESAR** Encausar, enjuiciar.

**PROCESIÓN** Desfile, peregrinación.

**PROCESO** Causa, juicio. // Desarrollo, evolución, progreso.

**PROCLAMA** Alocución, banda, pregón.

**PROCLAMAR** Anunciar, pregonar, promulgar, publicar. *Callar, ocultar.* // Aclamar, elegir, nombrar, ungir. *Deponer, derrocar.*

**PROCLIVE** Inclinado. *Ajeno, extraño.*

**PROCREAR** Engendrar, producir.

**PROCURAR** Intentar, tratar.

**PRODIGALIDAD** Derroche, desperdicio, dispendio. *Ahorro.* // Generosidad, largueza. *Tacañería.* // Abundancia, copia, multitud, profusión. *Escasez.*

**PRODIGAR** Derrochar, dilapidar, disipar, malgastar. *Economizar, guardar.* // Empeñarse, esforzarse, excederse, multiplicarse. *Contenerse.*

**PRODIGIO** Maravilla, milagro, portento, fenónemo. *Vulgaridad.*

PRODIGIOSO Asombroso, extraordinario, maravilloso, milagroso. *Vulgar.* // Excelente, exquisito, primoroso. *Común.*

PRÓDIGO Gastador, disipador, manirroto. *Tacaño.* // Dadivoso, generoso, liberal. *Interesado.*

PRÓDROMO Síntoma.

PRODUCCIÓN Elaboración, fabricación, obra, producto.

PRODUCIR Crear, elaborar, engendrar, fabricar, hacer. *Consumir, deshacer.* // Redituar, rendir, rentar. // Causar, ocasionar, originar, provocar. *Resultar.*

PRODUCTIVO Fecundo, feraz, fértil, fructífero. *Infecundo.* // Lucrativo, provechoso, remunerativo. *Improductivo.*

PRODUCTO Fruto, producción. // Beneficio, lucro, provecho, rendimiento, renta.

PRODUCTOR Trabajador, obrero, fabricante, industrial, artesano.

PROEMIO Preámbulo, prefacio, prólogo. *Epílogo.*

PROEZA Hazaña, heroicidad, osadía, valentía. *Cobardía.*

PROFANAR Desdorar, deshonrar, deslucir, prostituir. *Respetar, venerar.*

PROFANO Ignorante, indocto. // Laico. *Sacro, sagrado, santo.*

PROFECÍA Predicción, pronóstico, vaticinio, augurio, conjetura.

PROFERIR Exclamar, prorrumpir. // Decir, pronunciar. *Callar.* *Preferir.*

PROFESAR Ejercer, practicar. // Crecer, confesar.

PROFESIÓN Actividad, carrera, empleo, ocupación, oficio. *Pasividad.* // Creencia, religión.

PROFESO Iniciado, neófito.

PROFESOR Catedrático, maestro, educador. *Discípulo.*

PROFETA Vaticinador, adivinador, vidente, agorero.

PROFETISA Pitonisa, sibila. *Profetiza* (profetizar).

PROFETIZAR Anunciar, predecir, pronosticar, vaticinar.

PROFICUO Favorable, provechoso, útil,

ventajoso, eficaz, conveniente.

PROFILAXIS Higiene, preservación. *Contagio, infección.*

PRÓFUGO Desertor, evadido, fugitivo.

PROFUNDAMENTE Hondamente. *Superficialmente.* // Agudamente, sutilmente, extremadamente.

PROFUNDIDAD Abismo, hondura, penetración. *Altura, elevación.*

PROFUNDIZAR Ahondar, sondear, calar. *Subir.* // Analizar, examinar, indagar. *Desestimar, ignorar.*

PROFUNDO Hondo, insondable, recóndito. *Epidérmico, somero.* // Intenso, penetrante. *Superficial.* // Difícil, oscuro. *Asequible.*

PROFUSIÓN Abundancia, exceso, exuberancia, multitud, plétora, prodigalidad, riqueza. *Carencia, defecto, escasez.*

PROFUSO Abundante, copioso, cuantioso, pródigo, colmado.

PROGENIE Casta, familia, generación, linaje, prole.

PROGENITOR Antepasado, ascendiente, padre. *Descendiente, hijo.*

PROGENITURA Ascendencia, progenie.

PROGRAMA Plan, proyecto, sistema.

PROGRESAR Adelantar, ascender, mejorar, perfeccionarse, prosperar. *Declinar, desmejorar, retrasar, retroceder.*

PROGRESIÓN Aumento, progreso.

PROGRESIVO Creciente, floreciente, gradual, próspero.

PROGRESO Adelantamiento, ascenso, aumento, avance, desarrollo, mejora, perfeccionamiento, prosperidad. *Barbarie, incultura, retroceso.*

PROHIBICIÓN Negativa, veto. *Autorización, permiso, venia.*

PROHIBIR Impedir, vedar. *Conceder, permitir.*

PROHIJAR Adoptar.

PROHOMBRE Prócer.

PRÓJIMO Semejante. *Próximo.*

PROLE Descendencia, hijos.

PROLEGÓMENO Preámbulo, prefacio, prólogo. *Ultílogo.*

PROLETARIO Jornalero, obrero, trabajador. *Capitalista.* // Plebeyo, pobre, vulgar. *Burgués, noble.*

**PROLÍFICO** Fecundo, fértil, prolífico. *Estéril.*

**PROLIJO** Cuidadoso, detallado, difuso, esmerado. *Conciso, parco, reducido.* // Impertinente, molesto, pesado.

**PROLOGAR** Introducir, preludiar, comenzar, encabezar. *Epilogar, concluir.*

**PRÓLOGO** Exordio, preámbulo, prefacio, prolegómeno, introducción. *Conclusión, epílogo.*

**PROLONGACIÓN** Continuación. // Alargamiento, estiramiento. *Acortamiento, reducción.* // Cola, apéndice.

**PROLONGADO** Continuado, largo, luengo. *Breve.*

**PROLONGAR** Alargar, dilatar, extender, prorrogar. *Acortar, encoger.*

**PROMEDIAR** Igualar, repartir, dividir, seccionar. // Terciar, interceder, intermediar. // Nivelar, equivaler. *Desigualar, desnivelar.*

**PROMESA** Ofrecimiento, ofrenda, voto. // Augurio, indicio, señal.

**PROMETEDOR** Promisorio.

**PROMETER** Ofrecer. // Asegurar.

**PROMETIDO** Novio, pretendiente.

**PROMINENCIA** Elevación, eminencia, protuberancia, saliente. *Depresión, llanura.* ***Preeminencia.***

**PROMINENTE** Elevado, abultado, levantado. ***Preeminente.***

**PROMISCUIDAD** Confusión, mezcla, mezcolanza. *Aislamiento, separación.*

**PROMOCIÓN** Curso, hornada, pléyade. // Empuje, impulso, desarrollo. *Cese, paralización.*

**PROMONTORIO** Altura, elevación, punta, peñasco, montón.

**PROMOTOR** Impulsor, iniciador, organizador, promovedor.

**PROMOVER** Impulsar, iniciar, levantar, originar, suscitar. *Paralizar.*

**PROMULGACIÓN** Publicación, difusión, divulgación, propaganda, revelación, vulgarización. *Reserva, discreción.*

**PROMULGAR** Decretar, publicar. *Abro-*

*gar, anular, derogar, invalidar.*

**PRONOSTICAR** Augurar, predecir, vaticinar, presagiar.

**PRONÓSTICO** Augurio, conjetura, predicción, vaticinio, profecía.

**PRONTITUD** Celeridad, presteza, rapidez, velocidad, vivacidad. *Lentitud pereza, retardo.*

**PRONTO** Acelerado, ligero, rápido, veloz. *Tardo.* // Dispuesto, listo, presto // Inmediatamente, velozmente. *Despacio, después.* // Arranque, arrebato.

**PRONTUARIO** Compendio, epítome resumen, síntesis, breviario, extracto *Ampliación.* // Registro.

**PRONUNCIADO** Marcado, agudo, seña lado, acentuado, recalcado, prominente perceptible. *Mínimo, imperceptible.*

**PRONUNCIAMIENTO** Alzamiento, in surrección, levantamiento, rebelión sublevación, motín. *Fidelidad, lealtad sujeción.*

**PRONUNCIAR** Articular, decir, emitir proferir, hablar. *Callar.* // Juzgar, dicta minar. // Sublevarse, alzarse, amotinar se. *Someterse.*

**PROPAGACIÓN** Difusión, dispersión diseminación, siembra, reproducción.

**PROPAGANDA** Difusión, divulgación publicación, irradiación. // Anuncio, avi so, publicidad.

**PROPAGANDISTA** Apóstol, activista divulgador, misionero, propagador, agi tador, vulgarizador.

**PROPAGAR** Difundir, dilatar, esparci extender, publicar. *Callar, ocultar.* Cundir, multiplicarse, ramificarse, tras cender. *Disminuir, limitarse.*

**PROPALAR** Divulgar, propagar. // Pu blicar, transmitir.

**PROPASARSE** Abusar, excederse, extra limitarse, insolentarse. *Contenerse, me dirse, retenerse.*

**PROPENDER** Inclinarse, tender, aficio narse, simpatizar, tirar a, preferir. *Re chazar, repeler.*

**PROPENSIÓN** Afición, inclinación, pro clividad, tendencia, predisposición. *Des* gana, disgusto, inquina, oposición.

**PROPENSO** Inclinado, proclive, tendiente. *Contrario, opuesto.*

**PROPICIAR** Aplacar, calmar, atenuar, favorecer. *Irritar.*

**PROPICIO** Dispuesto, inclinado, próspero, útil, favorable. // Oportuno, benigno, benévolo, amable. *Inútil, desfavorable, inoportuno.*

**PROPIEDAD** Dominio, pertenencia, edificio, finca, heredad, predio, tierra. // Atributo, cualidad, peculiaridad, esencia. // Naturalidad, realidad, ajuste, semejanza, exactitud.

**PROPIETARIO** Amo, dueño, hacendado, heredero, terrateniente.

**PROPILEO** Atrio, peristilo, vestíbulo.

**PROPINA** Gratificación, remuneración, plus, extra.

**PROPINAR** Aplicar, atizar, dar, descargar, encajar, pegar, proporcionar, suministrar, administrar. *Recibir, acariciar.*

**PROPINCUO** Allegado, cercano, próximo. *Ajeno, lejano.*

**PROPIO** Característico, exclusivo, natural, peculiar, personal, privativo. *Ajeno, extraño.* // Adecuado, a propósito, conveniente, oportuno. *Impropio, inadecuado, inconveniente.*

**PROPONER** Exponer, expresar, insinuar, opinar, plantear, recomendar, sugerir, formular. *Aceptar.* // Intentar, procurar. *Desentenderse.*

**PROPORCIÓN** Armonía, conformidad, correspondencia. *Desproporción.* // Escala, dimensión, tamaño. // Porcentaje, prorrateo. // Coyuntura, ocasión, oportunidad. *Inoportunidad.*

**PROPORCIONADO** Adecuado, simétrico, armonioso, equilibrado. *Inadecuado, desmesurado.*

**PROPORCIONAL** Equitativo, conforme, ajustado, correspondiente, proporcionado, conveniente, equilibrado. *Desigual, desproporcionado.*

**PROPORCIONAR** Adecuar, ajustar, equilibrar, prorratear. *Desequilibrar.* // Facilitar, proveer, suministrar, abaste-

cer, dar, deparar. *Privar, quitar.*

**PROPOSICIÓN** Enunciación, oración. // Propuesta. ***Preposición.**

**PROPÓSITO** Ánimo, fin, idea, intención, intento, mira, objeto, resolución, aspiración. *Irreflexión.*

**PROPUESTA** Invitación, oferta, plan, proposición, propósito.

**PROPUESTO** Planteado, formulado, presentado, sugerido, insinuado.

**PROPUGNAR** Amparar, defender, proteger. *Atacar, combatir, desamparar, desvirtuar, rebatir.*

**PROPULSAR** Impeler, impulsar.

**PROPULSIÓN** Empujón, impulsión, lanzamiento, empellón.

**PRORRATA** Cuota, escote.

**PRORRATEAR** Distribuir, proporcionar, ratear, escotar.

**PRORRATEO** Rateo, proporción, repartición, distribución. *Desproporción.*

**PRORROGABLE** Aplazable, dilatable, demorable, retardable.

**PRORROGACIÓN** Prórroga, continuación, prolongación. // Aplazamiento, moratoria, retraso, retardo. *Cumplimiento, fin.*

**PRORROGAR** Aplazar, dilatar. *Activar, apurar.* // Extender, suspender. *Acortar, terminar.*

**PRORRUMPIR** Proferir. // Brotar, surgir, irrumpir, salir.

**PROSAICO** Insulso, pedestre, ramplón, trivial, vulgar. *Elegante, elevado, lírico, poético.*

**PROSAÍSMO** Vulgaridad, frivolidad, ordinariez, materialidad, chabacanería. *Elegancia, idealidad, poesía.*

**PROSAPIA** Alcurnia, ascendencia, linaje, progenie.

**PROSCRIBIR** Desterrar, excluir. *Amparar, asilar.* // Prohibir, vedar. *Permitir, tolerar.* ***Prescribir.**

**PROSCRIPCIÓN** Destierro, exilio, expatriación, expulsión, ostracismo. *Repatriación.* ***Prescripción.**

**PROSECUCIÓN** Continuación, persecución, prolongación, seguimiento, insistencia, proseguimiento. *Interrupción.*

**PROSEGUIR** Continuar, seguir, avanzar, persistir, insistir, repetir, reanudar. *Detener, interrumpir.* **\*Perseguir.**

**PROSELITISMO** Propaganda, publicidad, partidismo, propagación.

**PROSÉLITO** Partidario, sectario, secuaz. *Infiel, traidor.*

**PROSOPOPEYA** Afectación, presunción, tiesura. // Personificación.

**PROSPERAR** Adelantar, medrar, mejorar, pelechar, progresar. *Arruinarse, fracasar.*

**PROSPERIDAD** Adelanto, auge, fortuna, progreso, suerte, ventura, felicidad, éxito, esplendor, apogeo. *Decadencia, indigencia, ruina.*

**PRÓSPERO** Favorable, floreciente, venturoso, fecundo, feliz, rico. *Adverso, desfavorable, ruinoso.*

**PROSTERNARSE** Arrodillarse, postrarse, humillarse, hincarse.

**PROSTÍBULO** Burdel, lupanar.

**PROSTITUIR** Corromper, deshonrar, envilecer, pervertir. *Ennoblecer, honrar, reformar, regenerar.*

**PROSTITUTA** Ramera, meretriz, puta, cortesana. *Casta, virtuosa.*

**PROTAGONISTA** Actor, héroe, personaje, intérprete.

**PROTECCIÓN** Amparo, defensa, valimiento, ayuda.

**PROTECTOR** Bienhechor, defensor, mecenas, padrino.

**PROTEGER** Amparar, ayudar, convocar, defender, escoltar, favorecer, patrocinar. *Desamparar.* // Atrincherarse, parapetarse. *Atacar.*

**PROTEGIDO** Ahijado, cliente, hechura, recomendado, favorito, pupilo, seguro. *Abandonado, desvalido.*

**PROTEICO** Cambiante, versátil, vacilante, evolutivo.

**PROTERVIDAD** Protervia, maldad, perversidad, rebeldía, contumacia, obstinación, pertinacia. *Bondad.*

**PROTERVO** Malvado, obstinado, perverso. *Bueno.*

**PROTESTA** Desaprobación, reparo, reprobación, desacuerdo, oposición, crítica. *Aprobación.* // Abucheo, pataleo, rechifla, silba. *Aplauso.*

**PROTESTAR** Indignarse, oponerse, rebelarse, reclamar, refunfuñar, refutar, contestar, sublevarse. *Consentir, resignarse, someterse.* // Abuchear, patear, silbar. *Ovacionar.* **\*Pretextar.**

**PROTOCOLO** Ceremonia, formalidad, ritual, rito, formulismo, regla, cortesía, ceremonial. *Naturalidad, sencillez.* // Acta, documento.

**PROTOTIPO** Dechado, ejemplo, modelo. *Imitación.*

**PROTUBERANCIA** Prominencia, realce, turgencia, eminencia, relieve, elevación, bulto, tumor, joroba, saliente.

**PROVECHO** Beneficio, fruto, ganancia, utilidad, comodidad, conveniencia. *Daño, inutilidad, perjuicio.*

**PROVECHOSO** Beneficioso, fructuoso, lucrativo, proficuo, remunerativo, útil, ventajoso, eficaz, conveniente, bueno, valioso, válido, redituable, rentable. *Improductivo.*

**PROVECTO** Antiguo, maduro, viejo. // Adelantado, aprovechado.

**PROVEEDOR** Abastecedor, provisor, suministrador, dotador, despensero.

**PROVEEDURÍA** Almacén, despensa, mercado.

**PROVEER** Abastecer, aprovisionar, equipar, pertrechar, proporcionar, suministrar, surtir, prevenir, administrar. *Expropiar, incautarse, requisar.* // Disponer, resolver. **\*Prever.**

**PROVENIENTE** Derivado, descendiente, dimanante, procedente, originario.

**PROVENIR** Derivarse, descender, nacer, originarse, proceder, dimanar, manar, brotar. *Resultar.* **\*Prevenir.**

**PROVERBIAL** Axiomático, sentencioso, aforístico. // Notorio, sabido, tradicional, conocido.

**PROVERBIO** Adagio, máxima, refrán, sentencia.

**PROVIDENCIA** Dios. // Disposición,

medida, prevención, resolución. // Destino, hado, fatalidad.

**PROVIDENCIAL** Afortunado, feliz, milagroso.

**PROVIDENCIAR** Dictaminar, sentenciar, señalar, destinar, asignar, consignar, marcar, diputar.

**PROVIDENTE** Prudente, sagaz, hábil, cauto, avisado, diestro, listo. *Imprudente, irreflexivo, inhábil.*

**PRÓVIDO** Cuidadoso, diligente, prevenido. // Benévolo, favorable, propicio. *Dañoso.*

**PROVISIÓN** Abastecimiento, suministro. *Previsión.**

**PROVISIONAL** Interino, momentáneo, provisorio. *Definitivo, fijo, permanente.*

**PROVISIONALMENTE** Transitoriamente, efímeramente. *Permanentemente.*

**PROVISIONES** Vituallas, víveres.

**PROVISOR** Proveedor, abastecedor, suministrador, surtidor, despensero, dotador, furriel. *Previsor.**

**PROVOCACIÓN** Desafío, insulto, reto, incitación, excitación.

**PROVOCADOR** Alborotador, pendenciero, instigador.

**PROVOCAR** Estimular, exacerbar, excitar, incitar, mover. *Tranquilizar.* // Desafiar, insultar, irritar, retar. *Apaciguar.* // Causar, inducir. *Evitar, prevenir.* // Ayudar, facilitar.

**PROVOCATIVO** Excitante, incitante, insultante, provocador. // Instigador, tentador.

**PRÓXIMAMENTE** Cercanamente, recientemente, recién, últimamente, contiguamente, seguidamente.

**PROXIMIDAD** Cercanía, inmediación, vecindad. *Lejanía.*

**PROXIMIDADES** Aledaños, alrededores, contornos.

**PRÓXIMO** Adyacente, cercano, contiguo, inmediato, inminente, lindante, vecino, propincuo, rayano. *Alejado, distante. *Prójimo.**

**PROYECCIÓN** Lanzamiento, impulso, disparo. // Reflexión, meditación, ima-

ginación, maquinación, urdimbre.

**PROYECTAR** Concebir, idear, inventar, planear, trazar, forjar, maquinar, urdir, fraguar, calcular, especular, imaginar, hilvanar, borronear. *Ejecutar.* // Arrojar, despedir, lanzar.

**PROYECTIL** Bala, balín, bomba, flecha, perdigón, saeta, torpedo.

**PROYECTO** Designio, idea, intención, pensamiento, plan. *Ejecución, obra, realización.* // Boceto, bosquejo, croquis, esquema, borrador, trazado.

**PRUDENCIA** Cordura, discernimiento, discreción, tacto, tino, sabiduría, sensatez. *Indiscreción, insensatez, ligereza.* // Cautela, precaución, serenidad. *Descuido, temeridad.*

**PRUDENCIAL** Facultativo, discrecional, potestativo.

**PRUDENTE** Circunspecto, moderado, discreto, juicioso, precavido, reflexivo, sensato, mesurado, maduro, reservado, formal, equilibrado. *Atolondrado, indiscreto, majadero, insensato.*

**PRUDENTEMENTE** Juiciosamente, sensatamente, mesuradamente, equilibradamente, discretamente. *Imprudentemente, insensatamente.*

**PRUEBA** Comprobación, ensayo, experiencia, probatura, tentativa. *Barrunto, sospecha.* // Argumento, justificación, razón, testimonio. // Evidencia, indicio, muestra, señal. // Desgracia, infortunio. *Dicha, felicidad.*

**PRURITO** Comezón, picazón, picor. // Deseo. // Manía.

**PSEUDÓNIMO** Seudónimo, sobrenombre, apodo, mote.

**PSIQUIATRA** Alienista, psiquíatra.

**PSÍQUICO** Anímico, inmaterial, espiritual. *Corporal, somático.*

**PÚA** Aguijón, aguja, espina, pincho, punta. // Astuto, ladino, sagaz.

**PUBERTAD** Adolescencia.

**PUBLICACIÓN** Artículo, diario, libro, nota, noticia, periódico, revista. // Anuncio, aviso. // Divulgación, información, proclamación, revelación.

**PUBLICADOR** Divulgador, promulgador, propalador, propagandista, anunciador, anunciante, pregonador, pregonero, nuncio.

**PÚBLICAMENTE** Notoriamente, abiertamente, a voces.

**PUBLICAR** Anunciar, divulgar, editar, imprimir. // Informar, revelar, decir, mostrar, denunciar, descubrir. // Pregonar, promulgar, propalar.

**PUBLICIDAD** Aviso, propaganda, anuncio, pregón, proclama, cartel.

**PUBLICISTA** Escritor, periodista. // Anunciante, avisador.

**PÚBLICO** Asistente, auditorio, concurrencia, espectadores, gente, pueblo. // Común, notorio, sabido. *Íntimo, particular, privado.*

**PUCHERO** Marmita, olla. // Cocido.

**PUCHO** Colilla.

**PUDENDO** Feo, torpe, vergonzoso.

**PUDIBUNDO** Pudoroso.

**PUDICICIA** Decoro, honestidad, pudor, recato, pudibundez, vergüenza, castidad. *Devergüenza, impudor.*

**PÚDICO** Casto, honesto, pudoroso, recatado, pudibundo, decoroso, modesto. *Inmoral, obsceno.*

**PUDIENTE** Acaudalado, hacendado, poderoso, rico. *Indigente, pobre.*

**PUDOR** Honestidad, modestia, recato. *Erotismo, sensualidad.*

**PUDOROSO** Pudibundo, púdico, recatado. *Deshonesto, impúdico.*

**PUDRICIÓN** Putrefacción, corrupción, pudrimiento, podredura.

**PUDRIR** Corromper, dañarse, descomponerse, podrir, desintegrar, picarse. *Curar, sanar.* // Impacientar, molestar. *Agradar, entretener.*

**PUEBLO** Aldea, ciudad, población, poblado, villa, villorrio. // Gente, público, vecindario, vulgo. // Casta, ralea, raza, clan, familia.

**PUENTE** Pasarela, pontón, viaducto.

**PUERCO** Cerdo, cochino, chancho. // Sucio. *Limpio.* // Ruin, venal.

**PUERICIA** Niñez, infancia, preadolescencia. *Madurez, adultez.*

**PUERIL** Infantil, aniñado, inocente, impúber. *Maduro.* // Fútil, trivial, vano, nimio. *Importante.*

**PUERILIDAD** Chiquillada, niñería. // Candor, ingenuidad, inocencia, inexperiencia, candidez. *Malicia.* // Futilidad, nimiedad. *Importancia.*

**PUERTA** Abertura, portón, portezuela, entrada, salida, tranquera, pórtico, portillo, escotilla.

**PUERTO** Fondeadero, desembarcadero, muelle, dique, dársena, apostadero. // Amparo, refugio.

**PUES** Puesto que, ya que.

**PUESTA** Ocaso. *Naciente, salida.* // Apuesta, postura.

**PUESTO** Espacio, lugar, paraje, sitio, situación, zona. // Cargo, empleo, oficio. // Destacamento. // Tenderete, tienda, quiosco.

**PÚGIL** Boxeador, luchador.

**PUGILATO** Boxeo, lucha, pelea.

**PUGNA** Batalla, contienda, pelea. *Tregua.* // Oposición. *Conciliación.*

**PUGNAR** Batallar, contender, pelear, luchar. *Pacificar.* // Esforzarse, instar, porfiar, procurar, solicitar, insistir. *Desistir, renunciar.*

**PUJA** Subasta.

**PUJANTE** Fuerte, vigoroso, poderoso, potente. *Débil, endeble.*

**PUJANZA** Fortaleza, poder, potencia, vigor, fuerza, impulso, robustez. *Debilidad, impotencia.*

**PUJAR** Aumentar, esforzarse, subir.

**PUJO** Ansia, deseo. // Conato, intento.

**PULCRITUD** Aseo, cuidado, delicadeza, esmero, limpieza. *Desaliño, dejadez, indelicadeza, suciedad.*

**PULCRO** Aseado, limpio, bello, delicado, esmerado, pulido, acicalado, fino, exquisito, cuidadoso. *Sucio, desaseado.*

**PULIDO** Alisado, bruñido, terso. *Opaco.* // Agraciado, aseado, atildado, primoroso. *Desaliñado.*

**PULIMENTAR** Abrillantar, alisar, bruñir, esmerilar, lustrar, pulir. // Aderezar, adornar, desbastar. // Instruir, perfeccionar, refinar.

**PULIR** Pulimentar.

**PULLA** Burla, chacota, broma, indirecta, mofa. *Puya.

**PULMÓN** Bofe.

**PULMONAR** Respiratorio, bronquial, pleurítico, pleural, pulmonado.

**PULMONÍA** Neumonía.

**PULPA** Carne. // Médula, tuétano.

**PULPEJO** Talón.

**PÚLPITO** Ambón, plataforma, antepecho, tribuna. *Pulpito.

**PULSACIÓN** Latido, pulsada, pulso, palpitación, movimiento, temblor.

**PULSAR** Latir, palpitar. // Sondear, tantear. // Tañer, tocar.

**PULSERA** Ajorca, brazalete, esclava, manilla.

**PULSO** Latido, palpitación, pulsación. // Firmeza, seguridad. // Cuidado, tiento, tino.

**PULULAR** Bullir, hervir, hormiguear. *Aquietarse.* // Abundar, multiplicarse. *Escasear.* // Nacer, originarse, provenir. // Retoñar.

**PULVERIZAR** Aniquilar, destruir. *Reanimar, reconstruir.* // Moler, triturar, machacar, desmenuzar, desintegrar.

**PULVERULENTO** Polvoriento, polvoroso.

**PUNA** Páramo. // Soroche.

**PUNCIÓN** Incisión, punzada, pinchazo, picadura, aguijonazo.

**PUNDONOR** Honor, honra, dignidad, honrilla, delicadeza, respeto, decoro, caballerosidad, vergüenza, fama. *Bajeza, deshonor, ruindad.*

**PUNDONOROSO** Caballeresco, puntilloso, susceptible, digno, decoroso, distinguido, delicado, respetable, orgulloso, formal. *Indecente, indigno.*

**PUNGENTE** Punzante.

**PUNIBLE** Castigable, penable.

**PUNICIÓN** Castigo, sanción. *Perdón, premio.*

**PUNIR** Castigar. *Premiar.*

**PUNITIVO** Penal, punible, penitenciario,

disciplinario, correccional, correctivo.

**PUNTA** Clavo, pincho, punzón, aguja. // Asta, pitón. // Cabo, cresta, espigón, espolón. // Cima, picacho, pico, promontorio. // Extremo. *Centro, medio.* // Pezón. // Agudeza, ironía. // Algo, un poco. *Mucho.*

**PUNTADA** Punzada. // Alusión, indirecta, insinuación.

**PUNTAL** Apoyo, estribo, fundamento, soporte, sostén, tentempié, contrafuerte, madero, pilastra.

**PUNTEAR** Compulsar, marcar, señalar. // Coser. // Dibujar, pintar.

**PUNTERA** Capellada.

**PUNTERÍA** Acierto, destreza, ojo, pulso, habilidad. *Desacierto*

**PUNTERO** Delantero. *Zaguero.* // Vara, palo, punzón.

**PUNTIAGUDO** Apuntado, afilado, agudo, aguzado, picudo. *Achatado, embotado, romo.*

**PUNTILLA** Encaje.

**PUNTILLO** Pundonor.

**PUNTILLOSO** Quisquilloso, susceptible. *Apático.*

**PUNTO** Localidad, lugar, sitio. // Instante, momento, segundo. // Fragmento, parte, pasaje. // Cuestión, materia, tema. // Asunto, estado, situación. // Fin, intento. // Sazón. // Jugador, tanto. // Puntada.

**PUNTUAL** Adecuado, conforme, conveniente. // Cierto. // Cumplidor, diligente, metódico, formal. *Informal.* // Exacto, preciso, regular.

**PUNTUALIDAD** Cuidado, diligencia, exactitud, precisión, regularidad, formalidad, rigurosidad. *Inexactitud, informalidad, irregularidad.*

**PUNTUALIZAR** Concretar, detallar, recabar. // Perfeccionar, acabar.

**PUNTUALMENTE** Exactamente, regularmente, adecuadamente.

**PUNZADA** Pinchazo, dolor.

**PUNZANTE** Agudo, doloroso. // Mordaz, pungente, satírico.

**PUNZAR** Pinchar, picar, pungir, aguijoner, clavar. // Incitar.

**PUNZÓN** Buril.

**PUÑADA** Puñetazo.

**PUÑADO** Conjunto, manojo, porción.

**PUÑAL** Cuchillo, daga, estilete.

**PUÑALADA** Cuchillada, navajazo. // Pesadumbre. // Traición.

**PUÑETAZO** Piña, puñada, golpe, tortazo, trompada.

**PUÑO** Empuñadura, asidero, mango. // Puñado. // Puñetazo.

**PUPA** Daño, dolor, mal, nana. *Caricia, mimo.*

**PUPILO** Huésped, pensionista.

**PUPITRE** Escritorio.

**PURAMENTE** Estrictamente, únicamente, claramente.

**PUREZA** Castidad, inocencia, virginidad. *Deshonestidad, corrupción.* // Casticismo, puridad, purismo.

**PURGAR** Limpiar, purificar. // Expiar, satisfacer. // Corregir, depurar.

**PURGATORIO** Penitencia, expiación, sufrimiento, dolor, penalidad.

**PURIDAD** Pureza. // Reserva, secreto.

**PURIFICACIÓN** Depuración, saneamiento, desinfección, clarificación, descontaminación. *Infección, suciedad, corrupción.*

**PURIFICAR** Acrisolar, depurar, limpiar, refinar, sanear, expurgar, purgar, destilar, higienizar. *Contaminar, ensuciar.*

**PURISMO** Casticismo.

**PURITANO** Austero, severo, rígido, sobrio, recto, riguroso. *Burlón, humorista.* // Mojigato.

**PURO** Casto, inmaculado, inocente, virginal. *Deshonesto, impuro.* // Castizo, depurado. *Adulterado.* // Limpio, sano. *Contaminado, sucio.* // Mero, simple, solo. *Mezclado, compuesto.*

**PÚRPURA** Encarnado, rojo, grana.

**PURPURADO** Cardenal.

**PURPÚREO** Purpurino, encarnado, rojo.

**PUS** Humor, materia, podre, supuración, purulencia, virus.

**PUSILÁNIME** Apocado, cobarde, tímido. *Audaz, decidido, resuelto, templado, osado.*

**PUSILANIMIDAD** Cobardía, debilidad, cortedad, irresolución, incertidumbre, desaliento, desanimación. *Valentía, animosidad.*

**PÚSTULA** Úlcera, postilla, costra.

**PUTA** Ramera, meretriz, prostituta.

**PUTATIVO** Adoptivo.

**PUTREFACCIÓN** Corrupción, podredumbre, pudrición, descomposición, fermentación, desintegración, podre, inmundicia, carroña, detrito. *Sanidad, desinfección.*

**PUTREFACTO** Corrompido, corrupto, infecto, podrido, pútrido, descompuesto, rancio, fétido, fermentado. *Higiénico, profiláctico, sano.*

**PÚTRIDO** Putrefacto.

**PUYA** Pica, púa, vara, garrocha, punta. *Pulla.

**QUEBRADA** Angostura, portillo, cañón, barranco.

**QUEBRADERO** Cavilación, inquietud, preocupación. *Despreocupación.*

**QUEBRADIZO** Delicado, frágil, endeble, rompedero. *Duro, fuerte, resistente.*

**QUEBRADO** Abrupto, desigual, escabroso. *Llano.* // Debilitado. *Solvente.* // Fraccionado, fracción. *Entero.*

**QUEBRADURA** Fractura, rotura. // Abertura, grieta, hendidura. // Hernia.

**QUEBRANTAMIENTO** Infracción, violación. *Cumplimiento.*

**QUEBRANTAR** Quebrar, romper, dividir, tronchar. *Unir.* // Cascar, hender, rajar. // Forzar, profanar, violar, violentar, vulnerar, desobedecer, infringir, transgredir, traspasar. *Cumplir, obedecer.* // Debilitar, fatigar, molestar, resentirse. *Endurecer, resistir.* // Anular, revocar. *Promulgar.*

**QUEBRANTO** Daño, pérdida, perjuicio. *Beneficio, ganancia.* // Aflicción, desaliento, desánimo, descaecimiento. *Ánimo, voluntad.*

**QUEBRAR** Resquebrar, deteriorar, cascar. // Ajar, deslustrar. // Estorbar, interrumpir. *Ayudar.* // Ceder, flaquear. *Endurecerse, fortalecer.*

**QUEDAMENTE** Calladamente, silenciosamente, quedo.

**QUEDAR** Permanecer, restar, sobrar. *Faltar.* // Subsistir. // Estar, detenerse. *Ausentarse, marchar, pasar.* // Acabar, cesar. // Convenir. *Diferir.* // Apropiarse, retener. *Devolver.*

**QUEDO** Quieto. *Inquieto.* // Bajo, suave. *Bullicioso.* // Despacio. *Veloz.*

**QUEHACER** Ocupación, tarea, trabajo. *Ocio, pasividad.*

**QUEJA** Gemido, lamento, quejido. *Carcajada, risa.* // Desazón, disgusto, resentimiento. *Contento, satisfacción.* // Reclamación. *Agradecimiento.*

**QUEJARSE** Gemir, lamentarse, querellarse. *Reanimarse, reírse.*

**QUEJIDO** Gemido, lamento, queja.

**QUEJOSO** Gemebundo, quejumbroso. *Feliz.* // Descontento, disgustado, resentido. *Satisfecho.*

**QUEMA** Combustión, fuego, incendio, quemazón.

**QUEMADO** Abrasado, incinerado. // Escarmentado.

**QUEMAR** Abrasar, incendiar, incinerar. // Consumir, destruir, malbaratar. // Desazonarse, enfadarse, escarmentar.

**QUEMAZÓN** Incendio, quema. // Mordacidad, indirecta, pulla, sarcasmo.

**QUENA** Flauta.

**QUEPIS** Gorra, chacó.

**QUERELLA** Discordia, pendencia, reyerta, riña. *Concordia, paz.* // Litigio, queja, reclamación. *Acuerdo, convenio.*

**QUERELLARSE** Disputar, pleitear, reñir. *Amistarse.*

**QUERELLOSO** Querellador, querellante, demandante. // Quejoso.

**QUERENCIA** Afecto, inclinación, tendencia. // Hogar.

**QUERER** Amar, estimar. *Odiar.* // Ambicionar, apetecer, desear. *Resignar.* //

Aceptar, determinar, pretender, procurar, resolver. *Desistir.* // Afecto, amor, cariño. *Odio, rencor.*

**QUERIDO** Amado, amante. // Apreciado, caro, estimado.

**QUERUBÍN** Ángel, querube, serafín. // Beldad, hermosura. *Fealdad.*

**QUEVEDOS** Antiparras, lentes.

**QUID** Busilis, causa, esencia, porqué, razón, motivo.

**QUÍDAM** Cualquiera, sujeto, ente, alguien, alguno.

**QUID PRO QUO** Equivocación, equívoco, error.

**QUIEBRA** Bancarrota, batacazo. *Éxito.* // Abertura, grieta, hendedura, fractura, rotura.

**QUIEBRO** Contoneo, esguince, ademán.

**QUIETAMENTE** Reposadamente, sosegadamente, inmóvilmente.

**QUIETISMO** Quietud, inacción, inercia.

**QUIETO** Inmóvil, quedo. // Pacífico, tranquilo, reposado.

**QUIETUD** Descanso, inmovilidad, reposo, sosiego. *Actividad, dinamismo, movimiento, palpitación, sacudida.*

**QUIJADA** Mandíbula.

**QUIJOTE** Iluso, soñador. *Realista.* // Caballero, hidalgo.

**QUIJOTISMO** Caballerosidad, hidalguía. // Engreimiento, orgullo.

**QUIMERA** Fantasía, ficción, ilusión, imaginación, utopía. *Realidad, verdad.* // Gresca, pendencia, trifulca.

**QUIMÉRICO** Fabuloso, ilusorio, imaginario, irreal. *Real.*

**QUIMERISTA** Iluso, novelero, soñador, imaginativo. *Realista.* // Pendenciero.

**QUIMONO** Túnica, bata, clámide.

**QUINCALLA** Fantasías, brujería.

**QUINQUÉ** Lámpara.

**QUINQUENIO** Lustro.

**QUINTA** Villa, chalet, finca, huerta, sembradío. // Leva, reclutamiento.

**QUINTAESENCIA** Esencia, extracto. // Refinamiento.

**QUINTO** Soldado, recluta.

**QUIOSCO** Glorieta, templete, pabellón, pérgola, emparrado, mirador.

**QUISICOSA** Dificultad, sutileza.

**QUISQUILLA** Reparo, dificultad, tropiezo, inconveniente.

**QUISQUILLOSO** Delicado, puntilloso, susceptible, irritable. *Apático, comprensivo, inalterable.*

**QUISTE** Tumor.

**QUITA** Rebaja. // Liberación.

**QUITAR** Despojar, hurtar, robar, tomar. *Dar.* // Eliminar, extirpar, remover, suprimir. *Colocar, poner.* // Estorbar, impedir, obstar. // Desembarazar. // Apartarse, irse. *Acercarse.*

**QUITASOL** Parasol, sombrilla.

**QUITE** Escape, regate, parada, lance.

**QUITO** Exento, libre. *Sujeto.*

**QUIZÁ** Acaso, quizás, posiblemente. *Ciertamente, seguramente.*

**QUÓRUM** Mayoría. *Minoría.*

# R

**RABADÁN** Mayoral, caporal, pastor.

**RABEAR** Colear.

**RABÍ** Rabino.

**RABIA** Hidrofobia. // Enfado, enojo, ira. *Dulzura, serenidad.*

**RABIAR** Encolerizarse, impacientarse, irritarse, trinar. *Tranquilizarse.*

**RABIETA** Berrinche, enojo, impaciencia, regaño, rabia.

**RABILLO** Pecíolo, pedúnculo, cabo, rabo. // Cizaña.

**RABIOSO** Hidrófobo. // Airado, colérico, enojado, furioso. *Calmo, plácido, sereno.*

**RABO** Cola.

**RABONA** Falta, inasistencia. *Asistencia.*

**RABOSEAR** Ajar, deslucir, manosear, desaliñar.

**RABUDO** Rabilargo.

**RACHA** Ráfaga.

**RACIAL** Étnico, etnográfico.

**RACIMO** Colgajo, arlo.

**RACIOCINAR** Discurrir, razonar.

**RACIOCINIO** Argumento, discurso, razonamiento. // Entendimiento, juicio, lógica. *Intuición, ineptitud, nulidad, presentimiento.*

**RACIÓN** Parte, porción, medida. *Conjunto, todo.* *Razón.

**RACIONAL** Justo, lógico, razonable. *Absurdo, ilógico, irracional.*

**RACIONALIDAD** Discreción, cordura, entendimiento, inteligencia, razón. *Irreflexión, indiscreción, fe.*

**RACIONALMENTE** Razonablemente, razonadamente, lógicamente, sensata-mente. *Absurdamente, desatinadamente.*

**RACIONAR** Distribuir, repartir, proporcionar. *Razonar.

**RADA** Bahía, caleta, ensenada, abra, fondeadero.

**RADIACIÓN** Irradiación, propagación. // Fulgor. *Opacidad.*

**RADIANTE** Brillante, resplandeciente. *Apagado, opaco, tenue.* // Alegre, contento, satisfecho. *Descontento, insatisfecho, triste.*

**RADIAR** Irradiar, centellear, brillar, resplandecer, rutilar, refulgir, relumbrar. *Apagarse.* // Difundir, divulgar, publicar. // Apartar, separar.

**RADICAL** Fundamental, sustancial. *Accidental, relativo, secundario.* // Drástico, excesivo, extremado. *Conciliador, ecléctico.*

**RADICALMENTE** Básicamente, esencialmente. *Superficialmente.*

**RADICAR** Arraigar, establecerse, estribar, permanecer, residir. *Ausentarse, desarraigar.*

**RADIO** Radiograma, radiotelefonía. // Sector, zona. *Radió (radiar).

**RADIOESCUCHA** Radioyente.

**RADIOSO** Radiante, rutilante, refulgente, resplandeciente, centelleante. *Apagado, mortesino.*

**RAEDURA** Raspadura.

**RAER** Raspar. *Roer.

**RÁFAGA** Racha, torbellino.

**RAHEZ** Vil, rastrero, despreciable, bajo. *Noble.*

**RAÍDO** Gastado, usado, viejo, ajado. *Fla-*

mante, nuevo, reluciente.

**RAIGAMBRE** Seguridad, estabilidad, firmeza. *Inestabilidad.*

**RAIGÓN** Raíz.

**RAIL** Carril, raíl, riel.

**RAIMIENTO** Raedura, raspamiento, raspadura, rasuración. // Descaro, desvergüenza, desfachatez.

**RAÍZ** Raicilla, raigón. // Origen, causa, principio. *Resultado.*

**RAJA** Abertura, grieta, hendedura, resquebrajadura. // Rebanada, tajada, corte, fisura.

**RAJAR** Abrir, hender, hendir, partir, cascar, agrietar, cuartearse.

**RALEA** Casta, linaje, raza. // Calidad, especie, género, laya.

**RALLAR** Triturar, desmenuzar, frotar, restregar. limar. // Fastidiar, incomodar, incordiar. **\*Rayar.**

**RALO** Claro, disperso, espaciado. *Compacto, poblado, tupido.* // Raro.

**RAMA** Gajo. // Bifurcación, ramificación, subdivisión.

**RAMADA** Enramada, ramaje, fronda.

**RAMAL** Cabestro, ronzal. // Bifurcación, derivación, ramificación.

**RAMALAZO** Señal, vestigio, costurón, cicatriz. // Dolor, punzadura.

**RAMERA** Buscona, cortesana, mantenida, meretriz, prostituta, puta.

**RAMIFICARSE** Bifurcarse, dividirse, subdividirse. *Unirse.* // Propagarse, extenderse, divulgarse.

**RAMILLETE** Ramo.

**RAMO** Manojo, ramillete. // Parte, sección, sector.

**RAMPA** Declive, cuesta, pendiente, repecho, talud. *Escalera, gradería.*

**RAMPLÓN** Chabacano, vulgar. *Distinguido, elegante, fino, selecto.*

**RANCHO** Choza, granja, hacienda.

**RANCIO** Antiguo, añejo. *Nuevo, reciente.* // Pasado, fermentado. *Fresco.*

**RANDA** Encaje, guarnición.

**RANGO** Calidad, categoría, clase, jerarquía, condición.

**RANURA** Canal, estría, hendedura. *Re-*

lieve, resalto.

**RAPACIDAD** Rapacería, rapiña, usura, avaricia, latrocinio.

**RAPAGÓN** Imberbe, lampiño, barbilampiño. *Barbudo.*

**RAPAPOLVO** Reprensión, sermón.

**RAPAR** Afeitar, pelar, rasurar. // Robar.

**RAPAZ** Chico, muchacho. // Avaro, codicioso, ávido, usurero. *Generoso.*

**\*Rapas** (rapar).

**RÁPIDAMENTE** Prontamente, velozmente, prestamente, ligeramente, raudamente, pronto. *Lentamente.*

**RAPIDEZ** Celeridad, ligereza, velocidad. *Apatía, lentitud.*

**RÁPIDO** Impetuoso, presuroso, pronto, raudo, veloz. *Calmoso, cansino, pausado, tardo.*

**RAPIÑA** Expoliación, rapacidad, robo, saqueo. *Donación, regalo.*

**RAPIÑAR** Robar.

**RAPOSA** Zorra.

**RAPSODA** Bardo, juglar, poeta, vate.

**RAPTAR** Plagiar, robar, secuestrar. *Recuperar, rescatar.*

**RAPTO** Secuestro. *Rescate.* // Arranque, arrebato, impulso. *Premeditación.* // Éxtasis. *Desvanecimiento.*

**RAPTOR** Ladrón, secuestrador.

**RAQUIS** Espinazo, columna vertebral.

**RAQUÍTICO** Desmedrado, débil, endeble, exiguo. *Fornido, fuerte, generoso.*

**RAREFACER** Enrarecer, rarificar.

**RAREZA** Extravagancia, originalidad, singularidad. *Costumbre, normalidad, vulgaridad.* // Escasez, raridad, tenuidad. *Abundancia.*

**RARO** Escaso, ralo. *Abundante, copioso.* // Desacostumbrado, extraño, extraordinario, extravagante, inusitado. *Común, corriente, frecuente, habitual, usual.*

**RAS** Igualdad, nivel.

**RASA** Llano, meseta, altiplanicie. // Raso. **\*Raza.**

**RASAR** Igualar, nivelar. *Desigualar, desnivelar.* // Rozar.

**RASCAR** Arañar, raer, rasguñar, raspar.

**RASGADURA** Rasgón, rotura.

**RASGAR** Desgarrar. *Coser, reparar.*

**RASGO** Nota, carácter, cualidad, atributo. // Plumazo, perfil. // Acción, expresión, afecto. // Heroicidad, valentía, gallardía.

**RASGÓN** Desgarrón, rasgadura, rotura.

**RASGOS** Aspecto, facciones, fisonomía, parecer, talante.

**RASGUEAR** Tocar, tañer, pulsar. // Rasgar, garrapatear, emborronar.

**RASGUÑAR** Arañar.

**RASGUÑO** Arañazo, arañamiento, rasguñón, uñada.

**RASO** Liso, llano, desembarazado, despejado, pelado. *Abrupto, escarpado.* // Común, vulgar, simple.

**RASPA** Reprimenda.

**RASPAR** Raer, rozar, limar.

**RASTRA** Rastrillo. // Señal, vestigio.

**RASTREADOR** Baquiano, explorador, guía, experto.

**RASTREAR** Averiguar, buscar, indagar, olfatear, perseguir.

**RASTRERO** Bajo, despreciable, vil. *Digno, noble, respetable, sincero.*

**RASTRO** Huella, indicio, vestigio.

**RASURAR** Afeitar, rapar.

**RATA** Ratona, laucha, roedor. // Ladrón.

**RATEAR** Hurtar. // Disminuir, rebajar. // Distribuir, repartir.

**RATERÍA** Hurto, estafa, timo.

**RATERO** Ladrón.

**RATIFICACIÓN** Revalidación, confirmación, corroboración, adhesión, reafirmación. *Anulación, desaprobación.*

**RATIFICAR** Confirmar, revalidar, corroborar. *Enmendar, objetar, rectificar.* **\*Rectificar.**

**RATO** Instante, momento, pausa.

**RATÓN** Laucha, rato, mur, roedor.

**RATONERA** Trampa, lazo, cepo.

**RAUDAL** Abundancia, cantidad, copia. // Inundación.

**RAUDO** Rápido, veloz. *Lento, pausado.*

**RAYA** Línea, trazo, lista, tira, veta. // Confín, límite, linde, término. // Perfil, rasgo, **\*Ralla** (rallar).

**RAYADO** Rayoso, listado, lineal, veteado, barreado.

**RAYANO** Confinante, limítrofe, lindante, vecino, próximo. *Mediato.* // Cercano. *Distante.*

**RAYAR** Tachar. // Confinar, limitar, lindar. // Distinguirse, sobresalir. // Asemejarse, parecerse. **\*Rallar.**

**RAYITA** Tilde, vírgula, guión.

**RAYO** Centella, chispa, exhalación. // Lince, águila. // Pólvora. // Estrago, infortunio. **\*Rallo, ralló** (rallar).

**RAZA** Casta, linaje, pueblo, ralea, tribu, clan, familia, especie, género. **\*Rasa.**

**RAZÓN** Discernimiento, juicio, raciocinio. *Impulso, instinto, locura, pasión.* // Causa, motivo, porqué. // Método, orden. // Justicia, rectitud. *Injusticia.* // Cómputo, cuenta, relación.

**RAZONABLE** Arreglado, justo. *Arbitrario.* // Inteligente, sensato. *Irreflexivo.* // Mediano, regular.

**RAZONAMIENTO** Argumento, demostración, discurso, raciocinio. *Contradicción, sutileza.* **\*Racionamiento.**

**RAZONAR** Argumentar, discurrir, raciocinar. **\*Racionar.**

**RAZZIA** Correría, incursión.

**REACCIÓN** Oposición, resistencia. *Sometimiento.* // Tradicionalismo.

**REACCIONAR** Protestar. *Conformarse, resignarse.* // Rebelarse. *Adaptarse.*

**REACCIONARIO** Retrógrado. *Innovador, progresista.*

**REACIO** Desobediente, remolón, renuente, terco. *Disciplinado, dócil, obsecuente.*

**REAFIRMAR** Confirmar, ratificar. *Rectificar, corregir.*

**REAL** Auténtico, efectivo, existente, positivo, verdadero. *Fantástico, imaginario, irreal.* // Regio, suntuoso, soberano. // Bonísimo.

**REALCE** Brillo, estimación, grandeza, lujo, relieve.

**REALEZA** Soberanía, magnificencia, majestad.

**REALIDAD** Real. // Existencia. *Fantasía, idealismo.* // Naturalidad, sinceridad. // Verdad. *Invención.*

**REALISMO** Naturalismo, objetivismo, precisión. // Monarquía, monarquismo.

**REALIZABLE** Factible, hacedero, posible. *Imposible, improbable.*

**REALIZAR** Efectuar, ejecutar, hacer. *Abstenerse.* // Vender.

**REALMENTE** Efectivamente, en realidad, verdaderamente.

**REALZAR** Levantar, elevar, destacar. // Engrandecer, enaltecer, ensalzar. *Desprestigiar, humillar, menoscabar.*

**REANIMAR** Confortar, consolar, reconfortar, restablecer. *Entristecer.* // Alentar, animar, reavivar. *Desalentar.*

**REANUDAR** Continuar, renovar. *Detener, interrumpir, suspender.*

**REAPARECER** Resurgir.

**REATA** Correa, cuerda. // Recua.

**REAVIVAR** Reanimar.

**REBABA** Reborde.

**REBAJA** Descuento, disminución, reducción. *Aumento.*

**REBAJAR** Deducir, descontar, disminuir, reducir. *Aumentar.* // Atenuar, debilitar, moderar. *Avivar.* // Abatir, envilecer, humillar, menospreciar. *Elevar, ensalzar, elogiar.*

**REBALSE** Estancamiento.

**REBANADA** Lonja, loncha, rueda.

**REBAÑO** Grey, grupo, especie. // Hato, majada, manada.

**REBASAR** Colmar, exceder. *Faltar.* // Extralimitarse. *Contenerse, comedirse.* // Pasar, trasponer.

**REBATIR** Contrarrestar, impugnar, refutar, rechazar. *Corroborar, sostener.* // Redoblar, reforzar.

**REBATO** Alarma, conmoción.

**REBELARSE** Alzarse, levantarse, sublevarse. // Desobedecer, resistirse. *Obedecer, someterse.* **\*Revelarse.**

**REBELDE** Amotinado, faccioso, sublevado. *Obsecuente, servil.* // Desobediente, indócil, insumiso, recalcitrante. *Dócil, sumiso.*

**REBELDÍA** Indocilidad, insurrección, insubordinación, levantamiento, rebe-

lión. *Acatamiento, subordinación.*

**REBELIÓN** Motín, sedición, insurrección. *Fidelidad, sumisión.*

**REBENQUE** Látigo, talero.

**REBLANDECER** Ablandar, enternecer. *Endurecer.*

**REBLANDECIDO** Débil, afeminado, entorpecido. *Duro.*

**REBORDE** Cornisa, saliente.

**REBOSAR** Derramarse, desbordarse, excederse. *Vaciar.* // Exteriorizar. *Reprimir.* **\*Rebozar.**

**REBOTAR** Botar, picar, saltar. // Rechazar, resistir.

**REBOTE** Bote, retroceso, salto.

**REBOZAR** Cubrir, embozar, empanar, tapar. **\*Rebosar.**

**REBOZO** Embozo, tapamiento. // Pretexto, simulación. **\*Reboso** (rebosar).

**REBUJAR** Enmarañar, enredar, desordenar, confundir. *Desenredar, ordenar.*

**REBULLIR** Agitarse, moverse. // Alborotar. *Aquietarse.*

**REBUSCADO** Afectado, amanerado, estudiado. *Natural, sencillo.*

**REBUSCAR** Escudriñar, huronear, inquirir, explorar.

**RECABAR** Alcanzar, conseguir. // Pedir, solicitar.

**RECADO** Encargo, mensaje. // Presente, regalo. // Montura. // Útiles. // Precaución, seguridad.

**RECAÍDA** Reincidencia, reiteración.

**RECALADA** Arribo. *Salida.*

**RECALAR** Arribar, entrar, penetrar. *Zarpar.*

**RECALCAR** Acentuar, insistir, repetir, subrayar.

**RECALCITRANTE** Obstinado, reacio, reincidente, terco. *Arrepentido, disciplinado, obediente.*

**RECALCITRAR** Retroceder, volverse. // Resistir, pugnar, oponerse. *Obedecer.*

**RECAMADO** Adornado, bordado, labrado, ribeteado.

**RECAPACITAR** Recordar, reflexionar, meditar.

**RECAPITULACIÓN** Resumen, revisión, revista, sumario, síntesis. *Ampliación, prolongación, desarrollo.*

**RECARGADO** Barroco, pomposo, churrigueresco, rococó. // Exagerado, complicado. *Aligerado.*

**RECARGAR** Aumentar, acumular, agravar. *Disminuir, aligerar.*

**RECARGO** Aumento, gravamen, sobreprecio. *Disminución.*

**RECATADO** Cauto, circunspecto, honesto, modesto.

**RECATAR** Encubrir, ocultar, tapar. *Descubrir, exhibir, mostrar.*

**RECATO** Decoro, honestidad, modestia. *Desvergüenza, inmodestia, impudor.* // Cautela, reserva. *Jactancia, petulancia.*

**RECAUDACIÓN** Cobranza, cobro, percepción, colecta.

**RECAUDAR** Cobrar, percibir, recolectar. *Cancelar, pagar.*

**RECAUDO** Recaudación. // Cuidado, precaución. // Caución, fianza.

**RECELAR** Sospechar, temer.

**RECELO** Barrunto, desconfianza, indicios, presunción, sospecha, temor. *Confianza, fe, seguridad.*

**RECELOSO** Temeroso, desconfiado, suspicaz. *Confiado.*

**RECENSIÓN** Reseña, noticia.

**RECEPCIÓN** Acogida, admisión, recibimiento, ingreso.

**RECEPTÁCULO** Cavidad, recipiente. // Acogida. // Refugio.

**RECEPTAR** Acoger, recibir. // Encubrir, ocultar. **\*Recetar.**

**RECEPTIVO** Receptor.

**RECEPTO** Retiro, refugio, asilo.

**RECEPTOR** Aceptador, recibidor, recipiente, destinatario.

**RECÉSIT** Descanso, recreo.

**RECESO** Cesación, suspensión, vacación. *Convocatoria.* // Apartamiento, desvío, separación.

**RECETA** Fórmula, prescripción, récipe.

**RECETAR** Prescribir. **\*Receptar.**

**RECHAZAR** Alejar, apartar, echar, expulsar. *Atraer.* // Impugnar, recusar, refutar. *Aceptar, aseverar, ratificar.*

**RECHIFLA** Abucheo, silbatina, silba, protesta. *Aplauso, elogio, ovación.*

**RECHINAR** Crujir, chirriar, estridular.

**RECHONCHO** Gordo, regordete.

**RECIBIDOR** Antesala, vestíbulo.

**RECIBIMIENTO** Acogida, bienvenida, recepción. // Recibidor.

**RECIBIR** Cobrar, percibir, tomar. *Dar, entregar.* // Aceptar, acoger, admitir. *Negar, transferir.*

**RECIBO** Comprobante, resguardo, vale. // Recepción, recibimiento. // Visita.

**RECIEDUMBRE** Fortaleza, fuerza, vigor. *Debilidad, decaimiento.*

**RECIENTE** Actual, fresco, flamante, moderno, nuevo. *Antiguo, estropeado, viejo.* **\*Resiente** (resentir).

**RECIENTEMENTE** Recién, últimamente, actualmente.

**RECINTO** Ámbito, espacio, perímetro.

**RECIO** Fuerte, robusto, vigoroso. *Anémico, endeble.* // Abultado, grueso. // Áspero, duro, grave, riguroso. *Suave.* // Impetuoso, veloz.

**RÉCIPE** Disgusto, desazón. // Receta.

**RECIPIENTE** Receptáculo, vaso, vasija. // Cauce, presa, envase.

**RECÍPROCAMENTE** Mutuamente.

**RECIPROCIDAD** Correspondencia, mutualidad, correlación.

**RECÍPROCO** Mutual, mutuo. *Opuesto, solo.* // Inverso.

**RECITAL** Concierto.

**RECITAR** Contar, referir, explicar. *Decir, declamar.*

**RECLAMACIÓN** Exigencia, petición, protesta, reivindicación, requerimiento.

**RECLAMAR** Clamar, exigir, pedir, protestar, reivindicar, requerir. *Aceptar, desistir, perdonar.*

**RECLAMO** Exigencia, reclamación, protesta. // Señuelo, espejismo. // Anuncio, publicidad.

**RECLINAR** Inclinar, recostar.

**RECLINATORIO** Apoyo, sostén, balaustrada, puntal.

**RECLUIR** Encarcelar, internar, encerrar, enclaustrar. *Libertar.*

**RECLUSIÓN** Aislamiento, encierro, prisión, encarcelamiento. *Liberación.*

**RECLUSO** Presidiario, preso. // Aislado, interno.

**RECLUTA** Conscripto, soldado. // Reclutamiento, alistamiento.

**RECLUTAR** Alistar, enganchar, levar, enrolar. *Licenciar.*

**RECOBRAR** Desquitarse, reconquistar, recuperar, rescatar. *Conservar, perder.* // Aliviarse, reponerse, restablecerse. *Empeorar.*

**RECOCERSE** Atormentarse, consumirse. // Requemarse.

**RECODO** Ángulo, esquina, meandro, revuelta.

**RECOGER** Guardar, juntar, recolectar. *Esparcir.* // Encoger, estrechar. // Acogerse, encerrarse, refugiarse, retirarse. *Salir.* // Ceñirse, moderarse.

**RECOGIMIENTO** Acopio, recolección. // Aislamiento.

**RECOLECCIÓN** Acopio, cosecha. //Recopilación. // Compendio, resumen. // Cobranza, recaudación. // Abstracción, recogimiento.

**RECOLECTAR** Cosechar, recoger. *Tirar, abandonar.*

**RECOMENDABLE** Digno, estimable, meritorio, respetable.

**RECOMENDACIÓN** Encargo, instancia, súplica. // Alabanza, elogio.

**RECOMENDAR** Confiar, encargar, encomendar, suplicar. *Desconfiar.* // Alabar, elogiar. *Acusar.*

**RECOMPENSA** Galardón, premio, propina, remuneración, retribución. *Castigo, sanción.*

**RECOMPENSAR** Compensar, premiar, remunerar, retribuir. *Castigar.*

**RECOMPONER** Reparar.

**RECONCENTRARSE** Abstraerse, ensimismarse. *Distraerse.*

**RECONCILIARSE** Aproximarse, reunirse, amistar. *Separarse, enemistarse.*

**RECONCOMIO** Inquietud, sospecha, recelo. *Confianza, tranquilidad.*

**RECÓNDITO** Escondido, oculto, reservado, secreto. *Cognoscible.*

**RECONOCER** Estudiar, examinar, explorar, mirar, observar, registrar. *Desconocer.* // Auscultar, tantear. // Aceptar, confesar, convenir. *Negar.* // Agradecer. *Olvidar.*

**RECONOCIDO** Aceptado, admitido. // Examinado, registrado. // Agradecido, deudor, obligado.

**RECONOCIMIENTO** Examen, exploración, inspección, registro. // Agradecimiento, gratitud, confesión.

**RECONQUISTAR** Recobrar, recuperar. *Perder.*

**RECONSTITUIR** Reconstruir, rehacer, reorganizar. // Curar, fortalecer.

**RECONSTITUYENTE** Analéptico, reconfortante.

**RECONSTRUIR** Reedificar, rehacer. *Destruir.*

**RECONVENCIÓN** Recriminación, reproche. *Aplauso, elogio.*

**RECONVENIR** Censurar, recriminar, regañar, reprochar. *Felicitar.*

**RECOPILACIÓN** Colección, compilación. // Compendio, resumen.

**RECOPILAR** Coleccionar, reunir, compilar, recoger. *Separar.* // Compendiar, resumir. *Ampliar.*

**RECORDACIÓN** Memoria, rememoración, reminiscencia. *Olvido, silencio.*

**RECORDAR** Acordarse, evocar. *Callar, olvidar.* // Despertar.

**RECORDATORIO** Advertencia, aviso, comunicación, recomendación.

**RECORRER** Andar, inspeccionar, ir, observar.

**RECORRIDO** Trayecto, viaje, camino. // Reprimenda.

**RECORTAR** Cercenar, cortar, podar. *Añadir.*

**RECORTE** Retazo, retal, recortadura.

**RECOSER** Zurcir. *Recocer.

**RECOSTAR** Apoyar, arrimar, inclinar, reclinar.

**RECOVECO** Meandro, rodeo, revuelta. // Simulación.

**RECREACIÓN** Diversión, entretenimiento, esparcimiento, pasatiempo, recreo. *Ocupación, labor, tarea.*

**RECREARSE** Divertirse, entretenerse, solazarse. *Aburrirse, entristecerse.*

**RECREO** Recreación, solaz. *Hastío, tedio.* // Descanso, reposo. *Trabajo.*

**RECRIMINACIÓN** Reprensión, reprimenda, reproche. *Elogio, felicitación.*

**RECRIMINAR** Reñir, reprender, reprochar, sermonear. *Exculpar, felicitar.*

**RECRUDECER** Incrementar. *Disminuir.* // Empeorar. *Mejorar, serenarse.*

**RECRUDECIMIENTO** Agravación, empeoramiento. // Incremento.

**RECTAMENTE** Derechamente, directamente. *Sinuosamente.* // Honorablemente, virtuosamente. *Aviesamente.*

**RECTÁNGULO** Cuadrilongo.

**RECTIFICACIÓN** Corrección, enmienda, modificación. **\*Ratificación.**

**RECTIFICAR** Corregir, enmendar, mejorar, modificar, reformar, retocar. *Confirmar, corroborar, convalidar, insistir, ratificar.* **\*Ratificar.**

**RECTITUD** Derechura. *Torcedura, curva.* // Equidad, exactitud, integridad. *Injusticia.* // Honorabilidad. *Deshonestidad, venalidad.*

**RECTO** Derecho, directo. *Curvo, retorcido.* // Perpendicular. // Erguido, tieso. // Justo, equitativo, severo. *Falso, malo.* **\*Reto.**

**RECTOR** Director, superior.

**RECUA** Reata, manada, tropa, traílla, cabaña, arria.

**RECUADRAR** Cuadricular, encuadrar.

**RECUBRIR** Revestir, cubrir. *Desnudar, despojar, destapar.*

**RECUENTO** Arqueo, inventario.

**RECUERDO** Memoria, recordación, reminiscencia. *Olvido.* // Regalo, obsequio, presente.

**RECUESTA** Intimación, requerimiento.

**RECUESTAR** Demandar, pedir, intimar.

**RECULADA** Regresión, retroceso, retrogradación, retirada. *Avance.*

**RECULAR** Retroceder, retirarse, retrogradar. *Avanzar, fluir.*

**RECUPERACIÓN** Desempeño, desquite, reembolso, rescate, retroventa. *Devolución, recaída.*

**RECUPERAR** Recobrar, resarcirse, rescatar. *Perder.* // Mejorar, volver en sí. *Empeorar, recaer.*

**RECURRIR** Acogerse, acudir, apelar.

**RECURSO** Apelación, demanda, requerimiento, remedio, revisión. // Procedimiento, escrito, memorial, petición, medio, manera, modo, trámite.

**RECURSOS** Bienes, dinero. *Pobreza.* // Astucia, ingenio, sutileza, talento. *Inhabilidad, torpeza.*

**RECUSACIÓN** Repulsión, repudio, negativa, destitución, exclusión, expulsión. *Amistad, ayuda, nombramiento, inclusión.*

**RECUSAR** Rehusar, rechazar, repeler. *Acceder, autorizar, ayudar, nombrar.*

**RED** Redecilla. // Ardid, asechanza, engaño, lazo.

**REDACTAR** Componer, escribir. // Extender, librar.

**REDADA** Lance. // Banda, bandada.

**REDAÑOS** Bríos, fuerzas, valor.

**REDARGÜIR** Contradecir, impugnar, rebatir, refutar. *Aceptar, aprobar.*

**REDECILLA** Malla.

**REDEDOR** Contorno, redor.

**REDENCIÓN** Liberación, rescate. *Dependencia, esclavitud.*

**REDENTOR** Jesucristo. // Salvador, liberador, emancipador.

**REDICHO** Afectado, pedante.

**REDIL** Aprisco, ovil, majada.

**REDIMIR** Liberar, librar, rescatar, salvar. *Esclavizar, oprimir, tiranizar.*

**RÉDITO** Beneficio, renta, utilidad. *Pérdida, quebranto.* **\*Reedito** (reeditar).

**REDITUAR** Producir, rendir, rentar.

**REDIVIVO** Aparecido, resucitado.

**REDOBLAR** Doblar, duplicar, reiterar, repetir.

**REDOBLE** Redoblamiento. // Tamborileo, rataplán. // Tañido.

**REDOMA** Botella, frasco, garrafa, damajuana.

**REDOMADO** Astuto, cauteloso, sagaz, taimado. *Bobo, cándido, ingenuo.*

**REDONDEL** Círculo, ruedo, anillo.

**REDONDEZ** Curvatura, esfericidad.

**REDONDILLA** Cuarteta, serventesio.

**REDONDO** Circular, esférico. // Claro, diáfano, rotundo.

**REDUCCIÓN** Descuento, disminución, mengua, menoscabo, merma, minoración, rebaja. *Aumento, exageración.* // Doma, sujeción.

**REDUCIDO** Disminuido, mermado. *Agrandado, ampliado.* // Estrecho, limitado, pequeño. *Amplio, extenso, vasto.*

**REDUCIR** Ceñir, compendiar, disminuir, minorar, rebajar, restringir, resumir. *Aumentar, extender.* // Debilitar, mitigar, moderar. *Exacerbar, fortalecer.* // Domar, someter, sujetar. *Rebelarse.* // Persuadir, convencer, convertir.

**REDUCTO** Blocao, fortificación, defensa, fortín.

**REDUNDANCIA** Demasía, exceso. *Exactitud.* // Pleonasmo, repetición. // Superfluidad. *Concisión.*

**REDUNDANTE** Ampuloso, repetido, reiterado. // Superfluo.

**REDUNDAR** Rebosar. // Acarrear, causar, resultar.

**REEDIFICAR** Reconstruir, rehacer.

**REEMPLAZAR** Cambiar, relevar, representar, subsistir, suceder. *Continuar, mantener.*

**REEMPLAZO** Cambio, relevo, sustitución, suplencia.

**REENCUENTRO** Choque, refriega.

**REFACCIÓN** Colación, refección, tentempié. // Propina, gratificación.

**REFECCIÓN** Arreglo, compostura, reparación, restauración. *Destrozo.*

**REFERENCIA** Informe, narración, noticia, relación. // Alusión, cita. // Dependencia, semejanza.

**REFERIR** Contar, narrar, relacionar, relatar, reseñar. *Callar.* // Aludir, insinuar, sugerir. *Omitir.* // Atenerse, remitirse.

**REFINACIÓN** Depuración, purificación, refinadura.

**REFINADO** Distinguido, primoroso, sobresaliente. // Cruel, malvado, taimado.

**REFINAMIENTO** Afectación. *Naturalidad.* // Esmero. *Abandono, desaliño.* // Crueldad, ensañamiento.

**REFINAR** Clarificar, depurar, perfeccionar. *Impurificar.*

**REFLECTOR** Espejo, pantalla.

**REFLEJAR** Reverberar, rielar.

**REFLEJO** Espejismo, refracción, reverberación. // Imagen, representación. // Automático, involuntario. *Premeditado, voluntario.*

**REFLEXIÓN** Consideración, especulación, meditación, ponderación, razonamiento. *Atolondramiento, despreocupación, irreflexión.* // Advertencia, consejo.

**REFLEXIONAR** Cavilar, meditar, pensar, discurrir, recapacitar, rumiar. *Despreocuparse, descuidarse.*

**REFLEXIVO** Cogitativo, especulativo, ponderado, prudente. *Fatuo, necio, irreflexivo.*

**REFLUIR** Volver, retroceder, retirarse. *Avanzar.*

**REFLUJO** Bajamar.

**REFOCILARSE** Deleitarse, regodearse, solazarse. *Aburrirse, entristecerse.*

**REFORMA** Corrección, innovación, perfeccionamiento, renovación. // Restauración. *Empeoramiento, relajación.*

**REFORMAR** Arreglar, corregir, enmendar, perfeccionar, reparar, restablecer, restaurar. *Desmoralizar, empeorar, persistir, conservar.*

**REFORMATORIO** Correccional.

**REFORZADO** Vigorizado, fortificado, fortalecido, robustecido. *Debilitado.*

**REFORZAR** Acrecentar, alentar, animar, fortalecer, robustecer, vigorizar. *Amortiguar, debilitar.*

**REFRACTAR** Refringir.

**REFRACTARIO** Incombustible. *Combustible.* // Contrario, opuesto, rebelde. *Dócil, sumiso.*

**REFRÁN** Adagio, proverbio, sentencia, dicho, máxima, axioma.

**REFREGAR** Frotar.
**REFRENABLE** Reprimible, sujetable, corregible, sofrenable.
**REFRENAR** Contener, moderar, reprimir, sofrenar, sujetar. *Descomedirse, estimular, impulsar, soltar.*
**REFRENDAR** Firmar. *Desaprobar.*
**REFRENDO** Autorización, permiso, acreditación.
**REFRESCAR** Atemperar, enfriar, refrigerar. *Calentar, entibiar.*
**REFRESCO** Refrigerio, bebida.
**REFRIEGA** Combate, contienda, choque, encuentro, escaramuza. *Conciliación, tregua.*
**REFRIGERACIÓN** Congelación, enfriamiento. *Calefacción.*
**REFRIGERANTE** Refrescante, refrigerador, frigorífico, refrigerante, enfriador. *Calorífico.*
**REFRIGERAR** Congelar, helar, enfriar, refrescar. *Caldear, calentar.*
**REFRIGERIO** Bocadillo, colación, piscolabis, refección, tentempié. // Alivio, ayuda, confortación, consuelo.
**REFRINGIR** Refractar.
**REFUERZO** Ayuda, socorro, subsidio. *Desamparo.*
**REFUGIAR** Acoger, amparar, cobijar, guarecer, socorrer. *Desamparar.* // Esconderse, resguardarse. *Salir.*
**REFUGIO** Abrigo, amparo, asilo, protección, albergue.
**REFULGENCIA** Resplandor, brillo, lustre, fulgor, esplendor, lucero, brillantez. *Opacidad.*
**REFULGENTE** Brillante, luminoso, resplandeciente, rutilante, radiante.
**REFULGIR** Brillar, fulgurar, resplandecer. *Apagarse, oscurecer.*
**REFUNDIR** Reformar, rehacer. // Comprender, incluir.
**REFUNFUÑAR** Gruñir, murmurar, rezongar, mascullar.
**REFUTACIÓN** Impugnación, rebatimiento. *Aseveración, confirmación.*
**REFUTAR** Contradecir, impugnar, rebatir, redargüir. *Ratificar.*

**REGADIZO** Regable, irrigable.
**REGALADO** Gratis, gratuito. *Costoso.* // Obsequiado. *Comprado.* // Deleitoso, delicado, placentero, suave.
**REGALAR** Dar, donar, obsequiar. *Quitar.* // Deleitar, recrear. *Aburrir.*
**REGALÍA** Preeminencia, prerrogativa, privilegio. // Gratificación, sobresueldo, prebenda.
**REGALIZ** Orozuz.
**REGALO** Dádiva, fineza, obsequio, presente. // Gusto, placer. // Comodidad, conveniencia.
**REGALÓN** Comodón, mimoso.
**REGAÑAR** Disputar, pelearse, reñir. *Pacificar.* // Amonestar, reconvenir, sermonear. *Alabar, celebrar.*
**REGAÑO** Amonestación, reprensión, reprimenda, sermón.
**REGAÑÓN** Gruñón, sermoneador.
**REGAR** Irrigar, rociar, salpicar. // Derramar, esparcir.
**REGATE** Efugio, escape, pretexto. // Escorzo, esguince, gambeta.
**REGATEAR** Discutir, debatir, mercar. // Rehusar, escasear.
**REGATO** Arroyo.
**REGATÓN** Contera, virola.
**REGAZO** Falda, enfaldo. // Amparo, refugio, cobijo.
**REGENERACIÓN** Reconstitución, renovación, restauración, renacimiento. *Degeneración.*
**REGENERAR** Corregir, reformar. *Corromper, enviciar.* // Renovar, restaurar. *Destrozar, destruir.*
**REGENTAR** Gobernar, regir, regentear. // Imponer, dominar.
**REGIAMENTE** Ricamente, suntuosamente, vistosamente. *Pobremente.*
**RÉGIMEN** Dirección, gobierno. // Tratamiento, sistema, regla.
**REGIO** Magnífico, majestuoso, real, suntuoso, soberbio.
**REGIÓN** Comarca, demarcación, país, territorio.
**REGIR** Administrar, dirigir, gobernar, mandar. *Obedecer.* // Conducir, guiar,

llevar. *Someterse, acatar.*

**REGISTRAR** Escudriñar, examinar, inspeccionar, mirar, rebuscar, revolver. // Anotar, inscribir, matricular.

**REGISTRO** Busca, búsqueda, cacheo, examen. // Matrícula, padrón, protocolo. // Índice. // Repertorio.

**REGLA** Constitución, estatuto, ley, norma, pauta, precepto, principio, reglamento. // Concierto, orden. *Caos, desajuste, desorden.* // Ejemplo, modelo, método. // Menstruación.

**REGLAMENTAR** Ordenar, regular, sistematizar. *Desordenar.*

**REGLAMENTARIO** Legal, establecido, convenido, protocolario, ordenado, sistematizado. *Antirreglamentario, desordenado.*

**REGLAMENTO** Estatuto, ordenanza, regla, norma.

**REGOCIJARSE** Alegrarse, complacerse, deleitarse, recrearse. *Aburrirse, entristecerse.*

**REGOCIJO** Alegría, contento, gozo, júbilo, satisfacción. *Melancolía, pena.*

**REGODEARSE** Alegrarse, complacerse, deleitarse.

**REGODEO** Alegría, regocijo, placer.

**REGOLDAR** Eructar.

**REGORDETE** Gordo, grueso, rechoncho. *Delgado.*

**REGRESAR** Retornar, volver. *Irse, marchar, salir.*

**REGRESIÓN** Retroceso. *Avance.*

**REGRESO** Retorno, vuelta.

**REGÜELDO** Eructo.

**REGULAR** Cadencioso, corriente, exacto, moderado, metódico, razonable, uniforme. *Amorfo, arrítmico, anormal, irregular, caprichoso.* // Mediano, mediocre. *Excelente.* // Acompasar, ajustar, arreglar, computar, medir, normalizar, reglar. *Desarreglar, desordenar.*

**REGULARIDAD** Periodicidad, precisión, uniformidad. *Irregularidad.*

**REGULARIZAR** Ajustar, metodizar, normalizar, reglar, regular, uniformar. *Revolucionar.*

**REHABILITAR** Reinvindicar, reponer, restituir. *Degradar, destituir.*

**REHACER** Reformar, reparar, restablecer, restaurar. *Destruir.* // Fortalecerse, serenarse. *Descomponer.*

**REHÉN** Garantía, prenda, seguro, fianza, aval, caución.

**REHUIR** Eludir, esquivar, evitar, excusar, rehusar, soslayar. *Afrontar, desafiar, presentarse.*

**REHUSAR** Excusar, negarse, rehuir, rechazar. *Admitir, recibir, aceptar.*

**REIDOR** Alegre, burlón, optimista.

**REINANTE** Actual, dominante, existente, imperante.

**REINAR** Dominar, imperar, regir. // Predominar, prevalecer.

**REINCIDENCIA** Recaída, reiteración.

**REINCIDIR** Recaer, repetir, reiterar. *Escarmentar.*

**REINTEGRAR** Devolver, restituir. *Quitar, robar.* // Recobrarse. *Perder.*

**REINTEGRO** Devolución, pago, restitución, recuperación.

**REÍRSE** Carcajear, desternillarse. // Bromear, burlarse. *Gemir, llorar, sollozar.*

**REITERACIÓN** Frecuencia, insistencia, iteración, repetición, reproducción.

**REITERADAMENTE** Repetidamente.

**REITERAR** Insistir, iterar, repetir, reproducir. *Desistir.*

**REIVINDICACIÓN** Demanda, reclamación, exigencia, recuperación, derecho.

**REIVINDICAR** Reclamar, requerir, demandar, exigir, pedir. *Entregar.*

**REJA** Enrejado, verja.

**REJO** Punta, aguijón, pincho. // Robustez, fortaleza.

**REJUVENECER** Remozar, renovar.

**RELACIÓN** Comunicación, conexión, contacto, correlación, correspondencia, enlace, parentesco, trato, vinculación. *Aislamiento.* // Descripción, informe, relato.

**RELACIONAR** Conectar, enlazar. *Desunir.* // Contar, narrar, referir. // Alternar, tratar, visitarse. *Aislarse.* // Atañer, concernir, respectar, tocar.

RELACIONES Amorío, noviazgo.
RELAJACIÓN Alivio, laxitud, aflojamiento. *Tensión, tirantez.* // Deprava-
ción. *Bondad, virtud.*
RELAJADO Flojo, laxo. *Fuerte, tenso.* //
Depravado, licencioso, vicioso. *Hones-
to, virtuoso.*
RELAJARSE Aflojarse, laxarse. *Estirar-
se, fortalecerse.* // Corromperse, estra-
garse, viciarse. *Ennoblecerse.*
RELAMERSE Jactarse, pavonearse, re-
godearse.
RELAMIDO Afectado, presumido, repulido. *Sencillo.*
RELÁMPAGO Fucilazo, fulguración,
refucilo, relampagueo, resplandor.
RELAMPAGUEAR Fucilar, fulgurar,
resplandecer, brillar.
RELANZAR Repeler, rechazar. *Aceptar.*
RELAPSO Reincidente, repetidor.
RELATAR Contar, exponer, narrar, re-
ferir. *Enmudecer.*
RELATIVAMENTE Respectivamente,
correlativamente.
RELATIVIDAD Contingencia, atingen-
cia, concernencia, contacto, respecto.
RELATIVO Relacionado, concerniente,
referente, respectivo, tocante. *Ajeno,
contrario, distinto.* // Dependiente, su-
bordinado. *Absoluto.*
RELATO Cuento, narración, relación. /
/ Descripción, exposición, informe.
RELATOR Cronista, cuentista, narrador,
novelista.
RELEGAR Apartar, arrinconar. *Acercar.*
// Despreciar, posponer. *Admitir, pre-
ferir.* // Desterrar.
RELENTE Humedad, rocío, sereno. *Se-
quedad.* // Burla, frescura, sorna. *Afec-
to, calidez.*
RELEVANTE Excelente, sobresaliente.
*Desdeñable.*
RELEVAR Excusar, eximir, exonerar,
perdonar. *Acusar, condenar, exigir.* //
Reemplazar, sustituir. *Aceptar, adoptar.*
// Acentuar, enaltecer, realzar, resaltar,
subrayar. *Desprestigiar.* *Revelar.
RELEVO Reemplazo, sustitución.

RELIEVE Bulto, realce, saliente.
RELIEVES Residuos, restos, sobras.
RELIGIÓN Creencia, fe, dogma. *Impiedad, irreligión, laicismo.*
RELIGIOSAMENTE Fervorosamente,
piadosamente. *Indiferentemente.* // Íntegramente, puntualmente.
RELIGIOSIDAD Creencia, devoción, fe,
fervor, piedad. // Exactitud, puntualidad. *Descuido, negligencia, inexactitud.*
RELIGIOSO Creyente, devoto, fervoro-
so, fiel, místico, piadoso. *Agnóstico,
escéptico, indiferente.* // Concienzudo,
escrupuloso, exacto, minucioso. // Pro-
feso, fraile.
RELIQUIA Residuo, resto, sobrante,
vestigio, huella.
RELLANO Descansillo, descanso, me-
seta.
RELLENAR Atestar, henchir, llenar.
*Desocupar, vaciar.*
RELLENO Abarrotado, colmado, harto,
henchido, lleno, pleno, saciado.
RELOJ Cronómetro, cronógrafo, horario.
// Péndola, despertador, tictac.
RELUCIENTE Brillante, pulido, res-
plandeciente. *Desaseado, opaco.*
RELUCIR Brillar, esplender, lucir, res-
plandecer. // Sobresalir.
RELUCTANTE Reacio, opuesto.
RELUMBRANTE Reluciente.
RELUMBRAR Brillar, relucir.
RELUMBRÓN Oropel. // Apariencia.
REMACHAR Machacar, aplastar. // Re-
calcar, afianzar, robustecer.
REMACHE Roblón, clavo.
REMANENTE Residuo, resto, sobrante.
REMANSO Rebalsa, pozo, hoya. // Fle-
ma, lentitud, pachorra. *Diligencia.*
REMAR Bogar, halar, batir. // Bregar.
REMATADAMENTE Enteramente, to-
talmente.
REMATADOR Martillero.
REMATAR Acabar, concluir, finalizar.
// Subastar.
REMATE Conclusión, extremidad, fin,
punta, término. // Subasta.
REMEDAR Contrahacer, copiar, paro-

diar, imitar.

**REMEDIABLE** Reparable, subsanable. *Irremediable, irreparable.*

**REMEDIAR** Corregir, enmendar, subsanar. *Agravar.* // Aliviar, curar, socorrer. *Desamparar, privar.*

**REMEDIO** Medicina, medicamento. // Corrección, enmienda. // Auxilio, recurso, refugio.

**REMEDO** Imitación, parodia.

**REMEMBRANZA** Memoria, recuerdo, evocación. *Olvido.*

**REMEMORAR** Evocar, recordar.

**REMENDAR** Recoser, reparar, zurcir.

**REMESA** Envío, remisión.

**REMESAR** Enviar, expedir, mandar, remitir. *Recibir.*

**REMIENDO** Arreglo, compostura, enmienda, parche, zurcido.

**REMILGADO** Afectado, melindroso, relamido, repulido. *Natural, sencillo.*

**REMILGO** Afectación, melindre. *Naturalidad, seriedad, sencillez.*

**REMINISCENCIA** Memoria, recordación, remembranza, recuerdo. *Olvido.*

**REMIRADO** Prudente, reflexivo.

**REMISIÓN** Envío, expedición, remesa. *Retención.* // Perdón. *Condena.* // Descuido. *Cuidado.*

**REMISO** Dejado, flojo, renuente, tardo. *Cuidadoso, expeditivo.*

**REMITIR** Enviar, expedir, mandar. *Guardar, retener.* // Perdonar. *Condenar.* // Aplazar, diferir, suspender. // Atenerse, referirse.

**REMO** Aleta, propulsor, palamenta, pala. // Brazo, pierna.

**REMOCIÓN** Desplazamiento, destitución, eliminación, exclusión. *Inclusión, nombramiento.*

**REMOJAR** Empapar, ensopar. *Secar.* // Celebrar, convidar.

**REMOJÓN** Baño, empapamiento, mojadura.

**REMOLACHA** Betarraga.

**REMOLCAR** Arrastrar, halar, acarrear. *Despedir, rechazar.*

**REMOLINO** Tifón, ciclón, torbellino, tolvanera. // Alteración, disturbio.

**REMOLÓN** Flojo, holgazán, indolente, perezoso. *Activo, diligente, laborioso.*

**REMOLONEAR** Holgazanear. *Trabajar.*

**REMONTAR** Elevar, encumbrar, subir. *Bajar, humillar.* // Ahuyentar, espantar. *Atraer.*

**RÉMORA** Atasco, dificultad, obstáculo. *Facilidad, prisa.*

**REMORDER** Alterar, atormentar, desasosegar, inquietar.

**REMORDIMIENTO** Contrición, arrepentimiento, pesar. *Obstinación.*

**REMOTO** Antiguo, inmemorial. *Nuevo.* // Apartado, distante, lejano, retirado. *Cercano, próximo.*

**REMOVER** Agitar, mover. *Aquietar, tranquilizar.* // Apartar, obviar, quitar. // Deponer, exonerar. *Nombrar, poner.* // Conmover, emocionar.

**REMOZAR** Rejuvenecer, renovar, robustecer. *Envejecer.*

**REMPUJÓN** Empujón, empellón.

**REMUDA** Cambio, reemplazo, sustitución, relevo.

**REMUNERACIÓN** Gratificación, premio, recompensa, retribución, sueldo. // Derechos, honorarios.

**REMUNERADOR** Beneficioso, compensador, provechoso.

**REMUNERAR** Galardonar, premiar, recompensar. *Deber, despojar, privar, quitar.*

**REMUNERATIVO** Productivo, provechoso. *Perjudicial.*

**REMUSGAR** Sospechar, barruntar, recelar. *Confiar.*

**RENACER** Resucitar, retoñar, reverdecer, avivar.

**RENAL** Nefrítico.

**RENCILLA** Cuestión, riña, disputa, pelea. *Paz, tranquilidad.*

**RENCOR** Aborrecimiento, encono, odio, resentimiento, tirria. *Amor, cariño, perdón, simpatía.*

**RENDICIÓN** Capitulación, entrega, sometimiento. *Defensa, resistencia.*

**RENDIDO** Sometido, sumiso. *Rebelde.*

// Enamorado. *Desamparado.* // Obsequioso. // Agotado, cansado, fatigado, roto. *Fresco.*

**RENDIJA** Abertura, grieta, hendedura, hendidura, raja.

**RENDIMIENTO** Rendición, subordinación, sumisión. // Beneficio, ganancia, rédito, utilidad. *Quebranto, ruina.* // Cansancio, fatiga, laxitud.

**RENDIR** Entregar, someter, subyugar, sujetar, vencer. *Defenderse, resistir.* // Cansarse, fatigarse, flaquear, postrar. *Aguantar.* // Redituar, rentar.

**RENEGADO** Apóstata. // Descastado.

**RENEGAR** Blasfemar, maldecir. *Bendecir.* // Abominar, detestar. *Amar.* // Apostatar, negar. *Afirmar, perseverar.*

**RENGLÓN** Línea.

**RENGO** Cojo.

**RENIEGO** Blasfemia, juramento, maldición, taco.

**RENGUEAR** Renquear, cojear.

**RENITENCIA** Aversión, repugnancia, renuencia. *Gusto, simpatía, atracción.*

**RENITENTE** Reacio, renuente, refractario. *Dócil.*

**RENOMBRADO** Acreditado, célebre, famoso, reputado. *Ignorado, oscuro.*

**RENOMBRE** Celebridad, fama, gloria, prestigio, reputación.

**RENOVACIÓN** Reforma, rejuvenecimiento, renacimiento, restauración, transformación. *Conservación, mantenimiento, permanencia.*

**RENOVAR** Reanudar, reiterar. // Remozar, restablecer, restaurar. // Reemplazar, reformar, reponer. *Desechar.*

**RENQUEAR** Cojear, renguear.

**RENTA** Beneficio, interés, rédito, utilidad, provecho.

**RENTAR** Redituar, rendir.

**RENUENTE** Reacio, indócil, desobediente, remiso. *Dócil, obediente.*

**RENUEVO** Brote, retoño, vástago.

**RENUNCIA** Dejación, desistimiento, renunciamiento. *Aceptación, asistencia.* // Abdicación, dimisión. *Admisión.*

**RENUNCIAMIENTO** Renuncia.

**RENUNCIAR** Abandonar, dejar, desistir, despojarse, prescindir. *Asistir.* // Abdicar, dimitir. *Aceptar.*

**RENUNCIO** Contradicción, dejación, falta, mentira.

**REÑIDO** Disputado, encarnizado, sangriento. // Enojado, peleado.

**REÑIR** Contender, disputar, pelear. *Pacificar.* // Amonestar, reprender, sermonear. *Aprobar, disculpar.* // Enemistarse, indisponerse, querellarse. *Amistar, unirse.*

**REO** Delincuente, acusado, culpado, criminoso, culpable. *Inocente.*

**REORGANIZAR** Restaurar, renovar, mejorar, cambiar, modificar. *Desordenar, empeorar.*

**REPANTIGARSE** Arrellanarse, acomodarse, aclocarse.

**REPARACIÓN** Arreglo, compostura, refacción, refección. // Desagravio, explicación, satisfacción. // Indemnización, resarcimiento.

**REPARAR** Arreglar, componer, corregir, remendar, restaurar, subsanar. *Dañar, descomponer.* // Compensar, desagraviar, resarcir. *Agraviar, lesionar.* // Advertir, percibir, notar, observar, percatarse, reflexionar. *Desatender.* // Contenerse, reportarse.

**REPARO** Reparación. // Advertencia, duda, nota, objeción, observación. // Abrigo, protección, resguardo. // Dificultad, inconveniente. *Facilidad.* // Escrúpulo, reserva.

**REPARTICIÓN** Dependencia. // Distribución, división, partición, reparto.

**REPARTIR** Distribuir, partir, prorratear. *Acumular, sumar.*

**REPARTO** Distribución, prorrateo.

**REPASAR** Examinar, releer, repetir, retocar, verificar. // Recoser. // Planchar.

**REPASATA** Regaño, reprensión, sermón. *Aprobación, elogio.*

**REPECHO** Cuesta, pendiente, rampa, subida.

**REPELAR** Carmenar, descañonar. // Quitar, cercenar, disminuir.

**REPELENTE** Asqueroso, despreciable, repugnante, repulsivo. *Atractivo.*

**REPELER** Arrojar, excluir. *Atraer, reducir, unir.* // Contradecir, impugnar, objetar, rechazar, resistir. *Aprobar, someterse.*

**REPENSAR** Meditar, reflexionar.

**REPENTE (DE)** Impensadamente, imprevistamente, inopinadamente, repentinamente, súbitamente. *Previsoramente, reflexivamente.*

**REPENTINO** Impensado, imprevisto, insospechado, súbito. *Esperado, premeditado, deliberado.*

**REPERCUSIÓN** Consecuencia, resultado, trascendencia.

**REPERCUTIR** Trascender. // Reflejar, reverberar.

**REPERTORIO** Colección, compilación, recopilación, catálogo.

**REPETICIÓN** Recaída, reincidencia, reiteración, reproducción. // Insistencia. // Muletilla.

**REPETIDAMENTE** Reiteradamente.

**REPETIR** Menudear, reiterar, reproducir, reincidir, duplicar.

**REPICAR** Tañer, resonar. // Jactarse, presumir, alardear.

**REPIQUE** Tañido, campaneo, repiqueteo. // Riña, altercado.

**REPIQUETEAR** Repicar, sonar, tañer, doblar, redoblar.

**REPISA** Ménsula, rinconera.

**REPISAR** Apisonar. // Insistir, porfiar.

**REPLECIÓN** Hartura, colmo, saciedad. *Escasez, falta, hambre.*

**REPLEGARSE** Retirarse, retroceder. *Adelantar, avanzar.*

**REPLETO** Colmado, lleno, relleno, rebosante. *Vacío.* // Ahíto, atiborrado, harto. *Hambriento.*

**RÉPLICA** Contestación, respuesta. // Objeción. *Aprobación.*

**REPLICAR** Argüir, contestar, objetar, contradecir, reponer, responder. *Acceder, consentir.*

**REPLIEGUE** Doblez, pliegue. // Retirada, retroceso.

**REPOBLAR** Replantar.

**REPOLLO** Col.

**REPOLLUDO** Achaparrado, gordo. *Esbelto, delgado.*

**REPONER** Devolver, restituir. *Quitar.* // Rehabilitar, restablecer, restaurar. // Recobrarse, fortalecerse, mejorarse. *Desanimar, debilitar.* // Serenarse, tranquilizarse. *Intranquilizarse.*

**REPORTAR** Contener, moderar, refrenar, reprimir, sosegar. // Alcanzar, conseguir, lograr, obtener. // Llevar, traer, transportar.

**REPORTE** Información, noticia.

**REPORTERO** Informador, periodista.

**REPOSADO** Quieto, sosegado, tranquilo. *Intranquilo, nervioso.*

**REPOSAR** Descansar, dormir, echarse, yacer. *Ajetrearse, cansar, moverse.*

**REPOSICIÓN** Reestreno.

**REPOSO** Calma, descanso, quietud, sosiego, tranquilidad. *Desasosiego, inquietud.* // Sueño. *Vela, vigilia.*

**REPOSTERÍA** Confitería, pastelería.

**REPRENDER** Amonestar, corregir, reconvenir, regañar, reprochar, retar. *Celebrar, encomiar, halagar.*

**REPRENSIBLE** Censurable, reprobable, reprochable, vituperable. *Loable.*

**REPRENSIÓN** Amonestación, reconvención, reprimenda, sermón. *Elogio, felicitación, pláceme.*

**REPRESA** Embalse.

**REPRESALIA** Venganza, vindicación. *Perdón, recompensa.*

**REPRESAR** Embalsar, estancar.

**REPRESENTACIÓN** Figura, idea, imagen, muestra. *Realidad, verdad.* // Reemplazo, sustitución. *Personalidad.* // Autoridad, carácter, dignidad.

**REPRESENTANTE** Comisionado, delegado, lugarteniente, portavoz, sustituto, testaferro. // Actor, comediante.

**REPRESENTAR** Encarnar, figurar, imitar, interpretar, simbolizar. *Crear, vivir.* // Declarar, informar, manifestar, mostrar, referir. // Reemplazar, sustituir. *Eludir, negarse.*

**REPRESIÓN** Contención, detención, freno, moderación, refrenamiento, prohibición. *Libertad.*

**REPRIMENDA** Regaño, reñidura, sermón, reproche, reconvención.

**REPRIMIR** Contener, dominar, moderar, templar. *Azuzar, estimular, impulsar, incitar, instigar, lanzar.*

**REPROBABLE** Censurable, incalificable, reprensible.

**REPROBAR** Censurar, condenar, criticar, desaprobar, tachar, tildar. *Alabar.* // Abuchear, chillar, gritar, patear, silbar, sisear. *Aplaudir.*

**RÉPROBO** Condenado, maldito, prescrito. *\*Reprobó (reprobar).*

**REPROCHAR** Afear, echar en cara, reconvenir. *Alabar, disculpar.*

**REPROCHE** Censura, reconvención, reparo, tacha, tilde.

**REPRODUCCIÓN** Calco, copia, repetición. // Fecundación, multiplicación, proliferación, propagación.

**REPRODUCIR** Calcar, copiar, imitar, repetir. *Crear, inventar.* // Engendrar, multiplicarse, propagarse. *Extinguirse.*

**REPRODUCTOR** Padrillo, semental.

**REPTAR** Arrastrarse, serpentear. *Caminar, erguirse.*

**REPTIL** Ofidio. // Pérfido. // Rastrero, servil.

**REPÚBLICO** Estadista, patricio.

**REPUDIAR** Desechar, desdeñar, repeler. *Aceptar, acoger, tomar.*

**REPUDIO** Desprecio, repulsa. *Aceptación, casamiento.* // Expulsión, dejación. *Inclusión.*

**REPUESTO** Restablecido, restituido, sustituido. // Provisión. // Apartado, retirado, oculto.

**REPUGNANCIA** Asco, náusea. // Aversión, oposición, tedio. *Atracción.*

**REPUGNANTE** Asqueroso, repulsivo, nauseabundo, repelente, sucio. *Limpio.* // Incompatible, indeseable. *Compatible, simpático.*

**REPUGNAR** Rechazar, rehusar, rehuir, repeler, asquear. *Atraer, simpatizar.* //

Contradecir, negar. *Aceptar, aprobar.*

**REPUJADO** Cincelado, relieve, labrado.

**REPUJAR** Cincelar, labrar, realzar, escamar.

**REPULGO** Borde. // Cicatriz. // Inquietud, recelo. // Afectación, ridiculez.

**REPULIDO** Acicalado, peripuesto, relamido, afectado.

**REPULSA** Desaire, repudio, repulsión.

**REPULSIÓN** Asco, aversión, disgusto, repugnancia. *Atracción, simpatía.* // Repulsa. *Afirmación.*

**REPULSIVO** Asqueroso, repelente, sucio. *Agraciado, limpio.*

**REPUNTA** Indicio, síntoma, atisbo. // Desazón, contienda, resquemor.

**REPUTACIÓN** Crédito, fama, gloria, honra, prestigio, renombre. *Desprestigio, indignidad.*

**REPUTAR** Apreciar, conceptuar, estimar, juzgar, calificar.

**REQUEBRAR** Galantear, piropear.

**REQUECHOS** Desechos, restos, sobras.

**REQUEMARSE** Tostarse. // Afligirse, dolerse. // Consumirse.

**REQUERIMIENTO** Aviso, intimación.

**REQUERIR** Avisar, intimar, notificar, prevenir. // Necesitar, pretender, solicitar. // Convencer, inducir, persuadir.

**REQUESÓN** Cuajada, ricota.

**REQUIEBRO** Flor, galantería, lisonja, piropo, terneza. *Insulto.*

**REQUILORIO** Futileza, insignificancia, nimiedad.

**REQUINTAR** Aventajar, exceder, superar, aumentar. *Disminuir.*

**REQUISA** Recuento. // Inspección, revista, registro.

**REQUISAR** Confiscar, decomisar, incautarse. *Proveer.*

**REQUISICIÓN** Comiso, confiscación, decomiso, embargo. // Requerimiento, apercibimiento.

**REQUISITO** Circunstancia, condición, formalidad.

**RES** Mamífero, cuadrúpedo, animal, rumiante, ganado, cabeza.

**RESABIARSE** Disgustarse, malacostumbrarse, malograrse.

**RESABIO** Mala costumbre, vicio. *Virtud.* // Desabrimiento, disgusto, desazón. *Gusto, sabor.*

**RESALTAR** Abultar, descollar, destacarse, sobresalir, proyectarse. *Confundirse.* // Rebotar.

**RESALTE** Relieve, saliente, resalto. *Grieta, hendidura, ranura.*

**RESALTO** Resalte, relieve, relevación, repisa, reborde, rebaba, prominencia, saliente, saledizo.

**RESARCIMIENTO** Compensación, indemnización, reparación.

**RESARCIR** Compensar, desagraviar, indemnizar, reparar. *Agraviar, dañar.* // Desquitarse, vengarse, recobrarse, reintegrarse. *Perder.*

**RESBALADIZO** Escurridizo, lábil, resbaloso, aceitoso. *Áspero.*

**RESBALAR** Deslizarse, escurrirse, patinar. *Mantenerse.*

**RESBALÓN** Desliz, traspié.

**RESBALOSO** Resbaladizo.

**RESCATAR** Recobrar. *Perder.* // Libertar, librar, redimir. *Encarcelar.*

**RESCINDIR** Anular, cancelar, abolir, invalidar. *Confirmar, convalidar.*

**RESCISIÓN** Anulación, invalidación, abrogación, abolición.

**RESCOLDO** Brasa. // Escozor, escrúpulo, recelo.

**RESENTIMIENTO** Animosidad, antipatía, rabia, resquemor, tirria. *Afinidad, amistad.*

**RESENTIRSE** Aflojarse, debilitarse, flaquear. *Fortalecerse.* // Agraviarse, disgustarse, enojarse, ofenderse. *Contentarse, alegrarse.*

**RESEÑA** Inspección, revista. // Narración. // Descripción, detalle, nota.

**RESEÑAR** Inspeccionar. // Contar, describir, detallar.

**RESERVA** Ahorro, economías, prevención, previsión. *Despilfarro.* // Cautela, prudencia, sigilo, tino. *Imprevisión, sinceridad.* // Circunspección, comedimiento, discreción, secreto. *Locuacidad.*

// Reservación. // Custodia, defensa, guarda, protección. *Desamparo.*

**RESERVADAMENTE** Discretamente. // Cautelosamente, confidencialmente.

**RESERVADO** Ahorrado, guardado. *Derrochado.* // Circunspecto, comedido. // Callado, cauteloso, discreto, secreto. *Locuaz.*

**RESERVAR** Ahorrar, economizar, guardar, retener. *Dilapidar, gastar.* // Callar, encubrir, ocultar. *Publicar.* // Dispensar, exceptuar, relevar. *Cumplir.* // Conservarse, mantenerse. // Precaverse, resguardarse. *Confiar.*

**RESFRIADO** Catarro, resfrío, romadizo.

**RESFRIARSE** Acatarrarse, constiparse.

**RESGUARDARSE** Defenderse, guarecerse, protegerse. *Desamparar.*

**RESGUARDO** Recibo, talón. // Contraseña. // Amparo, custodia, defensa, garantía, protección, reparo.

**RESIDENCIA** Casa, domicilio, morada, nido, techo, vivienda.

**RESIDIR** Alojarse, domiciliarse, habitar, morar, parar, vivir. *Ausentarse, vagar.*

**RESIDUO** Resto, remanente, sobrante, sobras. *Primicia.* // Basura, desechos, desperdicios.

**RESIGNACIÓN** Conformidad, paciencia, sumisión. *Deseo, rebeldía, resistencia.* // Renuncia.

**RESIGNAR** Dimitir, renunciar. // Condescender, conformarse, someterse. *Insistir, resistir.* **\*Resinar.**

**RESINA** Gomorresina, óleorresina, almáciga, bálsamo, barniz, mástique, goma, laca, pez, brea, benjuí, ámbar. **\*Resigna** (resignar).

**RESISTENCIA** Aguante, firmeza, fuerza, vigor, vitalidad. *Debilidad.* // Oposición, rechazo, renuencia. *Pasividad, renunciamiento.*

**RESISTENTE** Duro, firme, fuerte. *Débil.* // Incansable, infatigable, robusto, sólido, tenaz, vigoroso.

**RESISTIR** Aguantar, soportar, sufrir, tolerar. *Morir.* // Contrariar, hacer frente, rebelarse, rechazar. *Someterse.*

**RESOLLAR** Jadear, resoplar, respirar.

**RESOLUCIÓN** Decreto, ordenanza, providencia. // Ánimo, arrojo, audacia, brío, decisión, determinación, empuje, espíritu, guapeza, viveza. *Abstención, cobardía, irresolución.*

**RESOLVER** Satisfacer, solventar. // Descifrar, descubrir, despejar, hallar. // Aclarar, desenredar, disipar, ventilar, zanjar. // Recapitular, resumir.

**RESONANCIA** Eco, repercusión, sonoridad. // Divulgación, publicación. *Olvido, silencio.*

**RESONANTE** Retumbante, sonoro.

**RESONAR** Repercutir, retumbar.

**RESOPLAR** Resollar.

**RESORTE** Muelle. // Medio, recurso. // Influencia.

**RESPALDAR** Avalar, garantizar, apoyar. // Respaldo.

**RESPALDO** Dorso, reverso, vuelta. // Espaldar, respaldar.

**RESPECTAR** Atañer, concernir, pertenecer, tocar. *Respetar.

**RESPECTIVO** Atinente, concerniente, referente, relativo.

**RESPECTO** Razón, relación, atingencia, relatividad. *Respeto.

**RESPETABILIDAD** Autoridad, prestigio, decoro, dignidad, majestad, representación. *Indignidad.*

**RESPETABLE** Acatable, considerable, honorable, venerable. // Autorizado, calificado. // Sagrado, venerando. // Imponente, tremendo. *Común, vulgar.*

**RESPETAR** Acatar, honrar, reverenciar, venerar, adorar. *Desacatar, insultar.* *Respectar.

**RESPETO** Acatamiento, cortesía, atención, consideración, miramiento, obediencia, reverencia, sumisión, veneración. *Desacato, desobediencia, irreverencia, profanación.*

**RESPETUOSO** Atento, cortés, educado, deferente, reverente. *Irrespetuoso.*

**RÉSPICE** Reproche, reprimenda, reconvención, sermón, filípica, recorrido. *Elogio.*

**RESPINGAR** Cocear, resistir, sublevarse. *Acatar.* // Gruñir, protestar, replicar, rezongar.

**RESPINGO** Gruñido, rezongo. // Sacudida, sobresalto.

**RESPIRACIÓN** Respiro, aspiración, inspiración, inhalación, espiración, suspiro. // Aliento, resuello.

**RESPIRADERO** Abertura, tragaluz, tronera, conducto.

**RESPIRAR** Alentar, aspirar, inspirar, espirar, resoplar, exhalar, hablar, resollar, vivir. *Ahogar, asfixiar, sofocar.* // Animarse, descansar, aliviarse.

**RESPIRO** Alivio, calma, descanso, reposo, sosiego. *Trajín.* // Prórroga.

**RESPLANDECER** Brillar, destellar, lucir, relucir, relumbrar. *Apagarse.* // Destacarse, resaltar, sobresalir.

**RESPLANDECIENTE** Brillante, centelleante, deslumbrante, luciente, radiante, reluciente. *Opaco.*

**RESPLANDOR** Brillo, destello, esplendor, fulgor, lucimiento, lustre, refulgencia. *Opacidad.*

**RESPONDER** Contestar, replicar, retrucar. *Interrogar, preguntar.* // Acudir. // Agradecer, corresponder, pagar, reconocer, satisfacer. // Garantizar, responsabilizarse, avalar. *Desentenderse.*

**RESPONDÓN** Deslenguado, insolente.

**RESPONSABILIDAD** Obligación, carga, empeño, garantía, vínculo, gravamen, compromiso, deber, cumplimiento. *Irresponsabilidad.*

**RESPONSABLE** Fiador, garante, comprometido, solidario. *Irresponsable.* // Culpable.

**RESPONSO** Responsorio. // Reprimenda, represión.

**RESPUESTA** Contestación, refutación, réplica. *Pregunta.*

**RESQUEBRAJADURA** Abertura, hendedura, fractura, grieta.

**RESQUEBRAJAR** Agrietar, cuartear, rajar, fracturar.

**RESQUEMAR** Requemar. // Enfadar, irritar. *Agasajar.*

**RESQUEMOR** Desazón, escozor, resentimiento, molestia, disgusto. *Armonía.*

**RESQUICIO** Abertura, hendedura. // Coyuntura, ocasión, pretexto.

**RESTA** Sustracción, diferencia. *Adición, suma.* // Residuo.

**RESTABLECER** Rehabilitar, reparar, reponer, restaurar, restituir. *Deshacer, inhabilitar.* // Convalecer, curar, recuperarse, rejuvenecerse, sanar. *Decaer, enfermar.*

**RESTABLECIMIENTO** Reinstalación, reposición. // Reconstitución, reforma, renovación, reparación, restauración, restitución. // Curación, convalecencia. *Recaída.*

**RESTALLAR** Crujir, chasquear.

**RESTAÑAR** Contener, detener, cauterizar, estancar, parar. // Restallar.

**RESTAR** Cercenar, deducir, disminuir, quitar, rebajar, sacar, sustraer. *Añadir, agregar.*

**RESTAURACIÓN** Reparación, reconstitución, reposición.

**RESTAURADOR** Renovador.

**RESTAURANTE** Restorán, comedor, fonda. // Fortificante, reconfortante, reconstituyente, reparador.

**RESTAURAR** Recobrar, recuperar, restablecer. *Destruir.*

**RESTITUCIÓN** Devolución.

**RESTITUIR** Devolver, reintegrar, reponer, remitir, restablecer. *Detentar, exonerar, quitar.* // Regresar, tornar, volver.

**RESTO** Diferencia, sobrante, remanente, residuo, saldo.

**RESTREGAR** Frotar, refregar.

**RESTRICCIÓN** Coartación, impedimento, limitación, modificación. *Abuso, anuencia.*

**RESTRICTO** Ceñido, limitado, preciso, restringido. *Abusivo, ilimitado.*

**RESTRINGIR** Ceñir, coartar, circunscribir, limitar, reducir. *Ampliar.*

**RESTRIÑIR** Astringir, constreñir, restringir, contraer. // Apretar, achicar, disminuir, estrechar.

**RESUCITAR** Renacer, resurgir, revivir. *Asesinar, matar, morir.*

**RESUDARSE** Escurrirse, filtrarse, rezumar, colarse.

**RESUELLO** Aliento, respiración, resoplo, resoplido, ronquido, hálito, rebufe.

**RESUELTAMENTE** Atrevidamente, decididamente, intrépidamente, osadamente, audazmente.

**RESUELTO** Arrojado, audaz, decidido, denodado, diligente, expedito, libre. *Prudente, temeroso.*

**RESULTA** Resultado, secuela, producto, fruto, trascendencia, alcance.

**RESULTADO** Consecuencia, efecto, fruto, secuela, corolario, resulta, conclusión. *Causa, origen.*

**RESULTAR** Deducirse, inferirse, redundar, seguirse. // Comprobarse, evidenciarse, manifestarse.

**RESUMEN** Abreviación, compendio, epítome, síntesis. *Ampliación, desarrollo.* *Rezumen (rezumar).

**RESUMIR** Abreviar, compendiar, condensar, reducir, sintetizar. *Ampliar, desarrollar, explicar.*

**RESURGIMIENTO** Reaparición, renacimiento, regeneración.

**RESURGIR** Reaparecer, renacer, resucitar, revivir.

**RETAGUARDIA** Zaga. *Avanzada.*

**RETAHÍLA** Sarta, serie, conjunto, rosario, progresión.

**RETAL** Desperdicio, recorte, sobrante.

**RETAR** Desafiar, provocar. // Reprender, reprochar.

**RETARDACIÓN** Retardo, atraso, aplazamiento, tregua, tardanza, demora. *Adelanto, rapidez.*

**RETARDAR** Demorar, detener, diferir, dilatar, entorpecer, entretener, retrasar, aplazar. *Acelerar, adelantar, anticiparse, apurar.*

**RETARDO** Demora, dilación, retraso, tardanza. *Adelanto.*

**RETAZO** Pedazo, recorte, retal.

**RETEMBLAR** Estremecerse.

**RETÉN** Provisión, repuesto, reserva,

acopio. **\*Reten** (retar).
**RETENER** Detener, estancar. *Largar, movilizar.* // Conservar, guardar, suspender. // Arrestar. *Soltar.*
**RETENTIVA** Memoria, recuerdo, evocación. *Olvido.*
**RETICENCIA** Omisión, tapujo, restricción. *Desenfado, soltura.*
**RETÍCULO** Malla, red, redecilla.
**RETINTÍN** Son, sonido, sonsonete. // Énfasis.
**RETIRADA** Repliegue, retroceso. *Adelantamiento, avance.*
**RETIRADO** Aislado, alejado, apartado, desviado, distante. *Céntrico, cercano, próximo.*
**RETIRAR** Alejar, apartar, privar, quitar, sacar, separar. *Acercar.* // Acostarse. // Jubilarse. // Aislarse, desaparecer, recogerse, retraerse, retroceder. *Exhibirse, aparecer.*
**RETIRO** Aislamiento, apartamiento, soledad. *Acompañamiento, compañía.* // Extracción. *Depósito.* // Jubilación. // Encierro, clausura.
**RETO** Amenaza, desafío, provocación. // Reprimenda.
**RETOBADO** Indómito, obstinado, redomado, rencoroso, respondón, taimado, terco.
**RETOCAR** Corregir, perfeccionar, restaurar, modificar.
**RETOÑAR** Brotar, rebrotar, reproducirse. *Secarse.*
**RETOÑO** Botón, brote, renuevo, pimpollo, vástago, rebrote. // Hijo.
**RETOQUE** Corrección, modificación.
**RETORCEDURA** Retorcimiento, torcijón, alabeo, contorsión.
**RETORCER** Combar, torcer, encorvar, enroscar. *Enderezar, estirar.*
**RETORCIDO** Sinuoso, tortuoso. // Maligno, astuto, maquiavélico.
**RETORCIMIENTO** Alabeo, contorsión, retortijón, sinuosidad, torcijón.
**RETÓRICO** Declamador, ampuloso, altisonante, pomposo, almibarado.
**RETORNAR** Devolver, restituir. *Retener.*

// Regresar, volver. *Ausentarse, irse.*
**RETORNO** Devolución, restitución. // Regreso, vuelta. *Emigración, ida, marcha.* // Paga, recompensa, satisfacción. // Cambio, permuta, trueque.
**RETORTIJÓN** Retorcijón, retorcimiento, contorsión.
**RETOZAR** Brincar, corretear, jugar, saltar, travesear.
**RETOZÓN** Alegre, juguetón, travieso.
**RETRACTARSE** Desdecirse, rectificarse. *Ratificar.* **\*Retratarse.**
**RETRAER** Apartar, disuadir. // Acogerse, guarecerse, huir, refugiarse, retirarse, retroceder. *Permanecer.*
**RETRAÍDO** Retirado, refugiado, escondido, aislado. // Abastraído, recogido. // Tímido, reservado, corto. *Extravertido, audaz.*
**RETRAIMIENTO** Aislamiento, refugio, retiro, soledad. *Sociabilidad.* // Cortedad, reserva, timidez. *Audacia.*
**RETRASAR** Atrasar, demorarse, diferir, retardar, suspender. *Adelantar.* // Endeudarse. *Cumplir, pagar.*
**RETRASO** Atraso, demora, dilación, retardo, atrasamiento. *Adelanto.*
**RETRATAR** Describir, dibujar, pintar. // Copiar, imitar. // Fotografiar.
**RETRATO** Efigie, fotografía, imagen. // Descripción.
**RETREPARSE** Recostarse.
**RETRETE** Común, excusado, letrina.
**RETRIBUCIÓN** Pago, recompensa, remuneración, premio.
**RETRIBUIR** Corresponder, pagar, recompensar, premiar, remunerar, gratificar. *Adeudar, privar.*
**RETROCEDER** Desandar, retirarse, recular, retrogradar. *Avanzar, progresar.*
**RETROCESO** Contramarcha, reculada, regresión, retirada. *Avance, mejora, progreso.*
**RETROGRADAR** Recular, refluir, replegarse, retirarse, retroceder. *Adelantar, avanzar.*
**RETRÓGRADO** Cavernícola, retardatario, reaccionario. *Innovador, progre-*

*sista, reformador, creador.*
**RETUMBANTE** Resonante, rimbombante, ruidoso, atronador, estridente, estrepitoso, fragoroso. *Silencioso.*
**RETUMBAR** Atronar, estallar, tronar, resonar. *Acallar.*
**RETUMBO** Ruido, resonancia, estampido, explosión, estruendo.
**RETRUCAR** Replicar. *Callar.*
**REUMA** Reumatismo.
**REUNIÓN** Corro, grupo, peña, rueda.
**REUNIR** Acopiar, agrupar, amontonar, compilar, concurrir, congregar, juntar. *Desparramar, dispersar, separar.*
**REVALIDACIÓN** Confirmación, ratificación, reválida.
**REVALIDAR** Comprobar, confirmar, ratificar.
**REVELACIÓN** Confidencia, declaración, descubrimiento, manifestación. // Difusión, publicación. // Acusación, soplo. // Indicación, indicio, señal.
**REVELAR** Confesar, descubrir, exteriorizar, manifestar. *Callar, encubrir.* // Publicar. *Ocultar.* // Franquearse. // Reflejarse, transparentarse. *Disimular.* *****Rebelar, relevar.**
**REVENIRSE** Consumirse, encogerse. // Acedarse, avinagrarse, acidularse. // Retractarse, ceder.
**REVENTAR** Estallar. // Brotar. // Aplastar, desbaratar. // Cansar, extenuar, fatigar, molestar.
**REVENTÓN** Estallido, explosión. // Pinchazo. // Aprieto, dificultad, fatiga, trabajo.
**REVERBERACIÓN** Reflejo, resol, reverbero, llamarada, destello, tornasol, brillo. *Opacidad.*
**REVERBERAR** Reflejar.
**REVERBERO** Reverberación. // Cocinilla, infiernillo.
**REVERDECER** Rejuvenecer, renovarse. *Agostarse.*
**REVERENCIA** Inclinación, saludo. // Respeto, veneración. *Ofensa.*
**REVERENTE** Piadoso, respetuoso, sumiso, obediente.

**REVERSO** Dorso, revés, envés, contrario. *Anverso, cara, derecho.*
**REVÉS** Dorso, envés. // Contratiempo, desgracia, infortunio. // Bofetada. // Mudanza, vuelta.
**REVESADO** Indomable, pertinaz, travieso, revoltoso. // Difícil, intrincado, oscuro. *Fácil.*
**REVESAR** Arrojar, vomitar, devolver. *****Revezar.**
**REVESTIDO** Cubierto, recubierto, encofrado. // Engalanado.
**REVESTIMIENTO** Capa, cubierta, enlucido, revoque.
**REVESTIR** Cubrir, enlucir, recubrir, revocar. *Desnudar.* // Afectar, simular. // Engreírse.
**REVEZAR** Sustituir, reemplazar, relevar. *****Revesar.**
**REVISAR** Inspeccionar, repasar, rever, examinar, estudiar.
**REVISIÓN** Control, examen, inspección, revista.
**REVISOR** Examinador, inspector.
**REVISTA** Periódico. // Desfile, parada. // Examen, inspección, revisión.
**REVISTAR** Controlar, examinar, inspeccionar, reconocer.
**REVIVIR** Renacer, resucitar, resurgir, reanimar, rejuvenecer.
**REVOCABLE** Anulable, cancelable, derogable.
**REVOCAR** Anular, desautorizar, invalidar, rescindir. *Validar.* // Apartar, disuadir, retraer. *Cumplir.* // Enjalbegar, enlucir.
**REVOLCAR** Apabullar, derribar, pisotear, vencer. // Reprobar, suspender. // Restregarse.
**REVOLTIJO** Confusión, enredo, mezcolanza, revoltillo. *Orden.*
**REVOLTOSO** Enredador, perturbador, vivaracho, nervioso, travieso. *Tranquilo.* // Alborotador, rebelde, sedicioso, insurrecto.
**REVOLUCIÓN** Alboroto, alteración, conmoción, insurrección, rebelión, revuelta, sedición. *Disciplina, orden, paz.*

// Giro, rotación.

**REVOLUCIONARIO** Ácrata, anarquista, perturbador, sedicioso, turbulento. *Reaccionario.* // Innovador, inventor. *Rutinario.*

**REVOLVER** Buscar, registrar. // Agitar, enredar, inquietar, menear, trastornar. // Cavilar, discurrir. // Aborrascarse, encapotarse. *Revólver.

**REVÓLVER** Pistola. *Revolver.

**REVOQUE** Enlucido.

**REVUELO** Agitación, conmoción, turbación. *Calma.*

**REVUELTA** Pendencia, riña. // Alboroto, asonada, insurrección, motín, sedición. // Mudanza, vuelta.

**REVUELTO** Travieso, inquieto, revoltoso. *Sosegado.* // Revesado, abstruso, intrincado. *Sencillo.*

**REY** Monarca, soberano.

**REYERTA** Alteración, altercado, contienda, cuestión, disputa, pelea, riña, trifulca. *Avenencia, conciliación.*

**REZAGADO** Lento, calmoso, atrasado, tardo, remolón. *Adelantado.*

**REZAGAR** Atrasar, diferir, retardarse, retrasarse. *Adelantar.*

**REZAGO** Atraso, tardanza, dilación. // Resto, residuo.

**REZAR** Orar, pedir, recitar. // Refunfuñar, rezongar.

**REZO** Oración, plegaria, preces.

**REZONGAR** Gruñir, murmurar, refunfuñar, mascullar.

**REZONGÓN** Gruñón, refunfuñador, rezongador.

**REZUMAR** Exudar. // Traslucirse.

**RIACHUELO** Arroyo, riacho.

**RIADA** Aluvión, avenida, crecida, inundación, anegación.

**RIBERA** Orilla, margen, borde. // Litoral, costa, estuario, playa. *Rivera.

**RIBEREÑO** Costero, litoral, costanero.

**RIBETE** Acrecentamiento, añadidura. // Asomo, indicio.

**RIBETEAR** Bordear, festonear, orlar.

**RICAMENTE** Opulentamente, primorosamente, excelentemente.

**RICO** Acaudalado, acomodado, millonario, opulento, próspero, pudiente. *Indigente, menesteroso, pobre.* // Abundante, fecundo, fértil, pingüe. *Estéril.* // Excelente, valioso. *Barato, vulgar.* // Apetitoso, exquisito, sabroso. *Desabrido, soso.*

**RICTUS** Crispamiento, gesto, contracción. *Relajación.*

**RIDICULEZ** Extravagancia. *Elegancia, primor.*

**RIDICULIZAR** Burlarse, caricaturizar, parodiar. *Admirar, encomiar.*

**RIDÍCULO** Extravagante, grotesco, risible. *Maravilloso.* // Adefesio, esperpento, irrisorio, mamarracho. *Costoso, elegante.* // Corto, escaso, mezquino. *Abundante.*

**RIEGO** Irrigación, regadío, regadura, baldeo, rociamiento.

**RIEL** Carril.

**RIELAR** Brillar, reflejar, titilar, destellar, fucilar, resplandecer. *Apagarse.*

**RIENDAS** Dirección, gobierno, mando.

**RIESGO** Peligro, aventura, azar, exposición, trance, lance. *Seguridad, tranquilidad.*

**RIESGOSO** Arriesgado, aventurado, peligroso. *Seguro.*

**RIFA** Sorteo, tómbola, lotería.

**RIFAR** Sortear.

**RIFLE** Carabina, fusil.

**RIGIDEZ** Dureza, rigor, endurecimiento, tiesura. // Inflexibilidad, severidad, austeridad, rigor. *Blandura, condescendencia, flexibilidad, tolerancia.*

**RÍGIDO** Duro, endurecido, tieso, yerto, agarrotado, anquilosado. *Blando, maleable.* // Estricto, inflexible, riguroso, severo, tenaz.

**RIGOR** Aspereza, austeridad, dureza, inclemencia, rigidez, rigurosidad, severidad. *Afabilidad, tolerancia.* // Intensidad, vehemencia. *Suavidad.* // Precisión, propiedad. *Imprecisión.*

**RIGUROSO** Áspero, crudo, duro, glacial, inclemente, rígido, severo, austero, recio, cruel. *Compasivo, sensible, sua-*

*ve, templado.* // Estricto, exacto, preciso, fiel, justo, cabal, detallado, ajustado.

**RIJA** Pelea, riña, reyerta, contienda.

**RIJOSO** Lujurioso, sensual. *Casto.* // Pendenciero.

**RILAR** Tiritar, temblar, estremecerse.

**RIMA** Asonancia, consonancia.

**RIMAR** Asonantar, consonantar, versificar, metrificar.

**RIMBOMBANTE** Altisonante, retumbante, resonante. *Silencioso.* // Ostentoso, llamativo, fastuoso. *Discreto.*

**RIMERO** Cúmulo, montón, pila.

**RINCÓN** Ángulo, esquina, recodo. // Escondrijo, escondite.

**RINCONERA** Ménsula, repisa.

**RINGLERA** Fila, hilera, serie.

**RIÑA** Altercado, agarrada, contienda, cuestión, gresca, pelea, pelotera, pendencia, quimera, reyerta, trifulca. *Concordia, paz.*

**RIÑÓN** Centro, interior, corazón. // Rene, riñonada.

**RÍO** Corriente, afluente, torrente, riachuelo, arroyo. // Abundancia, afluencia, caudal.

**RIPIO** Cascajo, residuo. // Superfluidad.

**RIQUEZA** Abundancia, copia, fortuna, opulencia, profusión. *Miseria.*

**RISA** Carcajada, risita, risotada. *Gemido, quejido.* **\*Riza** (rizar).

**RISCO** Peñasco, peñón, picacho, escarpadura, roca, acantilado.

**RISIBLE** Cómico, irrisorio, ridículo, burlesco, divertido, alegre, jocoso, festivo, gracioso. *Serio, grave, solemne.*

**RISOTADA** Carcajada, risa.

**RISTRA** Sarta, serie. **\*Ristre.**

**RISUEÑO** Festivo, riente, sonriente, reidor. *Lloroso, triste.* // Agradable, deleitable, placentero. // Favorable, prometedor, próspero, halagüeño.

**RÍTMICO** Armonioso, mesurado, cadencioso, acompasado. *Arrítmico.*

**RITMO** Armonía, cadencia, compás. // Equilibrio. // Orden, regularidad.

**RITO** Ceremonia, costumbre, regla.

**RITUAL** Ceremonial, protocolo.

**RIVAL** Adversario, competidor, contrario, contrincante, émulo, enemigo, luchador, antagonista. *Aliado.*

**RIVALIDAD** Competencia, emulación, enemistad, pugna.

**RIVALIZAR** Competir, contender.

**RIVERA** Arroyo, cauce. **\*Ribera.**

**RIZAR** Ensortijar, ondular. *Estirar.*

**RIZO** Bucle, onda, tirabuzón.

**RIZOMA** Raíz.

**RIZOSO** Ensortijado, ondulado, rizado, crespo, rufo.

**ROBAR** Defraudar, desvalijar, despojar, estafar, hurtar, limpiar, quitar, rapiñar, sisar, timar, sustraer, apoderarse, llevarse, asaltar, pillar, escamotear, atracar. *Donar, regalar, devolver, restituir.*

**ROBÍN** Orín, moho, herrumbre.

**ROBLÓN** Remache.

**ROBO** Desfalco, escamoteo, estafa, fraude, hurto, latrocinio, pillaje, rapiña, ratería, saqueo, sisa, sustracción, timo. *Donación, regalo.*

**ROBORAR** Confortar, estimular, serenar, tonificar, afianzar, asegurar. *Irritar, desanimar.*

**ROBUSTECER** Consolidar, fortalecer, vigorizar, tonificar. *Debilitar.*

**ROBUSTEZ** Fuerza, fortaleza, vigor, resistencia, musculatura, energía, salud, reciedumbre, lozanía, pujanza, fibra, dinamismo. *Debilidad, endeblez.*

**ROBUSTO** Firme, fuerte, membrudo, recio, vigoroso. *Débil.*

**ROCA** Peñasco, peña, piedra, risco, peñón, roquedo, escollo.

**ROCE** Frotamiento, rozamiento. // Frecuentación, trato.

**ROCIADA** Salpicadura, aspersión, rocío. // Murmuración, chismorreo, hablilla. // Reprensión, filípica.

**ROCIAR** Asperjar, salpicar, regar, irrigar, esparcir, hisopear, diseminar. *Secar.*

**ROCÍN** Caballo, caballejo, jamelgo, mancarrón, penco, rocinante, sotreta, matalón. // Ignorante, rudo, tosco, zafio, zote. *Inteligente.*

**ROCINANTE** Rocín.

**ROCÍO** Escarcha, sereno, helada, relente, aljófar, aguada. // Rociada.

**ROCOSO** Pedregoso, peñascoso, roqueño, riscoso.

**RODADA** Costalada. // Carril, carrilada, lendel, cauce.

**RODADO** Carruaje, vehículo.

**RODAJA** Lonja, tajada, loncha. // Rueda, disco.

**RODAR** Caer, girar, voltear, moverse. // Errar, vagabundear. *Radicarse.* // Pulular, abundar.

**RODEAR** Acordonar, encerrar, cercar, circuir, circunvalar, sitiar. // Desviarse, esquivar. // Divagar.

**RODEO** Desviación, desvío, descarrío, virada, extravío, zigzag. *Recta.* // Ambages, circunloquio, evasiva, indirecta. *Claridad, concisión.*

**RODILLO** Cilindro.

**RODRIGÓN** Puntal, caña, estaca. // Tutor, preceptor.

**ROER** Carcomer, corroer, desgastar. // Afligir, desazonar, intranquilizar. *Tranquilizar.* *Raer.*

**ROGACIÓN** Petición, rogativa.

**ROGAR** Implorar, orar, pedir, suplicar. *Conceder.*

**ROGATIVA** Plegaria, súplica, rezo, ruego, petición, imploración.

**ROÍDO** Carcomido, mordido, mordisqueado, dentellado. *Completo.* // Corto, despreciable, escaso, exigüo, mezquino.

**ROJO** Bermellón, carmesí, colorado, encarnado, escarlata, grana, granate, rubro, púrpura, carmín.

**ROL** Lista, nómina.

**ROLDANA** Rodaja, rueda, polea.

**ROLLIZO** Gordo, robusto. // Durmiente.

**ROLLO** Cilindro, columna. // Discurso, exposición.

**ROMADIZO** Catarro, coriza, resfrío.

**ROMANA** Balanza, báscula.

**ROMANCE** Novela, poema. // Amorío, noviazgo, galanteo.

**ROMANTICISMO** Novelería, sentimentalismo. *Realidad.*

**ROMÁNTICO** Novelesco, sensible, pasional, sentimental, apasionado, patético. // Quijotesco. *Realista.* *Románico.*

**ROMANZA** Aria.

**ROMERÍA** Peregrinación. // Muchedumbre, multitud, tropel.

**ROMO** Chato, ñato, despuntado, aplastado, mocho. *Afilado, agudo, picudo.* // Obtuso, rudo, torpe. *Listo.*

**ROMPECABEZAS** Acertijo, problema, enigma, pasatiempo.

**ROMPEOLAS** Dique, escollera, malecón, muelle.

**ROMPER** Partir, quebrar, rajar, fracturar, destrozar, destruir, desgarrar, deshacer, desmenuzar, astillar, rasgar, reventar, triturar, tronchar, desgajar. *Componer, reparar.* // Brotar. // Interrumpir, cortar.

**ROMPIENTE** Bajo, escollo, rompeolas, arrecife.

**ROMPIMIENTO** Fractura, quebradura, rotura. // Desavenencia, ruptura. *Avenencia, arreglo.*

**RONCEAR** Dilatar, entretener, aplazar, haraganear, remolonear.

**RONCERÍA** Lentitud, tardanza, pachorra. *Rapidez.* // Mimo, halago, cariño. *Aspereza.*

**RONCHA** Cardenal, equimosis. // Daño, estafa, hurto.

**RONCO** Afónico, enronquecido. // Áspero, bronco. *Suave.*

**RONDA** Guardia, patrulla, vigilancia. // Convite. // Turno, distribución.

**RONDAR** Patrullar, velar, vigilar. *Dormir.* // Cortejar, requebrar, galantear. // Asediar, importunar, molestar. // Amagar, amenazar.

**RONQUERA** Afonía, enronquecimiento, ronquez, carraspera.

**RONQUIDO** Resuello, estertor, jadeo, gañido, gruñido.

**RONZAL** Cabestro, camal, ramal.

**ROÑA** Mugre, porquería, suciedad, inmundicia, pringue. *Aseo, limpieza.* // Astucia. *Ingenuidad.*

**ROÑERÍA** Cicatería, roñosería, tacañería. *Desinterés, largueza.*

**330**

**ROÑOSO** Cochino, mugriento, puerco, sucio. *Limpio.* // Amarrete, cicatero, mezquino, miserable, agarrado. *Dadivoso, generoso.*

**ROPA** Ropaje, vestido, indumentaria, vestimenta, vestidura.

**ROPAJE** Vestidura, indumentaria, ropa, traje, vestido. // Expresión, lenguaje.

**ROQUEDAL** Peñascal, roqueda.

**RORRO** Crío, nene, niño.

**ROSARIO** Letanía. // Sarta.

**ROSCA** Espiral. // Vuelta.

**ROSICLER** Alba, aurora. *Atardecer.*

**ROSTRO** Cara, faz, fisonomía, jeta, semblante, facciones, rasgos.

**ROTACIÓN** Giro, revolución, vuelta.

**ROTAR** Rodar.

**ROTATIVA** Imprenta.

**ROTATORIO** Circulatorio, giratorio.

**ROTO** Fracturado, quebrado. // Andrajoso, harapiento.

**RÓTULA** Choquezuela.

**ROTULAR** Intitular, sobrescribir.

**RÓTULO** Cartel, letrero, título.

**ROTUNDIDAD** Redondez, esfericidad.

**ROTUNDO** Redondo. *Recto.* // Claro, concluyente, lleno, preciso, sonoro, terminante. *Impreciso.*

**ROTURA** Fractura, quebradura, rompimiento, ruptura. // Desgarradura, destrozo, siete. ***Ruptura.**

**ROTURAR** Arar.

**ROYA** Sarro, herrumbre.

**ROZADURA** Restregamiento, roce, frotadura. // Arañazo.

**ROZAGANTE** Ufano, vistoso. *Deslucido, infortunado.*

**ROZAMIENTO** Frotamiento, frote, fricción. // Discordia, disgusto, rompimiento. *Concordia, amistad.*

**ROZAR** Acariciar, frotar, rascar, tocar, besar, lamer, trabarse. // Relacionarse, tratarse. *Aislarse, retraerse.*

**RÚBEO** Rojizo, rubescente.

**RUBÍ** Rojo, granate.

**RUBICUNDO** Rojo, colorado, escarlata. // Rubio. // Sanguíneo. // Rechoncho.

**RUBIO** Blondo, bermejo, rubicundo, rubial, dorado, rúbeo, rufo. *Morocho, moreno, oscuro, atezado, trigueño.*

**RUBOR** Sonrojo, bochorno, colores, calores. *Palidez.* // Timidez, candor, vergüenza, modestia, turbación, confusión. *Desvergüenza, impasibilidad.*

**RUBORIZARSE** Abochornarse, avergonzarse, sonrojarse. *Insolentarse.*

**RUBOROSO** Abochornado, rojo. // Vergonzoso, tímido.

**RÚBRICA** Firma.

**RUBRICAR** Firmar, signar, suscribir.

**RUBRO** Rótulo, título. // Rojo, encarnado, granate.

**RUCIO** Asno, burro.

**RUDEZA** Aspereza, brusquedad, descortesía, grosería, torpeza, tosquedad, brutalidad. *Afabilidad, cortesía, gentileza, habilidad.*

**RUDIMENTARIO** Elemental, embrionario, primario.

**RUDIMENTO** Embrión, principio, comienzo, esbozo, germen.

**RUDIMENTOS** Abecé, elementos, nociones, principios.

**RUDO** Basto, tosco. *Pulido.* // Descortés, grosero. *Educado, servicial.* // Riguroso. *Suave.* // Impetuoso, violento, brutal. *Tranquilo.*

**RUEDA** Círculo, corro. // Tanda, turno, vez. // Rodaja, rebanada.

**RUEDO** Círculo, circunferencia, contorno, límite, término.

**RUEGO** Petición, súplica.

**RUFIÁN** Alcahuete. // Perverso. *Caballero, noble.*

**RUGIDO** Bramido, estruendo, grito.

**RUGIR** Bramar, gritar, atronar.

**RUGOSIDAD** Arruga, pliegue, estría, frunce, desigualdad, imperfección. *Estiramiento, tersura.*

**RUGOSO** Arrugado, desigual, doblado, áspero. *Liso, raso, terso.*

**RUIDO** Barullo, batifondo, bochinche. *Quietud.* // Crujido, chasquido, chirrido, estallido, estrépito, estridor, estruendo, explosión, fragor, sonido, trueno. *Silencio.*

**RUIDOSO** Escandaloso, estrepitoso, fragoroso, atronador, estridente, retumbante, sonoro, estruendoso. *Silencioso.*

**RUIN** Bajo, despreciable, vil. *Digno.* // Desmedrado, humilde, pequeño. *Alto, fuerte.* // Avariento, mezquino, tacaño. *Generoso.*

**RUINA** Caída, decadencia, destrozo, destrucción, perdición, devastación. *Apogeo, construcción, prosperidad.* // Bancarrota, fracaso, hundimiento, quiebra. *Éxito, fortuna.*

**RUINDAD** Bajeza, indignidad. *Nobleza.* // Avaricia, mezquindad, tacañería. *Generosidad, magnanimidad.*

**RUINOSO** Desmantelado, destartalado, estropeado. *Sano.* // Desmedrado, pequeño. // Caro, costoso. *Barato.*

**RUMBO** Camino, dirección, ruta, senda, derrotero. // Boato, ostentación, pompa, suntuosidad. *Sencillez.* // Desinterés, generosidad, liberalidad.

**RUMBOSO** Aparatoso, lujoso, magnífico, pomposo. *Sencillo, sobrio.* // Desprendido, generoso, liberal. *Cicatero, mezquino.*

**RUMIAR** Mascar, masticar. // Refunfuñar, rezongar. // Estudiar, examinar, meditar.

**RUMOR** Murmullo, runrún, susurro, bisbiseo. *Clamor, gritería.* // Chisme, hablilla, murmuración.

**RUMOREAR** Runrunear, sonar, susurrar, murmurar, secretear, circular, cuchichear, divulgar, bisbisear. *Callar.*

**RUNFLA** Muchedumbre, sarta, serie.

**RUNRÚN** Rumor.

**RUPTURA** Desavenencia, rompimiento, rotura. *Avenencia, contacto, unión, amistad.* *Rotura.*

**RURAL** Agrario, campesino, rústico, aldeano, agreste, pastoril, campestre, rustical, labriego. *Urbano.* // Inculto, torpe, tosco.

**RUSTICIDAD** Rustiquez, rustiqueza, tosquedad. *Pulimiento.* // Grosería, ordinariez, zafiedad. *Educación.* // Incultura, patanería. *Cultura.*

**RÚSTICO** Grosero, rudo, tosco, zafio. *Distinguido, fino.* // Aldeano, campesino, labriego. *Urbano.* // Agreste, campestre, pastoril.

**RUTA** Camino, derrota, derrotero, dirección, itinerario, rumbo, vía.

**RUTILANTE** Brillante, resplandeciente, fulgurante, centelleante, fulgente. *Apagado, oscuro, sombrío.*

**RUTILAR** Brillar, resplandecer, rielar, titilar, refulgir, centellear, fulgurar, fucilar, relucir. *Oscurecer, apagarse.*

**RUTINA** Costumbre, hábito, usanza. *Novedad.*

**RUTINARIO** Rutinero, acostumbrado, frecuente, habitual, tradicional, común, repetido. *Desusado, original, insólito, raro.* // Aburrido, desganado, indiferente, apático. *Activo, interesado.*

**RUZAFA** Parque, jardín, vergel.

# S

**SABANA** Llanura, planicie. *Serranía.*
*Sábana.*

**SABANDIJA** Bicho. // Granuja.

**SABEDOR** Consciente, enterado, entendido, instruido. *Ignorante.*

**SABER** Sabiduría, sapiencia, erudición. *Ignorancia.* // Conocer, entender, comprender, observar, dominar. *Ignorar.*

**SABIDO** Consabido, corriente, notorio, público. *Ignorado.*

**SABIDURÍA** Conocimiento, saber. *Desconocimiento, ignorancia.* // Experiencia, pericia. *Imprudencia.* // Noticia. // Cordura, juicio. *Irreflexión.*

**SABIHONDO** Sabelotodo, pedante, doctoral. *Modesto.*

**SABIO** Docto, sapiente, culto, erudito, pensador. *Inculto, insipiente, lego.* // Cuerdo, prudente.

**SABLAZO** Espetón, mandoble. // Pechazo, préstamo, petición.

**SABLE** Cris, chafarote, charrasca.

**SABOR** Gusto, sapidez, paladar, dejo. // Sazón, condimento, salsa. *Insipidez, desazón.*

**SABOREAR** Gustar, paladear, relamerse, catar, probar.

**SABOTAJE** Daño, deterioro.

**SABROSO** Apetitoso, delicioso, gustoso, sazonado. *Insípido, soso.*

**SABUESO** Detective, espía, indagador, policía.

**SACA** Extracción, exhumación. // Costal, talega. // Exportación, transporte. // Copia, duplicado.

**SACACORCHOS** Tirabuzón.

**SACAMUELAS** Charlatán, embaucador. // Dentista.

**SACAR** Arrancar, extirpar, extraer, quitar, separar. *Llenar, meter, poner.* // Alejar, apartar. *Traer.* // Descubrir, desenterrar, vaciar. *Ocultar.* // Descifrar, hallar, resolver, solucionar. // Deducir, inferir, colegir. // Elegir, sortear. // Alcanzar, conseguir, ganar, lograr. // Exceptuar, excluir, librar. *Incluir.* // Copiar, crear, imitar, inventar, producir, trasladar. // Citar, mencionar, nombrar.

**SACAROSA** Azúcar.

**SACERDOTAL** Clerical, eclesiástico. *Seglar.*

**SACERDOTE** Clérigo, cura, padre, pastor, pope, rabino. *Lego, seglar.*

**SACIADO** Lleno, repleto, ahíto, harto, satisfecho. *Hambriento.*

**SACIAR** Hartar, llenar, satisfacer. *Carecer, vaciar.*

**SACIEDAD** Atracón, hartazgo, hartura, panzada, satisfacción. *Apetito, hambre.*

**SACO** Bolsa, costal, talega. // Chaqueta. // Saqueo, desvalijamiento. // Hato, montón. // Bahía, ensenada. // Saque.

**SACRAMENTAL** Indeleble. // Ritual, acostumbrado, consagrado, habitual.

**SACRIFICAR** Inmolar, matar. // Arriesgarse, exponerse, resignarse. *Liberar, perdonar, redimir.*

**SACRIFICIO** Holocausto, inmolación, ofrenda. // Misa. // Abnegación, renunciamiento.

**SACRILEGIO** Profanación, perjurio, blasfemia. *Devoción, veneración.*

**SACRÍLEGO** Profano, impío, blasfemo. *Devoto.*

**SACRO** Sagrado.

**SACUDIDA** Conmoción, sacudimiento, sacudón.

**SACUDIDO** Agitado, zarandeado. // Indócil, intratable, díscolo. *Dócil.* // Audaz, resuelto, atrevido. *Tímido.*

**SACUDIMIENTO** Agitación, zarandeo. *Inmovilidad.* // Sacudida, temblor, terremoto. *Quietud.*

**SACUDIR** Agitar, remover, zamarrear, zarandear. *Aquietar, inmovilizar.* // Golpear, pegar, zurrar. *Acariciar.* // Apartarse, librarse.

**SAETA** Brújula. // Dardo, flecha. // Manecilla. // Copla.

**SAGA** Leyenda. // Adivina, bruja, hechicera. *\*Zaga.*

**SAGACIDAD** Astucia, penetración, perspicacia, sutileza. *Bobería, estupidez, ingenuidad, sandez.*

**SAGAZ** Astuto, avisado, lince. *Tonto.* // Previsor, prudente.

**SAGITARIO** Arquero, saetero.

**SAGRADO** Sacro, santo, sacrosanto, bendito, santificado. *Maldito, profano.* // Venerable, inviolable, respetable. *Profanable.* // Asilo, amparo.

**SAHUMAR** Aromatizar, incensar, perfumar, aromar.

**SAÍN** Grasa, grosura.

**SAL** Salobridad, salsedumbre, salmuera. // Agudeza, donaire, donosura, garbo, gracia, salero. *Adustez.*

**SALA** Aposento, habitación, pieza.

**SALACIDAD** Lascivia, lubricidad. *Honestidad, pureza.*

**SALADO** Salino, salobre, salobreño. *Dulce.* // Agudo, chistoso, donoso, gracioso, ingenioso, ocurrente. *Desabrido, soso.*

**SALAR** Sazonar, curar, conservar.

**SALARIO** Estipendio, jornal, paga, sueldo, mensualidad.

**SALAZ** Lujurioso, lascivo, lúbrico, libidinoso. *Casto.* *\*Salas.*

**SALDAR** Liquidar, pagar. *Deber.*

**SALDO** Pago. // Resto, retal.

**SALERO** Chispa, donaire, donosura, garbo, gracia.

**SALEROSO** Agudo, chistoso, garboso, gracioso, ingenioso, ocurrente. *Pavo, soso.*

**SALIDA** Excursión, paseo. // Éxodo. *Entrada.* // Fuga, huida. *Llegada.* // Orto. *Ocaso.* // Fin, término. // Chiste, ingeniosidad, ocurrencia. *Sosería.* // Pretexto, recurso.

**SALIENTE** Relieve, resalte, resalto. // Levante, oriente. // Aparente, manifiesto, prominente, visible. *Invisible.*

**SALINO** Salado, salobre.

**SALIR** Borrarse, desaparecer. // Aparecer, emerger, manifestarse, mostrarse. // Ocurrir, sobrevenir. // Brotar, manar, nacer, proceder, surgir. *Morir.* // Costar, importar. // Derramarse, escaparse. // Parecerse. // Resultar. // Irse. *Entrar.*

**SALITRAL** Nitral, salitrera.

**SALITRE** Nitro.

**SALITROSO** Nitroso.

**SALIVADERA** Escupidera.

**SALIVAZO** Escupitajo, salivajo.

**SALMO** Cántico, alabanza.

**SALOBRE** Salado. *Dulce.* *\*Salubre.*

**SALPICADO** Rociado, aspergeado, irrigado. // Manchado, picado, pecoso, jaspeado.

**SALPICADURA** Aspersión, rociamiento, rociada, rocío.

**SALPICAR** Asperjar, esparcir, hisopear, rociar.

**SALPIMENTAR** Adobar, sazonar. // Amenizar, entretener.

**SALPULLIDO** Sarpullido, erupción.

**SALTAMONTES** Langosta.

**SALTAR** Brincar, botar, retozar. *Inmovilizar.* // Franquear. // Arrojarse, lanzarse. // Picarse, resentirse, romperse. // Omitir, pasar. *Recordar.*

**SALTARÍN** Bailarín, danzarín, saltador.

**SALTEADOR** Asaltante, bandido, bandolero. *Guardián, policía.*

**SALTEAR** Acometer, asaltar, atracar. // Sobrevenir, sorprender.

**SALTO** Ascenso. // Brinco. // Cascada, catarata. // Omisión. // Despeñadero, precipicio. // Cambio, tránsito.

**SALUBRE** Saludable. *Salobre.

**SALUBRIDAD** Salud, sanidad.

**SALUD** Sanidad, salubridad, lozanía. *Enfermedad.*

**SALUDABLE** Salubre, sano, lozano, fuerte, fresco. *Enfermizo, insalubre, malsano.* // Fresco, fuerte. // Provechoso, beneficioso. *Dañino, nocivo.*

**SALUDADOR** Curandero.

**SALUDO** Salutación, salva, reverencia, inclinación, venia.

**SALVA** Bienvenida, saludo. // Descarga. // Juramento, promesa.

**SALVACIÓN** Salvamento. *Perdición.*

**SALVADO** Afrecho.

**SALVADOR** Jesucristo, redentor. // Defensor, protector, liberador.

**SALVAGUARDAR** Amparar, defender, proteger.

**SALVAGUARDIA** Amparo, custodia, garantía. // Pase, pasaporte.

**SALVAJADA** Atrocidad, barbaridad, brutalidad.

**SALVAJE** Inculto, incivil, bruto, brutal, bestial. *Culto, civilizado.* // Arisco, insociable, bravío. *Dócil.*

**SALVAJISMO** Barbarie, vandalismo. *Civilización.* // Incultura. *Cultura.* // Brutalidad. *Bondad, educación.*

**SALVAR** Exculpar, librar, proteger. *Condenar, esclavizar.* // Evitar, exceptuar, excluir. *Perder.* // Franquear, rebasar, saltar, superar, vencer.

**SALVEDAD** Descargo, excusa, excepción, enmienda. *Inclusión.*

**SALVO** Ileso, indemne, inmune. // Excepto, exceptuado.

**SALVOCONDUCTO** Pase, pasaporte, aval, permiso, licencia.

**SAMBENITO** Descrédito, difamación, vituperio.

**SANALOTODO** Curalotodo, panacea.

**SANAMENTE** Saludablemente, higiénicamente. // Razonablemente, sensatamente, sinceramente.

**SANAR** Curar, reponerse, restablecerse. *Desmejorar, enfermar.*

**SANATORIO** Clínica, nosocomio.

**SANCIÓN** Castigo, pena. *Recompensa.* // Aprobación, autorización. *Invalidación.* // Estatuto, ley.

**SANCIONAR** Castigar, penar. *Perdonar, recompensar.* // Aprobar, autorizar, convalidar, ratificar, homologar. *Invalidar, rectificar.*

**SANDEZ** Despropósito, necedad, idiotez. *Sagacidad.*

**SANDIO** Necio, tonto, simple. *Sagaz, ingenioso.*

**SANDUNGA** Donaire, gracejo, salero. *Insulsez.*

**SANEAMIENTO** Limpieza, higiene. *Suciedad.* // Purificación. // Arreglo, remedio, reparación.

**SANEAR** Higienizar, purificar. *Ensuciar, impurificar, infectar.* // Remediar, reparar, arreglar. *Descomponer, estropear.*

**SANGRE** Linaje, parentesco, estirpe, familia, abolengo.

**SANGRIENTO** Sanguinolento, ensangrentado, cruento, sanguinario, mortífero, sangrante.

**SANGUINARIO** Cruel, feroz, vengativo, inhumano.

**SANGUINOLENTO** Sangriento.

**SANIDAD** Salubridad, salud, higiene. *Infección, insalubridad.*

**SANO** Salubre, saludable, higiénico. // Bueno, entero, ileso, lozano, robusto. *Enfermo.* // Recto, sincero. *Malo.*

**SANTIAMÉN** Instante, momento, periquete, segundo, tris.

**SANTIFICACIÓN** Canonización.

**SANTIFICAR** Canonizar, beatificar. // Disculpar, justificar. *Culpar, pecar.*

**SANTIGUARSE** Persignarse, signarse.

**SANTO** Sagrado, san, venerable. // Inocente, perfecto, virtuoso. *Perverso.* // Dibujo, estampa, grabado, imagen, viñeta. // Onomástico. // Consigna.

**SANTUARIO** Capilla, iglesia, templo.

**SANTURRÓN** Beato, hipócrita, santón, gazmoño, mojigato.

SAÑA Crueldad, encono, furor, rencor. *Dulzura, mansedumbre, piedad.*

SAPIENCIA Saber, sabiduría. *Ignorancia, incultura.*

SAPIENTE Sabedor, sabio.

SAQUEAR Depredar, pillar, robar.

SARCASMO Ironía, mordacidad, sátira. *Delicadeza, gracia, humor.*

SARCÁSTICO Burlón, cáustico, irónico, mordaz, venenoso. *Encantador, seductor.*

SARCÓFAGO Ataúd, tumba, sepulcro.

SARDÓNICO Sarcástico.

SARNOSO Roñoso.

SARRACENO Árabe, musulmán, islámico, moro.

SARRACINA Contienda, pelea, riña. // Matanza.

SARRO Sedimento.

SARTA Retahíla, ristra, serie, sucesión.

SATÁN Diablo, demonio, Luzbel.

SATÁNICO Diabólico, endemoniado, perverso. *Angelical, bueno.*

SATÉLITE Dependiente. // Prosélito, secuaz.

SATINADO Lustroso, pulido, terso. *Opaco, áspero.*

SÁTIRA Crítica, ironía, mordacidad, diatriba. *Alabanza, loa.*

SATÍRICO Irónico, mordaz, punzante, cáustico. *Elogioso, encomiástico.*

SÁTIRO Lascivo, lúbrico, lujurioso, libidinoso. *Casto.*

SATISFACCIÓN Pago, retribución. *Deuda.* // Solución. // Descargo, excusa. // Reparación. *Agravio, insulto.* // Contestación, respuesta. // Complacencia, confianza, gusto, placer. *Desagrado, disgusto.* // Presunción, vanagloria. *Humildad.* // Cumplimiento, observancia. *Incumplimiento.*

SATISFACER Pagar, saldar. *Deber.* // Compensar, indemnizar, reparar, resolver. // Hartar, llenar, saciar. *Mezquinar.* // Cumplir, desempeñar. // Aquietar, tranquilizar. *Mortificar.* // Contentar, convencer. // Desquitarse, resarcirse, vengarse.

SATISFACTORIO Solvente, soluble. // Grato. // Próspero.

SATISFECHO Harto, lleno. *Hambriento.* // Complacido, contento. *Disconforme.* // Presumido, vanidoso, orgulloso. *Humilde.*

SATURACIÓN Saciedad. *Deseo, escasez, gana, hambre.*

SATURAR Colmar, satisfacer, saciar. *Apetecer, carecer, vaciar.*

SATURNINO Triste, sombrío, taciturno, melancólico. *Alegre.*

SAVIA Jugo. // Sangre. // Vigor, fuerza, energía. *\*Sabia.*

SAYA Falda, pollera. *Pantalones.*

SAYO Vestido, vestidura, traje. // Capote, casaca.

SAYÓN Verdugo.

SAZÓN Punto, madurez. *Verdor, acidez.* // Ocasión, oportunidad, lance, circunstancia. *Inoportunidad.* // Perfección, cumplimiento, culminación. *Imperfección, incumplimiento.*

SAZONAR Aderezar, aliñar, salpimentar. // Madurar, perfeccionar.

SEBO Gordura, grasa, pringue, unto, lardo, enjundia. *\*Cebo.*

SECA Sequía. *Humedad.* *\*Ceca.*

SECADERO Tendedero, secadal.

SECAMENTE Ásperamente. *Cortésmente, dulcemente.*

SECANTE Desecante, enjugador. // Enfadoso, pesado. *Entretenido.*

SECAR Desecar, enjugar, orear. *Mojar.* // Agostar, marchitar. *Florecer.* // Apergaminarse, enflaquecer. *Engordar.* // Cansar, aburrir, fastidiar, hastiar. *Divertir, entretener.*

SECCIÓN División, fracción, grupo, parte, separación. *Totalidad.* // Corte, perfil. *\*Cesión, sesión.*

SECCIONAR Dividir, partir, fraccionar. *Anexar, unir. \*Sesionar.*

SECESIÓN Apartamiento, segregación, separación. *Unión. \*Sucesión.*

SECO Enjuto, reseco. *Húmedo, mojado.* // Marchito, muerto. *Florecido, verde, feraz.* // Flaco, magro. *Gordo.* // Adusto, áspero, desabrido. *Afable, bondadoso, cortés.* // Estricto, riguroso.

**SECRECIÓN** Segregación, evacuación, exudado.

**SECRETAR** Excretar, expeler, segregar, evacuar, sudar. *\*Secretear.*

**SECRETO** Arcano, misterio, reserva, sigilo. // Escondrijo. // Oculto, recóndito, reservado, escondido. *Conocido, notorio, público.*

**SECTA** Doctrina, grupo. // Herejía. *\*Sexta, ceta, seta, zeta.*

**SECTARIO** Secuaz, fanático. *Comprensivo, transigente.*

**SECTOR** Distrito, división, grupo, parte. *Todo, total.*

**SECUAZ** Partidario, satélite, sectario, seguidor, adepto. *Opositor, enemigo, rival.*

**SECUELA** Consecuencia, corolario, resulta, resultado. *Causa.*

**SECUENCIA** Continuación, serie, sucesión, orden.

**SECUESTRAR** Embargar, incautarse. // Plagiar, raptar. *Rescatar.*

**SECUESTRO** Embargo, incautación. *Liberación.* // Rapto. *Rescate.*

**SECULAR** Seglar. *Religioso.* // Centenario. *Nuevo, reciente.*

**SECUNDAR** Apoyar, ayudar, colaborar. *Sabotear, oponerse.*

**SECUNDARIO** Accesorio, segundo, auxiliar. *Esencial, fundamental, necesario, primordial, principal.*

**SED** Ansia, deseo, gana, necesidad, avidez. *Adipsia, hidrofobia.*

**SEDANTE** Calmante, tranquilizante, sedativo. *Excitante.*

**SEDAR** Apaciguar, calmar, mitigar, tranquilizar. *Irritar.*

**SEDATIVO** Sedante.

**SEDE** Asiento, trono. *\*Cede (ceder).*

**SEDENTARIO** Inmóvil. *Ambulante, errante, nómada.* // Poltrón. *Movedizo.*

**SEDENTE** Sentado. *\*Cedente.*

**SEDICIÓN** Alzamiento, insurrección, sublevación. *Sometimiento.*

**SEDICIOSO** Amotinado, faccioso, in-

surrecto, sublevado, rebelde. *Sumiso.*

**SEDIENTO** Ansioso, deseoso.

**SEDIMENTAR** Asentar, depositar, precipitar. *Fluir, revolver.*

**SEDIMENTO** Asiento, hez, madre, poso, sarro, sedimentación.

**SEDOSO** Asedado, liso, suave. *Áspero.*

**SEDUCCIÓN** Atractivo, encanto. // Persuasión, captación, fascinación, atracción, sugestión. *Repulsión.*

**SEDUCIR** Fascinar, cautivar, conquistar, hechizar, galantear, enamorar. *Repeler.* // Engañar, sobornar, inducir. *Disuadir.*

**SEDUCTOR** Cautivante, cautivador, engañador, fascinador, sugestionador. *Repelente.*

**SEGAR** Cortar, guadañar. *\*Cegar.*

**SEGLAR** Civil, laico, mundano, lego, profano, secular. *Cura, eclesiástico, religioso.*

**SEGMENTO** Parte, pedazo, división, sección, trozo. *\*Cemento.*

**SEGREGACIÓN** Secreción. // Desmembración, secesión, separación, diferenciación. *Unificación.*

**SEGREGAR** Secretar. *Absorber, succionar.* // Apartar, desmembrar, dividir, escindir, separar. *Articular, unir.*

**SEGUIDAMENTE** Consecutivamente, enseguida.

**SEGUIDO** Continuo, sucesivo. *Discontinuo, interrumpido.* // Subsiguiente, ulterior.

**SEGUIR** Acosar, perseguir. *Dejar.* // Resultar, sobrevenir, suceder. *Causar, originar.* // Escoltar. *Abandonar.* // Estudiar, profesar. // Conformarse, convenir. *Discrepar.* // Copiar, imitar, influirse. *Inventar.* // Deducirse, derivarse, inferirse, originarse, proceder.

**SEGÚN** A juzgar por, como, conforme a, con arreglo a, de acuerdo con.

**SEGUNDO** Accesorio, inferior, posterior, secundario. *Primordial, principal, esencial.* // Suplente, ayudante, lugarteniente. *Principal, titular.*

**SEGUR** Hacha, hoz.

**SEGURIDAD** Aval, garantía. // Salvoconducto. *Riesgo.* // Certeza, certidumbre. *Desconfianza, incertidumbre.* // Tranquilidad. *Irritabilidad.*

**SEGURO** Firme, fijo, salvo. *Inestable.* // Guardado, protegido, garantizado. *Indefenso.* // Positivo, cierto, indudable. *Dudoso.* // Tranquilo, confiado, sereno. *Receloso.* // Seguridad, certeza, confianza. // Contrato, acuerdo.

**SEÍSMO** Sacudimiento, terremoto, sismo, sacudida.

**SELECCIÓN** Preferencia, distinción, elección, opción, separación.

**SELECTO** Atrayente, distinguido, escogido, seleccionado, preferido. *Común.*

**SELLAR** Estampillar, lacrar, sigilar, timbrar. // Concluir, terminar. *Iniciar.* // Cerrar, cubrir, tapar. *Abrir.*

**SELLO** Estampilla, timbre. // Carácter, impresión, marca.

**SELVA** Bosque, espesura, floresta. *Desierto.*

**SELVÁTICO** Rústico, tosco, agreste.

**SEMANAL** Hebdomadario.

**SEMANARIO** Periódico, revista.

**SEMÁNTICA** Semasiología.

**SEMBLANTE** Cara, rostro, faz. // Aspecto, expresión.

**SEMBLANZA** Analogía, parecido. *Disparidad.* // Biografía.

**SEMBRADÍO** Labrantío, plantío.

**SEMBRAR** Desparramar, diseminar, esparcir. *Cosechar, recoger, recolectar.* // Publicar. *Ocultar.*

**SEMEJANTE** Afín, análogo, parecido, similar. *Diferente, distinto.* // Prójimo.

**SEMEJANZA** Afinidad, analogía, parecido, similitud. *Contraste, desigualdad, variación, diferencia.*

**SEMEJAR** Asemejarse, parecerse. *Diferenciar.*

**SEMEN** Esperma, leche, simiente.

**SEMENTAL** Padre, padrillo.

**SEMENTERA** Siembra.

**SEMICÍRCULO** Anfiteatro, hemiciclo.

**SEMILLA** Simiente, germen, pepita, hueso, grano, cuesco, almendra. // Causa, origen.

**SEMILLAS** Granos.

**SEMITA** Hebreo, judío.

**SEMPITERNO** Eterno, inmortal, perdurable, infinito, perpetuo. *Finito, mortal, perecedero.*

**SENCILLAMENTE** Naturalmente, llanamente, simplemente, sinceramente.

**SENCILLEZ** Naturalidad, simplicidad. *Afectación, ostentación.* // Candidez, ingenuidad. *Soberbia.*

**SENCILLO** Afable, natural, simple. *Altivo.* // Cándido, incauto, ingenuo. // Comprensible, fácil. *Difícil.* // Monedas, suelto.

**SENDA** Sendero, trocha, vereda, camino.

**SENDERO** Senda.

**SENDOS** Respectivos.

**SENECTUD** Ancianidad, senilidad, vejez. *Fortaleza, infancia, juventud.*

**SENIL** Anciano, caduco, provecto, viejo. *Fuerte, juvenil.*

**SENO** Mama, pecho, regazo. // Concavidad, hueco. // Matriz. // Golfo. // Amparo, protección. *\*Ceno* (cenar).

**SENSACIÓN** Emoción, impresión, percepción, sentimiento, representación. *Apatía, indiferencia.*

**SENSACIONAL** Extraordinario, impresionante. *Común, vulgar.*

**SENSATAMENTE** Prudentemente, juiciosamente, cuerdamente, cautamente, discretamente. *Alocadamente.*

**SENSATEZ** Cordura, juicio, moderación, prudencia. *Imprudencia, irreflexión, locura.*

**SENSATO** Cuerdo, juicioso, prudente, sesudo. *Alocado, insensato.*

**SENSIBILIDAD** Perceptividad, compasión, humanidad, ternura. *Impasibilidad, insensibilidad.*

**SENSIBLE** Impresionable, sensitivo, sentimental. *Insensible.* // Manifiesto, aparente, patente, perceptible. *Imperceptible.* // Desgraciado, doloroso, lamentable, lastimoso.

**SENSUAL** Epicúreo. // Lascivo, libidinoso, rijoso, voluptuoso. *Casto, honesto.* *\*Censual.*

**SENSUALIDAD** Sensualismo, voluptuosidad, lujuria, placer. *Castidad, honestidad.*

**SENTADO** Sedente, arrellanado, repantigado. // Fijo, establecido, determinado. // Juicioso, tranquilo, sosegado. *Alocado.*

**SENTAR** Asentarse, arrellanarse, tomar asiento, repantigarse, posarse. // Asentar, aplanar, allanar. // Anotar, registrar, inscribir.

**SENTENCIA** Decisión, dictamen, fallo, parecer, veredicto. *Indulto, revocación, sobreseimiento.* // Adagio, proverbio, refrán, máxima.

**SENTENCIAR** Condenar, fallar, resolver, laudar, arbitrar, pronunciar, dictar.

**SENTENCIOSO** Proverbial. // Grave, solemne.

**SENTIDO** Sensorio. // Conmovido, expresivo. *Indiferente, frío.* // Conocimiento, entendimiento, discernimiento, razón. // Opinión, juicio, parecer. // Facultad, aptitud. // Significado, significación, acepción. // Expresión, realce.

**SENTIMENTAL** Romántico, sensible, tierno, conmovedor, emocionante.

**SENTIMIENTO** Emoción, pena, dolor, tristeza. // Sensación, impresión. // Disposición, temple, humor. // Efusión, gozo, amor, odio. // Pasión, afectividad, emotividad, sensibilidad. *Insensibilidad, flema.*

**SENTINA** Albañal, cloaca, resumidero.

**SENTIR** Experimentar, percibir. // Alterarse, conmoverse, dolerse, emocionarse, estar, hallarse, lamentar, presionarse, resentirse. // Barruntar, presentir. // Juzgar, opinar, creer. // Oír.

**SEÑA** Anticipo. // Ademán, gesto, indicio, señal.

**SEÑAL** Indicación, indicio, pista, seña. // Cicatriz, costurón, marca. // Hito, huella, jalón, signo, vestigio. // Inscripción, letrero. // Asterisco, llamada, nota.

**SEÑALADO** Anunciado, predicho. // Indicado, marcado. // Insigne, famoso, ilustre, destacado.

**SEÑALAR** Indicar, marcar. // Firmar, suscribir. // Aludir, designar. // Determinar, fijar. // Destacarse, distinguir, singularizarse.

**SEÑAS** Dirección, domicilio.

**SEÑERO** Aislado, solo, solitario. // Único, insigne.

**SEÑOR** Dios. // Dueño, patrón, propietario. *Criado, servidor.*

**SEÑORA** Dama, dueña, patrona.

**SEÑOREAR** Dominar, gobernar, mandar. // Sujetar, someter.

**SEÑORIAL** Majestuoso, noble. *Innoble, villano.*

**SEÑORÍO** Dominio, mando, potestad. // Dignidad, distinción, gravedad.

**SEÑUELO** Carnada, cebo.

**SEPARABLE** Disociable, desprendible, desgajable, apartable, segregable.

**SEPARACIÓN** Apartamiento, cisma, disociación, división, divorcio, secesión. *Casamiento, unión, vínculo.* // Desglose, desprendimiento. // Destitución, expulsión, remoción, retiro. *Ascenso.*

**SEPARADAMENTE** Aparte, apartadamente, desunidamente. *Juntamente.*

**SEPARADO** Aislado, distanciado. *Adyacente, contiguo.*

**SEPARAR** Alejar, apartar, desunir, distanciar. *Aproximar.* // Divorciarse, retirarse. *Juntar.* // Desglosar, desprender, cortar, descoser. *Unir.* // Desconectar. *Conectar, vincular.*

**SEPARATISTA** Secesionista. *Unionista.*

**SEPIA** Jibia.

**SEPTENARIO** Semanal, hebdomadario.

**SEPTENTRIÓN** Norte. *Sur.*

**SEPTENTRIONAL** Ártico, boreal, nórdico, norteño. *Antártico, meridional, sur, austral.*

**SÉPTICO** Corruptivo, putrefacto, contagioso. *Antiséptico.*

**SEPTUAGENARIO** Setentón.

**SEPULCRO** Sepultura.

**SEPULTAR** Enterrar, inhumar, soterrar. // Esconder, ocultar. *Exhibir.*

**SEPULTURA** Fosa, hoyo, huesa, sepulcro, tumba.

**SEPULTURERO** Enterrador.

**SEQUEDAD** Sequía. *Humedad.* // Aspereza, desabrimiento, dureza. *Cortesía, suavidad.*

**SÉQUITO** Acompañamiento, comitiva, cortejo, corte. *Soledad.* // Fama, popularidad.

**SER** Ente, entidad, esencia, existencia, naturaleza. *Inexistencia, nada.* // Estimación, precio.

**SER** Estar, existir, hallarse, vivir. // Aprovechar, servir, utilizarse. // Acontecer, suceder. // Costar, valer. // Corresponder, formar parte, pertenecer, tocar.

**SERÁFICO** Angélico, santo, puro, humilde, virtuoso. *Diabólico.*

**SERAFÍN** Ángel. // Beldad, hermosura.

**SERENAR** Aclarar, despejar. *Oscurecer, encapotarse.* // Apaciguar, aquietar, calmar, sosegar, tranquilizar, templar. *Alterar, intranquilizar.* // Consolar.

**SERENIDAD** Calma, placidez, quietud, tranquilidad. *Ansiedad, impaciencia.* // Entereza, impavidez.

**SERENO** Claro, despejado. *Borrascoso.* //Inalterable, inmutable, templado, tranquilo, valiente. *Alterado, sobresaltado, turbado.* // Relente.

**SERIAR** Dividir, clasificar, catalogar, escalonar.

**SÉRICO** Sedoso, suave, terso.

**SERIE** Retahíla, sarta, sucesión. *Unidad, discontinuidad.*

**SERIEDAD** Formalidad, gravedad, severidad, circunspección. *Alegría, humorismo, insensatez.*

**SERIO** Formal, grave, importante, respetable, severo, sensato, sincero. *Bromista, fútil, insensato.* **\*Cerio.**

**SERMÓN** Plática, homilía, prédica, mandato, discurso. // Represión. *Elogio.* // Lenguaje, habla, idioma.

**SERONDO** Maduro, tardío.

**SEROSIDAD** Humor, secreción, pus, pituita. *Sequedad.*

**SERPENTEAR** Culebrear, reptar, zigzaguear.

**SERPIENTE** Culebra, sierpe.

**SERRALLO** Harén.

**SERRANÍA** Sierra, cordillera, montaña. *Llanura, planicie.*

**SERRAR** Aserrar, serruchar. **\*Cerrar.**

**SERRÍN** Aserrín.

**SERVICIAL** Diligente, atento, complaciente, obsequioso. *Egoísta, grosero, impertinente.*

**SERVICIO** Asistencia, ayuda, servidumbre. // Favor, gracia, provecho, utilidad. *Trastada.* // Cubierto, vajilla.

**SERVIDOR** Criado, doméstico, lacayo, sirviente. *Patrón.*

**SERVIDUMBRE** Criados, servicio. // Esclavitud, sujeción. *Dominio, poder.*

**SERVIL** Rastrero, vil, bajo. *Respetable.* // Humilde. *Señorial.*

**SERVILISMO** Abyección, adulación, envilecimiento. *Dignidad, orgullo.*

**SERVILMENTE** Abyectamente, rastreramente. *Despectivamente.*

**SERVIR** Aprovechar, ser útil, suplir, valer. *Estorbar, exigir.* // Asistir, ayudar. // Adorar, reverenciar. *Despreciar.* // Cortejar, festejar. *Dominar.*

**SESENTÓN** Sexagenario.

**SESERA** Cerebro, sesos.

**SESGADO** Sesgo, inclinado, oblicuo, transversal, diagonal. // Tranquilo, quieto, sosegado.

**SESGAR** Inclinar, ladear, nesgar, torcer, soslayar. // Orzar.

**SESGO** Sesgado, soslayo, oblicuo, transversal, diagonal. // Tranquilo, sosegado, reposado.

**SESIÓN** Conferencia, reunión, deliberación. *Dispersión.* **\*Cesión, sección.**

**SESO** Juicio, madurez, prudencia, sesera. *Irreflexión, locura.* **\*Ceso** (cesar), **sexo.**

**SESUDO** Grave, juicioso, maduro, prudente. *Imprudente, necio.*

**SETA** Hongo. **\*Ceta, zeta.**

**SETENTÓN** Septuagenario.

**SETO** Cercado, cerco, valla, vallado, matorral, estacada.

**SEUDO** Falso, supuesto.

**SEUDÓNIMO** Sobrenombre, apodo, alias, mote.

SEVERIDAD Aspereza, estrictez, gravedad, rigor. *Amabilidad, complacencia, flexibilidad.* // Exactitud, puntualidad. *Informalidad, tolerancia.*

SEVERO Áspero, grave, rígido, riguroso, serio. // Exacto, puntual.

SEVICIA Crueldad, maldad, inclemencia, impiedad. *Bondad, clemencia.*

SEXAGENARIO Sesentón.

SEXO Género, sexualidad. // Generación, reproducción. // Placer. **\*Seso, ceso** (cesar).

SEXUAL Erótico, carnal. // Íntimo, amatorio.//Genital, venéreo. *Asexual.* **\*Sensual.**

SIBARITA Epicúreo, refinado, sensual. *Abstemio, morigerado.*

SIBILA Adivina, bruja, pitonisa.

SIBILINO Misterioso, oscuro.

SICARIO Esbirro, sayón.

SICALÍPTICO Pornográfico.

SIDERAL Astral.

SIEGA Cosecha, segada, segazón, mies. **\*Ciega.**

SIEMBRA Diseminación, sembrado.

SIEMPRE Perpetuamente. *Jamás, nunca, temporalmente.*

SIERPE Serpiente.

SIERRA Serrucho. // Cordillera, montaña. **\*Cierra** (cerrar).

SIERVO Esclavo, servidor. *Amo, dueño, jefe, libre, patrono, señor.* **\*Ciervo.**

SIETE Desgarrón, rasgón.

SIGILO Sello, marca. // Secreto, reserva, silencio.

SIGLA Inicial.

SIGLO Centuria. // Mundo.

SIGNAR Firmar, rubricar. // Persignar. // Marcar, señalar.

SIGNATARIO Firmante.

SIGNATURA Firma, rúbrica. // Marca, señal.

SIGNIFICACIÓN Acepción, sentido, significado. *Misterio.* // Importancia.

SIGNIFICAR Distinguir, representar, valer. // Declarar, manifestar.

SIGNIFICATIVO Representativo, revelador. *Inexpresivo, insignificante.*

SIGNO Indicio, señal, síntoma. // Hado, destino, sino.

SIGUIENTE Consecutivo, posterior, ulterior. *Antecesor, anterior, precedente.*

SILABARIO Abecedario.

SILABEAR Deletrear.

SILBA Abucheo, rechifla, siseo. *Aplauso, ovación.* **\*Silva.**

SILBAR Chiflar, rechiflar, pitar. // Abuchear, reprobar. *Aplaudir.*

SILBATO Pito, sirena, chiflo.

SILBIDO Chiflido, pitido, silbo.

SILENCIO Mudez, afonía, mutismo, afasia. // Insonoridad. *Voz, ruido, sonoridad, estruendo.* // Disimulo, discreción. // Calma.

SILENCIOSO Callado, mudo, silente, tranquilo, taciturno. *Hablador.*

SILENTE Silencioso. *Sonoro.* // Tranquilo, sosegado.

SÍLFIDE Ninfa.

SÍLICE Silicato, roca, cuarzo, calcedonia, pedernal, ágata, ónice, ópalo.

SILLA Asiento, trono, sillón. // Montura. **\*Cilla.**

SILO Granero, hórreo, troj.

SILUETA Contorno, trazo.

SILVESTRE Montaraz, salvaje. // Campestre. *Urbano.* // Inculto, rústico. *Culto, refinado.*

SIMA Abismo, cavidad, fosa. *Altura, cima.* **\*Cima.**

SIMBÓLICO Alegórico, emblemático, figurado. *Real, vivo.*

SIMBOLIZAR Alegorizar, representar, significar, figurar, encarnar, personificar, personalizar.

SÍMBOLO Alegoría, emblema. // Figura, tipo, imagen. *Realidad.* **\*Címbalo.**

SIMETRÍA Armonía, proporción. *Asimetría, desigualdad, desproporción.*

SIMIENTE Semilla. // Germen.

SÍMIL Comparación, semejanza. // Similar. *Diferente.*

SIMILAR Afín, análogo, parecido, semejante. *Desigual, distinto.*

SIMILITUD Semejanza. *Desemejanza.*

SIMIO Mono, macaco.

**SIMPATÍA** Afición, apego, inclinación. *Antipatía, desagrado, repulsión.* // Analogía, conformidad. *Disonancia.*

**SIMPÁTICO** Agradable, amable, atractivo. *Antipático, desabrido, repulsivo.*

**SIMPATIZAR** Amistar, congeniar. *Enemistarse.*

**SIMPLE** Elemental, sencillo. *Complejo, complicado, compuesto.* // Bobo, cándido, inocente, manso. *Astuto.*

**SIMPLEMENTE** Cándidamente. // Absolutamente, estrictamente, sencillamente, meramente.

**SIMPLEZA** Bobería, necedad. *Argucia.*

**SIMPLICIDAD** Candor, ingenuidad, sencillez. *Heterogeneidad, picardía.*

**SIMPLIFICAR** Facilitar, estilizar, abreviar, resumir, reducir, compendiar. *Dificultar, ampliar.*

**SIMULACIÓN** Fingimiento, simulacro. *Sinceridad, verdad.*

**SIMULACRO** Representación, especie, imagen, idea. // Simulación, maniobra.

**SIMULADO** Imitado, falso, fingido. *Real, verdadero.*

**SIMULAR** Aparentar, disimular, fingir, imitar. *Crear, realizar.*

**SIMULTANEIDAD** Coincidencia, actualidad, coexistencia, concurrencia, compatibilidad, sincronismo. *Incompatibilidad, discrepancia, antagonismo.*

**SIMULTÁNEO** Coexistente, isócrono, sincrónico. *Discrepante.*

**SIN** Además de, fuera de.

**SINALAGMÁTICO** Bilateral.

**SINALEFA** Enlace, trabazón, unión.

**SINCERAMENTE** Francamente, ingenuamente, llanamente.

**SINCERARSE** Justificarse.

**SINCERIDAD** Franqueza, ingenuidad, sencillez, veracidad. *Fingimiento, hipocresía, simulación.*

**SINCERO** Abierto, ingenuo, veraz. *Doble, falso, solapado.*

**SINCOPAR** Abreviar, acortar, compendiar. *Ampliar.*

**SÍNCOPE** Colapso, desmayo, desvanecimiento. *Síncopa.*

**SINCRÓNICO** Simultáneo, isócrono, concordante. *Asíncrono.*

**SINDICAR** Acusar, delatar, denostar, incriminar. // Agremiarse.

**SÍNDROME** Síntomas.

**SINECURA** Prebenda.

**SINFÍN** Infinidad, sinnúmero.

**SINFONÍA** Armonía.

**SINGULAR** Impar, único. *Plural.* // Excelente, extraordinario, original, raro. *Ordinario, vulgar.*

**SINGULARIDAD** Distinción, particularidad.

**SINGULARIZARSE** Caracterizarse, distinguirse, particularizarse, señalarse. *Confundirse, vulgarizarse.*

**SINGULARMENTE** Separadamente.

**SINIESTRA** Izquierda, zurda.

**SINIESTRO** Izquierdo, zurdo. *Derecho, diestro.* // Aciago, funesto, infeliz. *Alegre, feliz.* // Avieso, perverso. // Catástrofe, desastre, incendio.

**SINNÚMERO** Sinfín, multitud.

**SINO** Destino, hado, suerte. *Signo.

**SÍNODO** Concilio, junta.

**SINÓNIMO** Equivalente, igual, semejante. *Antónimo, contrario.*

**SINOPSIS** Síntesis, sumario. *Hipnosis.

**SINRAZÓN** Iniquidad, desafuero, injusticia. *Justicia.*

**SINSABOR** Desabrimiento, desazón, disgusto, pesadumbre, pena, pesar.

**SÍNTESIS** Compendio, extracto, resumen, suma. *Análisis, descomposición.*

**SINTETIZAR** Abreviar, compendiar, extractar, recapitular, resumir. *Ampliar, desarrollar.*

**SÍNTOMA** Indicio, señal, manifestación.

**SINTONIZAR** Armonizar, concordar, acordar.

**SINUOSIDAD** Recodo, seno. *Rectitud.*

**SINUOSO** Meandroso, ondulante, tortuoso. *Derecho, directo, recto.*

**SINVERGÜENZA** Bribón, pícaro. *Correcto, respetuoso.*

**SIRENA** Náyade, ondina. // Pito.

**SIRGA** Cuerda, maroma. // Remolque.

**SIRGAR** Arrastrar, remolcar.

**SIRVIENTA** Doncella, fámula, fregona, mucama. *Ama, señora.*

**SIRVIENTE** Asistente, criado, doméstico, fámulo, lacayo, mucamo. *Amo, patrono, señor.*

**SISA** Estafa, merma, ratería.

**SISAR** Defraudar, hurtar, robar.

**SISEAR** Abuchear, silbar. *Ovacionar.*

**SISEO** Desaprobación, abucheo, silba, chifla, protesta.

**SISTEMA** Método, norma, plan, procedimiento. // *Régimen.*

**SISTEMÁTICO** Metódico, regular. *Arbitrario.*

**SISTEMATIZAR** Metodizar, normalizar, reglamentar.

**SITIADO** Bloqueado, cercado, asediado.

**SITIAL** Asiento, sede, solio, trono.

**SITIAR** Asediar, bloquear, cercar, rodear. *Escabullirse.*

**SITIO** Asedio, bloqueo, cerco. // Espacio, lugar, paraje, punto.

**SITUACIÓN** Colocación, condición, disposición, estado, posición, postura, ubicación. // Cargo, empleo.

**SITUAR** Colocar, poner, ubicar. *Desacomodar, sacar.*

**SOASAR** Asar, dorar.

**SOBA** Paliza, tunda, zurra. *Caricia.*

**SOBACO** Axila.

**SOBADO** Mugriento, manoseado, ajado. *Limpio, impecable.*

**SOBAR** Manosear. // Molestar. // Palpar. // Golpear, vapulear.

**SOBARBA** Papada.

**SOBERANÍA** Autoridad, dominio. *Dependencia.*

**SOBERANO** Emperador, monarca, rey, señor. *Vasallo.* // Elevado, excelente, supremo. *Insignificante, pésimo.*

**SOBERBIA** Altanería, arrogancia, orgullo, presunción. *Humildad, modestia.* // Cólera, ira. *Abatimiento.*

**SOBERBIO** Altanero, altivo, arrogante. // Grandioso, magnífico, suntuoso. *Sencillo.* // Fogoso, iracundo, violento. *Manso.*

**SOBÓN** Empalagoso, fastidioso, toqueteador, acariciador. // *Holgazán.*

**SOBORNAR** Cohechar, comprar, untar, corromper.

**SOBORNO** Cohecho, coima, corrupción, compra, venalidad.

**SOBRA** Demasía, exceso. *Déficit, falta.* // Agravio, injuria.

**SOBRADO** Sobrante, excesivo, demasiado, innecesario.

**SOBRANTE** Excedente, restante.

**SOBRAR** Exceder, quedar, rebasar, restar, superar. *Escasear, faltar.*

**SOBRAS** Desechos, desperdicios, restos, sobrantes.

**SOBRE** Encima. *Debajo.* // Acerca de, referente a, relativo a. // Sobrescrito, carpeta.

**SOBRECARGA** Exceso.

**SOBRECOGER** Asustar, espantar, intimidar, sorprender. *Tranquilizar.*

**SOBRECOGIDO** Alelado, estupefacto, pasmado.

**SOBREEXCITACIÓN** Agitación, nerviosidad. *Tranquilidad.*

**SOBREFAZ** Apariencia. // Cubierta.

**SOBRELLEVAR** Aguantar, sufrir, tolerar. *Irritarse, rebelarse.*

**SOBREMANERA** Excesivamente, muchísimo.

**SOBRENADAR** Flotar.

**SOBRENATURAL** Milagroso, prodigioso. *Explicable, humano, normal.*

**SOBRENOMBRE** Apodo, calificativo, mote, alias.

**SOBRENTENDIDO** Virtual, implícito, tácito. *Explícito.*

**SOBREPASAR** Aventajar, exceder.

**SOBREPONER** Superponer. *Quitar.* // Dominarse. *Irritarse.* // Mejorarse. *Desmejorarse.*

**SOBREPRECIO** Recargo. *Rebaja.*

**SOBREPUJAR** Aventajar, exceder, superar. *Disminuir.*

**SOBRESALIENTE** Aventajado, excelente, superior.

**SOBRESALIR** Descollar, destacarse, distinguirse. *Confundirse.* // Exceder, prevalecer, señalarse. *Empequeñecerse.*

**SOBRESALTADO** Nervioso, inquieto, angustiado, temeroso, intimidado, alterado, intranquilo. *Tranquilo, apacible, sereno.*

**SOBRESALTAR** Alterar, asustar, atemorizar, intranquilizar, turbar. *Aquietar, tranquilizar.*

**SOBRESALTO** Susto, temor, turbación, sorpresa.

**SOBRESEER** Suspender, cesar, diferir, aplazar.

**SOBRESTANTE** Capataz.

**SOBRETODO** Abrigo, gabán.

**SOBREVENIR** Acaecer, acontecer, ocurrir, suceder.

**SOBREVIENTA** Huracán, ventolera. // Ímpetu, furia. // Sobresalto.

**SOBREVIVIENTE** Supérstite, redivivo, superviviente. *Extinto.*

**SOBRIEDAD** Frugalidad, moderación, mesura, parquedad, templanza. *Charlatanería, destemplanza, gula.*

**SOBRIO** Frugal, moderado, parco, prudente, templado. *Vicioso.*

**SOCAPA** Disimulo, pretexto.

**SOCARRÓN** Astuto, burlón, solapado, taimado. *Formal, serio.*

**SOCARRONERÍA** Astucia, bellaquería, disimulo.

**SOCAVAR** Minar, excavar.

**SOCIABLE** Afable, civilizado, comunicativo, educado. *Descortés, esquivo, huraño, retraído.*

**SOCIEDAD** Agrupación, asociación, compañía, corporación, consorcio, cooperativa // Humanidad, población. *Individuo, particular, persona.*

**SOCIO** Asociado, participante.

**SOCORRER** Auxiliar, ayudar, defender, favorecer, proteger, remediar. *Atacar, desamparar.*

**SOCORRO** Auxilio, ayuda, donación, limosna, subsidio, subvención. *Defraudación, robo.* // Apoyo, defensa, refuerzo. *Abandono, desamparo.*

**SODOMITA** Invertido, homosexual.

**SOEZ** Bajo, grosero, indecente, vil, indigno. *Educado, fino.*

**SOFISTICAR** Adulterar, falsificar, retorcer, tergiversar, falsear.

**SOFLAMA** Acaloramiento, bochorno. // Reverberación. // Alocución, perorata.

**SOFLAMAR** Tostar, requemar. // Avergonzar, abochornar, sofocar.

**SOFOCACIÓN** Acaloramiento, bochorno, sofocón. *Aspiración.*

**SOFOCANTE** Afixiante, tórrido, cálido. // Opresor, enervante.

**SOFOCAR** Ahogar, asfixiar. *Respirar.* // Apagar, extinguir, reprimir. *Encender.* // Abochornar.

**SOFOCÓN** Sofocación, sofoco. // Desazón, disgusto, inquietud. *Sosiego.*

**SOFRENAR** Contener, refrenar. // Reprender, reñir.

**SOGA** Cuerda.

**SOJUZGAR** Avasallar, dominar, someter, subyugar, sujetar. *Emancipar, independizar, liberar.*

**SOLADO** Suelo, pavimentación, embaldosado, enlosado, empedrado, asfaltado, adoquinado.

**SOLAMENTE** Sólo, únicamente. *Conjuntamente.*

**SOLAPADO** Astuto, hipócrita, disimulado, taimado. *Franco, sincero.*

**SOLAPAR** Ocultar, esconder, disimular, fingir, falsear. *Mostrar, sincerarse.*

**SOLAR** Heliocéntrico. // Linaje, casa, descendencia. // Terreno. // Enlosar, embaldosar, pavimentar.

**SOLAZ** Descanso, entretenimiento, esparcimiento, expansión, ocio, placer, recreo. *Labor, trabajo.* // Alivio, gozo.

**SOLAZARSE** Alegrarse, distraerse, divertirse, entretenerse, expansionarse, recrearse, refocilarse, esparcirse. *Aburrirse, trabajar.*

**SOLDADO** Conscripto, militar, recluta. // Adherido, pegado.

**SOLDAR** Pegar, unir. *Despegar.* // Componer, enmendar.

**SOLEDAD** Aislamiento. *Compañía.* // Desierto. // Melancolía, pena, pesar, añoranza. *Alegría.*

**SOLEMNE** Ceremonioso, fastuoso,

grandioso, majestuoso. *Austero, sencillo.* // Formal, grave. // Crítico, interesante. *Vulgar.*

**SOLEMNIDAD** Aparato, etiqueta, fausto, pompa, protocolo, ceremonia. *Sencillez.* // Fiesta.

**SOLER** Acostumbrar, estilar.

**SOLERA** Suelo, fondo. // Antigüedad, sustancia.

**SOLFA** Música. // Zurra.

**SOLICITACIÓN** Solicitud, invitación, pedido, gestión, insistencia.

**SOLICITANTE** Aspirante, pretendiente. // Demandante, suplicante.

**SOLICITAR** Gestionar, pedir, pretender, requerir. *Conceder, proponer.*

**SOLÍCITO** Atento, cuidadoso, diligente.

**SOLICITUD** Atención, cuidado, diligencia. *Desatención.* // Memorial, petición.

**SOLIDARIO** Asociado, junto, unido.

**SOLIDEZ** Consistencia, estabilidad, firmeza, fortaleza, resistencia. *Debilidad, fragilidad, inconsistencia.* // Volumen, cohesión, densidad.

**SOLIDIFICACIÓN** Consolidación, congelación, coagulación, cuajo. *Licuefacción, liquidación, derretimiento.*

**SOLIDIFICADO** Sólido, endurecido, condensado, helado. *Licuado, líquido.*

**SÓLIDO** Consistente, denso, duro, firme, fuerte, macizo, resistente. *Débil, frágil, líquido.* // Asentado, establecido.

**SOLILOQUIO** Monólogo.

**SOLIO** Sitial, trono. \*Sollo.

**SOLITARIA** Tenia.

**SOLITARIO** Señero, solo. // Anacoreta, ermitaño. // Aislado, desamparado, deshabitado, desierto, retirado. *Concurrido, acompañado.*

**SÓLITO** Acostumbrado. *Insólito.*

**SOLIVIANTADO** Inquieto, perturbado, rebelde. *Apaciguado.*

**SOLIVIANTAR** Incitar, rebelar, sublevar. *Aquietar, someter.*

**SOLLOZAR** Gimotear, llorar, lloriquear. *Reír.*

**SOLO** Aislado. // Único.

**SÓLO** Solamente, únicamente.

**SOLTAR** Desasir, desceñir, desatar, desenganchar, desprender, libertar, separar. *Agarrar, asir, coger, encarcelar, prender, sujetar.*

**SOLTERÍA** Celibato. *Matrimonio.*

**SOLTERO** Célibe, libre. *Casado.*

**SOLTURA** Agilidad, facilidad, prontitud. *Pesadez, torpeza.*

**SOLUCIÓN** Desenlace, fin, terminación. *Comienzo.* // Arreglo, explicación. *Propuesta.*

**SOLUCIONAR** Resolver. *Complicar.*

**SOLVENCIA** Honorabilidad, responsabilidad, seriedad. *Irresponsabilidad.* // Bienes. *Insolvencia.*

**SOLVENTAR** Arreglar, solucionar, resolver. *Adeudar, desarreglar.*

**SOMÁTICO** Corporal. *Psíquico.*

**SOMBRA** Penumbra, oscuridad, umbría. *Claridad, luz.* // Espectro, fantasma. // Ayuda, defensa, protección. // Mácula, defecto. *Perfección.* // Apariencia, parecido, semejanza, vislumbre. // Fortuna, suerte.

**SOMBRILLA** Quitasol.

**SOMBRÍO** Melancólico, taciturno, tenebroso, tétrico, umbroso. *Alegre, brillante, claro, luminoso.*

**SOMERO** Ligero, superficial. *Esmerado, prolijo.*

**SOMETER** Avasallar, dominar, esclavizar, humillar, reducir, subordinar, subyugar, sujetar, supeditar. *Rebelarse.* // Entregarse, obedecer, resignarse. *Desobedecer, resistir.*

**SOMETIMIENTO** Acatamiento, resignación, sumisión.

**SOMNÍFERO** Narcótico, soporífero. *Excitante.*

**SOMNOLENCIA** Amodorramiento, modorra, sueño, sopor, pesadez. *Vivacidad.* // Torpeza. *Alacridad, ligereza, presteza.*

**SON** Sonido. // Fama, noticia, rumor. // Excusa, pretexto. // Manera, tenor.

**SONADO** Afamado, célebre, mentado, renombrado, conocido, famoso. *Desco-*

*nocido, ignorado.* // Ruidoso, vibrante. *Silencioso.*

**SONAJERO** Cascabelero.

**SONAR** Repiquetear, resonar, retumbar. // Tintinear, tocar. // Tronar. // Acordarse. // Parecer, semejar. // Decirse, rumorearse. *Callar.*

**SONDA** Tienta. *Zonda.

**SONDAR** Averiguar, inquirir, rastrear, sondear, sonsacar.

**SONIDO** Son. // Sonoridad, resonancia, eco, retumbo. // Acento, voz, tañido, canto. *Silencio.*

**SONORO** Resonante, sonante, sonoroso. *Sordo.*

**SONRIENTE** Risueño, contento, alegre. *Triste.*

**SONROJAR** Avergonzar, ruborizarse. *Palidecer.*

**SONROJO** Rubor, timidez, vergüenza, bochorno, erubescencia, soflama. *Palidez, desvergüenza.*

**SONSACAR** Averiguar, sondear, indagar, investigar.

**SONSONETE** Retintín, tonillo.

**SOÑADOR** Iluso, quimérico, imaginativo, utopista. *Realista.*

**SOÑAR** Dormir, reposar, descansar. // Divagar, fantasear, meditar, pensar.

**SOÑERA** Somnolencia, soñolencia, duermevela, sopor. // Sueño.

**SOÑOLIENTO** Amodorrado, somnoliento, semidormido. *Despierto.*

**SOPA** Caldo.

**SOPAPEAR** Abofetear, cachetear. *Acariciar, mimar.*

**SOPAPO** Bofetada, cachetada, mamporro, torta.

**SOPESAR** Tantear, balancear.

**SOPETÓN** Golpe, empujón, empellón.

**SOPLADO** Hinchado, inflado, hueco. // Engreído, estirado, infatuado. *Modesto.* // Compuesto, acicalado, recargado. *Sencillo.*

**SOPLAMOCOS** Sopapo, trompada.

**SOPLAR** Inflar. *Aspirar.* // Hurtar, quitar. *Regalar.* // Apuntar, sugerir. *Callar.* // Denunciar.

**SOPLO** Hálito, soplido. // Aviso, denuncia. // Acusación, delación. // Instante, momento, tris. *Eternidad.*

**SOPLÓN** Acusador, acusón, delator, denunciante. *Encubridor.*

**SOPONCIO** Congoja, desmayo, desvanecimiento, patatús.

**SOPOR** Adormecimiento, modorra, somnolencia. *Alacridad, dinamismo, insomnio, vivacidad.*

**SOPORÍFERO** Aburrido, somnífero.

**SOPORTABLE** Llevadero, tolerable. *Insoportable, insufrible, intolerable, molestísimo.*

**SOPORTAL** Porche, pórtico.

**SOPORTAR** Sostener. *Rechazar.* // Sobrellevar, sufrir, tolerar. *Irritarse.*

**SOPORTE** Apoyo, sostén, sustentáculo.

**SOR** Hermana, religiosa, monja.

**SORBER** Absorber, chupar, tragar, mamar, beber, libar. *Escupir.*

**SORBETE** Helado.

**SORBO** Trago. // Succión.

**SORDAMENTE** Ocultamente, secretamente, sigilosamente. *Abiertamente, claramente, ruidosamente.*

**SORDIDEZ** Avaricia, cicatería, mezquindad, tacañería. *Generosidad, largueza, liberalidad.* // Pobreza, miseria. *Riqueza.* // Impureza, indecencia. *Decencia.*

**SÓRDIDO** Avariento, avaro, mezquino, tacaño. *Pródigo.* // Miserable. // Sucio. *Aseado, limpio.*

**SORDO** Indiferente, insensible. *Afectado.* // Amortiguado. *Chillón, estridente.* // Callado, silencioso. *Ruidoso.*

**SORNA** Bellaquería, disimulo. // Lentitud, pachorra.

**SOROCHE** Puna.

**SORPRENDENTE** Chocante, inesperado, extraño, extraordinario, imprevisto, pasmoso, peregrino, raro.

**SORPRENDER** Atrapar, descubrir, pillar. // Asombrar, conmover, maravillar, suspender.

**SORPRENDIDO** Asombrado, estupefacto, patitieso, admirado, maravillado, petrificado. *Frío, indiferente, impasible.*

**SORPRESA** Asombro, extrañeza, estupor, sobresalto, admiración.

**SORTEAR** Rifar. // Eludir, evitar, soslayar. *Caer.*

**SORTEO** Jugada, rifa.

**SORTIJA** Anillo. // Rizo.

**SORTILEGIO** Embrujo, hechizo. // Adivinación.

**SOSEGADO** Calmado, pacífico, quieto, sereno, tranquilo. *Excitado, nervioso.*

**SOSEGAR** Aplacar, aquietar, calmar, pacificar, tranquilizar, serenar. *Destemplar, irritar.* // Descansar, dormir, reposar. *Velar.*

**SOSERÍA** Insulsez, zoncera, sosera, pesadez. *Agudeza, chiste, gracia.*

**SOSIEGO** Calma, paz, placidez, quietud, serenidad, tranquilidad. *Agitación, ansiedad, nerviosidad.*

**SOSLAYAR** Ladear, inclinar, sesgar. // Evitar, esquivar, eludir, rehuir. *Afrontar.*

**SOSLAYO** Oblicuo, ladeado, inclinado, diagonal, sesgo, transversal.

**SOSO** Desabrido, insípido, insulso, pavo, zonzo, anodino, deslucido. *Gracioso, sabroso.*

**SOSPECHA** Barrunto, duda, presunción, suposición, desconfianza, conjetura, espina, recelo. *Confianza, fe.*

**SOSPECHAR** Barruntar, desconfiar, dudar, maliciar, recelar, presumir, temer. *Confiar, creer.*

**SOSPECHOSO** Suspicaz, receloso, desconfiado. *Confiado.* // Dudoso, equívoco, suspecto. *Inequívoco.*

**SOSTÉN** Apoyo, base, sustentáculo. // Amparo, protección. // Amparador, mantenedor, protector.

**SOSTENER** Apoyar, auxiliar, defender. *Abandonar, rechazar.* // Mantener, sustentar. *Rebatir.* // Afirmar, ratificar. *Contradecir.* // Sufrir, tolerar, soportar.

**SOSTENIDO** Constante, seguido, consecutivo, continuo, ininterrumpido. *Discontinuo, interrumpido.*

**SOSTENIMIENTO** Apoyo, sostén. // Mantenimiento, sustento.

**SOTABANCO** Buhardilla, desván, ático, buharda, sobrado. *Sótano.*

**SÓTANO** Bóveda, subsuelo, cueva, subterráneo. *Ático, buhardilla, desván.*

**SOTECHADO** Pórtico, porche, cobertizo, tinglado, cochera.

**SOTERRAR** Enterrar, sepultar. // Esconder, guardar. *Desenterrar.*

**SOTO** Arboleda, bosquecillo.

**SUAVE** Blando, liso. *Áspero, rugoso.* // Agradable, dulce, grato. *Bronco.* // Apacible, quieto, tranquilo. *Irritable.* // Lento, moderado. *Raudo.* // Dócil, manejable, manso. *Rebelde.*

**SUAVIDAD** Blandura, lisura. *Aspereza.* // Calma. *Cólera.* // Delicadeza, dulzura, finura. *Irritación, grosería.*

**SUAVIZAR** Alisar, pulir. // Apaciguar, calmar, pacificar, mitigar. *Destemplar, exacerbar.*

**SUBA** Alza. *Baja.*

**SUBALTERNO** Dependiente, inferior, subordinado. *Jefe, superior.*

**SUBASTA** Remate.

**SUBASTAR** Licitar, rematar.

**SUBEROSO** Acorchado.

**SUBIDA** Cuesta, pendiente, repecho. *Bajada.* // Ascensión, ascenso, elevación. *Caída, descenso.* // Aumento, alza, suba. *Disminución, rebaja.*

**SUBIDO** Alto, caro, elevado, excesivo. *Acomodado, barato.* // Vivo, fuerte. *Suave.*

**SUBIR** Ascender, crecer, elevar, erguir, escalar, montar, remontar, trepar. *Apearse, bajar.* // Alzarse, encaramarse. *Caer, descender.* // Enarbolar, izar, levantar. *Arriar.* // Aumentar, encarecer. *Abaratar, decrecer, disminuir.* // Agravarse. *Mejorar.* // Encimar, remangar.

**SÚBITO** Imprevisto, inesperado, inopinado, repentino. *Esperado, previsto.* // Impetuoso, precipitado, violento. *Manso.* // Súbitamente.

**SUBJETIVO** Personal.

**SUBLEVACIÓN** Alzamiento, insurrección, motín, rebeldía, revolución. *Sometimiento, sumisión.*

**SUBLEVAR** Alzar, amotinar, insurreccionar, rebelarse. *Obedecer.* // Indignar, irritar. *Complacer.*

**SUBLIMACIÓN** Enaltecimiento, exaltación, ensalzamiento, engrandecimiento. *Denigración.*

**SUBLIMAR** Enaltecer, engrandecer, ensalzar, exaltar. *Denigrar, humillar.* // Volatilizar.

**SUBLIME** Elevado, eminente, excelso, sobrehumano.

**SUBORDINACIÓN** Acatamiento, dependencia, obediencia, sumisión. *Insubordinación, desacato, rebeldía.*

**SUBORDINADO** Dependiente, inferior, sometido, subalterno. *Superior.*

**SUBORDINAR** Someter, sujetar, disciplinar, supeditar. *Sublevar.* // Relacionar, clasificar.

**SUBRAYAR** Destacar, recalcar, insistir.

**SUBREPTICIO** Furtivo, oculto, ilícito, tortuoso. *Autorizado, legalizado.*

**SUBROGACIÓN** Reemplazo, relevación, relevo, sustitución.

**SUBROGAR** Reemplazar, substituir.

**SUBSANAR** Enmendar, remediar, reparar, corregir, resarcir. *Ratificar.* // Excusar. *Reiterar.*

**SUBSIDIARIO** Accesorio, auxiliar, complementario. *Principal.*

**SUBSIDIO** Auxilio, ayuda, contribución, subvención. ***Susidio.***

**SUBSISTENCIA** Alimento, manutención, alimentación, nutrición, sostenimiento. *Hambre, desnutrición, putrefacción.* // Permanencia, estabilidad, conservación. *Inestabilidad.*

**SUBSISTIR** Durar, existir, permanecer, vivir. *Morir, perderse, pudrirse.*

**SUBSUELO** Sótano. *Altillo, desván.*

**SUBTERFUGIO** Efugio, escapatoria, excusa. *Exigencia.*

**SUBTERRÁNEO** Bóveda, subsuelo, túnel, sótano, cueva.

**SUBURBIO** Afueras, arrabal. *Centro.*

**SUBVENCIÓN** Auxilio, ayuda, socorro, subsidio.

**SUBVENIR** Auxiliar, ayudar, socorrer.

**SUBVERSIÓN** Desorden, destrucción, revuelta, trastorno. *Disciplina, orden.*

**SUBVERSIVO** Revolucionario, sedicioso, revoltoso. *Disciplinado, pacífico.*

**SUBVERTIR** Arruinar, destruir, perturbar, revolver, trastornar.

**SUBYUGAR** Avasallar, dominar, esclavizar, sojuzgar. *Libertar, redimir, rebelarse.*

**SUCCIÓN** Chupada, libación, mamada, sorbo.

**SUCCIONAR** Chupar, libar, mamar, sorber, absorber. *Escupir.*

**SUCEDER** Acaecer, acontecer, ocurrir, pasar. // Heredar. *Legar.* // Reemplazar, sustituir. *Confirmar.* // Descender, proceder, provenir. *Preceder.*

**SUCEDIDO** Caso, suceso.

**SUCESIÓN** Herencia. // Continuación. // Descendencia, prole. *Ascendencia.*

**SUCESIVO** Siguiente, subsiguiente, continuo. *Anterior, precedente.*

**SUCESO** Acontecimiento, evento, hecho, lance, novedad, ocurrencia, sucedido. // Resultado, éxito.

**SUCESOR** Continuador. *Predecesor.* // Descendiente, heredero. *Antepasado, ascendiente.*

**SUCIEDAD** Basura, inmundicia, porquería, roña. *Limpieza, pureza.*

**SUCINTO** Breve, compendioso, extractado. *Amplio, difuso, largo.*

**SUCIO** Deseaseado, asqueroso, inmundo, manchado, mugriento, mugroso, obsceno, puerco, roñoso. *Aseado, pulcro, limpio, puro.*

**SÚCUBO** Demonio, espíritu.

**SUCUCHO** Rincón.

**SUCULENTO** Sustancioso, jugoso, nutritivo.

**SUCUMBIR** Caer, ceder, rendirse, someterse. *Resistir.* // Morir, perecer. *Nacer, vivir.*

**SUCURSAL** Agencia, dependencia, filial, rama.

**SUDAR** Transpirar, trasudar. // Destilar, rezumar.

**SUDARIO** Mortaja. // Sudadero.

**SUDOR** Transpiración, resudor, segregación, secreción. // Fatiga, trabajo, afán.

**SUELDO** Estipendio, haberes, jornal, paga, remuneración, salario.

**SUELO** Pavimento, piso. *Techo.* // Mundo, tierra. // Asiento, poso.

**SUELTO** Disgregado, separado. *Acompañado.* // *Libre. Preso.* // Ligero, presto, veloz. // Ágil, desembarazado, diestro, expedito. *Pesado, torpe.* // Atrevido. // Corriente, fácil, llano. // Artículo, gacetilla. // Monedas.

**SUEÑO** Anhelo, fantasía, ilusión. // Somnolencia, sopor. *Desvelo.*

**SUERTE** Azar, fortuna, potra. *Desventura.* // Destino, estrella, hado, sino. // Condición, estado. // Manera, modo.

**SUFICIENCIA** Aptitud, competencia, idoneidad. *Incapacidad, ineptitud.* // Engreimiento, presunción. // Bienestar, medianía. *Escasez, miseria.*

**SUFICIENTE** Bastante, harto. *Exiguo, insuficiente, poco.* // Apto, competente, idóneo. *Inepto.* // Pedante. *Discreto.*

**SUFRAGAR** Auxiliar, ayudar, favorecer. // Costear, pagar, satisfacer, subvenir. // Votar.

**SUFRAGIO** Auxilio, ayuda, protección. // Funeral, rezos. // Dictamen, voto.

**SUFRIBLE** Soportable, tolerable, aguantable, llevadero, resistible. *Intolerable, insoportable.*

**SUFRIDO** Paciente, resignado, tolerante, resistente.

**SUFRIMIENTO** Conformidad, estoicismo, tolerancia, paciencia. *Goce, impaciencia, intolerancia.* // Dolor, martirio, padecimiento, pena, tortura.

**SUFRIR** Aguantar, experimentar, padecer, penar, resistir, sobrellevar, sentir, soportar, tolerar. *Disfrutar, gozar, rebelarse.*

**SUGERENCIA** Insinuación, inspiración, sugestión.

**SUGERIR** Aconsejar, infiltrar, insinuar, inspirar. *Disuadir.*

**SUGESTIÓN** Fascinación, hechizo, sortilegio. // Insinuación.

**SUGESTIONAR** Fascinar, hechizar, hipnotizar. // Inducir, inspirar.

**SUICIDARSE** Eliminarse, matarse.

**SUI GÉNERIS** Especial, excepcional, original, particular, distinto.

**SUJECIÓN** Contención, fijación, ligadura, traba. *Desunión.* // Obediencia, dependencia, esclavitud, subordinación. *Insubordinación, libertad.*

**SUJETAR** Acogotar, inmovilizar, retener, trabar, trincar. *Soltar.* // Encadenar, sojuzgar, someter. *Rebelarse.*

**SUJETO** Fijo, firme, inmóvil. // Subyugado, sumiso. // Expuesto, propenso. // Asunto, tema. // Individuo, tipo.

**SULFURARSE** Enfurecerse, enojarse, indignarse. *Calmarse.*

**SUMA** Adición, agregado. *Resta.* // Colección. *Disgregación.*

**SUMAR** Adicionar, agregar, poner, anexionar, añadir. *Restar, separar.* // Recopilar, abreviar, compendiar, resumir. // Ascender, importar, llegar, montar, elevarse.

**SUMARIO** Compendio, extracto, índice, resumen. *Ampliación.* // Juicio, proceso, causa. // Breve, conciso, corto, sucinto. *Extenso.*

**SUMERGIBLE** Submarino.

**SUMERGIR** Hundir. *Emerger, flotar.* // Abismarse, sumir. // Naufragar.

**SUMERSIÓN** Inmersión, hundimiento, zambullida, chapuzón, buceo.

**SUMIDERO** Alcantarilla, cloaca, desagüe, albañal.

**SUMINISTRAR** Abastecer, proveer, surtir. *Privar.* // Facilitar, prestar. *Quitar.* // Guarnecer.

**SUMINISTRO** Abastecimiento, provisión, víveres.

**SUMIR** Sumergir. *Surgir.*

**SUMISIÓN** Acatamiento, sometimiento, subordinación. *Desacato, indisciplina, rebelión.*

**SUMISO** Rendido, sometido. *Rebelde.* // Dócil, obediente. *Indócil.*

**SUMMUM** El colmo, lo sumo, apogeo, vértice, cúspide.

SUMO Altísimo, enorme, máximo, superlativo, supremo. *Ínfimo, mínimo.* *Zumo.

SUNTUOSIDAD Aparato, esplendidez, fausto, magnificencia, pompa, riqueza. *Modestia, sencillez.*

SUNTUOSO Costoso, lujoso, magnífico, ostentoso, pomposo, rico. *Modesto, pobre.*

SUPEDITAR Avasallar, oprimir, sojuzgar, subyugar, sujetar. *Libertar.*

SUPERABUNDANTE Pletórico, ubérrimo, copioso, excesivo, abundante, exuberante. *Escaso.*

SUPERACIÓN Dominio, mejoramiento, vencimiento.

SUPERAR Aventajar, exceder, ganar, pasar, sobrepujar, vencer.

SUPERÁVIT Exceso, residuo, sobra. *Déficit, pasivo.*

SUPERCHERÍA Engaño, fraude, impostura, falsedad, mentira, invención, dolo. *Verdad.*

SUPERFICIAL Aparente, frívolo, insustancial. *Grave, reflexivo.* // Exterior. *Interior, profundo.*

SUPERFICIE Área, extensión. // Cara, faceta.

SUPERFLUO Innecesario, inútil. *Necesario, útil.*

SUPERIOR Bonísimo, excelente, mejor, culminante, sumo, preeminente, principal. *Defectuoso, imperfecto, inferior.* // Director, jefe, rector.

SUPERIORIDAD Excelencia, preeminencia, primacía, supremacía, ventaja. *Inferioridad.* // Dirección, gobierno, jefatura.

SUPERLATIVO Sumo, supremo.

SUPERNUMERARIO Excedente.

SUPERPONER Aplicar, sobreponer, añadir, incorporar.

SUPERSTICIÓN Credulidad, fetichismo, cábala, magia.

SUPERSTICIOSO Agorero, fetichista, maniático, crédulo.

SUPÉRSTITE Superviviente, sobreviviente.

SUPINO Horizontal, tendido. *Levantado, perpendicular, erguido, vertical.*

SUPLANTAR Falsificar. // Sustituir.

SUPLEMENTARIO Adicional, complementario, subsidiario. *Principal.*

SUPLEMENTO Agregado, apéndice, complemento, anexo. // Reemplazo.

SUPLENTE Reemplazante, sustituto.

SÚPLICA Demanda, imploración, petición, ruego. // Memorial, instancia, solicitud.

SUPLICAR Impetrar, implorar, pedir, rogar. *Atender, conceder.*

SUPLICIO Cadalso. // Castigo. // Martirio, tormento, tortura. *Alivio.*

SUPLIR Reemplazar, sustituir. // Integrar. // Disimular.

SUPONER Creer, figurarse, imaginar. // Conjeturar, sospechar.

SUPOSICIÓN Hipótesis, postulado, presunción, supuesto. *Comprobación.* // Conjetura, sospecha. *Certeza.* // Falsedad, impostura. *Verdad.*

SUPREMACÍA Superioridad. // Hegemonía, predominio, preponderancia.

SUPREMO Altísimo, sumo, superior, último, soberano, potente, culminante. *Inferior, ínfimo.*

SUPRESIÓN Anulación, eliminación, exterminio. // Elisión. *Agregado.*

SUPRIMIR Abolir, anular, borrar, derogar, excluir, extirpar, tachar. *Autorizar, incluir, fundar.* // Callar, omitir, quitar. *Dar.*

SUPUESTO Fingido, presunto, seudo. // Hipótesis, suposición.

SUPURACIÓN Humor, pus, infección.

SUR Antártico, austral, meridional. *Ártico, boreal.* // Mediodía. *Norte, septentrión.*

SURCAR Cortar, hender, navegar.

SURCO Arruga. // Hendedura, pliegue.

SURGIR Manifestarse, aparecer, levantarse, asomar, salir, presentarse, revelarse. *Ocultarse.* // Fondear, anclar.

SURTIDO Variado. *Igual.* // Conjunto, juego, mezcla, colección, repertorio.

SURTIDOR Bomba, chorro, fuente.

**SURTIR** Proveer, suministrar, abastecer, equipar. // Brotar, fluir, saltar, surgir.

**SURTO** Anclado, fondeado. // Tranquilo, reposado, quieto, silencioso.

**SUSCEPTIBLE** Apto, dispuesto. *Incapaz.* // Puntilloso, quisquilloso. *Apático, indiferente.*

**SUSCITAR** Causar, levantar, motivar, provocar.

**SUSCRIBIR** Firmar. // Acceder, adherir, asentir. // Abonarse.

**SUSCRIPTOR** Abonado, firmante.

**SUSIDIO** Inquietud, angustia, intranquilidad, desazón. *Calma, tranquilidad.* *Subsidio.

**SUSODICHO** Antedicho, citado, mencionado.

**SUSPENDER** Colgar, levantar, tender. *Arriar.* // Detener, diferir, interrumpir, parar. *Impulsar, soltar.* // Admirar, embelesar, maravillar, pasmar. // Aplazar, reprobar. *Aprobar.*

**SUSPENDIDO** Pendiente, colgante, volador, pensil, péndulo, ahorcado.

**SUSPENSIÓN** Colgamiento. // Detención, interrupción, parada, pausa, tregua. // Admiración, asombro, pasmo.

**SUSPENSO** Colgante, suspendido. // Asombrado, maravillado, pasmado. // Reprobado. *Aprobado.*

**SUSPICACIA** Desconfianza, recelo, sospecha. *Confianza, credulidad.*

**SUSPICAZ** Desconfiado, receloso. *Candoroso, crédulo.*

**SUSPIRAR** Quejarse. // Anhelar, apetecer, desear, querer.

**SUSTANCIA** Entidad, esencia, naturaleza, ser. *Inexistencia.* // Fondo. // Materia, médula, meollo. // Estimación, importancia, valor. // Juicio, madurez.

**SUSTANCIAL** Concreto, esencial, importantísimo, inherente. *Insustancial.*

**SUSTANCIAR** Compendiar, extractar.

**SUSTANCIOSO** Jugoso, nutritivo, sabroso, suculento.

**SUSTENTÁCULO** Apoyo, sostén.

**SUSTENTAR** Alimentar, conservar. *Desnutrir.* // Defender, sostener. *Negar, soltar.*

**SUSTENTO** Alimento, manutención. // Apoyo, sostén, sostenimiento.

**SUSTITUCIÓN** Cambio, permuta, reemplazo, relevo. *Efectividad, permanencia.*

**SUSTITUIBLE** Reemplazable, suplantable, cambiable, relevable, delegable. *Insustituible.*

**SUSTITUIR** Cambiar, reemplazar, relevar, suplir. *Permanecer.*

**SUSTITUTO** Reemplazante, auxiliar, suplente. *Efectivo, titular.*

**SUSTO** Miedo, pavor, temor.

**SUSTRACCIÓN** Resta, descuento, deducción. *Adición, añadidura, suma.* // Separación. // Hurto, robo, sisa.

**SUSTRAER** Deducir, quitar, restar. *Aumentar.* // Hurtar, robar, sisar. *Dar.* // Evitar, separarse. *Agregarse.*

**SUSURRAR** Cuchichear, murmurar, musitar, rumorear. *Gritar, vociferar.*

**SUSURRO** Cuchicheo, murmullo, rumor, runrún. *Gritería, vocerío.*

**SUTIL** Delgado, delicado, tenue, vaporoso. *Pesado, recargado.* // Agudo, ingenioso, perspicaz. *Tonto.*

**SUTILEZA** Sutilidad, agudeza, argucia, ingenio, habilidad, ligereza, perspicacia, astucia, paradoja. *Tontería.*

**SUTILIZAR** Adelgazar, atenuar, limar. // Profundizar, teorizar.

**SUTURA** Costura, soldadura, juntura, unión.

# T

**TABA** Astrágalo.

**TABALEAR** Tamborilear.

**TABAQUERA** Cigarrera, petaca, pitillera, cajetilla.

**TABAQUERÍA** Cigarrería.

**TABARRA** Lata. // Importunación, molestia, pesadez.

**TABERNA** Bodegón, cantina, tasca, bodega, pulpería.

**TABERNÁCULO** Sagrario.

**TABERNARIO** Bajo, grosero, vil.

**TABICAR** Cerrar, murar, tapar.

**TABIQUE** Pared, muro, parapeto.

**TABLA** Lámina, plancha, tablón. // Pliegue. // Índice, catálogo, lista. // Cuadro. // Mostrador, mesa.

**TABLADO** Escenario, plataforma. // Patíbulo. // Andamio, tarima.

**TABLAS** Empate. // Escenario.

**TABLETA** Comprimido, pastilla. // Tablilla, lámina.

**TABUCO** Cuartucho, cuchitril, desván.

**TABURETE** Banco, banquillo, escabel.

**TACAÑERÍA** Mezquindad, miseria, avaricia, roñería, ruindad. *Generosidad.*

**TACAÑO** Avaro, mezquino, miserable, roñoso, ruin. *Dadivoso, espléndido, gastador.*

**TACHA** Defecto, falta, imperfección, mancha. *Honor, perfección.* // Tachuela.

**TACHAR** Borrar, suprimir, anular, testar. // Acusar, censurar, culpar, notar, tildar, incriminar.

**TACHÓN** Enmienda, raya, tachadura. // Tachuela, clavo.

**TACHONAR** Clavetear.

**TACHUELA** Clavo, tachón.

**TÁCITO** Implícito, sobreentendido, omiso, virtual. *Claro, explícito.* // Reservado, taciturno, callado, silencioso.

**TACITURNO** Sombrío, ensimismado, callado, melancólico, triste. *Alegre, locuaz, optimista.*

**TACO** Baqueta, bloque, tarugo. // Juramento, palabrota, pestes, reniego.

**TÁCTICA** Método, sistema, procedimiento, conducta.

**TACTO** Palpación, toque, rozamiento. // Acierto, destreza, discreción, maña, tino. *Indiscreción.*

**TAHONA** Panadería.

**TAHÚR** Fullero, jugador, timbero.

**TAIMADO** Astuto, bellaco, ladino, tunante. *Ingenuo.*

**TAJADA** Parte, porción, rebanada, sección, rueda, raja, trozo.

**TAJAMAR** Dique, escollera, espolón, malecón.

**TAJANTE** Categórico, concluyente, terminante, concreto, incisivo.

**TAJAR** Cortar, dividir.

**TAJO** Corte, filo, herida. // Escarpadura, precipicio, sima.

**TALABARTE** Cinturón.

**TALADRAR** Agujerear, atravesar, barrenar, horadar, perforar. *Obstruir, taponar.* // Desentrañar, penetrar.

**TALADRO** Agujero, perforación, trepanación. // Barrena, berbiquí, broca, trépano, fresa.

**TÁLAMO** Cama, lecho.

**TALANTE** Estilo, manera, modo. // Aspecto, semblante. // Ánimo, deseo, disposición, humor. // Voluntad. // Gusto.

**TALAR** Arrasar, destruir, devastar, arruinar. // Segar, cortar, tajar.

**TALEGA** Alforja, bolsa, bolso, talego.

**TALENTO** Caletre, capacidad, entendimiento, genio, ingenio, inteligencia. *Estupidez.* // Habilidad. *Inhabilidad.*

**TALISMÁN** Amuleto, mascota, fetiche, reliquia.

**TALLA** Altura, estatura. // Escultura. // Talladura.

**TALLAR** Entallar. // Cincelar, esculpir, labrar. // Medir. // Tasar, valuar. // Dirigir, mandar.

**TALLE** Cintura. // Apariencia, figura, proporción, traza.

**TALLER** Escuela, fábrica, laboratorio.

**TALLO** Retoño, brote, renuevo, vástago, cogollo, pimpollo. *Talio.

**TALLUDO** Alto, crecido, espigado. // Maduro. *Verde.*

**TALÓN** Calcañar. // Cupón. // Recibo.

**TALUD** Declive, rampa.

**TAMAÑO** Dimensión, grandor, magnitud, volumen.

**TAMBALEARSE** Bambolearse, moverse, oscilar, trastabillar, vacilar. *Inmovilizarse, aquietarse.*

**TAMBALEO** Oscilación, vaivén, bamboleo, movimiento, zangoloteo.

**TAMBIÉN** Además, asimismo, hasta, igualmente. *Tampoco.*

**TAMBO** Vaquería.

**TAMBOR** Atabal, caja, parche, tamboril, timbal. // Cilindro. // Lata, tanque. // Tamiz.

**TAMBORIL** Tamborín, tamborilete, tamborino, atabal.

**TAMBORILEAR** Tabalear. // Alardear, anunciar, divulgar.

**TAMIZ** Cedazo, criba, harnero, zaranda, cernedor, tambor.

**TAMO** Pelusa, polvo.

**TANDA** Alternativa, turno, vez. // Cantidad, conjunto, grupo, partida.

**TANGENTE** Lindante, tocante, vecino, rayano, contiguo, próximo.

**TANGIBLE** Palpable, tocable. *Impalpable, inmaterial.* // Perceptible. *Inasequible, incierto.*

**TANQUE** Aljibe, depósito, estanque.

**TANTEAR** Apuntar, averiguar, calcular, comparar, considerar. // Ensayar, examinar, explorar, pulsar, sondear.

**TANTEO** Ensayo, examen, exploración, prueba, sondeo, tienta.

**TANTO** Unidad, punto, ficha.

**TAÑER** Pulsar, repicar, tocar, voltear, doblar, rasguear.

**TAÑIDO** Campaneo, sonido.

**TAPA** Tapadera, tapón, obturador, cubierta. // Compuerta.

**TAPABOCA** Bufanda. // Réplica.

**TAPADERA** Tapa. // Encubridor, pantalla. *Acusador, espía.*

**TAPADO** Abrigo.

**TAPAR** Cerrar, cubrir, obstruir, obturar, taponar. // Abrigar, arropar. *Destapar.* // Disimular, encubrir, ocultar. *Abrir, descubrir.* // Arrebujarse, embozarse, tapujarse. *Desembozarse.*

**TAPIA** Muro, pared.

**TAPIAR** Cercar, cerrar, murar.

**TAPICERÍA** Colgadura, cortinaje, dosel, palio, tapiz.

**TAPIZ** Alfombra. // Colgadura.

**TAPIZAR** Entapizar, forrar, guarnecer.

**TAPÓN** Corcho, obturador.

**TAPONAR** Tapar.

**TAPUJAR** Cubrir, envolver, embozar. *Destapar, abrir, desembozar, descubrir.*

**TAPUJO** Disfraz, embozo. // Disimulo, pretexto, reserva, simulación, engaño. *Averiguación.*

**TAQUIGRAFÍA** Estenografía.

**TAQUILLA** Boletería, ventanilla. // Casillero. // Papelera.

**TARA** Envase, embalaje. // Defecto, tacha. *Cualidad.* // Tarja.

**TARACEA** Marquetería. // Damasquinado, embutido, incrustación.

**TARAMBANA** Alocado, botarate.

**TARAREAR** Canturrear.

**TARASCÓN** Bocado, mordedura, mordisco, tarascada.

**TARDANZA** Demora, lentitud, retraso. *Alacridad, ligereza, rapidez.*

**TARDAR** Demorar, detenerse. *Adelantarse, apresurar.*

**TARDE** Tardíamente, a deshora. *Temprano.* // Siesta, vísperas, crepúsculo, anochecer, atardecer.

**TARDÍO** Lento, moroso, pausado, rezagado, tardo, perezoso. *Adelantado, precoz, prematuro.*

**TAREA** Labor, obra, ocupación, quehacer, trabajo. *Descanso, ocio.* // Afán, cuidado. *Pasividad.*

**TARIFA** Arancel, tasa, coste.

**TARIMA** Entablado, entarimado, peana, tablado, estrado.

**TARJETA** Etiqueta, rótulo.

**TARRO** Bote, lata.

**TARTA** Pastel, torta.

**TARTAJEAR** Tartamudear.

**TARTAJOSO** Tartamudo.

**TARTAMUDEAR** Balbucir, farfullar, tartajear.

**TÁRTARO** Averno, infierno.

**TARUGO** Taco, zoquete.

**TASA** Precio, valor. // Medida, norma, pauta, regla. ***Taza.**

**TASAJO** Cecina, charque.

**TASAR** Apreciar, estimar, evaluar, valuar. // Metodizar, ordenar, regular. // Reducir, restringir. ***Tazar.**

**TASCA** Bodegón, figón, taberna.

**TAU** Divisa, insignia, emblema, distintivo, símbolo.

**TAUMATÚRGICO** Milagroso, prodigioso, sobrenatural.

**TAURÓMACO** Torero, taurino, tauromáquico.

**TAXATIVAMENTE** Concretamente, expresamente, categóricamente.

**TAXATIVO** Limitativo, preciso, determinativo, categórico, concluyente, expreso. *Ilimitado, impreciso, tácito.*

**TAXÍMETRO** Odómetro, taxi.

**TAZA** Pocillo. ***Tasa.**

**TÉ** Cha. // Infusión. ***Te.**

**TEA** Antorcha.

**TEATRAL** Dramático, escénico, trágico, cómico, melodramático. // Aparatoso, conmovedor, fantástico.

**TEATRO** Escena, escenario, farándula, farsa, tablas, candilejas.

**TECHADO** Techo, techumbre, tejado.

**TECHAR** Cubrir, cerrar, envigar, artesonar, revestir.

**TECHO** Cielo raso, techumbre, tejado. *Piso, suelo.* // Casa, domicilio, hogar, morada.

**TECHUMBRE** Techo, tejado.

**TECLA** Pulsador, palanca.

**TECLEAR** Tocar. // Intentar, probar.

**TÉCNICA** Habilidad, maña, pericia.

**TÉCNICO** Perito. *Inexperto.*

**TEDIO** Aburrimiento, esplín, fastidio, desgana, hastío, molestia, repugnancia, monotonía. *Afán, diversión, entretenimiento, pasatiempo.*

**TEDIOSO** Enfadoso, fastidioso, molesto, pesado, aburrido. *Agradable, ameno.*

**TEGUMENTO** Membrana, telilla.

**TEJADO** Techo, techumbre. *Sótano, subsuelo.*

**TEJAR** Tejería, ladrillería.

**TEJEMANEJE** Destreza, habilidad. *Inhabilidad, inactividad.*

**TEJER** Enredar, maquinar, tramar, urdir. // Entrelazar, entretejer, trenzar.

**TEJIDO** Tela, textura, trama, urdimbre.

**TEJO** Cospel, disco.

**TELA** Género, lienzo, paño, tejido. // Caudal, dinero. // Membrana, nata. // Telaraña. // Embuste, enredo, maraña. // Asunto, materia, tema.

**TELEFONEAR** Hablar, comunicar.

**TELÓN** Decorado, bastidor. // Cortinón, cortinaje.

**TEMA** Argumento, asunto, cuestión, materia, sujeto. // Pensamiento. // Antipatía, contumacia, manía, porfía.

**TEMBLADOR** Temblón, tembloroso, trémulo. // Cuáquero.

**TEMBLAR** Estremecerse, temblequear, temer, tiritar, retemblar, trepidar, vibrar, rilar, azogarse, calofriarse.

**TEMBLEQUEAR** Temblar.

**TEMBLÓN** Temblador.

**TEMBLOR** Convulsión, escalofrío, estremecimiento. *Flema, serenidad, valor.* // Seísmo, terremoto.

**TEMBLOROSO** Temblador, temeroso, trémulo, miedoso.

**TEMER** Dudar, recelar, sospechar. *Confiar, creer.* // Amedrentarse, asustarse, espantarse. *Dominarse, envalentonarse, sobreponerse.*

**TEMERARIO** Audaz, imprudente, inconsiderado, irreflexivo, osado. *Cobarde, temeroso.* // Infundado, inmotivado. *Fundado, motivado.*

**TEMERIDAD** Atrevimiento, audacia, imprudencia, osadía. *Cautela, cobardía, prudencia.*

**TEMEROSO** Cobarde, irresoluto, medroso. *Valeroso, valiente.* // Terrible, terrífico.

**TEMIBLE** Aterrador, espantoso, terrorífico, tremebundo. *Atrayente.*

**TEMOR** Presunción, recelo, sospecha. *Confianza.* // Aprensión, julepe, miedo, pánico, pavor, timidez. *Arrestos, valor.*

**TEMOSO** Insistente, pesado, tenaz.

**TEMPERADO** Templado.

**TEMPERAMENTO** Carácter, complexión, constitución, naturaleza. // Temperie. // Temple.

**TEMPERANCIA** Templanza, moderación, prudencia, parsimonia. *Destemplanza, irritación.*

**TEMPERAR** Atemperar, calmar, moderar, sosegar, templar.

**TEMPERATURA** Calor. // Fiebre.

**TEMPESTAD** Borrasca, ciclón, huracán, temporal, tormenta. *Bonanza, calma.* // Multitud, disturbio.

**TEMPESTIVO** Oportuno, ocasional, congruente. *Intempestivo.*

**TEMPESTUOSO** Borrascoso, inclemente, proceloso, tormentoso. *Apacible, sereno.*

**TEMPLADO** Tibio. *Abrasador, helado.* // Mesurado, moderado, parco, sereno, valiente. *Arrebatado, atropellado.*

**TEMPLANZA** Continencia, moderación, sobriedad, prudencia. *Abuso, concupis-*cencia, destemplanza, exceso, intemperancia, irritación.

**TEMPLAR** Afinar. *Desafinar.* // Atemperar, entibiar, moderar, suavizar. *Destemplar, irritar.* // Tesar.

**TEMPLE** Arrojo, valentía. *Cautela, prudencia.* // Carácter, dureza, elasticidad.

**TEMPLETE** Glorieta, pabellón, quiosco, oratorio.

**TEMPLO** Basílica, catedral, iglesia, oratorio, santuario. // Mezquita, pagoda, sinagoga.

**TEMPORADA** Época, estación.

**TEMPORAL** Tempestad. *Bonanza.* // Interino, pasajero, precario, provisional, provisorio, temporero, transitorio. *Duradero, eterno, perenne, vitalicio.* // Laico, profano, secular.

**TEMPORARIO** Precario, temporal.

**TEMPORIZAR** Contemporizar, acomodarse, adaptarse, recrearse, entretenerse, divertirse. *Enemistarse, aburrirse.*

**TEMPRANO** Adelantado, anticipado, precoz, prematuro, tempranero. *Maduro, retrasado, tardío.*

**TENACIDAD** Constancia, firmeza, obstinación, porfía, tesón. *Inconstancia, pasividad.*

**TENAZ** Empeñoso, firme, obstinado, pertinaz, porfiado, temeroso, terco. *Tornadizo, variable, voluble.* // Duro, resistente, sólido. *Endeble, flojo, frágil, quebradizo.*

**TENAZA** Alicate, pinza, sacaclavos.

**TENDAL** Tendedero. // Toldo.

**TENDENCIA** Inclinación, propensión.

**TENDENCIOSO** Propenso, aficionado, adicto, fanático.

**TENDER** Alargar, desdoblar, desplegar, esparcir, estirar, extender, inclinarse, propender. *Encoger.* // Acostar, echar, tumbar, acomodar. *Levantar.* // Abandonarse, descuidarse. *Cuidarse, preocuparse.* ***Ténder.***

**TENDIDO** Echado, acostado, horizontal, yacente. *Erguido.*

**TENEBROSO** Lóbrego, oscuro. *Alegre, brillante, claro, luminoso.*

**TENEDOR** Poseedor.

**TENER** Haber, poseer. *Carecer.* // Comprender, contener, incluir. // Afirmarse, asegurarse, asir, cumplir, detener, dominar, frenar, mantener, parar, resistir, sostener, sujetar. *Aflojar, soltar.* // Apreciar, estimar. // Juzgar, reputar. // Adherirse, atenerse. // Hospedar. *Echar.*

**TENIA** Solitaria.

**TENOR** Contenido, estilo, texto.

**TENORIO** Galanteador, mujeriego.

**TENSIÓN** Tiesura, rigidez, tirantez. *Blandura, distensión, flojedad, relajación.* *Tención.

**TENSO** Estirado, tirante, rígido. *Flojo, laxo, relajado.*

**TENTACIÓN** Incitación, instigación, seducción. *Aversión.*

**TENTADOR** Atrayente, encantador, incitador, provocativo, seductor. *Desagradable, repelente.*

**TENTAR** Palpar, tocar, reconocer. // Intentar, tantear. // Inducir, instigar, provocar, seducir.

**TENTATIVA** Ensayo, examen, experimento, intento, prueba.

**TENTEMPIÉ** Bocadillo, piscolabis, refrigerio, colación.

**TENUE** Delgado, delicado, sutil, vaporoso. *Denso, pesado.*

**TENUIDAD** Delgadez, delicadeza, fragilidad, sutileza. *Gordura, resistencia.*

**TEÑIR** Colorar, entintar.

**TEORÍA** Especulación, hipótesis, suposición. *Demostración, empirismo, experimentación, práctica.*

**TEÓRICO** Hipotético, imaginario, supuesto. *Comprobado, pragmático, real.*

**TERAPEUTA** Médico.

**TERAPÉUTICA** Tratamiento, medicina, régimen.

**TERCERÍA** Arbitraje, mediación.

**TERCERO** Árbitro, tercio, intermediario.

**TERCETO** Trío.

**TERCIAR** Interponerse, intervenir, mediar. *Apartarse.*

**TERCO** Irreducible, obstinado, pertinaz, porfiado, tozudo. *Transigente.*

**TERGIVERSACIÓN** Ambigüedad, pretexto, rodeos, enredo, evasiva, argucia. *Claridad, verdad.*

**TERGIVERSAR** Desfigurar, torcer, trabucar, trastocar. *Comentar, descifrar, explicar, interpretar.*

**TERMAL** Caliente.

**TERMINACIÓN** Conclusión, desenlace, fin, final. *Comienzo, inauguración, iniciación.* // Extremo, término, remate.

**TERMINAL** Final, último. *Inicial.*

**TERMINANTE** Claro, concluyente, definitivo, final, preciso, decisivo. *Ambiguo, indeciso.*

**TERMINAR** Acabar, concluir, finalizar, finiquitar, liquidar, ultimar. *Empezar, inaugurar, principiar.*

**TÉRMINO** Fin, objeto. // Confín, extremo, final, límite, plazo. // Palabra, vocablo, voz.

**TERNERO** Becerro.

**TERNEZA** Requiebro, ternura.

**TERNILLA** Cartílago.

**TERNO** Juramento, reniego.

**TERNURA** Afecto, bondad, cariño, delicadeza. *Desafecto, dureza, hosquedad.* // Requiebro, piropo. *Grosería.*

**TERQUEDAD** Obstinación, pertinacia, porfía, testarudez. *Arrepentimiento, blandura, comprensión, condescendencia.*

**TERRADO** Azotea, terraza.

**TERRÁQUEO** Terrestre.

**TERRATENIENTE** Hacendado, latifundista, potentado.

**TERRAZA** Azotea, terrado. *Subsuelo.*

**TERREMOTO** Sacudida, sacudimiento, sismo, conmoción.

**TERRENO** Solar, suelo. // Terrenal, terrestre. *Celestial.*

**TÉRREO** Terroso.

**TERRESTRE** Terreno.

**TERRIBLE** Aterrador, atroz, espantoso, terrorífico. *Cautivante, hermoso.* // Áspero, violento. *Bonancible, suave.*

**TERRÍFICO** Terrorífico.

**TERRITORIO** Jurisdicción, término. // Comarca, región.

**TERROR** Espanto, miedo, pavor, susto,

horror, pánico. *Coraje, valor.*

**TERRORÍFICO** Aterrador, espantoso, horrible, terrible.

**TERSAR** Atezar. // Abrillantar. // Alisar, bruñir, limar, limpiar, pulir.

**TERSO** Bruñido, claro, limado, limpio, liso, resplandeciente. *Áspero, opaco.* // Fluido. *Sólido.*

**TERSURA** Claridad, limpidez, lisura, resplandor. *Aspereza, opacidad.* // Fluidez. *Dureza, solidez.*

**TERTULIA** Reunión, peña. // Charla, conversación.

**TESAR** Atirantar. *Aflojar.*

**TESIS** Disertación. // Exposición, proposición, conclusión. *Hipótesis.*

**TESITURA** Actitud, disposición.

**TESO** Estirado, tenso, tieso, tirante.

**TESÓN** Constancia, empeño, firmeza, inflexibilidad. *Flexibilidad, inconstancia, renuncia.*

**TESORO** Erario. // Dineral, platal.

**TESTA** Cabeza. // Anverso, cara, frente. // Capacidad, entendimiento, prudencia, sensatez.

**TESTAMENTARIO** Sucesorio, hereditario. // Albacea.

**TESTAR** Tachar. // Legar, otorgar, disponer, testamentar, mandar.

**TESTARUDEZ** Terquedad. *Condescendencia, renuncia.*

**TESTARUDO** Porfiado, temoso, terco.

**TESTIFICAR** Atestiguar, deponer, explicar, testimoniar.

**TESTIGO** Declarante.

**TESTIMONIAR** Testificar. *Impugnar.*

**TESTIMONIO** Atestación, declaración, deposición. *Refutación.*

**TESTUZ** Frente. // Nuca.

**TETA** Mama, ubre, pezón.

**TÉTRICO** Fúnebre, lóbrego, pesimista. // Melancólico, triste. *Alegre, animado, optimista.*

**TEXTO** Cita, escrito, pasaje.

**TEXTUAL** Exacto, literal, idéntico. *Apócrifo, falso, inexacto.*

**TEXTURA** Contextura, disposición, estructura, disposición.

**TEZ** Cara, cutis, piel, rostro.

**TIBIEZA** Temple, templanza, suavidad.

**TIBIO** Templado. // Descuidado, flojo, negligente. *Acérrimo.*

**TIEMPO** Duración, época, estación, temporada. *Eternidad.* // Ocasión, oportunidad, sazón. // Espacio, lugar, proporción. // Cariz, temperatura.

**TIENDA** Carpa. // Comercio, despacho, negocio.

**TIENTO** Cautela, consideración, cuidado, prudencia, tino. *Descuido.*

**TIERNO** Afectuoso, amable, cariñoso. *Insensible.* // Blando, delicado. *Duro, fuerte.* // Dócil, flexible. // Moderno, reciente. *Viejo.*

**TIERRA** Mundo, globo, orbe. // Campo, suelo, superficie, terreno, territorio. *Espacio, mar, océano.* // País, patria, región, terruño.

**TIESO** Tenso, tirante. *Flojo.* // Duro, firme, rígido. *Maleable.* // Yerto. *Vivo.* // Obstinado, tenaz, tozudo. *Dúctil.* // Esforzado, animoso, valiente. // Circunspecto, estirado, grave, mesurado, orgulloso. // Robusto, fuerte.

**TIESTO** Maceta, macetón.

**TIESURA** Empaque, envaramiento. *Naturalidad, sencillez.* // Dureza, rigidez, tensión, tirantez. *Blandura, flojedad.*

**TIFÓN** Huracán, tromba. *Céfiro, brisa.*

**TIGRADO** Rayado, cebrado, manchado.

**TIJERETEAR** Cortar, trasquilar, esquilar, pelar.

**TILDAR** Borrar, tachar. // Censurar, denigrar. *Encomiar.*

**TILDE** Censura, nota, tacha. *Alabanza, elogio.* // Virgulilla.

**TILÍN** Campanilleo.

**TIMAR** Estafar, hurtar. // Engañar.

**TIMBA** Garito.

**TIMBAL** Atabal, tambor.

**TIMBRAR** Sellar. // Estampillar.

**TIMBRE** Estampilla, sello. // Llamador. // Blasón, proeza.

**TIMIDEZ** Apocamiento, cortedad, pusilanimidad, vergüenza. *Audacia, desvergüenza, resolución.*

**TÍMIDO** Apocado, corto, encogido, pusilánime, vergonzoso. *Atrevido, audaz, osado.*

**TIMO** Engaño, estafa, fraude.

**TIMÓN** Gobernalle. // Dirección, gobierno, mando.

**TIMORATO** Tímido.

**TINGLADO** Cobertizo. // Tablado. // Enredo, maquinación.

**TINIEBLAS** Oscuridad, tenebrosidad, lobreguez. *Claridad, luz.*

**TINO** Acierto, cordura, destreza, juicio. *Desacierto, desatino, inhabilidad.*

**TINTA** Matiz, tono, coloración.

**TINTAR** Entintar, colorear, teñir.

**TINTE** Color, tintura.

**TINTERILLO** Empleado, oficinista, dependiente, chupatintas.

**TINTO** Rojo, aloque. // Teñido, entintado, retinto. // Vino.

**TINTURA** Afeite, cosmético, tinte.

**TIÑA** Avaricia, escasez, mezquindad. *Generosidad.* // Roña. *Limpieza.*

**TIÑOSO** Agarrado, mezquino, miserable, roñoso, ruin.

**TIOVIVO** Caballitos, calesita.

**TIPIADORA** Dactilógrafa, mecanógrafa.

**TÍPICO** Característico, simbólico, claro. *General.*

**TIPO** Ejemplar, modelo. // Apariencia, físico. // Individuo, sujeto.

**TIRA** Banda, cinta, faja, lista, lonja.

**TIRABUZÓN** Descorchador, sacacorchos. // Rizo, bucle.

**TIRADA** Distancia. // Edición. // Serie.

**TIRADO** Caído. *Erguido.* // Barato. *Caro.* // Pobre. *Acaudalado, rico.*

**TIRADOR** Asa, asidero, puño, empuñadura, agarrador.

**TIRANÍA** Absolutismo, autocracia, arbitrariedad, despotismo, opresión. *Democracia, justicia, liberalismo.*

**TIRÁNICO** Abusivo, arbitrario, despótico, opresivo, dictatorial.

**TIRANIZAR** Avasallar, esclavizar, oprimir, sojuzgar, subyugar. *Libertar.*

**TIRANO** Autócrata, déspota, dictador, opresor. *Democrático, justo.*

**TIRANTE** Estirado, tenso, tieso. *Flojo, laxo, relajado.*

**TIRANTEZ** Tiesura, tensión. *Relajación, distensión.* // Hostilidad, animadversión. *Amistad.*

**TIRAR** Arrojar, despedir, echar, lanzar. *Coger, recoger.* // Disparar. *Cargar.* // Arruinar, derribar, destruir. *Construir, reconstruir.* // Derrochar, disipar, malgastar. *Ahorrar.* // Derramar, volcar. // Estirar, extender. *Aflojar.* // Imprimir. // Dirigirse, encaminarse. *Permanecer, volver.* // Conservarse, durar, mantenerse. *Desmejorar.* // Inclinarse, propender, tender. // Asemejarse, parecerse. *Distinguirse.* // Abalanzarse, embestir. *Retroceder.* // Tenderse, tumbarse. *Levantarse.* // Arrastrar, conducir, llevar. *Empujar, impulsar, propulsar.*

**TIRITAR** Temblar. *Calentarse.*

**TIRO** Alcance, detonación, disparo, estampido. // Anchura, holgura, longitud. // Tramo. // Indirecta, insinuación.

**TIRRIA** Manía, odio, ojeriza, tema. *Afecto, predilección, simpatía.*

**TISIS** Tuberculosis.

**TITÁN** Cíclope, coloso, gigante. *Pigmeo.* // Superhombre.

**TITÁNICO** Desmesurado, enorme, excesivo. *Débil, escaso, mínimo.*

**TÍTERE** Fantoche, marioneta, muñeco, polichinela.

**TITILAR** Centellear, refulgir.

**TITIRITERO** Titerero, volatinero.

**TITUBEAR** Dudar, fluctuar, oscilar, vacilar. *Creer, decidir, definirse.*

**TITUBEO** Duda, indecisión, oscilación, vacilación. *Resolución.*

**TITULAR** Efectivo. *Suplente.* // Intitular, nombrar, rotular.

**TÍTULO** Denominación, inscripción, letrero, nombre, rótulo. // Causa, fundamento, motivo, razón. // Nombramiento. // Diploma.

**TIZA** Clarión, yeso.

**TIZNADO** Ahumado, fumoso, negro, fuliginoso.

**TIZNAR** Ensuciar, manchar. *Limpiar.*

**TIZNE** Hollín, suciedad.

**TIZÓN** Leño, tronco, tizne. // Baldón, deshonra, mancha, oprobio.

**TIZONA** Espada.

**TOCA** Sombrero, casquete, gorra, velo.

**TOCADO** Peinado, adorno.

**TOCAR** Acariciar, palpar, toquetear. // Tañer, teclear. // Chocar, rozar, tropezar.//Arribar,llegar,alcanzar.//Atañer, concernir, corresponder, pertenecer. // Importar. // Limitar, lindar.

**TOCAYO** Homónimo.

**TOCÓN** Muñón.

**TODAVÍA** Aún.

**TODO** Completamente, enteramente. // Conjunto, total, entero. *Nada, parte, división.*

**TODOPODEROSO** Dios, omnipotente.

**TOGA** Ropa, ropón, investidura.

**TOLDO** Palio, tendal, entoldado, colgadura, carpa.

**TOLERABLE** Aguantable, llevadero, pasadero, sufrible. *Inaguantable, insufrible, intolerable.*

**TOLERANCIA** Condescendencia, indulgencia. *Fanatismo, intransigencia, porfía, tozudez.* // Diferencia, margen.

**TOLERANTE** Consentidor, paciente, conforme, resignado, sufrido. // Liberal, considerado, flexible, humano. *Intolerante, inflexible.*

**TOLERAR** Aguantar, permitir, resistir, soportar, sufrir. *Prohibir, rebelarse.*

**TOLETOLE** Alboroto, bochinche, gresca, mezcolanza.

**TOLVANERA** Polvareda, remolino.

**TOMA** Conquista, ocupación. *Entrega.* // Asunción. *Renuncia.* // Dosis. // Abertura, orificio.

**TOMAR** Agarrar, asir, coger. *Dejar, soltar.* // Abrazar, asumir, ocupar, reasumir. *Dimitir, renunciar.* // Captar, entender. // Apresar, arrebatar, conquistar. *Liberar.* // Adoptar, adquirir, contraer, contratar, emplear. *Despedir, echar, vender.* // Quitar, robar, usurpar. *Devolver.* // Beber, comer.

**TÓMBOLA** Quermés, rifa.

**TOMO** Libro, volumen. // Estima, importancia, valor.

**TONADA** Aire, canción.

**TONALIDAD** Matiz, gama.

**TONEL** Barrica, barril, cuba.

**TONELAJE** Arqueo.

**TÓNICO** Reconfortante, estimulante, reconstituyente, reforzante, cordial.

**TONIFICAR** Entonar, estimular, reconstituir, vigorizar. *Debilitar, decaer.*

**TONO** Inflexión, matiz, tonada, tonillo. // Carácter, fuerza, energía, vigor. // Modo, tonalidad.

**TONTERÍA** Nadería. // Bobada, necedad, simpleza, tontera, zoncera. *Agudeza, astucia, sagacidad.*

**TONTO** Bobalicón, estulto, majadero, mentecato, necio, zonzo. *Avispado, despierto, talentoso.*

**TOPAR** Chocar, tropezar. // Hallar, encontrarse. *Desencontrarse.*

**TOPE** Parachoque. // Choque, encuentro, estorbo, impedimento, tropiezo. // Reyerta, riña. // Ápice, punta, extremo. *Basa, pie.*

**TÓPICO** Apósito, sinapismo. // Asunto. // Adocenado, vulgar.

**TOPO** Cegato, torpe. *Astuto, inteligente, perspicaz.*

**TOPOGRAFÍA** Geodesia, geomorfia, planimetría.

**TOQUE** Tañido. // Pincelada, retoque. // Ensayo, experiencia, prueba. // Advertencia, indicación.

**TOQUETEAR** Manosear.

**TÓRAX** Busto, pecho.

**TORBELLINO** Remolino. // Atropellado, irreflexivo. *Cauteloso, prudente.*

**TORCEDURA** Desviación, distensión, distorsión, luxación.

**TORCER** Desviar, doblar, encorvar, inclinar. *Enderezar, estirar.* // Tergiversar. *Aclarar.* // Frustrarse.

**TORCIDA** Mecha, pabilo.

**TORCIDO** Inclinado, combado, oblicuo, sesgado, alabeado, sinuoso, retorcido. *Derecho.*

**TOREAR** Lidiar. // Burlarse, molestar.

**TORMENTA** Tempestad, borrasca, temporal. *Calma.* // Adversidad, desgracia. *Bienandanza.*

**TORMENTO** Martirio, suplicio, tortura. *Alivio.* // Aflicción, angustia, congoja, dolor. *Consuelo.*

**TORMENTOSO** Borrascoso, proceloso, tempestuoso. *Bonancible, calmo.*

**TORNADIZO** Inconstante, mudable, versátil, voluble, cambiante. *Constante, firme, tenaz.*

**TORNAR** Regresar, retornar, volver. *Irse, marcharse.* // Devolver, restituir. *Quitar.* // Transformar.

**TORNASOLADO** Cambiante, irisado.

**TORNEAR** Redondear, labrar, pulir. // Combatir.

**TORNEO** Justa, combate, desafío. // Certamen, controversia.

**TORPE** Desmañado, inhábil, rudo, tardo, tosco, chambón. *Ágil, astuto, hábil, ligero.* // Deshonesto, impúdico. *Casto, puro.* // Indecoroso, infame.

**TORPEZA** Desacierto, error, inhabilidad, ineptitud, inexperiencia. *Acierto, aptitud, habilidad, lucimiento.*

**TORRAR** Tostar.

**TORRE** Torreón, alminar, atalaya, roque, campanario.

**TORREFACCIÓN** Tostado, tostadura, tostación, calcinación.

**TORRENCIAL** Abundante, tempestuoso, violento, arrasador, copioso. *Escaso, lento, suave.*

**TORRENTE** Muchedumbre, multitud.

**TÓRRIDO** Abrasador, canicular, quemante. *Gélido, helado.*

**TORSIÓN** Torcedura, torcimiento. *Enderezamiento, estiramiento.*

**TORSO** Tórax, busto, tronco, talla.

**TORTA** Bizcocho, bizcochuelo, tarta. // Bofetada, cachete, sopapo, tortazo. *Caricia.*

**TORTUGA** Quelónido, carey, galápago.

**TORTUOSO** Laberíntico, sinuoso. *Recto.* // Artero, solapado, taimado. *Claro, franco, leal, sincero.*

**TORTURA** Tormento. // Sufrimiento.

**TORTURADOR** Martirizante, verdugo.

**TORTURAR** Atormentar, martirizar. *Acariciar.* // Acongojar, angustiar, apenar. *Aquietar, consolar.*

**TORVA** Nevasca, nevisca.

**TORVO** Airado, espantoso, fiero, terrible, amenazador.

**TOSCO** Basto, grosero, inculto, ordinario, zafio. *Delicado, educado, fino, primoroso.*

**TÓSIGO** Ponzoña, veneno. // Angustia, congoja. ***Tóxico.***

**TOSQUEDAD** Incultura, rudeza, rusticidad. *Cultura, educación, suavidad.*

**TOSTADO** Moreno, oscuro, atezado, curtido, asoleado.

**TOSTAR** Torrar, asar, dorar, quemar, cocer. *Enfriar.* // Asolear, atezar, curtir.

**TOTAL** Completo, íntegro. *Fraccionado, incompleto, parcial.* // General. // Todo, totalidad, suma. *Cuota, elemento, parte, pedazo, porción, trozo.*

**TOTALIDAD** Conjunto, todo. *Componente, integrante, nada.*

**TOTALMENTE** Completamente, íntegramente. *Parcialmente.*

**TÓXICO** Deletéreo, ponzoñoso, venenoso. *Inocuo.* // Veneno. ***Tósigo.***

**TOZUDO** Obstinado, testarudo. *Condescendiente, comprensivo, transigente.*

**TRABA** Ligadura, estorbo, impedimento, inconveniente, obstáculo. *Ayuda, facilidad, libertad.*

**TRABAJADO** Asendereado, cansado, molido, rendido. *Descansado.*

**TRABAJADOR** Asalariado, bracero, jornalero, obrero, operario. // Laborioso. *Haragán.*

**TRABAJAR** Laborar, labrar, hacer, actuar, elaborar. // Ocuparse, consagrarse, dedicarse, atarearse. *Descansar, vaguear, holgar.*

**TRABAJO** Faena, labor, ocupación, tarea. *Descanso, holgazanería, ocio.* // Dificultad, estorbo, impedimento. *Facilidad.* // Molestia, penalidad, tormento. *Alegría, diversión.*

**TRABAJOSO** Difícil, ímprobo, laborioso, penoso. *Fácil, sencillo.*

**TRABAR** Coordinar, enlazar, juntar, unir. *Separar.* // Agarrar, asir, prender. *Soltar.* // Encajarse. *Desencajar.*

**TRABAZÓN** Coordinación, conexión, enlace, juntura.

**TRABUCAR** Confundir, desordenar, enredar, trastornar, trastocar.

**TRACCIÓN** Arrastre, remolque.

**TRADICIÓN** Costumbre, uso. *Novedad, originalidad, rareza.*

**TRADICIONAL** Acostumbrado, legendario, proverbial.

**TRADUCCIÓN** Traslación, versión.

**TRADUCIR** Interpretar, trasladar, verter. // Descifrar, esclarecer. // Convertir, mudar, trocar.

**TRADUCTOR** Intérprete.

**TRAER** Transportar, trasladar. // Acercar, aproximar, atraer. *Alejar, llevar.* // Acarrear, causar, ocasionar. // Llevar, vestir. // Constreñir, obligar. // Persuadir. // Tratar.

**TRÁFAGO** Tráfico, trajín.

**TRAFICANTE** Comerciante, mercader, negociante, tratante.

**TRAFICAR** Comerciar, negociar.

**TRÁFICO** Circulación, tránsito. // Comercio, negocio.

**TRAGADERAS** Faringe, fauces. // Credulidad. *Escepticismo.*

**TRAGALDABAS** Comilón, tragón, voraz. *Sobrio.*

**TRAGALUZ** Claraboya, ventana.

**TRAGAR** Comer, deglutir, devorar, engullir, ingurgitar, pasar, manducar, zampar. *Devolver, vomitar.* // Absorber, consumir, gastar. // Abismar, hundir. // Aguantar, soportar, tolerar. *Rechazar.*

**TRAGEDIA** Desdicha, desgracia, infortunio. *Dicha, felicidad, ventura.* // Drama. *Comedia.*

**TRÁGICO** Desdichado, desgraciado, infausto, terrorífico. *Feliz.*

**TRAGICÓMICO** Jocoserio.

**TRAGO** Bebida, sorbo. // Adversidad, contratiempo, infortunio.

**TRAGÓN** Comilón, glotón, tragaldabas.

**TRAICIÓN** Deslealtad, felonía, infidelidad, perfidia. *Fidelidad, lealtad.*

**TRAICIONAR** Abandonar, apostatar, desertar. // Delatar, engañar, entregar, vender. *Ayudar, defender.*

**TRAÍDO** Gastado, llevado, manoseado, usado. *Nuevo.*

**TRAIDOR** Alevoso, desertor, desleal, felón, pérfido, perjuro, renegado, tránsfuga. *Cumplidor, fiel, leal.*

**TRAÍLLA** Jauría.

**TRAJE** Ambo, indumento, ropa, terno, vestido, vestimenta.

**TRAJÍN** Acarreo, ajetreo, tráfago, tránsito. *Pasividad, permanencia.*

**TRAJINAR** Acarrear, transportar, trasladar. *Detenerse, reposar.*

**TRALLA** Fusta, látigo. // Cuerda, soga.

**TRAMA** Confabulación, intriga, maquinación. // Argumento, asunto. // Contextura, ligazón.

**TRAMAR** Conspirar, confabularse, conjurar, maquinar, complotar. // Urdir, preparar, forjar, fraguar, planear.

**TRAMITACIÓN** Diligencia, gestión, trámite, procedimiento. *Estancamiento, impedimento, traba.*

**TRAMITAR** Cursar, diligenciar, despachar, gestionar, expedir. *Dificultar, entorpecer, paralizar.*

**TRÁMITE** Tramitación.

**TRAMO** Parte, trecho.

**TRAMOYA** Enredo, farsa, intriga.

**TRAMPA** Artimaña, artificio. // Ardid, engaño, estratagema, asechanza. // Estafa, timo.

**TRAMPAL** Pantano, ciénaga, lodazal, cenagal.

**TRAMPEAR** Entrampar, estafar, sablear.

**TRAMPOSO** Fullero, sablista.

**TRANCA** Borrachera. // Garrote, palo.

**TRANCADA** Paso, tranco, zancada.

**TRANCAZO** Garrotazo, bastonazo, palo, golpe.

**TRANCE** Momento. // Aprieto, brete, compromiso, lance.

**TRANCO** Paso, zancada.

**TRANQUILAMENTE** Quietamente, sosegadamente, suavemente, plácidamente, serenamente.

**TRANQUILIDAD** Calma, placidez, quietud, reposo, serenidad, silencio, sosiego. *Actividad, desasosiego, inquietud, intranquilidad, miedo, trabajo.*

**TRANQUILIZANTE** Sedante.

**TRANQUILIZAR** Apaciguar, calmar, sedar, serenar. *Inquietar, turbar.*

**TRANQUILO** Pacífico, quieto, sosegado. *Agitado.* // Flemático, imperturbable, impertérrito. *Perturbado.* // Sereno, silencioso. *Bullicioso.*

**TRANSACCIÓN** Arreglo, avenencia, convenio, pacto, trato. // Concesión, transigencia. *Controversia, desarreglo, intransigencia.*

**TRANSAR** Transigir, ajustar, convenir. *Tranzar.

**TRANSCRIBIR** Trascribir, copiar, trasladar. *Borrar.*

**TRANSCRIPCIÓN** Trascripción, copia, traslación.

**TRANSCURRIR** Trascurrir, pasar, sucederse. // Correr, deslizarse. *Detenerse.*

**TRANSCURSO** Trascurso, curso, decurso, paso, sucesión. // Lapso.

**TRANSEÚNTE** Caminante, paseante, peatón, viandante.

**TRANSFERENCIA** Trasferencia, cesión, transmisión, traslado, trasposición, traspaso. *Retención.*

**TRANSFERIBLE** Trasferible, enajenable, endosable, transmisible. *Inalienable, intransferible.*

**TRANSFERIR** Trasferir, pasar, transmitir, trasladar, traspasar. // Diferir, dilatar, retardar. // Ceder, renunciar.

**TRANSFIGURAR** Trasfigurar, metamorfosear, transformar.

**TRANSFORMACIÓN** Trasformación, cambio, metamorfosis, modificación, mudanza. *Igualdad, inmutabilidad.*

**TRANSFORMAR** Trasformar, cambiar, metamorfosear, mudar, transmutar. *Mantener, persistir.*

**TRÁNSFUGA** Trásfuga, desertor, fugitivo, prófugo.

**TRANSGREDIR** Trasgredir, infringir, quebrantar, violar, vulnerar. *Acatar, cumplir, obedecer, respetar.*

**TRANSGRESIÓN** Trasgresión, infracción, violación.

**TRANSICIÓN** Cambio, mutación, paso. *Inmutabilidad.*

**TRANSIDO** Acongojado, angustiado, aterido. // Consumido, fatigado.

**TRANSIGIR** Acceder, ceder, condescender, contemporizar, deferir, dignarse, prestarse. *Negarse, oponerse.*

**TRANSITABLE** Libre, practicable. // Concurrido, frecuentado.

**TRANSITAR** Caminar, circular, pasar, viajar. *Quedarse, sentarse.*

**TRÁNSITO** Paso, cruce, traslación, viaje, paseo, carrera, trayecto, circulación.

**TRANSITORIO** Caduco, fugaz, momentáneo, pasajero, perecedero, temporal. *Duradero, eterno, permanente.*

**TRANSLÚCIDO** Traslúcido, diáfano, transparente. *Opaco.*

**TRANSMISIÓN** Trasmisión, cesión, enajenamiento, paso, transferencia, traspaso. // Difusión. // Entrega, envío.

**TRANSMITIR** Trasmitir, ceder, enajenar, legar, pasar, transferir, traspasar. *Apropiarse, retener.* // Comunicar, enviar, informar. // Contagiar.

**TRANSMUTACIÓN** Trasmutación, cambio, mudanza, transformación, conversión, alteración.

**TRANSMUTAR** Trasmutar, cambiar, convertir, transformar, trocar.

**TRANSPARENCIA** Trasparencia, diafanidad, translucidez. *Opacidad.*

**TRANSPARENTARSE** Trasparentarse, traslucirse.

**TRANSPARENTE** Trasparente, claro, cristalino, diáfano, límpido, traslúcido. *Esmerilado, opaco.*

**TRANSPIRAR** Traspirar, rezumar, sudar.

**TRANSPONER** Trasponer, atravesar, cruzar. // Desparecer, ocultarse.

**TRANSPORTAR** Trasportar, acarrear, carretear, llevar, portear, traer, trajinar, trasladar. // Exportar, importar.

**TRANSPORTE** Trasporte, acarreo, conducción, llevada, traída, trajín, transportamiento, traslado.

**TRANSPOSICIÓN** Trasposición, inversión, cruzamiento.

**TRANSVASAR** Trasvasar, trasegar.

**TRANSVERSAL** Trasversal, atravesado, cruzado, diagonal. *Paralelo.*

**TRANZAR** Cortar, tronchar. *\*Transar.

**TRAPACERÍA** Engaño, fraude. *Sinceridad, verdad.*

**TRAPISONDA** Embrollo, enredo, intriga, riña, lío, bulla.

**TRAPISONDISTA** Embrollón, enredador, intrigante, liero.

**TRAPO** Género, paño, tela. // Velamen.

**TRAPOS** Ropa, vestidos. // Velamen.

**TRAQUETEAR** Sacudir, mover, agitar. // Resonar, retumbar. // Frecuentar, manejar, usar.

**TRAQUETEO** Agitación, movimiento, sacudimiento. *Quietud.*

**TRASCENDENCIA** Consecuencia, resultado. *Intrascendencia.* // Penetración, perspicacia. *Ingenuidad.*

**TRASCENDENTAL** Culminante, metafísico, superior.

**TRASCENDER** Difundirse, extenderse, manifestarse, propagarse. *Ignorar, limitar, ocultar.*

**TRASEGAR** Transvasar. // Beber, chupar. // Trastornar.

**TRASERO** Asentaderas, culo, nalgas. // Posterior. *Delantero.*

**TRASGO** Duende, fantasma.

**TRASLACIÓN** Traslado, locomoción, mudanza, cambio, tránsito, marcha, remoción. *Quietud, permanencia.*

**TRASLADAR** Llevar, mudar, transportar. *Dejar.* // Traducir. // Dirigirse, encaminarse, ir. *Quedarse.* // Acudir, venir, viajar.

**TRASLADO** Traslación. // Copia.

**TRASLUCIRSE** Transparentarse. // Deducirse, inferirse.

**TRASNOCHADO** Anacrónico, anticua-
· do. // Desmejorado, macilento.

**TRASPAPELARSE** Extraviarse, perder-

se, confundirse, enredarse.

**TRASPASAR** Ceder, transferir. *Conservar, retener.* // Avanzar, cruzar, franquear, transponer. *Permanecer.* // Atravesar, horadar, perforar. // Excederse, rebasar, transgredir.

**TRASPASO** Cesión, transferencia. *Conservación.* // Cruce, paso. // Ardid, astucia. // Aflicción, angustia, congoja, pena, tormento.

**TRASPIÉ** Tropezón, tropiezo, resbalón. // Zancadilla.

**TRASPUNTE** Apuntador.

**TRASQUILAR** Esquilar, pelar, rapar. // Menoscabar, disminuir.

**TRASTABILLAR** Trastrabillar.

**TRASTADA** Bribonada, tunantada, picardía. *Favor.*

**TRASTAZO** Porrazo, golpazo.

**TRASTE** Trasero.

**TRASTEAR** Menear, revolver.

**TRASTO** Mueble. // Herramienta, instrumento, utensilio.

**TRASTOCAR** Revolver, trastornar, desordenar, perturbar. *\*Trastrocar.*

**TRASTORNADO** Chiflado, ido, perturbado, tocado. *Cuerdo.*

**TRASTORNAR** Inquietar, perturbar. *Serenar.* // Confundir, desarreglar, desordenar, mezclar, revolver. *Arreglar, ordenar.*

**TRASTORNO** Desarreglo, desorden, confusión. // Inquietud, perturbación, desazón, desasosiego.

**TRASTRABILLAR** Tropezar. // Tambalearse, vacilar. // Tartamudear.

**TRASTROCAR** Cambiar, mudar, invertir, girar. *\*Trastocar.*

**TRASUNTAR** Copiar, transcribir. // Compendiar, epilogar.

**TRASUNTO** Copia, imitación. *Original.* // Resumen, síntesis, compendio.

**TRATABLE** Accesible, afable, amable, cortés. *Hosco, huraño, insociable.*

**TRATADO** Ajuste, convenio, pacto. // Escrito, discurso.

**TRATAMIENTO** Trato. // Procedimiento, sistema.

**TRATANTE** Traficante.

**TRATAR** Alternar, conocer. // Codearse, frecuentar, relacionarse, rozarse, visitarse. *Enemistarse, separarse.* // Conducirse, portarse. // Disponer, gestionar, manejar, proceder. // Intentar, pretender, procurar. *Olvidar.* // Comerciar, negociar. // Asistir, atender, cuidar. *Descuidar.* // Discurrir, disputar, versar.

**TRATO** Amistad, frecuentación, relación, roce. *Enemistad.* // Ajuste, arreglo, contrato, convenio, negocio. *Tracto.*

**TRAUMATISMO** Golpe, lesión.

**TRAVÉS** Inclinación, sesgo, torcimiento. // Desgracia, infortunio, revés.

**TRAVESAÑO** Barrote, barra, cancha.

**TRAVESEAR** Enredar, juguetear, retozar, revolotear.

**TRAVESÍA** Callejón, calle. // Viaje, trayecto, recorrido.

**TRAVESURA** Chiquillada, diablura, enredo. *Formalidad.* // Desenfado, viveza. *Tranquilidad.*

**TRAVIESO** Diablillo, enredador, inquieto, juguetón, revoltoso, vivaracho. // Atravesado, sesgado.

**TRAYECTO** Recorrido, trecho.

**TRAZA** Apariencia, facha, figura, indicio. // Diseño, medio, modo, plano, plan, planta. // Arbitrio, invención, recurso.

**TRAZADO** Diseño, gráfico, plano. // Dirección, recorrido, trayecto.

**TRAZAR** Delinear, describir, dibujar, discurrir, diseñar, disponer, esbozar.

**TRAZO** Delineación, línea, raya.

**TREBEJO** Trasto, utensilio.

**TREBEJOS** Útiles, bártulos, enseres, instrumentos.

**TRECHO** Distancia, espacio, recorrido, tramo, trayecto.

**TREGUA** Descanso, detención, intermisión, interrupción, pausa, suspensión. *Actividad, insistencia, ininterrupción, lucha, porfía.*

**TREMEBUNDO** Espantoso, horrendo, horrible, horripilante. // Tremendo.

**TREMEDAL** Cenagal, tembladal, trampal, tolla.

**TREMENDO** Enorme, fenomenal, gigantesco. *Exiguo, pequeño.* // Terrible, tremebundo.

**TREMOLAR** Enarbolar, ondear.

**TREMOLINA** Alboroto, bulla, confusión. *Calma, orden, paz.*

**TRÉMULO** Tembleque, tembloroso. *Sereno, tranquilo.*

**TREN** Convoy, ferrocarril. // Boato, ostentación, pompa. *Sencillez.*

**TRENCILLA** Galoncillo, ribete.

**TRENZAR** Entrelazar, entretejer, urdir. // Enzarzarse.

**TREPANAR** Agujerear, horadar, perforar, taladrar. *Cerrar, obturar.*

**TREPAR** Trepanar. // Ascender, encaramarse, escalar, gatear. *Arrastrar, bajar, descender.* // Arrellanarse, retreparse.

**TREPIDACIÓN** Conmoción, estremecimiento, temblor.

**TREPIDAR** Estremecerse, retemblar, temblar. *Aquietar.* // Dudar.

**TRETA** Artificio, artimaña. // Engaño, estratagema.

**TRIAR** Seleccionar, escoger, elegir, separar, entresacar.

**TRIBU** Clan.

**TRIBULACIÓN** Adversidad, desgracia. *Felicidad.* // Aflicción, amargura, congoja, pena, tormento. *Alegría, júbilo, regocijo.*

**TRIBUNA** Estrado, plataforma.

**TRIBUNAL** Justicia, fuero, juzgado, audiencia, corte, parlamento.

**TRIBUTAR** Ofrecer, rendir.

**TRIBUTARIO** Afluente. // Dependiente, feudatario, vasallo.

**TRIBUTO** Carga, contribución, gravamen, impuesto. // Homenaje, pleitesía.

**TRIDENTE** Arpón.

**TRIFULCA** Alboroto, confusión, disputa, pendencia, reyerta, riña. *Calma, tranquilidad.*

**TRILLADO** Común, conocido, sabido, vulgar. *Ignorado, raro.*

**TRINAR** Gorjear. // Enfadarse, irritarse, rabiar.

**TRINCAR** Amarrar, atar, ligar, oprimir,

sujetar. *Desatar.* // Beber, empinar, escanciar.

**TRINCHAR** Cortar, dividir, partir, seccionar. // Decidir, disponer, resolver.

**TRINCHERA** Zanja, foso, parapeto.

**TRINO** Gorgoriteo, gorjeo. // Ternario.

**TRÍO** Terceto.

**TRIPA** Abdomen, barriga, panza, vientre, andorga.

**TRIPAS** Entrañas, intestinos. // Interior, intimidad.

**TRIPE** Felpa.

**TRÍPODE** Trébede, soporte. // Banquillo, armazón.

**TRIPÓN** Barrigón, tripudo.

**TRIPUDO** Barrigudo, panzón, tripón. *Enjuto, flaco.*

**TRIPULACIÓN** Dotación, marinería.

**TRIQUIÑUELA** Artería, ardid, efugio, evasiva, rodeo, subterfugio.

**TRIS** Instante, momento, segundo, soplo, periquete, santiamén.

**TRISCAR** Enredar, juguetear, retozar, travesar. // Patalear, patear.

**TRISTE** Afligido, apenado, desconsolado, doliente, dolorido, melancólico, penoso, tristón. *Alborozado, contento, satisfecho.* // Deplorable, funesto, lamentable, luctuoso, patético, penoso. // Insignificante, insuficiente. *Significativo, valioso.*

**TRISTEZA** Aflicción, congoja, desconsuelo, entristecimiento, pesadumbre, sinsabor. *Alegría, felicidad.*

**TRISTURA** Tristeza, aflicción.

**TRITURACIÓN** Molienda, molturación.

**TRITURAR** Aplastar, desmenuzar, machacar, moler, pulverizar. // Censurar, criticar. // Maltratar, molestar, vejar.

**TRIUNFADOR** Vencedor, victorioso, triunfante, triunfal, exitoso. *Derrotado.*

**TRIUNFAL** Victorioso, glorioso, radiante, apoteótico.

**TRIUNFAR** Batir, ganar, superar, vencer. *Fracasar, perder.*

**TRIUNFO** Éxito, ganancia, victoria. *Derrota, desastre, frustración, revés.*

**TRIVIAL** Común, insignificante, insustancial, ordinario, vulgar, baladí. *Excepcional, importante, valioso.*

**TRIVIALIDAD** Fruslería. *Importancia.* // Vulgaridad. *Finura, originalidad.*

**TRIZA** Fragmento, partícula, trozo, migaja, pizca.

**TRIZAR** Trozar, trocear, destrozar, despedazar, desmenuzar, deshacer, romper.

**TROCAR** Alterar, cambiar, canjear, mudar, permutar. // Desfigurar, equivocar, tergiversar.

**TROCHA** Senda, sendero, vereda.

**TROFEO** Triunfo, victoria. // Botín, despojo. // Premio.

**TROGLODITA** Cavernícola. // Bárbaro, cruel.

**TROJ** Granero, silo, troje.

**TROLA** Mentira, embuste, patraña, engaño, embrollo. *Verdad.*

**TROLERO** Mentiroso, embustero, falaz, patrañero, embaucador. *Veraz.*

**TROMBA** Manga, tifón, ciclón, torbellino, huracán, remolino.

**TROMPADA** Puñetazo, soplamocos, trompazo, trompis.

**TROMPAZO** Batacazo, costalada, porrazo. // Trompada.

**TROMPETA** Clarín. // Informal, sinvergüenza, ruin.

**TROMPICAR** Tropezar.

**TROMPO** Peón, peonza, perinola.

**TRONADA** Tormenta, borrasca, tempestad, inclemencia.

**TRONADO** Arruinado, deteriorado, estropeado, maltrecho, fundido, pobre. *Opulento, rico.*

**TRONAR** Arruinarse, quebrar. // Atacar, impugnar.

**TRONCHAR** Partir, romper.

**TRONCO** Cuerpo, torso. // Madero, leño. // Vía, conducto, canal. // Linaje, ascendencia, raza. // Inútil, insensible, indolente, impasible.

**TRONERA** Abertura, tragaluz, ventana. // Juerguista, perdulario, vicioso.

**TRONIDO** Estruendo, trueno.

**TRONO** Monarquía. // Solio, sitial.

**TRONZAR** Tronchar. *Arreglar, reparar.*

// Cansar, fatigar. *Descansar, reposar.*
**TROPA** Milicia. // Manada, caterva, multitud, muchedumbre.
**TROPEL** Movimiento, prisa, tumulto, turba.
**TROPELÍA** Abuso, arbitrariedad, atropello, ilegalidad, vejación, violencia. *Justicia, legalidad.*
**TROPEZAR** Chocar, encontrarse, topar.
**TROPEZÓN** Choque, encontrón.
**TROPICAL** Ardiente, caliente, sofocante, tórrido. *Frío.*
**TROPIEZO** Choque, tropezón. // Dificultad, inconveniente. *Ayuda, facilidad.* // Desliz, falta, yerro. *Acierto, cumplimiento.* // Delito.
**TROPILLA** Caballada, manada.
**TROQUEL** Cuño, molde.
**TROQUELAR** Acuñar.
**TROTAR** Ajetrearse, andar, apresurarse, cabalgar, correr. *Detenerse, retrasarse.*
**TROTÓN** Caballo, corcel, flete, pingo.
**TROVA** Canción, poesía, verso.
**TROVADOR** Bardo, poeta, juglar.
**TROZAR** Despedazar, tronchar.
**TROZO** Pedazo, parte, fracción, fragmento, tajada, rebanada, cacho.
**TRUCO** Ardid, treta, artimaña, trampa. *Candidez, verdad.*
**TRUCULENTO** Atroz, cruel, tremendo. *Bueno, dulce, suave.*
**TRUENO** Estampido, estruendo, ruido, tronido. *Silencio.*
**TRUEQUE** Cambio, canje, permuta.
**TRUHÁN** Bufón, desvergonzado, pícaro.
**TRUHANERÍA** Bellaquería, canallada, charranada, trastada, villanía. *Bondad, seriedad.*
**TRUNCADO** Mutilado, tronchado, trunco. *Completo, entero.*
**TRUNCAR** Amputar, cortar, mutilar, suprimir. // Callar, omitir, prescindir, saltar, silenciar. // Interrumpir, quebrar, trabucar.
**TRUNCO** Cercenado, incompleto, mutilado. *Resuelto, terminado.*
**TUBERCULOSIS** Tisis.
**TUBERCULOSO** Tísico.

**TUBERÍA** Cañería.
**TUBO** Cánula, caño, cañón, cañuto, conducto. *Tuvo (tener).
**TUERTO** Torcido, izquierdo. // Perjuicio, daño. // Agravio, insulto, ofensa, injuria.
**TUÉTANO** Caracú, médula.
**TUFO** Hedor, olor, emanación, efluvio. *Aroma.* // Humos, petulancia, soberbia, vanidad. *Humildad, modestia.*
**TUGURIO** Cuchitril, cueva, choza, desván, camaranchón. *Casa, mansión, palacio.* // Garito.
**TULIPA** Pantalla.
**TULLIDEZ** Atrofia, anquilosis, parálisis, mutilación.
**TULLIDO** Baldado, inválido, lisiado, paralítico, anquilosado.
**TUMBA** Nicho, sepulcro, sepultura. // Tumbo, voltereta, acrobacia.
**TUMBADO** Tirado, echado, derrumbado, abatido, derrocado. *Levantado.*
**TUMBAR** Abatir, derribar, revolcar, tirar. *Construir, edificar.* // Caerse, rodar, voltear. *Alzarse.* // Acostarse, echarse, tenderse. *Levantarse.*
**TUMBO** Barquinazo, caída, vaivén, vuelco. // Ondulación.
**TUMBÓN** Gandul, haragán, holgazán, perezoso, poltrón, vago. *Activo, laborioso, trabajador.*
**TUMEFACCIÓN** Hinchazón.
**TUMEFACTO** Edematoso, hinchado. *Deshinchado.*
**TUMOR** Absceso, bulto, dureza, hinchazón, lipoma, quiste.
**TÚMULO** Mausoleo, sepultura.
**TUMULTO** Alboroto, asonada, confusión, motín, turba. *Calma, orden.*
**TUMULTUOSO** Agitado, alborotado, revuelto, ruidoso. *Aquietado, calmo, tranquilo, silencioso.*
**TUNANTE** Bribón, pícaro, pillo, truhán. *Decente, honrado, serio.*
**TUNDA** Paliza, vapuleo, zurra. *Caricia.*
**TUNDEAR** Pegar, zurrar, vapulear.
**TUNDIR** Desmotar. // Castigar, golpear, zurrar.

TÚNEL Galería, mina.
TUPÉ Copete, flequillo. // Atrevimiento, descaro, desfachatez, desvergüenza, frescura. *Educación, timidez, vergüenza.*
TUPIDO Apretado, cerrado, espeso. *Ralo.* // Obtuso, torpe. *Lúcido.*
TUPIR Apretar, atestar, atiborrar, compactar. *Acomodar, aflojar.* // Ocluir. *Destapar.* // Hartarse. *Ayunar.*
TURBA Carbón. // Horda, muchedumbre, plebe, populacho, tropel, turbamulta. *Individuo, persona.*
TURBACIÓN Aturdimiento, confusión, desconcierto, timidez. *Apatía, indiferencia, serenidad.*
TURBADO Aturdido, avergonzado. *Imperturbable, ecuánime, sereno.*
TURBAMULTA Multitud, plebe, populacho, turba.
TURBAR Alterar, azorar, conmover, desconcertar, enturbiar, perturbar, sorprender. // Demudarse, inmutarse. *Serenarse, sosegarse.*
TÚRBIDO Turbio.
TURBIEDAD Turbieza, enturbiamiento, opacidad, oscuridad. *Limpieza, claridad, transparencia.*
TURBIO Borroso, confuso, dudoso, oscuro, revuelto, turbulento. *Claro, nítido.*

// Difícil, embrollado, incomprensible. *Claro, comprensible.*
TURBIÓN Aguacero, chaparrón, chubasco, tormenta.
TURBULENCIA Alboroto, alteración, confusión, perturbación. *Calma, tranquilidad, claridad.*
TURBULENTO Agitado, confuso, turbio. *Calmo, claro.* // Alborotador, revoltoso, tumultuoso. *Pasivo, plácido, sumiso.*
TURGENTE Abultado, elevado, erecto, hinchado, túrgido. *Deshinchado, fláccido, blando.*
TURISTA Excursionista, paseante.
TURNAR Alternar.
TURNO Alternativa, orden.
TURULATO Alelado, atónito, estupefacto, pasmado.
TUSAR Pelar, trasquilar.
TUTELA Amparo, patrocinio, dirección, protección, tutoría, guarda, guía, apoyo. *Abandono.*
TUTELAR Defensor, protector, tutor. *Enemigo.*
TUTOR Administrador, curador, defensor, protector, valedor. // Rodrigón, sostén.
TUTORÍA Tutela.

# U

**UBÉRRIMO** Fecundo, productivo, feraz, fértil, abundante, pletórico. *Estéril, infecundo.*

**UBICACIÓN** Situación, sitio, lugar, posición, emplazamiento.

**UBICAR** Colocar, estar, hallarse, situar. *Cambiar, descolocar, sacar.*

**UBICUIDAD** Omnipresencia.

**UBRE** Mama, pecho, teta.

**UFANARSE** Engreírse, gloriarse, jactarse, pavonearse, envanecerse. *Avergonzarse, humillarse.*

**UFANO** Arrogante, engreído, orgulloso, envanecido, jactancioso, presuntuoso. *Humilde, modesto.* // Alegre, contento, satisfecho. *Insatisfecho, triste.*

**UJIER** Portero, bedel, guardián.

**ÚLCERA** Llaga.

**ULCERADO** Ulceroso, fistuloso, llagado, herido.

**ULIGINOSO** Cenagoso, pantanoso, fangoso, húmedo.

**ULTERIOR** Posterior, siguiente. *Anterior, previo.* // Allende. *Aquende.*

**ÚLTIMAMENTE** Finalmente, al cabo, en conclusión.

**ULTIMAR** Acabar, concluir, finalizar, finiquitar. *Comenzar, empezar, iniciar.* // Matar, rematar. *Resucitar.*

**ULTIMÁTUM** Exigencia, amenaza, intimidación. *Excusa, pretexto.*

**ÚLTIMO** Final, postrer, postrero, postrimero, remoto, lejano, extremo. *Inaugural, inicial, primero, primitivo.*

**ULTRA** Además de, más allá de, al otro lado de.

**ULTRAJADO** Injuriado, ofendido, insultado, afrentado, agraviado, deshonrado, difamado. *Honrado.*

**ULTRAJAR** Afrentar, ajar, despreciar, injuriar, vejar, agraviar. *Admirar, honrar, respetar.*

**ULTRAJE** Afrenta, baldón, desprecio, injuria, insulto.

**ULTRANZA (A)** A todo trance, resueltamente.

**ULULAR** Aullar, clamar, gritar.

**ULULATO** Aullido, alarido, grito, lamento.

**UMBRAL** Limen, paso. // Entrada. *Dintel.* // Comienzo, origen, principio. *Fin, término.*

**UMBRÍA** Sombra, follaje, boscaje. *Claridad, luminosidad.*

**UMBROSO** Sombreado, sombrío, umbrío, boscoso, frondoso. *Soleado.*

**UNÁNIME** General, total. *Parcial.*

**UNANIMIDAD** Conformidad, totalidad. *Disconformidad, discrepancia.*

**UNCIÓN** Extremaunción, ungimiento. // Devoción, fervor. *Frialdad, indiferencia, irreverencia.*

**UNCIR** Enyugar, acoyundar, juñir.

**UNDULAR** Ondear, ondular, culebrear, serpentear, flamear, flotar.

**UNGIR** Untar, embadurnar. // Dignificar, sacramentar. // Investir, proclamar, conferir.

**UNGÜENTO** Pomada.

**ÚNICAMENTE** Precisamente, solamente, sólo, tan sólo, meramente, exclusivamente.

ÚNICO Solo, singular. *Compuesto, divisible, varios.* // Excelente, extraordinario, sin par. *Común, vulgar.*

UNICOLOR Monocromo. *Multicolor, policromo.*

UNIDAD Singularidad, unicidad. *Colectividad, multiplicidad, pluralidad.* // Conformidad, unanimidad, unión. *Desunión.*

UNIFICAR Aunar, adunar, centralizar, juntar, unir. *Descentralizar, desunir, desparramar.*

UNIFORMAR Igualar. *Desigualar, diversificar.*

UNIFORME Conforme, igual, parejo, semejante. *Diferente, distinto, diverso, multiforme, variado.*

UNIFORMIDAD Igualdad, monotonía, semejanza, similitud, coincidencia. *Diversidad, desigualdad, inexactitud.*

UNIÓN Adherencia, cohesión, fusión, mezcla. *Disgregación, separación.* // Ayuntamiento, cópula. // Concordia, conformidad, correspondencia. *Desunión, discordia, divergencia.* // Casamiento, enlace, matrimonio. *Divorcio.* // Alianza, coalición, compañía, federación, liga. *Disidencia, escisión, independencia.* // Agregación, incorporación. *Disociación.* // Aproximación, inmediación. *Alejamiento.*

UNIR Acoplar, anexar, articular, asociar, atar, aunar, casar, incorporar, juntar, mezclar, reunir. *Separar.* // Empalmar, ensamblar, fundir, fusionar, ligar, pegar, soldar. *Desconectar.* // Aliarse, confederarse, federarse. *Desvincularse.*

UNÍSONO Acorde, conteste, unánime.

UNITARIO Uno, indiviso, junto, inseparable. *Separable.*

UNIVERSAL Total, general, absoluto, íntegro, corriente, frecuente, vulgar. *Parcial, limitado.* // Mundial, internacional, cosmopolita, católico, enciclopédico. *Nacional.*

UNIVERSIDAD Facultad, estudio, enseñanza.

UNIVERSO Cosmos, mundo, orbe.

UNO Idéntico, simple, solo, unitario. *Compuesto, par, plural.*

UNOS Algunos, varios. *Muchos.*

UNTAR Manchar, pringar, ungir. // Cohechar, corromper, sobornar.

UNTO Grasitud, gordura, grosura. // Dádiva, gratificación, propina. // Coima.

UNTUOSO Aceitoso, oleoso, grasiento, graso, pegajoso, pingüe.

UNTURA Unto, engrase, unción.

UÑA Casco, pezuña.

UÑADA Arañazo, rasguño.

URBANIDAD Educación, cortesía, civilidad, finura, comedimiento, afabilidad, sociabilidad. *Descortesía, desatención, incorrección.*

URBANO Atento, comedido, cortés, cortesano. *Descortés.* // Ciudadano. *Rural.*

URBE Ciudad. *Campo.* // Capital, metrópoli. *Aldea, pueblo, villa.*

URDIMBRE Tejido, estambre, puntilla, encaje.

URDIR Fraguar, maquinar, tramar, tejer, armar.

URENTE Abrasador, urticante, ardiente, escocedor. *Fresco, templado.*

URGENCIA Apremio, aprieto, necesidad, perentoriedad, precisión, premura, prisa. *Dilación, lentitud, retraso.*

URGENTE Apremiante, imperioso, necesario, perentorio. *Aplazable.*

URGIR Apremiar, apurar, instar, precisar. *Retrasar.*

URINARIO Mingitorio, común, excusado, letrina, meadero, retrete.

URNA Arca, arquita, vaso.

URTICANTE Picante, irritante, urente, escocedor, quemante, punzante. *Emoliente, refrescante, fresco.*

URTICARIA Sarpullido, irritación, erupción, picazón, comezón.

USADO Deslucido, gastado, viejo. *Nuevo.* // Ejercitado, habituado. *Desusado, inexperto.*

USANZA Uso, costumbre, práctica, moda, hábito, conducta, rutina, tradición, procedimiento. *Desuso.*

USAR Disfrutar, emplear, llevar, practicar. *Desaprovechar.* // Acostumbrar, soler, estilar. **\*Húsar.**

**USO** Disfrute, empleo, gasto, goce, función, utilidad, provecho, usufructo, manejo, servicio. *Inutilidad.* // Costumbre, moda, práctica, usanza, hábito, estilo. *Desuso.* **\*Huso.**

**USTIÓN** Quema, ignición, combustión.

**USUAL** Cómodo, común, corriente, frecuente, habitual, general, vulgar. *Desusado, inusual.*

**USUFRUCTO** Disfrute, fruto, goce, provecho, uso, utilidad.

**USUFRUCTUAR** Disfrutar, gozar, fructificar. *Desperdiciar.*

**USUFRUCTUARIO** Beneficiario, usuario, fructuario.

**USURA** Explotación, ganancia, interés, utilidad, provecho. *Desinterés, generosidad, pérdida.*

**USURERO** Explotador, logrero, prestamista. *Altruista, dadivoso, espléndido.*

**USURPACIÓN** Apropiamiento, incautación, apoderamiento, toma, robo. *Restitución, devolución.* // Asunción, detentación, arrogación.

**USURPAR** Apropiarse, arrogarse, despojar, detentar, expoliar, quitar, robar. *Dar, devolver, restituir.*

**UTENSILIO** Artefacto, herramienta, instrumento, útil, aparejo, enseres.

**ÚTERO** Matriz.

**ÚTIL** Eficaz, provechoso, beneficioso, fructuoso, ventajoso, bueno, conveniente, favorable, lucrativo, productivo. *Desventajoso, infructuoso, superfluo.* // Servible, utilizable, aprovechable. *Inservible, inútil.*

**ÚTILES** Aparejos, avíos, pertrechos, trastos, enseres.

**UTILIDAD** Conveniencia, comodidad, uso, empleo, aplicación, servicio, validez. // Beneficio, ventaja, fruto, ganancia, producto, provecho, rendimiento. *Desventaja, inutilidad, pérdida.*

**UTILITARIO** Aprovechador, aprovechado, egoísta, interesado, materialista, positivista. *Altruista, desinteresado.*

**UTILIZABLE** Aprovechable, disponible, servible, útil, explotable, valioso. *Inútil, inservible.*

**UTILIZAR** Aprovechar, emplear, esgrimir, prevalerse, servirse, usar, valerse, aplicar, explotar, dedicar. *Abandonar, desaprovechar, desechar.*

**UTOPÍA** Ensueño, ilusión, quimera, ideal, anhelo. *Realidad.*

**UTÓPICO** Fantástico, ilusorio, quimérico, ficticio. *Real.*

**ÚVULA** Campanilla.

**VACACIÓN** Asueto, descanso, recreo, holganza, pausa. *Trabajo.*

**VACANTE** Disponible, libre. *Contratado.* // Vacío. *Completo, lleno.* **\*Bacante.**

**VACAR** Holgar, descansar, holgazanear, haraganear, feriar, vegetar. *Trabajar.* // Carecer, faltar.

**VACIADO** Moldeado. // Excavación.

**VACIAR** Agotar, desaguar, desocupar, extraer, sacar, verter, arrojar. *Llenar.* // Moldear.

**VACIEDAD** Necedad, sandez, vacuidad.

**VACILACIÓN** Duda, indecisión, irresolución, titubeo. *Certeza, decisión, seguridad.* // Balanceo, oscilación, vaivén. *Firmeza.*

**VACILANTE** Titubeante, fluctuante, remiso, indeciso, irresoluto, perplejo. *Firme, decidido.*

**VACILAR** Dudar, titubear. *Actuar, creer, decidir.* // Bambolearse, oscilar, tambalearse. *Afirmarse.* **\*Bacilar.**

**VACÍO** Desocupado, hueco, vacuo. *Lleno, repleto.* // Deshabitado, desierto, despoblado. *Habitado.* // Fatuo, presumido, presuntuoso, vano. *Modesto.* // Concavidad, oquedad, falta, carencia, ausencia.

**VACUIDAD** Necedad. // Vacío.

**VACUNAR** Inocular, inmunizar. *Contagiar.*

**VACUNO** Bovino.

**VACUO** Necio. *Inteligente, sagaz.* // Vacío. *Lleno.*

**VADEABLE** Pasable, superable, vencible, franqueable.

**VADEAR** Pasar, cruzar, franquear. // Superar, vencer.

**VADEMÉCUM** Memorándum, prontuario, agenda.

**VADO** Paso.

**VAGABUNDEAR** Callejear, corretear, errar, merodear, vagar, vaguear. *Encerrarse, permanecer.*

**VAGABUNDO** Callejero, holgazán, nómada, trotamundos, vago. *Casero, trabajador, sedentario.*

**VAGANCIA** Gandulería, haraganería, holgazanería, ociosidad, poltronería, vagabundeo.

**VAGAR** Errar, holgazanear, ociar, pasear, vagabundear. *Permanecer, trabajar.*

**VAGIDO** Gemido, llanto, plañido, lloriqueo, gimoteo, lloro. **\*Vahído.**

**VAGO** Gandul, haragán, vagabundo. *Laborioso, trabajador.* // Confuso, impreciso, indefinido. *Claro, preciso.* // Sutil, vaporoso.

**VAGÓN** Carruaje, coche, furgón.

**VAGUADA** Cañada, barranca, arroyada, cauce.

**VAGUEAR** Vagabundear.

**VAGUEDAD** Imprecisión, indefinición, indeterminación. *Claridad, decisión, precisión.*

**VAHARADA** Aliento, soplo, inhalación, espiración. // Suspiro, sollozo.

**VAHÍDO** Desmayo, desvanecimiento, vértigo, mareo. **\*Vagido.**

**VAHO** Efluvio, emanación, vapor, hálito, exhalación. **\*Bao.**

**VAINA** Cáscara, envoltura, funda, estuche, forro, protección. // Contrariedad.

**VAIVÉN** Balanceo, oscilación. // Inconstancia, inestabilidad, mudanza. *Constancia, estabilidad, firmeza.*

**VAJILLA** Loza. // Platos, fuentes, vasos, tazas.

**VALE** Bono, entrada. *****Bale** (balar).

**VALEDERO** Firme, obligatorio, válido, vigente. *Ineficaz.*

**VALEDOR** Defensor, padrino, protector, favorecedor, patrocinador.

**VALENTÍA** Aliento, arrojo, bravura, coraje, denuedo, entereza, esfuerzo, gallardía, hombría, impavidez, intrepidez, temeridad, temple, valor. *Cobardía.* // Hazaña, heroicidad.

**VALENTÓN** Bravucón, fanfarrón, guapo, jactancioso, matasiete, matón, perdonavidas. *Modesto.*

**VALER** Costar, elevarse, equivaler, importar, montar, subir, sumar. *Devaluar, disminuir.* // Fructificar, producir, redituar, rentar. // Amparar, auxiliar, patrocinar, prevalecer, proteger, servir. *Abandonar, desamparar.*

**VALEROSO** Valiente, animoso, bravo, denodado, esforzado, gallardo, temerario. *Irresoluto, medroso, temeroso.*

**VALETUDINARIO** Achacoso, delicado, enclenque, enfermizo. *Fuerte, joven, sano.*

**VALÍA** Aprecio, estimación, utilidad, valor. // Favor, privanza, valimiento.

**VALIDACIÓN** Aprobación, autorización, certificación, consolidación, homologación, revalidación, sanción. *Desaprobación, rectificación.* // Firmeza, fuerza, garantía, seguridad, subsistencia. *Debilidad, inseguridad.*

**VALIDAR** Autorizar, aprobar, aceptar, admitir, certificar, homologar, legalizar, revalidar. *Anular, invalidar, revocar.*

**VALIDEZ** Autenticidad, fuerza, vigencia, vigor. *Ineficacia, inutilidad.*

**VÁLIDO** Firme, subsistente, valedero, vigente. *Desautorizado, inservible, nulo.* // Fuerte, robusto, sano, vigoroso. *Enclenque.* *****Valido.**

**VALIDO** Apreciado, estimado. // Favorito, privado. *****Balido, válido.**

**VALIENTE** Valeroso. *Cobarde, miedoso, pusilánime.*

**VALIJA** Maleta.

**VALIMIENTO** Amparo, defensa, favor, influencia, privanza. *Desamparo.*

**VALIOSO** Excelente, meritorio. *Desdeñable.* // Acaudalado, adinerado, rico. *Pobre.*

**VALLA** Barrera, estacada, vallado, cerca, empalizada. *Abertura, facilidad.* *****Vaya** (ir), **baya.**

**VALLE** Cuenca, arroyada, hondonada, cañada.

**VALOR** Precio. // Valentía. *Cobardía.* // Alcance, peso, trascendencia, valía. *Insignificancia.* // Eficacia, fuerza, poder, virtud. *Intrascendencia.* // Fruto, producto, rédito. // Descaro, insolencia. *Vergüenza.*

**VALORAR** Ajustar, apreciar, estimar, evaluar, tasar, valuar. *Despreciar, desacreditar, desmerecer, subestimar.*

**VALORES** Acciones, títulos.

**VALORIZAR** Incrementar, aumentar, acrecentar. *Desvalorizar.*

**VALUAR** Evaluar, valorar.

**VÁLVULA** Lámpara. // Obturador.

**VAMPIRO** Murciélago. // Usurero.

**VANAGLORIA** Arrogancia, engreimiento, envanecimiento, fatuidad, jactancia, presunción, vanidad, altivez. *Humildad, modestia.*

**VANAGLORIARSE** Alabarse, engreírse, envanecerse, gloriarse, jactarse, pavonearse, preciarse, presumir. *Humillarse, rebajarse.*

**VANAGLORIOSO** Arrogante, altivo, altanero, envanecido, engreído. *Modesto, humilde.*

**VANAMENTE** Infundadamente. // Inútilmente. *Fructuosamente, provechosamente.*

**VANDALISMO** Asolación, bandolerismo, depredación, devastación, destrucción, pillaje.

**VÁNDALO** Bárbaro, desalmado, forajido. // Asolador, destructor, exterminador, devastador.

**VANIDAD** Arrogancia, endiosamiento, fatuidad, hinchazón, humor, ínfulas, ostentación, pedantería, presunción, pompa, vanagloria. *Humildad, modestia, timidez.*

**VANIDOSO** Envanecido, fatuo, presumido, vano.

**VANO** Huero, vacío. // Ineficaz, infructuoso, inútil. *Fructuoso, provechoso, útil.* // Ilusorio, inestable, imaginario, insubsistente. *Real, verdadero.* // Insustancial, presuntuoso, superficial. // Hueco, arcada, galería, ventana, arco, puerta. // Alféizar, barandal, barandilla.

**VAPOR** Fluido, vaho, gas. // Aliento, hálito. // Vértigo, desmayo, síncope. // Barco, buque, nave.

**VAPORIZAR** Difundir, evaporar, evaporizar.

**VAPOROSO** Aéreo, flotante, etéreo, ligero, sutil, tenue. // Aeriforme, gaseiforme, humoso, volátil. *Denso.*

**VAPULEAR** Azotar, golpear, zurrar. *Acariciar, halagar.*

**VAPULEO** Paliza, zurra, azote.

**VAQUERO** Pastor.

**VARA** Bastón, pértiga, palo.

**VARADA** Encallada, varamiento, naufragio, varadura.

**VARAPALO** Bastonazo, estacazo, trancazo. // Reprimenda, crítica. *Elogio.* // Inquietud, pesadumbre.

**VARAR** Embarrancar, encallar.

**VAREAR** Apalear, golpear. // Enflaquecer, adelgazar.

**VÁRGANO** Estaca, mástil, listón, tabla, mojón.

**VARIABILIDAD** Alterabilidad, inestabilidad, mudanza, variedad. *Certidumbre, estabilidad.*

**VARIABLE** Cambiante, inconstante, inseguro, inestable, mudable, tornadizo, vario, veleidoso, versátil, voluble. *Constante, estable, fijo, permanente.*

**VARIACIÓN** Alteración, cambio, variedad, modificación, mutación, trasfor-

mación. *Monotonía, estabilidad.*

**VARIADO** Vario. // Transformado, cambiado, distinto.

**VARIAR** Alterar, cambiar, diferenciar, diversificar, modificar, mudar, transformar.

**VARIEDAD** Diferencia, diversidad. *Igualdad, semejanza.* // Inconstancia, inestabilidad, instabilidad, mutabilidad. *Estabilidad, fijeza, permanencia.*

**VARIO** Variado, múltiple, híbrido, dispar, disímil, distinto, desigual, diferente, diverso. *Igual.* // Indeterminado. // Tornadizo. *Firme.* *Bario.

**VARIOS** Algunos, diferente, distintos, diversos.

**VARÓN** Hombre, macho. *Hembra, mujer.* *Barón.

**VARONA** Hembra, mujer.

**VARONIL** Masculino, viril. *Femenino, afeminado.* // Animoso, esforzado, firme, valeroso. *Débil, medroso.*

**VASALLAJE** Dependencia, sujeción, sumisión. *Dominación, emancipación.*

**VASALLO** Feudatario, súbdito, tributario. *Señor.*

**VASAR** Anaquelería, estante, repisa, vasera. *Basar, bazar.

**VASIJA** Recipiente, alcuza, vaso, cacharro, tacho.

**VASO** Pote, copa, cubilete. // Bacín, orinal. *Baso (basar), **bazo.**

**VÁSTAGO** Brote, renuevo, talluelo. // Descendiente, hijo.

**VASTEDAD** Anchura, dilatación, grandeza, inmensidad. *Escasez, finitud, pequeñez.* *Bastedad.

**VASTO** Ancho, anchuroso, dilatado, grande, inmenso, amplio. *Angosto, pequeño.* *Basto.

**VATE** Aedo, bardo, poeta, rapsoda. *Bate (batir).

**VATICINAR** Adivinar, predecir, profetizar, pronosticar, presagiar.

**VATICINIO** Conjetura, profecía, augurio, adivinación, agorería.

**VAYA** Burla. *Baya, valla.

**VECINDAD** Vecindario. // Cercanía,

contigüidad, inmediación, proximidad. *Lejanía.* // Alrededores, contornos, inmediaciones.

**VECINDARIO** Población, vecindad, vecinos.

**VECINO** Convecino, habitante, morador. // Adyacente, contiguo, inmediato, lindante, próximo. *Lejano.* // Análogo, coincidente, parecido.

**VEDAR** Acotar, estorbar, impedir, prohibir, privar. *Autorizar, facilitar, otorgar, permitir.*

**VEEDOR** Inspector.

**VEGA** Huerta.

**VEGETAL** Planta. *Animal, mineral.*

**VEGETAR** Germinar, crecer, brotar, desarrollarse, verdear.

**VEHEMENCIA** Ardor, calor, fogosidad, ímpetu, impetuosidad, intensidad, pasión, violencia. *Flema, impasibilidad, indiferencia.*

**VEHEMENTE** Apasionado, ardoroso, efusivo, fogoso, impulsivo, vivo. *Apático, frío, indiferente.*

**VEHÍCULO** Coche, automóvil, carruaje, ferrocarril.

**VEJAMEN** Afrenta, burla, represión. *Alabanza.*

**VEJAR** Insultar, maltratar, molestar, mortificar, ofender, perseguir. *Alabar, encomiar, entretener, honrar.*

**VEJATORIO** Insultante, humillante, ofensivo, mortificante.

**VEJEZ** Ancianidad, senectud, senilidad, vetustez. *Juventud.*

**VEJIGA** Ampolla, bolsa.

**VELA** Bujía, candela, cirio. // Vigilancia, vigilia. *Modorra, sueño.* // Velamen, lona, toldo.

**VELADA** Fiesta, festejo, tertulia, velorio, velatorio.

**VELADO** Oculto, oscuro, opaco, secreto, misterioso, disimulado, escondido, cubierto, enmascarado. *Claro, inteligible, descubierto.* // Esposo, cónyuge, consorte.

**VELADOR** Candelero, candelabro, lámpara, palmatoria. // Mesita, trípode. //

Guardián, celador, vigilante.

**VELAR** Atenuar, cubrir, ocultar. *Descubrir.* // Trasnochar. *Madrugar.* // Cuidar, guardar, proteger, vigilar. *Descuidar, dormir.*

**VELEIDAD** Versatilidad, ligereza, inconstancia, mutabilidad, volubilidad, diversidad. *Firmeza, constancia, inmutabilidad.*

**VELEIDOSO** Antojadizo, mudable, tornadizo, veleta, versátil, voluble. *Constante, firme, persistente, tesonero.*

**VELERO** Bajel, buque.

**VELLO** Pelusa. *\*Bello.*

**VELLOSIDAD** Pelusa, pilosidad, lanosidad.

**VELO** Cortina, manto. // Excusa, ficción, pretexto. // Oscuridad, confusión.

**VELOCIDAD** Celeridad, ligereza, presteza, prisa, prontitud, rapidez. *Lentitud, pasividad.*

**VELORIO** Velatorio.

**VELOZ** Acelerado, ágil, ligero, pronto, rápido, raudo.

**VELOZMENTE** Rápidamente, raudamente, aceleradamente, presurosamente, ágilmente. *Lentamente.*

**VENA** Filón, veta. // Inspiración.

**VENABLO** Azagaya, dardo, flecha.

**VENADO** Ciervo.

**VENAL** Sobornable, vendible. *Incorruptible, íntegro.*

**VENCEDOR** Ganador, triunfador, triunfante, victorioso. *Perdedor.*

**VENCER** Aplastar, arrollar, aventajar, batir, derrotar, dominar, prevalecer, reducir, rendir, someter, subyugar, superar, triunfar. *Perder, resistir.* // Allanar, zanjar.

**VENCIDO** Derrotado. *Vencedor.* // Convencido, persuadido, subyugado.

**VENCIMIENTO** Derrota. // Plazo, término, época.

**VENDAVAL** Huracán, ventarrón. *Brisa.*

**VENDER** Despachar, enajenar, expender. *Adquirir, comprar.* // Delatar, descubrir, traicionar.

**VENENO** Ponzoña, tósigo, tóxico, toxi-

na. *Antídoto, contraveneno.*
**VENENOSO** Ponzoñoso, tósigo, tóxico. *Inocuo.* // Intencionado, mordaz, sarcástico.
**VENERABLE** Santo, virtuoso, honorable, respetable, considerado, respetado. *Despreciable.* // Anciano, patriarcal.
**VENERACIÓN** Acatamiento, respeto, reverencia. *Desdén, menosprecio.*
**VENERAR** Acatar, honrar, respetar, reverenciar, adorar. *Deshonrar, despreciar, insultar.*
**VENERO** Fuente, manantial, pozo, mina. *Mar.* // Origen, principio, inicio. *Fin.*
**VENGANZA** Desquite, represalia, revancha, satisfacción, vindicta. *Clemencia, indulto, perdón.*
**VENGARSE** Desquitarse, satisfacerse, desagraviarse. *Perdonar.*
**VENGATIVO** Rencoroso, vindicativo. *Clemente, indulgente.*
**VENIA** Perdón, remisión. // Autorización, licencia, permiso. *Denegación.* // Saludo. *\*Venía* (venir).
**VENIAL** Intrascendente, leve. *Grave.*
**VENIDA** Aparición, arribada, llegada, regreso, vuelta. *Ida.*
**VENIDERO** Futuro. *Pasado, pretérito.*
**VENIR** Aparecer, arribar, llegar, regresar, retornar. *Ausentarse, irse, marchar, partir, retirarse.* // Acomodarse, ajustarse, avenirse, conformarse. // Acontecer, producirse, sobrevenir.
**VENTA** Despacho. *Compra.* // Hospedería, mesón, posada.
**VENTAJA** Ganancia, provecho, utilidad. *Pérdida.* // Superioridad, delantera. *Desventaja, inferioridad.*
**VENTAJOSO** Barato, conveniente, provechoso. *Caro, inconveniente, perjudicial.*
**VENTANA** Abertura, vano, ventanilla, ventanuco, luminaria, tragaluz.
**VENTEAR** Airear, ventilar. // Olfatear, husmear, indagar.
**VENTERO** Posadero, hostelero, figonero, mesonero.
**VENTILACIÓN** Aireamiento.

**VENTILAR** Airear, orear. // Aclarar, dilucidar. *Embrollar.*
**VENTISCA** Nevisca, nevasca, ventisquero.
**VENTISQUERO** Glaciar, helero. // Ventisca.
**VENTOLERA** Sobreviento, ramalazo, torbellino, vorágine. // Presunción, soberbia, jactancia. *Modestia.*
**VENTRUDO** Barrigudo, obeso, panzón. *Flacucho.*
**VENTURA** Dicha, felicidad, fortuna, suerte. *Desgracia, infortunio, revés.* // Casualidad, contingencia, acaso. // Peligro, riesgo.
**VENTUROSO** Afortunado, dichoso, feliz, suertudo. *Desastroso, infeliz, infortunado.*
**VER** Apariencia, aspecto. // Advertir, avistar, columbrar, descubrir, distinguir, divisar, hallar, notar, observar, percibir, reparar, vislumbrar. *Cegarse, inadvertir.* // Atender, cuidar. *Descuidar.* // Ensayar, experimentar, probar. // Conocer, considerar, examinar, juzgar, reconocer. *Desconocer, desoír, ignorar.*
**VERA** Borde, lado, orilla, cercanía, proximidad.
**VERACIDAD** Autenticidad, franqueza, lealtad, sinceridad. *Deslealtad, fingimiento, hipocresía, insinceridad.*
**VERANDA** Galería, terraza, mirador.
**VERANIEGO** Estival. *Hibernal, invernal.* // Ligero, liviano, transparente. *Grueso, pesado.*
**VERANO** Canícula, estío. *Invierno.*
**VERAS** Autenticidad, exactitud, realidad. *Falsedad.* // Eficacia, empeño, firmeza. *\*Verás* (ver), **veraz.**
**VERAZ** Fidedigno, franco, sincero, verdadero, verídico. *Embustero, falso, mendaz. \*Verás* (ver), **veras.**
**VERBA** Verbosidad, verborrea, labia, locuacidad.
**VERBAL** Oral. *Escrito.*
**VERBIGRACIA** Ejemplo, consideración.
**VERBO** Lengua, palabra, lenguaje. // Conjugación.

**VERBOSIDAD** Facundia, labia, locuacidad, verba. *Concisión, discreción, laconismo, sequedad.*

**VERDAD** Certeza, certidumbre, veras, evidencia, autenticidad, realidad. *Calumnia, mentira, embuste, error, falsedad, impostura, invención, patraña.*

**VERDADERO** Auténtico, cierto, efectivo, indubitable, indudable, exacto, evidente, legítimo, real, serio. *Engañoso, feliz, incierto, mítico.*

**VERDE** Verdemar, glauco, verdoso, cetrino, aceitunado. // Fresco, precoz, tierno. *Hecho, maduro.* // Libre, obsceno, picante, indecoroso. *Decoroso, honesto.*

**VERDÍN** Cardenillo.

**VERDOR** Fortaleza, juventud, lozanía, mocedad, vigor. *Debilidad, senectud.*

**VERDUGO** Ajusticiador, martirizador. // Sanguinario, cruel, criminal. // Brote, renuevo, vástago.

**VERDUGÓN** Cardenal, equimosis, roncha, hematoma.

**VERDURA** Hortaliza, legumbre. // Verdor, follaje. // Indecencia, obscenidad.

**VERECUNDO** Vergonzoso.

**VEREDA** Acera. // Senda, sendero.

**VEREDICTO** Fallo, sentencia, juicio. *Revocación.*

**VERGA** Palo, garrote, fusta, tranca, vara.

**VERGEL** Huerto, jardín.

**VERGONZANTE** Vergonzoso.

**VERGONZOSO** Apocado, tímido. *Audaz, osado.* // Deshonroso, infamante, torpe. *Honorable, meritorio.*

**VERGÜENZA** Bochorno, cortedad, empacho, rubor, timidez, turbación. *Cinismo, descaro, tupé.* // Honrilla, pundonor. *Indignidad.*

**VERÍDICO** Verdadero. *Engañoso, falso.*

**VERIFICACIÓN** Comprobación, compulsa, constatación, control, examen, prueba, revisión. // Realización.

**VERIFICAR** Comprobar, compulsar, controlar, examinar, probar, revisar. *Confiar, suponer.* // Ejecutar, realizar. *Omitir, prescindir.*

**VERJA** Cerca, cercado, enrejado.

**VERME** Gusano, lombriz.

**VERNÁCULO** Doméstico, nativo, indígena, patrio. *Extranjero, foráneo.*

**VEROSÍMIL** Aceptable, creíble, posible, probable, verosímil. *Absurdo, improbable, increíble, inverosímil.*

**VEROSIMILITUD** Probabilidad, credibilidad, certidumbre, posibilidad. *Increíbilidad, inverosimilitud.*

**VERRACO** Cerdo, puerco, marrano, cochino, verrón.

**VERRAQUEAR** Llorar, gritar, rabiar, patalear.

**VERRUGA** Carnosidad, excrecencia. // Defecto, tacha.

**VERSADO** Competente, conocedor, ducho, ejercitado, enterado, instruido, práctico, experto. *Ignorante, incompetente, inexperto.*

**VERSAR** Tratar. // Avezarse.

**VERSÁTIL** Inconstante, mudable, variable, veleidoso, voltario. *Constante, firme, inmutable, permanente.*

**VERSE** Avistarse, encontrarse, visitarse.

**VERSIÓN** Explicación, interpretación, traducción.

**VERSO** Poesía.

**VERTEDERO** Derramadero, sumidero.

**VERTER** Derramar, vaciar, volcar. // Traducir, trasladar.

**VERTICAL** Perpendicular. *Horizontal.* // Derecho, erguido, parado, erecto. *Acostado, tendido.*

**VÉRTICE** Ápice, cumbre, cúspide, extremo, remate. *\*Vórtice.*

**VERTIENTE** Declive, ladera, pendiente, inclinación.

**VERTIGINOSO** Rápido, raudo. *Lento, tardo.*

**VÉRTIGO** Desmayo, desvanecimiento, mareo, vahído. *Lucidez.*

**VESANIA** Demencia, locura. *Cordura, juicio.*

**VESICANTE** Escocedor, irritante.

**VESÍCULA** Ampolla, bolsa, vejiga.

**VESTÍBULO** Atrio, portal, zaguán, porche, galería.

**VESTIDO** Atuendo, ropa, vestidura, vestimenta, atavío, indumentaria, traje.

**VESTIGIO** Huella, indicio, rastro, señal, pista, marca, resto, residuo, reliquia, signo. // Cardenal, cicatriz, verdugón. *****Vestiglo.**

**VESTIMENTA** Vestido.

**VESTIR** Adornar, ataviar, cubrir, disfrazar, engalanar, envolver, exornar. *Desnudar, desvestir.*

**VETA** Estrato, filón, vena. // Faja, franja, lista. *****Beta.**

**VETEADO** Estriado, jaspeado, rayado. *Liso.*

**VETERANO** Antiguo, viejo. *Incipiente, joven, novicio.* // Aguerrido, avezado, ducho, experto. *Inexperto.*

**VETO** Negativa, oposición, obstáculo, impedimento. *Anuencia, aprobación.*

**VETUSTO** Antiguo, decrépito, ruinoso, viejo. *Joven, reciente, nuevo.*

**VEZ** Coyuntura, ocasión, tiempo, turno, mano, vuelta, ciclo, período. *****Ves** (ver).

**VÍA** Acceso, arteria, calle, camino, carril, conducto, riel, ruta, senda, sendero, vereda.

**VIABLE** Factible, hacedero, posible, realizable. *Imposible.*

**VIAJAR** Andar, caminar, vagar, marchar, pasear.

**VIAJE** Excursión, travesía.

**VIAJERO** Caminante, excursionista, turista, pasajero.

**VIANDA** Comida, sustento.

**VIANDANTE** Andarín, caminante, peatón, transeúnte, trotamundos, viajero.

**VIÁTICO** Eucaristía. // Provisión, víveres, reservas, equipaje.

**VÍBORA** Áspid.

**VIBRACIÓN** Agitación, oscilación, temblor. *Inmovilidad, quietud.*

**VIBRANTE** Tembloroso, oscilante. *Quieto.* // Vibratorio, cimbreante. // Sonoro, retumbante, resonante. *Sordo.*

**VIBRAR** Cimbrear, cimbrar, ondular, oscilar. *Aquietar, inmovilizar.*

**VICEVERSA** Al contrario, por el contrario, recíprocamente, al revés.

**VICHAR** Vichear, espiar, acechar.

**VICIAR** Adulterar, dañar, enviciar, corromper, pervertir, torcer. *Corregir, enmendar, regenerar.*

**VICIO** Daño, defecto, imperfección. *Perfección.* // Engaño, falsedad. *Verdad.* // Libertinaje, licencia. *Honestidad, moralidad, virtud.* // Alabeo, desviación. // Condescendencia. // Mimo.

**VICIOSO** Pervertido, crápula, depravado, disoluto, perdulario. // Fuerte, lozano, vigoroso. // Malcriado, mañoso, mimado. // Perezoso.

**VICISITUD** Albur, alternativa, inconstancia, inestabilidad.

**VÍCTIMA** Sacrificado, mártir, inmolado. *Victimario.*

**VICTO** Pábulo, sustento, alimento.

**VICTOREAR** Vitorear.

**VICTORIA** Superioridad, triunfo, vencimiento. *Derrota, desastre, fracaso.*

**VICTORIOSO** Ganador, triunfante. *Fracasado, perdidoso.* // Decisivo.

**VID** Parra, cepa.

**VIDA** Existencia, subsistencia, vitalidad, vivir. *Inexistencia, muerte.* // Actividad, energía, movimiento. // Conducta. // Persona. // Biografía.

**VIDENTE** Profeta, adivino, iluminado, médium. *****Bidente.**

**VIDRIERA** Escaparate.

**VIDRIOSO** Frágil, quebradizo, resbaladizo. // Delicado, susceptible. *Fácil, sencillo.*

**VIEJO** Anciano. *Joven, mozo.* // Antiguo, añejo, desusado, vetusto. *Moderno, nuevo.* // Deslucido, estropeado, usado. *Flamante.*

**VIENTO** Aire, brisa, soplo, racha, corriente, vendaval, ventarrón, ventolera, hálito, aura, céfiro, chiflón.

**VIENTRE** Abdomen, andorga, barriga, mondongo, panza, tripa.

**VIGA** Madero, tirante.

**VIGENCIA** Validez, eficacia.

**VIGENTE** Válido, valedero, eficaz, actual. *Caducado.*

**VIGÍA** Atalaya, centinela, observador, guardia, vigilante.

**VIGILANCIA** Atención, cuidado, observación, vela. *Desatención, descuido, sueño.*

**VIGILANTE** Celador, guardián, policía, sereno. // Alerta, atento, cuidadoso. *Distraído, dormido.*

**VIGILAR** Atender, custodiar, celar, observar, velar, atalayar. *Desatender, descuidar, dormir.*

**VIGILIA** Desvelo, insomnio, vela. *Sueño.* // Víspera.

**VIGOR** Eficacia, energía, fuerza, reciedumbre, robustez, viveza, vitalidad. *Debilidad, impotencia.*

**VIGORIZAR** Animar, esforzar, robustecer, vitalizar. *Desalentar, debilitar.*

**VIGOROSO** Animoso, enérgico, fuerte, robusto, eficaz.

**VIHUELA** Guitarra.

**VIL** Bajo, despreciable, indigno, infame, torpe. *Digno, noble.* // Alevoso, desleal, traidor. *Bueno, leal.*

**VILEZA** Alevosía, bajeza, infamia, ruindad, traición. *Bondad, dignidad, honor.*

**VILIPENDIAR** Denigrar, desacreditar, desprestigiar, difamar, escarnecer, infamar, insultar, envilecer. *Dignificar, honrar, prestigiar.*

**VILIPENDIO** Infamia, servilismo, desprestigio, difamación, deshonra, desprecio. *Honra, dignificación.*

**VILLA** Pueblo. *Ciudad.* // Quinta.

**VILLANÍA** Alevosía, bajeza, indignidad, maldad, obscenidad, vileza. *Decencia, dignidad, grandeza, honorabilidad, honestidad.*

**VILLANO** Bajo, descortés, grosero, indigno, infame, miserable, perverso. // Plebeyo, rústico, tosco. *Educado, noble.*

**VILLORRIO** Aldea, lugar, poblado.

**VILO (EN)** Colgado, suspendido, inestable. // En suspenso, en zozobra.

**VINCULAR** Asegurar, atar, sujetar. *Desligar.* // Emparentarse, relacionarse.

**VÍNCULO** Atadura, lazo, ligadura, nexo, unión.

**VINDICAR** Defender, recobrar, reivindicar, vengar.

**VINDICTA** Venganza.

**VIÑA** Viñedo.

**VIOLA** Violeta.

**VIOLÁCEO** Violado.

**VIOLACIÓN** Estupro, violencia, profanación. // Atentado, infracción, quebrantamiento. *Cumplimiento, respeto.*

**VIOLADO** Morado, violáceo.

**VIOLAR** Deshonrar, estuprar, forzar, profanar. // Conculcar, infringir, quebrantar, transgredir, vulnerar. *Cumplir, respetar.* // Ajar, deslucir.

**VIOLENCIA** Ardor, brutalidad, fuerza, ímpetu, impetuosidad, rudeza. *Calma, mansedumbre, serenidad.* // Violación.

**VIOLENTAR** Atropellar, forzar, profanar, quebrantar, romper, transgredir, violar, vulnerar. *Respetar.* // Excitarse, irritarse. *Serenarse.* // Contenerse, dominarse, retenerse, vencerse.

**VIOLENTO** Agresivo, arrebatado, brutal, cruel, duro, forzado, furioso, furibundo, impetuoso, intenso, iracundo, rudo, virulento. *Manso, sereno, suave.* // Falso, torcido.

**VIPERINO** Pérfido, venenoso.

**VIRAR** Girar, torcer.

**VIRGEN** Doncella. // Impoluto, inmaculado, intacto, puro, cándido. // Entero. // Inculto.

**VIRGILIANO** Bucólico, eglógico.

**VIRGINAL** Impoluto, incólume, inmaculado, intacto, puro.

**VIRGINIDAD** Doncellez, integridad, pureza, virgo. *Impureza, sensualidad.*

**VÍRGULA** Rayita, coma, trazo.

**VIRIL** Firme, masculino, varonil, vigoroso. *Afeminado, débil.* *Veril.

**VIROLA** Contera, regatón.

**VIRTUAL** Aparente. // Implícito, tácito. *Taxativo.*

**VIRTUALIDAD** Potencia, posibilidad.

**VIRTUD** Castidad, continencia, honestidad, integridad. *Corrupción, depravación, vicio.* // Bondad. *Maldad, perversidad.* // Eficacia, fuerza, poder, potestad, valor, vigor. *Cobardía, debilidad.*

**VIRTUOSO** Bueno, honesto, incorrup-

tible, probo, íntegro. *Corrupto.*
**VIRULENCIA** Acrimonia, malignidad, mordacidad, saña. *Amistad, bondad.*
**VIRULENTO** Maligno, mordaz, ponzoñoso, sañudo, violento.
**VISAJE** Gesto, mueca, guiño.
**VISAR** Examinar, firmar, refrendar, confirmar. // Ajustar, apuntar, encarar.
**VÍSCERA** Entraña. *Visera.
**VISCOSO** Glutinoso, pegajoso.
**VISIBLE** Distinguible. *Invisible, indistinguible.* // Cierto, claro, evidente, manifiesto, palmario, patente. *Borroso, oscuro.* // Conspicuo, notable, sobresaliente. *Anónimo, oculto.*
**VISILLO** Cortinilla.
**VISIÓN** Atisbo, mirada, ojeada, revisión, vistazo. *Ceguera.* // Alucinación, aparición, espectro, fantasía. *Realidad.*
**VISIONARIO** Iluso, soñador. *Realista.*
**VISITA** Recepción, recibimiento. // Examen, inspección.
**VISLUMBRAR** Columbrar, entrever. // Conjeturar, sospechar. *Conocer, saber.*
**VISLUMBRE** Atisbo. // Reflejo, resplandor. // Apariencia, semejanza. // Conjetura, indicio, sospecha. *Certeza.*
**VISO** Apariencia, aspecto. // Figuración, importancia.
**VÍSPERA** Inmediación, proximidad, contigüidad. // Vigilia.
**VISTA** Ojo, visión. // Atisbo, mirada, ojeada, vistazo. // Perspicacia. *Ceguera, ignorancia, ingenuidad.* // Apariencia, aspecto. // Cuadro, estampa, paisaje, panorama, perspectiva. // Abertura, ventana. // Intento, propósito.
**VISTAZO** Ojeada.
**VISTO** Advertido, avistado, distinguido, mirado, notado, percibido. // Corregido, examinado, verificado.
**VISTOSO** Atrayente, brillante, llamativo, sugestivo, hermoso, seductor, deleitable. *Repulsivo.*
**VITAL** Nutritivo, vivificante, estimulante. // Capital, importantísimo, trascendental. *Intrascendente.*
**VITALIDAD** Actividad, eficacia, fuerza,

vigor. *Debilidad, ineficacia.*
**VITANDO** Abominable, execrable, odioso. *Admirable, excelente.*
**VITOREAR** Aclamar, aplaudir. *Abuchear, silbar.*
**VITRIOLO** Sulfato.
**VITUALLA** Provisiones, víveres.
**VITUPERABLE** Censurable, reprobable. *Loable.*
**VITUPERAR** Afear, censurar, criticar, motejar, reprochar, vilipendiar. *Alabar, defender, encomiar, excusar, justificar, ponderar.*
**VITUPERIO** Afrenta, baldón, censura, oprobio, vilipendio. *Elogio, encarecimiento, loa.*
**VIUDEDAD** Viudez.
**VIVACIDAD** Agudeza, ingenio, viveza. // Actividad, energía, vigor. *Pasividad.*
**VIVARACHO** Alegre, avispado, listo, travieso, vivo.
**VIVAZ** Agudo, brillante, ingenioso, perspicaz. *Adocenado, soso.* // Eficaz, enérgico, vigoroso, vívido. *Ineficiente.*
**VÍVERES** Alimentos, bastimento, comestibles, provisiones, vituallas.
**VIVERO** Criadero, semillero.
**VIVEZA** Actividad, celeridad, dinamismo, prontitud. *Pasividad, lentitud.* // Agudeza, perspicacia, picardía, sagacidad, vivacidad. // Animación, ardimiento, ardor, energía, fogosidad. *Calma, pachorra.* // Esplendor, lustre.
**VÍVIDO** Vivaz.
**VIVIDOR** Parásito, vivillo.
**VIVIENDA** Casa, domicilio, habitación, morada, residencia.
**VIVIFICANTE** Reconfortante, excitante, estimulante, tónico.
**VIVIFICAR** Confortar, reanimar, tonificar. *Desanimar, enfermar.*
**VIVIR** Durar, existir, mantenerse, subsistir. *Morir.* // Habitar, morar, residir. *Ausentarse, marchar.* // Comportarse, conducirse.
**VIVO** Vital. // Vivaz. // Vividor. // Sobreviviente, supérstite. *Difunto, exánime, muerto.* // Agudo, avispado, ingenioso,

perspicaz, sutil. *Torpe.* // Ardiente, fuerte, intenso, persuasivo. // Durable, perseverante. *Fugaz.* // Ágil, diligente, listo, pronto, ligero. *Remolón, tardo.* // Borde, canto, orilla. // Cordoncillo, filete, trencilla.

**VOCABLO** Dicción, expresión, palabra, voz.

**VOCABULARIO** Diccionario, léxico.

**VOCACIÓN** Afición, disposición, inclinación, propensión, tendencia.

**VOCEAR** Gritar, llamar, vociferar. *Callar, murmurar, susurrar.* // Pregonar, publicar. *Ocultar.* // Aclamar, aplaudir. *Abuchear.* *****Vosear.**

**VOCERÍO** Algarabía, clamor, escándalo, gritería, vocería, vocinglería. *Silencio.*

**VOCIFERAR** Desgañitarse, vocear. *Cuchichear, musitar, susurrar.*

**VOCINGLERO** Charlatán, chillón, gritón, alborotador.

**VOLADIZO** Cornisa, saledizo.

**VOLANTE** Volátil, volador. // Suelto, libre, errante, independiente, ambulante. // Aviso, apunte, anotación.

**VOLAR** Cernerse, revolotear. // Apresurarse, correr, desaparecer, huir. *Aparecer, venir.* // Extenderse, propagarse. *Reducirse.* // Enfadarse, irritarse.

**VOLÁTIL** Inconstante, mudable. // Volador. *Denso, espeso, pesado.*

**VOLATILIZAR** Evaporar, vaporizar, volatizar, gasificar.

**VOLATINERO** Acróbata, equilibrista.

**VOLCÁNICO** Apasionado, ardiente, fogoso. *Frío, indiferente.*

**VOLCAR** Derramar, derribar, torcer, tumbarse, verter. *Sostener.*

**VOLFRAMIO** Tungsteno.

**VOLTARIO** Versátil, voluble.

**VOLTEAR** Invertir, mudar, trastrocar, volcar, voltejear.

**VOLTERETA** Pirueta, vuelta.

**VOLTERIANO** Burlón, escéptico, incrédulo. *Crédulo, creyente.*

**VOLUBLE** Tornadizo, versátil. *Constante, fiel.*

**VOLUMEN** Bulto, corpulencia, cuerpo,

magnitud, mole. // Libro, tomo.

**VOLUMINOSO** Abultado, corpulento, gordo, obeso. *Flaco, magro.*

**VOLUNTAD** Albedrío, ánimo, arbitrio, disposición, gusto, mandato, orden, resolución. *Abulia, desgana, inconstancia.* // Aquiescencia, asentimiento, consentimiento. // Afecto, afición, amor, benevolencia, cariño. *Desafecto.* // Apetencia, ansia, antojo, gana.

**VOLUNTARIAMENTE** Buenamente, espontáneamente.

**VOLUNTARIO** Espontáneo, discrecional, intencional, libre, volitivo. *Forzado, impuesto.*

**VOLUNTARIOSO** Caprichoso, terco, testarudo. // Deliberado, intencionado.

**VOLUPTUOSIDAD** Concupiscencia, placer, sensualidad. *Dolor, honestidad, templanza.*

**VOLUPTUOSO** Apasionado, carnal, concupiscente, mórbido, sensual. *Frío, puro, virginal.*

**VOLUTA** Espiral, hélice.

**VOLVER** Represar, tornar. *Irse.* // Corresponder, devolver, pagar, restituir, satisfacer. // Restablecer, restaurar. // Traducir. // Girar, torcer, voltear, trocar. // Vomitar.

**VOMITAR** Devolver, lanzar. *Engullir, tragar.* // Confesar, declarar. // Proferir, prorrumpir. *Callar.* // Restituir.

**VOMITIVO** Emético.

**VORACIDAD** Adefagia, glotonería, avidez, gula, ansia. *Inapetencia, desgana.*

**VORÁGINE** Remolino, torbellino, tromba, vórtice.

**VORAZ** Ávido, comilón, tragón, ansioso, hambriento, insaciable. *Parco, sobrio.* // Consumidor, devorador, violento, colérico.

**VÓRTICE** Vorágine. *****Vértice.**

**VOTACIÓN** Elección, sufragio.

**VOTAR** Elegir, sufragar. // Blasfemar, jurar, denostar. // Ofrendar, dedicar. *****Botar.**

**VOTO** Voz, parecer, elección, dictamen. // Ruego, petición, deseo, súplica. //

Promesa, compromiso, ofrecimiento. // Blasfemia, juramento, palabrota, maldición. // Papeleta. *Boto (botar).

VOZ Palabra, vocablo. // Grito, sonido. // Derecho, facultad, poder. // Fama, opinión, rumor. // Mandato, precepto. *Vos.

VUELCO Tumbo.

VUELO Revuelo, revoloteo, volada. // Calada, migración. // Amplitud, anchura, desarrollo.

VUELTA Regreso, retorno. Ida. // Conversión. // Giro, revolución. // Recodo, rodeo. // Rotación, viraje, voltereta. // Dorso, espalda, revés. Cara, frente. // Devolución, recompensa. // Mudanza, mutación. // Estribillo, repetición.

VULGAR Común, corriente, chabacano, general, manido, ordinario, prosaico, ramplón, sabido, trillado. Distinguido, elegante, fino, excelente, nuevo, selecto, único.

VULGARIDAD Trivialidad, ordinariez, chabacanería, impertinencia. Elegancia, excelencia, finura, distinción.

VULGARIZAR Divulgar.

VULGARMENTE Comúnmente, ordinariamente.

VULGO Gente, plebe, pueblo. Aristocracia, burguesía, nobleza.

VULNERABLE Dañable, débil, indefenso, inerme. Defendido, fuerte, invulnerable.

VULNERAR Herir, lesionar, ofender, perjudicar. // Infringir, quebrantar, violar. Cumplir.

VULTUOSO Abultado, abotagado, hinchado, congestionado.

VULTURNO Calina, bochorno, insolación, sofocación.

WOLFRAMIO Volframio, tungsteno.

XENOFILIA Foranismo, extranjerismo. Xenofobia.

XENOFOBIA Antiextranjerismo. Xenofilia.

# Y

**YA** Ahora, aunque, inmediatamente, luego. *Antes.*

**YACARÉ** Caimán.

**YACENTE** Tendido, plano, horizontal, supino. *Erguido, levantado, vertical.*

**YACER** Descansar, echarse, tenderse, dormir, reposar, acostarse. *Levantarse.* // Ayuntarse, cohabitar, juntarse, encontrarse, estar, hallarse.

**YACIJA** Cama, camastro, catre, lecho. // Fosa, sepultura.

**YACIMIENTO** Filón, mina, cantera.

**YAGUAR** Jaguar.

**YANQUI** Estadounidense, norteamericano.

**YANTAR** Comida, alimento, vianda. *Ayuno.*

**YEGUA** Potranca. *Caballo.*

**YEMA** Brote, renuevo, botón, capullo.

**YERBA** Hierba.

**YERMAR** Asolar, desocupar, deshabitar, despoblar, desraizar. *Poblar, plantar, cultivar, habitar, fertilizar.*

**YERMO** Erial, páramo. *Vergel.* // Inculto. *Cultivado, fértil.* // Despoblado, inhabitado, inhóspito, solitario. *Habitado, poblado.*

**YERRO** Equivocación, errata, error, falta. *Acierto, verdad.* // Torpeza. *Perfección.* *Hierro.*

**YERTO** Entumecido, rígido, tieso, helado, congelado. *Cálido, flexible, tibio.*

**YESO** Escayola, estuque, lechada, enyesadura.

**YUCA** Mandioca.

**YUGO** Coyunda. // Dominio, esclavitud, obediencia, servidumbre, sujeción, tiranía. *Libertad.*

**YUNQUE** Bigornia, tas.

**YUNTA** Casal, pareja, biga.

**YUSIÓN** Mandato, ley, orden, precepto, prescripción.

**YUXTAPONER** Adosar, apoyar, arrimar. *Alejar, separar.*

# Z

**ZAFADO** Atrevido, descarado. *Avergonzado, cortado.*

**ZAFAR** Desembarazar, libertar, librar, soltarse, escaparse. *Atarse, encerrarse.* // Esquivar, excusarse, rehuir. *Obligarse.* // Adornar, acicalar, guarnecer, engalanar. *Despojar, afear.*

**ZAFARRANCHO** Destrozo, riña.

**ZAFIEDAD** Incultura, ordinariez, tosquedad. *Cultura, educación, finura.*

**ZAFIO** Grosero, inculto, ordinario, rudo, rústico, tosco. *Fino, culto.*

**ZAFIRO** Corindón.

**ZAFRA** Cosecha. // Escombro, restos, residuos.

**ZAGA** Retaguardia. *Delantera.* *Saga.

**ZAGAL** Mozo, muchacho, pastor.

**ZAGUÁN** Atrio, vestíbulo.

**ZAGUERO** Posterior, postrero, rezagado. *Delantero.*

**ZAHERIR** Censurar, criticar, mortificar, pinchar, satirizar. *Agradar, alabar, lisonjear.*

**ZAHORÍ** Adivino, pronosticador.

**ZAHÚRDA** Cuchitril, chiquero, pocilga, tugurio. *Mansión.*

**ZAINO** Falso, desleal, felón, hipócrita. *Leal, sincero.* *Saino.

**ZALAMERÍA** Arrumaco, carantoña, halago. *Pelea, riña.*

**ZALEMA** Reverencia, saludo, cortesía. *Desprecio.*

**ZAMACUCO** Ladino, solapado, astuto, zorro. // Borracho. // Tonto, necio.

**ZAMARRA** Chaqueta, chaquetón.

**ZAMARREAR** Golpear, sacudir, maltratar, pegar, agitar. *Acariciar.*

**ZAMARREO** Zarandeo, sacudimiento.

**ZAMBRA** Algazara, bulla, fiesta, jolgorio. *Aburrimiento, funeral.*

**ZAMBULLIRSE** Hundirse, sumergirse. *Emerger.*

**ZAMPAR** Devorar, embuchar, tragar. *Ayunar.*

**ZANCA** Pata, pierna.

**ZANCADA** Paso, tranco.

**ZANCADILLA** Ardid, celada, engaño, trampa. *Auxilio, ayuda.*

**ZANCAJEAR** Apresurarse, deambular, vagabundear. *Remolonear.*

**ZANCUDO** Patilargo, zanquilargo. *Paticorto.*

**ZANGANADA** Impertinencia.

**ZANGANDUNGO** Gandul, holgazán, vago. // Inhábil, torpe.

**ZANGANEAR** Callejear, vagabundear. *Afanarse, trabajar.*

**ZÁNGANO** Haragán, holgazán, perezoso, remolón, vagabundo. *Activo, laborioso, trabajador.*

**ZANGOLOTEAR** Zarandear.

**ZANGUANGO** Zángano, indolente, desganado.

**ZANJA** Cuneta, excavación, trinchera.

**ZANJAR** Arreglar, allanar, obviar, terminar, dirimir, resolver. *Suscitar.*

**ZAPA** Pala. // Lija. // Excavación.

**ZAPALLO** Calabaza.

**ZAPAPICO** Pico, piqueta, azadón, azada.

**ZAPAR** Cavar, desmontar, minar.

**ZAPARRASTROSO** Zarrapastroso.

**ZAPATAZO** Pateadura, puntapié.

**ZAPATETA** Brinco, pirueta, salto.

**ZAPATILLA** Alpargata, pantufla, babucha, chancleta.

**ZAQUIZAMÍ** Cuartucho, desván, tabuco, tugurio, zahúrda. *Palacio.*

**ZARABANDA** Bulla, griterío, jaleo, jolgorio. *Silencio, tranquilidad.*

**ZARAGATA** Alboroto, camorra, pendencia, tumulto.

**ZARANDA** Cedazo, criba, harnero.

**ZARANDAJAS** Bagatelas, fruslerías, menudencias. *Alhajas, joyas.*

**ZARANDAR** Cerner. // Mover, remover.

**ZARANDEAR** Agitar, ajetrear, menear, revolver, sacudir. *Aquietar.*

**ZARCILLO** Arete, aro, pendiente.

**ZARPA** Garra.

**ZARPAR** Partir, marchar, salir. *Arribar.*

**ZARRAPASTROSO** Andrajoso, astroso, desaseado, harapiento, roto, zaparrastroso. *Aseado, elegante, limpio, pulcro.*

**ZARZA** Zarzamora, espino.

**ZASCANDIL** Charlatán, mequetrefe, pícaro, pillo.

**ZIGZAGUEAR** Culebrear, ondular, serpentear.

**ZIPIZAPE** Alboroto, escándalo, pelea, riña, jaleo, zafarrancho. *Calma, paz.*

**ZÓCALO** Basa, friso, peana.

**ZOCATO** Izquierdo, siniestro, zurdo. *Derecho, diestro.*

**ZOILO** Murmurador, maligno, censurador, criticón.

**ZOLLIPAR** Gimotear, sollozar. *Reír.*

**ZONA** Faja, lista. // Demarcación, región, territorio.

**ZONCERA** Bobería, sosera, tontería, zoncería. *Agudeza, gracia, ingenio.*

**ZONZO** Insulso, ñoño, pavo, tonto. *Chistoso, entretenido.*

**ZOPENCO** Abrutado, bobo, tonto, zoquete. *Avispado, instruido, inteligente.*

**ZOQUETE** Mendrugo. // Tonto, zopenco. *Avispado, culto, ingenioso.*

**ZORRA** Raposa. // Vagoneta. // Prostituta, ramera. // Borrachera. // Astuta, solapada, taimada. *Franca, sincera.*

**ZORRERÍA** Ardid, astucia, camandulería, disimulo.

**ZORRO** Astuto, cauteloso, disimulado, ladino, pícaro, sagaz, taimado, zorruno. *Ingenuo, sincero.*

**ZOTE** Ignorante, necio. *Culto, sagaz.*

**ZOZOBRA** Aflicción, angustia, ansiedad, congoja, desasosiego, inquietud, sobresalto. *Calma, quietud, tranquilidad.* // Naufragio. *Salvación.*

**ZOZOBRAR** Hundirse, naufragar, sumergirse. *Emerger, salvarse.* // Acongojarse, afligirse. *Alegrarse, animarse.*

**ZUECO** Almadreña, galocha. ***Sueco.***

**ZULLA** Excremento.

**ZUMBA** Burla. // Tunda.

**ZUMBAR** Retumbar. // Atizar, propinar.

**ZUMBÓN** Bromista, burlón, chistoso, guasón. *Formal, grave, serio.*

**ZUMO** Jugo. // Provecho, utilidad. *Pérdida.* ***Sumo.***

**ZUNCHAR** Reforzar.

**ZUNCHO** Abrazadera, aro, fleje, grapa.

**ZURCIR** Coser, remendar, recomponer. // Juntar, unir, reforzar.

**ZURDO** Izquierdo, siniestro. *Derecho, diestro.*

**ZUREAR** Arrullar.

**ZURRA** Azotaina, castigo, felpa, leña, paliza, tunda, vapuleo. *Caricia.*

**ZURRAR** Apalear, aporrear, azotar, golpear, pegar, sacudir, vapulear. *Acariciar.* // Censurar, fustigar. *Encomiar, halagar.* // Adobar, curtir, tundir.

**ZURRIAGAZO** Latigazo, vergajazo. *Caricia, mimo.*

**ZURRIAGO** Correa, látigo, verga.

**ZURRÓN** Bolsa, morral, mochila, talego, saco.

**ZURRONA** Ramera.

**ZUTANO** Fulano, mengano, perengano.

Esta primera edición se terminó de imprimir en agosto de 1996,
en Indugraf S.A., Sánchez de Loria 2251, Buenos Aires.